Joan Grant

Augen des Horus

Joan Grant

Augen des Horus

Verlag Hermann Bauer
Freiburg im Breisgau

Die Deutsche Bibliothek — CIP-Einheitsaufnahme

Grant, Joan:
Augen des Horus / Joan Grant.
[Übers.: Ingrid Holzhausen]. —
2. Aufl. — Freiburg im Breisgau : Bauer: 1996
ISBN 3-7626-0514-9

Die englische Originalausgabe erschien
1942 bei Eyre Methuen & Co., Ltd., Great Britain, und
1988 bei Ariel Press, Columbus, Ohio, USA,
unter dem Titel
Eyes of Horus
© 1942 by Nicola Bennett

Übersetzung: Dr. Ingrid Holzhausen
Bearbeitung: Karin Vial

2. Auflage 1996
ISBN 3-7626-0514-9
© für die deutsche Ausgabe 1996 by
Verlag Hermann Bauer KG, Freiburg im Breisgau
Das gesamte Werk ist im Rahmen des Urheberrechtsgesetzes geschützt.
Jegliche vom Verlag nicht genehmigte Verwertung ist unzulässig.
Dies gilt auch für die Verbreitung
durch Funk, Fernsehen, photomechanische Wiedergabe,
Tonträger jeder Art, elektronische und alle weiteren Medien
sowie für auszugsweisen Nachdruck.
Einband: Markus Nies-Lamott, Freiburg im Breisgau
Satz: Fotosetzerei G. Scheydecker, Freiburg im Breisgau
Druck und Bindung: Wiener Verlag GmbH, Himberg
Printed in Austria

Gedruckt auf chlorfrei gebleichtem Papier

Ra-abs Geschichte
von
Meri und Kiyas
ist für
Charles und Gillian

Inhalt

Teil I

Ras Botschafter ... 15
Oyahbes Geschichte ... 18
Poyok, die Wildkatze ... 28
Anilops ... 33
Der Amulettmacher ... 37
Die Barbaren ... 43

Teil II

Anubis' Stimme ... 55
Krokodile! ... 62
Dardas, der Fischer ... 68
Wolke der Furcht über Ägypten ... 74
Sebek ... 80
Der Blaue Tod ... 84
Die Flut ... 97
Anrufung Ras ... 112
Jenseits des Flusses ... 122

Teil III

Die goldene Armbinde ... 129
Hotep-Ra ... 133
Neku, der Goldschmied ... 142
Hanuks Reisen ... 151
Wege zum Horizont ... 157
Die Göttin der Frauen ... 165

Tochter des Hasen ... 170
Der Auftrag ... 176

Teil IV

Die Königliche Stadt ... 185
Blutopfer ... 196
Gruß der Ersten Begegnung ... 204
Das Oryx-Halsband ... 212
Asheks Siegel ... 223
Das dunkle Schweigen ... 230
Gefangener der Zeit ... 241
Der Königliche Einbalsamierer ... 254

Teil V

Der Kornschatz ... 269
Die Tochter der Konkubine ... 278
Prinz Men-het ... 285
Ein Herz auf der Waagschale ... 295
Vermählung durch Ptah ... 304
Hochzeitsreise ... 315
Khnum, der Töpfer ... 320
Die Frauen der Oryx ... 326
Der Königliche Gesandte ... 338

Teil VI

Fackelträger ... 353
Die Oryx marschiert ... 365
Das Fries der Krieger ... 374
Die Magische Prüfung ... 382
Sekmets Grabmal ... 393
Gebrochener Basalt ... 404
Belagerung der Königlichen Stadt ... 411

Inhalt

Der Toten Stimme ... 420
Vor dem Kampf ... 425
Hathors Feld ... 430
Anbruch des Neuen Morgens ... 443

Anhang

Glossar ... 451
Zeittafel ... 455
Zur Autorin ... 456

Vorbemerkung

Am Ende der XI. Dynastie war Ägypten in achtzehn Provinzen unterteilt, welche jeweils in Erbfolge von einem Nomarchen, dem Fürsten der Provinz, regiert wurden. Der Erzähler dieser Geschichte, Ra-ab Hotep, war der einzige Sohn des Nomarchen der Oryx, der Antilopenprovinz. Die Gräber der Familie können heute noch in der Nähe von Beni Hasan aufgesucht werden.

In der Datierung der ägyptischen Königsfolge gibt es unterschiedliche Ansichten: Nimmt man die langfristige Datierung, welche auch den sogenannten Sothis-Zyklus einschließt, so hat die Handlung von *Augen des Horus* ungefähr um 3500 v. Chr., nach einer anderen, gebräuchlicheren Datierung um 2000 v. Chr. stattgefunden.

Teil I

Ras Botschafter

ALS ICH SIEBEN Jahre zählte, konnte ich mich nicht sehr deutlich an meine Mutter erinnern. Doch zuweilen, kurz bevor ich in den Schlaf fiel, stieg eine Erinnerung an ihre Stimme in mir auf: Sie erzählte mir kurze, vergnügliche Geschichten, bevor sie die Lampe aus meiner Kammer forttrug, oder ich vernahm den Klang ihres Lachens, wenn sie und mein Vater mit mir spielten, als ob sie beide Kinder seien wie ich. Ich erinnerte mich an Niyahm, meine Amme, die mir erzählte, ich habe eine Schwester bekommen und meine Mutter würde nun nicht mehr in meine Kammer kommen. Dies war Teil des ungreifbaren Unglücks, welches uns ereilt hatte. Ich entdeckte, daß sogar Erwachsene weinen konnten, und das Haus schien von Geflüster erfüllt, das verstummte, sobald ich ihm zu lauschen versuchte.

Die letzte Erinnerung an meine Mutter, die mir wirklich im Gedächtnis geblieben ist, bezog sich auf ein Geschehnis kurz nach meinem zweiten Geburtstag. Man hatte mir gesagt, ich dürfe vielleicht bald in ihre Kammer gehen, doch müsse ich sehr leise sein, da sie krank sei. Sie lächelte, und ich durfte sie küssen, und sie sagte, sie würde bald wieder wohlauf sein, lange bevor meine Schwester alt genug wäre, an unseren Spielen teilzuhaben. Ich bemerkte, wie dünn sie geworden war, und sie schien zu müde zu sein, um ihren Kopf vom Kissen zu heben. Ihr Ruhebett war hoch, so daß mein Kopf auf gleicher Höhe wie der ihre war, und ich flüsterte den langgestreckten hölzernen Leoparden zu, die die Seiten ihres Bettes bildeten, sie gut zu behüten.

Zuweilen sah ich den Säugling in den Armen einer Frau, die gekommen war, um Niyahm zu helfen, und ich wußte, daß Niyahm eifersüchtig war, weil sie keine Milch für das Kindlein hatte. Es hieß Kiyas. Zuerst war ich enttäuscht, da es nicht mit mir sprechen konnte, sondern nur weinte oder unverständliche Laute von sich gab. Mein Vater schien die Kleine zu mögen, denn ich sah ihn oft aus der Kammer kommen, in der sie lag.

Dann wurde ich zu Roidahns Haus fortgeschickt, und als ich zurückkam, war Mutter nicht mehr da. Nekht-Ra erzählte mir, sie sei uns vorausgegangen in das Land, in dem die Götter leben. Ich fragte, wo dieses Land sei, und er sagte: »Jenseits des Sonnenunterganges; da ist das Land, welches Ra so sehr liebt, daß er immer geschwind durch den Tag eilt, um nach Hause zu kommen.«

Ich dachte, das Land, in dem Ra lebte, müsse sehr heiß sein, denn er ist die Sonne und auch Gott; aber Nekht-Ra sagte, es sei ein schönes Land mit Bäumen und Pflanzen ohne jeden Makel, darin sich die Tiere gegenseitig niemals wehtun und niemals krank seien. Er sagte, daß wir Ra nur als Sonne sehen, solange wir Menschen sind – er sei zu leuchtend für uns, um ihn mit gewöhnlichen Augen anzuschauen. Nach meinem Tod bekäme ich ihn vielleicht zu Gesicht, und er würde wie ein Mensch sein, nur vollkommener, als ich es mir je vorstellen könne. Dann fragte ich Nekht-Ra, ob ich tot sein müsse, um ins Land jenseits des Sonnenunterganges zu gelangen. Und er antwortete, gewöhnlich müßten wir bis dahin warten, wenn auch einige, von Ra besonders geliebte Menschen während des Schlafes dorthin gehen könnten.

Danach betete ich immer inbrünstig zu Ra, er möge sich seiner Liebe zu meinem Vater entsinnen und ihn dorthin bringen, wo meine Mutter weilte, auf daß er sich am Morgen an alles erinnern möge und nicht mehr unglücklich zu sein brauchte. Ich wollte Vater fragen, ob er sich erinnerte, aber ich tat es lange Zeit nicht, wohl wissend, wie weh es ihm tat, von ihr zu sprechen. Ich sagte ihm nichts von meinen Gebeten zu Ra. Eines Tages aber fragte ich ihn, ob er jemals in das Land jenseits des Sonnenunterganges gereist sei, um Mutter zu besuchen. Er hatte mich in sein Gemach gelassen, in dem er gerade an Schriftstücken arbeitete – er machte dies oft selbst, wiewohl er der Fürst war und zwei Schreiber hatte, welche nur für ihn arbeiteten.

Erst dachte ich, er habe meine Frage nicht gehört, denn er fuhr fort, ein Schilfrohr zu spitzen, ohne mir Antwort zu geben. Dann sagte er sehr langsam: »Nein, Ra-ab, ich bin niemals dort gewesen. Wenn Ra mich für wert befindet, wird er mir einen Botschafter senden, mich zu ihr zu bringen.«

»Werde ich den Botschafter sehen, wenn er zu dir kommt?«

»Niemand sieht ihn, außer derjenige, den er holen kommt. Denk immer daran, Ra-ab, wenn er eines Tages zu dir kommt – er ist nur Ras Botschafter, der dich nach Hause geleitet.«

»Wie werde ich ihn erkennen? Wie wird er aussehen?«

»Ra hat viele Botschafter, und ihre Gewänder haben so viele Farben wie die Wolken, welche sein Land vor dem unseren verbergen. Manche sind grün, sanft wie der stille Morgen, und andere tragen das Scharlachgewand des Kriegers.«

»Ist der Name des Botschafters *Tod*? Niyahm erzählte mir, der Tod sei gekommen, Mutter mitzunehmen. Ich hatte ihn mir als alten Mann in einem schwarzen Umhang mit einer Art Kapuze, sein Gesicht zu verbergen, gedacht. Deshalb weinte ich so, als ich erfuhr, daß sie mit ihm fortgehen mußte. Erst als mir Nekht-Ra von dem Lande erzählte, in dem sie nun wohnte, war ich nicht länger unglücklich. Kann ich Niyahm erzählen, daß der Tod kein alter Mann in Schwarz ist?«

Statt meine Frage zu beantworten, sagte Vater: »Komm und sieh dir dieses Bild an; ich denke, du hast es noch nie gesehen.«

Er nahm eine Papyrusrolle von einem der Regale und entfaltete sie auf dem Tisch. Darauf war eine wilde Gans abgebildet, die über einen sehr, sehr blauen Teich hinwegflog, an dem zwei Gazellen tranken.

»Die Farben sind hell, nicht wahr, Ra-ab?« Ich nickte.

»Schließe deine Augen — was siehst du nun?«

Ich war verwirrt. »Was ich jetzt sehe? Nichts, alles ist dunkel!«

»Und welche Farbe hat das Dunkel?«

»Nun, das Dunkel ist schwarz.« Er zog mich zu sich, setzte mich auf seine Knie und legte seinen Arm um mich. »Deshalb dachte Niyahm, daß der Tod ein schwarzes Gewand trägt; nur die Menschen, welche ihre Augen vor ihm verschließen, wissen nicht von den hellen Farben, die er trägt. Lächle den Tod an und halte nach seinem Kommen Ausschau, dann wirst du ihn immer erkennen als Botschafter Ras.«

Oyahbes Geschichte

OBGLEICH MEINE MUTTER tot war, hatte ich immer das Gefühl, mein Vater stünde ihr näher als Kiyas oder mir. Er war immer freundlich und sanft zu uns, doch selbst wenn er sich sehr große Mühe gab, verständnisvoll mit uns zu sein, so waren wir doch seinem Herzen fern. Es war Nekht-Ra, der mir von meiner Mutter erzählte. Er nannte sie Oyahbe, die Mondblüte; und dies ist ihre Geschichte, wie sie mir Nekht-Ra berichtete, als ich fast acht Jahre zählte:

»Ich kannte deine Mutter schon, als sie noch ein Kind war, denn ich war ein Priester in Ras Tempel in der Stadt, in der ihre Eltern lebten. Es war ein sehr kleiner Tempel, eigentlich nur ein Heiligtum inmitten eines großen Hofes, der auch das Wohnhaus der Priester einschloß. Als ich das Amt übernahm, versuchte ich, den alten Traditionen meines Amtes zu folgen, indem ich den Tempel nicht nur zu einem Ort machte, wo den Göttern Opfergaben dargebracht wurden, sondern auch zum Haus eines Mannes, zu dem die Menschen mit ihren Sorgen kommen konnten. Mein Vorgänger war kein echter Priester gewesen, nur ein freundlicher Mann, und so stieß ich bei meinen Schutzbefohlenen auch nicht auf eine Mauer von Mißtrauen oder Furcht.

Da ich kein Seher bin, wußte ich nicht zu erkennen, welches der Kinder, die zu mir kamen, für das Priesteramt gemeint war. So konnte ich keines von ihnen zum Schüler nehmen, selbst wenn die Eltern mir ihre Kinder in der Hoffnung brachten, sich dadurch die Gunst der Götter zu erwirken. Wenn ich auch in den Tempeln der neuen Religion wenig Erfahrung gesammelt hatte, so hatte ich doch genug gesehen, um zu wissen, daß diese keine Stätten der Ausbildung für wahre Priester waren.

Als deine Mutter zu mir gebracht wurde, zählte sie zwölf Jahre. Und ich sagte ihrem Vater, es sei besser, sie weiterhin in seinem Hause leben zu lassen, auf daß sie die Art des Lebens befolgen könne, welche ich zu lehren suchte, statt danach zu trachten, Wissen über die Mysterien zu erlangen. Ich sah, wie bekümmert beide waren, und der Vater wünschte mit mir allein zu sprechen. So erfuhr ich, wie sehr die seltsamen Gesichte seiner Tochter ihn und seine Frau beunruhigten. Zunächst hatten sie gedacht, sie werde von Dämonen verwirrt; sie hatten sie geschlagen und hungern lassen, sie in einen dunklen Raum gesperrt und magische Amulette in ihre Kleider eingenäht, in der Hoffnung, sie so zu einem gewöhnlichen Kinde zu machen. Als sie sahen, daß ihre Tochter, statt sich vor ihnen zu fürchten, Mitleid mit ihnen empfand, wuchs ihre Furcht vor ihr, bis sie dachten, sie müsse ein Kind der Götter sein, welches ihnen gesandt war, die Standhaftigkeit ihres Glaubens zu prüfen. Wohl wissend, daß in meinem Tempel nicht mehr als die Abgabe des Zehnten angenommen wurde, versuchten sie, die Götter, von denen sie annahmen, sie hätten das Kind ihnen zur Prüfung gesandt, zu besänftigen. Also brachten sie Geschenke zu dem neuen Tempel, welcher eine Dreitagesreise flußabwärts von ihrer Wohnstatt entfernt lag. Das Mädchen selbst war es gewesen, das gesagt hatte, es müsse in meinem Tempel leben, weil es ihm bestimmt sei, Priesterin zu werden. Seine Eltern freuten sich bei dem Gedanken, nicht mehr länger unter diesen Augen der Götter leben zu müssen und sich in der Ehre sonnen zu können, die es ihnen dadurch erweisen würde.

Nachdem ich die Geschichte des Vaters gehört hatte, sprach ich allein mit dem Mädchen. Doch dies war keine Unterhaltung zwischen Priester und Kind, vielmehr schien es, als sprächen zwei Bildhauer miteinander über ihre Berufung. Sie mußte schon viele grobe Antworten zu hören bekommen haben, wann immer sie über *ihre* Wirklichkeit sprach — nun jedoch nahm sie mein Verständnis ohne jede Frage an. Weder versuchte sie, ihre Geschichte mit Geheimnissen auszuschmücken, noch spielte sie ihre Bedeutung herunter. In der Vergangenheit muß sie eine Eingeweihte des Anubis gewesen sein, denn in der Erinnerung an ihre Träume und ihre weite Reise lag nichts Dürftiges. Sie sprach von vergessenen Jahrhunderten wie vom gestrigen Tag und ließ sie dabei so lebendig werden, daß sie mir fast so klar wie ihr vor Augen erschienen. Sie wußte, daß ihre Eltern für sie Fremde waren, doch hatte sie gehofft, von ihnen mit der Zeit freundschaftlich angenommen zu werden. Es muß für sie bitter gewesen sein zu sehen, wie sich ihre Eltern, je mehr sie die Fenster zur Wirklichkeit öffnete, vor ihr verschlossen.

Die Autorität in ihrer Stimme erfüllte mich in solch hohem Maße mit Respekt, daß ich ganz vergaß, daß sie ein Kind und ich ein Mann von vierzig Jahren war.

»Ich gehöre hierher, zu dir, Nekht-Ra. Im Hause meines Vaters gibt es für mich nichts zu tun, aber es gibt vieles, das ich hier tun kann. In den Tagen, als alle Tempel Häuser der Wahrheit waren, gab es viele, die weit mehr tun konnten, als es in meiner geringen Macht steht. Dennoch kann ich dir jetzt helfen. Da ich es letzte Nacht träumte, weiß ich, daß Yeki, die Frau eines Steinbrucharbeiters, zu dir kommen wird. Sie wird ihren kranken Säugling mitbringen, für den sie das Mitleid der Götter erflehen wird. Sie wird dir sagen, daß das Kind immer dünner wird, obwohl es kein Fieber hat und jetzt die angenehm kühle Jahreszeit ist, daß es wimmert und sogar im Schlafe ruhelos ist. Sie wird dich bitten, ihr ein Amulett zum Schutze vor Dämonen zu geben, denn sie glaubt, diese zehrten an seiner Kraft. Aber sie wird dir nicht sagen, daß das Kind kränkelt, weil sie ihm nicht genug Milch geben kann. Sie wird dir auch nicht sagen, daß ihre Brüste keine Milch geben, weil ihr Mann sie schlecht behandelt. Sie sagte mir das nur, weil sie im Schlaf nicht durch falsche Ergebenheit an ihn gebunden war. Du mußt ihr sagen, sie solle ihren Mann zu dir schicken, und dann mußt du mit Worten die Rute, mit der er sie schlägt, zerbrechen.«

Wir waren am Eingang des Heiligtums, nun ging sie die Stufen hinunter in das glänzende Sonnenlicht des Hofes. Einen Augenblick lang war Oyahbe, die Priesterin, wieder das Kind von zwölf Jahren.

»Werdet Ihr mir erlauben, hier zu bleiben? Schickt mich nicht ins Haus meines Vaters zurück ... ich bin es so müde, stets eine Fremde zu sein.«

Es gab für mich keine Entscheidung mehr zu treffen. »Du hast keinen Vater außer Ra. Wie könntest du von seinem Hause wieder fortgehen, nun, da du zu ihm zurückgekehrt bist?«

Durch das Hoftor trat eine Frau mit einem Säugling auf dem Arm. Ich wußte innerlich sogleich, daß sie die Frau des Steinbrucharbeiters war. Oyahbe hatte mir gesagt, weswegen sie kam und was ich ihr sagen müsse.

Meine kleine Priesterin lächelte mich an. »Ich bin so froh, daß Ihr meinen Worten geglaubt habt, *bevor* sie kam. Wenn die Wahrheit leuchtet, muß sie nicht geprüft werden, und ich habe so innig gebetet, die Menschen mögen meine Wahrheit sehen.«

Oyahbes Macht wuchs, je älter sie wurde, und die Pforte meiner eigenen Erinnerungen, wiewohl sie niemals so lebendig waren wie die ihren, schwang weit auf in ihren Angeln. Wenn einst einer gekommen war, um getröstet zu werden, so kamen nun zehn. Dennoch konnten wir nur wenig vollbringen, verglichen mit dem, was wir zu tun wünschten. Einst waren da Seher und Heiler gewesen, Priester der Ma'at und des Ptah, und viele Schüler lernten, Träger der Goldenen Sandalen zu werden, mit denen die Menschen die Wege der Götter kreuzen.

Der Ruhm Oyahbes kam jenen zu Ohren, die in ihr ein Mittel sahen, ihre eigene Macht zu mehren. Ein Botschafter des Hohepriesters aus dem neuen Tempel einer Stadt flußabwärts kam, um uns zu einer Audienz mit sich zu führen. Ich antwortete ihm, zwar sei unsere Arbeit nur von geringer Bedeutung, doch könnten wir sie nicht liegenlassen, um uns auf eine Reise zu begeben. Über einen Mond lang kam keine weitere Botschaft, und wir dachten schon, sie hätten uns vergessen und würden unseren Frieden nicht weiter stören. Sie aber schickten einen Priester, der meinen Platz einnehmen sollte, und dieser hieß mich Oyahbe mitnehmen auf das Amt im Tempel, welches durch seinen Weggang freigeworden war.

Oyahbe bat mich, dem Befehl nicht zu folgen, und sagte: »Der fremde Priester kann hier im Heiligtum leben, und wir werden einen anderen Ort zum Leben finden. Die Menschen werden dort zu uns kommen, denn wir sind den Göttern gewiß näher, als es eine Statue ist.«

Ich mußte ihr entgegnen: »Die Macht dieser Priester ist nicht unsere Macht; sie ist die Geißel des Pharao. Wenn wir dem Befehl nicht gehorchen, werden Soldaten kommen, jene zu strafen, welche uns folgen. Diejenigen, die uns am meisten lieben, werden am meisten leiden. Möchtest du dir ihre Treue durch ihren Tod beweisen lassen?«

Da sie meinen Kummer sah, versuchte sie, mich zu trösten: »Sechs Jahre lang haben wir hier Frieden gefunden, sicher haben wir auch eine Kraft gefunden, die uns stützen wird!«

Die Stadt trauerte bei unserem Fortgang, und viele unserer Leute folgten uns lange auf der Landstraße gen Norden und flehten uns an, sie nicht zu verlassen.

Ich werde dir den Tempel, zu dem wir kamen, nicht beschreiben, Ra-ab, denn wenn du älter bist, kannst du ihn oder andere, ähnliche mit eigenen Augen sehen. In der Anordnung von Steinen oder Säulen läßt sich kaum erkennen, ob ein Bau dem Ruhme Ras geweiht ist oder die dunkle Herrschaft Seths stärkt. Erinnerungen aus meiner eigenen Jugend warnten mich vor diesem Tempel und den Priestern, die dort zu finden waren; aber die Erzählungen Oyahbes hatten mich mit den alten Lehren wieder so vertraut gemacht, daß ich auf den dort wohnenden flatterhaften Geist nicht vorbereitet war. Ihre Rituale waren reich an Pomp, und die Opfergefäße aus kostbaren Metallen. Doch die Seher waren Männer, die den Ephod nur als Zeichen ihres Amtes trugen: Sie besaßen nur ihren gewöhnlichen Blick. Wenn jene, welche zu den Heilern gingen, sich danach besserer Gesundheit erfreuten, so nur, weil ihre Krankheit aus ihren eigenen Gedanken entstanden war, und nicht, weil es ihnen an Ptahs Lebenskraft gemangelt hatte.

Unter den Seherinnen hatten einige wenige eine Spur der altehrwürdigen Fähigkeit bewahrt und konnten daher sagen, was sich an einem fernen Ort zutrug. Doch da viele Furcht empfanden vor der Oberpriesterin, dachten sie sich oft irgendein Ereignis aus, nur um diese zufriedenzustellen, statt zuzugeben, daß sie vielleicht nichts gesehen hatten. Jedesmal, da sie so ihre Macht verrieten, verloren sie ein wenig mehr davon. Befand man das eine oder andere Mädchen dann als nutzlos, so trieb man es aus dem Tempel, und es wanderte als Ausgestoßene von Dorf zu Dorf. Sie bedienten sich vieler Mittel, die Glaubwürdigkeit ihrer Sehergabe aufrechtzuerhalten.

An jedem dritten Tag durften Bittsteller einen der drei Vorhöfe betreten. Die Seherinnen wurden nicht streng abgesondert, obgleich sie mit niemandem sprechen sollten, der nicht zum Tempel gehörte. Sie fanden eine Ausrede, um über einen der von Menschen gefüllten Höfe gehen zu können, in der Hoffnung, dort etwas zu hören, mit dem sie den Geschichten, die zu erfinden sie gezwungen waren, noch etwas Farbe verleihen konnten. So konnte es geschehen, daß sich ein Mann ob seiner mageren Ernte beklagte, doch auch einen Verwandten aus einer anderen Provinz erwähnte, welchem es noch schlimmer erging; oder eine Frau sprach von ihrer Schwester, die das in einer fernen Stadt wütende Fieber hinweggerafft hatte. Das Mädchen, dem solche Dinge zu Ohren kamen, war gut dran, denn sie konnte vorgeben, dies in ihrer Seher-Schale geschaut zu haben.

Unter diesen Mädchen mußte Oyahbe leben. Wäre es nicht um ihretwillen gewesen, hätte ich mich geweigert, dort zu bleiben, doch da ich ihr zu helfen für wichtiger als alles andere erachtete, wirkte ich mit in Ritualen, deren Bedeutung verzerrt oder vergessen worden war.

Manche der Priester hatten ein gutes Herz und versuchten das Beste aus ihren begrenzten Möglichkeiten zu machen. Andere waren geringer als gewöhnliche Männer; sie waren kalt, weder hatte sie die Flamme des Geistes erleuchtet, noch erwärmte sie die Glut der Menschlichkeit. Sie intonierten die rituellen Gebete wie Sänger, welche die Worte eines Liedes in einer Sprache sangen, welche sie nicht verstanden. Sie waren unvermählt, nicht nur im Fleische, auch im Geiste. Der Liebe zu Frauen hatten sie entsagt und waren unfähig, die Liebe Ras zu erlangen. Abgetrennt vom Strome jeglicher Zuneigung, ähnelten sie Männern, doch nur wie tote Bäume immer noch Bäumen ähneln, in denen der Saft noch steigt.

Zuerst versuchte Oyahbe die anderen Mädchen zu lehren, aber da ihre Kräfte echt waren, wandelte sich deren Ehrfurcht bald zu Eifersucht; und aus Eifersucht wurde Furcht und Haß. Wenngleich sie Anubis folgte und deshalb den Seherinnen keine Rivalin war, so wußten diese doch, daß sie den Schleier ihrer Täuschungen durchschauen konnte. Sie versuchten, sie noch mehr in die Einsamkeit zu treiben. Wenn sie mit ihnen sprechen wollte, wandten sie sich ab, und sie verließen den Teich, wenn sie hinging, um darin zu baden. Als sie erkannte, wie ihre machtvollen Fähigkeiten benutzt wurden, um die Ehrfurcht der einfachen Menschen gegenüber den falschen Priestern noch zu steigern — eine Ehrfurcht, welche ihnen ihr Gold leichter aus den Taschen zog als die Geißel der Aufseher —, gab sie vor, die Erinnerung an ihre Träume eingebüßt zu haben. Eine Zeitlang gaben sie ihr nur so wenig Speise, wie es gerade zum Überleben reichte, und sagten, das Fasten werde ihre magische Gabe schärfen. Vielleicht haben sie ihr noch andere Schmerzen zugefügt, wenngleich sie es auch nicht einmal mir gegenüber zugegeben hätte.

Als ein Jahr vorüber war, warfen sie Oyahbe aus dem Tempel, und da ich ihr folgte, war auch ich ein Ausgestoßener. Mein Kopf war rasiert, und so wußten alle, die mich sahen, daß ich Priester gewesen, und da ich nur einen Lendenschurz trug statt eines weißen, mit Purpur umsäumten Gewandes, wußten sie, daß ich meines Amtes enthoben worden war. Oyahbe mußte als Zeichen der Ausgestoßenen die Tunika tragen — ein anderes Gewand besaß sie nicht. In den Augen der Leute steht eine Ausgestoßene aus einem Tempel niedriger denn eine Frau, die ihren Leib einem Fremden anbietet.

Oft bewarfen uns die Menschen mit Unrat, wenn wir an ihnen vorübergingen, und die Frauen am Brunnen schütteten lieber ihren vollen Wasserkrug aus, als uns daraus zu trinken zu geben. Ich war zu stehlen gezwungen, auf daß Oyahbe nicht Hungers sterben mußte. So ließ ich sie in einem Feld nicht fern vom Dorfe und ging dann zurück, um Zwiebeln oder Salat zu stibitzen aus der Leute Gärten, welche uns ein Almosen verweigert hatten. Ich wurde zum Lügner und auch zum Dieb, denn ich erzählte ihr, ich hätte jemanden getroffen, der uns die Gaben aus Freundlichkeit gegeben. Nach fünf Tagen kamen wir in die Oryx, in die Provinz deines Vaters. Dort zeigten sich die Menschen nicht feindlich, wenngleich sie uns neugierig anstarrten. Als wir um Speise baten, wurde sie uns gegeben, wenn auch ohne den üblichen Gruß.

Wir weilten bereits zwei Tage im Schutze der Oryx, als deine Mutter den Traum träumte, der unser Leben veränderte. Ich erinnere mich daran, daß es Vollmond war und wir am Rande eines Bohnenfeldes schliefen ...

In ihrem Traum sah sie ein Kind, einen Knaben von ungefähr fünf Jahren, am Ufer des Flusses im Schilf liegend. Sie sah, daß er vor dem Blick eines jeden verborgen war, welcher den Pfad hinunterging, der von dem Weg zwischen dem Dorf, aus dem wir gerade kamen, und der in der Ferne sichtbaren Stadt abzweigte. Obgleich er geschrien, hatte ihn niemand gehört. Sie sah sein gebrochenes Bein, tröstete ihn und hieß ihn still liegenbleiben, bis sie käme und ihn nach Hause brächte. Er beschrieb ihr das weiße Haus, in dem er wohnte, abseits von den anderen Häusern gelegen, und sagte, sein Vater sei der Aufseher über drei Dörfer.

Die Morgendämmerung erhob sich über den östlichen Klippen, als Oyahbe erwachte. Sie erzählte mir den Traum und sagte, wir müßten uns beeilen, das Kind zu finden. Ich folgte ihr die staubige Straße hinunter, während sie nach dem Weg suchte, wohl wissend, wo er in Richtung des Flusses abzweigte. Schließlich fand sie ihn, obgleich er fast ganz durch große Maispflanzen verdeckt war. Wir eilten durch hohes, den Fluß säumendes Schilfgras, bis wir zu einer kleinen Lichtung kamen, auf der ein schlafendes Kind mit einem verdrehten Bein lag. Es wimmerte, als ich es hochnahm, doch als der Knabe Oyabhe sich über ihn beugen sah, tätschelte er ihre Wange, lächelte und sagte: »Wirst du mich zu meinem Vater zurückbringen, wie du es versprochen hast? Ich rief und rief, aber niemand außer dir hörte mich.«

Der Vater des Kindes, welcher Benoat hieß, freute sich so sehr, daß er uns, statt uns wie Ausgestoßene zu behandeln, selbst die Speise und den Wein brachte. Er fragte, wie wir den Knaben gefunden hatten, und Oyabhe erzählte ihm, sie habe ihn rufen gehört und sei ihm zu Hilfe geeilt. Wir hätten vielleicht das Haus verlassen und wären unseres Weges gezogen, wäre nicht die Amme des Knaben zu uns gekommen, uns zu sagen, er verlange nach Oyahbe. Die Frau starrte Oyahbe an und sagte dann vorsichtig: »Er sagt, er hätte nicht nach dir gerufen. Er betete zu Ra, wie ich es ihn gelehrt hatte, und dann sah er dich in einem Traum, und du verspachst, ihn zu suchen. Er sagt, er hätte dir genau gesagt, wo er lag, sogar wo der Pfad durch das Maisfeld abzweigt und daß er durch das Schilfgras verdeckt sei. Ich hätte ihm nicht geglaubt, wenn ich nicht von seinen häufigen, seltsamen Träume wüßte. Ist es wahr, was er sagt?«

»Ja«, erwiderte Oyahbe, »es ist vollkommen wahr.«

Die Frau nickte, weder ungläubig noch überrascht, und sagte: »Sofort nachdem ich dich gesehen hatte, wußte ich, daß er einen wahren Traum gehabt.«

Dann bat uns Benoat, seine Gäste zu sein, und ich wußte, er würde uns ohne Frage aufgenommen haben, selbst wenn ich ihm unsere Geschichte nicht erzählt hätte. Er fragte, auf welcher Straße wir vom Norden gekommen waren und erkundigte sich dann mit ehrlicher Anteilnahme, ob wir besser behandelt worden seien, seit wir in die Oryx gekommen. Als ich antwortete, daß wir beide bemerkt hatten, daß uns die Menschen freundlicher behandelten als alle anderen zuvor, konnte ich seine Zufriedenheit sehen.

Dann sagte er Oyahbe, daß eine Kammer für sie vorbereitet war, wo sie frische Kleider und andere Dinge finden würde, welche sie vielleicht brauchen könnte. Sich zu mir wendend, sagte er: »Unsere Priester tragen ein gelbes Gewand, und ich werde bis zum Sonnenuntergang eines für Euch bereit haben.«

Er hielt inne: »Doch ich bin zu eilig. Ich mache Pläne, bevor ich frage, ob ihr beide hier, in der Oryx, zu bleiben wünscht. Hier gibt es für euch beide Arbeit, und wir wären euch für eure Hilfe dankbar.«

Ich antwortete: »Wir kamen als Ausgestoßene, und Ihr habt uns als ehrenvolle Gäste behandelt; man hat uns unsere Arbeit genommen, und Ihr habt sie uns zurückgegeben. Müßt Ihr da fragen, ob wir solch ein großes Geschenk annehmen wollen?«

»Morgen werde ich euch zum Fürsten der Provinz bringen. Obwohl er noch jung ist, ist er weise, wie auch sein Vater vor ihm. Er selbst trägt nicht die Goldenen Sandalen, doch weiß er, wie er die

Menschen zu ihrem Glück führt. Er kennt seine Provinz, wie ein gewöhnlicher Mann seinen Garten kennt, und alle, die darin wohnen, sind ihm Verwandte. Sein Vater und sein Großvater waren große Gelehrte. Im Großen Haus gibt es ein Gemach mit Hunderten von Papyrusrollen; manche von ihnen habe ich gesehen, sie sind alt, sehr alt, und ist auch die Farbe der Schriftzeichen verblaßt, leuchtet die Wahrheit daraus doch wie an dem Tag, an dem sie aufgezeichnet wurden. Er sagte, ich solle ihm nicht Ehrerbietung entgegenbringen für seine Art zu regieren, denn er folge nur den alten Gesetzen ... Als ich ein kleiner Knabe war, sagte sein Vater zu mir — es war, nachdem ich zum ersten Mal die Gesetze hatte verlesen hören: »Du hast heute eine ganze Menge feierliche Worte gehört, Benoat. Doch was ich dir nun sage, daran erinnere dich, denn die magische Kraft dieser Worte ist so stark wie alles andere zusammen — *Säe den Samen, den du ernten möchtest, und erinnere dich, daß der, der Liebe sät, Freude erntet.*«

Als wir uns am nächsten Tag den steinernen Säulen am Eingang des Fürstenhauses näherten, erwartete ich, bald einen Mann, so legendär wie ein alter Pharao, Audienz geben zu sehen. Nachdem wir einen großen Vorhof überquert hatten, folgten wir Benoat sieben niedrige Stufen hinauf in eine Halle, deren hohes Dach von einer Doppelreihe viereckiger Pfeiler getragen wurde. Benoat blickte in einen Raum, welcher sich von der Halle öffnete; er war leer, aber bevor Benoat sich umdrehte, sah ich die Regale an den Wänden und auf dem langen Tisch die Schilfrohrfedern und Palette, Gerätschaft eines Schreibers. Hinter der Halle gab es einen anderen Torweg, der durch einen blauen Vorhang abgeteilt war. Benoat zog den Vorhang zur Seite, und wir gingen hindurch und gelangten in einen von Mauern umgebenen Garten. Der Garten war der Sitte nach gestaltet, mit gestutzten Akazien an den vier Ecken eines Fischteichs. Auch im Garten war niemand, und wir durchquerten ihn und verließen ihn an der gegenüberliegenden Seite durch ein Tor in der Mauer.

Nun befanden wir uns in einem Weingarten, welcher von schmalen Bewässerungskanälen umsäumt war. Aus den Feldern hinter dem Weingarten mischte sich der Duft blühender Bohnenstauden mit der Wärme der reifenden Trauben. Zwischen den Weinreben arbeitete ein nur mit einem Lendenschurz bekleideter Mann. Er war viel jünger als ich, nicht mehr als dreißig Jahre alt, vielleicht auch noch jünger. Die Sonne hatte seine Haut karneolfarben gebräunt, und sein dunkles Haar glänzte in der gleichen warmen Farbe. Benoat begrüßte ihn mit dem

Gruß von Verwandten und nannte ihm dann unsere Namen. Als Oyahbe seinen Gruß erwiderte, lag ein Klang in ihrer Stimme, welchen ich noch nie zuvor bei ihr vernommen. Einst hatte ein Kind wie eine Priesterin gesprochen, und nun sprach die Priesterin wie eine Frau. Ich fragte mich, ob der Mann der Aufseher des Weingartens war. Ich wußte, daß Oyahbe einsam war, und manchmal, wenn ich die Last meiner Jahre spürte, fürchtete ich den Tod, der sie ohne meinen Schutz zurücklassen würde. Es wäre gut, wenn sie einen Mann fände, welchen sie von Herzen liebte ...

Der Mann sagte, er habe für heute genug gearbeitet, und führte uns zu einer Steinbank, die von Weinranken beschattet waren, welche von Holzbalken herabhingen. Er setzte sich zwischen Oyahbe und Benoat, und während er unserer Geschichte lauschte, die zu erzählen er Oyahbe gebeten hatte, schien er zu vergessen, daß sie beide nicht allein waren. Wieder fragte ich mich, wer er war ... Wenn er nur ein Gärtner wäre, würde seine Frau hart arbeiten müssen, und es ist für das Erinnern nicht gut, wenn der Tag zu gefüllt ist mit Dingen, die zu tun sind. Dann dachte ich über die Art nach, wie er gesagt hatte, er habe nun genug Arbeit verrichtet. Das konnte er gewiß nur sagen, wenn er der Aufseher war?

Dann dachte ich, er müsse ein noch größeres Amt innehaben, denn als Oyahbe mit ihrer Erzählung geendet hatte, hieß er Benoat mich zum Weinlager zu bringen, auf daß ich von dem ersten Krug des vor fünf Jahren gekelterten Weines, welcher heute morgen geöffnet worden war, kosten könne. Ich warf einen Blick zurück, bevor ich Benoat durch den zum Haus führenden Säulengang folgte. Nach der Art und Weise, wie sich Oyahbe und der Mann ansahen, war ich es zufrieden, die beiden miteinander allein zu lassen — selbst wenn er tatsächlich nur ein Gärtner *wäre*. Der Wein war besser als irgendeiner, den ich je zuvor getrunken, und noch bevor Benoat geendet hatte, ihn zu preisen, hatte ich vergessen, nach dem Namen des Mannes zu fragen, mit dem ich Oyahbe zurückgelassen ...«

Nekht-Ra hörte zu erzählen auf. Ich sah, daß in seinen Augen Tränen standen, und ich legte meine Hand in die seine. Ich wartete eine lange Zeit, aber noch immer sagte er nichts. Also fragte ich: »Wie *lautete* der Name des Mannes? Du hast es mir nicht erzählt. Du hieltest gerade in dem Moment inne, als Benoat ihn dir nennen wollte.«

Er legte seinen Arm um mich und zog mich eng an sich. »Sein

Name? Muß ich dir den Namen deines Vaters *nennen*, kleiner Ra-ab?«

Mir wurde klar, wie töricht ich gewesen war, nicht zu verstehen, dennoch war ich immer noch verwirrt. »Aber du sagtest, der Mann im Weingarten sei viel jünger als du gewesen, mehr als zwanzig Jahre jünger: Mein Vater ist ein alter Mann, genauso alt wie du.« Dann dachte ich, ich hätte ihn nun vielleicht gekränkt, deshalb sagte ich: »Nicht daß du *wirklich* alt bist, lieber Nekht-Ra.«

Doch Nekht-Ra schien nicht beleidigt zu sein, wenn seine Stimme auch traurig klang. »Also erscheint dir Khnum-hotep alt? Ja, ein Kind muß ihn so sehen. Für mich ist er immer noch ein junger Mann, so erfüllt mit der Freude über deine Mutter ... Aber natürlich muß er nun alt erscheinen. Ein Mann ist so jung wie sein Herz, und seines wurde mit ihr begraben — um mit dem ihren jenseits des Sonnenunterganges zu leben.«

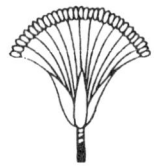

Poyok, die Wildkatze

ALS ICH DER kleinen Kiyas alles erzählte, was Nekht-Ra mir über unsere Mutter berichtet hatte, nahm sie Anteil, doch eher so, als sei es eine Geschichte, und nicht etwas, was einem wirklichen Menschen geschehen war. Sie rief: »Arme Oyahbe! Sie hatte bestimmt ein *furchtbar* schreckliches Leben, aber Nekht-Ra hat dir nichts vom schönen Teil der Geschichte erzählt, dem Teil, in dem Vater und du und ich vorkommen!« und erklärte mir: »Es muß so langweilig gewesen sein, in einem kleinen Tempel zu leben und nur einen alten Mann zur Unterhaltung zu haben, selbst wenn er ein netter alter Mann war wie Nekht-Ra. Der andere Tempel muß genauso schlimm gewesen sein, nicht so langweilig, aber dafür schrecklicher. Ich hoffe, daß all die Mädchen, die zu ihr böse waren, überall Pickel bekommen haben und bald gestorben sind!«

»Es kann kein *langweiliges* Leben gewesen sein, Kiyas, zumindest nicht, nachdem sie von ihren dummen Eltern fortgegangen war, denn sie muß sich an sehr viel aufregendere Dinge erinnert haben, als wir selbst an unseren abenteuerlichsten Tagen erleben. Sie konnte in den Jahrhunderten vor- und zurückspazieren, als wären die Jahre Bäume einer Allee. Das *kann* nicht langweilig gewesen sein.«

»Das kommt darauf an«, sagte Kiyas, »wie die Jahrhunderte waren und wie schwer es war, sich daran zu erinnern. Nekht-Ra sagte mir, es sei sehr schwer, sich zu erinnern, schwieriger, als Schriftzeichen zu erlernen.«

»Ich denke, sich zu erinnern ist das Wichtigste, was man tun kann. Wenn ich es gelernt habe, werde ich mich sicher nicht mehr mit irgend etwas anderem abgeben. Ich werde nur noch aufwachen, um aufzuschreiben, was ich geträumt habe, und dann werde ich wieder schlafen gehen.«

»Ich halte das für eine dumme Idee. Du wärst für jeden anderen todlangweilig, und dann wären auch deine Träume langweilig, und niemand würde sie lesen wollen. Deine Beine und Arme würden ganz schlaff werden, wenn du nie herumläufst oder schwimmen gehst, und es ist ziemlich sicher, daß du fett werden würdest. Ich fände es abscheulich, einen fetten Bruder zu haben, selbst wenn andere Leute meinen, er sei voller Magie — aber das *würden* sie erst gar nicht!«

»Mutter war nicht fett, sie war die schönste Frau, die es je gab, viel schöner, als du es je sein wirst! Und Nekht-Ra sagt, sie sei eine eingeweihte Priesterin gewesen. Er sagte, sie sei dem Weg von Anubis gefolgt, und das will ich auch ... wenn ich mich erst mal erinnert habe, wie das geht.«

»Ich weiß alles über Anubis«, sagte Kiyas. »Er ist der Gott, der wie ein Schakal aussieht, und er steht auch in Vaters Heiligtum. Niyahm sagte mir, er habe es für Mutter erbauen lassen. Ich mag Anubis am liebsten von all den Göttern. Er erinnert mich an Anilops.«

Ich wußte, daß sie mich ärgern wollte, denn Anilops war aus Holz, ihr liebstes Spielzeug. Stets spann sie Geschichten um ihn und erwartete, daß ich sie glaubte. »Ich weiß, du bist erst sechs, Kiyas, aber wenn du dich sehr anstrengen würdest, könntest du wohl nicht *ganz* so dumm sein.«

»Würdest *du* dich anstrengen, so würdest du aufhören, immer so schlau sein zu wollen. Selbst Niyahm sagt, daß du zuweilen daherredest wie ein alter Mann. Sie hat ganz recht, und dieser Mann ist ein sehr alter Mummelgreis; also ist es besser, du hörst damit auf, bevor es dir zur Gewohnheit wird und du es nicht mehr lassen kannst!«

»Manchmal finde ich es ganz ungerecht, daß du als Mädchen auf die Welt gekommen bist! Wenn du das *nicht* wärst oder ich auch ein Mädchen wäre, könnte ich dir wenigstens eins verpassen.«

Sie kicherte. »Versuch's doch! Ich werde schreien, und dann wird Niyahm kommen und *dir* eins verpassen, und ich werde lachen. Na los, hau mich doch!« Sie beugte sich vor und zog ihre Tunika hoch. »Los, hau mich, wenn du willst!«

Und wie gerne ich ihr was verpaßt hätte! Es wäre gewiß kein kleiner Klaps gewesen, so wütend wie ich war. Dann sah ich, wie sie sich so weit nach vorne gebeugt hatte, daß sie mich zwischen ihren Beinen hindurch beobachten konnte. Und ihr Gesicht sah verkehrt herum so lustig aus, und ich mußte lachen.

Sie war nicht sehr oft in solch einer Stimmung. Ich hätte merken sollen, daß sie einen, wie Niyahm es nannte, »ihrer schwierigen Tage« hatte. Dann war sie für jedermann schwer zu ertragen, zuweilen sogar für Vater. Es begann gewöhnlich mit einem Alptraum, der sie schreiend erwachen ließ. Dann ging ich in ihre Kammer, um nach ihr zu sehen, doch sie schien sich nie an viel zu erinnern. Sie erinnerte sich nur undeutlich an Menschen und Dinge, die sie durch Schlamm jagten, der an ihren Füßen klebte, wenn sie fortzurennen versuchte. Sie zappelte, wenn Niyahm ihre Haare kämmen wollte, und machte dabei genausoviel Theater wie eine Ente, die gerupft wurde, bevor sich jemand erbarmt hatte, sie zuvor zu töten. Dann klagte sie, die Milch sei sauer, und wenn eine andere Schale gebracht wurde, fand sie eine andere Ausrede, sie nicht zu trinken. Sie war sehr geschickt im Erfinden von Ausreden. Einmal hatte sie beinahe Niyahm weisgemacht, sie könne ihre Milch nicht trinken, da die Ziege unglücklich war, weil man ihr ihr Junges weggenommen hatte und nun ihr Unglücklichsein in der Milch zurückgeblieben war ... sie sagte, sie könne sogar Blasen von Traurigkeit auf der Oberfläche schwimmen sehen, so deutlich, als ob es sich um ertrinkende Fliegen handelte.

Ich versuchte stets, sie aufzumuntern, doch führte es selten zu etwas Gutem, wenn sie mit mir auch stets besser umging als mit anderen Menschen. Wahrscheinlich erwachte sie dann am nächsten Tag wieder freundlich, und wenn sie dann jemand auf ihr übellauniges Betragen vom Vortag ansprach, sagte sie entwaffnend: »Ich weiß. In dem Augenblick, als ich gestern erwachte, sagte ich zu mir: ›Das wird heute ein schwieriger Tag werden!‹ Und ich hatte recht, nicht wahr?«

Nachdem ich sie eben fast geschlagen hätte, vertrugen wir uns über unser gemeinsames Lachen wieder. Sie sagte: »Die meisten Menschen sind so, daß sie jeden Tag ein wenig ärgerlich sind und niemand es bemerkt; das Dumme bei mir dagegen ist, daß sich der ganze unterdrückte Ärger — nachdem ich tagelang, Tag für Tag wirklich durch und durch nett war — zu einem riesigen Berg auftürmt. Und dann geschieht etwas ganz Eigenartiges: Der Berg verwandelt sich in eine Wildkatze, und die Wildkatze verwandelt sich in mich! Was kann ich dafür, daß ich ärgerlich bin, wenn ich überhaupt nicht *ich* bin, sondern eine furchtbar bösartige Wildkatze?«

»Also werde ich dich an deinen Wildkatze-Tagen bei einem anderen Namen rufen: Poyok, die mit den Krallen.«

»Das ist ein *sehr* guter Einfall.«

»Wirst du nun jeden Tag Poyok sein?«

»Nun, das Sonderbare ist«, sagte sie feierlich, »als ich heute morgen erwachte, war ich mir beinahe sicher — obwohl ich mir die Fliege in der Milch nicht ausdachte, da war wirklich eine; ich wußte ganz genau, daß Niyahm die Schale nur aus der Kammer getragen hatte, um dann wieder zurückzukommen und zu behaupten, sie sei frisch ... doch nun bin ich fast sicher, daß ich nicht länger Poyok bin.« Sie schlang ihre Arme um mich. »Lieber, lieber Ra-ab, ich war so gemein zu dir. Du wußtest, daß es eigentlich Poyok war und nicht ich, oder? Ich habe beschlossen, daß ich nicht Poyok sein mag. Ich wünschte, Anilops hätte fletschende Zähne, statt die ganze Zeit zu lächeln, denn ein Löwe könnte eine Wildkatze auf der Stelle auffressen, selbst wenn es eine ganz besonders bösartige Wildkatze mit Namen *Poyok* wäre. Ich hatte gerade einen wunderbaren Einfall! Wir sagen, Anilops hätte Poyok aufgefressen, und dann kann ich die ganze Zeit nett sein. Findest du nicht, daß das eine gute Idee ist?«

»Ja, das finde ich. Und das hast du doch nicht wirklich ernst gemeint, was du über mich gesagt hast — daß ich fett werden würde, wenn ich versuchte, mich richtig zu erinnern? Ich denke nicht, daß ich mich an langweilige Dinge erinnern würde, denn die Teile, an die ich mich beim Erwachen erinnere, sind gewöhnlich sehr aufregend.«

»*Natürlich*, das meinte ich nicht so! Nicht ich habe das gesagt, es war diese furchtbare Poyok, und jetzt ist sie tot.« Sie nahm Anilops und tätschelte seinen Bauch. »Schau, wie vollgefressen er ist. Er ist voll damit beschäftigt, eine ganze Wildkatze zu verdauen, die uns nie mehr ärgern wird.«

»Wirst du mir dann helfen, mich zu erinnern?«

»Natürlich werde ich dir helfen. Was soll ich tun?«

»Frage mich jeden Morgen als erstes, was ich geträumt habe – und tue so, als wolltest du es wirklich wissen, auch wenn es nicht so ist. Und wenn ich zu dir komme, bevor du zu Bett gehst, sage zu mir ›träume gut‹ statt ›schlafe gut‹ – das wird mir helfen, mich daran zu erinnern, daß ich mich erinnere! Du wirst das viele Monde lang tun müssen – und vielleicht sogar jahrelang, denn Nekht-Ra sagte, so habe Mutter geübt. Und es muß für sie noch viel schwerer gewesen sein, weil ihr niemand in ihrer gräßlichen Familie geholfen hat. Sie mußte es ganz allein machen, ohne irgend jemanden zu haben, der wußte, wie schwer es war und wie langweilig zuweilen.«

»Du sagtest, sich zu erinnern könnte nicht langweilig sein.«

»Nun, Nekht-Ra sagte, sich selbst ans Erinnern zu erinnern sei manchmal langweilig gewesen. Es bedeutet, daß man immer schlagartig erwachen muß, statt diese angenehme, gemütliche Weile zu haben, bevor man die Augen öffnet – nicht aufzuwachen, sondern sich selbst aufzuwecken. Er sagte, es sei fast wie der Versuch, einen Fisch mit der Hand zu fangen, und wenn man nicht sehr schnell ist, windet sich der Traum wieder zurück ins Vergessen, und man hat ihn verloren. Dann gibt es noch eine Menge wichtiger Kleinigkeiten, die man nicht vergessen darf, obwohl sie überhaupt nicht aufregend sind ... das ist das gleiche wie beim Bogenschießen die Gazelle zu treffen, auch wenn sie nur auf eine Zielscheibe aus Leinwand gemalt ist. Beides gehört zum notwendigen Üben.«

»Was für wenig aufregende Dinge sind das?«

»Wenn du in einem Traum eine Allee entlanggehst, solltest du versuchen, dich genau an die Bäume zu erinnern und welchen Abstand sie voneinander haben und an die Form und Farbe der Blätter. Und wenn dich etwas angreift, sollst du nicht einfach weglaufen, bevor du nicht weißt, *warum* du wegläufst.«

»Ich würde diesen Teil der Übung nicht mögen«, sagte Kiyas. »Wenn ich etwas sehe, vor dem man davonlaufen sollte, *laufe* ich einfach. Und wenn es dabei ist, mich zu fangen, schreie ich, um aufzuwachen. Ich finde es mutig von dir, daß du Anubis folgen willst, wo er dich doch an Orte führen wird, von denen du nicht weglaufen kannst, egal wie furchterregend sie sind.«

»Vater sagt, Angst sei der einzig wirkliche Feind. Ich nehme an, er hat wirklich recht ... er sagt, Seth und Furcht seinen zwei Namen des Gottes des Bösen.«

»Könnte dir Anubis zeigen, wie man die Furcht tötet?«

»Ich weiß nicht ... Er hat mich ja noch nicht angenommen, und vielleicht wird er es nie tun. Doch ich glaube, wenn ich ihm nur lange genug folge, wird er mich lehren, nicht vor den Dingen davonzulaufen. Und vielleicht — wenn man nicht davonläuft — ist nichts mehr so furchterregend. Versprichst du mir, mich zu erinnern, daß ich dir meine Träume jeden Morgen erzähle?«

»Ich verspreche es«, sagte Kiyas.

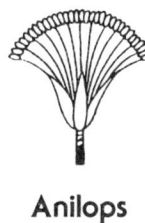

Anilops

KIYAS NAHM ANILOPS immer mit ins Bett. Sie sagte, seit er Poyok gefressen hatte, erzähle er ihr stets Geschichten zum Einschlafen. Ich bat sie, ihn mir auszuleihen, aber das wollte sie nicht. Also versteckte ich mich eines Nachts in ihrer Kammer, um zu lauschen. Doch Anilops blieb einfach ein Spielzeug, und das einzige, was ich hörte, war, daß Kiyas zu ihm sprach.

Da sie an Anilops glaubte, hatte ich Zweifel, ob sie meinen Träumen glauben würde. Sie forderte mich zwar auf, ihr von meinen Träumen zu erzählen, doch dachte sie nie, daß es Geschehnisse waren, welche sich wirklich zugetragen hatten. Sie sagte dann immer: »Natürlich begreife ich solche Dinge; Anilops und ich erleben auch immer Abenteuer!«

Eines Tages, als ich versuchte, ihr verständlich zu machen, daß meine Abenteuer anders waren als die ihren, sagte sie: »Letzte Nacht, kurz bevor ich badete, kamen zwei Krokodile aus dem Wassertrog. Sie waren sehr bösartig, und ihre Zähne waren fünf Ellen lang! Sie hätten mich auf einen Haps aufgefressen, wenn Anilops sie nicht angebrüllt hätte. Dann biß er ihnen in den Schwanz, so daß sie aus Furcht so klein zusammenschrumpften wie Mäuse, und sie schlüpften schleunigst durch die Abflußrinne im Boden davon.«

»Kiyas, du *weißt*, daß das nicht wahr ist. Was *ich* dir erzählt habe, ist wirklich geschehen, es war nicht nur eine alberne Geschichte, die ich mir zusammenphantasiert habe.«

»Ich finde nicht, daß es eine *alberne* Geschichte ist. Ich finde, daß es eine *sehr schöne* Geschichte ist. Habe ich dir erzählt, was Anilops erst vorgestern getan hat?«

Ich war es leid, von Anilops zu hören, aber ich wußte, daß es keinen Sinn hatte, Kiyas zu unterbrechen, wenn sie sich einmal etwas in den Kopf gesetzt hatte. »Nun«, sagte sie, und versuchte sehr eindringlich zu sprechen, »folgendes geschah: Ich stand am Morgen sehr früh auf, als es noch dunkel war, und machte einen langen Spaziergang, bis ich zu einem großen See mitten im Nichts kam — zumindest muß das Nichts irgendwas gewesen sein, obwohl ich nicht feststellen konnte, *was* es war. Und in der Mitte des Sees schwamm ein großes Flußpferd. Ich glaube, es war der König der Flußpferde, weil es purpurfarbene Flügel hatte. Es war sehr liebenswürdig und fragte, ob ich auf ihm reiten wolle und den großen Fisch, der in einer Höhle tief unter dem Wasser lebte, besuchen wolle. Anilops wollte es nicht und knurrte ein wenig, aber ich gab ihm ein paar Püffe, bis er wieder lieb war. Dann stiegen wir beide auf den Rücken des Flußpferds. Es war so groß wie die Königliche Barke und so weich wie Gänsefedern, wenn auch ziemlich feucht. Es flog ein bißchen und dann schwamm es ein bißchen. Dann tauchte es plötzlich, und ich wäre wahrscheinlich von ihm heruntergespült worden, wenn ich mich nicht an Anilops' Schwanz festgehalten hätte und wenn er sich nicht mit seinen Zähnen an den Flügeln des Flußpferds festgebissen hätte. Wir machten eine lange Reise, und das Wasser fühlte sich genauso angenehm an wie Luft — es war naß, doch überhaupt nicht ungewohnt. Dann sahen wir etwas, das so groß und silbern wie eine Wolke war, und von ihrem vorderen Rand stiegen farbige Monde auf, einer nach dem anderen, wie die Perlen einer Halskette. Ich wußte nicht, was es war, bis ich plötzlich sah, daß es ein riesiger, ungeheuer großer Fisch war. Er sah sehr alt aus und sehr, sehr weise — überhaupt nicht wie die Art von Fischen, die man essen kann, oder wie die, welche in unserem Teich leben. Er sang freundlich blubbernd vor sich hin: ›Ich bin älter als die Sonne und jünger als der Mond. Ich kannte den Himmel schon, noch bevor es Sterne gab und die Berge so klein waren wie ein Sandkorn ...‹ Ich wollte noch mehr von dem Lied hören, aber Anilops knurrte, und der große Fisch klappte sein Maul zu und sah sehr gräßlich aus. Er sagte: ›Kleines Mädchen, was machst du in meiner Höhle? Kennst du die Antwort auf die Frage? Wenn du die Antwort *nicht* kennst, werde ich dich fressen, weil du hierher gekommen bist.‹ Ich konnte mich nicht an die Antwort erinnern — genausowenig, wie ich mich an Schriftzeichen erinnern kann. Dann schwenkte der Fisch seinen Schwanz, und das Wasser wurde dunkel, dunkler als ein Gemach, wenn die Lampe gelöscht ist und die Fensterläden geschlossen sind. Nun schwamm und schwamm ich durch die Dunkelheit, ich hatte sehr, sehr große Angst. Dann fühlte ich, wie mich etwas hinten an meiner Tunika aus dem Wasser ans Ufer zog. Und ich sah Anilops das Wasser von seinem Fell schütteln und verärgert dreinblicken — er haßt es, naß zu werden! Ich konnte das Flußpferd nirgendwo sehen, nicht einmal eine Purpurfeder von seinen Flügeln. Also gingen Anilops und ich nach Hause; und er wurde wieder zu Holz, und ich schlief ein ... Du siehst also, ich verstehe deine Geschichten sehr wohl, Ra-ab, denn mir geschehen ähnliche Dinge!«

»Du verstehst *nicht* — ich dachte, du würdest es verstehen, aber du tust es nicht. Meine Träume sind nicht einfach Geschichten, die ich erfunden habe. Ich benehme mich nicht wie ein dummes Kind, wenn ich schlafen gehe. Ich erlebe sehr wichtige, erwachsene Dinge, nicht die kleinen, alltäglichen Abenteuer einer Sechsjährigen.«

»Meine Abenteuer sind nicht klein. Du bist eifersüchtig, weil du niemals daran gedacht hast, von einem Flußpferd mit Flügeln zu träumen!«

Ich versuchte zu überlegen, was sie am stärksten beeindrucken würde von alledem, dessen ich mich erinnern konnte, getan zu haben. »Nun, ich kann fliegen, wenn ich schlafe. Ich brauche kein dummes Flußpferd, um darauf zu reiten. Ich kann wie ein Vogel fliegen ohne Flügel!«

»Ein Vogel ohne Flügel kann nicht fliegen!«

»Sei nicht albern. Ich meine, ich kann ohne Flügel wie ein Vogel mit Flügeln fliegen. Du versuchst nur, mich zu ärgern.«

»Wirklich, Ra-ab, das tue ich nicht! Versuche du, mich in deine Träume mitzunehmen, und ich versuche, dich an meinen teilhaben zu lassen, und dann wissen wir, wessen Träume wirklicher sind. Versuche es, Ra-ab, *versprich* mir, daß du es versuchst — wir werden jetzt gleich einschlafen.«

Es wäre eigentlich schön, Kiyas in meinen Träumen zu haben. Es wäre nicht so einsam, wenn ich sie hätte, um mit ihr darüber zu sprechen. Selbst Nekht-Ra verstand nicht wirklich, obwohl er viele Worte gebrauchte, um zu erklären, was ich tat, wenn ich mich von meinem Körper gelöst hatte. Aber es war nicht das gleiche, wie jemanden zu haben, der genau wußte, wie sich das anfühlte.

»Ich werde versuchen, dich mitzunehmen, aber du mußt es auch versuchen. Ich klopfe an die Wand, sobald ich im Bett bin.«

»Ich werde es auch tun.«

»Dann mußt du sagen: ›Ich werde mit Ra-ab in seinen Traum gehen. Ich *werde* mit Ra-ab in seinen Traum gehen.‹ Wiederhole es ständig — sehr laut in deinem Herzen.«

Als ich ihr Klopfen hörte, begann ich: »Laß mich Kiyas mit mir nehmen und sich erinnern. Laß mich Kiyas mit mir nehmen und sich erinnern ...«

Sie stand neben mir, und ich dachte, sie sei in meine Kammer gekommen, um mich etwas zu fragen. Ich stieg aus dem Bett, um sie zurückzubringen, und wollte ihr gerade sagen, daß sie mich nicht unterbrechen solle, als ich sah, daß mein Körper schlafend auf dem Bette lag. Ich nahm Kiyas an der Hand und führte sie zurück in ihre Kammer und zeigte auf ihren eigenen Körper, der dort lag mit dem hölzernen Löwen auf dem Kissen neben ihr.

Sie nickte. »Das ist nur der Tages-Anilops — ich weiß nicht, wohin er gegangen ist. Es ist unartig von ihm, wegzulaufen.«

»Warum, hier ist er doch!«

Neben ihr war ein fremdartiges Tier. Es sah aus wie ein Löwe, war aber steif in den Gelenken. Kiyas tätschelte ihn, und er schnurrte, leise und genüßlich, mehr wie eine Katze als ein Löwe.

»Wie wurde Anilops lebendig?« fragte ich sie.

»Schon bald nachdem ich ihn bekommen hatte. Jemand hat ihn beauftragt, auf mich aufzupassen. Ich passe auf ihn auf, wenn ich wach bin, und er paßt auf mich auf, wenn ich schlafe. Manchmal werde ich in eine Geschichte verwickelt, die ich vor dem Schlafengehen erzählt habe, und bevor ich Anilops hatte, habe ich mich immer sehr gefürchtet. Nachdem mir Niyahm erzählt hatte, daß ich von einem Krokodil gefressen würde, wenn ich allein zum Fluß ginge, wollte ich herausfinden, ob es wahr sei, was sie sagte, oder ob sie mir nur Angst einjagen wollte. Also stellte ich mir immer vor, wie ich auf dem schmalen Pfad durch das Schilf ging und schönes flaches Wasser fand, um darin zu plantschen. Aber manchmal raschelte es im Schilf, und ein Krokodil rutschte langsam daraus hervor. Ich hatte immer solche Angst, daß ich nicht einmal weglaufen konnte. Wenn sich sein Maul öffnete, um mich entzweizureißen, konnte ich rennen, aber es war mir immer ganz dicht auf den Fersen, und der Pfad hatte sich in dicken Morast verwandelt, der an meinen Füßen klebte, als sei ich eine Fliege im Honig. Es war so furchterregend, zu schlafen, daß ich versuchte, meine Augen offenzuhalten.« Sie seufzte zufrieden. »Dann geschah das mit Anilops, und nun habe ich nie mehr Angst, denn wenn ein Traum zu aufregend wird, kommt er mich retten, und ich weiß, daß ich in Sicherheit bin.«

Am nächsten Morgen ging ich in Kiyas Kammer und fand sie wach. Ich fragte sie: »Hast du dich erinnert? Hast du dich erinnert, daß du mit mir zusammen warst und mir von Anilops erzählt hast?«

Sie gähnte. »Natürlich kann ich mich daran erinnern, dir von Anilops erzählt zu haben, doch das war nicht in einem Traum, das war gestern.«

»Nein, Kiyas, das meine ich nicht, ich meine, als wir beide schliefen. Kannst du dich nicht einmal erinnern, wie du dich schlafend in deinem Bett gesehen hast? Oder an sonst *irgend etwas*?«

Sie schüttelte den Kopf. »Nein, Ra-ab. Es tut mir sehr leid, aber ich erinnere mich nicht. Ich hatte letzte Nacht nicht einmal ein Abenteuer mit Anilops. Ich habe mich schrecklich angestrengt, genau, wie du es mir gesagt hast, und dann war es Morgen, und du bist hereingekommen, und mehr ist nicht passiert.«

Ich war so enttäuscht, daß ich sie am liebsten geschüttelt hätte, doch sie sah so klein und besorgt aus — ich konnte nicht lange böse auf sie sein.

»Es ist in Ordnung, Kiyas«, sagte ich, »laß uns baden gehen; und auch wenn du in dem Moment, in dem wir wieder trocken sind, vergißt, daß wir schwimmen waren — mach ich mir nichts daraus.«

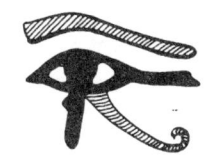

Der Amulettmacher

KIYAS UND ICH gingen oft zu Roidahn. Sein Gut an der nördlichen Grenze der Provinz hieß Hotep-Ra. Er war unser Verwandter, und nach Vater war er der bedeutendste Mann in der Oryx. Seine Gattin war gestorben, bevor Kiyas auf die Welt kam, und er hatte einen Sohn namens Hanuk, welcher vier Jahre mehr zählte als ich, und eine Tochter, die sich für zu erwachsen hielt, um mit uns zu spielen.

Obwohl auch seine Frau tot war, war Roidahn nicht so ernst wie mein Vater. Er war so voller Lebenslust, daß sich jeder in seiner Anwesenheit doppelt lebendig fühlte. Dennoch war er sehr weise und konnte auch Fragen beantworten, die die meisten Leute nicht einmal verstanden.

Kiyas nahm Anilops stets mit, wenn sie von zu Hause fortging, aber eines Tages, als wir nach Hotep-Ra gingen, hatte Niyahm ihn einzupacken vergessen, und als Kiyas sein Fehlen entdeckte, machte sie ein großes Gejammer und weigerte sich, zu Bett zu gehen. Ich war böse auf sie, denn ich fürchtete, wenn Hanuk sah, wie sie sich aufführte, könnte er denken, wir seien beide zu klein, mit ihm zu spielen. Ich versuchte, sie zur Ruhe zu bringen, als Hanuk unsere Kammer betrat.

Kiyas sagte verzweifelt: »Ich *werde* ohne Anilops nicht ins Bett gehen! Es könnte mir etwas Furchtbares geschehen, und er würde zu Hause sein und nicht das geringste davon wissen.«

Statt zornig zu sein, setzte sich Hanuk zu meiner Überraschung zu ihr ans Bett und ließ sich alles über Anilops erzählen. Als sie geendet hatte, sagte er:

»Auch ich hatte früher einen Anilops. Aber meiner war selbst tagsüber lebendig: Sie war noch ein ganz kleiner Welpe, eine Hündin, als sie magisch zu werden begann und mich in meine Träume begleitete. Jetzt ist sie alt, und wenn sie im Schlafe bellt, ist das, glaube ich, weil sie Wasserratten jagt oder irgendein anderes Abenteuer ohne mich erlebt.«

»Oh, ich bin so froh, daß du es verstehst«, sagte Kiyas. »Ra-ab hält mich zuweilen für albern, was Anilops angeht.«

»Ich werde es meinem Vater erklären, und er wird jemanden schicken, um ihn morgen herzubringen.«

Kiyas sah allmählich wieder fröhlicher aus. »Aber was soll ich heute nacht tun?«

»Ich werde dir meinen Anilops leihen. Sie kann auf deinem Bett schlafen, wenn du möchtest. Sie schnarcht ziemlich, aber das Geräusch ist fast angenehm, wenn du einmal daran gewöhnt bist.«

Er ging und holte die schwarze Hündin, und Kiyas rollte sich ganz glücklich zusammen, sobald diese sich zu ihren Füßen niedergelassen hatte.

Nach Kiyas mochte ich Hanuk am liebsten, und er und Roidahn wirkten auf mich viel eher wie Brüder denn wie Vater und Sohn.

Hanuk machte nicht ständig einen Unterschied zwischen dem, was man Erwachsenen niemals erzählte, und dem, was sie wissen durften. Er schien sich nie darum zu kümmern, wie sich ein Gedanke anhören würde, wenn man ihn in Worte faßte, und er sagte einfach alles, was ihm gerade einfiel. Als wir Roidahn trafen, kurz nachdem wir Kiyas' Kammer verlassen hatten, erzählte ihm Hanuk alles über Anilops. Auch Roidahn schien es nicht für dumm zu halten und sagte, daß er natürlich als erstes morgen einen Boten schicken würde, um den Löwen zu holen.

Wir drei setzten uns auf die Mauer des Weingartens, schaukelten mit den Beinen, unterhielten uns und aßen Weintrauben.

»Es ist furchtbar freundlich, daß Ihr Euch so um Anilops kümmert«, sagte ich zu Roidahn.

»Wie könnte ich etwas anderes tun?« antwortete er mit Überraschung in seiner Stimme. »Anilops ist für Kiyas ein sehr wichtiges Wesen.«

Ich dachte plötzlich, er meinte vielleicht, Anilops sei ein echter Löwe, der sich nach Kiyas sehnte, daher sagte ich zögernd: »Anilops ist nur ein *hölzerner* Löwe, wißt Ihr. Kiyas *denkt* nur, er sei echt.«

»Alles ist wirklich, wenn du denkst, *daß* es das ist, und die Wirklichkeit eines jeden, ist die, die er sich selbst *erschafft*.«

»Aber er ist nur aus Holz, und sie meint, er sei lebendig. Was sie denkt, kann doch keine Rolle spielen, er bleibt doch aus Holz«, entgegnete ich.

Hanuk sagte mit Bestimmtheit: »Sie denkt nicht, er sei lebendig, wenn er nur aus Holz ist. Sie hat mir selbst gesagt, daß er nur zum wirklichen Anilops wird, wenn sie schläft.«

»Ich wüßte gern, was den Traum-Anilops lebendig macht«, warf ich ein.

»Das habe ich mich auch gefragt«, antwortete Roidahn unerwartet. »Du hast wahrscheinlich vergessen, daß sie das letztemal, als sie einen wirklich schlimmen Alptraum hatte, vor zwei Jahren gerade hier war. Ich wußte, wie furchtbar es für sie war, denn mir geschah das gleiche, als ich ein Kind war; und auch Hanuk.«

»Warum?«

»Ein Kind ist fern von der Erde nur einen Teil jeder Nacht so klein ... das ist, wenn man auf der Großen Reise schon weit vorangekommen ist. Die übrige Zeit kannst du in deinem wahren Selbst leben. Dieses wird nicht beeinflußt von der zeitweiligen Unannehmlichkeit, geboren zu werden, zu sterben und wieder geboren zu werden. In deinem wahren Selbst kannst du eine Menge Wichtiges tun. Manchmal erinnerst du dich daran, nicht wahr Ra-ab?« Ich nickte, und er fuhr fort: »Unser wahres Selbst hat Feinde und Freunde, und diese Feinde versuchen oft, uns anzugreifen, während wir unseren kindlichen Schlafkörper benutzen, denn dann sind wir verletzlicher. In diesem Augenblick haben wir vergessen, wie wir unsere ganzen Kräfte verwenden können. Deshalb versucht man gewöhnlich in einem Alptraum verzweifelt zu entkommen. Entweder möchte man in sein wahres Selbst zurückkehren, um dem Angreifer begegnen zu können, oder in den Erdenkörper hier unten, wo man nicht erreicht werden kann.«

Er wies auf einen Mann, der im Weingarten einige von den reifsten Trauben pflückte. »Angenommen, du wärst allein hier, und dieser Mann liefe plötzlich mit einem Messer auf dich zu, um dich zu erstechen. Und angenommen, du wüßtest, daß ich, obwohl ich nicht in Sicht bin, so nahe bei dir wäre, daß ich dich rufen hören würde. Was würdest du tun?«

»Ich würde nach dir schreien, damit du kommst und mir hilfst.«

»Genau. Das solltest du tun, wenn du im Schlaf von etwas angegriffen wirst, was zu stark ist, um allein damit fertigzuwerden ... rufe nach einem Freund, dir zu Hilfe zu kommen. Ich habe Anilops als eine Art ›ständige Antwort‹ auf solch einen Ruf gemacht. Anilops besitzt die Instinkte eines hochentwickelten Hundes, welcher jene, die er liebt, vor jeder Art von Angriff beschützen würde. Er ist stark genug, mit den meisten Wesen und Dingen umzugehen, die versuchen könnten, Kiyas etwas anzutun. Aber wenn etwas des Weges kommt, das zu stark für ihn ist, wird er mich das wissen lassen ... genau wie ein Hund, der nach seinem Herrn bellt, wenn er einen Leoparden wittert.«

»Entstehen Alpträume immer nur dann, wenn einen jemand angreift?«

»Nein. Während des Schlafens erschaffen deine Gedanken sogar noch stärker als im Wachzustand deine Umgebung. Diese Umgebung besteht aus dem, was du erhoffst und wovor du dich fürchtest. Das ist einer der Gründe, warum es so wichtig ist, sich nicht zu fürchten. Viele der Kinderängste sind aus den Geschichten entstanden, welche unwissende Erwachsene erzählt haben. Diese Geschichten sollen die Kinder von bestimmten Gefahren fernhalten, aber statt sie zu schützen, erwuchs daraus viel Ernsteres. Niyahm hat Kiyas zum Beispiel oft gesagt, sie solle nicht auf die hohe Mauer hinter eurem Garten klettern. Sie gehorchte nicht. Also erzählte ihr Niyahm, sie werde ganz sicher hinunterfallen, wenn sie es noch einmal täte, und daß sie dann ein Krüppel sein würde und den Rest ihres Lebens im Bett verbringen müsse. Kiyas kletterte die Mauer nicht wieder hinauf, während sie wach war. Doch nun, da es verboten, wünschte sie es sich noch viel mehr, also kletterte sie auf die Mauer, während sie *schlief*. Als sie auf ihr entlanglief, erinnerte sie sich plötzlich an das, was Niyahm ihr erzählt hatte. Sie hatte Angst herunterzufallen, also *fiel* sie herunter. Es war ihr gesagt worden, sie würde ein Krüppel sein, fiele sie, also *wurde* sie ein Krüppel. Ich fand sie mit verdrehten Beinen am Fuße der Mauer liegen. Sie dachte, sie könne nicht laufen, also *konnte* sie es nicht. Ich ging zu ihr und zeigte ihr, wie dieser Gedanke zerstört werden kann, und augenblicklich war sie wieder wohlauf. Nach diesem Ereignis machte ich ihr ein Amulett mit meinem Namen, so daß ich ihren Hilferuf hören und herbeieilen konnte, wenn sie in Schwierigkeiten steckte.«

»Was wäre geschehen, wenn du sie nicht gefunden hättest?«

»Ein anderer ihrer Freunde wäre zu ihr gegangen.«

»Aber angenommen, sie hätten es nicht getan?«

»Nun, entweder hätte der Gedanke seine Macht verloren, sobald sie aufgewacht war, und sie hätte nichts Schlimmeres als einen höchst unangenehmen Alptraum gehabt; oder Kiyas wäre so sicher gewesen, ihre Beine nicht bewegen zu können, daß ihr Erdenkörper genauso gelähmt gewesen wäre wie ihr Schlafkörper — doch dies geschieht nur jemandem, der sich absichtlich von jedem abschneidet, mit dem ihn wahre Bande der Zuneigung verbinden.«

»Warum hast du ihrem Beschützer die Gestalt von Anilops gegeben?«

»Die Form dieser Art von Amulett ist nicht bedeutsam, es spielt auch keine Rolle, ob es ein leibhaftiges Gegenstück hat oder nicht. Aber bei Kindern ist es im allgemeinen besser, eine Form zu wählen, die sie mit dem Schlafengehen verbinden. Hanuk hatte einen Hund, der immer in seiner Kammer schlief, also machte ich sein Schutzamulett einem Hunde möglichst ähnlich. Kiyas liebt Anilops, also machte ich ihr ein Amulett in Gestalt eines hölzernen Löwen. Ich habe ihn absichtlich in den Gelenken ziemlich steif gemacht, auf daß sie ihn nicht mit einem wirklichen Löwen verwechsele, dem sie in ihren Träumen begegnen könnte.«

»Ich dachte, Amulette seien Dinge wie Perlen oder kleine Ornamente, wie manche Symbole der Priester, ein Auge des Horus oder ein Ankh-Kreuz oder ein Tet?«

»Oft sind sie das, aber der Wert eines Amuletts beruht nicht auf seiner Form, sondern auf der Macht, die in ihm gespeichert ist. Du kannst Macht beinahe genauso aufbewahren wie Wein — in einem Amulett versiegelt, bis du sie brauchst.«

Ich sagte: »Niyahms Schwester, die mit dem Mal auf der Wange, kann ihre Hand auf deine Stirn legen, wenn du Kopfschmerzen hast, und der Schmerz verschwindet beinahe sofort. Ist ihre Hand eine Art Amulett?«

»Wir alle sind in gewissem Maße ein Kanal für die Lebenskraft Ptahs; wird dieser Kanal abgeschnitten, so sterben wir. Aber einige von uns sind darin ausgebildet, mehr Leben durch uns hindurchfließen zu lassen, als wir zum Nutzen unseres eigenen Leibes benötigen. Niyahms Schwester muß diese Ausbildung erhalten haben, wenn auch nicht so ausgiebig wie die voll eingeweihten Heiler-Priester.«

»Wenn die Heiler-Priester ihre Macht in vielen, vielen Amuletten aufbewahren würden, reichte das dann für ewig?«

»Nein, denn während die Quelle des Lebens, welche einem wahren Priester offensteht, unausschöpflich ist, kann ein Amulett nur soviel Macht in sich aufbewahren, wie hineingespeichert wurde. Das Anfertigen echter Amulette ist eine schwierige Magie und heutzutage selten.«

»Kann man auch Tötungs-Amulette haben, genau wie Heil-Amulette?« fragte Hanuk.

»Natürlich. Niemand hat jemals eine Papyrusrolle nur auf einer Seite angefertigt, und keine Kraft wurde je geschaffen, die nicht auch ihr Gegenteil beinhaltet. Eine Papyrusrolle kann benutzt werden, um darauf einen Segen oder einen Fluch zu verzeichnen, ebenso kann Macht benutzt werden, um zu heilen oder zu zerstören. Weder die Papyrusrolle noch die Macht ist für sich selbst genommen gut oder böse. Es ist der Zweck, zu dem sie verwendet werden, welcher darüber befindet, ob sie Ra oder Seth geweiht sind.«

Hanuk fiel plötzlich ein, daß er einem Freund versprochen hatte, ihm beim Anfertigen einer Fischfalle zu helfen. Daher ging er fort, hinunter zum Fluß, und ließ mich mit Roidahn allein.

»Ich wünschte, ich hätte über diese Dinge schon viel früher mit dir gesprochen«, sagte ich. »Seit Nekht-Ra mir von Mutter erzählte, wollte ich immer sein wie sie und Anubis folgen. Sie ging in einen Tempel, aber ich glaube, Vater würde mir nicht erlauben, Priester zu werden, oder? Ich bin mir auch gar nicht sicher, ob ich Priester werden möchte, und sowieso muß ich bald ins Haus der Hauptleute gehen und lernen, ein Krieger zu sein. Hältst du es für falsch von mir, kein Priester werden zu wollen?«

»Du kannst dein Erinnern soweit schulen, um mit der Quelle deiner eigenen Weisheit in Verbindung zu bleiben und gleichzeitig das Kriegerhandwerk erlernen. Aber du könntest nicht die Oryx in den Kampf führen, wenn du dein ganzes Leben in einem Tempel verbracht hättest. Dein Vater hat keinen weiteren Sohn, und wenn er zu deiner Mutter geht, wirst du der Nomarch sein. Eines Tages wirst du wissen, wie wichtig dies sein wird. Denn die Oryx ist anders als das übrige Ägypten: Wir erbauen die Zukunft auf der Weisheit der Vergangenheit.«

Die Barbaren

ALS KIYAS NEUN Jahre zählte, konnte sie die Menschen selbst dann betören, wenn diese versuchten, ihr böse zu sein. Sie konnte stets viel frecher werden als ich, bevor Niyahm ärgerlich wurde. Und selbst dann schwang immer noch eine Art Stolz in Niyahms Ärger mit, so wie sich wohl Hanuk fühlte, wenn das Leopardenjunge, das er zu zähmen versuchte, seine Tante in den Knöchel biß — jene Tante, die er nicht leiden mochte. Ich wollte auch ein Leopardenjunges haben, und ich glaube, Vater hätte es mir erlaubt, wenn Niyahm ihn nicht gewarnt hätte, es könne womöglich Kiyas verletzen. Als er meine Bitte abwies und ich den Grund erfuhr, war ich zwei Tage lang ziemlich böse auf Kiyas — was ungerecht war, denn es war nicht ihre Schuld, und sie hätte es sich noch mehr gewünscht als ich und Hanuk sogar das Versprechen abgerungen, mir eines zu fangen. Tatsächlich hätte das Leopardenjunge ihr gehört, aber sie sagte, es solle als meines gelten, denn ich hätte größere Aussicht darauf, es behalten zu dürfen.

»Das ist das Gute daran, ein Junge zu sein«, sagte Kiyas. »Die Leute denken, ein Junge könne besser auf sich selbst achtgeben, und sie lassen ihn ohne viel Aufhebens die Dinge tun, die Erwachsene *gefährlich* nennen.«

»Nun, Jungen *sind* klüger«, sagte ich mit Bestimmtheit. Ich versuchte stets, mit Kiyas streng umzugehen und ihr klarzumachen, daß sie beinahe zwei Jahre jünger war als ich, aber ich hatte nie viel Erfolg damit.

»Unsinn! Es ist für mich viel schwieriger als für dich, meinen Willen zu bekommen. Dir wird viel mehr erlaubt, doch ich muß vieles ohne Erlaubnis tun.«

»Wie war das, als wir beide uns verlaufen hatten?«

»Hätte ich mir nicht diese nützliche Geschichte einfallen lassen, so wären wir beide gescholten worden, sogar von Vater, und hätten vielleicht drei oder vier Tage lang früher zu Bett gehen müssen.«

Ich erinnerte mich nicht gerne an diesen Tag und fühlte mich bei dem Gedanken daran stets ziemlich unwohl. Kiyas und ich hatten gespielt, wir seien ein Heer, das gegen die Barbaren ausgesandt war. Ich lieh ihr einen meiner Bögen – sie konnte mit Pfeil und Bogen ziemlich gut umgehen, denn ich hatte es ihr heimlich beigebracht. Wir nahmen Wegzehrung mit und mein Jagdmesser und zwei der Jagdhunde an einer Doppelleine. Wir befestigten kleine Bündel auf ihrem Rücken, so daß sie die Lasttiere abgaben; doch sie mochten das nicht, und deshalb schickten wir sie bald wieder nach Hause.

Alle außer uns waren Barbaren, wodurch es zu einem sehr aufregenden Spiel wurde, und wir mußten die meiste Zeit auf allen vieren kriechen, um nicht gesehen zu werden. Der große Wasserkanal jenseits des Weingartens war die Meerenge und der Sumpf der Große See.

Unterwegs sahen wir einen der Gärtner, den einzigen, den wir nicht mochten. Er bückte sich, um das Unkraut zwischen den Salatköpfen zu jäten. Er war ein dicker Mann, und sein Hintern sah sehr groß und rund aus. Gerade als ich das bemerkte, kniff mich Kiyas und flüsterte: »Denke nur nicht, er sei Gärtner. Er ist in Wirklichkeit der König der Barbaren, der uns ausspionieren will. Barbaren tragen Panzer unter ihrer Kleidung, und die einzige Möglichkeit, etwas zu töten, das mit einem Panzer bedeckt ist, besteht darin, seine weiche Stelle herauszufinden. Bei den Krokodilen ist es der Bauch und bei den Barbaren der Hintern. Los, Ra-ab, schau, ob du ihn schießen kannst! Er wird uns nie entdecken, wenn wir uns im Bohnenfeld verstecken, und wir können uns von dort an ihn heranschleichen.«

»Nein Kiyas, das sollten wir nicht tun.« Ich versuchte, sie fortzuzie-

Die Barbaren

hen, doch sie blieb standhaft und legte bedächtig einen Pfeil auf die Saite ihres Bogens.

»Armer Ra-ab, er hat Angst!« sagte sie, als spräche sie mit einem Begleiter. »Er fürchtet sich, denn als er sich aufmachte, gegen die Barbaren zu kämpfen, hat er einen von ihnen gleich direkt in seinem Garten gefunden. Er hat zuviel Angst, ihn zu töten. Doch *ich* fürchte mich nicht. Ich habe ihm nur den ersten Schuß angeboten, weil er im Bogenschießen immer noch ein klein wenig besser ist als ich. Wenn er so große Angst davor hat, Barbaren zu schießen, wird er bald Angst haben, *irgend etwas* zu schießen. Vermutlich würde er, selbst wenn er nur ein ganz kleines Flußpferd schießen müßte, den ganzen Weg nach Hause laufen und zu Niyahm sagen, das Flußpferd jage ihn.«

Das letzte Mal, als Kiyas mich herausgefordert hatte, hatte ich mir geschworen, nicht noch einmal auf sie hereinzufallen. Doch bevor ich noch wußte, was geschah, sah ich den Barbaren — ich meine den Gärtner — mit einem lauten Brüllen aufspringen. Und dann wurde mir bewußt, daß es *mein* Pfeil war, welcher ihn getroffen hatte.

Kiyas hängte sich an meinen Kittel und flüsterte eindringlich: »Steh hier nicht herum, Ra-ab. Du hast einen der Feinde getötet, jetzt müssen wir uns aufmachen und noch mehr von ihnen finden.«

Wir krochen zwischen zwei Reihen von Bohnenstauden davon, und nachdem wir nach Kiyas' Meinung in sicherer Entfernung waren, teilte ich die Stauden und spähte zurück. Der Gärtner setzte seine Arbeit fort. Wir lauschten und konnten ihn vor sich hin murmeln hören. Er hatte den Pfeil an seinem Gürtel befestigt: Da wußte ich, daß er ihn als einen der unseren erkannt hatte — sie hatten stumpfe Spitzen — und daß er uns wahrscheinlich bei Niyahm verraten würde, und sie würde es Vater erzählen.

Wir hatten nun das Bohnenfeld verlassen und den Rand eines anderen Feldes erreicht. Wir duckten uns in einen Bewässerungsgraben, der zwischen den beiden Feldern verlief, und da niemand mehr in Sichtweite war, mußten wir nicht mehr flüstern.

»Warum siehst du so finster drein?« wollte Kiyas wissen.

»Ich frage mich, ob Niyahm unbedingt Vater erzählen muß, daß wir auf den Gärtner geschossen haben, oder ob es dir gelingen wird, sie davon zu überzeugen, es *nicht* zu tun. Vermutlich wirst du dazu keine Gelegenheit haben, denn sie wird es ihm gesagt haben, bevor wir nach Hause kommen. Sowas wie den Gärtner anschießen findet sicher seine Mißbilligung.«

»Warum verdirbst du dir immer alles mit deinen Überlegungen, was *danach* geschehen wird? Das ist, als ob du nicht viel Honig essen willst, weil du vielleicht davon Bauchschmerzen bekommst.«

»Nun, wenn du vorher an die Schmerzen denkst, ißt du nicht soviel Honig und dann hättest du keine.« Das war eine Anspielung auf etwas, was Kiyas wenige Tage zuvor widerfahren war. Sie wurde aber nie böse, wenn man sie an solche Dinge erinnerte.

»Ra-ab, du begreifst nicht, daß ich den Honig gerne gegessen habe, deshalb habe ich so viel davon gegessen; weil es mir *Spaß* machte. Und ich werde mich immer daran erinnern, und den Schmerz hatte ich vergessen, sobald er vorbei war. Wenn ich wie du gewesen wäre, hätte ich nicht soviel davon gegessen und hätte keine Schmerzen gehabt, aber dann hätte ich auch nichts Schönes zum Erinnern gehabt! Das Wichtigste, was man mit einem Tag anfangen kann, ist in meinen Augen, ihn mit soviel Schönem wie möglich zum Erinnern anzufüllen.«

Ich seufzte. »Ich weiß, daß du es so machst, Kiyas. Es ist schade, daß deine schönen Dinge uns immer in Schwierigkeiten zu bringen scheinen, fast immer.«

»Du wirst eines Tages froh über mich sein, Ra-ab. Wenn du sehr alt bist und deine Beine wackelig geworden sind und du nicht mehr nach Abenteuern Ausschau halten kannst. Du wirst in der Sonne sitzen können — oder im Schatten, wenn es zu heiß ist — und über all die aufregenden Dinge, die du in deiner Jugend getan hast, schmunzeln. Selbst wenn du sehr alt bist, so alt, daß deine Kinder sich zu sorgen beginnen, ob die Wandmalereien deines Grabes nicht zu sehr verblassen, ehe sie dich darin einschließen können, kann ich nur zu dir sagen — natürlich werde dann auch ich alt sein —: ›Erinnerst du dich, wie dein Pfeil den Hintern des Gärtners getroffen hat, als er ein Barbar zwischen den Salatköpfen war?‹ und du wirst lächeln, wahrscheinlich sogar lachen, und du wirst an Bohnenfelder statt an Erdpech denken. Sie balsamieren doch die Mumien mit Erdpech ein, nicht wahr?«

»Kiyas, du weißt, daß die Toten in der Oryx nicht zu Mumien gemacht werden.«

»Ja, aber sie tun es überall sonst in Ägypten, und bevor ich sterbe, werde ich die Leute bitten, es auch mit mir zu tun. Dann wird mich vielleicht irgend jemand nach Hunderten von Jahren auswickeln, um zu sehen, wie die Menschen zu unserer Zeit aussahen. Ich werde sehr dünn und noch viel schöner aussehen als jetzt. Und der Mann, der mich auswickelt, wird jung sein — vielleicht hat er Vaters Haarfarbe —, und er wird eine sehr reiche, dicke Frau haben, und er haßt es, mit ihr zu leben, ohne es aber zu merken. Dann, wenn er mich sieht, so jung und schön, wird er wissen, wie furchtbar seine Frau ist, und er wird mich wieder einwickeln, ganz vorsichtig, so daß ich nicht beschädigt werde, und er wird fortgehen und allein leben und an mich denken. Und er wird glücklich sein, wenn er daran denkt — so wie ich.« Sie seufzte zufrieden. »Es wird ganz herrlich sein, daß sich jemand in dich verliebt, nachdem du schon tausend Jahre lang tot bist!«

Sie mir als Mumie vorzustellen jagte mir einen kalten Schauer über den Rücken. Ich dachte, sie habe es absichtlich getan, also sagte ich gedämpft: »Gerade eben hast du noch über den Hintern des Gärtners gelacht, und dann waren wir beide plötzlich achtzig. Du mußt dich entscheiden, *welche* der beiden Geschichten du lieber magst, denn wenn du sehr, sehr alt werden willst, so daß wir die Erinnerungen an unsere Kindheit genießen können, dann wird, wenn jemals jemand deine Mumie auswickeln sollte — selbst wenn dieser Jemand ein hübscher junger Mann wäre und nicht ein langweiliger alter Schreiber —, er einen Blick auf dich werfen und nach Hause laufen und seiner Frau sagen, wie schön *sie* ist, auch wenn er am gleichen Morgen noch bemerkt hätte, daß sie langsam fett wird!«

Kiyas war keineswegs aus der Fassung geraten. »Armer Ra-ab! Was du immer noch nicht begriffen hast, ist, wie man sich vier ganz verschiedene Dinge gleichzeitig vorstellen und an alle vier glauben kann. Du mußt dich so langweilen — schlimmer, als wenn wir jeden Tag die gleiche Speise essen müßten.«

Dann, noch bevor ich antworten konnte, zog sie mich auf den Boden des Grabens. Er war viel schlammiger, als er aussah.

»Auf diesem Weg kommt ein ganzes Heer von Barbaren entlangmarschiert, sehr bösartige mit gekräuselten Bärten! Du kannst jetzt schauen, aber paß auf, daß sie dich nicht sehen.«

Auf dem Pfad, der zum Kornfeld führte, kam uns eine Gruppe von Frauen, Körbe und Sicheln tragend, entgegen. »Schau!« flüsterte sie aufgeregt, »sie kommen, um den Ägyptern die Köpfe abzuschneiden! Wir müssen gehen und unser Heer versammeln. Wir brauchen ungefähr hundert Leute; dann werden wir zahlenmäßig nur zehn zu eins unterlegen sein — das ist zwischen Ägyptern und Barbaren einigermaßen gerecht, wir werden aber genug sein, damit uns der Sieg sicher ist.«

Wir krochen den ganzen Bewässerungsgraben entlang, und als wir sein Ende erreicht hatten, war Kiyas über und über mit dickem, schwarzen Schlamm bedeckt; sogar ihre Haare hatte er verfilzt. Als ich ihr sagte, wie sie aussah, entgegnete sie, sie könne auf jeden Fall nicht schlammiger aussehen als ich, weil es dafür nicht genug Schlamm in der Provinz gäbe. Sie gab zu, daß Schlamm wirklich eines der Dinge war, die Niyahm ganz und gar nicht mochte, und daß es besser wäre, wenn wir ihn irgendwo abwüschen.

Zu unserem Badeteich konnten wir nicht gehen, weil uns sicher jemand bemerkt und Niyahm davon erzählt hätte. Wir hätten uns in einem der flachen Tröge waschen können, die aus gebrannten Ziegeln gemacht waren und aus denen die Rinder tranken. Aber es gab keine Möglichkeit, unbemerkt zu einem dieser Tröge zu gelangen, und Kiyas wollte nicht aufhören, an Barbaren zu glauben. Also beschlossen wir, zum Fluß hinunterzugehen. Der Weg dorthin war sehr lang, und es war uns strengstens verboten, zum Fluß zu gehen.

»Selbst wenn uns jemand sieht, wird er uns nicht erkennen«, meinte Kiyas tröstend. »Ich denke, selbst Niyahm würde uns nicht erkennen, es sei denn, sie wäre ganz nahe.«

Da Niyahm bei unserem Anblick sowieso sehr böse werden würde, beschloß ich, ein bißchen mehr Bösesein zu riskieren, falls wir jenseits der uns erlaubten Plätze angetroffen werden würden. Das Schilfgras war sehr hoch, es stand kurz vor dem Schnitt, und es gab keinen richtigen Weg durch das Schilf, nur eine schmale Spur, auf der Gazellen und kleine Tiere zum Fluß zur Tränke liefen. Ich bildete mir ein, eine Leopardenspur gesehen zu haben, doch war ich nicht sicher, also sagte ich Kiyas nichts.

Wir kamen an einer Stelle aus dem Schilf, an welcher der Fluß eine kleine Bucht bildete, und das Ufer fiel tief genug ab, so daß wir baden konnten, ohne weit hinausschwimmen zu müssen. Ich hielt nach Krokodilen Ausschau, sah aber keine, und es gab auch keine Krokodilspuren im Schlamm. Wir reinigten uns so gut es ging, obgleich unsere Kleider immer noch schmutzig aussahen, selbst nachdem wir sie gewaschen und in der Sonne getrocknet hatten. Die sorgsam eingepreßten Falten waren aus ihnen verschwunden, und sie sahen ziemlich komisch aus.

Wir bemerkten nicht, wie spät es war, bis die Sonne schon sehr tief stand. Dann dachten wir, schneller nach Hause zu kommen, wenn wir, statt den Pfad zu nehmen, auf dem wir gekommen waren, entlang des Flusses zurückgingen und einen anderen Weg durch das Schilf nähmen. Doch das Schilf erstreckte sich viel weiter, als ich gedacht hatte, und wir konnten keinen anderen Weg hindurch finden. Ich fragte mich, ob die Spur nicht doch eine Leopardenspur gewesen war, und beinahe im gleichen Augenblick sagte Kiyas mit einer energischen Stimme, gleich der Niyahms, wenn sie uns auffordert, zu Bett zu gehen: »Ich will nicht an Krokodile denken. Ich *will nicht* an Krokodile denken. Ich *kann* nicht an Krokodile denken, selbst wenn ich es versuche!«

Ich wollte sie beruhigen: »Hier gibt es keine Krokodile, die leben weit, weit weg von hier.«

»Ich weiß«, sagte Kiyas, aber ihre Stimme klang nicht ganz so sicher. »Natürlich weiß ich das. Wenn es hier Krokodile gäbe, *müßte* ich an sie denken ... Trotzdem wünschte ich wirklich, dies wäre ein Traum, mit Anilops darin.«

»Wenn es ein Traum wäre, hättest du ihn am Morgen vergessen, und *das* hier wird herrlich aufregend sein, wenn wir zu Hause sind und uns daran erinnern.«

Inzwischen war es ganz dunkel. Wir konnten einen kleinen Pfad direkt am Fluß unten sehen, aber es war sinnlos zu versuchen, uns einen Weg durch das Schilf zu bahnen. Kiyas Hand in der meinen war kalt, und ich spürte, wie sie zitterte. Sie wußte es und sagte: »Ich zittere nicht aus Angst, sondern vor Kälte.«

Ich hatte gerade zu überlegen begonnen, wie schön es wäre, Niyahm uns schelten zu hören, als Kiyas sagte: »Ich frage mich, ob sie schon angefangen haben, nach uns zu suchen. Sie denken vermutlich nicht daran, uns hier unten zu suchen ... oder meinst du doch — einfach, weil das hier ganz besonders verboten war? Fast hoffe ich, daß der Gärtner den Pfeil zu Vater gebracht hat, dann weiß er vielleicht, daß wir heute einen dieser Tage haben, an dem wir ganz besonders verbotene Dinge tun, und vielleicht würde er dann als erstes hier suchen.«

Die Sterne leuchteten sehr hell, wenn auch der Mond noch zu jung war und nicht viel Licht gab. Das Ufer sank unerwartet ab, und ich stolperte und schürfte meine Haut an einem Stein auf. Es fühlte sich nicht wie ein tiefer Schnitt an, aber ich konnte das Blut heruntertropfen fühlen, wenn es auch zu dunkel war, um es zu sehen. Plötzlich sahen wir ein Licht in kurzer Entfernung vor uns, wie von einer Fackel, die sich im Wasser spiegelte. Wir liefen rufend darauf zu. Es war ein Mann, in einer Hand eine Fackel haltend, in der anderen einen Fischspeer. Er sagte, er sei hier im flachen Wasser auf Aale aus. Wir kannten ihn beide, wenn auch nicht sehr gut, aber als wir ihm erzählten, wer wir waren, glaubte er uns nicht, bis er die Fackel um seinen Kopf herumgeschwungen hatte, um uns besser sehen zu können.

Er ging voraus, uns den Weg zu zeigen. Ich flüsterte Kiyas zu: »Es ist ein ziemlich beschämendes Ende für ein Abenteuer, daß wir nach Hause gebracht werden müssen.«

»Nein, das ist es nicht«, entgegnete sie wohlig, »nicht wenn du einen der Feinde gefangengenommen hast und er dich auf dem geheimen Weg zu ihrem Unterschlupf führen muß; besonders wenn du so viele Barbaren getötet hast wie wir. Arme Dinger, sie tun mir recht leid, so wenige von ihnen haben wir am Leben gelassen!«

Niyahm hatte sich solche Sorgen um uns gemacht, daß sie weinte, als wir zurückkamen — zumindest schneuzte sie sich, als hätte sie geweint. Der Fischer hatte uns am Eingang des Hofes zurückgelassen — ich hatte ihn gebeten hereinzukommen, doch er sagte, er wolle zu seinen Aalen zurück. Daher dachte Niyahm, wir hätten allein zurückgefunden. Sie war so erleichtert, uns zu sehen, daß sie darüber vergaß, uns zu fragen, wo genau wir gewesen waren. Kiyas setzte ihren besonderen Blick auf, den sie für Gelegenheiten wie diese bereithielt — er verlieh ihr ein sehr zartes, mitleiderregendes Aussehen, während sie Niyahm erzählte, wir beide seien vom Spielen ermüdet eingeschlafen ... »und als wir aufwachten, war es schon ganz dunkel. Und dann ist der arme Ra-ab hingefallen und hat sich am Bein verletzt, und er war so tapfer.« Ich schnitt ihr hinter Niyahms Rücken eine Grimasse, doch sie fuhr fort: »Und Ra-ab hat sich so um mich gekümmert. Er hat die ganze Zeit auf dem Nachhauseweg meine Hand gehalten, so daß ich mich nicht fürchten mußte. Liebe Niyahm, es ist so schön, wieder zu Hause zu sein!« Sie legte ihre Arme um Niyahms Hals und umarmte sie. Das schmeichelte dieser derart, daß sie uns zu schelten vergaß. Sie murrte nur ein bißchen mißbilligend angesichts unserer Kleider. Wir seien wegen der Dunkelheit in einen Bewässerungskanal gefallen — erklärte Kiyas ihr unsere mit Schlamm verschmutzten Kleider.

Beim Zubettgehen sagte ich zu Kiyas: »Niyahm kann nichts von dem Pfeil gewußt haben, sonst hättest selbst du sie nicht so leicht besänftigen können.« Kiyas stimmte mir zu und gab schließlich auch zu, daß der Gärtner vielleicht doch kein Barbar gewesen war.

Als ich in ihre Kammer kam, um ihr gute Nacht zu sagen, sagte sie schläfrig: »Es *war* ein schöner Tag, nicht wahr, Ra-ab? Und habe ich nicht recht gehabt, daß wir uns keine Sorgen über unangenehme Dinge zu machen brauchen, die dann nie passieren?«

Die Barbaren

»Ja, du hast wohl recht«, sagte ich eher mürrisch, »aber du hättest auch *nicht* recht haben können! Wir hatten Glück, daß Vater zu Roidahns Haus gegangen war, denn ihn hättest du nicht wie Niyahm an der Nase herumführen können. Wenn er gefragt hätte, wo wir gewesen sind, hätten wir es ihm sagen *müssen*.«

»Ich wünschte, Vater *wäre* hier gewesen. Ich hatte ihm so eine schöne Geschichte zu erzählen ... ich habe sie mir die ganze Zeit auf dem Nachhauseweg ausgedacht.«

»Was für eine Geschichte?«

»Oh, eine Geschichte, um ihm zu erklären, warum wir unten am Fluß gewesen sind. Ich wußte, daß wir ihm hätten erzählen müssen, wo wir waren. Sie drehte sich um einen armen, kleinen Hasen, den wir im Kornfeld gesehen hatten und der sich an einer Pfote verletzt hatte. Es war seine rechte Vorderpfote. Wir wollten ihn nach Hause bringen und pflegen. Aber er hopste zum Fluß, und wir mußten ihm natürlich folgen ... wir hätten das arme kleine Ding doch nicht alleinlassen können, um gefressen zu werden von etwas, vor dem es nicht davonlaufen konnte. Aber es lief und lief, und wir hatten es mehrere Male beinahe gefangen ... und dann ist es plötzlich dunkel geworden, und natürlich hatten wir uns ziemlich verlaufen. Niemand hätte uns böse sein können, weil wir versucht hatten, einem armen kleinen verletzten Häschen zu helfen.«

»Kiyas, du darfst nicht solche Lügen erzählen, besonders nicht Vater.«

»Nun, ich habe ihm von Anilops erzählt, und er glaubte, ich hätte mir das ausgedacht. Warum sollte ich mir also nicht einen Hasen ausdenken, an den er glauben würde — nur, um das Ganze gerecht zu machen? Ich finde, es wäre auf jeden Fall eine sehr gute Tat. Er wäre glücklicher bei dem Gedanken, was er für freundliche Kinder hat, und *wir* wären glücklicher bei dem Gedanken, was für einen lieben, gutgläubigen Vater wir haben. Und wenn ich ihn ein bißchen darin übe, daß er mir glaubt, was ich ihm erzähle, wird er bald in der Lage sein, mir *wirkliche* Dinge wie Anilops zu glauben.«

Sie gähnte und sagte: »Und ich mache so gerne Menschen glücklich!«

Teil II

Anubis' Stimme

VATER NAHM KIYAS und mich gewöhnlich auf Reisen innerhalb der Oryx mit, deshalb war ich schon einige Male im Dorfe der Krieger gewesen, bevor ich kurz nach meinem dreizehnten Geburtstag in das Dorf kam, um dort zu leben. Es war Brauch, daß entweder der Nomarch oder sein Sohn der Oberste Befehlshaber der Provinz war. So war ich nicht überrascht, als mir Vater sagte, die Zeit sei gekommen, mit meiner Ausbildung zum Krieger zu beginnen.

Ägypten hatte drei Heere, die nur dem Befehl des Pharao unterstanden: die Königliche Leibwache — die meisten Angehörigen wurden aus den drei Königlichen Provinzen zusammengezogen, welche den Norden vom Süden trennten — und die zwei großen Garnisonen. Die im Norden schützte Ägypten vor den Barbaren, und die andere, unterhalb der zweiten Stromschnelle, wurde in Bereitschaft gehalten, um Aufstände im Goldland oder in Südnubien niederzuschlagen. Zusätzlich besaß jede Provinz ihre eigenen Soldaten, welche vom Nomarchen und den höchsten Adeligen unterhalten wurden. Ihre Hauptaufgabe bestand darin, innerhalb der eigenen Grenzen die Ordnung aufrechtzuerhalten, doch mußten sie dem Pharao zu Hilfe kommen, falls er sie rief, um eine Invasion zurückzutreiben.

Seit meines Großvaters Zeiten hatte die Oryx stets tausend voll ausgebildete Männer im Alter zwischen sechzehn und dreißig Jahren: Jeder von ihnen wußte, wie man Wurfspeer, Streitkolben und Bogen benutzt, und mußte eine besondere Geschicklichkeit in einer der drei Kampfkünste aufweisen. Die Ausbildung dauerte zwei Jahre. Nach dieser Zeit kehrten sie in ihr eigenes Dorf zurück, mit Ausnahme von zwei Monden des Jahres. Nur vierhundert Mann blieben andauernd im Dorf der Krieger.

Diese Vierhundert gaben acht, daß die Gesetze der Provinz befolgt wurden; außerdem schützten sie die Gemeinschaft vor Gefahren, wie vor Fluten und wildernden Tieren. Sie überwachten auch den

Bau von Straßen und Bewässerungskanälen und sammelten die Abgabe des Zehnten ein. Ihre Familien lebten bei ihnen, und wenn sie wollten, konnten sie eigenes Land zum Bewirtschaften haben, obwohl sie vom Nomarchen mit Nahrung und Kleidung für sich und ihre Angehörigen versorgt wurden. Die Männer waren in Hundertschaften eingeteilt. Für jede von ihnen gab es einen Führer, der gewöhnlich von vornehmer Geburt war. Auf drei Führer der Hundertschaften kam ein Hauptmann hinzu, der nach dem Oberbefehlshaber der Provinz den höchsten Rang einnahm.

Hanuk war, ein Jahr bevor ich meine Ausbildung begann, zu einem der Hauptleute erhoben worden, kehrte dann aber nach Hotep-Ra zurück und überließ Sebek, einem Neffen Roidahns, das Kommando. Ich wünschte, ich hätte meine Ausbildung unter Hanuk machen können, denn seit er damals wegen Anilops so einfühlsam gewesen, hatte ich mit ihm über Dinge sprechen können, von denen ich wußte, daß Sebek über sie lachen würde. Ich hatte Sebek Zeit meines Lebens gekannt, doch unsere Freundschaft war anders als die mit Hanuk. Er war für sein Alter immer groß und sehr stark gewesen und schien deshalb mehr als nur fünf Jahre älter als ich zu sein. Dennoch war er sich nie zu fein gewesen, mit Kiyas zu spielen, auch schien es ihm nichts auszumachen, wenn sie ermüdend war. Als ich ihr erzählte, daß ich von ihm ausgebildet werden würde, sagte sie:

»Falls er jemals gemein zu dir ist, sage ihm, ich werde ihn ausschimpfen, wenn er das noch einmal macht; dann wird er damit aufhören.«

»Kiyas, versuche doch zu verstehen, daß ich lernen muß, ein Soldat zu sein. Ein Soldat kann seinem Führer nicht sagen, er solle aufhören, gemein zu sein; er muß tun, was ihm gesagt wird, ohne zu widersprechen.«

»Das darfst du niemals tun«, sagte Kiyas mit Nachdruck. »Zuweilen sagt dir jemand, du sollst etwas tun, was du gut findest; dann gehorchst du natürlich. Aber man muß ziemlich oft auch widersprechen oder ungehorsam sein, und zuweilen beides.«

»Das wäre ein dummes Heer, wenn all die Soldaten sich gegenseitig widersprechen würden, statt zu tun, was ihnen befohlen.«

»Soldaten *sind* ziemlich oft dumm. Ich nehme an, weil sie so oft gehorchen müssen. Sebek ist lange nicht mehr so lustig wie früher — trotzdem mag ich ihn, obwohl er so wichtig tut.« Sie seufzte. »Oh, Ra-ab, ich hätte nie gedacht, daß ich gerne ein Junge wäre, aber jetzt wünschte ich es, denn dann könnte ich mit dir gehen! Es wird so einsam sein ohne dich. Vater sagt, daß ich bei ihm sitzen dürfe, wenn er Audienz hält und ähnliches, aber die meiste Zeit vergißt er, daß ich überhaupt da bin. Wirst du oft nach Hause kommen können?«

»Ich weiß nicht. Es hängt von Sebek ab; aber nach Vaters Worten fürchte ich, daß ich fast die ganze Zeit fort sein werde. Es gibt soviel für mich zu lernen ... den Wurfspeer zu werfen, Ringen und einen Streitkolben zu schwingen — das ist nicht annähernd so einfach, wie es aussieht. Außerdem werde ich lernen müssen, wie man Männer in dunkler Nacht durch fremdes Gebiet führt, und viele wirklich langweilige Dinge, wie zum Beispiel, wie viele Männer benötigt werden, um nach einem Fünftagemarsch den Nachschub für einen Kampf zu tragen, und wieviel ein Packesel tragen kann und wieviel Nahrung und Wasser für jede Hundertschaft nötig sind, wenn sie sich nicht unterwegs ernähren kann. Dann gibt's da noch die Nahrung und Kleidung der Männer und ihre übrige Ausstattung — all das soll ich lernen! Und ich muß Recht sprechen können, wenn sie untereinander in Streit geraten oder ihre Frauen aufeinander eifersüchtig werden.«

»Dieser Teil würde mir gefallen«, sagte Kiyas. »Es fiele mir schwer, mich daran zu erinnern, wie viele Pfeile wir nehmen müssen oder wie viele Streitkolben ein Packesel tragen kann, aber ich bin sehr geschickt, wenn es darum geht, einen Streit zu schlichten. Es gibt wohl *keine* Hoffnung, daß Vater mich mit dir gehen läßt?«

»Da bin ich mir sicher«, antwortete ich betrübt. »Du wirst *hier* einsam sein, und ich werde *dort* noch einsamer sein.«

»Wir würden viel rascher lernen, wie immer, wenn wir zusammen sind. Wir könnten uns gegenseitig an die Dinge erinnern, die wir vergessen haben. Es ist so *dumm* von Vater, daß er mich hier ohne dich zurückhält. Ich würde als Krieger hübsch aussehen. Ich habe heute morgen nämlich einmal deine neuen Sachen angezogen! Ich weiß es.«

Drei Tage später trug ich dann die Kleider, die Kiyas anprobiert hatte. Es waren die Kleider des Führers einer Hundertschaft, wenn auch ohne die goldene Armbinde. Der kurze Rock war weiß-gelb gestreift, wie die Kopfbedeckung einer Sphinx aus steifem Leinen. Wir gingen, außer bei kaltem Wetter, mit nacktem Oberkörper, sonst trugen wir Umhänge aus weißer Wolle, die am Hals mit einer goldenen Oryxspange zusammengehalten wurden. Ich war froh, Vaters leichte Hand beim Bogenschießen geerbt zu haben, denn so schienen die anderen nicht zu bemerken, daß mir ein Streitkolben immer noch zu schwer war, um ihn frei und leicht zu schwingen, oder daß ich einen Wurfspeer nicht so weit werfen konnte wie sie.

Bald fiel es mir viel schwerer, mich im Erinnern zu üben, denn wir wurden sehr früh am Morgen geweckt, und die zerbrechliche Brücke, über die sich das Traumgedächtnis mit der Erinnerung nach dem Erwachen verbinden kann, brach zusammen, bevor mehr als nur ein Bruchteil sie überquert hatte. Ich versuchte, vor den anderen aufzuwachen. Doch gewöhnlich war ich, selbst wenn mir dies gelang, dann einfach zu müde und meine Muskeln so friedlich entspannt, daß sie jeglicher unnötiger Anstrengung widerstrebten.

Ich versuchte, mich selbst glauben zu machen, es sei für einen Mann genug, wenn er geschickt mit Pfeil und Bogen umgehen konnte. Träume waren etwas für Priester oder zuweilen für Frauen — wenn es *nicht* so wäre, warum fürchtete ich dann das Gelächter der anderen, wenn sie von meinen geheimen Bestrebungen erführen?

Ich malte mir viele Rollen aus. Am liebsten mochte ich die Vorstellung, daß ich ein siegreiches Heer gegen die Feinde des Pharao führte. Als ich von der letzten Schlacht, welche den Frieden brachte, zurückkehrte, sprach ich der Menge, die meine Führerschaft ausrief, von Anubis; und weil ich *ihre* Sache zum Sieg geführt hatte, glaubten sie an *meine*. Ich würde sie lehren, die Schakalspuren auf dem Weg, dem sie folgen sollten, zu lesen. Und wenn sie zum Land des alten Friedens zurückblickten, würden sie ihre Zukunft gestalten, wohlwissend daß nur ein Tor die Vergangenheit beweint, während der weise Mann aus der Vergangenheit lernt. Ich würde zu ihnen sagen: »Der Mensch hat sich nicht verändert, wenngleich die Städte zu Sand verfallen und die Pharaonen in Vergessenheit geraten. Der vergangene Mensch seid ihr selbst und auch eure noch ungeborenen Söhne, bis der letzte Obelisk verloren ist. So laßt Anubis euch aus der Vergangenheit lernen, auf daß ihr euch selbst kennen möget und euch richtig entscheiden könnt, welchen Kurs ihr auf künftigen Meeren einschlagen wollt — zu Ländern, die jenseits eurer Träume liegen.«

Doch während der langen, eintönigen und heißen Tage schien mich selbst meine Vorstellungskraft zu verlassen. Nach den langen Anstrengungen schmerzten mich meine Schultern und mein Rücken, während die Stimme des Meisters des Wurfspeers endlos die gleichen kurzen Worte wiederholte, die für ihn die Magie waren, aus welcher der Rhythmus von Körper und Speer geboren wurde. »Schwingt euren Körper weit herum. Zieht mit der linken Hand gut auf die Höhe des

Ohrs zurück, Gewicht auf den rechten Fuß, *nun* schwingt zurück. Nun nach vorne in einer einzigen Bewegung; Körper, Schulter und Arm müssen eins sein mit dem Speer.« Selbst meine Gedanken sind träge. Wie viele Wurfspeere habe ich geworfen? Fünfzig? Hundert? Und es gibt immer noch mehr! Es sieht so einfach aus, wenn Sebek wirft, als wäre der Speer so leicht wie der Wurfstock eines Kindes ... Das Holz dieses Speeres ist rauh, und ein Splitter hat die Blase auf meinem Daumen aufgerissen. Jeder Wurfspeer fühlt sich doppelt so schwer an wie der vorherige, selbst die Linien, welche das Wurfgelände abstecken, flimmern in der Hitze. Wäre ich zu Hause, so könnte ich schlafen oder mit Kiyas schwimmen gehen. Ich habe kein Zuhause. Hier gibt es kein Wasser zum Schwimmen, noch irgendwo ein kühles Plätzchen. Hier gibt es nur den Schmerz in meiner Hand und den Schweiß, der meinen Rücken hinabrinnt; und die Stimme des Meisters der Wurfspeere, der nicht sagen wird — der sicher *niemals* sagen wird: »Die Übung ist beendet.«

Dann, gerade als die Tage nur aus lauter immer wiederkehrenden Notwendigkeiten zu bestehen schienen — essen, um den Hunger zu stillen, schlafen, nur weil man zu müde war, um noch etwas anderes zu tun —, hatte ich einen Traum, der keinem der Träume glich, die ich je zuvor geträumt:

Ich ging über endlose, graue Felder. Vom feuchten Boden stieg Nebel auf, der mich einhüllte wie die Schwingen des Kummers. Dann, vor mir, wenngleich im Nebel verborgen, hörte ich den Ruf eines Vogels, und obwohl er aus dem Nebel gekommen, schwang keine Traurigkeit darin. Er schien mir zu verheißen, mich in die klare Luft zu führen, in welcher er dahinflog. Ich eilte geschwind über die dunkle, nasse Erde, über die Stoppeln der Kornfelder, die schon lange abgeerntet waren. Wieder hörte ich den Vogelruf, und jenseits vernahm ich den Klang fließenden Wassers.

Ich kam zum Rande einer Klippe. Ein enger Pfad, in den Fels gehauen, führte nach unten. Ich folgte dem Pfad. Noch immer umgab mich der Nebel, und die engen Stufen waren rutschig von der Feuchtigkeit. Sie wurden immer enger, nun waren es nur noch Fußstapfen. Der Nebel wich für kurze Zeit und gab den Blick auf einen Fluß tief unter mir frei. Rutschte ich jetzt aus, so würde ich zu Tode stürzen.

Ich faßte auf einem Felsvorsprung Fuß, so daß ich fest stehen konnte, und sah, daß der Weg unterhalb des Vorsprungs breiter wurde und dann wiederum Stufen kamen. Wieder umschloß mich dichter

Nebel, und mit ihm ertönte erneut der Ruf des Vogels: »Ein Mann mag hinuntersteigen, aber nur ein Geflügelter kann fliegen. Es gibt Stufen im Fels, aber es gibt Flügel im Nebel — meine Flügel. Vertraue dem Nebel. Bist du immer noch so schwer, daß du den Felsen als Halt brauchst? Fliege zum Kahn hinab, welcher den Fluß kennt. Es gibt kein Boot zu finden auf dem Weg mit den Stufen.«

Ich dachte, wenn ich den Stufen folgte, sei ich sicher. Nur ein Vogel kann fliegen. Wieder die Stimme: »Der Nebel wird dir Flügel sein. Glaube an meine Flügel, und ich werde dich nicht betrügen.«

Ich stand an der Kante des Felsvorsprungs, dann breitete ich meine Arme aus und trat einen Schritt nach vorne ... der Nebel trug mich wie Wasser, sanft trug er mich, still wie ein Vogel auf der Luft dahingleitend, schwebte ich hinab.

Nun stand ich auf einem felsigen Strand. Dort wartete ein Kahn, ein schmaler Kahn ohne Segel. Die Gallionsfigur war mir vertraut. Wo hatte ich sie zuvor schon gesehen? Es war der Anubis aus dem Heiligtum meiner Mutter.

Das Steuerruder glich einer Feder. Es sprach zu mir: »Nenne mich bei meinem Namen, und ich werde dich steuern.«

Und ich antwortete: »Dein Name ist ›die Stimme des Vogels, aus dessen Schwingen du eine Feder bist‹.«

»Benenne den Bug, und wir werden dich ans ferne Ufer bringen.«

»Er ist ›Der, dem ich folge, der Zeitlose‹.«

Dann hieß mich der Kahn einsteigen. Ich sah, wie sich der Nebel eng an die Klippen, von denen ich gekommen war, schmiegte und sie einhüllte. Der Nebel vor mir war nicht mehr grau; er war weiß, als ob jenseits des Nebels der Mond aufgegangen sei. Als der Kahn das andere Ufer erreichte, sah ich, daß das Licht weder von der Sonne noch vom Mond kam, sondern in allem, was ich dort sah, weilte, denn es war das Land ohne Schatten. Selbst die Blätter glänzten silbrig warm, und vor mir dehnte sich eine Allee aus Bäumen machtvoller Größe aus.

Ich ging sie weit hinunter und konnte das Rauschen des Flusses nicht länger vernehmen. Unter den großen Bäumen war das Licht fahl, aber vor mir sah ich es heller werden.

Am Ende der Allee wartete jemand auf mich, jemand, den ich immer gekannt und nach dem ich mich immer gesehnt hatte: eine Frau. Ich fühlte ihre Hände, kühl und schmal in den meinen, und ich hörte ihre Stimme. In ihr ertönte das Echo des Vogelschreis, der mich hierher geführt hatte, aber auch Wärme, Menschlichkeit, Lachen. »Ich habe so lange auf dich gewartet. Warum hast du so lange gebraucht, um fliegen zu lernen?«

»Ich kam, so schnell ich konnte. Es war schwer, den Weg zu finden; der Nebel war so dicht — doch ich folgte dem Vogel. Hast du den Vogel gesandt, mich hierher zu bringen?«

»Nein, aber ich wußte, daß der Kahn ausgefahren war, um dich zu holen. Sie sagten mir, daß jemand den Fluß überquere, und ich wußte, daß endlich du es sein würdest.«

»Wie wußtest du das?«

»Weil ich lebendig bin, weil ich träume. Mein Herz sagte es mir, und ich habe gelernt, der Stimme meines Herzens zu lauschen. Wir dürfen hier nicht länger verweilen; wir müssen gehen. Er wartet auf mich, daß ich dich zu ihm bringe.«

Die Bäume waren verschwunden, und nun standen wir auf einer Blumenwiese, die einen Tempel mit hochstrebenden Säulen umgab. Sie nahm mich bei der Hand und führte mich die Stufen zum großen Eingang hinauf.

»Wohin bringst du mich? Wer ist *er*?«

Sie zog mich an der Hand, um mich zur Eile zu bewegen.

»Willst du ihn nicht sehen? Du hast so lange darum gebeten, er möge dich hierher kommen lassen. Zum ersten Male konntest du den Fluß überqueren; doch ich bin schon viele Male hier gewesen. Die Frau, die *mich* hierher brachte, sagte mir, sie kenne dich.«

»Wer ist sie?«

»Ich weiß nicht, sie nannte sich Oyahbe.«

»Oyahbe ist meine Mutter!«

Sie sah ein wenig verwirrt aus. »Wohl nicht, denn die Frau, die ich meine, schläft nicht nur.«

»Meine Mutter ist tot.«

»Dann *war* sie vielleicht deine Mutter. Ich frage mich, ob sie sich erinnert?«

Einen Augenblick lang fürchtete ich mich. »Bist *du* tot?«

Sie lachte. »Nein, wie du schlafe ich nur. Es ist schwieriger, hierher zu kommen, wenn man nur schläft. Deshalb gemahnte ich dich zur Eile, auf daß dich nicht jemand wecke — wo du es doch schon so weit geschafft hast!«

Wir befanden uns in einer großen Halle; obwohl das Dach über uns ohne Öffnung war und es keine Lampen gab, wirkte der Raum silbern vor Licht, und die Seele des Lichtes strahlte vollkommene Heiterkeit aus. Ich wußte, daß es in diesem Licht Worte gab, geboren aus dem Frieden aller großen Harmonie. »Du bist zu mir zurückgekehrt, Ra-ab, mein Sohn, nach vielen Tagen. Du bist von meinem Haus fortgegangen, und nun hast du deinen Weg über den Fluß wieder gefunden. Meine Tochter hat dich hier hergebracht. Auch sie ist wieder ein Kind, und bald wirst du sie sehen, denn ihr folgt dem gleichen Pfad ...«

Ich hörte mich ausrufen: »Anubis! Anubis! ...«

Ein Ton, wie das Sausen eines Streitkolben, erschütterte meinen Traum. Ich fühlte, wie jemand an meiner Schulter rüttelte. Sebek stand über mich gebeugt.

»Wach auf, Ra-ab, hör auf, im Schlafe nach Anubis zu rufen.«

In wütender Verzweiflung schlug ich nach ihm. »Du Dummkopf, du blinder, unwissender Dummkopf! Du hast mich zurückgeholt, bevor ich herausfinden konnte, wie man dorthin *zurückkehren* kann.« Ich vergrub mein Gesicht in den Armen und versuchte mich krampfhaft zu erinnern.

Doch hörte ich nur Sebeks Stimme, ein wenig scharf, doch immer noch gutmütig. »Hör auf, dich wie ein Kind zu betragen, Ra-ab! Sie warten auf dich, unten, auf dem Übungsplatz.«

Krokodile!

BALD NACHDEM ICH fortgegangen war, um im Hause der Hauptleute zu leben, kam ein Fischer zu uns, der für sein Dorf um Hilfe gegen die Krokodile bat. Er sagte, man sei beim Baden nicht mehr sicher, nicht einmal in den seichten Gewässern, denn ein altes, sehr großes Krokodil hatte ein kleines Mädchen geholt, welches am Flusse gespielt. Nun fürchteten sich die Frauen, ihre Kinder selbst in der Nähe der Hütten unbeaufsichtigt zu lassen.

Sebek hieß den Fischer namens Dardas, die Nacht im Quartier der Soldaten zu verbringen, und versprach, am Morgen mit ihm in sein Dorf zurückzukehren. Sebek sagte, auch ich solle mitgehen und vierzig weitere Männer, wovon die meisten bereits mit dem, was zu tun war, vertraut waren.

Als wir uns kurz nach dem Morgengrauen auf den Weg machten, sah ich, daß die Männer verschiedene Dinge bei sich trugen, deren Zweck ich nicht kannte. Da war ein großes, aus Stricken so dick wie mein Handgelenk geknüpftes Netz, ungefähr sechs mal fünfzehn Ellen vom Maße; ferner einige schwere, an beiden Enden zugespitzte Holzpfähle, außerdem ein Steinschlegel von der Art, wie ihn Metzger benutzten, um große Rinder zu schlachten; zudem eine Rute, an der Spitze mit Metall umkleidet, und eine Menge Steine, fast so groß wie Streitkolben, durch die ein Loch gebohrt war, und schließlich noch einige Rollen starker Seile. Ich konnte mir nicht ausmalen, wie all diese Dinge beim Fangen von Krokodilen verwendet werden würden, aber ich wollte Sebek nicht um eine Erklärung bitten. Dieser dachte nämlich, ich sei im Jahr zuvor mit Vater auf einer ähnlichen Expedition gewesen – so wäre es auch gewesen, hätte ich damals nicht ein Fieber gehabt.

An der Stelle des Flusses, zu der wir kamen, gab es kein Schilf, und das Ufer stieg steil von einer schlammigen Sandbank an. Dardas führte uns oben auf dem Ufer entlang, zur Stille und Vorsicht mahnend, und ein wenig weiter vorne sahen wir unter uns sechs Krokodile, in der Sonne dösend. Sebek fragte Dardas, ob dies der Platz sei, und Dardas antwortete: »Ja, doch wenn ›das Alte‹ nicht hierher kommt, könnten wir es weiter unten finden, unterhalb des Dorfes.«

»Aber du hast es hier gesehen?«

»Dreimal. Es kann nicht verwechselt werden, denn das Krokodil, welches das Kind holte, ist das größte von allen. Wir können die anderen vertreiben, aber das Alte ist zu schlau, es wartet und kommt wieder, um unsere Kinder zu holen.«

»Hast du den Köder bereit?«

»Zwei tote Ziegen sind seit vorgestern in der Sonne aufgedunsen.«

Dann ging Dardas die Ziegen holen, während wir unsere Vorbereitungen trafen. Auf ein Wort Sebeks krochen vier Soldaten bis zur Uferböschung vor und begannen, Erdklumpen nach den schlafenden Krokodilen zu werfen. Sebek sagte zu mir: »Sie machen es richtig. Schau, wie sie nahe genug werfen, um die Krokodile zu stören und sie dazu zu bringen, zurück in den Fluß zu gleiten, aber nicht so nahe, daß sie sich einen anderen Platz zum Sonnenbaden suchen. Krokodile kommen gewöhnlich jeden Tag zum gleichen Platz zurück. Das ist unser Glück, sonst wäre es nicht ganz so leicht, sie in die Falle zu locken.«

Als der letze unheilverheißende Kopf untergetaucht war, kletterten wir alle das Ufer zum Schlammplatz hinunter. Zwanzig Männer mußten das lange Netz schleppen, so schwer war es. Sie breiteten es am Rande des Wassers aus. Die Hälfte des Netzes, welche zum Ufer wies, wurde an drei Seiten mit Pfählen festgepflockt. Die Pfähle wurden tief in den Schlamm hineingetrieben und ragten nur noch etwa in halber Mannesgröße aus dem Schlamm hervor. Vier Seile wurden an der anderen Seite des Netzes festgebunden, eines an jeder Ecke und zwei im gleichen Abstand dazwischen. Diese Seile wurden durch die Lochsteine hindurchgezogen, so daß sie an ihrem Platz blieben und nicht auf den Teil des Netzes rutschten, das von den Pfählen niedergehalten wurde. Dann wurden die Seile vom Strand weg auf das Ufer gezogen, damit sie vom Fluß her nicht mehr zu sehen waren. Am anderen Ende des Netzes wurden weitere Lochsteine befestigt, und ich begriff, daß dieser lose Teil über die festgezurrte Netzhälfte gezogen werden würde, so daß alles, was zwischen die beiden Hälften geriet, in der Falle saß. Nur der äußerste Teil des Netzes lag im seichten Wasser; der Rest war nun sorgsam unter Schlamm und altem Schilf, das von flußaufwärts angeschwemmt worden war, verborgen.

Wir waren gerade damit fertig, als Dardas zurückkehrte, gefolgt von zwei Männern, die zwischen sich, an einem Stock festgebunden, die toten Ziegen trugen. Diese waren im Verwesen schon fast bis zur Unkenntlichkeit aufgedunsen. Sie wurden nun mehrere Male über das versteckt liegende Netz geschleift, um den Geruch von Menschen zu überdecken. Während der Köder im Netz nahe den Pfählen angepflockt wurde, erklärte mir Sebek, daß Krokodile im Wasser wohl einen Mann angreifen, doch die meisten von ihnen an Land den Menschen lieber meiden.

Die Sonne würde nun bald untergehen, und Sebek sagte, es sei unwahrscheinlich, daß die Krokodile vor dem morgigen Tag zurückkehren würden, da dies der Platz sei, an den sie gewöhnlich zum Dösen in der Sonne kamen. Er postierte zwei Männer, um Ausschau zu halten nach der Rückkehr der Krokodile, und wir anderen zogen uns in einige Entfernung hinter die Uferböschung zurück, so daß wir vom Fluß her weder zu sehen noch zu hören waren. Wir zündeten ein Feuer an und setzten uns, um die mitgebrachte Speise, welche nur aus Brot und Rettichen bestand, zu verzehren. Ich war sehr hungrig und fragte mich im stillen, was Sebek und ich jetzt wohl essen würden, wenn wir, wie Dardas uns vorgeschlagen, ins Dorf gegangen wären —

gewiß Fisch und vielleicht auch Flugente oder ein anderes Wild und verschiedene Sorten von Gemüse ...

Jede Stunde wurden die beiden Wachposten durch andere Männer ersetzt. Da wir draußen schlafen mußten, hatte jeder seinen Umhang mitgebracht, den er nun unter seinem Kopf zusammengerollt hatte. Es war eine warme Nacht, aber ich war froh, den meinen dabei zu haben, denn der Boden war sehr hart und ich zu aufgeregt, um tief zu schlafen. Kurz nach Sonnenaufgang brachten zwei Mädchen — die ältere von ihnen war Dardas' Tochter — für Sebek und mich einen Krug Milch und außerdem, in ein blaues Tuch eingewickelt, genügend hart gekochte Enteneier für jeden von uns. Ich bat sie zu bleiben und mit uns zu essen, doch obgleich sie lächelten, schienen sie ein wenig schüchtern, und das jüngere Mädchen sagte, sie müßten zurückgehen, da ihr Vater auf sie warte.

Der Morgen war endlos und heiß, und ich begann, an der Rückkehr der Krokodile zu zweifeln. Halb im Schlaf fragte ich mich, was Kiyas wohl gerade tat und wie lange es dauern würde, bis ich sie wiedersah, als wir das lange erwartete Signal vernahmen.

Zehn Männer liefen zu jedem der Seile, die über die Uferböschung geführt worden waren — die vorderen Männer geduckt, um unsere Beute nicht vor dem entscheidenden Augenblick in Alarm zu versetzen. Ich kroch vor, neben Sebek, bis ich über den Rand der Uferböschung blicken konnte. Das längste Krokodil, welches ich jemals gesehen, bewegte sich schwerfällig auf eine der Ziegen zu. Es drehte seinen Kopf von einer Seite zur anderen, um die Quelle des Geruchs, der es anzog, zu finden. Ich war nahe genug, um die runzeligen Augenlider zu sehen, die sich über den bösartigen kleinen Augen öffneten und schlossen. Dann mußte ihm ein starker Ziegengeruch zugeflogen sein, denn es beschleunigte seinen Gang zu einer Art plumpem Lauf. Aber bevor es den Köder erreichte, sahen wir, wie ein anderes, kleines Krokodil seinen Spuren folgte, um ihm die Beute streitig zu machen, und beinahe im gleichen Augenblick bissen zwei Paar große, zermalmende Kiefer in den aufgedunsenen Kadaver. Wie eine plötzlich aufsteigende schwarze Rauchwolke schwirrten ärgerlich die Fliegen auf, welche dadurch bei ihrem Festmahl unterbrochen worden waren, und kreisten einige Augenblicke über dem Kadaver, bevor sie sich auf der anderen Ziege niederließen.

Statt sich gegenseitig anzugreifen, versuchten beide Krokodile zunächst, die Ziege dem Rivalen zu entreißen. Sebek rief den Männern an den Seiten zu, welche, die Füße fest in den Boden gestemmt, bereit waren, dem sich plötzlich straffenden Seil standzuhalten. Sie schwangen ihr Gewicht nach rückwärts, und das große Netz erhob sich zur Hälfte schlammtriefend aus dem Wasser. Es klappte übereinander, bis es durch das plötzlich freigesetzte Gewicht der Steine mit einem Ruck auf den Boden gedrückt wurde, so daß die Pfähle durch die Maschen nach oben schossen und es zusammenzurrten. Einen Moment lang waren die Krokodile zu verblüfft, um sich zu bewegen und lagen bewegungslos wie angeschwemmtes Holz. Dann, sich in der Falle findend, begannen sie zu kämpfen. Sie schlugen mit den Schwänzen wild um sich, aber verhedderten sich, statt sich zu befreien, nur noch fester.

Blut begann in den Schlamm zu tropfen. »Sie greifen sich offenbar gegenseitig an«, sagte Sebek, »das passiert häufig, wenn zwei gleichzeitig gefangen werden. Das ist gut so, denn zwei sind viel schwerer zu töten als eines. Zuweilen zerreißen sie sogar das Netz und kommen frei.«

»Was geschieht dann?«

Er lachte. »Der Mann, der am schnellsten wegspringt, lebt am längsten.«

»Können wir sie bald töten?«

»Wir lassen sie noch ein wenig länger kämpfen, auf daß sie müde sind.« Dann, auf das Blut weisend, fuhr er fort: »Warum sich einmischen, wenn sie die Arbeit für uns tun?«

Es schien, daß das Netz von dem darin wütenden Kampf zerbersten wolle, doch mußte es stärker gewesen sein, als es aussah. Denn obwohl drei der Pfähle aus dem Schlamm herausgezerrt worden waren, hatten die Krokodile in keinem Augenblick die Möglichkeit, sich zu befreien.

Sebek hatte sie gespannt beobachtet. »Das kleinere ist erledigt, schau, es dreht sich auf den Rücken. Nun schau genau zu, wir geben ihm den Rest: Ein Wurfspeer kann seinen Bauch durchbohren.«

Er rief die Namen der beiden Männer, welche das Krokodil als erste aus dem Fluß hatten kommen sehen. »Es gehört euch! Wurfspeere aus fünf Schritt Entfernung, und dem Manne, der es tötet, Wein!«

Vier Speere ragten aus seiner dicken, gelben Haut, bevor das kleinere Krokodil tot war. Das andere wand sich noch immer in blinder Wut. Sebek ließ sich seine Aufregung nicht anmerken. Er war immer noch jung genug, um den Verlust seiner Würde zu fürchten, sollte er zu große Begeisterung zeigen. Aber der Ton seiner Stimme ließ mich seine Gefühle erkennen.

»Das Große bewegt sich immer noch zu schnell, um ihm den Kopf mit dem Streitkolben zu zertrümmern — dies ist nur möglich, wenn sie ihre Kiefer im Netz verfangen haben und sich nicht schnell genug herumdrehen können, um zuzuschnappen. Und es ist noch nicht müde genug, um seinen Rachen zum Keuchen zu öffnen ... Manchmal, wenn man rasch ist, kann man einen Speer in seinen Schlund stoßen. Ich habe dies oft genug gesehen und es selbst mehr als einmal getan. Aber es ist ein gefahrvolles Unterfangen, und du büßt eine Hand ein, wenn du ungeschickt bist. Wir müssen dieses enger ins Netz einbinden und versuchen, es auf den Rücken zu drehen.«

Eines der Vorderbeine war durch die Maschen des Netzes gerutscht, das sich durch den Kampf dann offenbar fest zu einer Schlinge zusammengezogen hatte. Dadurch konnte das Krokodil nicht das hintere Ende des Netzes erreichen, welches nun von den Pfählen und Seilen, an denen es festgemacht war, gelöst wurde. Diese Seile waren so um das Netz mit den darin verstrickten Krokodilen gelegt und dann in eine Stellung gerückt worden, daß ein Zug auf sie das Netz noch einmal übereinander klappen würde. Wir zogen das schlaffe Seil an, und gemeinsam, mit einer ungeheuren Anstrengung, wurde dann mit einem Ruck das Krokodil auf den Rücken gedreht.

Dieses Mal wurden keine Männer ausgewählt, es anzugreifen, und zehn warfen ihre Wurfspeere gemeinsam. Dunkles Blut floß in glitzernden Rinnsalen, aber selbst dann ließ mich Sebek das Krokodil nicht berühren, bis der lange, metallumkleidete Stock mit schweren Schlägen des Streitkolben in seinen Kopf getrieben worden war.

»Nähere dich niemals einem verwundeten Krokodil, Ra-ab, wie tot es auch immer aussehen mag, bevor du dich nicht darauf vorbereitet hast, daß es noch lebt. Sie stellen sich tot und kriegen dich, wenn du sie häuten willst. Selbst ein Kind könnte sehen, daß sie Seths Tiere sind, kein anderer hätte etwas so Böses erschaffen können.«

»Werden wir das Netz erneut auslegen?«

»Ich werde es wissen, wenn ich die Tiere geöffnet habe. Das vermißte Kind trug ein Kupferarmband mit einem ungeschliffenen Türkis.«

Er nahm sein Jagdmesser und schlitzte den weichen Bauch des großen Krokodils auf. Die Dinge, welche er durch den Schlitz herauszog, verursachten mir Übelkeit. Es waren vor allem Eingeweide, die gräßlich stanken. Er breitete sie auf dem Schlamm aus und drehte sie mit seinem Messer um. Ich sah, wie er etwas aufhob. Es war ein Kinderarmband — verbogen, aber immer noch erkennbar. Ich konnte sogar das Loch sehen, welches einst einen Türkis umfaßt hatte.

»Nein, wir müssen das Netz nicht noch einmal auslegen«, sagte er. »Wir haben das richtige Krokodil erwischt.«

Dardas, der Fischer

DA ES BEREITS spät am Nachmittag war, schlug Sebek vor, wir sollten alle die Nacht im Dorf verbringen. Erst als wir das Dorf erreichten, wurde mir klar, daß Dardas das Dorfoberhaupt war. Sein Haus aus unverputzten Lehmziegeln war größer als das der anderen und hatte vier Räume, die sich zu einem mit einer Mauer umgebenen Garten hin öffneten. In der Kammer, welche ich mit Sebek teilen sollte, waren Krüge mit warmem Wasser zum Waschen für uns bereitgestellt worden. Auf dem Boden lagen saubere Matten aus und über die beiden Ruhebetten waren frische Laken gebreitet. Auf den hohen Fenstersims hatte jemand sogar eine flache Schale mit einigen Ranken blauer Winde gestellt.

Dardas' ältere Tochter aß mit uns, doch als das Mahl beendet war, ließ sie uns mit ihrem Vater allein. Zunächst war er ein wenig zurückhaltend gewesen, doch bald begann er offen und frei zu erzählen. Ich wurde gewahr, daß ihm das übrige Ägypten ein fremdes Land schien, selbst die Bewohner in den angrenzenden Provinzen des Hasen und des Schakals hätten ebensogut Barbaren sein können. Während ich ihm lauschte, wurde mir klar, daß nach allem, was ich von den Zwei Reichen wußte, deren Bewohner vielleicht tatsächlich Fremde waren. Ich war nun fast vierzehn Jahre alt, aber noch niemals jenseits der Grenzen der Oryx gewesen. Sebek war schon außerhalb gereist, doch warum hatte er nie davon erzählt? Ich hatte stets vermutet, alles, was er auf seinen kurzen Reisen gesehen, sei ihm zu vertraut gewesen, um besondere Aufmerksamkeit zu erregen. Warum war die Oryx anders? Warum verließ selbst Vater so selten sein eigenes Land?

Dardas, der Fischer

Sebek war müde. Nur aus Höflichkeit unterdrückte er ein Gähnen, und als er zur Ruhe ging, blieb ich auf und unterhielt mich mit Dardas. Ein Knabe und ein Fischer, der schon langsam alt wurde, unterhielten sich in einer Nacht, in der ein Krokodil getötet worden war ... ich fragte mich, ob ein Mann, die Doppelkrone tragend, auf ein Echo aus der Zukunft im Schlafe aufschrie?

Dies ist die Geschichte, die Dardas mir erzählte:

»Ich wurde in einem Dorf flußabwärts geboren, doch obwohl es weniger als eine Fünftagereise von den Grenzen der Oryx entfernt lag, hätte ich ebensogut unter Fremden aufwachsen können, so sehr unterschied sich ihre Lebensart von der unseren. Die Priester lehrten uns, daß die Gunst der Götter durch Geschenke erlangt werden mußte, und wenn sie diese als nicht wertvoll genug erachteten, so würden sie zur Strafe eine Seuche oder eine Hungersnot schicken. Als einmal — es war vor mehr als zwölf Jahren — der Fluß so wenig Wasser führte wie nie zuvor seit Menschengedenken, glaubten wir deshalb natürlich, das stinkende Wasser und die täglich größer werdenden Schlammbänke des Ufers seien ein Zeichen von Nuts Zorn.

Mein Bruder und ich trugen unsere letzte wertvolle Habe hinaus — es war ein Halsband meiner Mutter, fünf Türkisperlen an einer geknüpften Schnur — und fügten es dem hinzu, was aus den anderen vier Dörfern, welche dem gleichen Tempel Tribut zahlten, zusammengesammelt worden war. Unser Sprecher trug diese Gaben in die Stadt und tauschte sie ein gegen Gold, das, bevor es zum Tempel gebracht wurde, in die Form eines Fisches gegossen wurde. Noch immer stieg der Fluß nicht, und als der Sprecher wieder zum Tempel ging, wurde ihm gesagt, daß Nut sich erst erweichen lassen würde, wenn einer von uns dem Flusse geopfert werde.

Einige von uns waren mutig genug, ihre Stimme gegen diesen Befehl des Priesters zu erheben, aber sie wurden bald zum Schweigen gebracht, denn die Menschen begannen zu fürchten, der Fluß habe uns für immer im Stich gelassen — Furcht verbreitet sich schneller als Läuse im Barte eines Barbaren. Bevor das Opfer nicht ausgewählt war, konnte sie nicht weichen. Wie ein Dieb schlich das Flüstern von Haus zu Haus ... Wer wird es sein? Wer von uns hat Nut erzürnt und unser Leiden verursacht?

Ihre Unwissenheit ließ sie diejenige auswählen, die ihnen am wenigsten glich: Sie war eine Frau namens Hayab, welche, obgleich von

Geburt an blind, den Blick besaß, der gewöhnlichen Menschen nicht gegeben ist. Die anderen vergaßen auf einmal, wie freundlich sie stets gewesen, und es gab Grund genug, sie zu ehren. Ich aber konnte nicht vergessen, wie sie mich als Kind davor bewahrt hatte, ein Krüppel zu werden. Ich hatte lange Zeit ein lahmes Bein gehabt, und Hayab war zu meiner Mutter gekommen und hatte gefragt, ob sie nach der Ursache meines Leidens suchen dürfe. Mein Bein war geschwollen, und ich konnte vor Schmerzen nicht schlafen. Hayab nahm meinen Fuß zwischen ihre Hände und preßte ihn gegen ihre Stirn. Dann sagte sie: »Da ist ein Dorn, ein kleiner, gebogener Dorn, tief im weichen Fleisch unter dem Fuß. Dies ist der Same, aus dem der Schmerz erwächst, und er muß herausgeschnitten werden.« Sie machte auf meinem Fuß mit Wachtelblut ein Zeichen, wo der Schnitt gemacht werden mußte. Der Dorn wurde gefunden, und die Wunde war bald geheilt. Dank Hayab konnte ich wieder gehen.

Doch zu meiner Schande trat ich nicht mutig hervor und sprach, als sie ihr die Hände banden und ihr sagten, sie müsse sterben. Heiter ging sie zwischen den Männern her, welche sie ergriffen hatten, lächelnd, als sei sie die Gefangene in einem Spiel unter Kindern. Sie sperrten sie in eine kleine Hütte, in der niemand wohnen wollte, seit eine Frau dort bei der Geburt ihres Kindes gestorben war. Durch die dünnen Lehmwände konnte ich sie dem Flusse ein Lied singen hören wie ein Mädchen für ihren jungen Geliebten.

Es waren noch fünf Tage bis Neumond, der Zeit, die für das Opfer bestimmt worden war. Ihre Lieder brachten dem Dorf eine neue Furcht: Warum fürchtete sie sich nicht vor dem Tod? Welches Wissen, den anderen verborgen, *besaß* sie? Keiner war willens, den Tod über sie zu bringen, doch niemand wagte es, die Autorität des Priesters in Frage zu stellen.

Als ich schließlich erklärte, ich und mein Bruder wären bereit, sie von unserem Boot aus zu ertränken, waren die anderen froh und priesen unseren Mut — denn sie dachten, daß sie vielleicht im Augenblick ihres Todes ihre Sünden über uns ergießen und uns so dazu verdammen könnte, uns zu ihr in die Höhlen der Unterwelt zu gesellen.

Niemand vom Dorf beobachtete uns, als wir sie aus der Hütte holten — ich denke, sie fürchteten, sie könnte einen Fluch über sie schicken. Mein Bruder hatte gefragt, wohin wir sie bringen sollten, aber ich antwortete ihm, sie würde es uns sagen, wenn die Zeit gekommen. Selbst das Boot schien verändert, als wir es in den Wind steuerten: Es war Leben im Mast, und das Segel war gierig nach Wind. Bis wir weit vom Ufer entfernt waren, wagte ich nicht, ihr zu sagen, daß wir sie freilassen wollten, auf daß nicht ihre Freude es einem Späher im Schilf verriete. Als ich es aber tat, war sie nicht überrascht und entgegnete: »Ich weiß. Du hast es mir gestern gesagt.«

Ich sah die Hand meines Bruders das Steuerruder fester umgreifen, denn er wußte, daß niemand mit ihr Worte getauscht hatte, seit sie in die Hütte gebracht worden war. Sie wandte sich ihm zu und sagte: »Warum erstaunt es dich, daß ich es wußte, bevor Dardas es mir sagte? Hast du den Dorn vergessen, welcher ihn lahm gemacht?«

Ich fragte sie, wohin wir sie bringen sollten, und sie erwiderte: »Folge dem Kielwasser der weißen Barke.«

Als ich nicht antwortete, zeigte sie den ausgetrockneten Fluß hinauf: »Du kannst sie sicher auch sehen?«

»Es gibt kein anderes Boot in Hörweite, und die Nacht ist dunkel, mit wenigen Sternen.«.

Sie lächelte: »Verzeih mir. Ich vergaß, daß ich manchmal sehe, was dem Auge der anderen verborgen ist. Halte weiter flußaufwärts, bis ich sehe, daß der Steuermann der Barke seinen Kurs ändert oder mir sagt, ich solle nun an Land gehen.«

Der Wind von Norden blies beständig, und in der Morgendämmerung fanden wir uns zwischen unvertrauten Ufern wieder. Während der nächsten zwei Tage kamen wir an mit Steinen aus den südlichen Steinbrüchen schwer beladenen Barken vorüber und einmal auch an einer Kriegsgaleere mit vierzig Ruderern. Ich hatte Speise mitgenommen, doch sie aß wenig, obwohl sie fünf Tage lang nur Wasser und ein wenig ungekochte Kost gegessen hatte.

Der Abend brach herein, als wir am westlichen Ufer ein großes Dorf erblickten. Da sagte sie: »Der Steuermann der weißen Barke bedeutet mir, daß wir hier das Haus finden werden, welches ich in meinen Träumen sah. Es steht allein, das südlichste der Häuser. Eine weiße Mauer umgibt es, und an der Pforte wächst ein Feigenbaum. Bringt mich dorthin, und ich werde mich an den Namen dessen, der mich kommen hieß, erinnern.«

Ich erinnere mich, daß am Landungssteg drei Boote festgemacht waren, und neben dem Weg, der zum Dorf führte, spielte ein Kind mit einem weißen Zicklein. Zuerst wußte ich nicht, warum die Menschen so fremd erschienen; dann wurde mir klar, daß es daran lag, daß die Frauen sangen, während sie übervolle Wasserkrüge vom Brunnen nach Hause trugen, und die Männer, welche die Felder bestellten, sahen stark und zufrieden aus.

Jenseits des Dorfes kamen wir zu einer großen, von Platanen gesäumten Straße, und an ihrem Ende stand die lange Mauer mit einem Feigenbaum am Eingang, genauso, wie sie gesagt hatte. Ich klopfte, und eine Frau mit einem Kind auf dem Arm öffnete die Türe.

Hayab sagte zu ihr: »Dies ist das Haus Roidahns, und ich bin Hayab, die blinde Frau, zu der er in seinem Traume sprach und sie herzukommen bat.«

Die Frau schien nicht überrascht, uns zu sehen. Sie lächelte und sagte: »Er wartet schon darauf, dich im Namen der Wächter des Horizonts zu begrüßen.«

Sie führte uns in den Garten, und neben einem Fischteich saß ein Mann, dessen Kleidung ihn als Mann von edlem Rang auswies. Als wir uns vor ihm niederwerfen wollten, schüttelte er den Kopf und begrüßte uns mit dem Gruß, der unter seinesgleichen ausgetauscht wird. Er nannte Hayab bei ihrem Namen und sprach zu ihr, als seien sie Freunde, welche sich lange nicht mehr gesehen.

Als ich sagte, mein Bruder und ich müßten zu unserem Boot zurückkehren, entgegnete Roidahn, für uns sei eine Kammer hergerichtet und wir sollten uns ausruhen und essen, bevor wir uns entschieden, ob wir in unser Dorf zurückzukehren wünschten. Das Gemach, in das er uns brachte, war schöner als jedes, das wir zuvor gesehen. Auf einem Tisch stand das Essen, Früchte und Wildente und kaltes geröstetes Ziegenfleisch und Wein in Alabasterschalen.

Es war das erste Mal, daß wir Wein tranken. Er war weich und dunkel, stark wie das Licht der Sonne. Plötzlich begann mein Bruder zu lachen, als sei er wieder ein Kind. Er stand ein wenig schwankend auf. »Seit unser Vater gestorben ist, habe ich mich vor dem Tod gefürchtet, und nun weiß ich, daß ich ein Wachtelhühnchen gewesen bin, welches sogar den Schatten des Vogelstellers fürchtet. Der Tod war zu unbedeutend, als daß ich mich daran erinnern könnte, wie er aussah. Kannst du dich daran erinnern, wie wir aus dem Boot fielen, als wir ertränkt wurden, Dardas? Wer ist er, den wir *Roidahn* nennen? Ist er Ra oder einer seiner Brüder? Ich bringe einen Trinkspruch aus auf den Tod, der uns hierher gesteuert hat und nicht auf Dank wartete!«

Am nächsten Morgen ließ ich meinen Bruder schlafen, denn er schien sich gegen das Erwachen zu sträuben, vielleicht aus Furcht, der Traum könnte dann verschwunden sein. Ich machte mich auf die Suche

Dardas, der Fischer

nach Roidahn und fand ihn unter einer Weinlaube neben dem Fischteich sitzen. Er fragte mich, wie es meinem Bruder und mir ginge und sprach dann von Hayab und sagte, sie würde in seinem Hause bleiben und die Harfe spielen lernen, um damit ihren Gesang zu begleiten.

Dann sagte er: »Du wunderst dich, warum du dich nicht vor mir fürchtest, denn von Kindesbeinen an wurdest du gelehrt zu fürchten, was du nicht ganz verstehst. Dir wurde beigebracht, der Macht Höhergestellter Achtung zu zollen, ohne zu fragen, worin sie ihren Ursprung hat. Doch ich will deine Fragen beantworten und fordere keine Ergebenheit.«

»Warum sind wir hierher gekommen? Woher wußte Hayab, daß Euer Haus in der Nähe des Dorfes lag? Ich weiß, daß sie sich noch nie sehr weit von der Stätte ihrer Geburt entfernt hat. Sie hat Euch nie gesehen, denn sie war immer blind — dennoch begrüßtet Ihr einander wie Freunde ...«

»Selbst eure Priester müssen euch gesagt haben, daß wir viele Male geboren werden. Ist es dann so sonderbar, einem Freund zu begegnen, dessen Gesicht man nicht kennt? Und was ist natürlicher, als sich an einen Freund zu wenden, wenn man in Schwierigkeiten ist?«

»Aber wie wußte sie von Euch?«

»Sind eure Priester so unwissend, euch nicht gelehrt zu haben, daß Träume sicherere Boten als selbst der schnellste Läufer sein können?«

»Ich weiß nichts von Magie. Ich bin ein Fischer, kein Priester.«

»Dennoch folgtest du einem Steuermann, den du nicht sehen konntest; war dies die Tat eines Mannes voller Erdenschwere? Nein, du bist hierher gekommen, weil du die Weisheit Hayabs erkanntest, und diese liebend, hörtest du auf, den Schatten zu fürchten.«

»Warum sind die Menschen in Eurem Dorf anders als bei uns — selbst die Kinder haben keine Angst, wenn sie einen Fremden sehen?«

»Weil sie wissen, daß der Gott der Furcht nur in der Unterwelt regiert — wenn die Menschen ihm nicht Macht verleihen, indem sie sein Bild in ihr Herz setzen. Mein Volk richtet seine Gebete an Ra oder dessen Brüder, und deshalb leben sie in Frieden. Es gibt in meinem Dorf ein leeres Haus; lebt dort einen Mond lang und entscheidet erst dann, ob ihr zu euren eigenen Leuten zurückkehren oder in der Oryx leben wollt.«

»Dies ist das Ende meiner Geschichte — und der Anfang meines Lebens«, sagte Dardas. »Denn ich habe in der Oryx, der Antilopenprovinz, das Glück kennengelernt.«

Wolke der Furcht über Ägypten

SEIT DARDAS MIR vom Ägypten jenseits der Oryx erzählt hatte, wartete ich begierig auf eine Gelegenheit, Roidahn zu sehen. Dies geschah im folgenden Mond, denn Sebek hieß mich, auf dem Weg zu einem Dorf im Norden der Provinz mit zehn Soldaten eine Nacht in Roidahns Haus zu verbringen.

Der Roidahn, den ich kennenlernte, unterschied sich von dem Mann, von dem mir Dardas erzählt hatte, so sehr wie Sebek, der Hauptmann, sich von dem Knaben unterschied, den Kiyas zuweilen geneckt, bis sie fast Tränen lachen mußte. Es war der Roidahn, der zu Hayab gesagt hatte: »Ich grüße dich im Namen der Wächter des Horizonts«, den ich zu kennen wünschte, und irgendwie mußte ich ihn davon überzeugen, mit mir so zu sprechen, als sei ich nicht durch die Oryx oder an meine vierzehn Jahre gebunden. Er hatte Hayab willkommen geheißen, weil er sie in einem Traum gesehen: Konnte ich nicht den gleichen Schlüssel benutzen, ihn zum Sprechen zu bewegen? Doch was war, wenn ich von ihm träumte und er sich *nicht* erinnerte?

Ich bemühte mich sehr, ihm fern der Erde zu begegnen, und es gelang mir in der Nacht, bevor ich sein Haus erreichte. Obwohl ich nur einen Bruchteil der langen Unterhaltung im Gedächtnis behielt, erinnerte ich, wie er sagte: »Ja, ich werde mich an diese Begegnung erinnern, und um dies zu beweisen, werde ich, wenn wir in den Garten gehen, auf den Teich zeigen und sagen: ›Gestern gab es hier fünf Lotosblüten, wie viele sind es heute?‹ Und du mußt antworten: ›Nun hat sich noch eine Knospe geöffnet, jetzt sind es sechs.‹ «

Ich hatte solche Angst, seine genauen Worte zu vergessen, daß ich sie mit einem verkohlten Holzstab auf das Leinen meines zweiten Gewandes schrieb. Ich hatte nichts anderes zum Schreiben, denn wir schliefen im Freien.

Am späten Nachmittag erreichte ich sein Haus. Die Pforte zum Garten stand offen. Der Feigenbaum, welcher daneben wuchs, war sehr alt, und ich dachte an Dardas, wie er mit der blinden Frau unter diesem Baum gestanden. Hatte sie Zweifel an der Stärke ihres Traumes gehabt so wie ich, der gerade versucht war, an *meinem* Traum zu zweifeln? Ich ging geradewegs zum Teichgarten. Es war niemand dort, und ich stand da und starrte ins Wasser, in der Erwartung, mehr als nur das Muster der Schatten zu sehen, welche die Lotosblätter auf die Fliesen warfen. Hinter mir hörte ich Schritte, und ich drehte mich um und sah Roidahn durch die Maueröffnung jenseits des Teiches kommen.

Er begrüßte mich mit dem Gruß, mit dem ein Vater seinen Sohn willkommen heißt, legte seinen Arm um meine Schultern und sagte: »Gestern waren sechs Lotosblüten im Teich, wie viele sind es heute?«

»Nein, Ihr hättet ›fünf Lotosblüten gestern‹ sagen sollen, und ich sollte antworten: ›Heute sechs, weil sich noch eine Knospe geöffnet hat.‹«

Aufgeregt wie ein Knabe drehte er mich herum, um mir in die Augen sehen zu können. »Du hast dich erinnert! Ich fürchtete so, du würdest dich *nicht* erinnern — daher stellte ich die Frage nur, um mich zu überzeugen, daß Ra-ab *nicht* ein Träumer wahrer Träume war. Aber ich hatte unrecht! Noch nie war ein Mann so froh, sich als Narr erwiesen zu haben. Wie hätte sich deine Mutter gefreut, meine Frage und deine Antwort zu hören ... oder vielleicht hat sie sie gehört!«

»Kannst du sie wirklich sehen?« fragte ich begierig.

»Ich habe sie nie gesehen, nicht einmal in einem Traum.«

Er seufzte. »Nur einmal, seit sie gestorben ist, und das war, um mir zu sagen, ich solle versuchen, deinen Vater aus seinem Kummer zu befreien. Ich rief ihm die Oryx wieder ins Gedächtnis, wenngleich ich ihm nicht die Freude zurückbringen konnte. Denn diese hatte er bei ihr gelassen und wollte sie aus keiner anderen Hand annehmen.«

In dieser Nacht sprach Roidahn mit mir bis kurz vor der Morgendämmerung. Ich erfuhr, daß die anderen Provinzen anders als die unsere waren und daß ich wohl von einem Tempel zum anderen durch ganz Ägypten wandern könnte, ohne auch nur einen Priester zu treffen, der so war wie unsere Priester in der Oryx.

Ich werde mich immer daran erinnern, wie Roidahn sagte: »Als die Zwei Reiche noch *Kam* hießen und der Stein, aus dem die Großen Pyramiden errichtet sind, noch im Steinbruch schlief, wäre die Oryx wohl nur eine Provinz von geringer Weisheit; denn damals waren die Tempel wie Fackeln im Land, und selbst die Furcht vor Seth war vergessen. Die Pharaonen, welche die »Zwei, die sich erinnern« erbauten, gebrauchten ihre Macht weise; doch jene, welche nach ihnen kamen, sahen nur die Schatten, die von diesen großen Pyramiden geworfen wurden, und waren blind gegenüber dem von ihnen widergespiegelten Licht. Allmählich geriet in Vergessenheit, warum sie errichtet worden waren, und man pries sie nur als eine große Errungenschaft — man hatte sie für die Zeiten gemacht, auf daß sie Meilensteine seien für die Seele im Laufe ihrer vielen Reisen — doch nun symbolisieren sie nicht die Macht *auf* der Erde sondern die Macht *der* Erde.

Seit dieser Zeit sind noch viele Tempel erbaut worden. Doch die Menschen haben vergessen, daß ein Bauwerk nur Wert hat durch den, der darin weilt, gleich wie der Körper nur verdorbenes Fleisch ist ohne den Geist, der in ihm Wohnstatt nimmt. Der Stein dieser neuen Tempel ist toter Stein, und der Lehm der Häuser der Priester ist der Staub des Grabes. Die Priester folgen einem Ritual, das sie nicht verstehen, und die wenigen unter ihnen, welche Macht besitzen, verwenden sie nur, um sich Größe beizumessen — weil sie so wenig wissen, müssen sie Geheimnisse erschaffen; da sie keine wirkliche Autorität besitzen, müssen sie sich abseits halten. Selbst wenn sie sich jenseits der drei Maße der Erde begeben können, verstehen sie selten die von ihnen gerufenen Kräfte. Das Unbekannte wird immer gefürchtet; daher ist es die Furcht, der sie opfern — selbst jene, welche den Namen Ras anrufen, richten ihre *Gebete* an Seth, den Herrn der Angst.

Über Ägypten herrscht die Angst! Von Seth zu seinen Priestern, von den Priestern zum Pharao verbreitet sich die Angst durch all die Kanäle, welche von ihnen ausgehen — vom Nomarchen zum Aufseher, vom Dorfältesten zum jüngsten Kinde, das weint aus Angst vor der Dunkelheit. Ras Macht ist die seine, doch Seth bezieht seine Macht von anderen. Es sind jene, die der Furcht Anerkennung zollen, von denen Seth und seine Gefährtin Sekmet die ihre holen.«

»Warum besitzt dann Seth keine Macht über die Oryx?«

»Dein Vater ist, wie du weißt, der vierte aus der direkten Erblinie der Nomarchen. Bis in die Zeit deines Großvaters hinein unterschied sich diese Provinz nicht von den anderen, doch war er ein Mann der Weisheit, obwohl er keine Tempelausbildung hatte. Als er die Nachfolge seines Vaters antrat, sah er, daß jene, die bis dahin seine Freunde gewesen, ihn nun fürchteten, weil er die Amtsgewalt innehatte. Er wußte, daß wahre Herrschaft nur Liebe erwecken kann und daß eine Herrschaft, welche Furcht mit sich bringt, sich auf Zwang und Gewalt gründet und ohne Wert ist.

Zunächst war es für ihn schwierig, die morschen Teile des Baumes, den die Oryx mit dem übrigen Ägypten gemein hatte, auszuschneiden; doch nach und nach ersetze er totes Holz durch starkes neues Wachstum. Die Aufseher seiner Städte wurden gewählt, nicht weil man sie fürchtete, sondern weil sie geliebt wurden; und jeder Mann, der seine Macht mißbrauchte, sah, daß sie ihm genommen wurde, auch wenn seine Familie seit zehn Generationen dieses Amt innegehabt hatte.

Weil er es wert wurde, ein Freund zu sein, machte er sich viele Feinde. Die Nomarchen der Nachbarprovinzen waren auf ihn eifersüchtig, da sie sahen, daß sein Land selbst in Zeiten von Hungersnot blühte. Er riet ihnen, auch sie sollten mehr Kornspeicher bauen, um gute Ernten für magere Jahre zu lagern. Doch sie hörten nicht auf ihn, denn sie sahen nur das Gold und Elfenbein, Purpur und Zedernholz, gegen das sie das Getreide, was zuviel war, eintauschten.

Dein Großvater baute keine Tempel. Er hatte eine große Abneigung gegen falsche Priester und betrachtete Tempel als die größte Brutstätte der Furcht. Er ließ die rituellen Dienste der alten Tempel nur aufrechterhalten, weil er wußte, daß sonst die Nomarchen der angrenzenden Provinzen einen Grund haben würden, vom Pharao zu fordern, ihnen das Land der Antilopenprovinz abzutreten.

Doch die Gesetze, nach denen er regierte, waren gute Gesetze, denn in seinem Besitz war eine Sammlung alter Papyrusrollen. Viele von diesen stammten aus der Zeit vor den Pyramiden, und durch ihr Studium fand er heraus, daß die Pharaonen des Alten Königreichs das Geheimnis kannten, wie man in Frieden herrscht. Das von ihm erlassene Gesetz beispielsweise, wonach die Waisen und die Alten, die Kranken und die Lahmen der Fürsorge jener anheimgegeben sind, auf deren Land sie leben, stammte aus jener alten Zeit.

Damals wie heute war es Gesetz, daß jene, welche keinen Zehnten abgeben konnten, vier Monde im Jahr für den Pharao arbeiten sollten; doch außer in der Oryx wurde dieses Gesetz mißbraucht. Wünschte der Pharao eine Stadt in aller Eile zu erbauen, so mußten die Arbeitskräfte aufgetrieben werden, ganz gleich woher. Gelüstete es dem Pharao nach Monumenten aus Stein, so mußten Felder brachliegen bleiben, weil kein Mann mehr da war, sie zu pflügen; und war ein Nomarch untätig, so verfielen Dämme, und Bewässerungskanäle brachen ein, so daß die Fruchtbarkeit oft bis an den Rand einer Hungersnot zurückging. Menschen wurden nach ihrem Rang, nicht nach ihrem

Charakter beurteilt: Sie konnten ihr Amt mißbrauchen und es dennoch behalten. Der Pharao konnte Krummstab und Geißel halten und sie dennoch verraten; Tyrann oder Schwächling, beides fand Gutheißen, wenn er nur die Doppelkrone trug.

Dein Großvater starb in der Fülle seiner Jahre, nachdem er der Oryx jenen Frieden gebracht, in dem du aufgewachsen bist. Dein Vater ist kein solch starker Mann, wie dein Großvater es war. Er gibt sich damit zufrieden, ein Muster fortzuführen, welches bereits in den Webstuhl eingespannt, und er möchte auch nicht die Farbe eines einzigen Fadens verändern.

Der Körper der Oryx war stark und rein, aber es waren deine Mutter und Nekht-Ra, welche ihr den Frieden Ras brachten. Während der fünf Jahre ihrer Mitherrschaft brachte sie deinen Vater dazu, mit ihren Augen zu sehen. Die Ritualpriester wurden fortgeschickt, und an ihre Stelle trat unser Hohepriester Nefer-ankh — der ebenfalls scheinbar aus Zufall in die Oryx kam. Es ist sechzehn Jahre her, daß seine ersten Schüler ihre Tempelausbildung begannen, und bald werden wir keinen Mangel an Priestern mehr haben, und kein Dorf wird mehr ohne Tempelratgeber sein.

In den Tagen des Alten Königtums war der Pharao auch Hohepriester, vereinte weltliche und göttliche Macht. Fünf Jahre lang bekleideten dein Vater und deine Mutter gemeinsam dieses doppelte Herrschaftsamt, doch seit sie tot ist, wurde er zu einem Mann, dessen Blick versagt, und er konnte nur noch das sehen, was ihm nahe war. Da die Priester *ihre* Priester waren, schützte und ehrte er sie, doch war er ein Mann ohne Kraft des Handelns. Eines Tages wirst du, Ra-ab, die Oryx regieren. In ferner Vergangenheit kanntest du das Innere von Tempeln und hattest dort Macht inne. Durch dich wird sich nun der Frieden der Oryx im Namen der Wächter des Horizonts über ihre Grenzen hinaus ausbreiten.«

Die Lampe flackerte, und Roidahn stand auf, sie wieder mit Öl zu füllen.

»Roidahn, wer sind die Wächter des Horizonts? Ich hatte noch nie von ihnen gehört, bis Dardas mir sagte, du hättest die blinde Hayab in ihrem Namen willkommen geheißen, als er sie hierher brachte.«

Er lächelte. »Also hast du mit Dardas gesprochen? Er ist jetzt das Oberhaupt eines Dorfes, und ich bin gewiß, daß die Menschen unter seiner Fürsorge gedeihen. Er heiratete Hayab, nachdem sie ein Jahr lang in meinem Hause gelebt hatte. Sie waren sehr glücklich zusammen, doch nun ist sie tot. Sie gebar ihm zwei Töchter, und ich denke, daß er zufrieden ist.«

»Doch wer sind die Wächter?«

»Menschen wie ich, die wissen, daß ein Schatten über Ägypten liegt. Wenn Schatten sich zusammenballen, ist es Nacht; aber wenn viele sich zusammentun, um nach dem Anbruch des Neuen Morgens Ausschau zu halten, wird er gewiß kommen. Dein Vater und auch dein Großvater glaubten beide, es reiche, wenn innerhalb der Oryx Frieden herrsche und sie sich vom übrigen Ägypten abgrenze. Doch genügt es nicht, Korn in den Kornkammern zu lagern; es muß ausgesät werden, wenn die neuen Felder bereitet sind, damit Hungersnot auch von anderen ferngehalten wird. Seit vielen Jahren habe ich jene, welche ich die ›Wächter‹ nenne, in die Oryx gebracht; Männer, die den Pflug führen, Fischer, Hirten und Linnenweber, Goldschmiede und Schreiber. Sie hatten nur eines gemeinsam — ihren Entschluß, die Angst aus den Zwei Reichen zu verbannen. Wenn die Zeit gekommen ist, werden sie die Oryx verlassen, und sie werden das, was sie gelernt, in ganz Ägypten verbreiten, wie Feuer, das im trockenen Stroh brennt. Jene, die Furcht verbreiteten, werden diese kennenlernen, und jene, die Macht mißbrauchten, werden sie verlieren; jene, deren Größe nur eine Maske war, werden ihre Schwäche erkennen, und jene, die demütig waren, werden Macht erlangen.«

»Doch der Pharao wird sein Heer gegen dich aussenden!«

»Krieger können die Stimme der Toten nicht hören!«

Als ich am folgenden Morgen Hotep-Ra verließ, fühlte ich mich völlig verändert: Ich war nicht mehr der Knabe, welcher am Tag zuvor hier angekommen. So überraschte es mich fast, als meine Soldaten mich erkannten. Nun war ich kein Knabe mehr, ich war ein Mann, der wußte, welche Aufgabe vor ihm lag. Ich hatte immer gewußt, daß ich eines Tages die Nachfolge meines Vaters antreten würde, aber es war mir immer so erschienen, als würde dies nur *einen* vorgetretenen Pfad durch den anderen ersetzen. Nun aber gehörte ich zu den Wächtern des Horizonts, welche gelobt hatten, die Furcht zu vertreiben.

Ich war mir immer noch nicht sicher, Roidahn richtig verstanden zu haben, als er sagte: »Krieger können die Stimme der Toten nicht hören.« Der Pharao war beinahe zur Göttlichkeit erhoben worden; in der Tat gab es viele, die ihn für göttlich hielten. Doch wenn seine Macht von Seth und nicht von Ra stammte, wäre es rechtens, ihn zu töten. Roidahn hatte gesagt, daß *alle*, die Furcht säen, böse seien.

Ich wußte, man war des Todes, erhob man seine Stimme gegen den Pharao ... und es würde ein langsamer Tod sein. Roidahn hatte mir also nicht sagen müssen, daß ich niemandem von dem, was er mir gesagt hatte, erzählen durfte, nicht einmal Kiyas. Ich wußte, ich war nur Ra-ab, ein Knabe von vierzehn Jahren, welcher an der Spitze von zehn Soldaten, die Korn aus einem nördlichen Dorf holen sollten, eine schmale, staubige Landstraße entlangging. Doch im stillen dachte ich mich als Ra-ab, den Befehlshaber der Oryx, der die Wächter gegen die Königliche Stadt führte, um das Land Ägypten aus dem Schatten der Furcht zu befreien.

Sebek

EIN PAAR TAGE nach meiner Rückkehr in das Haus der Hauptleute, fand ich eine Gelegenheit, Sebek zu erzählen, daß ich ein Wächter geworden war. Wir hatten unsere Wurfhölzer in der Morgendämmerung mit hinunter zum Sumpf genommen, um auf die Rückkehr der Wildhühner von ihren Futterplätzen zu warten. Sebek war geschickter als ich, doch an diesem Morgen erlegten wir nur sieben Vögel, von denen ich sechs erlegte, fünf davon Wildenten. Es waren noch drei Monde bis zur Großen Überschwemmung, und es war bereits am frühen Morgen angenehm warm, also beschlossen wir, nicht zur Morgenmahlzeit nach Hause zu gehen.

Auf einer lichten Stelle im Schilf waren wir unter uns und vergaßen leicht, daß ich sein Untergebener war. Ich sah ihn nur als den Sebek, mit dem Kiyas und ich seit Kindestagen gespielt hatten, den Sebek, vor dem ich meine Gedanken nicht zu verbergen brauchte.

Er lag auf dem Rücken und kaute an einem Grashalm, als ich sagte: »Roidahn hat mich zu einem Wächter gemacht, er sagte mir, ich solle dir das sagen.«

»Ich bin froh. Ich habe ihm vor einem Jahr gesagt, du solltest einer der Unseren werden, doch er entgegnete, das Zeichen müsse von dir kommen, nicht von ihm.«

»Du hast ihm das gesagt? Warum? Was habe ich getan, daß du mich für einen Wächter hieltest?«

»Eine ganze Menge, doch das erste Mal dachte ich dies wohl, als du einmal aufwachtest und ›Anubis!‹ riefst — und mich beschimpftest, als sei ich ein kleiner Hundediener, welcher vergessen hatte, deinen Lieblingshund zu füttern. Es gibt nicht viele Soldaten, die so grob zu ihrem Führer sein können und ihm dennoch das Gefühl geben, er sei der Schuldige! Dann, nach dem, was Dardas von dir an dem Morgen erzählte, nachdem wir die Nacht in seinem Hause verbracht hatten, war ich sicher, du solltest dich zu uns gesellen — Dardas ist natürlich auch ein Wächter.«

»Du wußtest doch nicht von meinem Wunsch, Anubis zu folgen, oder?«

»Oh doch, das wußte ich. Es ist fast fünf Jahre her, daß Kiyas es mir erzählte.«

»Kiyas erzählte dir das?«

Er mußte die Ungläubigkeit in meiner Stimme gehört haben, denn er setzte sich auf und sagte nachdrücklich: »Ja, Kiyas — warum sollte sie nicht?«

»Es war ein Geheimnis zwischen uns. Sie hat mir versprochen, es niemals irgend jemandem zu erzählen, sie wußte, daß man nur lachen würde.«

»Nun, wenn das der Grund ist, warum du ihr das Versprechen abgenommen hast, so hat sie es nicht gebrochen. Ich gäbe viel dafür, wenn ich träumen könnte, doch ich träume nie, obwohl ich es sehr angestrengt versucht habe.«

»Du — möchtest träumen?« Sogleich wünschte ich, es nicht so ausgedrückt zu haben, denn ich sah, daß ich ihn verletzt hatte.

»Ja, lustig, nicht wahr? Ich bin ein Hauptmann und spreche wie ein Tempelschüler. Ich nehme an, für dich scheint es seltsam, daß ein Hauptmann wissen möchte, wofür er kämpft; daß er etwas vom Ganzen sehen möchte, statt so damit beschäftigt zu sein, die kleinen Fäden des Webmusters auseinanderzuhalten, damit sie sich nicht verwirren, daß er nicht mehr das große Muster sehen kann. Ich vermute, du denkst, es sollte einem, welcher bloß Soldat ist wie ich, reichen, eine Hundertschaft zusammenzuhalten, die Faulen zum Schwitzen zu bringen, bis sie einen Wurfspeer so gut werfen können, wie er weiß, daß sie es können, wenn sie sich Mühe geben. Es sollte ihm wohl genügen, einen gelegentlichen Gesetzesbrecher zu überführen und sich darum zu kümmern, daß jedes Dorf in einem mageren Jahr seinen gerechten Anteil aus den Kornkammern erhält! Und auch die Aufregung, die er empfindet — Krokodile in Netzen zu fangen, wenn sie zur Plage werden, oder einen alten Löwen zu töten, der die Herden angefallen hat. Oh ja, das ist jede Menge, *mein* Leben zu erfüllen. Träume? Was sind einem Hauptmann schon Träume!«

»Verzeih, Sebek, ich bin ein Narr! Du weißt, daß ich es nicht so gemeint habe, aber ich dachte, Kiyas sei der einzige Mensch außer Roidahn, der wußte, daß ich wahre Träume zu träumen versuchte. Sie hielt es für ziemlichen Unsinn. Sie half mir nur, weil — nun, wir haben immer versucht, uns gegenseitig zu helfen. Sie sagte immer, Träume seien etwas für alte Männer oder für Priester, und deshalb hatte ich Angst davor, daß du von meinem Bemühen erfährst.«

Er legte sich wieder zurück und zog einen neuen Grashalm zum Kauen aus der Erde.

»Nun, damit haben wir ein Mißverständnis geklärt. Du denkst nicht, ich hätte nur *eine* Vorstellung, wie der Meister der Wurfspeere, und ich denke nicht, du seist ein weniger guter Soldat, weil du den Forderungen Anubis' folgen möchtest. Du darfst es Kiyas nicht übelnehmen, daß sie mir erzählt hat, was du tust.«

»Das ist alles gut und schön, aber ich *bin* ärgerlich. Ich weiß, daß sie anderen Leuten Lügen erzählt — sie sagt, es sei deren Fehler, weil sie es nicht anders wollen. Aber ich glaubte nicht, sie würde ein Versprechen brechen.«

»Wenn sie dich nicht liebte, hätte sie es nicht getan, und ein Versprechen aus Liebe zu brechen ist viel besser, als ein Gefangener von Worten zu sein. Als sie dieses Versprechen brach, besaß sie mehr Wissen als zu der Zeit, als sie es gegeben hatte. Und dieses Wissen gebot ihr, das Versprechen zu brechen. Warum hast du es ihr überhaupt abgerungen? Weil du Angst hattest, du könntest ausgelacht werden. Nun, sie wußte, daß ich nicht lachen würde. Sie wußte, daß dieses Wissen die Bande zwischen dir und mir stärken würde — und das ist die einzige Art, den Vorzug von Sprechen oder Schweigen zu beurteilen: ob etwas, was du sagst, die Zuneigung zwischen zwei Menschen stärkt oder schwächt.«

»Glaubst du, Kiyas könnte jemals ein Wächter sein?«

»Ich *glaube* das nicht, ich *weiß*, daß sie es sein wird.«

»Aber sie ist nur ein Kind.«
»Ihr Körper vielleicht, aber nicht sie. Kannst du dich nicht erinnern, daß wir immer das taten, was sie wollte, als wir zusammen spielten? Sie führte uns viel öfter in Abenteuer als wir sie — und gewöhnlich half sie uns auch wieder heraus, denn ihr Verstand arbeitete immer schneller als der unsere. Seit du hier bist, sitzt sie an der Seite ihres Vaters, wenn er Gericht hält. Er hat Roidahn selbst gesagt, sie richte besser zwischen zwei Bittstellern als er. Sie erinnert sich nicht an ihre Träume, doch erzählte sie mir, daß sie oft weiser aufwacht, als sie einschlief. Es spielt keine Rolle, *wie* sie zu ihrem Wissen gelangt, solange das Ergebnis stimmt. Hast du nicht bemerkt, wie sie immer zu wissen scheint, wenn irgend jemand auf dem Gute deines Vaters in Nöten ist oder Hilfe braucht? Sie nimmt Anteil an Menschen, so wie ein Priester an der Magie oder ein Truppenführer an seinen Männern. So erlangt sie ihre Weisheit: indem sie die Herzen der Menschen kennt und versteht, warum sie sich so verhalten. Sie mag nicht beurteilen können, ob ein Mann gut oder böse gehandelt hat, aber sie wird immer wissen, *warum* er gehandelt hat.«
»Ja, du hast recht mit dem, was du über Kiyas sagst. Ich habe das nie zuvor erkannt.«
»Nein, das hast du nicht. Du bist nur ihr Bruder!«
Ich dachte, wie erfreut Kiyas wäre, hätte sie den Tonfall in Sebeks Worten gehört. Liebe, freche, kleine Kiyas, die ich liebte und die Sebek für so weise zu halten schien! Wie sie es genossen hätte, unserer Unterhaltung zu lauschen! Sebek fuhr fort, immer noch ziemlich hitzig: »Warte, bis Kiyas eine Gelegenheit hat, ihre Stärke zu zeigen. Dann wirst du erkennen, daß sie mehr als nur ein Kind ist, das dich foppt — und oft genug auch *mich*. Roidahn hat sie ihr ganzes Leben lang gekannt, und er sagt, wenn es mehr Menschen wie sie gäbe, bräuchten wir keine Wächter. Es klingt nicht großartig, wenn du es in Worte faßt — einfach die Art von Mensch zu sein, dem die Leute ihre Sorgen erzählen, ohne irgend etwas verbergen zu wollen. Aber bedenke, wieviel das bedeutet — jemanden zu haben, mit dem man so sprechen kann! Fast jeder schämt sich wegen irgend etwas; und Scham ist wie eine Statue von Sekmet, aufgestellt in einem verborgenen Heiligtum. Eine Statue, die sie stets mit kleinen Lügen, kleinen Ausflüchten wohlwollend gestimmt halten möchten. Sie haben schreckliche Angst, jemand könnte es herausfinden, doch allein fehlt ihnen der Mut, die Statue zu zerstören. Außerhalb der Oryx ist es weitaus schlimmer. Men-

schen werden durch die Zügel kleiner falscher Gesetze, welche sie selbst geschaffen, zu Krüppeln gemacht: Sie geben vor, reicher oder klüger zu sein als sie sind; eine vereinte Familie zu sein, wo es viel besser wäre, sie hätten sich getrennt; ihre Kinder zu lieben, wo keine echte Verbindung zwischen ihnen besteht. Sie geben vor, an die Götter zu glauben, doch sie glauben nur an den Tod. Scham wächst wie ein Pilz, wächst am besten im Dunkeln, und wenn von ihr gesprochen wird, ist es, als ob das, was sie am Leben gehalten, vernichtet wird.«

Er hielt inne. Ich glaube, er schämte sich seiner Nachdrücklichkeit. Und er sagte: »Wir müssen zurück, ich habe nicht bemerkt, daß es schon so spät ist.«

Dann, als er sich bückte, um seine aneinandergebundenen Wildhühner aufzuheben, sagte er über die Schulter hinweg: »Also wirst du nicht überrascht sein, Ra-ab, wenn Kiyas ein Wächter ist? Sie kann die Stummen zum Sprechen bringen – und das ist eine Magie, die jedem Priester das Wasser reichen kann.«

Der Blaue Tod

DER SOMMER DES nächsten Jahres war der heißeste, den ich je erlebt hatte. Ich sah Kiyas nicht sehr oft, aber ich bemerkte, daß selbst sie, welche die Hitze liebte, ein wenig von ihrer großen Lebendigkeit eingebüßt hatte. Aufgrund der Hitze und des austrocknenden Flusses war in vielen Teilen Ägyptens die Große Seuche ausgebrochen. Sie war noch nicht bis zur Oryx vorgedrungen, kam aber Tag für Tag näher. Als ich hörte, daß es in einem Dorfe weniger als einen Tagesmarsch von der nördlichen Grenze unserer Provinz entfernt bereits dreißig Tote gab, beschloß ich, Vater um Rat zu fragen, welche Vorbereitungen wir treffen sollten, um das Ausbrechen der Seuche bei uns zu verhindern.

In alter Zeit wären es die Priester gewesen, die diesen Feind Ägyptens bekämpft hätten; sie hätten die Kranken geheilt, und sie hätten Menschen in ihre Tempel aufgenommen, die niemanden hatten, für sie zu sorgen. Doch nun waren die Tempel, außer in der Oryx, keine Orte des Trostes mehr für die Geplagten. Ich hatte gehört, daß die falschen Priester ihren Anhängern sagten, die Pestilenz sei ein Zeichen Seths für seinen Zorn, und die Gunst des Gottes könne nur durch noch höhere Abgaben und das Versprechen, diese weiter zu erhöhen, wiedererlangt werden. Ich hatte auch gehört, daß dem Flusse Menschenopfer dargebracht wurden; und obwohl die Priester immer noch vorgaben, dieses geschehe ohne ihre Billigung, glaubten dies nur die Vertrauensseligsten.

Ich dachte an das, was Dardas mir erzählt hatte, und wußte, wie die Furcht von Dorf zu Dorf wachsen würde. Ich versuchte mit allen in meiner Macht liegenden Mitteln den Fluß jenseits des Nebels zu überqueren, um die Stimme von Anubis befragen zu können, wie die Oryx zu schützen sei; doch ich erwachte ohne klare Erinnerung, jedoch mit dem starken Wunsch, mit Kiyas darüber zu sprechen.

Als ich unser Heim erreichte, fand ich Vater bei der Arbeit mit seinem Schreiber, deshalb machte ich mich, ohne ihn zu stören, auf die Suche nach Kiyas. Noch bevor ich zu sprechen anhob, wußte sie, daß ich wegen der Pestilenz zu ihr gekommen war. Sie sagte: »Roidahn schickt uns jeden Tag Neuigkeiten über die Seuche. Die Leute auf seinem Gut scheinen in fast jeder Provinz Verwandte zu haben, deshalb weiß er soviel über das, was außerhalb der Oryx geschieht. Zuerst hatte er gehofft, es sei nur eine sehr schlimme Form des Sommerfiebers, doch, Ra-ab, in diesem Tod ist so viel Grauen; aus den Eingeweiden läuft Blut, und auf dem Bauch erscheinen blaue Flecken wie bei einer Quetschung, es ist, als beginne der Körper zu verwesen, noch bevor sich die Seele befreit hat. Vater sitzt den ganzen Tag mit seinen Schreibern in die Papyrusrollen vertieft, er sucht nach einem magischen Ritual oder selbst nach einer Kräuterzubereitung, uns zu schützen. Er versucht, sich selbst glauben zu machen, die Oryx würde verschont werden; aber ich meine, er *weiß*, daß die Seuche über uns kommen wird — warum sollte er sonst so verzweifelt suchen?«

»Hast du Nefer-ankh gesehen?«

»Ja, Nekht-Ra auch. Nefer-ankh sagte, zu unserem vollen Schutz bräuchten wir zweihundert Heiler, und er habe nur zehn voll ausgebildete.«

»Die Angst wird schlimmer sein als die Pestilenz. Bis jetzt war die Oryx stets stärker als die Furcht, doch nun könnte diese die Schranken durchbrechen, welche wir gegen sie errichtet.

Roidahn hat Hanuk in die nächste Stadt, in der die Seuche wütet, gesandt, und er ist gestern mit furchtbaren Geschichten über das Gesehene zurückgekehrt: Die Toten liegen unbegraben auf den Straßen; Menschen, die von der Krankheit ereilt, wurden von ihren Familien verlassen und einem einsamen Tod überlassen. Niemand darf den Tempel betreten, bevor er nicht seine Kleider abgelegt und gezeigt hat, daß Seth auf ihm noch keine Fingerabdrücke hinterlassen hat. Hanuk hörte, daß Kinder dem Flusse geopfert werden; und auf der Straße, die in das Dorf führt, durch das er reiste, war das Blut eines Neugeborenen vergossen worden, um den Tod fernzuhalten.«

»Glaubt Roidahn, daß die Seuche uns hier heimsuchen wird?«

»Ich bin nicht sicher. Er sagt seinen Leuten, sie werde uns womöglich geschickt, zu prüfen, ob wir die Furcht meistern können.«

»Roidahn neigt dazu, andere zu sehr nach seinem Maße einzuschätzen. Er meint, seine Leute seien in sich selbst stark, und erkennt nicht, wie sehr *er* es ist, der sie beschützt. Wir dürfen die Stärke unserer Leute nicht überschätzen. Hat Vater einen Plan?«

»Er sucht nach einem. Er weiß, daß Nefer-ankh und die anderen Heiler alles ihnen Mögliche tun werden, aber sie sind nur so wenige. Vater schaut immer noch in die Vergangenheit, die aufgezeichnete Vergangenheit, um einen Ausweg zu finden. Er möchte nicht mehr mit mir darüber sprechen, er denkt, ich sei zu jung, um zu verstehen. Aber ich bin *nicht* zu jung, Ra-ab. Ich habe im letzten Jahr eine ganze Menge gelernt. Ich wünsche mir nicht das Priesteramt wie du, und ich möchte kein Gelehrter sein wie Vater ... vielleicht kann ich — eben *weil* ich gewöhnlich bin — die Gefühle gewöhnlicher Menschen verstehen. Ich glaube, Nefer-ankh wird die Menschen in seiner Nähe dazu bringen, sich nicht mehr zu fürchten, selbst wenn sie dem schrecklichen Sterben jener, welche sie lieben, zusehen müssen. Aber ich denke an die Menschen, die niemanden haben, ihnen Mut zuzusprechen. Wessen Liebe stark ist oder wer wahren Mut erlangt hat, wird die eigene Gefahr vergessen, wenn er sich um jemanden kümmern kann. Es gibt sicher auch manche, die einfach Feiglinge sind: Vielleicht ist es nicht wirklich wichtig, was ihnen geschieht. Es sind die Menschen, zwischen jenen beiden Polen, an die ich denke, Menschen, die mutig sein wollen, die jedoch zu diesem Mut *geführt* werden müssen — denn auch du nennst deine Soldaten nicht Feiglinge, Ra-ab, wenn sie in die Schlacht geführt werden müssen! Es sollte in jedem Dorf jemanden geben, der ihnen zeigt, was zu tun ist: Es muß kein

Priester oder besonders weiser Mensch sein. Es müssen nur Menschen sein, die es gewöhnt sind, Aufgaben zu erfüllen, vor denen sie sich eigentlich fürchten, und deren Befehlen andere gehorchen.«
»Du meinst die Soldaten?«
»Ja, natürlich. Ich habe versucht, Vater von diesem Glauben zu erzählen, aber er wollte nichts davon wissen. Er sagte, es sei nicht Aufgabe der Soldaten, die Kranken zu betreuen, sondern der Frauen oder Priester.«
»Könnte ich Vater überzeugen?«
Sie schüttelte den Kopf. »Nein, er würde nur meinen, ich hätte dich gebeten, ihn umzustimmen. Sobald er denkt, daß eine Idee von mir stammt, wird ihn nichts glauben machen, es sei auch die deine.«
»Es ist Sebeks Amt, die Hauptleute zu befehligen, und er kann ohne Vaters Siegel handeln.«
Sie sprang auf. »Wir beginnen augenblicklich, und ich werde mit dir gehen. Wir erzählen Vater nichts davon, bis alles vorbereitet ist; wenn er eine bessere Idee hätte, würde er etwas tun, statt sich mit einer Menge alter Schriftrollen einzuschließen.«
»Glaubst du nicht, es wäre besser, wenn du hierbleibst, Kiyas?«
»Nein. Ich kann Sebek schneller davon überzeugen, daß wir recht haben, als du. Auf mich hört er stets.«
In ihrer Stimme schwang soviel ruhiges Selbstvertrauen, daß mir klar wurde, wie recht Sebek gehabt hatte, als er sagte, sie sei viel mehr als ein Mädchen von dreizehn Jahren. Er hörte immer besser auf sie als auf mich, so war es notwendig, daß sie mit mir kam.
»In Ordnung, Kiyas, wir gehen beide, und sofort.«
Da Roidahn und Vater sich beide im Norden der Oryx befanden und der Tempel Nefer-ankhs in der Mitte der Provinz lag, gingen Kiyas und ich in die größte Stadt im Süden. Ich war noch immer ein wenig verwirrt von der Geschwindigkeit, mit der Kiyas Sebek überzeugt hatte. Nun war ihr Plan Wirklichkeit geworden; es war Mittag, und es war erst ein Tag vergangen, nachdem wir im Haus der Hauptleute angekommen.
In jede Stadt war ein Führer einer Hundertschaft mit fünfzig seiner Männer gegangen, und in jedem Dorf waren fünf Soldaten postiert worden. Diese fünf unterstanden dem Dorfoberhaupt, mußten aber ihrem Hauptmann Bericht erstatten beim ersten Verdacht, daß der Feind die Grenzen der Oryx überschritten haben könnte. Jeder Hauptmann war angewiesen, in Übereinstimmung mit einem allgemeinen

Plan zu handeln. So war das, was Kiyas und ich taten, im wesentlichen das gleiche, was überall in der Antilopenprovinz getan wurde.

Wir gingen zum Stadtaufseher und erzählten ihm alles, was wir von der Großen Seuche wußten, wobei wir ihn mit nichts verschonten, das ihn von der Notwendigkeit überzeugen würde, jede mögliche Waffe gegen den Ansturm der Seuche zu rüsten. Sein Haus war das größte in der Stadt und lag abseits, auf der östlichen Seite. Da es für unser Vorhaben so günstig gelegen war, sagte ich ihm, daß wir es für unseren Plan bräuchten. Er stimmte bereitwillig zu. Es gab drei große Gemächer und zwei kleinere, außerdem einen Lagerraum, der von einer großen Halle in der Mitte ausging. Auf der Rückseite des Hauses gab es Quartiere für die Dienstboten und Küchen, welche um ihren eigenen Hof herum gebaut waren, und der umgebende Garten war von einer hohen Mauer umschlossen.

Ich sagte dem Aufseher, daß er das Haus mit uns teilen könne, doch er erwiderte, daß er wegen seiner zwei kleinen Kinder fürchte, hierzubleiben, wo sie in Berührung mit den Kranken kommen könnten. Er wolle sie mit meiner Erlaubnis lieber zur Mutter seiner Frau bringen, die ein kleines Landgut besäße. Widerstrebend setzte er hinzu, er werde, sobald er sie dorthin gebracht hätte, zu uns zurückkehren, um uns zu helfen; doch ich sah, daß er sich seinetwegen ebenso fürchtete wie seiner Familie wegen. So erklärte ich, wir bedürften seiner Hilfe nicht weiter, wenn er sich um das Zusammentragen der verschiedenen Dinge, die wir brauchen würden, gekümmert habe.

Seine Lagerräume waren wohl gefüllt, sowohl mit Nahrung als auch mit Wein, und sein Garten quoll von Früchten und Gemüse über. Kiyas meinte, die Kranken würden mehr als alles andere Milch benötigen, also ließ ich eine Herde von zehn Milchziegen auf das Feld hinter dem Haus treiben. Dann schickte ich nach Ballen groben Leinens und nach frischem Stroh für Matratzen, die nach dem Gebrauch verbrannt werden konnten; außerdem eine große Anzahl von Schalen und Trinkgefäßen, damit jeder seine eigenen haben konnte, welche zerbrochen werden sollten, wenn er sie nicht mehr brauchte.

Nefer-ankh hatte Kiyas gesagt, Seth werde, wenn er eine Seuche schickt, das Wasser mit seiner bösen Macht verunreinigen. So wußten wir, daß jede Quelle, an der Menschen tranken, geschützt werden mußte. Nefer-ankh hatte sie sorgfältig in der Weise dieses Schutzes unterwiesen:

»Es dürfen nur bestimmte Brunnen benutzt werden, und diese müs-

Der Blaue Tod 89

sen jemandem anvertraut sein, der reinen Herzens ist, am besten einem Mädchen jünger als zwanzig Jahre, bei Vollmond geboren. Sie darf niemand anderen das Wasser heraufziehen lassen, und falls die Dorfgemeinschaft groß ist, sollten es zwei Mädchen sein, die Verantwortung für einen Brunnen haben. Ihre Hände und Füße müssen morgens und abends in Wein gewaschen werden, und jeden Tag muß sie ein frisches Gewand aus rohem weißen Leinen tragen, welches sechs Stunden in der Sonne gebleicht worden ist. Sie darf nur gut durchgebackenes Brot essen und Früchte mit einer Schale, die nur sie selbst schält, und sie darf nichts trinken außer Wein oder Wasser, welches sie selbst heraufgezogen hat. Nur neue Wasserfässer dürfen auf zehn Schritte an den Brunnen herangebracht werden, und dem Brunnen darf sich kein Unreiner auf mehr als zwanzig Schritte nähern oder Tiere auf dreißig Schritte. Fieberdämonen, von Seth geschickt, nehmen auch die Gestalt von Fliegen, Mäusen oder Fledermäusen an. Daher müssen Speise und Wasser, und soweit wie möglich auch Wohnhaus und Nebengebäude, vor Verunreinigung durch diese geschützt werden.«

Diese Anordnung wurde in allen Gassen und Straßen ausgerufen, ebenso auf dem Marktplatz in der Morgendämmerung, zu Mittag und zur Zeit des Sonnenuntergangs. Doch wenn uns Nefer-ankh auch gesagt hatte, diese Gesetze würden uns gegen Seth schützen helfen, so hatte er doch darauf hingewiesen, wir sollten uns dennoch vorbereiten, daß einige unserer Leute von dem bösen Ansturm heimgesucht werden würden. So wurde auch ausgerufen, ein jeder, welcher von der neuen Krankheit heimgesucht, müsse mich umgehend in Kenntnis setzen, und jene, für die in ihren Häusern nicht richtig gesorgt werden könne, sollten zu dem Hause des Aufsehers gebracht werden, wo sie mit allen in der Macht der Oryx stehenden Mitteln betreut werden würden.

Ich hatte mir Sorgen darüber gemacht, was Vater von unserem Plan halten würde, und fürchtete, er könnte uns zürnen, da wir ihn in die Tat umgesetzt, ohne zuvor ihn zu befragen. Kiyas ließ sich nicht davon beunruhigen, sie lachte nur und sagte, er möge nur froh sein, daß seine Kinder keine Angst hatten, Amtsgewalt zu übernehmen. Dennoch war ich erleichtert, als Sebek uns auf dem Weg in die Stadt, wo er den Befehl führte, besuchte, um uns zu sagen, der Plan habe sowohl bei Vater als auch bei Roidahn lobende Zustimmung gefunden.

Sebek fügte hinzu: »Ich wollte ihm sagen, daß Kiyas sich das alles ausgedacht hatte, doch da ich ihr versprochen hatte, es nicht zu tun, erzählte ich ihnen, Ra-ab hätte diese Idee gehabt und sie mit mir und den anderen Hauptleuten entwickelt.«

»Hatte er Einwände, daß ich hier bei Ra-ab bin?« fragte Kiyas.

»Erst sagte er, du seist zu jung, und Ra-ab hätte dich nicht mitnehmen sollen. Doch ich denke, er war stolz, daß du ohne seine Erlaubnis gegangen warst — jedenfalls hat er mir nicht gesagt, ich solle dich zurückschicken. Ich traf auf meinem Weg hierher Nefer-ankh. Er behält zwei der Heiler-Priester bei sich und schickt die anderen zu den großen Städten. Einer von ihnen soll heute abend oder morgen früh bei euch eintreffen.«

»Hat Nefer-ankh noch irgendeine andere Botschaft geschickt?«

»Er sagt, man müsse den Leib eines jeden, der an der Seuche stirbt, verbrennen, denn das von Seth vergiftete Fleisch müsse vor der Bestattung durch Feuer gereinigt werden.«

Kiyas wandte sich mir zu: »Wir hätten daran denken sollen. Sofort muß Holz gesammelt werden. Es ist besser, das Verbrennen außerhalb der Stadt zu machen, doch nicht allzuweit von hier, denn wenn die Seuche an Kraft gewinnt, werden aus diesem Hause mehr Leiber für den Scheiterhaufen kommen als aus jedem anderen Haus.«

Sebek blieb nur, um das Mahl noch mit uns zu teilen, denn er hatte es eilig, in seine Stadt zu gelangen. Wir erzählten von allem, was wir bisher getan, und es kam ihm nichts in den Sinn, was wir vergessen haben könnten. Ich fand sein Betragen mir gegenüber verändert und fragte mich, ob dies von unserem Gespräch in den Sumpfwiesen herrührte. Was immer auch der Grund — er schien seinen höheren Rang vergessen zu haben und behandelte mich, als wären wir gleichgestellt. Zu Kiyas sprach er mit Ehrerbietung, und bei jedem Punkt des Gespräches wartete er auf ihre Meinung, bevor er seine eigene darlegte, und stets war er nur dann anderer Meinung, wenn er ein Wissen besaß, welches ihr nicht zur Verfügung gestanden.

Es gab nur zwei Brunnen in der Stadt, und es war einfach, zwei junge Frauen zu finden, sie zu bewachen. Einige der Leute in der Stadt waren verwirrt, sich dem Brunnen nicht näher als auf zwanzig Schritte nähern zu dürfen, aber gehorsam stellten sie ihre Wasserkrüge ab und warteten, bis sie gefüllt wurden.

Der Heiler-Priester kam an jenem Abend an, als Sebek uns verließ. Sein Name war Ptah-aru, und obwohl noch jung an Jahren, war er bereits vollkommen eingeweiht. Er half uns, alles vorzubereiten, und nach den ersten drei Tagen gab es für Kiyas und mich wenig zu tun,

Der Blaue Tod 91

außer die Brunnen zweimal am Tag aufzusuchen, um zu sehen, daß unseren Anordnungen Folge geleistet wurde.

Sieben Tage lang geschah nichts, die Eintönigkeit der Hitze zu unterbrechen. Ich war mit Kiyas am östlichen Brunnen gewesen, und wir kehrten durch die Felder am Rande der Stadt zurück, als ich eine Frau mit einem Kinde auf dem Arm auf uns zukommen sah. Sie war jung und trug ein blaues Gewand, das ihre rechte Schulter unbedeckt ließ. Ich bemerkte, daß das Kind in einen Umhang gewickelt war, als sei es die kalte Zeit.

Kiyas zog mich am Arm, »Schau, Ra-ab, sie ist so müde, sie kann kaum noch gehen. Wir müssen ihr helfen.«

Ich ging der Frau entgegen, Kiyas an meiner Seite. Die Frau blieb stehen und schaute uns entgegen. Sie schwankte, als würde sie gleich fallen, und ich legte stützend meinen Arm um ihre Schultern und sagte zu Kiyas: »Nimm das Kind, sonst wird sie es fallenlassen.«

Doch die Frau preßte das Kind an sich und sagte mit einer harten, unnatürlichen Stimme: »Deckt ihn nicht auf. Ich will nicht, daß ihr ihn seht. Wenn ihr mir helfen wollt, so weist mir den Weg zu dem Haus, in dem sie Seth bekämpfen. Ich fordere den Schutz der Oryx für meinen Sohn. Ich habe Seth verleugnet, da sie es mir geboten, nun müssen sie meinen Sohn schützen. Sie sagten, Ra sei stärker als Seth, nun müssen sie es beweisen. Wenn mein Sohn stirbt, werde ich wissen, daß die neue Religion nicht besser ist als die alte.«

Sie sprach mehr zu sich selbst als zu uns; nach den ersten wenigen Worten schien ihr kaum noch bewußt zu sein, daß wir neben ihr standen.

Kiyas sprach zu ihr, wobei sie jedes einzelne Wort langsam und deutlich formte, als spräche sie zu einer Tauben. »Wir sind gekommen, deinen Sohn zu dem Haus zu bringen, in dem wir für ihn gegen Seth kämpfen werden. Auch du sollst kommen, und wir werden dir zeigen, wie du ihm am besten helfen kannst. Du bist müde und bist einen langen Weg in der Hitze gegangen. Laß mich deinen Sohn tragen; wenn er schreit, gebe ich ihn dir zurück.«

Ich warf ein: »Nein Kiyas, laß mich ihn nehmen.« Sie warf mir einen mißbilligenden Blick zu. Ich wußte, jede Entgegnung war sinnlos, doch sagte ich noch einmal: »Nein, Kiyas, laß mich ihn tragen.«

Die Frau starrte Kiyas an, und ihre Augen hatten ein wenig von ihrer dumpfen Verzweiflung verloren. »Du siehst freundlich aus«, sagte sie langsam, »du bist nicht so müde wie ich. Er wird bei dir sicherer

sein. Aber ich werde mitkommen. Ich werde ihn nicht aus den Augen lassen. Du wirst nicht versuchen, mich von ihm fernzuhalten?«
»Nein, natürlich nicht. Wir werden nur versuchen, dir zu zeigen, wie er am besten gepflegt werden kann.«
Die Frau nickte mehrere Male, als ob sie sich selbst zu überzeugen suchte. »Ja, er wird bei dir besser aufgehoben sein. Er hat die ganze Nacht geweint, und ich konnte ihn nicht trösten oder sein Fieber kühlen. Dann sah ich das Blut und den Fingerabdruck Seths. Ich wußte, daß ich nicht allein gegen Seth werde kämpfen können.«
Sie hielt das Kind, welches immer noch in den schweren Umhang gehüllt, Kiyas entgegen. »Nimm ihn.« Mit leerer Stimme fuhr sie fort: »Wenn du versuchst, ihn von mir fernzuhalten, werde ich dich töten.« Dann wurde ihre Stimme lauter: » Du glaubst mir nicht? Ich werde dir das Messer zeigen, es ist sehr scharf, es gehörte meinem Mann.«
Es war ein Messer von der Art, wie man es für das Schneiden von Tierhaut verwendet; die Klinge war leicht gebogen und scharf geschliffen. Sie hielt es in einer Hand und streichelte es mit dem Zeigefinger der anderen Hand. »Dieses Messer und mein Sohn sind die beiden Dinge, die ich liebe — das Messer bringt den Tod, wenn etwas ihn mir wegnehmen sollte.«
Kiyas schien sich um die Worte der Frau nicht zu kümmern. Sie zog einen Zipfel des Umhangs beiseite. Das Gesicht des kranken Kindes glänzte von Schweiß, so wußte ich, daß es noch nicht tot war. Kiyas legte es bequemer in ihre Arme und ging dann rasch vor uns den Weg hinunter.
Das Kind lebte drei Tage. Ptah-aru kämpfte hart um den Kleinen, doch obwohl er sich jedesmal ein wenig erholte, wenn Ptah-aru sein schwaches Ka auflud, hatte das Fieber zu stark von ihm Besitz ergriffen, um besiegt werden zu können. Am ersten Tag und in der ersten Nacht verließ die Frau das Kind nicht. Und selbst dann, als sie so erschöpft und fast blind vor Müdigkeit war, wollte sie nicht ruhen, bevor Kiyas ihr nicht versprochen hatte, das Kind nicht zu verlassen, bis sie zurückkam. Kiyas hatte mir bedeutet, die Frau in ihrer Kammer schlafen zu lassen, und flüsterte mir zu, es solle ihr der Mohntrank gereicht werden, welcher tiefen Schlaf bringt.
Kiyas gönnte sich keine Ruhe, bis ich ihr sagte, daß dieses Kind vielleicht nur das erste von vielen sein würde, für die sie ihre Stärke bewahren müsse. Ich mußte ihr versprechen, sie zu rufen, falls der Kleine irgendwelche Veränderungen aufwies, während ich bei ihm

Der Blaue Tod

wachte. Die Haut des Knaben fühlte sich trotz der erdrückenden Hitze kalt an. Manchmal waren seine Augen offen — in ihnen spiegelte sich der blanke Schrecken eines verwundeten Vogels, doch schienen sie mich nicht wahrzunehmen, weder als Quelle der Furcht noch als Freund. Ich fragte, ob er seine Mutter sehen wolle, doch er sagte immer wieder: »Dodi, dodi, dodi.« Ich dachte, *dodi* müsse der Name eines Spielzeugs sein, deshalb wand ich ein paar Lappen so ineinander, daß sie die Gestalt einer Puppe bekamen, und dies schien ihn zu trösten. Ich versuchte, ihm ein wenig Milch einzuflößen, doch selbst wenige Tropfen ließen ihn sofort schwarz erbrechen, und nach einem Schluck Wein oder Wasser erging es ihm ebenso. Die Krankheit erschöpfte ihn völlig, und ich konnte nichts für ihn tun, wenn er weinend rief: »Durst! Durst!« Jedesmal, wenn ich sein beschmutztes Tuch durch ein frisches ersetzte, sah ich die bläulichen Zeichen sich weiter über seinen Körper ausbreiten. Sie waren tiefblau und schienen beinahe ins Fleisch eingekerbt zu sein.

Einer der Soldaten teilte meine Wache, er nahm die mit Blut und Schmutz getränkten Tücher, um sie zu verbrennen. Am zweiten Tag war das Kind weniger ruhelos, und ich sah, daß seine Mutter glaubte, es würde wieder gesunden. Es war benommen und schien zufrieden in ihren Armen zu liegen. Als wir versuchten, dem Knaben Milch einzuflößen, drehte er den Kopf beiseite, und sie tropfte aus seinem Mundwinkel, weil er zu schwach zum Schlucken war. Die Mutter wollte mit ihm allein sein, deshalb verließen Kiyas und ich sie eine Weile und sagten ihr, sie solle uns rufen, wenn sie uns brauchte.

Wir glaubten wohl alle, diesen Kampf gegen Seth doch noch zu gewinnen, denn es war das erste Mal, daß wir die Pestilenz sahen. Kiyas ging zweimal in den Raum, und die Frau flüsterte ihr zu, das Kind schliefe ruhig. Plötzlich hörten wir einen Schrei, so unmenschlich, daß wir einen Augenblick lang dachten, er käme von einem Tier. Wir rannten dorthin, woher er ertönte ...

Eine nahezu wahnsinnige Frau stand neben der Bettstelle, auf der der gekrümmte Körper eines Kindes lag, welches gestorben und schon erstarrt war, während seine Mutter gedacht hatte, es schliefe. Sie hatte es eng an sich geschmiegt gehalten, und im Tode hatte es sich nach der Wiege ihres Armes geformt.

Siebenundzwanzig Menschen in unserer Stadt wurden Opfer der blauen Seuche, und neunzehn davon kamen in Kiyas' und meine Obhut. Elf Menschen wurden von Ptah-aru geheilt, bevor sich die blauen Zeichen auf der Haut gezeigt hatten, und obwohl die Seuche den gleichen Verlauf aufwies wie bei dem Kinde, war ihre Gewalt nie mehr so furchtbar. Das schwarze Erbrechen und der Blutfluß wurden am dritten Tage schwächer und hörten am fünften Tage ganz auf, noch bevor der Heimgesuchte seine Kraft, gegen die Krankheit anzukämpfen und wieder zu gesunden, verloren hatte. Doch selbst bei jenen, die sich wieder erholten, war es ein mühsamer Kampf.

Dreißig Tage lang schlief Kiyas nur, wenn sie zu müde war, ihre Arbeit fortzusetzen, und sie aß nur, wenn ich ihr sagte, sie würde nicht weitermachen können, wenn sie nicht ein wenig aß. Sie wurde so dünn, daß unter ihren Wangenknochen Schatten erschienen, und die Knochen ihrer Schultern und Handgelenke zeichneten sich scharf unter der Haut ab. Jeden Tag dachte ich, sie würde von der Pestilenz erfaßt, doch wenngleich ihre Augen glänzten aus Mangel von Schlaf, zeigten sie doch nicht das Glitzern des Fiebers.

Es war ihretwegen, daß die Soldaten unermüdlich arbeiteten. Mit uns waren noch sieben weitere im Haus und dazu jene, welche die Speise zubereiteten, das schmutzige Bettzeug wegbrachten und Wasser erhitzten, mit dem die Kranken regelmäßig gewaschen wurden, um das Fieber zu kühlen und den fauligen Geruch, der ihnen anhaftete, abzuwaschen.

Erst später hörte ich, daß einer der Männer, welche die Toten verbrannten, selbst von der Seuche ergriffen worden war. Statt unsere Last von Kranken zu mehren, schlich er in eine leere Hütte am Rande der Stadt davon, nachdem er einen Kameraden Geheimhaltung hatte schwören lassen. Ich glaube, daß selbst Seth vor solchem Mut erzittert sein muß, denn er bekämpfte das Übel allein – und überlebte.

Die geordnete Abfolge der Tage vor der Seuche schien so fern, als gehörten sie zu einem anderen Jahrhundert – gegessen und geschlafen wurde nur, wenn es wirklich notwendig war. Unser Horizont hatte sich auf die drei größten Gemächer im Hause des Aufsehers verengt, in denen die Kranken und Sterbenden in Reihen gebettet lagen. Ich glaube, wir waren zu müde, um zu erkennen, daß wir unsere Schlacht gewannen, denn neun Tage lang waren keine neuen Opfer zu uns gebracht worden.

Ich wurde durch das Geräusch einer fernen Menge aus kurzem Schlaf geweckt. Ich stand auf und öffnete die Fensterläden. Es war Mittag, und das Sonnenlicht brannte wie heißes Metall. Ich lehnte mich nach draußen und versuchte die Worte zu hören, die wie Wellen durch das ferne Gemurmel liefen. Als es näher kam, hörte ich: »Der Fluß! Der Fluß steigt, steigt ...«

Einen Augenblick lang erfaßte ich die Bedeutung dieser Worte nicht. Der Beginn der Überschwemmung war immer eine Zeit großer Freude, aber dieses Jahr würde uns der Fluß noch mehr als nur das Versprechen künftiger Ernten bringen. Seth hatte keine Macht über den neuen Fluß, nur über stockende Wasser, welche die Kraft ihrer eigenen Lebendigkeit verloren hatten. Der Fluß würde die Erde von der Seuche reinwaschen, so wie wir versucht hatten, die Körper der Erkrankten reinzuwaschen. »Der Fluß steigt! Eine Elle seit der Morgendämmerung, und wir können ihm beim Steigen zusehen ...«

Selbst die Luft schien bereits die Frische des Wassers aufgesogen zu haben. Die neun Menschen, die immer noch in unserer Obhut waren, fühlten neues Leben in sich einströmen. Selbst die Schwächste unter ihnen, eine junge Frau, stützte sich auf ihren Arm und trank ohne Hilfe aus dem Becher, den ich ihr reichte.

Ich ging in Kiyas' Kammer. Sie zog sich gerade einen sauberen Kittel an, denn, Ptah-arus Rat folgend, wechselten wir unsere Kleider dreimal täglich.

»Wir haben gewonnen, Kiyas! Die Seuche verliert an Stärke, und nun wird die Überschwemmung sie aus der Oryx, aus ganz Ägypten vertreiben.« Sie antwortete nicht, und ich dachte, sie verstünde nicht. »Der Fluß steigt! Sie sagen, er sei schon mehr als eine Elle seit der Morgendämmerung gestiegen!«

Sie setzte sich an den Rand ihres Bettes und strich ihr schweres schwarzes Haar aus der Stirn. Ihre Lippen waren blaß, und auf Stirn und Oberlippe stand Schweiß. »Es tut mir leid, ich bin dumm heute, Ra-ab: Es ist die Hitze, sie scheint mich niederzudrücken. Es liegt Zorn in der Luft, ich glaube, es wird einen Sturm geben.«

»Bist du vielleicht krank?« Ich versuchte, meiner Stimme einen beiläufigen Tonfall zu geben, während ich einen verzweifelten Ruf aussandte: »Laß die Seuche nicht Kiyas ergreifen. Nicht sie, nicht jetzt, wo sie soviel getan hat ...«

Sie wußte, was ich dachte. »Nein, Ra-ab, das ist es nicht. Ich weiß, ich werde es nicht bekommen. Am Anfang war ich mir nicht sicher. Als ich mich vom Geruch übergeben mußte — wußtest du das?« Ich nickte, und sie fuhr fort: »Ich dachte, dies sei der Anfang der Krankheit, aber nun weiß ich, daß ich sie nicht bekommen werde, also muß ich nicht vorgeben, tapfer zu sein. Hattest auch du Angst?«

»Ja, sehr — zumindest, wenn ich Zeit hatte, darüber nachzudenken. Gewöhnlich war ich zum Denken zu müde oder zu beschäftigt.«

»Ja, ich weiß«, sagte sie. »Du meintest, ich sei tapfer, weil ich ohne Ruhepause weitermachen wollte. Das war nicht tapfer, es war nur, weil ich mich fürchtete, Zeit zum Nachdenken zu haben. Manches Mal meinte ich, die blauen Zeichen auf mir und manchmal auf dir zu sehen — ich weiß nicht, was schlimmer war. Dann habe ich davon geträumt und schreckte daher vor dem Schlaf zurück. Selbst Anilops konnte mir nicht helfen.«

»Ja, ich weiß, was du meinst. Auch ich hatte Träume. Der schlimmste war, als wir beide krank waren und an den gegenüberliegenden Enden eines langgestreckten Raumes lagen. Wir waren dort die einzigen, und wir waren beide furchtbar durstig und riefen nach Wasser. Wir waren beide zu schwach, um zueinander zu kriechen, doch keiner von uns wußte, warum der andere nicht kam.«

»Ich erinnere mich auch daran. Da stand ein Wasserkrug mitten im Raum, für beide von uns zu weit entfernt, um ihn zu erreichen.«

Ich legte meine Hände auf ihre Schultern und schüttelte sie sanft: »Denke nicht darüber nach, Kiyas — noch nicht, wir sind allem noch zu nahe. Es ist gut, daß wir darüber zu sprechen wagen, denn dies zeigt, daß wir nun keine Angst mehr haben. Man wagt nicht zuzugeben, daß man sich fürchtet, wenn man sich *wirklich* fürchtet.«

Sie lachte, ein wenig zitternd. »Lieber Ra-ab, ich bin eine Närrin. Ich dachte, wenn ich jemals sicher wäre, daß mich der Blaue Tod *nicht* heimsucht, bräuchte ich mir niemals mehr über irgend etwas Sorgen zu machen. Aber jetzt, da ich sicher *bin* — obwohl ich nicht weiß, warum — versuche ich absichtlich, mir selbst Angst zu machen durch die Erinnerung an einen Alptraum.«

Die Flut

ACHT TAGE NACHDEM wir von dem Steigen des Flusses erfahren, fühlten sich auch die letzten der Heimgesuchten wohl genug, um nach Hause zurückkehren zu können. Sebek kam, uns zu sagen, daß er seit zwanzig Tagen kein neues Opfer mehr gehabt habe, und daher schien es nicht länger nötig, in Wache gegen die Seuche auszuharren. Ich beschloß, mit Kiyas den Vater zu besuchen, bevor ich in das Haus der Hauptleute zurückkehrte, und Sebek wollte am nächsten Tag einen Teil des Weges mit uns gehen.

Alles, was die Kranken benutzt hatten, war verbrannt oder — was Speise- und Trinkgefäße anging — zerbrochen und vergraben worden. Die drei Hauptgemächer waren leer, die Wände immer noch feucht an den Stellen, wo sie mit der Bürste bearbeitet worden waren, und morgen würden die von Nefer-ankh geschickten Kräuter in jedem Raum als abschließende Reinigung verbrannt werden, bevor der Aufseher zurückkehrte.

Die Stadt lag unweit des Flusses, und die angrenzenden Felder standen durch die Überschwemmung bereits unter Wasser. Höher gelegene Dörfer ragten wie Inseln heraus, und die Landstraßen waren Dämme zwischen überfluteten Feldern. In der Abenddämmerung erhob sich ein Wind, lose Fensterläden schlugen im Wind, und unter den Türen seufzte der Luftzug. Wir gingen nach draußen, die Eingangstreppen hinunter, deren Umrisse durch wehenden Staub verschwommen wirkten.

»Der Wind steht gegen das Wasser«, sagte Sebek. »Wenn er stärker wird, droht Gefahr.«

Ich nahm seine Warnung nicht ernst. Die Pestilenz war noch zu nahe, um an die Möglichkeit einer anderen Gefahr zu denken. Es war zu windig für einen gemütlichen Spaziergang, deshalb gingen wir ins Haus zurück. Sebek teilte die Kammer mit mir, und wir waren bald eingeschlafen.

Ich wachte durch das Krachen auf, das mir noch in den Ohren nachhallte. Von oben strömte kalte Luft auf mich herab. Die Tür wurde aufgerissen. Kiyas stand da, eine Lampe mit ihrer Hand schützend, und Sebek sprang auf und blinzelte ins Licht. Im Dach über meinem Bett klaffte ein großes Loch, und ich wußte, daß der Baum, der nahe am Haus wuchs, umgestürzt sein mußte und durch die dünne Lehmdecke gekracht war.

»Es wird immer schlimmer«, rief Kiyas. »Du solltest dich lieber anziehen! Das Wasser steht im Garten, aber es ist zu dunkel, um zu sehen, wie weit es sich ausgebreitet hat.«

Der Wind war so laut, daß sie schreien mußte, um gehört zu werden, und unsere Schatten hüpften und flackerten an der Wand, während sie versuchte, die Lampe vor dem Wind zu schützen. Wir hörten Stimmen, die aus dem Gemach am Ende des Hauses kamen, und sahen, daß die Soldaten von den Dienstbotenquartieren, in denen sie sonst schliefen, hereingekommen waren. Sie sagten uns, ihr Dach sei weggeblasen worden, und das Wasser sei bereits über die Türschwelle geschwappt, als sie ihre Unterkunft verlassen hatten. Es waren ihrer nur fünfzehn, denn die anderen hatte ich in ihre Dörfer zurückgesandt, sobald ich vernommen, daß Sebek seine eigenen Männer nach Hause geschickt hatte.

»Wir können nichts tun, bevor es hell wird«, sagte Sebek. »Es wäre also besser, wir versuchten, ein wenig Schlaf zu finden.«

Ich nickte. »Ich hole unser Bettzeug und bringe es in Kiyas' Kammer.«

Dem Toben des Windes wurde in der mittleren Halle Einhalt geboten, und die Flamme der Lampe, welche Kiyas immer noch trug, brannte klar, während sie vor uns herging. Plötzlich hielt sie inne und zeigte auf etwas, was am Ende der Halle im Schatten verborgen war. Einen Augenblick lang dachte ich, es sei eine Schlange, die unter der geschlossenen Tür hindurch auf uns zukroch. Doch es war Wasser, schmal und dunkel auf dem glatten Steinboden. Es schlängelte sich uns entgegen, lebendig, auf der Suche nach Beute. Es war nur Wasser, doch kam mit ihm die Furcht, ein Feind, greifbar wie eine Flotte feindlicher Kriegsgaleeren.

Die Furcht, die ich empfand, tönte aus Kiyas' Stimme wider. »Wir werden nach draußen gehen müssen, um ihm zu begegnen – jetzt gleich. Wir haben vergessen, daß dieses Haus höher steht als die übrige Stadt; die Menschen haben uns vielleicht gerufen, auf daß wir

Die Flut

ihnen sagen, was zu tun ist, und der Sturm hat uns für ihre Stimmen taub gemacht.«

Ich wußte, daß der Raum, in dem die Soldaten Schutz gesucht hatten, höher lag als die anderen Räume des Hauses. Dort sollten nun die Verletzten hingebracht werden. »Kiyas, wir nehmen zehn Männer mit uns und lassen fünf bei dir. Es gibt noch etwas unbenutztes Leinen im Vorratsraum. Laß es in Streifen reißen, damit wir Verbände daraus machen können, und bereite alles vor. Es könnte eine Menge Leute geben, die schwer verletzt sind. Sag ihnen, sie sollen ...«

Kiyas unterbrach mich. »Ich weiß, was zu tun ist, und ich werde nur drei Männer zur Hilfe brauchen. Die Küche liegt höher als die anderen Dienstbotenräume, und ich werde einem der Männer sagen, er möge ein Feuer anmachen, damit wir heiße Speise bereit haben für die Menschen, die du herbringst. Es gibt noch unbenutztes Bettzeug, ich lasse es auslegen. Und es gibt vier Krüge Wein, deren Siegel noch nicht erbrochen ist. Bringe die Leute nur her, und ich werde mich um sie kümmern.«

Sebek war die Männer holen gegangen. Kiyas legte ihre Hand auf meinen Arm. »Ra hat uns vor der Seuche geschützt, er wird uns vor Seth auch jetzt wieder beschützen. Nur so lange es dunkel ist, habe ich Angst um dich – bis Ra zurückkehrt und sieht, was Seth uns angetan hat. Wenn Sebek meint, du solltest warten, bis es hell ist, tue, was er dir sagt. Du darfst nicht ertrinken ... es wäre nicht tapfer, es wäre Verrat an der Oryx. Du wirst nicht vergessen, daß es manchmal dumm ist, tapfer zu sein, nicht wahr?«

Sebek kam zurück, und ich sah, daß er ein aufgerolltes Seil gefunden hatte. Er sagte: »Wenn das Wasser zu tief ist, können wir uns aneinanderseilen, dies wird jeden von uns davor bewahren, weggespült zu werden. Und falls *wir* es nicht brauchen, werden wir gewiß andere finden, die es brauchen können.«

Er hob den schweren Holzriegel, der die Türe verschloß, aus seinem Halt. Obwohl er mit seinem ganzen Gewicht dagegendrückte, fegte ihn die Türe zur Seite und krachte gegen die Wand. Das Wasser floß in Rinnsalen über den Fußboden herein; der Wind tobte in die von den dicken Mauern der Halle gewährte Zufluchtsstätte und blies das Licht der Lampe aus.

Ich mußte schreien, damit Kiyas mich hörte. »Wir verschließen diese Türe und verlassen das Haus durch den anderen Ausgang.«

Es bedurfte acht Männer, um die Türe mit Gewalt wieder zu

schließen, doch die Zedernbretter waren dick und gut gewachsen und hielten stand. An der Rückseite des Hauses, welche von den Dienstbotenquartieren geschützt wurde, war es leichter, und das Wasser stand nur knöcheltief. Ein Soldat mit einem Sack geschroteten Getreides auf dem Rücken platschte hinter mir durch das Wasser in Richtung Küche.

Die Männer wurden angewiesen, eine Hand auf die Schulter ihres Vordermannes zu legen. Wir gingen in zwei Reihen, Sebek und ich führten sie an. Die Reihen sollten so nah wie möglich beisammen bleiben, bis wir die Stadt erreichten.

Der Wind rüttelte an den Palmen, als seien sie schlaffe Saiten einer Harfe. Nun reichte uns das Wasser bis zu den Knien ... die Wolken, welche die Nacht so dunkel gemacht, rissen auf, und der Mond leuchtete plötzlich hell wie eine Fackel in einem abgedunkelten Raum. Dann erst sah ich die ganze Gewalt von Seths neuem Angriff: Dies war nicht ein stetes Steigen des Flusses, der Große Wasserspeicher war geborsten, und die mächtigen Seitenmauern, die im vergangenen Jahr für ein neues Flußbett erbaut worden waren, um das Wasser der Überschwemmung noch über die bisherigen Grenzen zu tragen, hatten nicht gehalten. Zürnte uns der Fluß, weil wir versucht hatten, seinen Lauf zu ändern? Hatte sich Ra geweigert, die neue Wasserbrücke als sein Kind anzunehmen, obwohl sie ihm in seinem Namen zugeeignet war?

Das Wasser floß als großer Strom auf die Stadt zu. Es reichte uns bis an die Hüften, es riß uns mit, schneller als wir uns bewegen konnten. Ein ertrunkener Esel schwamm an uns vorüber, wie ein den Rinnstein hinuntergespültes Blatt.

Nun war es wieder dunkel. Doch wir konnten schneller gehen als zuvor, denn wir wußten jetzt, daß wir dem Laufe des Wassers zu folgen hatten. Etwas wurde gegen mich gespült. Ich dachte, einer der Männer wäre gestolpert, und streckte eine Hand aus, ihn zu stützen. Er schien zu schwimmen und sich an mich klammern zu wollen. Ich hob ihn hoch, der Körper war wie leblos. Ich hielt ihn in meinen Armen über dem Wasser ... wer von unseren Soldaten war so klein? Ich schrie: »Sebek! Warte, einer von ihnen ist verletzt!«

Einen Augenblick lang trat der Mond aus den Wolken, während sich Sebek zu mir durchkämpfte. Seine Stimme klang scharf über dem Tosen des Windes: »Es ist sinnlos, sie zu tragen. Sie ist tot. Sieh die Wunde an ihrem Kopf.«

Die Flut

Grauen überfiel mich ... war es Kiyas, die ich hielt? »Ra! Laß dies nicht Kiyas sein! Es *kann* nicht Kiyas sein, sie ist im Innern des Hauses sicher ...« Ich fand den Mut, auf die Frau in meinen Armen hinabzublicken. Und wieder konnte ich Sebeks Stimme hören, denn sie war eine Fremde: »Wir müssen uns um die Lebenden kümmern, wir haben noch keine Zeit für die Toten. Laß sie fallen, Ra-ab, wir müssen sie dem Wasser überlassen.«

Ich versuchte, im Kopf laut zu mir selbst zu sprechen: »Sei kein Narr, dies ist nicht die einzige Leiche, die du heute abend sehen wirst, und keine davon wird Kiyas sein. Kiyas ist sicher, sicher, sicher. Du hast Angst! Du *mußt* Angst haben, sonst hättest du keine tote Frau aufgegriffen. Leg sie nieder, du Narr! Schnell!«

Meine Arme fielen herab. Einen Moment lang bedeckte das Wasser ihr entstelltes Gesicht. Dann schwamm sie auf der Flut, zum Mond hinaufstarrend. Sie wurde davongespült, ihr Haar floß wie Flußgras mit der Strömung, als ob sie uns führen wollte.

Sebek war ein wenig vor mir, und als ich das erste Haus erreichte, hatte er bereits die Tür eingetreten. Ein Teil der Wände war durch das Wasser eingestürzt, und der Mond beleuchtete den einzigen Raum. Er schien leer, oder falls jene, welche hier gelebt, eingeschlossen worden waren, so hielt das Wasser sie nun gefangen. Es war kein Lebender da, und um die Toten durften wir uns nicht Sorgen machen.

Das zweite Haus war leer und das dritte ebenso. Aber das nächste stand höher als die anderen, und als ich den Schutz der Hauswand erreichte, hörte ich eine Frau schreien, der dünne Klang ihrer Stimme vom Sturm verweht. Die Wände waren stark und hatten dem Ansturm des Wassers bis jetzt standgehalten, und da die Türe gen Westen zeigte, war sie vor der vollen Wucht der Strömung geschützt. Ich warf mich dagegen, bis sich meine Schultern anfühlten, als wollten die Knochen die Haut durchstechen. Ich schrie der Frau zu, sie solle die Türe entriegeln, doch sie mußte vor Angst taub sein.

Das Fenster war sehr hoch, und ich konnte es nur erreichen, indem ich auf die Schultern meines Nebenmannes kletterte. Die Läden waren geschlossen, doch ich konnte sie leicht aufbrechen, und bevor ich in das Haus kletterte, sagte ich den anderen, sie sollten weitergehen und den anderen unter Sebeks Kommando helfen.

Über dem einzigen großen Gemach lag ein oberes Stockwerk, von dem eine Leiter herunterführte. Der obere Raum war erleuchtet, und ich konnte sehen, daß das Wasser, weich wie schwarzes Öl, höherkroch. Ich ließ mich vom Fenster hinab und entdeckte, daß der Boden des unteren Raumes, wie ich es erwartet hatte, eine Elle unterhalb ebener Erde lag. Ich mußte auf die Leiter zuschwimmen. Vom Wind umschlossen, konnte ich hören, daß das Schreien aus einem Strom von Worten bestand.

»Seth, vergib mir meinen Betrug an dir! Es ist nicht meine Sünde, es ist die Sünde der Priester, welche dich verraten haben. Sie waren es, die mir sagten, ich solle Ra in mein Heiligtum stellen. Sie sagten mir, Ra hätte Seth gemeistert und daß du, der Herr des Dunkelmondes, nur in der Unterwelt regiertest. Aber nun bin ich in dein Reich gekommen, oh dunkler Meister. Beschütze mich! Du hast mir meinen Sohn genommen. Du hast mir meinen Mann genommen. Ich sah den Abdruck deiner Hand auf ihren Körpern. Hast du vergessen, daß ich Ra abschwor, als ich dein Siegel auf ihrem Körper sah? Ich wußte, daß Ra sie nicht beschützen konnte. Ich hielt sie hier versteckt. Ich flehte dich an, sie nicht für meine Sünden zu bestrafen. Ich war es, die sündigte. Ich war es, die ihnen sagte, sie sollten Ra folgen, ich führte sie in die Oryx und sagte ihnen, sie sollten die dunklen Stunden deiner Herrschaft vergessen und nur dem Ra des Hohen Mittags opfern. Warum hast du das Wasser mich zu strafen geschickt? Mein zweiter Sohn ging bei Sonnenuntergang hinaus und ist nicht zurückgekehrt. Er hat sich zu seinem Bruder und seinem Vater gesellt; sie warten auf mich in deinen Höhlen. Binde mich mit deinen Riemen, aber befreie sie aus deinen dunklen Wassern.«

Die Frau war nicht alt an Jahren, aber Furcht und Kummer hatten ihr Gesicht mit den Klauen des Alters gezeichnet. Sie hatte einen Altar errichtet — einen quadratischen Block, mit Leinen bedeckt, steifem, dunkelrotem Leinen. Darauf stand eine Statue Seths in seiner weiblichen Form als Sekmet, die Katzenköpfige, ungefähr eine Elle hoch. Sie war unecht, selbst als Abbild — mit Erdpech beschmierter Ton, der vorgab, Basalt zu sein. Vor der Statue brannte eine Lampe, ein Docht, in einem Tonteller mit Öl schwimmend, welcher wie ein auf dem Rücken liegender Skarabäus geformt war — der heilige Käfer, tot und geschändet. Das Öl erfüllte den Raum mit einem schweren, berauschenden Duft, der einen noch schwereren, dunkleren Gestank zu übertönen suchte.

Die Frau warf sich vor dem Altar in den Staub. Ich fragte mich, ob sie vielleicht verrückt sei. Ich sagte: »Steh auf, ich bin gekommen, dich in Sicherheit zu bringen. Du wirst ertrinken, wenn du hierbleibst.«

Die Flut

Sie stand langsam auf, ihr schweißdurchtränktes Gewand klebte an ihrem Leib wie die Bandagen einer Mumie. Ihre Augen waren weit aufgerissen und blicklos. »So bist du also gekommen! Oder bist du sein Sohn? Du bist zu jung für solch einen alten Gott, solch einen starken Gott. Ich bin bereit. Ich wußte, du würdest kommen, wenn das Wasser die oberste Sprosse der Leiter erreicht.«

Sie strich sich das Haar, das in fettigen Strähnen über ihr Gesicht hing, aus der Stirn. Ihre Augen hatten ihr blindes Starren verloren. »Du bist der Herr der Furcht, doch habe ich keine Angst vor dir. Du bist als geehrter Gast gekommen. Sieh, ich habe alle Vorbereitungen getroffen, obwohl ich eine arme Frau bin, zu arm, um dir Gefäße aus Gold zu machen. Ich werde deinen Preis zahlen, aber du mußt im Namen Seths schwören, daß du meinen Mann und meine Söhne freiläßt, wenn ich gezahlt habe. Sie warten auf dich, verborgen in dem Leinen, daß sie auf dein Geheiß mit dem Blut ihrer Eingeweide verdunkelten. Die Priester der Oryx hatten ihre Herzen verbrannt, ihre Lungen, ihre Eingeweide, oder diese mit Zauberworten in Grabkrügen versiegelt, die du nicht öffnen kannst. Doch die Körper, die ich hinter dem Hause vergraben habe, waren leer; daher sind jene, welche du in deine Grotten gebracht, kalt wie eine Tonfigur. Du kannst ihren Geist nicht in deiner Welt festhalten, so wenig wie ich ihr Fleisch in meiner Welt. Ich bin eine arme, alte Frau, und nur wenig trennt mich vom Tod. Doch will ich mit dir handeln: ihre Seelen gegen ihr Fleisch — *meine* Seele, wenn du ihren Geist freiläßt.«

Sie machte das Zeichen der versiegelten Lippen. »Antworte nicht, bevor du meine Opferung gesehen hast. Ich bin keine Närrin. Ich versuche nicht mit Seth um Gold zu schachern, ich kenne seine Ansprüche.«

Sie ging nach hinten zu dem groben Altar und ergriff zwei Krüge, welche dort verborgen. Sie waren aus Ton und hatten eine auf den Märkten übliche Form; vielleicht hatten sie einst Myrrhe oder Gewürze enthalten.

Ich wollte sie aufhalten, aber ich starrte unverwandt, wie in einem schrecklichen Banne. Sie begann mit dem schmutzigen Zeigefinger einer Hand, welche einst schön gewesen sein mußte, am Siegel der Krüge herumzukratzen. Ich schien Nefer-ankhs Stimme zu hören: »Du darfst niemals aus Angst davonlaufen. Sich vor Seth zu fürchten heißt, ihn anzuerkennen. Sieh seine Werke und erkenne sie. Dann werden deine Augen offen sein, um eine Waffe zu suchen, seine Macht zu brechen. Dies ist die Weisheit, nach der du suchen mußt — zu wissen, welche Waffe gegen welche seiner Fallen zu benutzen ist. Mut ohne Weisheit reicht niemals aus.« Ich wußte, daß Nefer-ankh recht hatte. Welche Waffe konnte ich verwenden, um die Fesseln der Furcht zu durchtrennen?

Sie hatte die Siegel aufgebrochen und zog nun die Wachspropfen heraus, welche die Krüge verschlossen. Ein Gestank, schwer wie Öl, floß in den Raum. Ihre Stimme sank zu einem Flüstern, schroff wie brüchige Knochen, die gegeneinander schlagen: »Räucherwerk für deine Nüstern, oh Sohn des Herrn des Dunkelmondes. Kannst du deinem Meister ein solch reiches Geschenk verweigern? Welche Verwendung hat er für den Geist zweier armer Ägypter — Geister, welche in seinen Grotten herumflattern werden wie Zugvögel, die auf ihrer Frühlingsreise in die Irre flogen? Wie könnte er sich am Seufzen ihrer Schwingen ergötzen? Doch hier hat er Speise, Speise, die er liebt, eine Würze, weit mehr als alles Räucherwerk, welches je für Ra verbrannt. Und er wird meine Seele in den Grotten sich mühen sehen, um ihn lächeln zu machen, wenn er sich am Weihrauch genug ergötzt hat!«

Ich versuchte, den Teufelskreis ihrer Furcht zu durchbrechen. »Ich bin nicht Seth, ich bin ein Kind Ras.«

Es war das erste Mal, daß ich unverhülltes Grauen sah. Sie kroch von mir weg und lehnte sich an die Wand — den Kopf zurückgeworfen, den Mund weit aufgerissen. Dann schrie sie, und ich wußte, was ein Gefangener Seths in der Unterwelt zu hören bekommen würde.

Hinter mir ertönte eine Stimme, die warme Stimme eines meiner Soldaten. Benik sah durch die Bodenöffnung zu mir herauf. »Ich bin zurückgekommen, um zu sehen, ob Ihr irgendeine Hilfe braucht.« Er schien von den Schreien wenig beeindruckt und fuhr fort: »Sie ist verrückt geworden. Man kann nur eines tun, wenn sie schreien wie diese hier — schüttet Wasser über sie oder verpaßt ihr eine ordentliche, feste Ohrfeige.« Er grinste. »Etwas *haben* wir — jede Menge Wasser«. Soll ich mich um sie kümmern, Hauptmann?«

Ich nickte. Er nahm einen Eimer, bückte sich, schöpfte Wasser und kippte es über die schreiende Frau. Das Wasser lief ihr das Gesicht herunter und rann aus den Mundwinkeln, doch sie hörte nicht zu schreien auf. Er sah mich an, und ohne auf meine Befehle zu warten, schlug er ihr fest mit der Handkante auf den Nacken unterhalb des Ohrs ... ein Schlag, den mir Sebek beigebracht hatte. Er hob sie

Die Flut

auf und legte sie sich über die Schulter, während er entschuldigend sagte: »Es ist das erste Mal, daß ich eine Frau geschlagen habe. Die Schwester meiner Großmutter führte sich genauso auf, jedesmal, wenn sie eine Schlange sah, doch wir hatten nicht auch noch eine Flut, und so konnte ich mit ihr doch sprechen. Wir sollten uns sputen, Hauptmann. Das Fenster steht schon bald zur Hälfte unter Wasser.«

»Ja«, sagte ich, »wir sollten uns beeilen. Ich hätte nicht so lange hier verweilen sollen.«

Er stieg vor mir die Leiter hinab, die Frau vorsichtig in seinen Armen tragend. Bevor ich ihm folgte, schlug ich die Statue vom Altar. Sie war nur aus Ton, mit Erdpech beschmiert — nichts, wovor man sich fürchten mußte. Der Kopf brach ab und rollte in eine Ecke. Das Licht traf auf seine Augen; es schien, als blinzelten sie, träge wie eine zufriedene Katze, die warten kann.

Ich warf die Lampe um, und das brennende Öl floß über die Matten, die den Boden bedeckten. Als ich die Leiter hinunterkletterte, warf ich einen Blick zurück. Der Altar war bereits vom Feuer umzingelt, das geschwärzte Leinen kräuselte sich in der Hitze. »Ra hat dich geschlagen, Seth! Das Feuer ist stärker als du! Du kannst nicht einmal deine Schatten werfen ohne unser Licht!«

Meine Stimme wurde vom Sturm zurückgeworfen: »Ra ... Seth! Ra ... Seth! Ra ... Seth!«

Als ich die Leiter hinunterstieg, sah ich, daß Benik bereits den Raum durchschwommen hatte. Mit der Frau über seiner Schulter glitt er durch das Fenster nach draußen. Das Fenster stand inzwischen bis zur Hälfte unter Wasser. Die Augen der Frau waren geöffnet und unter den Lidern nach oben gedreht.

Das Viereck der glatten Wasserfläche zwischen mir und dem Fenster wurde vom Feuer über mir hell glänzend erleuchtet. In der Wand vor mir tat sich wie ein schwarzer Blitz plötzlich ein Riß auf. Ich hielt mich immer noch an der Leiter fest; die Wand wurde nach innen gedrückt, spaltete sich und riß auf wie ein Schleusentor. Das Tosen der Flut ertränkte das scharfe, knisternde Geräusch des Feuers. Ich wurde von der Sprosse weggerissen, hinab in eine brausende Dunkelheit ...

Ich schien die Augen Sekmets zu sehen, die mir mit gemächlichem Vergnügen zublinzelten. Eine Hand, deren Finger drei Ellen maßen, krallte sich in meine Rippen ... das Licht leuchtet über mir, ich muß mich zu ihm durchkämpfen, nach oben. Gib mir Stärke! Ra ist stärker als Seth!

Ich schien ein Jahr lang gegen dunkles Wasser anzukämpfen ... ich kann atmen! Ich kann immer noch atmen! Seth hat meine Nüstern nicht mit seinem Lehm versiegelt! Das Wasser stieg nicht länger. Ich trieb auf dem Rücken und starrte auf die Decke über mir, in welche das Feuer seine Spuren einfraß. Die Hitze warf sich über mich, versuchte, mich unter Wasser zu pressen ... ich muß da hinaus, wo das Wasser hereingekommen ist. Es muß ein Loch in der Wand geben, durch das ich entkommen kann. Aber es ist unter Wasser. Ich kann nicht unter Wasser; dort ist die Hand, sie wartet auf mich. Du wirst verbrennen, wenn du ein Feigling bist. Willst du als Feigling verbrennen? Die Hand ist nicht stärker als Ra. Seth ist nicht stärker als du, solange du ihn nicht fürchtest. Tauche, du Narr! Schwimme gegen die Strömung. Du weißt, dies ist der einzige Weg in die Freiheit. Du mußt immer gegen die Strömung schwimmen.

Ich versuchte, meine Lungen zu füllen. Oh, was gäbe ich für einen tiefen Atemzug klarer Luft! Der schwere Rauch ertränkt mich wie Wasser. Du darfst nicht ertrinken, sonst verrätst du die Oryx! Du wirst Ra verraten, wenn Seth dich besiegt. Tauch unter! Tauch unter! Schwimm gegen die Strömung ...

Das tiefe Wasser ist still wie die Grabmäler der Alten. Der Schmerz liegt auf der Oberfläche, dort, wo das Wasser gegen das Feuer kämpft. Doch in den Tiefen herrscht Stille und Frieden. Warum solltest du weiterkämpfen, wenn du so müde bist? Meine Hand ist nicht dein Feind; ruhe dich aus in seiner Stärke, und du mußt nicht mehr kämpfen.

»Hör nicht auf Sekmet! Schwimme gegen die Strömung, und du wirst frei sein, frei ...«

Ich spürte die rauhen Ziegel der Außenwand und stieß mit meinen Füßen dagegen. Das Wasser war fest wie eine Wand aus Lehm, und doch konnte es mich nicht halten ... ich kann atmen! Die Luft ist klar!

Ich öffnete die Augen und erblickte den Mond friedlich zwischen den Wolken. Der Strom trug mich weiter und weiter fort, von einem Haus, das in der Dunkelheit brannte ...

Es müssen einige Minuten vergangen sein, bevor ich herauszufinden versuchte, ob das Wasser zu tief zum Stehen war. Ich dachte, es wäre viel tiefer geworden, während ich im Hause Seths war, doch ich entdeckte, daß meine Arme über der Wasseroberfläche waren, als ich mich aufstellte. Vor mir konnte ich Fackeln sehen, die im Wind flackerten. Als ich näherkam, sah ich, daß die flachen Dächer aller größeren Häuser noch weit über die Wasseroberfläche ragten und von Menschen überfüllt waren. Drei Männer wateten auf mich zu, wobei sie ein Floß vor sich herstießen, das aus zwei grob zusammengebundenen Türen gefertigt war. Ich bemerkte, daß das Wasser nun viel langsamer strömte als zuvor. Auf dem Floß lag eine Frau, sie war bewußtlos, ein Arm hing im Wasser und der andere war in einer Haltung, die mich sehen ließ, daß er über dem Ellbogen gebrochen war. Neben ihr lag ein etwa einjähriges Kind. Es schrie zornig und fuchtelte mit seinen kleinen Fäusten in der Luft herum.

Einer der Männer, die das Floß schoben, war ein Soldat, und ich rief ihm zu, wo Sebek sei. Er antwortete mir, er hätte ihn zuletzt in der Mitte der Stadt gesehen, wo die Leute auf dem Marktplatz versammelt wurden, da das Wasser dort niedriger stand als in den angrenzenden Straßen.

Ich fragte mich, ob der Sturm wirklich nachließ oder ob ich mich nur an das immerwährende Lärmen gewöhnt hatte. Ich kam an zwei weiteren Gruppen von Männern vorbei, die Flöße schoben, auf denen verletzte Menschen lagen. Ich wußte, daß Sebek in jedem einzelnen der Häuser, an denen ich vorüberkam, gewesen war, so machte ich bei keinem Halt.

Auf den Marktplatz zu ging es leicht bergan, und als ich ihn erreicht hatte, ging mir das Wasser nur noch bis an die Knie. Sebek wies im Schein von Fackeln die Menschen an, wie sie ihre Habseligkeiten in Sicherheit bringen konnten. Im Schutze des ummauerten Gartens des größten Hauses waren Ziegen untergebracht worden und Getreidesäcke auf die flachen Dächer geschleppt.

Ich erreichte Sebek. »Wie kann ich helfen? Ich war in einem der ersten Häuser zurückgeblieben; dort hatte eine Frau den Verstand verloren, doch ich hätte nicht so lange bleiben sollen. Benik kam zurück, um nach mir zu schauen. Dann brach die Wand zusammen, gleich nachdem er hinausgeklettert war. Ist er in Ordnung?«

»Ich habe ihn nicht gesehen. War die Frau verletzt?«

»Wir mußten ihr einen Hieb versetzen, bevor wir sie hinaustragen konnten.«

»Dann wird Benik sie zu Kiyas gebracht haben. Auch du solltest besser zu Kiyas zurückgehen, sie wird deine Hilfe brauchen. Das Wasser steigt nicht mehr; entweder hat es nun seinen Pegel gefunden, oder der Große Wasserspeicher ist weiter unten erneut geborsten. Die schlimmste Gefahr ist überstanden, und ich versuche so viele Habe retten zu helfen, wie ich nur kann. Die Menschen könnten in Panik geraten, wenn niemand da ist, der ihnen sagt, was zu tun ist, aber du gehe lieber zu Kiyas zurück. Mehrere sind verletzt worden — ich weiß bis jetzt nicht, wie viele ertrunken sind. Ich kann Sayak mit dir schicken.«

Sayak hatte eine Fackel. Er ging voran, und ich war froh, ihm folgen zu können. Die Strömung war nicht mehr so gewaltig, und wir kamen ohne große Anstrengung gegen sie voran. Wir waren schon fast zu Hause, bevor mir bewußt wurde, daß sich der Wind gelegt hatte. Lichtschein war zwischen den Fensterläden zu sehen, und das Wasser war unter die zweite Treppenstufe des Eingangs gegenüber den Dienstbotenquartieren gesunken.

Kiyas kam gerade aus der Vorratskammer. Sie lief mir entgegen: »Oh, Ra-ab, ich hatte solche Angst um dich. Benik sagte mir, er hätte dich zuletzt in dem Haus gesehen, aus dem er die Frau geholt. Er sagte, er hätte zurückgeschaut, als er sie ein Stück des Wegs weggetragen, und das Haus in Flammen stehen sehen. Er meinte, es könnte wohl das Haus gewesen sein, wo du warst — und als ihm klar wurde, daß du nicht herausgekommen warst, hätte er die Frau beinahe auf der Stelle fallengelassen und wäre zurückgegangen, um nach dir zu sehen. War es das Haus, in dem du dich befandest?«

»Ja, aber mir geht es gut. Ich konnte das Haus verlassen, bevor das Feuer richtig zuschlug. Ich habe es selbst in Brand gesetzt. Ich erzähle dir morgen, warum ich das tat. Wie viele Menschen sind hier?«

Nur zwölf Verletzte. Es sind ziemlich viele Frauen und Kinder da, doch sie kümmern sich gegenseitig umeinander. Ich habe ihnen sogar ein wenig warmes Essen geben können. Ich hatte es fertig, bevor die ersten hier ankamen.«

»Wo hast du sie untergebracht?«

»Sie sind in den zwei großen Gemächern am anderen Ende der Halle. Sofort nachdem du gegangen warst, habe ich die Kräuter, welche uns Nefer-ankh geschickt, verbrannt. Wir hatten nicht die Zeit, sie so lange brennen zu lassen, wie Nefer-ankh es uns geheißen — doch ich mußte das Wagnis eingehen, die Menschen in diesen Räumen unterzubringen. Es gab nirgendwo sonst Platz für sie. Als du kamst, habe ich gerade nach ein paar Streifen Leinwand und einem schmalen Holzstück gesucht, um einen gebrochenen Arm zu schienen. Hast du jemals einen Arm wieder gerichtet? Ich nicht. Ich wünschte, Ptah-aru wäre nicht zum Tempel zurückgegangen.«

»Sind viele von ihnen schwer verletzt?«
»Nein, da ist nur die Frau mit dem gebrochenen Arm und ein Mann, der unter einen herabfallenden Balken geriet. Er sagt, er spüre einen furchtbaren Schmerz im Magen, und er hat böse Prellungen über den Rippen, aber ich denke nicht, daß Knochen gebrochen sind.«
»Hast du ihm einen Schlaftrunk gegeben?«
»Ja, doch dies scheint bei ihm nicht gewirkt zu haben. Er jammert immer noch. Benik legt ihm heiße Tücher auf, das scheint zu helfen.«
Sie sah müde und sehr jung aus — und doch war sie stark in der Ausübung ihrer Aufgabe. »Meinst du, ich sollte den Arm richten, Ra-ab, oder möchtest du es versuchen?«
»Du wirst es besser machen als ich, doch ich komme und helfe dir.«
»Es wird ihr sehr weh tun. Der Schlaftrunk scheint auch ihr nicht besonders geholfen zu haben. Er scheint nicht so gut zu wirken wie während der Seuche.«
Die Frau lag auf der Matratze unweit der Türe. Ich erkannte in ihr jene Frau wieder, welche bewußtlos auf dem Floß gelegen. Der Oberarmknochen hatte die Haut nicht durchstoßen, aber er drückte dagegen und sah wie ein zweiter Ellenbogen aus. Kiyas kniete sich neben sie. Die Frau versuchte zu lächeln; sie erinnerte mich an meinen Lieblingshund, als er einmal mein Gesicht geleckt hatte, während ich ihm einen giftigen Dorn aus der Pfote zog.
»Nimm du ihre andere Hand, Ra-ab.«
Sanft versuchte Kiyas den Arm geradezuziehen. Aus dem Gesicht der Frau wich das Blut, und ihre dünnen Finger gruben sich in meine Handfläche.
»Dies wird sehr weh tun«, sagte Kiyas zu ihr. »Du bist sehr tapfer. Ich wünschte, ich wäre so tapfer wie du.« Mit einem Ruck zog sie fest an Hand und Unterarm. Die Frau erbebte, und ich sah, wie an ihren Zähnen, die sie gegen die Lippen gepreßt hatte, um einen Schrei zurückzuhalten, Blut hervorlief. Doch der Arm war nun gerade, und unter dem gequetschten Fleisch trat nichts mehr hervor.
Ich half Kiyas, die Schiene zurechtzurücken. Unter die Achsel und über den Ellenbogen legte sie ein paar weiche Lappen, bevor der Arm fest eingebunden wurde. Ich setzte mich zu der Frau, während Kiyas ihr eine Schale Brühe holte. Ich roch den einschläfernden Duft von Mohn, als ich ihr die Brühe einflößte.
»Du wirst bald einschlafen«, sagte Kiyas. »Bald schlafen, bald ...«

Die Frau nickte. Ihre Augenlider wurden bereits schwer. »Ja, ich werde bald schlafen. Die Oryx hat mich beschützt. Ich werde bald schlafen ...«

Als wir die schlafende Frau verließen, gesellte sich Benik zu uns. »Der verletzte Mann ist nun sehr schläfrig«, sagte er. »Ich glaube, wir können nichts weiter für ihn tun. Er sagt, der Schmerz sei viel besser geworden. Könntet ihr euch nicht ausruhen? Ich rufe euch, wenn irgend jemand euch brauchen sollte.«

»Ja, Benik, ich lasse sie in deiner Obhut. Aber rufe mich sofort, wenn du mich brauchst.«

Kiyas führte mich in die Vorratskammer. »Wir werden hier schlafen müssen — in meiner Kammer sind eine Frau und drei Kinder.«

Wir breiteten unsere Schlafmatten nebeneinander aus. Es gab kein Fenster, nur eine vergitterte Öffnung hoch oben in der Mauer. Ich zog meine durchnäßten Kleider aus und war gerade dabei, mich in die Wolldecke einzuhüllen, um warm zu werden, als ich mich plötzlich an die Frau im Hause Seths erinnerte.

»Kiyas, wo ist die Frau, die Benik hierher gebracht hat? Sie ist nicht bei den anderen?«

»Ich erzähle dir morgen früh von ihr.«

»Nein, ich möchte es jetzt wissen.«

»Bitte Ra-ab, warte bis morgen. Du kannst jetzt nichts tun.«

Ich setzte mich auf, hellwach. »Du *mußt* es mir sagen, Kiyas. Hat Benik sie zu fest geschlagen? Ist sie tot?«

»Oh Ra-ab, ich wünschte mir so, du würdest dir heute abend keine Sorgen um sie machen. Sie ist nicht tot — zumindest nicht ihr Leib. Ihre Augen sind offen, doch sie scheinen nichts zu sehen, obwohl sie nicht blind ist. Sie hört nicht, wenn ich sie anspreche, doch fängt sie zu schreien an und kriecht von etwas weg, das ich nicht sehen kann. Es sind furchtbare Schreie, Ra-ab. Ich glaube, daß sich sogar Benik vor ihnen fürchtet, obwohl er mich glauben machen wollte, eine seiner Verwandten betrage sich zuweilen genauso. Er sagt, es käme von ihrer schrecklichen Furcht vor der Flut, doch ich weiß, er glaubt das genausowenig wie ich.«

»Wo hast du sie hingebracht?«

»Sie ist neben der Küche in der kleinen Kammer, in der gewöhnlich der Wein aufbewahrt wird. Ich konnte sie nicht hierbehalten, weil sie den anderen so Angst machte. Ich versuchte, ihr einen starken Mohntrunk einzuflößen, doch sie dachte, ich sei Sekmet, welche sie zu vergiften versuchte, und ich konnte sie nicht dazu bringen, ihn zu schlucken. Was ist mit ihr geschehen, Ra-ab? Ich habe noch nie jemanden so gesehen, in Schrecken jenseits allen Schreckens.«

»Du hättest sie nicht allein lassen sollen, ohne jemanden, der auf sie achtgibt. Sie könnte sich umbringen, bevor wir herausfinden, wie wir sie vor Seth beschützen können.«

»Ich habe das bedacht. Ich mußte ihre Hände an den Seiten festbinden, weil sie versuchte, sich die Pulsadern aufzubeißen. Sie sagte, sie mache Seth ungeduldig, weil es ihn nach ihrem Blut dürste. Ich hatte vor ihr Angst. Ich hatte solche Angst, daß ich sie beinahe töten wollte. Ich habe noch nie derartiges gefühlt, außer beim Anblick von Schlangen.«

»Sie hat sich an Seth verkauft, und wir müssen sie wieder zurückholen. Wir *müssen* beweisen, daß wir unsere Leute beschützen können.«

»Ra-ab, sie ist *verrückt*. Es ist nicht Seth, sie ist einfach verrückt geworden.«

»Das ist nur ein Wort für etwas, was wir nicht wirklich verstehen. Höre zu, und ich erzähle dir, was ich über sie weiß ...«

Während ich sprach, schien es mir, als sei ich wieder in dem kleinen, übelriechenden Raum. Das Wasser drückte mich nieder, und noch immer konnte ich das Echo vernehmen ... »Ra ... Seth.« »Ra ... Seth.«

»Nicht, Ra-ab! Erinnere dich nicht weiter! Sie gehört zu Seth, nicht zu uns. Sie verdient die Grotten, denn sie hat versucht, Unreines in die Oryx zu bringen.«

»Das ist nicht wahr. Angst ist ihre einzige Sünde. Wir waren nicht stark genug, ihre Angst zu durchbrechen, und darum hat sie sich Seth zugewandt. Sie wußte von den Grotten der Unterwelt, und doch war sie bereit, sie auf alle Ewigkeit zu erleiden, nur um den Geist ihres Mannes und den ihres Sohnes freizulösen. Riefest du mich einen Feigling, wenn ich in die Grotten ginge, um *deine* Seele zu befreien? Erkennst du nicht, daß wir für sie als Ras Kinder gegen *seinen* Feind kämpfen müssen?«

»Ich kenne keinerlei Magie: Was *können* wir tun?«

»Wir beide müssen die Magie erlernen, wie sonst kann die Oryx ein *wirklicher* Schutz sein? Wir müssen die Frau sobald wie möglich zu Nefer-ankh bringen — sobald Sebek zurückkommt. Er wird sich um die Leute hier kümmern können, doch wir müssen lernen, mit Menschen wie ihr umzugehen.«

Anrufung Ras

KIYAS HATTE SEBEK, welcher bald nach der Morgendämmerung eingetroffen war, bereits gesprochen, als ich erwachte. Sie hatte alles vorbereitet, damit wir die verrückte Frau ohne Aufschub zu Nefer-ankh bringen konnten. Sebek sagte uns, das Wasser sinke rasch, und da der Tempel Ras im Nordwesten lag, wußte ich, daß wir ihn erreichen konnten, ohne jenen von der Flut am stärksten betroffenen Teil des Landes durchqueren zu müssen. Ein Bote war zur ersten höhergelegenen Stadt gesandt worden, um dem Stadtaufseher zu überbringen, daß wir Sänften mit je vier Sänftenträgern brauchten, die uns zum Tempel bringen sollten. Bis wir diese erreichten, würden Kiyas und ich zu Fuß gehen, und zwei Soldaten sollten die verrückte Frau in einer notdürftig hergerichteten Sänfte tragen.

Die Reise verlief ohne viel Mühen; der Himmel war wolkenlos, und das Wasser schlummerte unter Ras Macht. Wir erreichten den Tempel kurz nach Sonnenuntergang. Nefer-ankh erwartete uns bereits, denn wir hatten schon früher vereinbart, ihn auf unserem Rückweg zum Haus des Nomarchen zu besuchen. Er hatte mehr Neuigkeiten über die Flut als wir und berichtete uns, daß die einzige andere Stadt, die schwer beschädigt worden war, weniger Schaden gelitten hatte als die unsere.

Eines der Häuser innerhalb der Tempelumfriedung war noch von drei Männern bewohnt, die sich nach der Seuche langsam wieder erholten, aber ein anderes Haus stand leer, und dorthin wurde die Frau gebracht. Wir sollten in einem der Priestergemächer hinter dem Tempel schlafen.

Nefer-ankh schickte einen der jüngeren Eingeweihten, der Frau Schlaf zu bringen. Dann hieß er uns, ihm alles über sie zu erzählen, bevor er sich für eine Behandlungsweise entscheiden wolle. Nachdem er unsere Geschichte vernommen, sagte Nefer-ankh, daß er sie aus dem Schlafe heraus beobachten würde, während auch sie ruhig schlief. Er würde dabei herausfinden, ob ihre Verrücktheit aus dem Grauen entstanden war oder ob sie von einem Geist besessen sei, welcher ein Sklave Seths geworden war.

Ich versuchte mich am Morgen zu erinnern, ob ich Nefer-ankh in dieser Nacht während meines Schlafes gesehen hatte, doch ich muß zu müde gewesen sein, um eine echte Erinnerung mitgebracht zu haben. Es schienen nur wenige Augenblicke vergangen, als ich erwachte und einen der Tempelschüler neben mir stehen sah. Er war ein junger Mann, ungefähr in meinem Alter und trug das weiße, gelb eingefaßte Gewand jener, welche bald ihre erste Einweihung erhalten.

Er sagte: »Nefer-ankh bittet, daß du und deine Schwester euch zu ihm in sein Heiligtum gesellt, sobald ihr bereit seid.«

Ich nahm teil am Morgenritual des Tempels. Nach den drei Gebeten des Östlichen Horizonts schwamm ich im Tempelteich, dessen Wasser unter dem Schutze von Nut steht. Dann zog ich mir ein Gewand aus weißem Leinen an sowie die Sandalen jener, die dem Priesterwege folgen wollen. Ich ging mit unbedecktem Haupt in Ras Heiligtum, um vor seiner Statue zu stehen, die in einen Lichtstrahl getaucht war, welcher von Seinem Himmel durch die heilige Öffnung des Tempeldaches fiel. Hier gesellte sich Kiyas zu mir, und als auch sie ihre Anrufung gemacht hatte, warteten wir schweigend auf Nefer-ankh.

Er kam durch den Torweg hinter der Statue, gefolgt von zwei jungen Priestern, die zwischen sich eine Bahre trugen, auf der die Frau lag. Sie setzten sie vor dem Altar nieder, und dann stellten sie zu Kopf und Füßen kleine Lampen mit Öl, in denen Dochte aus violett gefärbtem Leinen brannten.

Nefer-ankh sprach, den Kopf zum Licht erhoben, sein Bittgebet an Ra: »Herr des Hohen Mittags, durch dessen Macht alle Dinge ihr Leben haben, laßt Eure Kraft, die in den Winden der Luft und in der Erde und im Samen des Getreides unter der Erde und in der Quelle aller Flüsse ist, im Knospen aller Blätter und in den Tieren, deren Stärke sie teilen, und in der ganzen Menschheit, welche durch Eure Göttlichkeit lebt, diesem Sohn Eures Sohnes in der tausendsten Generation zuteil werden. Gebt sie mir, welcher vor den Menschen den Namen Nefer-ankh trägt, verleiht mir Eure Stärke, auf daß ich jene hier, deren Geist Ihr noch nicht benannt habt, in Euer Licht bringen möge. Erfüllt meine Finger mit Eurem Leben, auf daß ich Euer Zeichen auf ihrer Stirn lebendigzumachen vermag und sich der Schatten hebe, und ihr fremd sein wird die Furcht. Laßt Euer Siegel auf ihrem Munde sein, auf daß kein Echo der Unterwelt zwischen ihren Lippen hervortöne. Laßt Euer Siegel über ihren Ohren sein, auf daß das Geflüster der Unreinen nicht in sie einzudringen vermag. Laßt Euer Siegel über ihren Augen sein, auf daß sie jenseits der Schatten auf die Wohltaten des Hohen Mittags zu blicken vermögen. Laßt Euer Siegel auf ihren Nasenöffnungen sein, auf daß sie nach Myrrhe und Lavendel, Narde und Septesöl weniger verlange denn nach den Räucherdüften Eures Heiligtums. Laßt Euer Siegel auf ihrem Haupt und ihren Handflächen sein, auf ihren Brüsten und auf ihrem Nabel, zwischen ihren Lenden, über ihren Knien und auf den Sohlen ihrer Füße, auf daß sie beim Gehen und Wachen beim Nähren und Atmen, beim Sehen und Hören, beim Essen und Empfangen, beim Reisen und Nachhausekommen wisse, daß sie nicht länger eine Namenlose ist, sondern ein Kind eines Kindes der zehntausendfachen Generation des Herrn des hohen Mittags.«

Das Licht verdichtete sich immer mehr und erreichte solche Stärke, daß Nefer-ankh selbst aus dem Lichte geboren schien. Dann hoben die jungen Priester die Bahre, auf der die Frau immer noch wie eine Tote lag. Und Nefer-ankh berührte sie am Kopf und über den Augen, über den Ohren, am Mund und an ihren Nasenflügeln. Dann machte er das Zeichen Ras über ihren Brüsten und ihrem Nabel, über ihren Knien und ihren Lenden und über ihren Fußsohlen.

Und dann sprach er: »Seth, ich fordere dich auf, aus deinen Grotten hervorzukommen, um gegen den Namen Ras um dieses Kind, Kathani, zum Kampf anzutreten, welche neugeboren aus dem Schoße der Erde hervorgegangen, nicht länger ohne Namen, sondern, im Namen Ras unserer Gemeinschaft eingeschworen, unter der Sonne wandelt.«

»Komm hervor, Seth! Kommt hervor, Sekmet und dein Schattenherr! Oder urteile selbst, daß diese deine Bande gebrochen. Nimm meine Herausforderung an, im Namen Ras!

Die Frau wand sich und legte ihre Hand auf die Stirn wie ein vom Schlaf Erwachender. Sie setzte sich auf, langsam öffneten sich ihre Augen. Sie hefteten sich auf die große Statue von Ihm, dessen Namen sie geweiht worden war — und es war keine Furcht in ihnen, noch Wahnsinn, noch irgend etwas Böses.

Langsam erhob sie sich. Sie war nicht mehr alt, wenn auch ihr Gesicht noch immer die Spuren vieler Jahre trug. Langsam hob sie ihre Arme, die Handflächen dem Herrn des Hohen Mittags zugewandt.

Dann sagte sie zu Ihm: »Ich war in den Grotten, und ich bin frei ... ich opferte dem Herrn der Furcht, aber Ra hat mich unter seinen Schutz genommen. Ich war eine Tote in dunkler Nacht, und nun bin ich wiedergeboren im Hohen Mittag.«

Nefer-ankh hieß uns, in seinem Gemach hinter dem Heiligtum auf ihn zu warten, denn er wünschte, mit der Frau allein zu sprechen. Ich sah, daß Kiyas tief bewegt war. Sie sagte: »Mir war noch nie bewußt, welch großer Magier Nefer-ankh ist. Wohl wußte ich, wie weise er ist, viel weiser noch als selbst Nekht-Ra, doch wußte ich nicht, daß ein Mensch solch eine Macht besitzen kann. Hast du gesehen, was ich sah, Ra-ab? Wie er zunächst nur ein Mann war, der in einem Lichtstrahl vor einer Statue stand; doch dann schien das Licht in ihn hineinzufließen, als ob es lebendiges Wasser sei, welches trockene Erde durchtränkt? Und die Statue war nicht nur Stein, gemeißelt, einem Gotte zu ähneln: Sie war ein Teil Ras, gleich Nefer-ankh.«

Es war das erste Mal, daß ich Ehrfurcht in Kiyas' Stimme vernahm. Sie hatte früher stets gesagt, sie wolle nichts über Magie wissen, diese sei langweilig und nur etwas für Gelehrte oder Priester. Als ich sie daran erinnerte, antwortete sie: »Ich wußte damals nicht, was Magie war, Ra-ab. Ich glaubte, nichts *geschieht* wirklich dabei, ähnlich wie all die Schriftrollen, welche Vater studiert, nichts bewirken. Aber dies war *lebendig*, lebendiger als ich es bin. Ich glaubte damals wohl, daß Ptah-aru den Menschen eigentlich nichts Besonderes *tat*, wenn er ihnen Heilung gab. Zwar sah ich sie rascher gesunden als andere, doch schrieb ich dies ihrer größeren Stärke zu oder ihrer fehlenden Furcht vor Seth. Ich hielt mich für viel nützlicher als ihn, mit meinem Mohntrunk und warmen Tüchern und all dem, was ich zu tun versuchte. Doch was konnte ich für diese Frau tun? Ihre Hände festbinden, damit sie sich nicht töten konnte! Vielleicht hätte ich sie jahrelang so festgebunden gelassen, gebunden als eine Gefangene im Vorhof zu den Grotten Seths. Wie sehr wir ihr auch zu helfen versuchten, wir hätten nichts *tun* können. Ich kann nicht ganz verstehen, *wie* Nefer-ankh sie gerettet hat, doch weiß ich, daß wir etwas Großartiges gesehen haben: Es war, als sei sie tot gewesen und er habe sie wieder zum Leben erweckt — und sie war viel mehr als tot! *Wie* hat er es getan, Ra-ab? Wie wußte er?« Bevor ich ihr etwas antworten konnte, kam Nefer-ankh in den Raum, und dies ist, was er uns erzählte:

»Während du schliefst, Ra-ab, hast du andere erblickt, welche auch frei von ihrem Leib mit den gleichen Dingen beschäftigt waren, die ihren Tag im Wachzustand ausfüllen. Der Fischer, der noch immer sein Netz auswirft, wenngleich sein Boot ans Ufer gezogen und sein Leib in der Hütte neben dem Flusse schläft; der Bauer, der seinen Pflug führt und seinen Ochsen ein Liedchen singt, wenngleich diese schläfrig in ihrem Stall stehen. Du hast auch gesehen, wie jeder findet, was er liebt, oder wie jeder seine Furcht Gestalt annehmen sieht. Der singende Pflüger beobachtet, wie sein Korn in einer einzigen Nacht aus der Erde sprießt und die Halme stark unter der schweren Last dastehen; die Netze eines Mannes mit düsterem Herzen aber reißen, wenn er sie einholt, so daß sein großer Fischfang verloren ist. Solcherart sind die, welche jung im Geiste, sie besuchen im Schlafe eine Erde, die jener, die sie im Wachen kennen, so sehr gleicht wie der Papyrushalm seiner Widerspiegelung im stillen Wasser.

Allmählich werden sie sich bewußt, daß die Begrenzungen dieser anderen Erde von ihnen selbst gemacht werden. Sie entdecken, daß sie im Schlafe nicht mehr von ihrem Haus ins nächste Dorf zu laufen brauchen, denn wenn ihr Gedanke erstarkt, wird er sie folgsam dorthin tragen, gleich wie wenn die Flügelfedern eines jungen Vogels stark genug sind, wenn er das Fliegen lernt.

Doch gibt es einige, welche ihren wachsenden Flügeln grollen; vielleicht stellen sie fest, daß ein Krug Bier sie nicht so befriedigt wie im Wachzustand. Sie denken: ›Das ist kein *wirkliches* Bier. Es schmeckt, es riecht, es sieht aus wie Bier, aber wenn ich denke, es sei *Wasser*, hätte ich den Krug ebenso am Teiche auffüllen können, aus dem die Rinder trinken. Ach, wäre ich doch wieder auf der Erde, wo Bier Bier ist und nicht durch Überlegung verändert werden kann!‹ Oder es mag einer sagen: ›Ach wäre ich doch auf der Erde, wo mein Weib jene älterwerdende Frau ist, mit welcher ich über dreißig Jahre lang in vertrauter Annehmlichkeit zusammenlebte, statt daß sie sich in die junge Frau verwandelt, welche erklärt, sie sei das Mädchen, welches ich kannte, bevor unser erster Sohn geboren wurde ... und Schmeicheleien erwartet. Ich möchte im Schatten sitzen und mein Bier trinken, das keiner in Wasser verwandeln kann!‹

Wenn solch einer zum Sterben kommt — es sei denn, daß sein Körper im Alter ihm Schmerzen bereitet hätte, welche ihn froh sein ließen, eine Weile von solchen Unannehmlichkeiten befreit zu sein — kann er Khnum, den Töpfer, wohl bitten, ohne Verzögerungen den

Lehm für einen neuen Körper auf die Töpferscheibe zu setzen. Und wenn Khnum antwortet, er müsse warten, bis er an der Reihe ist, wird er die Stimme eines Kindes von Seth — süßer als Honig — flüsternd vernehmen: ›Khnum, der Töpfer, wird langsam alt, und seine Scheibe dreht sich langsam. Wie schade, daß du so lange warten mußt, wo alle Freuden der Erde für dich unerreichbar sind! Ich kenne ein junges Weib mit einem Leib so reif wie eine Feige vor der Großen Überschwemmung. Du könntest es gewesen sein, welcher sich an ihr erfreute ... doch nun bist du nur eine Seele, ein Ding ohne Stoff! Wenn du versuchtest, ihr den Hof zu machen mit all deiner Kraft, selbst wenn du ein höchst ungestümer Geist wärest, würde sie doch weiter auf die Schritte des jungen Mannes aus dem nächsten Dorfe lauschen.‹

Der Mann könnte viele solcher Geschichten hören. Jede von ihnen wäre gemacht, jene Wünsche zu verstärken, die nur durch einen physischen Körper erfüllt werden können. Vielleicht wird die Stimme sagen: ›Khnum, der Töpfer, ist *sehr* alt, seine Scheibe könnte aufhören sich zu drehen, bevor du an der Reihe bist. Doch brauchst du nicht so lange zu warten, und mein Weg wird leichter sein als der seine. Du mußt nicht erst geboren werden und deine Eltern sich über deine Wiege beugen sehen, Eltern, die deinen Kinderaugen so groß wie Flußpferde erscheinen. Nein, du kannst deinen Körper und deinen Ort auswählen: Möchtest du reich sein? Dann suche dir einen Mann aus, dessen Vorratskammern mit Krügen voll Goldstaub gefüllt sind. Nimm *seinen* Körper und benutze ihn als den deinen: Iß seine köstlichen Speisen, laß weichen Wein auf deiner Zunge zergehen, und genieße die Begrüßung seiner Konkubinen!‹

Der Mann wird fragen: ›Wie kann ich das tun?‹ Und es wird ihm gesagt werden: ›Manche Menschen haben ihr Haus gegen Eindringlinge versperrt, doch der Schlaue findet stets eine Pforte, welche von ihrem Besitzer aus Faulheit nicht verriegelt wurde. Sollte er Widerstand leisten, so suche eine anderes Haus — oder frage mich von neuem, was du tun sollst. Vergiß nicht, wenn die Türe fest verschlossen ist, kann sie kein anderer öffnen als der Besitzer des Hauses selbst; doch wenn die Türe offen ist, kannst du ohne Mühe hineingehen, und der Besitzer muß all sein Eigentum in deine Obhut geben und kann ohne deine Erlaubnis nicht zurückkehren. Du könntest in seinem Körper speisen, weit mehr, als zu deiner Sättigung nötig ... dann geh, so daß er rechtzeitig zurückkehrt, um die Qualen in seinem Bauche zu spüren. Und wenn du Lust hast, kannst du mit dem Dolch in seiner

Hand töten ... doch du wirst verschwunden sein, wenn die Soldaten kommen, um ihn zu holen. All diese Vergnügen könntest du haben und noch tausend andere. Der Preis ist so gering, man kann es kaum einen Preis nennen, nur ein Schwur auf einen Handel unter Freunden.‹ Sollte der Mann immer noch mißtrauisch sein und nach *seinem* Teil des Handels fragen, so sagt ihm die Stimme: ›Wenn Khnum dir schließlich doch noch einen eigenen Körper macht, mußt du für uns viele Häuser der Offenen Türe vorbereiten. Es gibt viele Arten, wie du verhindern kannst, daß uns Riegel vorgeschoben werden. Trunkenbolde sind leicht zu überreden; und manche Frauen, denen gesagt wurde, Malachit ließe ihre Augen nicht länger jung genug erscheinen, öffnen ihre Pforten einem jeden Hausierer, der Jugend zu verkaufen sich erböte. Störe niemals einen faulen Mann, laß ihn im Schatten sitzen, bis ihm selbst das Verriegeln seiner Türe gegen ungebetene Gäste eine zu große Anstrengung scheint. Einem reichen Manne sage niemals, daß seine Seele keinen angemessenen Tauschwert finden werde, selbst wenn ihm sein Gold zu diesem Handel mit ins Grab gelegt würde. Sage ihm *niemals,* daß Gold und Sand auf Tahutis Waagschalen das gleiche Gewicht haben. Laß ihn zwischen seinen Schätzen sitzen und den Himmel vergessen, und bald wird auch er vergessen, einen Wächter an seine Pforte zu stellen.«

Nefer-ankh hielt in seinen Worten inne und lächelte Kiyas zu.

»Du fragst dich, weshalb ich Geschichten erzähle, wo du doch wissen möchtest, wie Kathani — denn dies ist ihr neuer Name — vor Seth gerettet wurde? Du kannst den Deckstein nicht auf ein neues Tor zum Wissen setzen, bevor nicht die Torpfeiler aufgerichtet sind; und bevor du verstehen könntest, was ich mit Kathani tat, war es notwendig, euch zu erzählen, wie ihr Körper von einem fremden Geist besessen war und wie solche Geister überhaupt dazu kommen, jenes Große Gesetz zu brechen, welches besagt, niemand solle den Körper eines anderen besetzen.

Jenes zu betreten, welches noch immer das Haus der Offenen Türe genannt wird, heißt, mit dem, der seine Türe unverriegelt ließ, die gleichen Folgen zu erleiden. ›Wille‹ ist der Name unserer Riegel, und nur die Schwachen — willentlich schwach aus eigener Torheit — gestatten den Zutritt oder treten selbst, gegen das Gesetz, ein. Denn wer in die Offene Türe eintritt, wird feststellen, daß auch er umgekehrt keinem Eindringling den Zutritt verwehren kann. Es ist nicht Seths

Wunsch, daß die, welche ihm nachfolgen, einen eigenen starken Willen besitzen. Sein Wunsch ist es, daß sie *ohne* Macht sind. Sie sollen nur Kanäle sein, durch welche *seine* Macht auf *sein* Geheiß fließen kann.

Ra-abs Worten entnahm ich, daß Kathani versucht hatte, Seth zu beschwören in der Hoffnung, sie möge durch die ihr von ihm verliehene Macht stark genug werden, seine Gefangenen aus den Grotten zu befreien. Seit sie in die Antilopenprovinz gekommen war, hatte sie gesehen, daß Ra keine Blutopfer dargebracht wurden und daß die Tempelabgaben für ihn, sei es Korn oder Fisch, Blumen oder Leinwand, ohne jeden Makel sein müssen und daß zu seinen Festen nur wohlduftende Öle verbrannt werden. Sie wußte auch, daß die Gaben, welche Ra annahm, von Seth zurückgewiesen wurden.

Als sie die Zeichen des Blauen Todes auf ihrem Manne und ihrem Kinde sah, versuchte sie nicht mehr, Ras Macht auf diese herabrufen, denn für sie war es ein Zeichen, daß Ra gestürzt worden war. Stets gibt es solche, welche, sobald eine Stadt eingenommen ist, versuchen, durch ein rasches Verbeugen vor dem Eroberer dessen Gunst zu gewinnen.

Vielleicht hat sie die Statue mit in die Oryx gebracht — es gibt viele Schatten in Ägyptens Landen, und es ist nicht schwer, ein Abbild Sekmets zu erhandeln. Das dunkle Blut der Eingeweide ist lange in Seths Namen benutzt worden, denn es ist das Blut des Todes und stets im Widerstreit mit dem Scharlachrot des Herzens. Das Öl, das sie verbrannt hat, könnte von einer schwarzen Schlange stammen oder aus dem Fett eines schwarzen Schweins oder von anderen unreinen Tieren. In Sekmets Ritualen ist der Brennstoff der Lampen noch weit scheußlicher, doch ich glaube nicht, daß sie in der Lage gewesen ist, diesen weiteren Unrat irgendwo herbeizuschaffen. Sie wußte, daß Ra den Geist des Menschen in seinem Reich willkommen heißt; Fleisch ist am weitesten vom Geist entfernt, daher versuchte sie mit Fleisch um die Seelen, welche sie von Seth versklavt hielt, zu schachern.

Letzte Nacht beobachtete ich sie, als ich aus meinem Körper ausgetreten war, während sie schlief. Sie durchlebte von neuem die Bilder des Grauens, noch tiefer als beim ersten Mal: Ihr Sohn war wenige Stunden vor ihrem Mann gestorben. Sie trug den Leib des Knaben hinunter in den unteren Raum. Sie war beim Einbalsamieren nicht sehr geschickt; mit unsicheren Schnitten öffnete sie den Bauch des geliebten Kindes, um die Därme herauszuziehen. Sie mußte die Rippen mit einem schweren Stein aufbrechen, bevor sie sein Herz herausschälen konnte. Der Knabe war mit offenen Augen gestorben. Sie dachte, er starre sie vorwurfsvoll an, während sie sich dazu zwang, seinen armen Körper zu bearbeiten. Die ganze Zeit konnte sie den rauhen, langsamen Atem ihres innig geliebten Mannes hören, wohl wissend, daß auch dieser bald tot daliegen würde, daß sein Leib auf sie warten würde, auf daß sie jenen letzten Ritus vollziehen könnte, durch den sie seine Seele zu retten hoffte.

Als du sie sahst, Ra-ab, hatte sie Seth viele Male herbeigerufen. Sie hatte zu glauben begonnen, sie hätte Ra nur verleugnet, um nun festzustellen, daß Seth sie der Beachtung nicht würdig fand. Sie hatte einen zweiten Sohn, doch der Knabe weilte bei seiner Großmutter in einem anderen Dorf, als die Große Seuche ausbrach. Er war an diesem Morgen heimgekehrt, und sie hatte ihm gesagt, sein Vater und sein Bruder seien auf eine Reise gegangen. Selbst vor ihren Nachbarn war es ihr gelungen, deren Krankheit und Tod zu verbergen. Kurz bevor die Flut kam, hatte sie ihn zum Markt geschickt, um ihn aus dem Hause zu haben, auf daß sie eine letzte verzweifelte Beschwörung Sekmets versuchen konnte, bevor sie ihr Ritual verbergen mußte.

Als sie Ra-ab sah, dachte sie, er sei von Seth geschickt worden, um mit ihr zu handeln. Und als Ra-ab sagte: ›Ich bin ein Kind Ras‹ — war es da so sonderbar, daß sie ein Schrecken über alle Maßen überfiel? Sie betete Sekmet an, die Göttin der Furcht, und sie dachte, Ra sei gekommen, sie zu strafen, weil sie seinem Feind ergeben war. Wie konnte sie, die sich selbst der Furcht anheimgegeben, irgendeine andere Macht anerkennen? Sie glaubte ihren Mann und ihren Sohn auf ewig verloren, und verloren auch ihren dunklen Beschützer. Die Herren der Nacht und des Tages hatten sich beide gegen sie gewandt. Es gab keine Ruhe für sie zwischen Morgendämmerung und Sonnenuntergang, noch bis zur nächsten Dämmerung.

Die Furcht, ihr Beherrscher, rief mit lauter Stimme, bis als Echo ihrer Vergangenheit zehntausend Stimmen aller Ängste, welche sie je gekannt, widerhallten. Die Angst vor dem ersten Feuer, welches sie geschaut, Furcht, die mit dem Heulen der Hyänen kam, Furcht, geboren aus den Augen lauernder Krokodile, Furcht vor Schmerz, vor dem Tod, vor Trennung; Furcht, verloren und allein zu sein, die Furcht eines in der Dunkelheit weinenden Kindes, die Furcht, welche alte Menschen eines Stammes kennen, der jene lebendig begräbt, welche nicht mehr stark genug sind, zum Nutzen der Allgemeinheit zu arbeiten.

Sie fühlte sich wie auf einem Felsen, zusammengekrümmt inmitten einer langsam steigenden Flut, in welcher Millionen von Ängsten verkörpert waren. Ich sprach zu ihr, doch sie konnte mich nicht hören, und so wußte ich, die Macht der Furcht war nur zu brechen durch ihre Erinnerung an all jene, welche sie je geliebt. Ich rief im Namen Ras, sie möge sehen können, was ihr Symbol der Liebe sei, genauso, wie Sekmet das Symbol all ihrer Ängste gewesen war. Und sie sah ihren Sohn und ihren Mann jenseits der Flut ihrer Furcht, und sie streckten ihr die Hände entgegen. Das Wasser zwischen ihnen brodelte von langsam dahingleitenden Schlangenleibern. Doch als sie ihren Mann und ihren Sohn sah, richtete sie sich langsam, sehr langsam auf. Zwischen ihnen und ihr war ein Lichtstrahl, schmal wie ein goldener Faden. Allmählich sanken die Schlangen unter Wasser, und an ihrer Stelle spiegelten sich all jene Dinge, welche sie je geliebt hatte. Doch waren sie formlos, denn die Liebe, die den geformten Dingen gilt, kann keine Brücke über einen Abgrund bilden. Dann wuchs der goldene Faden aus Licht, bis sich zu ihren Füßen ein schmaler Steg zwischen ihr und den von ihr Geliebten erstreckte. Und auf ihm überquerte sie den Abgrund durch die Macht Ras, die sie miteinander verband.

Ihr seht also, Ra-ab und Kiyas, nicht ich war es, der ihren Wahnsinn heilte. Es war ihre Liebe, welche ihre Furcht vertrieb, und es war jene Liebe, die sie unter den Schutz Ras brachte. Alles, was ich tat, war, Ras Macht anzurufen, auf daß ihr Körper versiegelt würde gegenüber einem jeden von Seth gesandten Boten, welcher den von ihr angebotenen Preis einfordern würde. Im Namen Ras verlieh ich ihr den neuen Namen, denn die Frau der Furcht ist tot, und sie, die Kathani ist, wurde wiedergeboren.«

Jenseits des Flusses

BEVOR KIYAS UND ich den Tempel verließen, erreichte uns ein Bote Sebeks mit der Botschaft, Kathanis zweiter Sohn sei nicht ertrunken, und man kümmere sich im Hause des Aufsehers um ihn. Sebek war selbst gegangen, um die Reparaturarbeiten am geborstenen Wasserspeicher zu beaufsichtigen. Die Flut hatte einen noch größeren Schaden angerichtet, als wir befürchtet hatten, daher wünschte er, ich solle ihm so viele Soldaten wie möglich zur Hilfe bringen. Ich überredete Kiyas, nicht mit mir zu kommen, denn ich wußte, sie war sehr müde. So sandte ich einen weiteren Boten ins Dorf der Soldaten, um Hilfe zusammenzurufen, und nachdem ich Kiyas versprochen hatte, daß ich sobald wie möglich zu ihr zurückkehren werde, machte ich mich auf den Weg zu Sebek.

Drei Tage lang rangen wir damit, das Wasser in sein Kanalbett zurückzuzwingen. Die Soldaten arbeiteten in drei Schichten, nachts beim Schein der Fackeln. Die Menschen aus den Nachbardörfern kamen, uns zu helfen. Sie brachten Speise für die Männer und schleppten Körbe voll Erde, um sie hinter den großen Steinen, die in ihre ursprüngliche Lage zurückgeschleift worden waren, abzuladen und festzuklopfen.

Am Morgen des vierten Tages war alles wieder in sicherem Zustand, und so kehrte ich mit Sebek in das Dorf der Soldaten zurück, wo ich die Nacht zu verbringen beschloß, bevor ich weiterziehen würde, um Kiyas und Vater aufzusuchen. Das Wetter war ruhig, seit sich der Sturm, der mit dem Steigen des Flusses aufgekommenen, gelegt hatte. Doch die Heimreise war beschwerlich, denn große Teile des Landes, das wir durchqueren mußten, waren überflutet, und einen Teil des Weges mußten wir knietief durch schlammiges Wasser waten.

Erst als wir das Haus der Hauptleute erreichten, wurde ich gewahr, wie erschöpft ich war. Selbst Sebek war so müde, daß er am Verschluß seines Umhanges herumnestelte und ihm beim Öffnen geholfen werden mußte. Der Krug, den ich zum Waschen benutzte, war mit warmen Wasser gefüllt worden, und mein Diener goß es über mich, um den Schlamm fortzuspülen. Ich wollte nur noch schlafen, doch war ich zu müde zum Streiten, als er sagte, er müsse mich zuerst mit warmen Öl einreiben, auf daß ich kein Fieber bekäme.

Allmählich entspannte ich mich unter seinen starken Händen. Einen Moment lang dachte ich, er sei Niyahm und ich wäre wieder ein Kind. Das Geräusch steigenden Wassers, immer weiter steigenden Wassers, dröhnte noch immer in meinen Ohren. Ich fragte ihn: »Kannst du das Wasser von hier aus hören?«

»Nein, es ist still. Der Fluß ist nicht mehr zornig. Der Wind hat sich gelegt. Nichts ist zu hören außer dem Heulen eines Schakals.«

Dennoch konnte ich den Fluß immer noch hören, als ich in den Schlaf sank ...

Ich befand mich in einem Kahn. Das Wasser war ruhig, vom Nebel verborgen. Dann sah ich den Anubis am Bug, und ich wußte, daß ich den Fluß überquerte, jenen Fluß, den wiederzufinden ich so innig erbetet hatte. Ich wurde in das Land ohne Schatten gebracht ...

Sie stand wartend am Ufer. Sie lächelte ein wenig schüchtern.

»Dieses Mal blieb ich — für den Fall, daß du mich nicht finden würdest — nicht am Ende der Allee stehen. Ich habe mich nach dir gesehnt. Zweimal meinte ich, deinen Kahn durch den Nebel kommen zu hören, und dann kehrte er um. Warum warst du so lange fort?«

»Du darfst mich nicht wieder fortgehen lassen, ohne mir zu sagen, wie ich hierher zurückkehren kann. Da drüben, jenseits des Nebels und der Klippen, muß ich vorgeben, ein Krieger zu sein. Sie zerrten mich zurück, als du mich zu Anubis brachtest. Sie versuchen stets, mich zurückzuschleppen.«

Der Fluß war verschwunden, und wir waren zusammen in einem kleinen Tal zwischen sanft abfallenden Hügeln. Sie setzte sich ins Gras, und ich legte meinen Kopf in ihren Schoß. Sie sagte: »Ich habe dich seitdem wieder gesehen. Wir waren an einem anderen Ort, nicht hier jenseits des Flusses. Manchmal ist es selbst für mich schwierig, hierher zu kommen.«

Ich stellte ihr die Frage, die in mir bohrte, seit ich sie zum ersten Mal gesehen hatte: »Wann werde ich dir während unseres Wachens begegnen?«

»Ich weiß nicht. Glaubst du, wir werden uns jemals begegnen?«

»Wir müssen es, wir *müssen!* Nenne mir deinen Namen und laß ihn mich wiederholen, wieder und wieder, so daß ich mich gewiß an ihn erinnern kann. Und nenne mir das Land, in dem du lebst ... Selbst wenn es auf der anderen Seite der Welt liegt, mache ich mich morgen auf den Weg, dich zu suchen.«

Sie lachte. »Woher weißt du, daß ich keine Asiatin bin? Oder eine alte Frau im Lande der Drachenmenschen?«

»Das bist du *nicht.* Mach dich nicht über mich lustig. Wir *müssen* einfach dem gleichen Volke angehören und gleich alt sein.«

»Wie alt bist du?«

»Ich bin vierzehn, Ägypter, und mein Name ist Ra-ab.«

»Ra-ab? Das ist leicht zu erinnern ... Ich frage mich, wann es sein wird, daß du mich im Wachzustand sagen hören wirst ›Ra-ab‹.«

»Wie heißt du?« fragte ich sie.

»Ich werde es dir sagen, wenn du mich dort unten treffen wirst. Anubis sagte, wir folgten dem selben Pfad — du *wirst* mich also sehen.«

»Du machst es nur schwieriger, doch ich werde dich finden. Ich werde in jede Stadt Ägyptens gehen, in jedes Haus, in jede Straße, um dich zu finden!«

»Aber Ra-ab, das würde dir nicht helfen. Ich sehe nicht so aus wie jetzt, wenn ich wach bin. Ich finde es langweilig, immer gleich auszusehen. Du wirst mich erkennen, wenn wir uns begegnen, doch nicht an meinem Aussehen, nicht an meinem Namen. Soll ich vorgeben, dich nicht zu erkennen? Ich werde dich erkennen, und ich kenne deinen Namen, Ra-ab, und du siehst hier so aus wie auf der Erde. Was geschieht dort mit dir? Etwas muß es dir schwermachen, zu dieser Seite des Flusses zurückzukehren. Zuweilen habe auch ich Mühe; ich verwickle mich in kleine, unnötige Dinge, wie ein Fisch ins Netz.«

»Ich denke, es liegt daran, daß ich Soldat bin, oder zumindest vorgeben muß, einer zu sein: Das macht es schwierig. Als ich zu Hause war bei Kiyas, war es viel einfacher zu träumen.«

»Wer ist Kiyas?« fragte sie rasch.

»Sie ist meine Schwester.«

Sie nickte. »Ach ja, ich erinnere mich. Ich habe sie einmal bei dir gesehen, nicht hier, anderswo. Sie hatte eine Art Löwen bei sich, den sie *Anilops* nannte — ich bin froh, daß sie deine Schwester ist.«

»Du bist in niemanden verliebt?«

Sie schüttelte den Kopf. »Nicht auf der anderen Seite des Flusses.«

»Doch hier, in mich?«

»Bin ich das? Vielleicht ... aber ich werde es dir nicht sagen, bis du mich dort unten siehst — falls du mich dann nicht liebst! Ich könnte häßlich sein, schielen oder schwarze Zahnstummel haben. Oder vielleicht bin ich fett.«

»Ich liebte dich sogar, selbst wenn du fett wärest, sehr, sehr fett.«

»Lieber Ra-ab! Es ist ein bißchen gemein, daß du nicht weißt, wie ich aussehen werde. Aber es ist gut für dich, mich zu lieben, ohne es zu wissen — denn wenn wir zusammenleben, bis wir alt sind, könnte ich häßlich werden, doch du wirst nicht aufhören, mich zu lieben. Und auf *dieser* Seite des Flusses werden wir niemals alt sein.«

»Woher wußtest du, daß ich dich liebe?«

»Weil ich sonst nicht auf dich gewartet hätte, als du zum ersten Mal als Ra-ab hierher kamst. Der Kahn kann zu dir nur von jemandem geschickt werden, den du wirklich liebst. Oyahbe holte mich. Es ist sonderbar, daß sie deinen Körper für dich gemacht haben soll. Ich dachte immer, sie wäre vielleicht meine Mutter, die starb, als ich noch zu jung war, mich an sie zu erinnern ... doch nun weiß ich, daß sie es nicht gewesen sein konnte.«

»Hast du deine Mutter jemals gesehen?«

»Nein, deshalb glaube ich, sie war einfach nur jemand, den mein Vater heiratete. Ich kenne auch ihn nicht sehr gut. Wirst du immer ein Krieger sein?«

»Nein, es ist nur eines der Dinge, von denen mein Vater sagt, daß ich sie zu lernen habe. Ich kehre bald heim, wenn ich Hauptmann geworden bin.«

»Du hast es nicht immer verabscheut, Krieger zu sein. Wir beide waren Soldaten, es ist noch nicht lange her. Wir kämpften gemeinsam in einer Schlacht und warfen die Barbaren aus Ägypten — sie wurden damals ›Zumas‹ genannt. Du warst gerne ein Krieger in jenen Tagen, lieber als ich — du wirst wissen, wie komisch das ist, wenn du dich erst an unsere gemeinsame Zeit erinnerst. Ich denke, ich werde bald geweckt werden. Ich mache mit meinem Vater eine kurze Reise, wir brechen auf, sobald es dämmert. Ich hätte eine Entschuldigung gefunden, nicht mit ihm zu gehen, wenn ich gewußt hätte, daß wir heute nacht hier zusammenkommen, dann hätten wir länger bleiben können.«

Sie beugte sich über mich. »Finde mich bald wieder, Ra-ab.«

Und ich erwachte mit ihrem Kuß auf meinen Lippen.

Teil III

Die goldene Armbinde

AN MEINEM SECHZEHNTEN Geburtstag gab mir Vater die goldene Armbinde eines Hauptmanns. Ich glaubte nun frei zu sein, um jene besondere Ausbildung zu beginnen, durch welche ich hoffte zu einem der AUGEN DES HORUS werden zu können, den Führern der Wächter des Horizonts. Es fiel mir schwer, meine Enttäuschung zu verbergen, als ich entdeckte, daß ich nur den einen alltäglichen Ablauf gegen einen anderen eingetauscht hatte. Ich hatte keine militärischen Pflichten, denn obwohl ich der Leibwächtertruppe des fürstlichen Hauses vorstand, bestand diese nur aus dreißig Mann. In den anderen Provinzen, deren Nomarchen niemals ohne bewaffnete Begleitung reisten oder ihren Hof unbewacht zurückließen, wäre sie beträchtlich größer gewesen. Jeden siebten Tag saß ich neben meinem Vater, wenn er Audienz hielt, und nach dem ersten Mond ließ er mich die Audienz allein abhalten, wenn es keine Entscheidung von außergewöhnlicher Wichtigkeit zu fällen gab. Oft saß Kiyas neben mir, denn wenn ich Nomarch würde, sollte sie in meiner Abwesenheit zu Gericht sitzen.

Es gab wenig für mich zu tun, denn die Bittsteller waren nicht zahlreich. Nur jene, die mit den Entscheidungen ihrer Oberen unzufrieden waren, kamen zum Nomarchen, und ihrer gab es nur wenige. Ich hätte gern Vater gefragt, ob er mich nach Hotep-Ra gehen ließe, um jene Dinge zu erfahren, die zu lernen ich so begierig war, hätte ich nicht gesehen, wie sehr er in den letzten drei Jahren gealtert war. Vielleicht war es nicht wirklich er, auf dem die Jahre so schwer lasteten, vielleicht hatte sich nur mein Auge so geschärft. Was immer die Ursache war, ich wußte, daß ich ihn nicht verlassen konnte, bis er mir sagte, ich sei frei, meinem Herzen zu folgen.

Er ging nicht mehr auf Löwenjagd oder zur Wildvogeljagd in die Sümpfe. Selten arbeitete er in seinen Weingärten, und Wochen vergingen, ohne daß er sich außerhalb seines Gutes begab. Er zog sich immer weiter von jeglichem Austausch mit Menschen zurück, und zuweilen sahen selbst Kiyas und ich ihn mehrere Tage lang nicht — wenn wir auch durch die Tür seines Papyrusgemaches hören konnten, wie er dem Schreiber Ereignisse der Geschichte diktierte, oder wir hörten den monotonen Rhythmus der Stimme des Schreibers, wenn dieser ihm aus einer Schriftrolle vorlas.

Eines Abends, nachdem Kiyas ihn überredet hatte, mit uns zu speisen, statt sein Mahl in seinen eigenen Gemächern einzunehmen, versuchte ich erneut, mit ihm über die Wächter zu sprechen. Er bemerkte meinen Eifer und sagte:

»Roidahn ist es, dem du solche Fragen stellen solltest. Er denkt, das alte Ägypten könne wiedergeboren werden, und er will nicht hören, wenn ich ihm sage, daß die Wächter auf den Tod warten müssen, um ihre Träume Wirklichkeit werden zu sehen.«

Ich fragte ihn, ob es ihm etwas ausmachte, wenn ich Roidahn zuhörte, und er antwortete: »Nein, mein Sohn. Deine Mutter sagte, er sei ein weiser Mann — ich war es, den sie liebte, aber sie wußte wohl, daß er weiser war als ich. Roidahn hätte Nomarch sein sollen. Er wäre es auch, wenn deine Großmutter *seinen* Vater statt den meinen ausgewählt hätte.«

Er lächelte, als er vom Tisch aufstand, das Lächeln ließ sein Gesicht jung aussehen, etwas unsicher. »Ich wollte niemals Nomarch sein, bis ich deine Mutter heiratete — und dann wünschte ich, um sie zur Königin über ganz Ägypten zu machen, ich wäre Pharao.«

Er legte seine Hand auf meine Schulter und sagte dann zu Kiyas: »Bald wird Ra-ab an meiner Statt Nomarch sein.«

Als ich Einwände machen wollte, fuhr er fort: »Nein, Ra-ab, du wirst nicht warten müssen, bis ich sterbe. Gelehrte werden oft alt, und ich werde in der Vergangenheit Zufriedenheit finden, während ich auf die Zukunft warte. Roidahn kennt meine Absicht, und er wird mir sagen, wenn du für mein Amt bereit bist. Roidahn hat dir immer näher gestanden als ich, und das ist weder dein noch mein Fehler.«

Dann, ohne auf eine Antwort von mir zu warten, verließ er den Raum, um sich zu seinem Schreiber zu begeben.

Dies war vielleicht das erste Mal, daß wir erkannten, *wie* einsam er war. In Kiyas' Stimme lag ein Zittern, als sie sagte: »Zuweilen haben wir über ihn gelacht, Ra-ab, wir nannten ihn einen alten Gelehrten, der versucht, sich in der Vergangenheit vor der Gegenwart zu verstecken. Glaubst du, er wußte, was wir dachten? Hätten wir ihn glücklich machen können, wenn wir ihm gezeigt hätten, daß wir ihn mögen und brauchen?«

Ich schüttelte den Kopf. »Nein, ich glaube nicht, daß irgendwer wirklich etwas ausgerichtet hätte — doch ich wünschte sehr, wir hätten es versucht.«

Kiyas und ich hofften beide, daß wir Vater nun, da er uns einen Blick hinter die Mauer seiner Zurückhaltung hatte werfen lassen, näher kämen, doch bei unserer nächsten Begegnung war er uns so fern, wie er stets gewesen ... wie jemand, der uns von der anderen Seite eines unüberwindlichen Abgrundes zulächelte. Bald darauf sagte er mir, daß ich zu Roidahn gehen solle. Doch erst an jenem Tag, an dem ich mich nach Hotep-Ra aufmachte, sprach er erneut von seiner Entscheidung, mich noch vor seinem Tode zum Nomarchen zu machen.

»Ich schicke dich zu Roidahn, damit du von ihm lernen magst, was ich dich nicht lehren kann. Seit dem Tode deiner Mutter bin ich nur noch der Schatten eines Mannes. Besäße ich Roidahns Weisheit, wäre ich es sicher nicht zufrieden, auf den Tod zu warten: Ich würde meine Tage auf Erden bis zum letzten nutzen, statt mich auf dem Strom der Jahre davontragen zu lassen. Wäre Roidahn Nomarch geworden, hätte er in mir einen aufrichtigen Diener gefunden, denn obwohl ich keine neuen Gesetze erschaffen kann, kann ich über ihre Durchführung wohl wachen.

Herrschte in Ägypten Ruhe, wie in jenen alten Tagen, welche in meinen Schriftrollen festgehalten sind wie eine Fliege in Bernstein, würde ich wohl weiterhin regieren; denn ich kann sehen, daß ein Weberschiffchen den Faden glatt durch den Webstuhl zieht, wenn das Muster bereits festgelegt ist. Ich dachte, es sei genug, der Oryx Sicherheit zu geben, ruhig wie eine Insel inmitten der tosenden See, und bis zum Blauen Tod konnte mir Roidahn nicht zeigen, daß dem nicht so war. Ich dachte, man könne die Seuche von der Antilopenprovinz auf die gleiche Weise fernhalten, wie wir das Sommerfieber senkten: indem wir die Menschen lehrten, ihre Häuser der Sonne zu öffnen, allen Abfall zu vergraben und sich zu eingeschworenen Feinden von Fliegen und Maden zu machen. Unser Volk hatte nie Hunger zu fürchten, die Menschen sind stärker und schöneren Leibes als in irgendeiner anderen Provinz Ägyptens. Doch als die Pestilenz kam, konnten wir uns nicht schützen — wären nicht du und Kiyas gewesen, denn Kiyas' klare Augen sahen, daß der Nomarch ein alter Mann war, so hätten unsere Leute viel schlimmer gelitten.

Ich habe versucht, der Oryx Schutz zu bieten, aber ich kann sie nicht zum Sieg führen, das mußt du tun, denn du bist mehr Oyahbes Sohn als der meine. Ich wußte, daß du hofftest, ein Priester zu werden. Ich vergaß, daß die weisen Pharaonen Priester waren, mehr als nur dem Namen nach, und fürchtete, du könntest dich in einem Tempel verschließen, so wie ich mich in meinem Papyrusraum. Darum habe ich dich so lange im Hause der Hauptleute gelassen, und darum ließ ich dich härter arbeiten, als dies meinem Sohn gebührte. Du kennst unsere Gesetze, und aus den Urteilen, die du bereits in meinem Namen gesprochen hast, weiß ich, daß du sie weise aufrechterhalten wirst. Du bist ein geübter Soldat und kannst mit Bogen und Wurfstock geschickter umgehen, als selbst ich es in deinem Alter vermochte. Ich ließ dich und Kiyas nie jenseits unserer Grenzen gehen, weil ich versuchte, dich so aufzuziehen, daß du mit meiner Art des Lebens zufrieden sein würdest. Nun ist es Roidahn und nicht mehr ich, der die Entscheidungen für deine Zukunft treffen wird, und nur die Zeit wird zeigen, ob ich unklug war.

Ich hätte gern, daß du dich vermählst, wenn du siebzehn bist. Der Nomarch der Hasenprovinz, ist ein entfernter Verwandter. Seine Tochter ist ein Jahr jünger als du, und als ich sie sah, hielt ihre Gestalt, obwohl sie damals nur ein Kind war, das Versprechen von Schönheit. Die Provinzen grenzen aneinander, und selbst Roidahn sagt, der Hase sei nicht schlecht regiert. Weißt du, daß ich Kiyas' Gatten zu meinem Nachfolger hätte ernennen können? Doch ich bin mit meinem Sohn sehr zufrieden. Sag Roidahn, ich wünsche, du mögest die Tochter des Hasen besuchen.«

»Ich weiß, wen ich heiraten werde, und wenn sie nicht die Tochter des Hasen ist, können die beiden Häuser nicht durch mich vereint werden.«

Er war überrascht und fragte: »Wer ist sie? Du hast niemals irgendeine Frau deines eigenen Rangs gesehen, die das passende Alter für dich hat — soweit ich weiß.«

»Es tut mir leid, Vater. Ich kann es nicht erklären. Ich kann dir nur sagen, daß ich *weiß*, wen ich heiraten will. Ich kenne sie besser als mich selbst, und ich liebe sie. Doch wenn du fragst, wie sie aussieht oder wie sie gar heißt, könnte ich es dir nicht sagen.«

Ich sah, daß ihn dies erzürnte, und sagte verzweifelt: »*Bitte* verstehe! Nekht-Ra sagte mir, meine Mutter wußte, daß sie dich liebte, bevor sie deinen Namen kannte oder wußte, wer du bist. Deine Liebe war eine alte Liebe, und meine ist es ebenso.«

Die Spannung wich aus seinem Gesicht. »Wenn du eine Frau findest, die für dich das ist, was Oyahbe für mich war, so werde ich sie ohne jede Frage als meine Tochter annehmen. Fürchte dich nicht, mir zu sagen, wer sie ist. Ist sie die Tochter eines deiner Soldaten? Du schienst niemals viel Aufmerksamkeit für Frauen gehabt zu haben, außer für Kiyas — weiß sie von dem Mädchen, das du erwählt hast?«

»Nein, selbst Kiyas würde mich auslachen.«

»Warum? Würde Kiyas sie mißbilligen?«

»Ich sagte, sie würde lachen — und wer würde das nicht, angesichts eines Mannes, welcher ein Mädchen liebt, dem er nur zweimal begegnet ist, und zudem nur in einem Traum.«

»In einem Traum?«

»Ja, und ich weiß, daß ich sie bald treffen werde. Ich werde nicht glücklich sein, bis ich ihr begegne. Ich habe solche Angst, sie könnte sich nicht an mich erinnern — zumindest zuweilen, obwohl ich gewöhnlich ziemlich sicher bin, *daß* sie sich erinnern wird.«

Mit der gütigen Überlegenheit des Alters sagte er, als scherze er mit einem Kinde: »Laß es mich wissen, wenn du deinen Traum findest — oder wenn du beschlossen hast, es sei besser, eine Frau zu haben, die dir Kinder gebären kann, statt eine, die verschwindet, wenn du aufwachst! Und dann bitte Roidahn, dich in die Hasenprovinz zu schicken.«

Hotep-Ra

BEVOR ICH MICH auf den Weg nach Hotep-Ra begab, beschloß ich, Kiyas von dem Mädchen jenseits des Flusses zu erzählen und ihr zu erklären, warum ich es zuerst Vater hatte sagen müssen. Sie lauschte, ohne mich zu unterbrechen, während ich ihr meine beiden Träume erzählte. Sie waren für mich so wirklich, und erst als ich über sie sprach, wurde mir klar, wie schwierig es werden würde, Vater davon zu überzeugen, daß ich nicht frei war, um der Tochter des Hasen vermählt zu werden.

Seit Kiyas miterlebt hatte, wie Nefer-ankh Ra angerufen hatte, spottete sie nicht mehr über Träume. Sie fragte: »Ist sie sehr schön?«

»Ich weiß nicht, ich habe das Gefühl, daß sie schön sein muß, aber ich kann es nicht mit Gewißheit sagen.«

Kiyas nickte. »Ich denke, du hast recht. Sie sagte dir, sie könnte vielleicht fett sein; nur jemand, der sich seiner Schönheit wohl bewußt ist, würde so etwas zu sagen wagen. Was glaubst du, was für eine Person sie wohl ist? Von edler Herkunft oder nur die Tochter gewöhnlicher Eltern?«

»Auch das weiß ich nicht, Kiyas.«

»Lieber Ra-ab, mir war noch nie bewußt, was für ein aufregender Mensch du bist! Ich wußte immer, daß du von allerliebster Art bist, doch nicht so ungeheuer *abenteuerlustig*. Du wirst sein wie Isis: nach den einzelnen Teilen ihres Gemahls Ausschau haltend, natürlich wirst *du* sie jedoch in einem ganzen Stück finden.«

Ich war stets ein wenig betroffen, wenn Kiyas über die Götter Witze machte, hatte es aber aufgegeben, ihr dies zu sagen, denn sie lachte mich dann nur aus und meinte, ich sei aufgeblasen.

»Ra-ab, du solltest in die Hasenprovinz gehen, sobald du kannst.«

»Aber warum? Ich habe dir doch gesagt, Vater wird diese Gedanken aufgeben müssen.«

»Woher weißt du, daß sie *nicht* die Tochter des Hasen ist? Überlege doch, wie wunderbar es wäre, wenn sie es wäre, dann wäre jeder entzückt; Vater und du und wahrscheinlich sogar ich — ich habe gehört, der Sohn des Hasen sieht sehr gut aus!«

»Es hat dir nichts ausgemacht, daß Vater mich als Nomarch erwählt hat und nicht deinen zukünftigen Gemahl, oder, Kiyas?«

»Natürlich nicht, dies war mein Gedanke ebenso wie der seine. Ich hätte es verabscheut, einen Gemahl zu haben, der mich nur erwählt, weil er die Antilopenprovinz haben will. Ich will um *meinetwillen* geheiratet werden — nicht, daß ich jetzt überhaupt irgend jemanden heiraten möchte.«

»Armer Sebek!«

»So hast du bemerkt, daß er große Zuneigung zu mir empfindet? Ich bin froh, daß du es nicht schon früher bemerkt hast, sonst wärst du nicht so beeindruckt gewesen, wie er meinen Plänen zur Bekämpfung der Seuche Gehör schenkte! Manchmal denke ich, daß ich ihn heiraten werde, und dann denke ich, daß er mit den Jahren ein wenig langweilig werden könnte. Wie dem auch sei, ich habe beschlossen, nicht zu heiraten, bevor ich sechzehn bin — obwohl das ziemlich alt ist.«

Dann begann sie von anderem zu sprechen. »Ich wünschte, ich könnte bei dir sein in Hotep-Ra, doch einer von uns sollte hier bei Vater bleiben. Trotzdem werde ich dich oft besuchen kommen; Vater bemerkt nie wirklich, ob ich hier bin oder nicht, wenn man ihn nicht gerade wegen einer Entscheidung stört, die *ich* für ihn hätte treffen können.«

Ich hatte mich letzte Nacht von Vater verabschiedet und sah ihn nicht mehr, bis ich das Haus verließ. Kiyas kam mit mir hinunter zum Fluß und verfolgte vom Ufer aus, wie unsere Barke ihren Blicken entschwand.

Es war ein sehr stiller Abend, das einzige Geräusch war das Knarren der Ruder und das Tropfen des Wassers von den Ruderblättern. Endlich konnte ich nun meine Suche beginnen, nicht nur die Suche nach dem Mädchen jenseits des Flusses — obwohl sie für mich wichtiger war als alles andere —, sondern auch die Suche nach dem Wissen, das ich für die mir zugedachte Rolle in dem Plan brauchen würde — dem Plan, durch welchen Ägypten wieder zu seiner Größe finden sollte.

Ich erreichte Hotep-Ra am späten Nachmittag, denn ich war in Vaters Barke mit zwölf Ruderern schnell gereist. Hanuk war nicht zu Hause, und seine Schwester war zur Familie ihres Gatten gegangen, die Geburt ihres zweiten Kindes zu erwarten. Ich war mit Roidahn allein.

»Endlich können wir in Ruhe miteinander sprechen«, sagte er, »ohne daß die Zeit neben uns steht und unsere Worte zählt. Dein Vater hat mir gesagt, daß er dich zum Nomarchen machen wird, wenn die Wächter die Herrschaft in Ägypten erlangt haben. Dies ist eine weise Entscheidung, denn wenn der Tag kommt, muß die Oryx von jemandem geführt werden, der die Macht unserer Autorität besitzt.«

»Könnte er nicht *dich* zum Nomarchen ernennen, Roidahn? Er hat mir selbst gesagt, es wäre besser gewesen, du hättest sein Amt innegehabt.«

»Jeder Mann muß seine eigene Rolle spielen, und ich kann als Führer der Hundertschaft des Horus mehr tun, als wenn ich Nomarch der Antilopenprovinz wäre. Und warum sollte ich eines der Gesetze der Wächter brechen, wonach die Macht eines Amtes durch Blutsbande weitergegeben werden soll, es sei denn, dieses Blut wäre unwürdig? Dafür stehen die Wächter ein — darauf zu achten, daß Amtsgewalt nicht mißbraucht wird und daß kein Mitglied einer Familie ererbte Vorrechte in Anspruch nimmt, welche es nicht durch seine eigene Person zu Recht innehat.

Seit vielen Jahren ist in der Oryx niemand unterdrückt worden, und wir haben dafür gesorgt, daß die Zufriedenheit unseres Volkes wächst. Nun ist die Zeit fast gekommen, in der wir das Gelernte in einen größeren Rahmen bringen müssen, auf daß sich unser Frieden über ganz Ägypten ausdehnt. Darum habe ich die Wächter, die in Hotep-Ra leben, zusammengerufen. Einige von ihnen sind seit mehr als fünfzehn Jahren hier, und andere sind erst vor kurzer Zeit angekommen. Jeder wird entsprechend der Rolle, die er am besten in diesem neuen Gefüge übernehmen kann, ausgebildet. Angst ist ihr gemeinsamer Feind, und jeder von ihnen hat sein Wissen darum gezeigt, daß Liebe stärker ist als Furcht. Furcht benutzt tausend Waffen, und wir müssen all ihren Angriffen entgegnen. Jeder Wächter wird ausgebildet, eine bestimmte Form des Angriffs abzuwehren, und wir brauchen Wächter von jedem Rang und Beruf. Ein Goldschmied, wäre er auch so weise wie ein Hohepriester, würde unter Soldaten kein Gehör finden, und die Frau eines Pflügers wird einer anderen Frau ihres eigenen Standes bereitwilliger zuhören. Dir, der du immer in der Oryx gelebt hast, wird es zuerst schwerfallen zu begreifen, wie die Menschen im übrigen Ägypten voneinander durch von Menschen geschaffene Schranken — durch Rang, Kaste und Reichtum — ferngehalten werden, wie Larven in einer riesigen Honigwabe.

Zu den fünfhundert, die in meinen Dörfern leben, gibt es auch außerhalb der Oryx viele Wächter; Vornehme und Reiche, Händler, Verwalter, selbst hohe Beamte unter dem Siegel des Pharao. Neferankh weiß von nahezu fünfzig Priestern, welche, wenn die Zeit kommt, die Wahrheit in die neuen Tempel bringen werden. Nur fünfzig Mann der Wahrheit in einer Priesterschaft, die Tausende zählt!

Die meisten, die derzeit auf meinem Gut leben, suchten ursprünglich in der Oryx Zuflucht. Bitte einige von ihnen, sie sollen dir erzählen, warum sie herkamen, damit du erfährst, was dich außerhalb unserer Grenzen erwartet. Furcht ist nicht der einzige Feind der Wächter, obwohl sie die mächtigste Manifestation Seths ist. Er hat noch andere Möglichkeiten, Menschen im Schatten zu halten: Er hält sie mit kleinen falschen Gesetzen gefangen, mit dem Stolz über Besitz, der ohne Freigiebigkeit ist, mit dem Stolz über Geschicklichkeiten, die mißbraucht werden, mit dem Stolz über hohen Stand, der ohne wahren Adel ist. Im übrigen Ägypten wird ein Mann aufgrund seiner Geburt oder aufgrund der königlichen Gunst, die er genießt, beurteilt, doch in unseren Reihen ist Weisheit gepaart mit Charakter das Siegel von machtvollem Stand.«

Unter ägyptischen Soldaten gleichen Ranges war es üblich, einander wie entfernte Verwandte zu behandeln. Daher war es für Sebek und die, welche mit ihm arbeiteten, nicht schwierig gewesen, viele Menschen in anderen Provinzen kennenzulernen, ohne Verdacht zu erregen, sie seien gekommen, um über mehr als die Kunst der Kriegführung zu sprechen.

Soldaten sprechen offen untereinander, und so konnte im Gespräch leicht angedeutet werden, daß die meisten ihrer Kümmernisse verschwinden würden, wenn dem Ehrenkodex der Krieger gewissenhafter Folge geleistet würde. Viele der Hauptleute, mit denen Sebek über gemeinsame Schwierigkeiten gesprochen hatte, waren der Meinung, daß die Heere — wie in der Oryx — ihre alten Aufgaben wieder erfüllen sollten. Es war schwierig für sie, ihre Männer in Zufriedenheit zu halten, wenn diese so wenig zu tun hatten und manche von ihnen sich nach jenen Tagen sehnten, als ein kriegführender Pharao sein Heer auf Eroberungszüge führte.

Die Hauptleute jeder Provinz waren gewöhnlich Verwandte der herrschenden Familie, und sie verabscheuten die Gepflogenheit, daß der Nomarch häufig hohe Bestechungsgelder für jene beschaffen mußte, welche die Abgaben für den Pharao einschätzen kamen, damit sie keinen Vorwand fänden, ihr Land zu enteignen. Die Macht korrupter Beamter war so groß, daß ihnen manch ein Nomarch das Zweifache des Betrages, der schließlich auf den Eingangslisten des Königlichen Schatzes verzeichnet wurde, zukommen ließ.

Roidahn erzählte mir, daß noch vor zwei Jahrhunderten die königlichen Beamten rechtschaffene Männer waren, welche ihre Machtstellung nicht mißbrauchten. Ihr alter Titel war »Augen des Pharao«, und wenn sie zweimal im Jahr durch die Zwei Reiche zogen, so nicht allein, um den Tribut zu erheben, sondern um vor allem jegliche Klage direkt ans Königliche Ohr weitertragen zu können. Nun waren sie zu Spionen und Steuereintreibern verkommen, und als solche waren sie gefürchtet und gehaßt.

Seit der Pharao eine neue Hauptstadt, die sogenannte Königliche Stadt, erbaut hatte, wo sich der Fluß teilt, versuchte er vor den Leuten des Südens nicht mehr zu verbergen, welche der beiden Kronen Ägypten regierte. Er schätzte den Süden vor allen Dingen wegen seiner Reichtümer, die dem Reich von dort und aus dem Goldland zuflossen — doch die meisten der mächtigen Beamten und anderen Vornehmen seines Hofstaates wählte er aus jenen Familien, auf deren Treue er sich verlassen konnte, weil sie zu den drei Königlichen Provinzen gehörten, welche die Dynastie in ihrem eigenen Interesse stets unterstützen würden.

Bei Anbruch des Neuen Morgens — so benannt wurde der Tag, an dem Geheimhaltung nicht länger notwendig sein würde —, sollte es fünf der Nomarchen des Südens nicht mehr zu herrschen erlaubt sein. Doch in jeder dieser Provinzen war unter ihren Verwandten bereits einer der AUGEN DES HORUS ausgewählt worden, stets ein Mann, von dem man wußte, daß das Volk seine Ernennung begrüßen würde und die Machtübernahme ohne Blutvergießen vonstatten gehen konnte. Drei dieser Nomarchen waren zu alt, um ihre Vorstellungen zu ändern, hatten aber einer Abdankung zugunsten ihrer Erben zugestimmt, wenn die Zeit gekommen war. Ein weiterer war grausam und konnte nicht mit Macht betraut werden, und der fünfte war verderbt und bestechlich und würde daher in die Verbannung geschickt werden.

Ungeachtet dessen würden sich diese fünf Provinzen mit uns erheben, wenn das Wort verkündet wurde. Außerdem zählten die Hasen- und die Schakalprovinz zu unseren Freunden, und die Leopardenprovinz würde auf unserer Seite stehen, weil der Nomarch sah, daß die Oryx besser als jede andere Provinz verwaltet war. Die Schildkrötenprovinz würde dem Leoparden nachfolgen, denn die beiden Häuser waren eng verbunden. Daher würden den Wächtern also die Heere von zehn Provinzen folgen. Die drei mächtigen Königlichen Provinzen mußten gewiß als Feinde betrachtet werden, doch wir hofften, unser Handeln könne so rasch vonstatten gehen, daß zu dem Zeitpunkt, an dem die Nachrichten den Norden erreichten, sich dessen fünf Provinzen nicht gegen uns stellen würden — auch wenn es eine Zeit dauern könnte, bevor man ihnen die gleiche Macht wie den übrigen einräumen konnte.

Jeden Tag lernte ich mehr über den großen Plan, den Roidahn entworfen hatte. Seine Stellung war nur die eines vornehmen Gutsherrn in einer kleinen Provinz, doch bezog er in seine Gedanken ganz Ägypten ein, wie es die alten Pharaonen getan hatten. Während des Tages unterhielt ich mich mit verschiedenen Wächtern, und abends besprach Roidahn mit mir, was ich von diesen erfahren hatte.

Als ich ihn fragte, warum wir so lange warten müßten, bevor wir handeln konnten, erklärte er: »So lange es Tyrannen gegeben hat, hat es auch Aufstände gegen sie gegeben, doch die Wächter werden sichergehen, daß wir die Tür zum *Frieden* öffnen, nicht zum Krieg. Es wäre ein Leichtes gewesen, die Menschen zu überreden, sich gegen ihre Unterdrücker zu erheben, und es ist einfach, einen Mann seines Postens zu entheben und an seine Stelle einen anderen zu setzen; aber es bedarf einer Zeit, die richtigen Männer dafür zu schulen, eine Machtstellung einzunehmen.

Wir werden dafür sorgen, daß jedermann Gerechtigkeit widerfährt, nach unseren Gesetzen, welche auf jenen gründen, nach denen die Zweiundvierzig Richter Urteil sprechen. Wenn ein Mann einen kranken Ochsen einspannt, wird ihm zuerst gesagt, wie er für seine Tiere sorgen sollte — und dann, wenn er nicht hört, wird er vielleicht das Joch auf seinen eigenen Schultern tragen müssen, bis sein Feld gepflügt ist. Dieser Richtspruch wurde vor drei Jahren auf meinem eigenen Gut vollzogen, und dein Vater könnte dir eine Papyrusrolle zeigen, eine der ältesten aus seinem Besitz, auf der verzeichnet ist, daß schon lange vor dem Bau der Pyramiden eine ganz ähnliche Rechtsprechung gegolten hat. Bestrafung aus Rache ist stets von Übel; doch könnten drastische Maßnahmen ergriffen werden, wenn es keine anderen Mittel gibt, eine Besserung zu bewirken. In den alten Tagen hatte jeder Mann das Recht, zum Pharao zu gehen, um Gerechtigkeit zu erfahren, und es steht geschrieben ›Gerechtigkeit und Pharao und Wahrheit sind drei Worte für das gleiche‹. Doch der Mann, welcher in diesen Zeiten die Doppelkrone trägt, ist ohne Adel, obwohl er in der Linie der Dynastie geboren wurde, und es ist zweifelhaft, ob einer der beiden Söhne das Blut wieder rein machen kann.

Ägypten ist der Kümmernis verfallen, weil zuviel der Macht in unwerten Händen liegt. Um unser Volk zu schützen, wird die Machtstellung der Nomarchen verstärkt werden. Statt nur zum Wohlgefallen des Pharao zu herrschen, sollen ihnen künftig ihre Güter nur entzogen werden, wenn es der Wille ihres eigenen Volkes ist. Auch soll der Pharao nicht in einem fremden Lande Krieg führen, wenn nicht die

Nomarchen, welche dazu ein Heer stellen müssen, ihre Zustimmung gegeben haben. Wenn du regierst, Ra-ab, wirst du mehr Macht haben, als irgendein Mitglied deiner Familie je hatte. Wenn du nicht zustimmst, wird keiner deiner Soldaten in den Krieg ziehen, um auf fremdem Boden zu kämpfen. Der Pharao kann dich jedoch zu Hilfe rufen, um die Grenzen Ägyptens zu verteidigen. Du wirst für die Abgabe des Zehnten verantwortlich sein, doch nur die Hälfte davon wird an den Pharao gehen, welcher es verwenden muß, um Straßen und Wasserspeicher zu bauen, um die Kornkammern immer wohlgefüllt zu halten oder für andere Bedürfnisse der Allgemeinheit zu sorgen. Der Rest wird zum Wohle deiner Provinz zurückbehalten. Du wirst nicht unter der Macht korrupter Beamter zu leiden oder dir deinen Frieden von ihnen zu erkaufen haben, denn du wirst niemandem außer dem Pharao und seinem Wesir verantwortlich sein. Jene deiner Leute, welche ihren jährlichen Tribut durch Arbeit leisten, können ohne deine Zustimmung nicht gezwungen werden, außerhalb deiner Provinz zu arbeiten, obgleich du, wenn eine Königliche Straße durch unser Land gebaut wird, die Hälfte der Arbeitskräfte bereitzustellen haben könntest. In Zukunft wird der Pharao, obgleich er noch immer größere Macht als irgendeiner der Nomarchen innehaben wird, nicht stärker als sie alle zusammen sein, und deshalb wird er seine Vorrechte nicht mißbrauchen können. Ich wiederhole, Ra-ab, dein Volk wird es sein, nicht der Pharao, das darüber Urteil geben wird, ob du wert bist, über sie zu herrschen.«

»Roidahn, warum wurde ein so schwacher Mensch zum Herrscher über Ägypten geboren? Vater hat mir so viele Geschichten über die alten Pharaonen erzählt, und auch du sprichst oft von ihnen; sie herrschten in Frieden und Weisheit. Warum sind unsere Pharaonen jetzt anders?«

»Warum gibt es Wellen auf einem Fluß — weil der Wind bläst! Wenn du beides kennst, Ursache und Wirkung, ist nichts seltsam. Du solltest erkennen, daß der schwache Pharao nur ein Symbol des Willens Ägyptens ist. Wenn ein Volk nur den Krummstab und die Geißel sieht und vergißt, was sie symbolisieren, ist der Mann, der sie in Händen hält, weniger wert als eine Statue. Sie haben vergessen, daß der Pharao ein Hohepriester sein soll, eine Verbindung zwischen ihnen und den Göttern. Einst war die königliche Göttlichkeit mehr als nur eine Legende, denn niemand war Pharao, der nicht vollständig eingeweiht, ein Geflügelter war. Später sahen die Menschen den Pharao

als ein Symbol der Macht auf Erden und vergaßen die Göttlichkeit. Sie beurteilten ihn nach den Monumenten, die er zu seiner eigenen Ehre errichten ließ, und selbst wenn die Kornkammern leer waren, während sich Stein auf unvergänglichen Stein türmte, schrien die Menschen nicht laut auf gegen das Königliche Haus, vielmehr verbeugten sie sich vor ihm in der Ekstase blinder Demut.
Noch später dann wurden sie der Arbeit für eine königliche Unsterblichkeit müde. Sie wollten keinen Erbauer von Monumenten mehr und auch keinen Krieger, welcher sie in siegreiche Schlachten führte. Sie waren zu faul, um selbst die Göttlichkeit zu verehren, und hatten herausgefunden, daß Stein die Mühe des Tragens nicht wert war. Sie wollten einen Pharao, den sie für ihre eigenen Fehler verantwortlich machen konnten ... faule Menschen suchen stets eigene Verantwortung zu vermeiden. Sie wollten sich sagen können: ›Mein Korn erstickt unter Unkraut, aber das ist nicht *meine* Schuld. Es kommt daher, daß mein Sohn seinen Arbeitstribut während der Monde der Aussaat leisten mußte ... nächstes Jahr muß ich den Aufseher bestechen, seinen Namen von der Liste zu streichen, weil ich natürlich nicht selbst mein Feld bearbeiten kann.‹ Wenn du mehr von Ägypten gesehen hast, wird es dich nicht überraschen, daß in der Person des jetzigen Pharao vierzig Jahre lang Habsucht, Unwissenheit und Grausamkeit regiert haben.«

»Doch wie kann er der Wille des Volkes sein? Gewiß *will* niemand unterdrückt werden?«

»Natürlich nicht. Dennoch haben sie diese Bedingungen selbst geschaffen, wenn sie auch zu unwissend sind, dies zu erkennen. Sie finden es leichter, zu murren und Unterdrückung hinzunehmen, als diese tatenlose Haltung umzuwandeln in eine Haltung, die den Schatten, welcher ihr Leben verdunkelt, vertreiben würde. Dies ist einer der Gründe, warum die Wächter so lange gebraucht haben, um die Morgendämmerung vorzubereiten. Wir wußten, daß es keinen Sinn hatte, das Gewebe Ägyptens zu ändern, bis das Volk Ägyptens gelernt hatte, daß es selbst fordern muß, Seth in die Verbannung zu schicken. Ra gibt einem Menschen nicht mehr Macht, als dieser erbittet. Und bis die Gesamtheit dieser Macht stärker ist als jene Macht, welche sie in die Hände der Furcht legten, werden sie weiterhin von falschen Göttern regiert werden, im Namen unwissender Männer, die sie selbst ins Amt gesetzt haben. Etwas von der Göttlichkeit Ras ist in allem, was lebt. Nutze die Kraft in aufbauender Weise, und du wirst stark werden;

benutze sie zur Zerstörung, und sie wird dich zerschmettern; erlaube ihr, müßig zu bleiben, und sie wird dich zu ihrem Gefangenem machen. Ra gab dir die Göttlichkeit, durch welche du lebst, doch wenn du dich weigerst, von ihr Gebrauch zu machen, gibst du sie in die Dienste Seths. Wenn du einen festen Strick um deinen Arm bindest, so daß die Hand vom Scharlachrot deines Herzens abgeschnitten ist, wird sie bald absterben ... und das Gift könnte sich in deinem ganzen Körper ausbreiten. Schneide dich ab von der Liebe Ras, und bald wirst du nicht viel mehr als eine Leiche sein. Nur indem du dich an deine eigene Göttlichkeit erinnerst, kannst du dich aus der Quelle der Macht, welche dich erschaffen, laben und auf diese Weise stark genug sein, um auf Erden Zustände herbeizuführen, in denen Liebe blühen und Freude vorherrschen kann. Erinnere dich, Ra-ab, *dies ist das Ziel der Wächter* – die Menschen zu lehren, wie sie Kanäle öffnen können, die sie ungenutzt verfallen ließen, und neue zu eröffnen, so daß durch sie die Liebe wieder fließen kann und ihnen Ernte beschert, welche sie in weiser Ruhe einbringen können.

Neku, der Goldschmied

DAS HAUS VON Neku, dem Goldschmied, lag unweit von Hotep-Ra, und er war einer der Wächter, die ich auf Sebeks Vorschlag hin aufsuchte, um von seiner Geschichte zu hören. Alles, was ich von ihm wußte, war, daß er seine rechte Hand eingebüßt hatte, kurz bevor er in die Antilopenprovinz gekommen, und daß er mehrere Schüler hatte, denen er sein Handwerk beibrachte.

Als ich ihn zum ersten Mal sah, saß er mit gekreuzten Beinen vor der Türe seines Hauses und zeigte einem Knaben, wie man Gold zu dünnen Blättern schlägt, welche, wenn sie eine hölzerne Statue umkleiden, diese erscheinen läßt, als sei sie durch und durch aus Gold gefertigt. Er war jünger, als ich erwartet hatte; ungefähr vierzig Jahre alt, mit breiten Schultern und einer helleren Haut als bei Ägyptern üblich. Er begrüßte mich mit meinem Namen und führte mich dann in

Neku, der Goldschmied 143

einen langgestreckten Raum, in dem er die Dinge aufbewahrte, an denen er und seine Schüler arbeiteten.

Er zeigte mir eine Brustplatte in Form eines Horusfalken, die Flügel eingelegt mit den drei Farben des Karneols. Sie war von großer Schönheit. Er mußte meine Frage, wie er immer noch solch herrliche Arbeit erschaffen konnte, da ihm doch sein rechter Arm unterhalb des Ellenbogens abgetrennt worden war, geahnt haben, denn er sagte: »Dies ist nicht die Arbeit meiner Hände, jedoch ist es meine Vorstellung gewesen, die hier sichtbar Gestalt annahm. Ich kann mir das Metall nicht mehr gefügig machen, doch kann ich immer noch Entwürfe zeichnen, die anderen zeigen, *was* sie erschaffen sollen, und ihnen auf diese Weise das Kunsthandwerk vermitteln, das ich nicht mehr ausüben kann.«

Er nahm einen Klumpen unpolierten Türkises von dem Wandbrett unter dem Fenster. »Einst hätte ich die Farbe aus diesem Stein herausgeholt, doch nun sage ich meinen Schülern, wie das Ganggestein aufgeschlagen werden muß, damit das schöne Blau freigelegt wird, um aus ihm Perlen für Halsketten zu machen. Doch was macht es, wenn ein Mann verkrüppelt ist, solange die Schönheit, die auf die Erde zu bringen er wünschte, einen anderen Kanal finden kann?«

Dann öffnete er eine bemalte Truhe und holte aus ihr Papyrusblätter hervor, auf denen Entwürfe für Halsketten und Armreifen, Brustpanzer und Statuetten gezeichnet waren. »Es dauerte lange, bevor meine linke Hand genauso sicher zeichnen konnte wie meine rechte, doch nun fällt es mir nicht mehr schwer, den Kindern meiner Gedanken auf dieser Stufe ihrer Reise in die Form Gestalt zu verleihen.«

Nachdem er mir noch viele andere seiner Schätze gezeigt hatte, sagte er: »Komm mit in die Kammer, und ich werde dir das einzige von all den Dingen, die ich je gemacht habe, zeigen, mit dem ich zufrieden bin.«

Auf dem Wandbrett über der Bettstatt stand eine kleine Statue von Ptah, sein Gesicht weißgolden, der Körper rot. In ihm war so viel vom Geist des Großen Kunsthandwerkers, daß es fast schien, als habe sie Ptah selbst erschaffen, als ob auf einen Wink seiner Hand die auf den Wänden gemalten Vögel durch das Fenster der Sonne entgegenflögen oder die blauen Wasserlinien sich silbern kräuseln würden.

Vielleicht wußte Neku, daß mir die Worte fehlten, um meiner großen Bewunderung Ausdruck zu verleihen, denn er sagte: »Meine

Hand ist nicht mehr da, aber die Statue ist ihr Sohn — Ptah, der Große Kunsthandwerker, den eines Tages sogar wir kleinen Menschen, die mit Metall arbeiten müssen, als Bruder erkennen werden. Er schuf Gold und Silber, Elfenbein und Sardonyx, Lapis und Türkis, Jaspis und Chrysoprase, selbst ihre Namen klingen wie ein Gebet ihm zu Ehren! Amethyst und Calzedon, Onyx und Ebenholz — welch reiche Geschenke machte er uns, die ihm zu folgen bestrebt sind, auch wenn wir dem, was wir erschaffen, Sein Leben nicht einzuhauchen vermögen. Meine Falken können niemals ihre Flügel über die Spannweite hinweg, die ich ihnen zuwies, ausbreiten, noch kann diese silberne Antilope jemals den Wind spüren, noch jene Zwillingskobra über die ihr verliehene Windung hinaus Macht haben. Doch zuweilen denke ich, Ptah werde zu mir sprechen, nicht wegen meines Könnens, sondern wegen meiner Liebe zu Ihm.«

Er hob seinen rechten Arm in Richtung der Statue, als ob er sie als Zeichen seiner Demut am Fuße berühren wolle. Er berührte sie — dessen war ich mir sicher —, doch es war mit jener Hand, welche er verloren hatte. Einen Moment lang gab es eine Art Verwandtschaft zwischen Nekus Gesicht und dem hellen Glanze Ptahs. Es schien, als seien sie bereits in Brüderlichkeit verbunden, als ob die Hand, die ich nicht sehen konnte, da war, die Finger durchströmt vom Leben Ptahs.

Er wandte sich um und lächelte mir zu. »Du bist gekommen, zu hören, warum ich ein Wächter bin. Roidahn sagte mir, daß ich dir mein Herz rückhaltlos öffnen könne.«

Dann, bei geöffneter Türe, welche zur Straße wies, jeder gegen einen der Türpfosten gelehnt dasitzend, erzählte mir Neku seine Geschichte. Und seine Worte waren so lebendig, daß ich beim Zuhören nicht mehr die von Sykomoren gesäumte Straße sah, auf der Frauen mit Wasserkrügen zur Quelle gingen, und nicht den lachenden Knaben mit einer Schnur darauf aufgezogener Fische in der Hand, sondern jene Szenen, welche Neku durchlebt hatte.

»Mein Vater und sein Vater vor ihm waren Bildhauer am Königlichen Hof, und meine Mutter stammte aus einer Familie minoischer Handwerker. Obwohl sie eine Fremde war, brachte sie keinen eigenen Hausgott mit, sondern lehrte mich, meine Opfergaben einer Statue Ptahs darzubringen, welche von meinem Großvater gemacht worden war. Sie erzählte mir, daß Ptah und Min und Ra Brüder seien und alle Kunsthandwerker ihre Kinder.

Mein Vater lehrte mich sein Handwerk, und als er starb, wurde ich, obwohl ich erst siebzehn Jahre zählte, an seiner statt zum Obersten Bildhauer des Königlichen Hofes berufen. Innerhalb von zehn Jahren war ich ein reicher Mann, denn ich arbeitete behend, und es gab viele, die bereit waren, einen hohen Preis zu zahlen, um etwas zu besitzen, das vom Bildhauer des Pharao gemacht worden war — selbst wenn sie die Qualität des Geschaffenen nur anhand des Goldstaubgewichtes ermessen konnten, welches sie dafür ausgehandelt.

Ich heiratete nicht, denn für mich waren Frauen nur die Schatten der Statuen, die ich nach ihnen machen würde, und mein Haushalt war es unter der Führung meiner Mutter zufrieden. Es gefiel dem Pharao, die Menschen die Zeichen seiner königlichen Gunst sehen zu lassen, und so wurde mir ein Gut gegeben, größer als jenes eines niederen Adeligen, und außerdem Herden, zweihundert Stück größere und kleinere Rinder, sowie die Erlaubnis, einen Weingarten anzulegen, als ob ich den Rang eines Siegelhalters innehätte. Ich machte auch Brustplatten und Statuetten, und alles, was ich für diese Arbeit brauchte, wurde mir vom Königlichen Schatzhaus gegeben — egal ob es Lapis war oder Malachit, Silber oder Elfenbein, ich mußte einfach nur danach fragen. Ich fertigte Lampen und Opfergefäße für die neuen Tempel, doch sie hatten das traditionelle Muster, und ich wußte nicht, in wessen Dienst sie gestellt würden.

Dann, eines Tages, es war Hochsommer und sehr heiß, wurde die Stille meines Hofes durch das Brüllen von Ochsen und Knallen von Peitschen aufgestört. Der Lärm machte mir Verdruß, und ich verließ die Galerie, in der ich arbeitete, um zu sehen, woher er kam. Ich sah sechs Ochsen an ein hölzernes Gestell gekettet, unter dem lange Rollen lagen: Sie zogen langsam einen großen schwarzen Basaltblock vorwärts, der mehr als die dreifache Größe eines Mannes maß. Wenn ich auch schon zuvor an Steinblöcken dieser Größe gearbeitet hatte, so waren sie doch stets entsprechend meiner genauen Anweisung aus den Steinbrüchen geschickt worden, denn wenn der Pharao mir erklärt hatte, für welchen Zweck er eine Statue wünschte, überließ er mir die Wahl des passenden Steines.

Es brauchte mehrere Stunden und die Kraft von vierzig Männern, bevor der Block an den Platz gebracht war, wo ich an ihm arbeiten konnte. An seinen Maßen sah ich, daß er für eine stehende Figur gedacht war, statt wie üblich für den auf dem Throne sitzenden Pharao. Erst am nächsten Tag wurde mir der Erlaß des Pharao kundgetan, in welche Form der Stein gemeißelt werden sollte, und um diese Nachricht in Empfang zu nehmen, wurde ich nicht in den Palast, sondern in den neuen, damals noch unvollendeten Tempel zitiert.

Mit Ausnahme der zweimal im Jahr üblichen halbjährlichen Opferdarbringung war ich nie in einem der neuen Tempel gewesen, da ich durch rituelle Ehrbezeugungen nie eine nähere Verwandschaft mit den Göttern empfunden hatte. Ich zog es vor, in der Morgendämmerung und bei Sonnenuntergang in dem kleinen Heiligtum, welches an meine Arbeitsgalerie angrenzte, zu beten, dort, wo ich die von meinem Großvater gefertigte Statue Ptahs plaziert hatte.

Ich gehorchte umgehend dem Ruf, in den Tempel zu kommen, denn er kam im Namen des Pharao, und ich war sein Diener. Ein niederer Beamter brachte mich in das noch unvollendete Heiligtum und hieß mich Maß nehmen, auf daß die Wände bis zu jener Höhe gebaut werden konnten, welche ich als richtige Proportion für die neue Statue erachtete. Obwohl das Heiligtum leer war, konnte ich sehen, daß vor kurzem Steinmetze darin gearbeitet hatten, denn der Steinstaub war noch nicht vom Boden abgewaschen worden, und die Wände wurden offenbar gerade mit dünnen, polierten Basaltplatten bedeckt, in die der Meißel noch keine Spuren gegraben hatte.

Nach der Form des mir gelieferten Blockes dachte ich, es könnte wohl eine Statue von Ra werden, gewiß nicht von Anubis oder Hathor, es sei denn, sie sollte menschliche Gestalt erhalten. Gerade als ich meine Abmessungen beendet hatte, kam ein Mann durch den Türgang, den ich wegen seines Gewandes für den Tempelaufseher hielt. Solche Aufseher waren keine Priester, aber für die Aufbewahrung aller Aufzeichnungen über Abgaben und die Besitzungen des Tempels, die auf den Tontafeln vermerkt waren, verantwortlich.

Nach einer formellen Begrüßung sagte er: »Wir hoffen, daß deine Statue in drei Monden zum Empfang der Ersten Opferdarbringung fertig ist. Wir sind geehrt, daß der Pharao seinen höchsten Handwerker beauftragt hat, für uns zu arbeiten, doch denke daran, daß jener, welchen du abbildest, größer ist als selbst der Pharao — welcher nur auf Erden Macht hat. Laß deine Hände geschickter sein, als sie es je waren. Dann wirst du so reich belohnt werden, als hättest du bei Neumond für Seth hundert schwarze Bullen geschlachtet.«

Ich verstand ihn nicht und dachte, er versuche einen plumpen Scherz zu machen. Ich entgegnete: »Dies höre ich zum ersten Mal — daß ein Handwerker mit dem Versprechen eines Fluches bestochen werden soll! Wenn es Seth ist, der mich belohnen wird, würde ich eher meine rechte Hand abhacken, als seine Gunst zu gewinnen.«

Der Mann antwortete nicht. Plötzlich breitete sich Furcht in der dichten Stille des engen Raumes aus, einer Stille so tief, daß es mir schien, ich müsse das Wirbeln der winzigen Staubteilchen hören im Strahl des Sonnenlichtes, das durch eine Öffnung in der unfertigen Wand fiel.

»Es ist nicht Seth, welchen du meißeln wirst, sondern Sekmet, seine weibliche Manifestation grenzenloser Macht. Sekmet, die Macht der Erde, neben deren Stärke sich alle anderen Götter in Ohnmacht zurückziehen!«

»Ist dies der Befehl des Pharao?«

»Wer sonst sollte dem Diener des Pharao Befehle erteilen? Auf seine Anordnung hin werden die neuen Tempel in ganz Ägypten erbaut. Ich habe in fünf neuen Tempeln Opfergefäße gesehen, welche du geschaffen hast. Bist du so im engen Umgang deines Handwerkes befangen, daß du niemals erfahren hast, in wessen Dienst sie gestellt sind?«

»Hätte ich es gewußt, so wären sie dessen, dem sie dienen, würdig gemacht worden — aus unförmigem Lehm von den Gräbern der Unreinen, gefärbt mit den Eingeweiden eines schwarzen Schweines!«

Ich wußte, daß in dem Manne kalte Wut aufstieg, doch als er mich anstarrte, waren seine Augen verwirrt. »Du lästerst gegen Seth, doch er läßt dich am Leben. Gegen ihn seine Stimme zu erheben heißt, in seinen Grotten zu erwachen und zu versuchen, um Mitleid zu flehen mit einem Mund, welcher keine Zunge beherbergt. Er muß Nutzen aus dir ziehen, um dich am Leben zu lassen; denn sein Zorn richtet sich noch furchtbarer gegen jene, welche Sekmets Namen verleugnen, denn gegen jene, die *seinem* Namen widerstehen. Gegen den Pharao seine Stimme zu erheben heißt zu sterben, gegen seine Götter zu sprechen, heißt zu erkennen, daß es im Tode kein Erbarmen gibt.«

Als ich nach Hause kam, ging ich geradewegs in die Gemächer meiner Mutter und erzählte ihr alles, was sich zwischen mir und dem Tempelaufseher zugetragen hatte. Als ich sie fragte, ob ich mit meiner Weigerung, für Sekmet zu arbeiten, richtig gehandelt habe — wohin auch immer das führen mag, schien sie überrascht, daß ich eine andere Entscheidung als die von mir getroffene auch nur in Erwägung ziehen konnte. Die letzten Jahre hatten ihr die Gebrechlichkeit des Alters beschert, doch schien sie durch den plötzlichen Einbruch in das geruhsame Dahinströmen ihres Lebens nicht verstört zu sein, und sie sagte mir ruhig, daß das Beste, worauf wir jetzt hoffen könnten, die Verbannung sei.

»Ja, du wirst verbannt werden«, sagte sie. »Du wirst sehen, es wird uns gestattet werden, unbehelligt fortzugehen. Vielleicht erlaubt man uns sogar, einiges von unseren Besitztümern mitzunehmen, nicht viel, doch genug für unsere Reise. Und sollte Armut auch auf der Reise unser einziger Diener sein — was macht es uns schon aus, da es deine Hände sind, die unser Schatz sind?«

»Wir werden Fremde in einem fremden Land sein.«

»Wir haben im Lande deines Vaters gelebt, nun werden wir zu jener Insel reisen, auf der mein Vater geboren wurde. Ras Kindern ist keine Erde fremd, denn Er regiert den Himmel, der die ganze Erde umspannt.«

Ich sagte den drei Schülern, die für mich arbeiteten, daß ich das königliche Mißfallen erregt hätte und daß sie nach Hause zurückkehren müßten, sollte der Bann nicht auch sie treffen. Sie wollten nicht gehen. Nur der Jüngste von ihnen stimmte schließlich zu, mich zu verlassen, nachdem ich ihm versprochen hatte, ihn wissen zu lassen, wo ich hinging, auf daß er mir folgen könne.

Obwohl wir unsere Vorbereitungen trafen, kam drei Tage lang kein Wort vom Pharao. Meine Mutter drängte, wir sollten gehen, solange wir frei seien. Ich aber klammerte mich an die Hoffnung, der Pharao würde eher vorgeben, ich sei nicht für die Arbeit im Tempel beordert gewesen, als daß er auf meine Kunstfertigkeit verzichten werde, oder aber er würde mich als ausreichend gestraft betrachten, indem er einen anderen zum Königlichen Bildhauer ernennen würde. Ich war schon beinahe überzeugt, daß mir das Verbleiben in Ägypten erlaubt werden würde, vielleicht sogar, mein Gut zu behalten und weiter unter meinen Freunden und jenen, die für mich arbeiteten, zu leben.

Als der Erlaß kam, war es nicht die Verbannung: Er gewährte mir vierzig Tage, in der ich an Sekmets Statue solche Fortschritte machen sollte, daß sie als meine beste Arbeit schien. Sollte dieser Befehl nicht ausgeführt werden, würde ich aus allen Landen Ägyptens verbannt werden, nachdem ich Sekmet meine rechte Hand als Tribut gezahlt hätte.

Beim ersten Lesen verstand ich das volle Ausmaß des Satzes nicht. Die Stimme meiner Mutter war angespannt wie die Saite einer Harfe:

Neku, der Goldschmied 149

»Sie werden dir deine Hand abschlagen, Neku, bevor wir in die Verbannung gehen. Ich war eine Närrin, gehofft zu haben, der Pharao würde dich für einen anderen Meister arbeiten lassen.«
Es wäre unmöglich für uns gewesen, zu entkommen, selbst wenn wir es versucht hätten, denn an jeder Pforte der Mauer, welche das Haus und den umgebenden Garten umschloß, waren Soldaten postiert, und jeder Soldat stand in Sichtweite des nächsten. Ich hatte mit vielen Jahren gerechnet, um meine Vorstellung Gestalt annehmen zu sehen; nun aber sollte die Arbeit von Jahren in vierzig Tagen erblühen: Statt Sekmet wollte ich Ptah formen. Ich würde mit Gold arbeiten, Seinem Metall, während der große Block des Mitternachtssteins stumm bleiben würde.
Ich wollte die Statue in der Hoffnung vergraben, daß Menschen sie in der Zukunft, wenn Seth gestürzt sein würde, finden und ehren würden. Doch am einundzwanzigsten Tag kehrte mein jüngster Schüler zu mir zurück, nachdem er als Fischerjunge verkleidet an den Wachposten vorbeigekommen war. Er hatte von Roidahn gehört, und war gekommen, mir zu sagen, daß ich in der Oryx Zuflucht finden würde — es war der gleiche Junge, der den Falkenbrustschild gemacht hatte, den du gerade gesehen hast. Ich versuchte meine Mutter dazu zu bringen, mit ihm in die Oryx zu gehen. Als Dienerin verkleidet, welche auf den Markt geht, wäre es nicht schwierig für sie gewesen, an den Soldaten vorbeizukommen. Doch sie wollte mich nicht verlassen, selbst als ich sie zu gehen anflehte. Am achtunddreißigsten Tag war die Statue vollendet, und mein Schüler brachte sie, im Bauche eines Fisches versteckt, in die Oryx.«
Neku hielt inne, seine Augen dunkel vor Erinnerung an den Schmerz. »Dies ist nun fast das Ende meiner Geschichte ... der Geschichte, wie ich zu einem Wächter geworden bin.« Dann fuhr er fort: »Ich erwartete, in den Tempel gerufen zu werden, doch am vierzigsten Tage kamen der Aufseher, ein Priester und zwölf bewaffnete Wachleute zu mir. Der Aufseher wollte die Statue sehen und sagte, er hätte gehört, sie sei fast fertig. Ich dachte, er sagte dies, um sich über mich lustig zu machen — ich weiß es bis heute nicht. Dann sagte der Priester, der Sockel, auf dem der unbehauene Block stand, würde ein passender Altar für das Opfer sein.
Die Tempelwachen kamen mit Stricken, mich zu fesseln. Ich sagte ihnen, sie könnten sich die Mühe solcher Förmlichkeit sparen. Der Priester hieß mich niederknien, mein rechter Arm wurde auf den Block niedergepreßt ...

Ein letztes Mal bewegte ich meine Finger, so flinke und geschmeidige Finger, meinen Gedanken so folgsam gehorchend. Als ich sie ansah, lang und glatt und bereit, mir zu gehorchen, wußte ich, wie eine Mutter sich fühlen würde, müßte sie zusehen, wie ihr Kind geopfert wurde.

Ich sah, daß sie keinerlei Vorkehrung getroffen hatten, um die Blutung zum Stillstand zu bringen, und ich begriff, daß sie davon ausgingen, ich würde sterben ... ich spürte die Wucht des Schlages, der mich zu Boden stürzen ließ, und durch einen roten Schleier konnte ich die Finger meiner abgetrennten Hand sich langsam vom Rande des Blocks über mir lösen sehen ...

Als sie dachten, ich stürbe, ließen sie meine Mutter zu mir kommen. Vielleicht blieben sie nicht länger, weil ihr Befehl nur eine Hand verlangte, und der Pharao ist mit jenen ungeduldig, welche seine Anordnungen nicht genau ausführen. Meine Mutter erzählte mir später, daß sie, als sie aufschrie, ich sei tot, das Haus so schnell, wie es ihnen ihre Würde gestattete, verließen.

Es gelang ihr, die Blutung zum Stillstand zu bringen — wie, weiß ich nicht, denn ich war bereits bewußtlos. Sie ließ einen leeren Sarg zu unserer Grabstätte tragen, und die Diener unseres Hauses streuten Asche auf ihre Köpfe und beklagten den Tod ihres Herrn.

Sobald mein Tod ausgerufen war, wurden die Wachposten abgezogen. Hätten sie gewußt, daß ich noch am Leben war, so wäre ich unter Aufsicht belassen worden, bis ich Ägypten verlassen hätte.

Es dauerte einen Mond, bevor ich stark genug war, um zu reisen. Zu dieser Zeit beachtete niemand mehr eine alte Frau, die langsam neben einer verhangenen Sänfte auf der Straße in Richtung Oryx einherging.«

Hanuks Reisen

EINES TAGES, UNGEFÄHR zwei Monde später, nahm ich, statt mich während der Mittagshitze auszuruhen, das kleinste von Roidahns Segelbooten und ließ mich träge flußabwärts treiben. Ich muß in Schlaf gesunken sein und wachte erst auf, als das Boot an einer vom Wasser ausgehöhlten, überhängenden und dadurch eine niedrige Höhle bildenden Stelle des Ufers knarrend strandete. Ich beschloß, bis zum Abendwind dort zu bleiben, statt zurückzurudern. Im Schatten war es kühler, und ich legte mich auf den Boden des Bootes, um zu dösen.

Gegen Abend hörte ich jemanden singen. Die Melodie klang vertraut, obgleich ich mich nicht erinnern konnte, wo ich sie zuvor gehört. Ich richtete mich auf und sah ein Boot, dem meinen sehr ähnlich, flußaufwärts näherkommen. Es war nur ein Mann darin, doch er stand so im Gegenlicht der Sonne, daß ich ihn nicht deutlich sehen konnte. Im Heck befand sich ein Netz, und als er aufstand, um das Segel neu zu setzen, sah ich, daß sein Lendentuch orangefarben war, die Farbe, die gewöhnlich von Fischern getragen wird.

Ein wenig weiter flußaufwärts hatte ich zuvor eine Hütte gesehen; sie schien verlassen, obwohl das Strohdach neu war, auch die Tür- und Fensterläden schienen in gutem Zustand und waren vor kurzem gestrichen worden. Da daneben kein Garten angelegt worden war und das Ufer an der Stelle nicht genug abfiel, um ein Boot hinaufziehen zu können, fragte ich mich, warum die Hütte dorthin gebaut worden war. Daher war ich ziemlich neugierig, als ich den einsamen Fischer seine Segel einholen und das Boot an die Stelle unterhalb der Hütte rudern sah, um es an einem halb aus dem Wasser ragenden Pfosten festzumachen, den ich bis dahin nicht bemerkt hatte.

Wieder hörte ich ihn diese Melodie singen, und mit dem Klang kam die Erinnerung, wo ich dieses Lied schon einmal vernommen hatte. Es war Hanuks Lieblingsweise, welche Hayab, die blinde Frau, ihn gelehrt, als er noch ein kleiner Knabe war. Dann erkannte ich, daß der Fischer mehr als nur eine Melodie mit ihm gemeinsam hatte: Sie waren gleich gebaut, und sie bewegten sich sogar auf gleiche Weise. Meine Neugier war stark genug, um mich das steile Ufer erklimmen und auf die Hütte zugehen zu lassen.

Als ich bei der Türe angekommen war, sagte eine Stimme: »Gut gemacht, Ra-ab! Hat dir Vater gesagt, daß ich heute zurückkehren werde, oder hat dich der Zufall geschickt, mich zu begrüßen?«

Hanuk kam aus der Hütte, sein Körper glitzerte von dem Wasser, das er über sich gegossen hatte. Er lachte. »Warum so überrascht? Wußtest du nicht, daß dies meine Hütte ist? Es ist ein magischer Ort, der Sohn eines Vornehmen verwandelt sich in einen Fischer und wieder zurück. Ja, durch diese Türe bin ich als alter Mann hineingegangen, das Haar mit weißem Lehm beschmiert und den Körper mit Schmutz eingerieben, und ich trete als Hanuk wieder heraus, so wie du ihn kennst.«

Er muß gesehen haben, wie verwirrt ich war, wiewohl ich es zu verbergen suchte. »Hast du gedacht, ich ginge als Sohn eines Vornehmen auf meine Reisen? Das wäre nicht von Nutzen, denn der Weg, einen Amtsmißbrauch herauszufinden, liegt darin, auszusehen, als sei man leichte Beute für einen Schinder. Ich habe auf dieser Reise Glück gehabt, denn es gab keinen Anlaß, das Herz eines Menschen zu prüfen, indem ich ihn in die Versuchung bringe, mir Schläge zu verpassen — doch nicht immer ist es mir so glücklich ergangen!«

Er drehte sich, um mir seinen Rücken zu zeigen, und auf der glatten braunen Haut sah ich die aufgeworfenen Spuren alter Striemen.

»Komm herein«, sagte er fröhlich, »und ich zeige dir einige der Leute, die ich schon gewesen bin.«

An der Wand standen drei große Truhen, und auf dem Wandbrett unter dem Fenster waren ein Kupferspiegel und einige kleine Salbentiegel, wie sie Frauen benützen. Die einzigen anderen Möbelstücke waren eine Schlafmatte und zwei Stühle, und am Ende des Raumes, dort, wo ein Viereck gekachelt war und ein Abflußrohr durch ein Loch in der Wand das Wasser nach draußen abfließen ließ, standen zwei Wasserkrüge.

Er öffnete die Truhen. Darin lagen Umhänge und Lendentücher und Gewänder, sogar lange Kleider, wie jene, welche die fremden Händler trugen. Und es gab auch viele Haarbedeckungen und Perücken, einschließlich einer aus geöltem Ziegenhaar, wie sie von manchen Barbaren bevorzugt werden. Die dritte Truhe war mit vielen kleinen Handelswaren gefüllt, wie sie von einem Hausierer feilgeboten werden ... Körbe, Salbendosen, Perlenketten, Kupferarmreifen, Haarschmuck, Bündel getrockneter Kräuter und eine Anzahl kleiner, mit Stopfen verschlossener und mit magischen Symbolen verzierter Krüge. »Eine Menge alter Sachen«, sagte er, »doch sie bewahren die Erinnerung an mehr als dreißig Reisen und vier Jahre meines Lebens.« Er griff nach einem der verstöpselten Krüge. »Das kommt mit, wenn ich ein Hausierer bin, welcher Gesundheitswaren feilbietet. Ich reibe mein Haar mit einer Mischung aus Öl und Kalksteinstaub ein und lasse es in Strähnen in mein Gesicht hängen. Ich gehe am Stock, gebeugt unter meinem Umhang, und wenn ich in ein Dorf komme, lege ich einen Kiesel in meine Sandale, so daß ich nicht zu hinken vergesse. Dies ist eine gute Verkleidung dort, wo es vielerlei Krankheit gibt, denn kranke Menschen sind begierig, mit jedem zu sprechen, von dem sie glauben, er habe ein Heilmittel, und dann reden sie auch über andere Dinge. Sie sehen, daß ich alt und krank bin, warum sollten sie also fürchten, ich könnte sie dem Aufseher verraten? Manchmal enthalten meine Töpfe Salben, die den Dienerinnen großer Häuser verkauft werden; sie genießen Schmeicheleien selbst von einem alten Mann, und es ist einfach, sie darüber zum Sprechen zu bringen, wie sie in diesem Haushalt behandelt werden. Die meisten von ihnen denken, ich sei ein wenig verrückt, weil ich ihnen sage, daß ich keine Bezahlung anzunehmen gewillt bin, bis ich wieder des Weges komme — doch dann werde ich einen doppelten Preis verlangen, als Dank für ihre Genesung. Ich kehre selten zweimal an den gleichen Ort zurück, denn schon bei einem Besuch finde ich gewöhnlich alles heraus, was einem Hausierer möglich ist.

In den großen Städten bin ich oft ein kleiner Händler, und die Satteltaschen meiner Packtiere sind prall mit derlei Dingen gefüllt, wie du sie in der dritten Truhe gesehen hast. Ich treibe sehr wenig Handel, denn ich setze mich mit ein paar Waren vor mir ausgebreitet an eine geschäftige Ecke des Marktplatzes und tue, als döse ich in der Sonne. Ich habe auf Marktplätzen eine Menge gelernt; andere Händler machen sich selten die Mühe, ihre Tricks vor ihresgleichen zu verbergen, und wenn ich sehe, daß die Gewichte nicht stimmen oder die Leute übers Ohr gehauen werden, ist es ein sicheres Zeichen, daß der Aufseher der Stadt bestechlich ist.

Manchmal gehe ich als blinder Bettler verkleidet, obwohl dies keine leichte Rolle zu spielen ist. Die Nächstenliebe — oder auch der

Mangel daran —, welche die Menschen einem Bettler entgegenbringen, ist ein gutes Anzeichen dafür, welcher Art ihr Oberhaupt ist. Wenn sie gut behandelt werden, verhalten sie sich zumeist in gleicher Weise anderen gegenüber, doch es gibt wenige, die Freundlichkeit lernen, indem sie Grausamkeit erdulden.«

Er kämmte sein nasses Haar zurück und zog ein Paar Sandalen mit goldenen Schließen an, wie auch ich sie trug. »Verriegle die Läden, Ra-ab, denn nun bin ich wieder bereit, Hanuk zu sein.«

Er schloß die Türe und versiegelte die Schnur, die durch den Türriegel gezogen war, mit Lehm. »Falls du diese Hütte zu irgendeiner Zeit brauchen solltest, werde ich dir einen Abdruck meines Siegels geben. Der Mann, der mein engster Diener ist, seit ich vierzehn bin, ist der einzige Mensch, der außer mir hierher kommt, und er versiegelt die Türe, nachdem er zur Reinigung und zum Füllen der Wasserkrüge hier war. Ich werde mein Boot hierlassen, er kann es holen, und wir kehren in dem deinen nach Hause zurück.«

Inzwischen war der Wind stark genug, um uns gegen die Strömung ansegeln zu lassen, so mußten wir nicht rudern. Ich fragte ihn, wie er zu den Striemen auf seinem Rücken gekommen war.

»Das war vor fast einem Jahr. Wir hatten gehört, daß die Arbeiter am Bau der neuen Straße, welche durch die Leopardenprovinz führt, schlecht behandelt wurden, doch der Mann, von dem ein Wächter dies gehört hatte, war unzuverläßig, faul — ein Murrer. Er trug die Zeichen der Peitsche auf seinem Körper, doch angesichts seines Charakters hatte er sie vielleicht als gerechte Strafe empfangen. Als ich auf meinem Weg nach Süden durch die Leopardenprovinz ging, beschloß ich, den Händler für ein paar Tage verschwinden zu lassen und an seiner statt einen Feldarbeiter, welcher seinen Tribut durch Arbeit ableistet, seinen Platz einnehmen zu lassen. Die Königliche Truppe wird gewöhnlich angemessen ernährt, und da diese Straße dem Pharao unterstand, lag es nicht in der Verantwortung des Nomarchen. Die Männer murrten angesichts ihrer Arbeitsbedingungen, und ich fand bald heraus, daß sie gute Gründe dafür hatten. Ihnen wurde die Ruhepause zur Mittagsstunde verwehrt, und sie erhielten nur bei Tagesanbruch und bei Sonnenuntergang Speisung — hartes und unzureichendes Brot, ohne Gemüse, nicht einmal Knoblauch dazu. Sie klagten auch, an ihrem arbeitsfreien Tag kein Bier oder zusätzliche Speise zu erhalten. Dennoch waren ihre Bedingungen keineswegs so schlecht, wie ich sie in den Steinbrüchen gesehen hatte, und in den ersten Tagen sah ich niemanden, der geschlagen wurde, wenn er sich nicht absichtlich langsam oder ungeschickt anstellte. Der Mann, der an meiner Seite arbeitete, hatte eine stark entzündete Hand, doch fürchtete er sich, dies dem Aufseher zu melden — obwohl ich ihm sagte, daß es sein Recht war, nicht zu arbeiten, bis die Hand geheilt war, und daß er dem Pharao jedes Jahr nur siebzig Tage Arbeit schulde und selbst aussuchen könne, *wann* er diese Arbeit leisten wolle. Da er sich davor fürchtete, seinen eigenen Fall vorzubringen, tat ich es für ihn. Und der Aufseher ließ mich auspeitschen — weil ich versucht hätte, einen Aufstand anzuzetteln — indem ich die anderen Arbeiter an ihre alten Rechte erinnerte, welche noch immer durch ägyptisches Gesetz die ihren waren. Er sagte, es gäbe jetzt keine Gesetze mehr, außer dem Willen des Pharao. Ich hätte ihm beinahe gesagt, daß wenn das Gesetz und der Pharao nicht von gleicher Weisheit seien, der Pharao ein Betrüger sei! Zum Glück behielt ich die Ruhe und nahm das Auspeitschen entgegen, ohne meine Gedanken auszusprechen, sonst hätte ich sicher meine Zunge verloren gleichwie ein paar Hautfetzen auf meinem Rücken!«

»Hanuk, wenn du das nächste Mal gehst, kann ich dann mit dir kommen?«

»Hast du deinen Vater gefragt?«

»Nein, er sagt, sobald ich genug wisse, um einer der AUGEN DES HORUS zu sein, werde er mir sagen, wie ich den Wächtern am besten helfen kann. Er spricht davon, mich in die Königliche Stadt zu schicken, nicht verkleidet, sondern als Sohn der Oryx. Gewiß kann ich schon jetzt etwas tun, ohne warten zu müssen? Jeden Tag höre ich Geschichten von Leuten, die außerhalb unserer Grenzen schlecht behandelt werden; und was viele der Wächter erleiden mußten, bevor sie hierher kamen. Kann ich nicht *jetzt* etwas tun, statt zu warten? Wann werden sich die Wächter erheben?«

»Wenn der Plan vollendet ist. Vielleicht noch in diesem Jahr, vielleicht erst in zwei, drei Jahren. Die Unterdrücker sind weit weniger an der Zahl als die Unterdrückten, doch bevor wir handeln können, ohne Krieg über Ägypten zu bringen, müssen wir den Wert *aller* kennen, die eine Machtstellung innehaben. In einem kleinen Dorf mag das Dorfoberhaupt hundert Menschen regieren. *Wie?* Weil sie den Mann fürchten, nicht nur ihn selbst, sondern auch das, was er repräsentiert — die Kette der Machtausübung erstreckt sich von ihm zum Aufseher und hin zum Pharao — und zu Seth. Sprenge diese Kette, und worin besteht die Macht des Oberhaupts? Er ist nicht länger ein Mann mit der Macht der Geißel, sondern ein Mann gegen hundert. Die Unterdrücker haben ihre Macht an der Länge des Schattens, den sie werfen, gemessen, doch wenn sie das Licht umringt, werden sie keinen Schatten mehr werfen und keine Macht haben. Sie werden die Gefangenen *der* Gefangenen sein, welche sie einst in Fesseln hielten.«

»Sollen sie getötet werden?«

»Nur jene, welche die Wächter nicht zur Einsicht bringen können, müssen vor die Zweiundvierzig Richter geschickt werden. Für all jene, die uns bekannt, ist ihr Schicksal bereits entschieden. Selbst unter dem Schatten gibt es einige gute Männer im Amt, und diese werden es behalten. Anderen wird ihr Land weggenommen werden, sie mögen statt dessen ein Feld zum Pflügen erhalten, vielleicht mit einem Paar Ochsen, auf daß sie beim Bestellen der Erde lernen mögen, den Samen ihrer vergessenen Weisheit neu zu säen. Ein paar wenige können nur durch ihre eigenen Strafen lernen, und ihre Rücken mögen wohl die Peitsche fühlen, die sie einst selbst in Händen hielten.«

»Kann ich mit dir kommen, Hanuk, wenn du das nächste Mal gehst?«

»Du wirst deinen Vater fragen müssen. Jeder von uns hat seine eigene Arbeit zu tun, und deine könnte eine andere sein als die meine. Daran solltest du dich immer erinnern, Ra-ab; es werden so viele verschiedene Arten von Wächtern gebraucht, und jede Sprosse auf der Leiter zur Machtausübung muß rechtmäßig eingenommen werden. Vielleicht werden eines Tages alle Wächter sein, und dann wird es keine Dunkelheit mehr geben, nach jenem letzen Sonnenuntergang, wenn die Erde frei ist.«

Wege zum Horizont

ICH HATTE NEKU besucht, und auf dem Heimweg sah ich einen Mann atemlos die Straße heraufhetzen. Er erkannte mich und rief mir zu: »Wo ist Roidahn? Ich habe Nachrichten, die er augenblicklich hören muß.«

»Er wird nicht vor dem späten Abend zurück sein. Er reiste vor drei Tagen zum Haus des Nomarchen, doch er wird es noch vor heute Mittag verlassen haben, um auf dem Fluß heimzukehren.«

Der Läufer hielt an, seine Hände zitterten von der langen Anstrengung. »Komme zu Roidahns Haus und warte dort auf ihn«, sagte ich. »Hanuk ist auch nicht da, aber vielleicht kann ich dir helfen.«

Er folgte mir in den Gartenpavillon und trank den Becher Honigwein, den ich ihm reichte, wenngleich er nichts essen wollte, bevor er mir seine Geschichte erzählt hatte.

»Fünf meiner Freunde sind getötet worden, während wir unseren Arbeitstribut auf Pharaos Straße leisteten. Es gelang mir zu entkommen. Roidahn *kann* nicht wissen, was außerhalb der Antilopenprovinz vor sich geht, sonst führte er uns augenblicklich in den Aufstand gegen unsere Unterdrücker!« Seine Augen starrten durch mich hindurch, als beschriebe er mir wie einem blinden Manne ein soeben sich vor seinen Augen abspielendes Geschehen.

»Ich und die fünf anderen kamen aus einem Dorf an der nördlichen Grenze der Schakalprovinz. Wir alle gehören zu den Wächtern, doch es war uns geheißen worden, bis die Zeit für die neuen Gesetze gekommen sei, den alten zu gehorchen. Wir konnten unsere Steuern nicht bezahlen, deshalb mußten wir, obwohl wir freie Männer waren, auf der Königlichen Straße arbeiten. Wir bekamen wenig Speise, und die Hütten, in denen wir schlafen mußten, waren schmutzig und voller Ungeziefer. Doch wir hatten dies erwartet und hätten nicht gemurrt — es ist einfach, nicht zu murren, wenn man etwas in Aussicht hat, auf das man hoffen kann. Dieser Teil der Straße verläuft über sumpfigen

Boden, und sie pflastern ihn mit Steinblöcken. Diese sind gewöhnlich nur zwei Daumenlängen dick, doch die nächste Schiffsladung brachte Steine, die größer waren als die zuvor verwendeten, sie maßen drei Ellen im Quadrat. Die alten Blöcke waren klein genug, um von *einem* Manne getragen zu werden, obgleich selbst sie eine schwere Last waren; doch die Schwächeren unter uns konnten die anderen Steine nicht einmal vom Boden hochheben. Wir hatten einen neuen Aufseher; er wollte nicht glauben, daß die Steinbrüche diese Steine aus Versehen geschickt hatten und daß sie eigentlich als Außensteine für eine neue Mauer am Tempel in der Nähe der Alten Hauptstadt gedacht waren. Ich weiß nicht, ob dies wahr ist, es wurde mir so erzählt. Der Aufseher hatte seine Befehle — jeder Mann muß einen Pflasterstein dreimal täglich sechstausend Schritt weit tragen. Einige von uns erhoben ihr Wort dagegen und erhielten als Antwort drei Hiebe vom Peitschenmann. Also versuchten wir, dem Befehl Folge zu leisten. Einige der Stärksten schleppten zwischen Morgengrauen und Mittag einen Block zu dem angegebenen Platz, doch die anderen konnten jeweils nur einen Block zu zweit voranbringen, und obwohl sie den ganzen Weg zurück liefen, schafften sie es doch nicht sechsmal hin und her, solange es noch hell war. Wir erhielten kein Polster für die Schultern, und das Gewicht der Steine schnitt uns bald bis auf die Knochen, bis uns das Blut schneller als der Schweiß den Körper hinablief.

Nach vier Tagen gingen wir sechs zum Aufseher und erklärten, wir würden uns weigern, weiterhin unter solchen Bedingungen zu arbeiten, und wollten in unser Dorf zurückkehren, um dem Nomarchen unsere ungerechte Behandlung vorzutragen. Er entgegnete, wir sollten am Abend in das Haus kommen, wo er wohnte und das dem Oberhaupt eines nahegelegenen Dorfes gehörte, und versprach, uns zu erlauben, in die Schakalprovinz zurückzugehen. Wir könnten unseren Arbeitsgefährten mitteilen, daß sie uns nicht wiedersehen würden.

Soldaten waren es, die uns bei ihm in Empfang nahmen. Sie fesselten uns, so daß sich der Peitschenmann ungestört über uns hermachen konnte. Am entlegensten Ende des Hofes gab es ein unbenutztes Lagerhaus. Dort wurden wir nach der ersten Auspeitschung eingesperrt, und sie sagten uns, daß jeden Tag einem von uns das Steinetragen beigebracht werden würde, auf daß wir anderen von ihm lernen könnten. Ich war der letzte der sechs Männer. Ich hatte die anderen fünf beobachtet, wie sie unter der Last einherwankten, auf und nieder, und wann immer sie stolperten, trieb der Peitschenmann sie voran.

Dann, als sie nicht mehr aufstehen konnten, schlug er ihnen den Schädel ein. Er war sehr grausam und genoß es, den nächsten Mann das Grab für jenen schaufeln zu lassen, welcher ihm am Tag zuvor Unterhaltung verschafft hatte.«
»Wie bist du entkommen?«
»Als mir der Peitschenmann am letzten Tag die Nahrung brachte, war er dumm genug, dazubleiben, um mich zu verspotten: Er sagte, da niemand mehr übrigbleibe, um *mein* Grab zu schaufeln, müsse ich diese letzte Höflichkeit von den Geiern erbitten. Ich lag auf etwas schmutzigem Stroh in der Ecke. Der Raum war dunkel, denn das einzige Licht fiel durch die halboffene Tür. Er dachte, es sei eine gute Geste, mir den Fraß ins Gesicht zu schütten, und er beugte sich über mich, um sich seines Zieles zu vergewissern ... Seinen Hals unter meinen Fingern zu spüren fühlte sich für mich besser an als Brot für einen Verhungernden. Seine Zunge sah so groß aus wie die eines Kalbes, als sie aus seinem Munde herausplatzte. Ich bog seinen Nacken zurück, bis ich das Genick brechen hörte, auf daß meine Tat richtig vollendet war.

Ich kehrte nicht in die Schakalprovinz zurück. Ich traue dem Nomarchen nicht: Er würde es nicht wagen, mich zu schützen, wenn er wüßte, daß ich den Diener eines Aufsehers getötet hatte. Und in meinem eigenen Dorf würden die Soldaten des Pharao nach mir suchen. Aber Roidahn wird wissen, daß ich recht getan habe, nicht wahr? Ich nahm nur ein Leben im Austausch gegen vier. Und ich gab ihm einen raschen Tod ... hatte auch keine andere Wahl. Es war ein gutes Geräusch, das Knacken seines Nackens ... fast so laut wie das Knallen seiner eigenen Peitsche.«

Ich brachte ihn zu dem Haus, in dem die Neuankömmlinge in Hotep-Ra untergebracht waren, bis ihnen eine Arbeit zugeteilt wurde. Ich brachte ihn dazu, zwei in Ziegenmilch geschlagene rohe Eier zu essen, und setzte mich dann zu ihm, bis er eingeschlafen war.

Dann ging ich hinunter zum Landungssteg, zu sehen, ob Roidahns Barke mittlerweile in Sicht wäre. Es kam gerade um die Flußbiegung, und wenig später begrüßten wir einander. Er hatte einen Brief von Kiyas und einen von meinem Vater mitgebracht, doch bevor ich sie las, erzählte ich ihm von dem bei uns Schutz suchenden Neuankömmling.

»Er heißt Ken-han«, sagte ich. »Er hat hier einen Verwandten und weilte einst ein oder zwei Tage bei ihm, als er durch die Provinz reiste. Er gehört in die Schakalprovinz, fürchtet sich jedoch, dorthin zurückzukehren.«

»Ich fürchte, es wird nötig werden, den Schakal zu beseitigen«, sagte Roidahn nachdenklich. »Er wird sich zu uns gesellen, wenn die Zeit kommt, doch nur weil er denkt, er werde in der Versammlung der Nomarchen mehr Macht haben als gegenwärtig. Sein Sohn, falls er sich völlig von seiner auf der Löwenjagd erlittenen Verletzung erholt, könnte sein Amt übernehmen, obwohl ich höre, daß der Verlust seines Fußes seine Urteilssprüche beeinträchtigt. Hanuk sagte, bei ihrem letzten Zusammentreffen sei er verbittert gewesen und geneigt, Ra die Schuld zu geben, daß der Schaft seines Speers gebrochen war. Er sagte — ich glaube, es sollte als Witz gemeint sein —, daß ›Seth für seine Gefolgsleute bessere Waffen macht.‹ Ein Nomarch, dessen Volk nicht zu ihm kommt, wenn es in Nöten ist, ist ohne Segen, gleichwie Eltern, deren Kinder ihnen nicht vertrauen können.«

»Dann wirst du Ken-han nicht fortschicken?«

»Nicht, bis es anderswo etwas Besseres für ihn zu tun gibt. Es wäre vielleicht weiser gewesen, den Peitschenmann nur bewußtlos zu schlagen, ohne ihm gleich das Genick zu brechen, doch weder du noch ich vermögen dies jetzt schon zu beurteilen. Ich würde es davon abhängig machen, ob der Peitschenmann den Befehlen aus Angst und Unwissenheit Folge leistete oder ob er die Macht genoß, die ihm sein häßliches Amt verlieh.«

»Er hätte Ken-han das Essen nicht ins Gesicht schütten müssen«, sagte ich, »noch hätte er sagen müssen, sein Grab würde nur im Bauche eines Geiers sein!«

»Das hast du mir nicht erzählt, Ra-ab. Ich muß dir einprägen, daß es gerade solche Einzelheiten sind, die einen in die Lage versetzen, sich eine genaue Meinung zu bilden. Der Peitschenmann überschritt seine Pflicht und trieb Spott mit einem, den er für hilflos hielt. Daß der andere *nicht* hilflos war, betrachte ich als treffliches Beispiel höherer Gerechtigkeit.«

»Ich denke, Ken-han könnte Unruhe stiften unter den anderen, die noch nicht ganz verstehen, daß wir auf den richten Augenblick warten müssen, bevor wir zur Tat schreiten. Er murmelte immerzu vor sich hin: ›Roidahn muß sofort handeln. Wir können die Dinge nicht länger so weiterlaufen lassen.‹ «

»Ich werde mit ihm sprechen, wenn er ausgeruht hat«, sagte Roidahn. »Es ist unmöglich, sich ernsthaft mit einem Manne zu besprechen, dem es an Schlaf oder an Speise mangelt.«

Wege zum Horizont 161

Ein paar Tage später sagte Roidahn zu mir: »Du hattest recht mit dem Gedanken, Ken-han würde versuchen, Unzufriedenheit zu verbreiten. Er hat eine Gefolgschaft von zwanzig eher ungeduldigen Neuankömmlingen versammelt und droht sogar, uns zu verraten, sollte ich nicht den Befehl zum sofortigen Handeln geben.«
»Werden wir sie gefangensetzen müssen?«
»Ich halte das für sehr unwahrscheinlich, Ra-ab. Wenn die AUGEN DES HORUS unfähig sind, auf jene Einfluß zu nehmen, welche sich schon zu den Wächtern gesellt, so können wir wohl kaum Weisheit genug besitzen, Ägypten zu regieren. Ist es nicht viel unwahrscheinlicher, Ra würde es *zulassen*, daß man uns verrät, es sei denn, wir wären der Auslegung seiner Gesetze unwürdig? Sage Ken-han, er solle seine Freunde heute abend hierher bringen, damit ich die Angelegenheit mit ihnen besprechen kann.«

Roidahn begrüßte sie am Abend höchst freundschaftlich und bestand darauf, daß der Reihe nach jeder einzelne von ihnen genau darlegte, warum er die Zeit zum Handeln für reif hielt. Dabei wurde immer offensichtlicher, daß zwar die meisten von ihnen aufrichtig wünschten, die Lage ihrer Landsleute so bald wie möglich zu verbessern, doch hatten sie auch ihre Schwierigkeiten, zu lernen, ein Wächter zu sein. Ihre Treue zu Roidahn war jedoch stark genug, um nichts ohne seine Zustimmung tun zu wollen, und ich sah, daß sie ihm gehorchen würden, wenn er ihnen einen klaren Befehl erteilte, selbst wenn sie es vielleicht unwillig taten.

Nachdem der letzte von ihnen seine Worte beendet hatte, begann Roidahn:
»Ihr seid gekommen, zu fordern, daß die Wächter endlich gegen die Unterdrücker marschieren, und sagt, daß Männer mit Mut nicht auf den Anbruch des Neuen Morgens warten können, während Blut nach Vergeltung schreit. Ihr seid frei, eure eigene Wahl zu treffen, denn obwohl manche von euch noch Fesseln trugen, als sie nach Hotep-Ra kamen, seid ihr nun stark genug geworden, um euch selbst als freie Männer zu wissen, deren alte Fesseln wie Kränze verdorrten Grases zersprungen sind. Ich habe euch nie gebeten, eure Freiheit durch einen Treueschwur mir gegenüber einzuengen, noch werde ich euch jemals um einen solchen Eid bitten. Ist es für einen Mann, der aus dem Schatten hervorgetreten ist, notwendig, zu erklären, daß die Sonne auf ihn scheint? Ihr habt Gelegenheit gehabt zu sehen, wie die Menschen in der Oryx leben. Wenn ihr denkt, ihr wäret in einem

anderen Teil Ägyptens glücklicher, so geht dorthin und lebt in Frieden.«

»Es ist nicht so, daß es uns hier nicht gefällt«, sagte Ken-han. »Nur wollen wir nicht in Sicherheit sein und doch wissen, daß unsere Freunde immer noch unterdrückt werden. Es ist für Euch schon recht zu sagen: ›Wartet‹, doch was würdet Ihr empfinden, wenn *Ihr* jeden Tag ausgepeitscht werden würdet?«

»Zuweilen ist es *keineswegs* leicht, zu sagen: ›Wartet‹. Ich kann dir versichern, daß ich mir oft die Befriedigung gewünscht habe, die du hattest, als du dem Peitschenmann das Genick brachst. Aber was wäre, wenn ich tausend Peitschenmänner getötet hätte? Bis Peitschenmänner nicht mehr nötig sind, wären jede Menge anderer bereit, deren Platz einzunehmen. Ich schule euch nicht darin, gegen Menschen zu kämpfen, sondern gegen die Furcht. Die Furcht muß aus Ägypten verbannt werden, bevor es Frieden geben kann.«

»Laßt uns *jetzt* zuschlagen, bevor die Furcht noch stärker wird!«

»Du würdest die Menschen nur dazu bringen, vor *dir* Angst zu haben. Würde es Seth weniger stark machen, wenn du ihn mit *anderem* Blut nährtest? Schafe folgen dem Leitbock mit der Glocke um den Hals, selbst wenn er sie zum Schlächter führt. Du möchtest losziehen und den Leitbock töten und die Herde so ohne Führung lassen. Hast du die Geschichte von den Schafen vergessen, die ihren eigenen Leitbock töteten und sich dann voller Entsetzen zusammenduckten, als sie das Keuchen des Leoparden vernahmen? Sie fürchteten sich, weil sie führerlos waren und nicht wußten, in welche Richtung sie rennen sollten. Als sie die ihnen vertraute Glocke hörten, waren sie begierig, ihr zu folgen ... sie meinten, daß diese sie nun auf eine ruhige Weide führen würde. Vielleicht erinnerst du dich, daß die Glocke um den Hals des Leoparden hing, der ihnen nachstellte. Er war ein findiges Tier und hatte diese einfache Art ersonnen, sie zum Eingang seiner Höhle zu führen, wo er sie leichterdings verschlingen konnte.

Du bittest mich um Erlaubnis zu tun, was du als notwendig erachtest. Wenn du einem Mann begegnest, der sich für blind hält, weil seine Augen verbunden sind, würdest du ihn dann an der Hand führen oder hießest du ihn seinen Verband abnehmen, um selbst zu sehen? Jeder von euch hat sich eine andere Augenbinde abgenommen, und doch erwartet ihr von mir, ich solle sagen, daß eure Augen mir gehören und daß ihr sie nicht benützen sollt ohne meine Erlaubnis. Nur jene, die blind sind, sind es zufrieden, einer Stimme zu folgen, die sie nicht verstehen — doch ihr seid freie Männer und müßt eure eigene Wahl treffen. Vielleicht kann ich weiter sehen als ihr, so hört mir ein wenig länger zu, bevor ihr euch entscheidet.

Wir wollen solch geringfügige Dinge vergessen wie die Tatsache, daß das Heer der Oryx nur tausend Mann zählt und die anderen südlichen Provinzen noch nicht bereit sind, ihre Krieger zur Verstärkung der unseren zu senden. Laßt uns einmal davon ausgehen, daß jeder unserer Krieger die Stärke von tausend hätte und daß sie unter deinem Befehl stünden: Würdest du sie anweisen, jeden Beamten zu töten, jeden Aufseher, jedes Dorfoberhaupt in Ägypten?«

»Nicht alle«, antwortete Ken-han. »Nur jene, welche die Leute unterdrückt haben.«

»Du betrachtest dich als gerechten Richter all der Tausende, die ein Amt unter dem Pharao innehaben? Welche von ihnen sollen zum Tode verurteilt werden, wer sollte verbannt, wem erlaubt werden, sein Amt weiter auszuüben, wessen Macht sollte beschränkt werden?«

»Nein, natürlich nicht«, sagte Ken-han, noch widerstrebend. »Ich habe Euch jedoch von einem Aufseher erzählt, und jeder meiner Freunde hat Euch von einem oder zwei weiteren berichtet.«

»Ich weiß, darum bist du hier. Bitte denke nicht, daß ich deine Hilfe unterschätze. Jeder von euch hat mir einen Beweis geliefert, den ich brauchte. Aufgrund dessen, was ihr mir erzählt habt, war ich in der Lage, dreiundvierzig Männer gerecht zu beurteilen. Einige von euch sehen überrascht aus! Meint ihr, ich habe eure Geschichten vergessen und keine Schritte unternommen, die Weisheit eures Urteils zu bestätigen? Dreiundvierzig Namen wurden meiner Liste hinzugefügt, drei von ihnen — ich werde euch noch nicht sagen, welche — werden in ihrem Amt bleiben, da ihr unter ihnen nur gelitten habt, weil sie die gegenwärtigen Gesetze befolgten, und nicht, weil sie ihre Machtstellung mißbrauchten. Wenn die neuen Gesetze in Kraft getreten sind, werden sie dafür sorgen, daß sie treulich ausgeführt werden. Von den übrigen werden fünf aus Ägypten verbannt werden, zwölf werden geringere, ihren Fähigkeiten entsprechende Stellungen erhalten, und die anderen werden den Platz tauschen mit jenen, die unter ihrer Aufsicht arbeiteten.

Wenn ihr jetzt handelt, werdet ihr nur eine Schicht gegen die andere aufhetzen: die Regierenden gegen die Regierten, die Reichen gegen die Armen, Krieger gegen Feldarbeiter. Wenn das euer Plan ist, solltet ihr dann nicht gleich anfangen und *mich* töten? Ich bin einer der

Vornehmen und hatte Reichtum genug, um dieses Dorf, in dem ihr derzeit alle lebt, zu bauen und dieses Haus zu besitzen, in dem wir jetzt dieses Gespräch miteinander haben. Oder würdet ihr es vorziehen, Ra-ab zu töten, der neben mir sitzt? Ist er nicht der Sohn des Nomarchen, welcher den Pharao repräsentiert?«

Roidahn blickte jeden der Reihe nach an. »Will mich keiner von euch töten? Seid ihr damit eurem Ziel nicht untreu? Nieder mit der herrschenden Schicht! Was spielt es für eine Rolle, welche Art von Männer sie sind?«

Ken-han errötete, und die anderen grinsten angesichts seiner Verlegenheit.

Roidahn wandte sich mir zu: »Es scheint, Ra-ab, man will uns erlauben, noch ein wenig zu leben.«

Dann zu den anderen gewandt: »Der Anbruch des Neuen Morgens wird in dem Augenblick kommen, in dem die Wächter genug wissen, um die Herzen all jener zu wägen, die Macht innehaben, und — noch wichtiger — sobald sie imstande sind, dieses morsche Holz im Hause Ägyptens durch gesundes Bauholz zu ersetzen. Jeder von euch wird dann bereit sein, seinen Platz in den Zwei Reichen entsprechend der eigenen Weisheit einzunehmen, so wird aus Chaos Ordnung und aus Drangsal Frieden entstehen. Wir sind hier, die Menschen zu lehren, den Horizont zu sehen, zu dem wir alle unterwegs sind. Wenn sie nicht mehr durch Täuschungen geblendet sind, werden sie wissen, daß die Wege der Erde von Menschen bevölkert sind, die in gegensätzliche Richtungen gehen wollen, die einander bis zum letzten bekämpfen, nur weil sie nicht zu sehen vermögen, daß alle Wege zum Horizont führen und Menschen, die ihnen folgen, nie miteinander in Gegensatz geraten können.

Jene unter euch, die noch immer wollen, daß wir gegen die anderen siebzehn Provinzen marschieren und allen den Tod geben, die ein Amt unter dem Pharao innehaben, tut dies jetzt kund.«

Doch niemand sprach einen solchen Wunsch aus. Denn Roidahn hatte ihnen gezeigt, daß der Mensch im Namen der Schöpfung nicht zerstören und im Namen des Friedens kein Blut vergießen kann.

Die Göttin der Frauen

ERST MEHRERE MONDE später fand ich mich im Schlafe wieder am Ufer des Flusses. Der Kahn wartete auf mich, und als ich ihn bestiegen hatte, glitt er im dunklen Wasser davon. Wieder zogen sich die Nebel, welche die ferne Uferseite verhüllten, zurück, um vor dem Bug klare Sicht freizugeben.

Dieses Mal wartete niemand im leuchtenden Land jenseits des Flusses auf mich. Statt der Allee mit den dunklen Bäumen lag eine weite Grasebene voller kleiner Blumen vor mir, die wie ein Mosaik auf dem Malachitboden eines Gemaches aussahen. Dann sah ich einen Pfad, auf dessen glatter weißer Oberfläche die Hufabdrücke einer Oryxantilope zu sehen waren. Ich wußte, daß ich ihnen folgen mußte, und obwohl ich eine große Strecke Weges zurücklegte, hatte ich kein Gefühl von Zeit und ermüdete nicht.

Der Pfad führte mich zu einem Teich mit klarem Wasser, an dem eine weiße Oryxantilope trank. Sie hob ihren Kopf, mich zu beobachten, als ich näher herankam. Ich versuchte, sie zu berühren, doch sie war immer gerade außerhalb meiner Reichweite. Sie scharrte mit ihrem Vorderlauf auf dem Boden, und ich sah, daß im Staub Schriftzeichen erschienen waren. Obwohl mir diese vertraut vorkamen, vermochte ich nicht, sie zu entziffern. Die Antilope beobachtete mich, als sei sie angesichts meines langsamen Begreifens ungeduldig. Mit all meinem Willen versuchte ich zu verstehen, was sie mir sagen wollte ...

Sie galoppierte davon, doch nun war es seltsam leicht, mit ihr Schritt zu halten. Das junge Gras flog schneller dahin als Wasser unter unseren geschwinden Hufen. Ich lief nicht mehr mit ungeschickten menschlichen Füßen. Der Wind sang in meinen gebogenen Hörnern, und meine Nüstern sogen Düfte, welche ich nie zuvor gekannt, freudig ein. Nun ließ sie mich herankommen, und Seite an Seite knabberten wir an den zarten Trieben eines jungen Dornbusches. Sie sprach:

»Zuerst dachte ich, du seist zu stolz darauf, Mensch zu sein, um es auch nur für kurze Zeit abzustreifen.«

Verblüfft hob ich den Kopf und hielt im Abzupfen eines neuen Blattes inne. Statt der Antilope stand lachend das Mädchen neben mir. Sie sagte: »Was wäre, wenn du vergißt, wie du dich wieder zurückverwandeln kannst? Werde ich alle Ewigkeit als Hirtenmädchen einer einsam herumstreifenden Antilope verbringen? ›Ra-ab‹ ist ein lustiger Name für eine Antilope! Ich werde sehr gut zu dir sein und jeden Tag eine frische Weide finden, oder soll ich deine Hörner schmücken und eine Girlande winden, an der ich dich führen kann?«

Sie tätschelte mich und kraulte mich dann zwischen den Hörnern — für den Moment war es noch angenehm, eine Oryxantilope zu sein. Sie lachte: »Armer Ra-ab, er hat vergessen, wie er sich wieder zurückverwandelt! Was werden sie sagen, wenn du zur Erde zurückkehrst? Glaubst du, sie werden dich erkennen, oder werden sie dich aus dem Haus scheuchen und um Ra-ab wehklagen?«

Ich war sprachlos, verängstigt und verwirrt. Ich streckte meine Vorderläufe aus, in der Hoffnung, sie als Hände zu finden, doch sie waren immer noch Hufe, schwarz und spitz zulaufend. Es machte keine Freude mehr, zu galoppieren oder an saftigen Blättern zu zerren. Das Mädchen mußte meine Angst gesehen haben, denn sie kniete nieder und legte ihre Arme um meinen Hals. »Arme kleine Antilope, ich war grausam, mich über dich lustig zu machen! Es ist leicht, wieder Ra-ab zu sein. Mache es auf die gleiche Weise, wie du zu einer Antilope geworden bist. Du bist ein Mensch, wie *kannst* du da eine Antilope sein? *Denke* dich selbst als Ra-ab! Ra-ab ist ein Mann und größer als ich es bin ...«

Plötzlich sah sie zu mir auf, statt neben mir zu knien, und die Hände auf ihrer Schulter waren meine Hände. Sie entwand sich mir, um auf den Boden um uns herum zu zeigen, der mit schmalen Hufabdrücken bedeckt war.

»Du hast dieses Spiel nicht gemocht, Ra-ab, schau, ich werde tun, als ob wir es nie gespielt hätten.« Sie breitete ihre Hände aus, und die Abdrücke verschwanden. Und der Pfad, auf welchem wir gekommen, sich weit dahinziehend bis zu dem Platz, wo der Kahn darauf wartete, mich aus meinem Traum zurückzutragen, verschwand, als ob das Gras über eine Sandbank dahinfließendes Wasser wäre.

Dann nahm sie mich bei der Hand und hieß mich meine Augen schließen. Als ich sie wieder öffnete, standen wir am Eingang einer

Die Göttin der Frauen 167

Hütte am Rande eines kleinen Dorfes. Ich hörte das Schluchzen einer Frau. Aus der Tür trat ein Mann, der einen dünnen, biegsamen Stock trug, das Stockende war ausgefranst und troff von Blut. Er schien uns nicht zu sehen, bis das Mädchen mir sagte, ich solle nun ihr Tun beobachten. Sie trat vor und zog ihm den Stock aus der Hand. Nun war sie kein Mädchen mehr, einen halben Kopf kleiner als ich. Sie war eine Frau, mehr als sechs Ellen groß, und trug das grobe Gewand der Feldarbeiter. Der Mann wich vor ihr zurück, seine Hände hebend, als wolle er seinen Kopf vor einem Schlag schützen. Sie ergriff die Hände des Mannes mit einer Hand und schleppte ihn zur Hütte zurück. Es schien, als seien seine Hände mit Stricken zusammengebunden; er kämpfte, konnte sich aber nicht befreien. Dann schleuderte sie seine Hände gegen die Türpfosten, und dort blieben sie, als ob sie an den Holzbalken festgebunden wären.

Ruhig und leidenschaftslos begann sie, ihn zu schlagen, und die Haut seines Rückens brach auf in Striemen, eine nach der anderen vom Nacken bis zu den Schenkeln. Er schrie wie ein Tier in der Falle, doch fand ich nichts Furchtbares daran, meine sonst so sanfte Geliebte solch bittere Strafe austeilen zu sehen.

Die Schläge waren beendet, sie brach den Stock in sieben Teile und warf sie zu Boden. Da, wo sie hinfielen, sprangen sieben Korbweiden hervor, jede von ihnen trug eine Vielzahl von Stöcken von der Art, die sie benutzt hatte. Er sackte im Türeingang zusammen, auf die sieben Bäume und die Frau, welche zwischen ihnen stand, starrend.

Dann sprach sie: »Du hast deine Stärke gegen die Frau eingesetzt, welche zu schützen du ihm Namen der Götter gelobt hast. Nun hast du erfahren, daß die Göttin der Frauen stärker ist als ein Mann. Du hast den Schmerz gespürt, den dein Stock bringt, und im Namen deines Eheweibes wurde er in sieben Teile gebrochen, und aus diesen sind sieben Bäume hervorgesprossen. Betrachte sie dir gut und sieh, wie aus ihren Ästen viele Stöcke erwachsen und daß, wenn einer abgeschnitten wird, an seiner Stelle zwei nachwachsen. Wisse auch, daß ich, obwohl ich dich geschlagen habe, nicht müde bin und daß der Stock, den ich benutze, seine Kraft niemals verliert: Er verschwindet nur, wenn er nicht mehr gebraucht wird. Die Tränen deines Weibes werden diese Bäume schnell wachsen lassen, und sollte sie wegen dir weinen, dann werde ich auf ihre Stimme antworten, so gewiß wie ein Echo. Erinnere dich an meine sieben Bäume, und überlege es dir gut, bevor du dem Hunger nachgibst, der von ihren Früchten gestillt werden wird — denn die Gier nach Macht ist bittere Speise. Hier sollen diese Bäume bleiben, und nur wenn das Herz deines Weibes sich wieder erfreut, sollen sie vergehen, auf daß du im Schlafe von ihnen unbeschattet wandeln mögest.«

Ich wollte sie noch andere Magie ausüben sehen, doch sie sagte, es sei für uns nun fast wieder Zeit zum Erwachen. Ich dachte, ich würde mich im Kahn stehend wiederfinden und sehen, wie die dunklen Klippen näherkämen, während der Nebel sich verdichtete, um sie vor mir zu verbergen. Doch sie sagte, wir hätten noch Zeit zum Sprechen. Einen Moment lang verschwand sie und war dann wieder neben mir. »Es tut mir leid, ich mußte einen Augenblick weggehen«, sagte sie. »Jemand öffnete die Fensterläden, das Sonnenlicht fiel direkt auf mein Gesicht und ließ mich die Augen öffnen. Aber ich habe das Bettuch hinaufgezogen und bin wieder eingeschlafen.«

»Wie kannst du dich so leicht verwandeln? Ich glaube, ich wußte es einmal, ich habe es aber vergessen.«

»Natürlich wußtest du, wie es geht, es ist nur Ra-ab, der sich seiner selbst nicht sicher ist. Ich weiß, wie sich das anfühlt, zu wissen und sich doch nicht daran zu erinnern. Sie bringen mir bei, die Harfe zu spielen. Ich werde so wütend, wenn meine Finger ungeschickt sind, denn ich weiß, daß die Saiten ihnen einst gehorchten ... wenn auch die Harfe, die ich spielte, vier statt fünf Saiten hatte. Es ist so verdrießlich, Dinge, die man sonst wußte, lernen zu müssen, nur weil man wieder geboren wurde. Immerhin dauert es hier wenigstens nicht gar so lange wie da unten.«

»Sage mir doch bitte rasch, bevor du aufwachst, wie kann ich mich selbst groß machen oder in eine Antilope verwandeln?«

»Einfach indem du denkst, du *bist* eine Antilope. Denke dich jetzt in eine Antilope.«

»Nein, das werde ich nicht. Du könntest mich verlassen, wenn ich vergessen sollte, wie ich mich wieder zurückverwandeln kann.«

»Gut, dann mache dich zweimal so groß, wie ich es bin.«

»Wie kann ich wissen, daß nicht du es bist, die sich kleiner macht?«

»Ra-ab, du bist aber *sehr* schwierig!«

»Ich werde fleißig üben, so daß ich, wenn wir uns das nächste Mal treffen, genausogut bin wie du.«

»Du fängst vielleicht besser mit Dingen außerhalb von dir selbst an. Ich meine, das wird dir leichterfallen. Ich begann in dieser Weise: Sie verriegelten stets die Türe zu meiner Kammer, weil ich nachts

Die Göttin der Frauen 169

allein herumwanderte, wo ich doch im Bett bleiben sollte. Und vor dem Fenster waren Gitterstäbe, so daß ich auch hier nicht hinauskonnte. Also wollte ich, es sei eine Türe in der Wand, von der niemand außer mir wußte, und die sich auf mein Geheiß öffnen würde. Dies wurde meine liebste Vorstellung beim Einschlafen. Sehr bald konnte ich einen dünnen Riß sehen, wo sie in der Wand sein sollte. Dann dachte ich noch fester daran, und Nacht für Nacht wurde der Riß größer, bis ich durch ihn hindurchschlüpfen konnte. Dann dachte ich, es wäre lustig, wenn er in einen Garten führte, statt in den Hof, und das nächste Mal, als ich durchschlüpfte, war es so! Das Wasser im Teich, den ich mir machte, war warm und lud zum Schwimmen ein, obwohl es Winter war und die Nächte kalt. Dann machte ich Trauben an die Weinstöcke, als ich sah, daß sie noch keine Beeren trugen. Und ich ließ Geißblatt wachsen, das die Säulen im Innenhof hinaufkletterte, und Veilchen bedeckten den steinernen Boden. Ich kann mich nicht daran erinnern, wie lange es dauerte, bis ich mir Menschen in verschiedenen Gestalten erdachte. Ich hatte eine gräßliche Amme — nun ist sie wenigstens nur meine Dienerin, doch früher war sie meine Amme —, sie riß stets an meinen Haaren, wenn sie sie bürstete. Sie war zu stolz auf ihr eigenes Haar, um je eine Perücke zu tragen. Ich erdachte sie mir glatzköpfig, nicht nur rasiert wie ein Priester, sondern glänzend wie ein Entenei. Zuerst dachte ich, sie sei nur jemand, den ich erfunden hatte, aber als sie anfing, zu jammern und kreischen, wußte ich, daß sie *wirklich* war. Ich bin mir fast sicher, daß sie sich auch daran erinnerte, obwohl sie vorgab, nicht an Träume zu glauben, denn am nächsten Morgen hörte ich sie immer wieder einen Bannspruch gegen Glatzköpfigkeit wiederholen, und ihre Haare waren ganz fettig von etwas, was sie hineingerieben hatte.

Danach habe ich viele Leute verwandelt, aber niemanden in gräßliche Dinge — es sei denn, sie waren zuerst zu mir gräßlich gewesen. Da gab es einen kleinen verkrüppelten Knaben, der immer vor der Kupferschmiede im Staub saß und um Speise bettelte. Ich ging zu ihm, als er schlief, und er saß immer noch da. Er dachte, er würde immer verkrüppelt sein, daher *war* er es, sogar wenn er im Schlafe seinen Körper zurückließ. Ich machte ihn stark und schön und sogar glücklich, während er schlief; und dies schien ihn sogar am Tage zu verändern. Ich wollte, daß er mit uns in unserem Hause lebte, aber sie ließen es nicht zu.

Dann dachte ich daran, mich selbst zu verwandeln. Ich begann mit

kleinen Dingen, wie der Farbe meines Haares, oder ich ließ mich erwachsen aussehen, obwohl ich erst acht Jahre zählte. Dann zeigte mir jemand andere Wege, diese Art von Magie zu benutzen, und nach einer gewissen Zeit war es genauso einfach, mein Aussehen zu verändern, wie ein anderes Gewand anzuziehen. Ich habe mich nur in eine Antilope verwandelt, um dich zu überraschen.« Sie brach ab. »Du mußt zu dem Kahn zurückkehren. Ich muß nun gehen ...«
Und ich war allein in meiner Kammer in Hotep-Ra.

Tochter des Hasen

ALS ICH SPÄTER an diesem Morgen zu Roidahn ging, fand ich ihn beim Studium einiger Pläne, die ein neuer Baumeister für ein Dorf entworfen hatte, das im Westen von Hotep-Ra gebaut werden sollte. Er sah auf, als ich eintrat. »Ich habe Nachrichten von deinem Vater, Ra-ab. Er möchte, daß du für ein paar Tage nach Hause kommst, doch du brauchst nicht vor Neumond abreisen.«

Ich war überrascht, da Vater gewöhnlich solche Botschaften direkt an mich sandte. »Ich frage mich, warum er mich bei sich haben möchte?«

»Das kann ich dich wissen lassen, obwohl ich denke, er würde es vorziehen, es dir selbst zu sagen.«

»Ist irgend etwas geschehen?« Und dann fügte ich hinzu, vielleicht weil ich immer noch an das Mädchen jenseits des Flusses denken mußte: »Hat Kiyas beschlossen zu heiraten?«

»Nein, wenn auch die Frage der Vermählung seiner Kinder deinen Vater derzeit zu beschäftigen scheint.«

»Du meinst — mich?« Er nickte, und ich fuhr fort: »Nun gut, so muß ich nicht heimkehren, um es noch einmal mit ihm zu besprechen. Er hat die Frage angesprochen, bevor ich hierher kam, und ich habe ihm gesagt, daß ich bereits wüßte, wen ich heiraten werde, und es also sinnlos sei, eine Verbindung für mich zu planen.«

»Ra-ab, warum hast du mir nie erzählt, daß du verlobt bist? Du bist wie ein Sohn für mich geworden, und ich würde deine Braut gerne als Tochter willkommen heißen!«

Dann erzählte ich ihm von dem Mädchen, und wie wir uns liebten, obwohl wir uns auf der Erde seit unserer Geburt noch nicht begegnet waren. Es war viel leichter, es in Worte zu fassen, als es bei Vater der Fall gewesen war oder selbst bei Kiyas ...»*Du* verstehst, nicht wahr, Roidahn?«

»Natürlich«, sagte er. »Selbst das wenige, was Dardas dir erzählte, sollte reichen, um dir zu zeigen, daß ich nichts Sonderbares an einer Wiedervereinigung von Freunden finde, welche sich vielleicht mehrere Jahrhunderte nicht gesehen haben.«

»Wirst du Vater also sagen, daß es keinen Sinn hat, daß ich zu ihm gehe, es mit ihm zu besprechen?«

»Ich fürchte, das kann ich nicht: Er hatte seine Pläne bereits geschmiedet, bevor er nach dir schickte.«

»Dann wird er sie wieder *umstoßen* müssen! Er heiratete eine Frau, die er wirklich liebte, und ich werde nicht alles, woran ich glaube, verraten, nur weil er eine Verbindung mit einer angrenzenden Provinz für vorteilhaft hält!«

»Du hast mir erzählt, daß du weder den Namen noch die Herkunft von ihr, die du liebst, kennst.«

»Das stimmt, aber ich werde sie erkennen, sobald wir uns begegnen. Ich kann es nicht beweisen. Es gibt sehr wenige Wirklichkeiten, die man beweisen *kann*, außer im eigenen Herzen. Du meinst doch gewiß auch nicht, daß ich die Frau, die ich liebe, verraten sollte?«

»Hast du die Geschichte des Mannes vergessen, der von einem goldenen Skarabäus träumte, auf dem sein Name stand? Im Traum wurde ihm gesagt, er würde ewig jung bleiben, wenn er einen solchen Skarabäus an einem Lederriemen um seinen Hals trüge. Er machte sich auf, verließ sein Haus und reiste in ferne Länder, doch er fand den Skarabäus nie, obwohl er sein Leben auf der Suche nach ihm verbrachte. Einst war er reich gewesen, doch sein ganzer Reichtum wurde für seine vielen Reisen ausgegeben, und als er schließlich heimkehrte, war sein einziger Begleiter ein alter Jagdhund. Sein Haus war verfallen, doch eine Kammer stand noch. In der Ecke war etwas schmutziges Stroh, und dort verkroch er sich mit seinem Hund zum Schlafen. In der Nacht hörte er den Hund im Lehmboden kratzen, und er spürte etwas wie einen glatten Kiesel gegen seine Hand rollen. Er ergriff ihn, war aber zu schläfrig, um seine Augen zu öffnen und ihn anzuschauen.

Am nächsten Morgen hörte die Frau aus dem benachbarten Haus den Hund heulen und ging hinüber, um nachzusehen, was es gab. Sie fand den alten Mann, welcher im Schlafe gestorben war, und in seiner Hand lag der Skarabäus, den er so lange gesucht hatte: Fünfzig Jahre lang war er unter dem Boden seines eigenen Hauses vergraben gewesen. Ihm war nie gesagt worden, daß der größte Schatz oft im eigenen Heim gefunden werden kann.«

»Du meinst, ich sollte zurückkehren, um bei Vater zu bleiben, bis die von mir Geliebte kommt und mich dort findet? Ich sagte ihr, ich werde nach ihr suchen, und sie wird auf mich warten.«

»Ich habe nie gesagt, du solltest nicht suchen, wenn es notwendig ist«, entgegnete Roidahn. »Ich meine nur, daß es manchmal weiser ist, zuerst an dem naheliegendsten Ort zu suchen. Dein Vater möchte, daß du die Tochter des Nomarchen der Hasenprovinz heiratest, und aus diesem Grund hat er es eingerichtet, daß sie Kiyas besucht, um dir so eine Gelegenheit zu geben, euch ohne Förmlichkeit zu begegnen. Wenn sie nicht das Mädchen ist, das du liebst, hast du keinerlei Verpflichtungen, und wenn sie es ist — wirst du dich dann weigern, sie zu heiraten?«

Außer wenn es sehr heiß war, schlief ich selten während des Tages, doch als ich Roidahn verließ, ging ich in meine Kammer, schloß die Läden und legte mich auf das Bett. »Ich will von ihr träumen«, wiederholte ich wieder und wieder. »Sie muß mir sagen, ob sie die Tochter des Hasen ist, und ich muß mich an ihre Antwort erinnern.«

Schließlich fiel ich in Schlaf, doch ich wachte keineswegs weiser auf. Ich begann zu glauben, sie sei die Tochter des Hasen. Wie sie mich aufziehen würde, wenn ich ihr erzählte, daß ich mich geweigert hatte, sie zu treffen, als Vater es vorgeschlagen hatte! Vielleicht würde sie nicht glauben, daß ich jemals von ihr geträumt hatte. Hatte sie nicht gesagt: »Ich könnte auch so tun, als erkenne ich dich nicht?« ... Wenn ich ein Geschenk für sie anfertigen ließe, bevor wir uns jemals begegnen, könnte sie nicht anders als mir glauben! Niemand macht solch schöne Dinge wie Neku; ich werde augenblicklich zu ihm gehen und ihn bitten, ein Halsband zu entwerfen, so schön, daß es den Schmuck jeder anderen Frau übertrifft. Ich ging zu ihm.

Ich glaube, meine Begierde, die Zeichnungen zu sehen, mußte ihm gezeigt haben, daß es als ein Verlobungsgeschenk gedacht war. Die wie Strahlen auslaufenden Anhänger hatten die Form eines jungen zunehmenden Mondes und waren abwechselnd aus rotem und gelbem Gold. Jeder Anhänger trug an der Spitze eine goldene Oryxantilope, an der Schulter klein wie der Nagel meines kleinen Fingers und in der Mitte vielleicht dreimal so groß. Es rechtzeitig fertigzustellen schien beinahe unmöglich, obwohl sämtliche Schüler Nekus gemeinsam daran arbeiteten, doch am zehnten Tage war das Halsband fertig. Ich konnte es mitnehmen, als ich heimkehrte.

Ich hatte gedacht, daß die Tochter des Hasen nicht vor dem nächsten Tag ankommen würde, doch als mich Kiyas am Landungssteg abholte, sagte sie mir, daß unsere Gäste bereits da seien.

»Ich bin fast sicher, daß du sie mögen wirst«, sagte Kiyas. »Sie ist überhaupt nicht dick, und sie muß dich aufgezogen haben, als sie sagte, sie sei es vielleicht.«

»Dann glaubst du, sie *ist* das Mädchen, von dem ich träumte?«
Kiyas sah überrascht aus. »Ist sie es nicht? Ich dachte, sie müsse es sein, als ich hörte, daß du zugestimmt hast, nach Hause zu kommen und sie hier zu treffen.«

»Ich weiß nicht, aber ich bin sicher, daß ich sie erkennen werde, *wenn* sie es ist.«

»Ich denke, sie ist eher schüchtern, was die Begegnung mit dir anbetrifft. Sie wollte nicht mit mir zum Fluß kommen. Sie sagte, du würdest nicht gleich mit Besuchern überfallen werden wollen, wenn du gerade erst heimgekehrt bist.«

Kiyas und ich gingen gemeinsam zum Haus hinauf, und auf dem Weg zeigte ich ihr das Antilopenhalsband.

»Wie gut sie es hat, ein so schönes Geschenk zu bekommen«, sagte Kiyas ein bißchen neidisch. »Ich möchte wissen, ob ich jemals einen Ehegemahl haben werde, der so zuvorkommend ist, mir ein derartiges Geschenk anfertigen zu lassen, bevor er mich überhaupt gesehen hat! Wann wirst du es ihr geben? Heute abend, oder wenn ihr offiziell einander versprochen werdet?«

»Ich bin nicht sicher, ob ich es ihr *überhaupt* geben werde. Nur jene Frau, die ich liebe, wird es tragen, und wenn ich ihr niemals begegne, wird es mit mir in meinem Grabe beigesetzt werden.«

Später am Abend ging ich mit Kiyas den gleichen Weg, doch dieses Mal strebte ich dem Landungssteg zu.

»Du kannst so nicht weggehen!« sagte Kiyas. »Vater ist so zornig, er hat sich in den Papyrusraum eingeschlossen und will nicht herauskommen. Und ich denke nicht, der Hase *glaubte* deine Geschichte von einer dringenden Botschaft aus Hotep-Ra.«

»Es war die einzige Ausrede, die mir einfiel. Es tut mir leid, deinen schlauen Plan durchkreuzt zu haben!«

»Es war nicht mein Plan, es war Vaters Plan. Er sagte, du seist zu alt, um in eine Frau, die deine Phantasie erschaffen hat, verliebt zu sein, und dies läge nur daran, daß du niemals einer Frau begegnet bist, die zum Heiraten geeignet wäre — und wenn du es tätest, würdest du dich in sie verlieben. Wie konnte ich wissen, daß sie nicht die Frau war, die du wolltest? Ich dachte, du würdest sehr glücklich sein, und wenn du vermählt würdest, gäbe es eine Menge Festessen und du kämst nach Hause, statt in Hotep-Ra zu sein, und ich müßte nicht weiterhin in einem riesigen Haus mit einem alten Manne leben, der zuweilen so unwirklich ist wie ein Grabgemälde. Nun ist alles verdorben — nur weil sie nicht so ist, wie du sie dir vorgestellt hast!«

»Das ist nicht meine Schuld«, sagte ich verzweifelt. »Ich habe dir und Vater keinen Zweifel gelassen, daß ich meine Frau selbst finden werde. Warum hast du Roidahn glauben gemacht, daß kein Wort von Verlobung gesprochen worden sei und daß sie als dein Gast käme, so daß ich ihr zufällig begegnen könne? Wie meinst du, fühle ich mich: in eine Lage gebracht zu sein, wo ich mich wie ein unerzogener Flegel benehmen muß? Du und Vater und ihr Vater, alle tun, als seien sie nicht weiter beteiligt, und doch beobachten sie meine Begegnung mit dem Mädchen wie Vogelfänger, die zwei fette Vögel beobachten, welche ihnen gemeinsam ins Netz gehen!«

»Ra-ab, bitte, höre auf, dich wie ein Narr zu benehmen, und komm zurück ins Haus! Du *kannst* nicht so fortlaufen — bedenke, wie furchtbar ihr zumute sein wird.«

»Das bewegt *dich* — es ist aber nicht *meine* Schuld! Selbst wenn ihre Freunde wissen, daß dies ein Verlobungsbesuch sein sollte, wird sie ihnen sagen können, daß sie sich weigerte, Ra-ab Hotep zu heiraten, als sie sah, was für ein ungehobelter junger Mann er war. Natürlich wäre es dir lieber, ich heiratete sie, obwohl wir uns beide dadurch für den Rest unseres Lebens todunglücklich machen würden.«

»Du kannst einen wirklich wütend machen!« sagte Kiyas, die nun laufen mußte, um mit mir Schritt zu halten. »Sie ist ein sehr nettes Mädchen, und viel schöner, als ich erwartet hatte. Du kannst später doch eine Nebenfrau nehmen, wenn du willst!«

»Ich gehöre nun mal zu den AUGEN DES HORUS, auch wenn du

das vergessen zu haben scheinst«, sagte ich kalt. »Es wird von uns erwartet, daß wir ein Vorbild dafür geben, wie andere Menschen glücklich werden können. Wenn ich heirate — oder falls ich heirate — dann nur, wenn ich die Frau gefunden habe, mit der ich den Schwur des Neuen Namens ablegen kann. Eine Vermählung aus Vernunft mag bei vielen Menschen bewundernswert gelingen, doch ich bin keiner von diesen. Wenn du dir nichts Höheres vorstellen kannst, dürfte es völlig gerechtfertigt sein, daß du dir von Vater den passenden Mann aussuchen läßt. Doch ich kann etwas Höheres sehen. Wenn ich dennoch auf deinen kleinen Plan eingegangen wäre, so wäre dies schlimmer, als wenn ich mir mein Vergnügen mit einer fremdländischen Konkubine verschaffte, die die Gastlichkeit ihres Körpers jedem Manne schenkt, der sie bezahlt.«

Vor uns hörte ich Stimmen und wußte, daß wir nahe am Landesteg waren. Ich war froh, daß mein Diener meine Anordnungen so rasch auszuführen vermocht hatte. Das Boot lag offensichtlich bereit.

Kiyas blieb stehen. »Es ist wohl sinnlos, daß ich weiter mitkomme. Nichts, was ich sage, wird dich umstimmen?«

Plötzlich war ich nicht mehr zornig auf sie. Ich legte meine Hände auf ihre Schultern und sah nieder auf ihr Gesicht, blaß und ängstlich im Licht der Sterne. »Nein, Kiyas, ich muß gehen, es wird für uns alle leichter sein. Denke dir nach Belieben eine Entschuldigung aus. Sage, ich mußte wegen der Wächter abreisen. Es ist in gewisser Weise wahr, denn ich würde sie verraten, täte ich irgend etwas anderes.« Ich öffnete den kleinen Kasten, den ich in der Hand hielt. »Dieses Halsband werde ich überallhin mitnehmen, bis ich die einzige Frau finde, die es jemals tragen wird. Gib dich niemals mit einer geringeren Liebe zufrieden. Du und ich könnten so glücklich sein mit dem Menschen, der wirklich zu uns gehört, und keine Einsamkeit kann so furchtbar sein, als jene, mit einer Fremden, einem Fremden vermählt zu sein.«

»Bist du sicher, daß sie eine Fremde war?«

»Ganz, ganz sicher!«

»Dann bin ich froh, daß du fortgehst. Vergib mir, daß ich es dir so schwergemacht habe.«

»Das werde ich, wenn du mir etwas versprichst.«

»Was?«

»Daß auch du warten wirst, bis du deine Liebe findest.«

»Das verspreche ich«, sagte Kiyas.

Der Auftrag

DIE AUGEN DES HORUS, wenige an der Zahl, waren besonders darin geschult worden, den Charakter eines Menschen, vor allem eines Amtsinhabers, zu beurteilen, und es wurde ihnen auf vielfältige Weise beigebracht, wie man jene, welche gegen die Gesetze verstoßen hatten, am besten wieder auf den rechten Weg bringen konnte. In fast jedem Teil Ägyptens waren Wächter bereit, ein Amt zu übernehmen, wenn die Zeit gekommen war, doch in der Königlichen Stadt gab es immer noch viele, deren Charakter noch nicht geprüft worden war. Jene, die nach Anbruch des Neuen Morgens Nomarchen im Süden sein würden, gehörten alle zu der Hundertschaft des Horus, und diese würden gemeinsam mit Roidahn entscheiden, wer Pharao werden sollte. Es schien, daß die Wahl auf den Wesir Amenemhet fallen würde.

Ich war fast achtzehn, als Roidahn mir endlich sagte, daß ich nun bereit sei, die Rolle zu übernehmen, für die ich geschult worden war. Er zeigte mir eine Liste von vierzig Namen und sagte: »Amenemhet hat bereits selbst viele der Hofbeamten beurteilt, aber es gibt einige, wo ihm die Form des Umgangs es nicht ermöglicht, ihren Charakter einzuschätzen. Die Etikette des Hofes ist so starr, daß man in Gegenwart des Wesirs ebenso vorsichtig spricht wie in Gegenwart des Pharao. Er sagte mir, es wäre gut, wenn einer von uns, der kraft Geburtsrecht zu den Kreisen am Hofe Zugang habe und dort doch nicht so bekannt sei, als daß man sich zu einem Verbergen seiner Gedanken vor ihm bemüßigt fühlte, Bekanntschaft mit ihnen schlösse. Deshalb schicke ich dich in die Königliche Stadt, Ra-ab.«

Ich verbarg meine Überraschung und Freude und sagte: »Denkst du, daß ich, der noch nie außerhalb der Oryx war, dir genauso klug zu dienen vermag wie Hanuk?«

»Wenn ich das nicht täte, hätte ich Hanuk statt deiner geschickt.«

»Wer soll ich vorgeben zu sein?«

»Wer sonst, als du selbst?«
»Wie willst du es dann einrichten, daß ich jenen Leuten begegne, von denen du meine Meinung wissen möchtest?«
»Dies hat sich von selbst so geschmeidig ergeben, als hätte ich den Plan selbst geschmiedet: Die Schwester der Mutter deines Vaters heiratete einen Bewahrer des Elfenbeinsiegels unter dem letzten Pharao. Sie hatten einen Sohn namens Heliokios, der nun über sechzig Jahre zählen muß. Er hat keine Kinder, und vielleicht liegt es daran, daß er sich plötzlich an seinen entfernten jungen Verwandten erinnerte und einen Boten zu deinem Vater gesandt und vorgeschlagen hat, du könntest eine Zeit bei ihm in seinem Hause in der Königlichen Stadt weilen. Auch ist er ein Bewahrer des Elfenbeinsiegels, einer der vier, welche Recht sprechen im Namen des Pharao, wie du weißt. Heliokios ist kein Wächter, und er wird einer der vierzig sein, die du beurteilen sollst.«
»Soll ich also meinen eigenen Verwandten hintergehen?«
»Es ist nicht angenehm, Gastfreundschaft anzunehmen, wenn man als ›Spion‹ gesandt wurde; doch solltest du an deiner Urteilsberechtigung zu zweifeln beginnen, so denke an Neku, den Goldschmied, oder an Sesu, der nicht gehen kann, weil er als Kind so gnadenlos geschlagen wurde, nur weil er Brot stahl. Denke an Benti, die blind ist, weil sie gezwungen wurde, in die Sonne zu schauen, bis ihre Augen ausgebrannt waren, die Augenlider ausgestreckt wie ein Fell zum Gerben, auseinandergehalten mit Dornen von der Morgendämmerung bis zum Sonnenuntergang. Ra gibt seine Macht jenen, die das Licht widerspiegeln, doch Seth ist der Schatten, der von jenen geworfen wird, die dazwischen stehen. Selbst im Hause deines Verwandten, dessen Salz du gegessen hast und dessen Gastfreundschaft dich schützt, könnten Menschen des Schattens leben. Wenn Licht und Schatten von denselben Eltern geboren werden, kann es keine wirkliche Bruderschaft zwischen ihnen geben — Verwandtschaft hat nur im Namen Ras Gültigkeit.«
»Darf Kiyas mit mir kommen?«
»Dein Vater sagt, er könne nicht auf sie verzichten, bis du zurückkommst, denn sie entlastet ihn bei vielen seiner Pflichten. Und es gibt noch einen anderen Grund — die einzigen Frauen in Heliokios' Haushalt sind Konkubinen, und nach den Maßstäben der Königlichen Stadt, die sich in mancher Hinsicht durch ihre Einfältigkeit auszeichnen, würde es aus diesem Grunde als unziemlich betrachtet, ginge sie ohne eine ältere Verwandte dorthin.«

»Wie viele Diener soll ich mit mir nehmen?«

»Für einen Mann deines Ranges wäre es üblich, mindestens mit vier Dienern zu reisen, außerdem mit Sänftenträgern und vielleicht mit Ruderern einer Lustbarke. Doch ich halte es für das Beste, wenn du ohne großes Aufheben reist. Es gibt seit langem Gerüchte, daß die Oryx anders ist als die übrigen Provinzen, doch wenn sie den Sohn des Nomarchen mit nur einem Diener sehen, werden sie meinen, daß diese Provinz für die Angelegenheiten Ägyptens nur wenig Gewicht hat. Wenn du zum Palast gehst, wirst du natürlich den dir gebührenden Rang einnehmen, mit Vorrang vor allen Beamten außer jenen, die ein Königliches Siegel tragen.« Er hielt inne und fuhr dann fort: »Ich habe dir noch nicht gesagt, wer dein Diener sein soll.«

»Aber das weiß ich«, sagte ich überrascht. »Hek ist seit sechs Jahren bei mir.«

Roidahn lächelte. »Doch der Name deines neuen Dieners ist Sebek.«

»Sebek — Warum?«

»Er wird dich als dein persönlicher Diener in jedes Haus begleiten, das du besuchst. Während der offiziellen Gastgelage wird er dein Mundschenk sein; bei der Jagd wird er hinter dir gehen und deine Wurfstöcke und Pfeile tragen. Jeder, dem du begegnen wirst, wird einen solchen Diener haben, und diese werden seit langem die Gelegenheit gehabt haben, scharfsinniges Urteil über ihre Herren abzugeben. Sebek wird womöglich mehr von den Mundschenken der Beamten erfahren, als du von den Männern selbst in Erfahrung zu bringen vermagst. Du wirst dich in drei Tagen auf den Weg machen und in der Barke deines Vaters reisen. Unter den Ruderern werden vier sein, die in einem anderen Teil der Stadt wohnen werden, in einem Haus, das einem Wächter gehört. Sie werden Boten sein zwischen uns, und durch sie werde ich von deinem Entscheid hören, welche der vierzig Männer für Ägypten leben, sterben oder verbannt werden sollen.«

Am nächsten Tag kam Kiyas nach Hotep-Ra. Sebek und ich gingen ihr entgegen. Sie gebot ihren Sänftenträgern, den Weg ohne sie fortzusetzen, und ging mit uns zu Fuß über die Felder zurück, die vom jungen Korn gerade grün überhaucht waren.

»Ich wußte schon vor fünf Tagen, wohin Roidahn dich senden würde«, sagte sie. »Denn ich war zugegen, als er es mit Vater besprach.

Ich finde, es ist ein sehr guter Gedanke, Sebek als deinen Diener mit dir gehen zu lassen, obwohl es für ihn vielleicht ziemlich langweilig wird. Und ich habe gute Nachrichten für euch beide — ich habe beschlossen, mit euch zu gehen!«
»Aber Roidahn sagte mir, daß Vater seine Erlaubnis dazu nicht geben würde. Was ließ ihn seine Meinung ändern?«
»Soweit ich weiß, hat er sie nicht geändert«, sagte sie leichthin. »Wenn Roidahn mir zu gehen befiehlt, wird mich Vater gehen lassen müssen. Es gibt keine höhere Autorität als den Führer der Wächter.«
»Und warum sollte Roidahn wollen, daß du mitkommst?« fragte Sebek.
»Weil ich den Wächtern behilflich zu sein vermag. Ihr beide seid geschickt worden, über bestimmte Menschen soviel herauszufinden, daß ihr ein richtiges Urteil über sie abgeben könnt. Also müßt ihr sie zum Sprechen bringen, ohne daß sie ihre wahren Gedanken verbergen. Die meisten von ihnen sind Männer, und daher wird es für mich viel leichter sein als für euch, ihr Vertrauen zu gewinnen. Manche Leute sind töricht genug zu glauben, ein Mädchen von sechzehn Jahren sei argloser als ein Mann — deshalb werden sie mit mir freier sprechen als mit Ra-ab. Ich könnte ihnen alle möglichen Fragen stellen, und sie wären ob meiner Anteilnahme nur recht geschmeichelt. Doch wenn Ra-ab die gleichen Fragen stellt, denken sie entweder, er sei zudringlich, oder sie schöpfen Verdacht.«
»Es tut mir leid, Kiyas, ich würde dich liebend gern mitnehmen. Ich selbst habe es Roidahn schon vorgeschlagen, aber es ist nicht nur Vater: Die Menschen in der Königlichen Stadt haben alberne Vorstellungen. Sie würden uns für Barbaren halten, wenn ich meine Schwester ohne Begleitung einer älteren Frau mitnähme.«
»Oh, aber das weiß ich doch alles! Vater selbst hat es mir erklärt. Es schien ihm so wichtig zu sein, daß mir dabei der richtige Einfall kam: Ich komme nicht als deine Schwester mit, Ra-ab, sondern als deine Konkubine!«
»Das sieht dir ähnlich, Kiyas!« sagte ich. »Ich dachte, du hättest eine ernsthafte Idee. Ich wußte nicht, daß du nur einen Scherz machst.«
»Das ist kein Scherz, viele junge Männer haben Konkubinen. Ich vermute, auch Sebek hat eine, wenn er es nur zugäbe.«
Sebek blickte ungemütlich drein und murmelte etwas, das so ähnlich klang wie: »Ich wünschte, dir wäre es nicht einerlei, ob ja oder nein ...«

Kiyas hatte innegehalten, um ein wenig sein Unbehagen auszukosten, dann fuhr sie fort: »Vater hat Roidahn erzählt, daß vier alte Konkubinen in den Frauengemächern des Hauses der Zwei Winde bei Heliokios leben. Darum war er so strikt dagegen, daß ich dorthin gehe — Mutter wäre bei solchen Dingen nie so albern gewesen. Doch Heliokios könnte an mir keinen Anstoß nehmen: Ein alter Mann mit vier Konkubinen könnte einem jungen Manne eine schließlich nicht mißgönnen.« Sie machte eine Pause. »Ich habe mich darin geübt, meine Augen mit Khol zu schminken, und du kannst mir die passenden Gewänder besorgen, sobald wir die Stadt erreichen. Du kannst erklären, warum ich so wenig bei mir habe: weil eine meiner Reisekisten über Bord gefallen ist!«

»Kiyas«, sagte Sebek ernst, »du sprichst noch immer, als seist du ein Kind. Du mußt begreifen, daß, sollte Ra-ab niemals heiraten, du und dein Gatte die Oryx regieren werdet. Denkst du, es erhöhte die Würde unserer Provinz, wenn man flüstert, daß die Mitherrscherin einst eine Konkubine war?«

»Höre nicht auf ihn, Ra-ab. Er ist einfach absichtlich schwierig. Du wirst mich mit dir kommen lassen, nicht wahr?«

»Es tut mir schrecklich leid, Kiyas, aber ich kann nicht. Ehrlich, es ist kein sehr guter Einfall, tatsächlich könnte es sehr schnell ein sehr schlechter werden. Und es wäre furchtbar öde für dich, wenn du in den Frauengemächern versteckt wärst; und wenn ich dich mit mir nähme, könntest du leicht als meine Schwester erkannt werden.«

»Willst du damit sagen, daß du Roidahn nicht fragen wirst, ob er mich mitgehen läßt?«

»Nein, das werde ich nicht.«

»Ich finde dich sehr gemein ... du willst mich in dieser schrecklichen Öde leben lassen, während du aufregende Abenteuer erleben wirst.«

»Die Abenteuer könnten sich als zu aufregend erweisen. Dies ist kein Spiel, Kiyas. Wenn einer von uns verraten wird, könnten wir für den Tod sehr dankbar sein. Wenn ich einen Fehler mache und man mich dadurch als Spion verdächtigt — nun, es heißt, der Pharao habe fremdländische Folterknechte, die sich rühmen, einen Verschwörer auf tausend verschiedene Arten dazu zu bringen, seine Gefährten zu verraten.«

»Glaubst du, daß ich Angst habe, weil es gefährlich ist?«

»Nein, Kiyas, ich weiß, daß du keine Angst hast. Lebendig in mir ist, was du während der Seuche getan hast. Ich bin mir sicher, daß Roidahn auch für dich eine Aufgabe finden wird, und sie könnte schwieriger und gefährlicher sein als die unsere. In der Zwischenzeit mußt du lernen, geduldig zu sein.«

Sie nickte unglücklich. »Ich vermute, ich werde es versuchen müssen; aber geduldig zu sein ist etwas, was ich gar nicht gut kann. Als Konkubine wäre ich um so vieles besser und gewitzter gewesen!«

Teil IV

Die Königliche Stadt

GEGEN MITTAG DES vierten Tages unserer Flußreise passierten wir die Alte Hauptstadt. Es war sehr fesselnd, auch nur einen kurzen Blick auf ihre verfallende Pracht zu werfen, denn bevor der Pharao seine neue Stadt erbaute, dort, wo der Fluß sich teilt, waren die Zwei Reiche unzählige Generationen lang von hier aus regiert worden. Nun lag ihre einzige Bedeutung darin, daß sie die Hauptstadt der Schilfprovinz war, der südlichsten der drei Königlichen Provinzen.

Ein Stück weiter stromabwärts sah ich zum ersten Mal die Großen Pyramiden. Sie waren noch mächtiger, als ich erwartet hatte, und obwohl ihre Tempel und der von ihnen zum Fluß herabführende breite Steinweg aus dem gleichen weißen Kalksandstein waren, kamen diese nicht dem Leuchten der »Zwei, die erinnern« gleich, jenem Glanz, der die Augen blendete wie poliertes Metall. Ich hatte gedacht, daß meine Ruderer, von denen noch keiner so weit flußabwärts gewesen, vielleicht die Gelegenheit nützen wollten, sie näher anzusehen. Doch als ich vorschlug, die Weiterreise um ein paar Stunden zu verschieben, antworteten sie, sie zögen es vor, weiterzurudern, um unser Ziel bis Sonnenuntergang zu erreichen.

Lange bevor die Mauern der Königlichen Stadt in Sicht kamen, wimmelte es auf dem Strom von Booten jeglicher Art: Kleine Boote schossen wie Wasserkäfer hin und her, Lustbarken glitten zwischen Kriegsgaleeren und schwer beladenen Handelskähnen auf dem Wasser dahin. Zwei Staatsbarken, jede mit vierzig Ruderern, hielten ihren majestätischen Kurs, während Segelboote vom Wind abfielen, um ihnen Platz zu machen. Die Segel waren unterschiedlich, von dem üblichen rotbraunen Stoff bis zu feinem Segeltuch, in vielen verschiedenen Farben eingefärbt und bemalt nach dem Gefallen des Eigentümers. Statt der Hütten von Feldarbeitern, wie sie sich um andere Städte drängen, wurde hier die flache Landschaft nur von einigen großen Gütern aufgelockert. Sebek war hier nur einmal zuvor gewesen, doch er wies mich immer wieder auf Dinge hin, als ob ich ein Fremder sei, den er zu beeindrucken suchte.

»Sie wird manchmal die ›Stadt der Sieben Tore‹ genannt, und die Mauern sind so stark, daß ein paar Männer wie wir sie gegen ein Heer von Barbaren verteidigen könnten. Du wirst die Fahnen, die vom Eingangstor des Palastes flattern, sehen können, wenn wir dieser Getreidebarke ausgewichen sind.« Er brach ab, um dem Steuermann zuzurufen: »He, Denk! Paß auf dein Ruder auf! Wenn du dir jetzt die Stadt betrachtest, werden wir dort nie an Land gehen!«

Die Barke fuhr gefährlich nahe an uns vorüber, und von den Rudern, die eiligst aus dem Wasser hochgenommen werden mußten, rann das Wasser hinab und bildete zwischen den Reisekisten zu unseren Füßen kleine Pfützen. Ich unterbrach Denks Entschuldigungen: »Uns ist kein Schaden geschehen. Und wenn jener Steuermann genausoviel Überraschendes sieht, wenn er seine Barke durch die Oryx steuert, werden sich die Fische an seiner Ladung laben!«

Die Stadt lag am Westufer, das an dieser Stelle hoch und blank aufstieg. Reihen von Bäumen, noch nicht voll ausgewachsen, säumten die Uferböschung, und ungefähr alle hundert Schritte führten steinerne Stufen zu einem Kai hinab. Diese Kais waren aus Stein gebaut und reichten weit genug ins Wasser, damit Boote anlegen konnten, selbst wenn der Nil vor der jährlichen Überflutung seinen Tiefstand erreicht hatte.

»Sieh, wie die Böschung gebaut wurde — zu steil, um sie zu erklimmen!« sagte Sebek. »Sie sieht senkrecht aus, aber in Wirklichkeit ist sie leicht überhängend, so daß sie, selbst wenn ein Mann zwischen den Blöcken einen Halt für die Finger fände, noch immer unmöglich zu übersteigen wäre. Nur die Treppenstufen müßten verteidigt werden, wenn die Stadt vom Fluß aus angegriffen würde; und Hanuk denkt, daß die Trittflächen mit einem verborgenen Schwenkhebel umzudrehen sind, so daß auch sie uneinnehmbar wären.«

Er befahl Denk, am vierten Kai anzulegen, wo ein hochgewachsener Mann stand, der das blaue Gewand eines gehobenen Dieners trug. Sebek deutete auf ihn und sagte: »Dies wird der Haushofmeister deines Verwandten sein. Sein Name ist Daklion, und ich habe gehört, er sei ein aufrechter Mann, wenn er auch bis jetzt noch kein Wächter ist. Von jetzt an dürfen wir niemals vergessen, daß wir Herr und Diener sind, denn hören sie mich zu dir als Gleicher zu Gleichem sprechen, werden sie denken, wir seien Barbaren.«

Die Königliche Stadt 187

Ich nickte und wandte mich an Denk: »Ihr wißt alle, was zu tun ist?«
»Ich werde mit sechs Ruderern zu Eurem Vater, auf dessen Namen Ra auf ewig scheinen möge, zurückkehren. Die vier, die dableiben, um Eure Worte weiterzutragen, welche nur jene vom Horizont hören dürfen, werden zur Gasse der Kupferschmiede gehen und sich im Hause desjenigen, den Hanuk, Roidahns Sohn, bestimmt hat, einquartieren. Einer von ihnen wird als Bettler verkleidet jeden Tag vor dem Tor des Hauses der Zwei Winde warten, jeweils bei Sonnenuntergang und eine Stunde nach Sonnenaufgang. Sollte der junge Nomarch der Oryx oder Sebek, sein Diener, diesem Mann ein Speisealmosen zukommen lassen, in dem dieser einen Papyrus versteckt findet, auf dem Worte geschrieben sind ... dann soll der, welcher sie geschrieben hat, wissen, daß sie innerhalb dreier Tage in Hotep-Ra gelesen werden.«

Einer der vier Männer, von denen er gesprochen hatte, sagte: »Der junge Nomarch der Oryx möge darauf vertrauen, daß wir niemals vergessen werden, daß wir Wächter sind.«

Die fünf Ruderer von der linken Seite des Bootes hoben ihre Ruder aus dem Wasser, in einer gemeinsamen Bewegung, wie die fünf Finger einer Hand. Ich sprang auf den Kai, und der Mann, der dort wartete, kam mir entgegen, um mir seinen Gruß zu entbieten.

Da dies unsere erste Begrüßung war, benutzten wir die Worte der Förmlichkeit, und da ich den höheren Rang innehatte, wartete ich, auf daß er als erster spreche. »Im Namen Heliokios', dem Herrn des Hauses der Zwei Winde, Bewahrer des Elfenbeinsiegels unter dem Pharao, Hüter der Waagschalen der Gerechtigkeit in der Dritten Audienzhalle, entbiete ich Euch den Willkommensgruß. Möge Frieden ruhen auf dem Hause Eures Vaters und auf dem Hause Eurer Söhne und der Söhne Eurer Söhne.«

Ich berührte seine Schulter mit der rechten Hand — eine Begrüßung, die nur eine Stufe förmlicher war als der Gruß zwischen Gleichen, und ich konnte sehen, daß ihn diese Höflichkeit erfreute. »Ich, Ra-ab Hotep, Sohn der Oryx, überbringe Grüße im Namen meines Vaters, Khnum-Hotep, des Nomarchen. Möge Frieden ruhen auf deinem Namen, Daklion, Haushofmeister im Hause der Zwei Winde, Wahrer des Siegels des Heliokios. Grüße auch im Namen Sebeks, welcher neben mir steht und für mich das ist, was du für meinen Verwandten bist. Möge im Namen Ras Frieden zwischen euch sein.«

Oben am Ende der Treppe waren die Diener versammelt, welche

gekommen waren, uns zu begleiten. Sie hatten kleine Sitzsänften, jede mit zwei Trägern, für mich, für Daklion und für Sebek; außerdem vier kleine Esel, auf denen unsere Kisten und die zwei geschnitzten Truhen mit Vaters Geschenken für Heliokios befestigt wurden. Wir überquerten die Straße, die am Fluß entlang führte, und folgten einer anderen, welche ebenfalls von Bäumen gesäumt war und zwischen den Gartenmauern von Häusern beträchtlicher Größe gen Westen führte. Wo diese von einer weitaus größeren Straße gekreuzt wurde, bogen wir ab. Es schien die Hauptstraße der Stadt zu sein. Plattgewalzte Steinsplitter formten einen festen Belag, und das mittlere Stück, etwa die Hälfte, war um eine Elle erhöht und ließ auf jeder Seite einen Straßenteil frei. Obwohl auf beiden Seiten viel Betrieb war, war es auf der Mitte leer. Erst später erfuhr ich, daß diese nur vom Pharao benutzt wurde oder von jenen seiner leiblichen Erben, unter denen der nächste Herrscher gewählt werden würde. Die Straße war von einer doppelten Reihe schattenspendender Bäume gesäumt, von verschiedener Art zusammengestellt, so daß sich dem Blick entlang der Allee Laubwerk von unterschiedlichen Tönen bot. Nach jedem siebten Baum kam eine widderköpfige Sphinx, die Vorderfüße auf einer Stele ruhend, auf welcher die Ruhmestaten des Pharao, Gründer der Königlichen Stadt, verzeichnet waren. Diese große Straße führte zum Eingangstor des äußeren Palasthofes, und in den Hainen zu jeder Seite der bronzenen Tore waren die Standarten der Provinzen aufgestellt, und neben jeder wehte in der leichten Brise eine Fahne, auf die das Zeichen des Nomarchen gemalt war. Die gelbe Oryxantilope auf weißem Grund, das Grün der Schildkröte, das Blau und Violett des Hasen, das Grün und Scharlach des Leoparden und das Blau und Gelb des Schakals ... aufgereiht wie mächtige Wachposten Ägyptens.

Vor den Toren war ein offener Platz, und etwa hundert Schritte, bevor wir diesen erreichten, bogen wir in eine Seitenstraße nach links ein. Sie war von Dattelpalmen beschattet, welche man beim Bau der Stadt offenbar erhalten hatte, denn sie sahen aus, als sei die kleinste unter ihnen mehr als fünfzig Jahre alt. Ein plötzlicher Windstoß fuhr in die schweren Palmwedel und ließ sie dröhnend gegeneinander rasseln, als seien sie aus Kupferblech. Auf beiden Seiten dieser Straße standen kleinere Häuser, jedes in einem eigenen Garten. Später erfuhr ich, daß die meisten dieser Häuser Palastbeamten niedereren Ranges gehörten, obwohl in einigen auch die Lieblingskonkubinen reicher Männer lebten, welche es aus irgendeinem Grunde vorzogen, sie dort

Die Königliche Stadt 189

wohnen zu lassen, statt im Frauenquartier ihres eigenen Haushaltes. Am Ende der Straße sah ich ein Paar massiver Holztore, auf die man direkt zuging. Sie waren in einer hohen, in kühlem, staubigem Rosa gestrichenen Mauer eingelassen und ließen an ihrer Größe erkennen, daß sie zu einem Haus von größerer Bedeutung als die übrigen führten.

»Du bist am Ende deiner Reise angekommen«, sagte Daklion. »Dies ist das Haus der Zwei Winde.«

Der Torhüter schien unsere Ankunft erwartet zu haben, denn als wir uns näherten, schwangen die Torflügel auf. Wir betraten einen gepflasterten Hof ohne Blumen, außer jenen, die aus vier großen Tonkrügen an den Ecken eines länglichen Teiches herabhingen. Das Haus umgab diesen Hof auf drei Seiten: Der rechte Flügel enthielt die Räume der höherstehenden Diener, und dahinter befand sich der Küchenteil. Im linken Flügel befanden sich die Gemächer von Heliokios' Frauen und dahinter ein kleiner abgetrennter Garten, der nur von ihnen benutzt wurde. Der mittlere Teil des Hauptblocks hatte ein zweites Stockwerk, und diese oberen Räume führten auf das flache Dach, wo eine Pergola Schatten spendete, deren hölzerne Pfosten dicht von einem gelbblühenden Wein bedeckt waren — eine Sorte, die ich nie zuvor gesehen hatte.

Daklion erzählte mir, daß diese oberen Räume Heliokios' eigene Gemächer waren und daß eines der Gemächer zu ebener Erde, durch welche wir eingetreten waren und in denen Heliokios seine Gäste empfing, für mich vorgesehen worden war. Er fragte mich, ob ich Sebek in einem Raum neben dem meinigen zu haben wünschte oder ob er ins Dienstbotenquartier ziehen solle. Ich antwortete, daß ich es vorzöge, Sebek bei mir zu haben. Dann bat Daklion mich, Sebek zu schicken, sollte ich etwas benötigen, und ließ uns allein.

Sebek meinte, der kleinere der beiden zum Innenhof gelegenen Räume sei für ihn der angemessenere. Der Zugang zu meinem Raum führte durch den seinen, und außer den beiden Fenstern gab es noch eine Tür, die sich auf einen gepflasterten Gartenhof öffnete. Ich war froh, dort ein großes, mit blauen Kacheln ausgelegtes Badebecken zu sehen. Da ich wußte, daß heute ein Audienztag war und Heliokios nicht vor Sonnenuntergang heimkehren würde, hatte ich Zeit, vor seiner Rückkehr darin zu schwimmen. Das Wasser war klar und erfrischend, und ich wünschte, Sebek hätte mein Vergnügen teilen können — ich hatte es wohl vorgeschlagen, doch er hatte mich daran erinnert, daß er nun mein Diener sei und es ihm in der Königlichen Stadt nicht erlaubt sei, im gleichen Badebecken wie sein Herr zu baden. Als ich aus dem Wasser zurückkehrte, sah ich, daß er mir ein frisches Gewand bereitgelegt hatte und zwei der türkisen Armreifen und die Falkenbrustplatte, welche ein Schüler Nekus für mich gemacht hatte. Dann verließ er mich, um sich zum Nachtmahl zu Daklion zu gesellen, und ich machte mich auf, Heliokios zu treffen.

Ich hatte meinen Verwandten nur einmal zuvor gesehen, und damals zählte ich acht Jahre. Er war nicht so hochgewachsen, wie ich ihn in Erinnerung hatte, doch mußte er einst sehr stark gewesen sein, obwohl die schweren Muskeln unter der mit feinen Runzeln durchzogenen Haut nun schlaff erschienen. Er trug noch immer die zeremonielle Perücke, mit der er Recht gesprochen hatte; jede der vielen Flechten endete in einer goldenen Papyrusblume. Er trug schwere Emailarmreifen und eine Brustplatte mit durchbrochener Goldarbeit, deren Gestaltung um einen Affen Thots angeordnet war, der die Waagschalen der Gerechtigkeit hielt. Heliokios hatte schmale Lippen, und in seinen Augen lag ein Blick, den ich manchmal bei einem Falken gesehen hatte, stark und furchtlos, doch mit einem Anflug von listiger Wachheit.

Wir tauschten die gebräuchlichen langen Förmlichkeiten aus, wobei er sich nach dem Wohlergehen meiner Familie erkundigte und selbst nach jenen Bediensteten in meines Vaters Haushalt fragte, deren Namen er kannte. Ich antwortete, wie es von mir erwartet wurde, denn Hanuk hatte mich im Gebrauch der Förmlichkeiten der Königlichen Provinzen gut unterwiesen.

Als wir dann freier miteinander sprechen konnten, sagte er: »Da du mein Verwandter bist, werden sich dir viele Türen öffnen, und einem junger Mann deines Ranges wird es in der Königlichen Stadt nie an Unterhaltung fehlen. Außer den Gastgelagen, welcher du, genau wie ich in deinem Alter, bald überdrüssig werden wirst, wird es sehr angenehme Gelegenheiten geben, dich in deiner Lustbarke stromabwärts treiben zu lassen, während du Sängerinnen lauschst. Wenn du den Stimmen der Frauen überdrüssig bist, wirst du jede Menge Gefährten für einen anderen Zeitvertreib finden — vielleicht die Stärke deines Wurfspeers gegen ein Flußpferd zu erproben oder mit einer Meute Jagdhunde einer Antilope oder Gazelle zu folgen.«

Ich fragte ihn, ob ich mit ihm kommen dürfe, um zuzuhören, wenn er zu Gericht saß. Dieses Ersuchen schien ihn zu überraschen. Daher

Die Königliche Stadt 191

erklärte ich, daß es der Wunsch meines Vaters sei, ich möge von seiner Weisheit lernen, auf daß ich, wenn die Zeit für mich gekommen, die Oryx zu regieren, aus der Erfahrung meines großartigen Verwandten Nutzen ziehen könne. Ich sah sein Wohlgefallen an meiner Rede ... was mich erleichterte, denn ich hatte befürchtet, die Schmeichelei vielleicht ein wenig zu weit getrieben zu haben.

Er aß nur wenig, und ich sah ihn zweimal mit der Hand an seine Seite greifen, als ob er einen plötzlichen Schmerz empfand. »Morgen werden viele Gäste kommen, mit uns das Nachtmahl einzunehmen«, sagte er, »denn die jüngeren Hofbeamten wie auch die Söhne und Töchter einflußreicher Männer kommen hierher, um mit dem jungen Oryx Grüße auszutauschen. Bald werde ich mich auf mein Landgut zurückziehen, dem zweiten Haus der Zwei Winde, denn dort ist es angenehmer, wenn die Hitze zunimmt, und es liegt nahe genug bei der Stadt, so daß ich jeden vierten Tag herkommen kann, um mein Amt des Elfenbeinsiegels auszuüben. Wenn wir dorthin gehen, mußt du mir erzählen, wie es im Vergleich zu den Gütern deines Vaters ist. Meine Rebstöcke beginnen allmählich zu tragen, denn nun, da ich das Siegel unter dem Pharao innehabe, ist es mir erlaubt, meinen eigenen Weingarten zu haben.«

Ich vergaß Roidahns Worte, wonach alle Weingärten in den Königlichen Provinzen dem Pharao gehören und selbst die Vornehmen einen königlichen Preis für ihren Wein zu zahlen hatten, und sagte: »In der Antilopenprovinz kann jeder Weintrauben haben, der sich die Arbeit macht, Rebstöcke zu pflanzen.«

»Ich habe gehört, daß die Oryx viele Bräuche hat, die man hier nicht kennt«, entgegnete er kühl, »und ich zweifle nicht, daß der Sohn der Oryx einen höchst lehrreichen Begleiter, selbst für einen alten Mann, wie ich es bin, abgeben wird.«

Ich versuchte die scharfe Schneide seines Spottes auf dem Schild der Höflichkeit zu wenden: »Aus einer Freundschaft müssen beide gleichermaßen Nutzen ziehen können, denn wenn der eine dies nicht kann, so kann es auch der andere nicht. Deshalb ist es gewiß, daß du von mir lernen wirst, da du mir so sehr viel zu lehren hast.«

Er lachte: »Der Knabe aus dem Süden ist also nicht auf den Mund gefallen! Ich will gestehen, daß ich dich gebeten habe, hierher zu kommen, weil ich ein alter Mann bin, der keinen Sohn hat, und du bist mit mir am engsten blutsverwandt. Ich dachte, du wärst vielleicht ein rechter Langeweiler, denn obwohl dein Vater Nomarch ist, lebt er in der

Zurückgezogenheit eines Gelehrten. Ich dachte sogar, ich würde dich überreden müssen, die Art deiner Kleidung zu ändern, doch dieser Brustschild, den du gerade trägst, könnte für den Pharao gemacht sein, und das Leinen deines Gewandes ist ebenso fein wie das meine.«

Er lehnte sich in seinem Stuhl zurück und betrachtete mich eingehend, genau wie Vater, wenn er die Aufzeichnungen eines neuen Schreibers prüfte. »Ja, du wirst hier sehr gut hinpassen, und deine Freunde werden dich nicht nur wählen, weil sie wissen, daß du mein Verwandter bist. Die meisten von uns tragen lieber den Kopf rasiert und eine Perücke, doch jetzt, da der jüngere Prinz sein eigenes Haar trägt, bist du ganz in der Mode ... und brauchst dich nicht zu jenen gesellen, die mit dem Syrer Handel treiben wollen, der eine Salbe feilbietet, von der er behauptet, sie könne auf eines Geiers Kopf Federn wachsen lassen!«

Ein nubischer Diener, in seinen Armen eine graue Äffin, betrat den Raum. Sie gluckste vor Aufregung, als sie Heliokios sah, und sprang auf seine Schulter, ihren Kopf liebkosend an seiner Wange reibend.

»Mimu«, sagte er, auf mich zeigend, »das ist Ra-ab, der als Gast zu uns gekommen ist. Du darfst ihn nicht beißen, sonst muß ich dich bestrafen. Doch wenn du beschließt, ihn zu deinem Freunde zu machen, läßt er dich vielleicht auf seiner Schulter reiten, wenn ich dich allein lassen muß.«

Er brach eine Feige auf und gab sie ihr. Sie nahm sie sehr zierlich entgegen, hielt sie in der Hand und aß sie mit raschen, kleinen Bissen auf.

»Sie läßt niemand anderen an sich heran«, sagte er stolz. »Außer den Sklaven, dessen einzige Pflicht darin besteht, sich um sie zu kümmern. Ich mußte ihn von dem Händler kaufen, der sie beide nach Ägypten gebracht hatte, denn sie hatte sich an ihn gewöhnt und hätte sich vielleicht gegrämt, wenn sie getrennt worden wären. Wenn du so alt bist wie ich, Ra-ab, mögest du so glücklich sein, eine Frau zu haben, die dir ebensolche Zufriedenheit schenkt wie Mimu ihrem Herrn!«

Als Antwort auf meinen unausgesprochenen Gedanken fuhr er fort: »Ja, ich war verheiratet. Sie war eine schöne Frau. Die drei Jahre, die wir miteinander verbrachten, bevor sie starb, machten mich nicht geneigt, mir wieder eine Gattin zu nehmen. Mit meinen Konkubinen hatte ich mehr Glück, doch selbst mit ihnen war es kein Feuer, das sich zu Asche hätte kühlen können, nur eine angenehme Gewohnheit. Es gab ihrer vier. Ich hoffte jedesmal, ich würde von der neuen Konku-

Die Königliche Stadt 193

bine einen Sohn bekommen, doch nur eine fühlte ein Kind in ihrem Schoße werden, und dieses brachte sie tot zur Welt. Sie sind nun alle alt, und da sie zu vorsichtig sind, jemals mit mir zu streiten, leben sie immer noch unter meinem Dach. Sie scheinen auf ihre Art zufrieden zu sein, manchmal höre ich sie miteinander zanken, doch mich stören sie selten.«

Seine Stimme noch mehr als seine Worte machten offensichtlich, daß er keine Zuneigung für sie empfand. Ich fragte mich, warum er sie immer noch in seinem Hause leben ließ, bis ich mich erinnerte, daß von einem Mann erwartet wurde, seine Konkubine nicht von sich zu stoßen, außer sie zog einen anderen Mann vor oder wollte allein leben – in letzterem Falle hatte er sie mit den Mitteln zum Alleineleben zu versorgen. Diejenigen, die bleiben wollten, wurden mit der gleichen gedankenlosen Mildtätigkeit behandelt wie alte Jagdhunde, welche ebenso ihr Futter bekommen wie die Hunde, die immer noch ihre Beute verfolgen können.

Heliokios sagte mir, daß die Konkubinen an meiner Höflichkeit großes Vergnügen finden würden, sollte ich Grüße mit ihnen austauschen wollen. Als ich von ihnen empfangen wurde, erinnerten sie mich an alte Hunde, die im Schlafe winseln, während sie von verloschenen Heldentaten träumen. Die dick aufgetragene Schminke lag grell auf ihrer schlaffen Haut; sie schien sie irgendwie unwirklich zu machen, wie hölzerne Puppen, die lebendig geworden sind. Sie trugen viele Halsketten und Armbänder, die klirrten, wenn sie sich bewegten. Ich fragte mich, ob ihre Erinnerung an die Zeiten, in denen sie diese Beweise der Zuneigung bekommen hatten, noch genauso ungetrübt war wie jenes edle Metall – oder war sie mit ihrer Schönheit verblichen?

Heliokios ging sie selten besuchen, und sie fragten mich eifrig nach Neuigkeiten über ihn, indem sie vorgaben, er wäre auf einer Reise gewesen, um vor mir seine Gleichgültigkeit ihnen gegenüber zu verbergen. Ihre Macht, Männer zu bezaubern, war ihr Leben gewesen. Nun wurden sie nicht mehr begehrt, und so wetteiferten sie nun miteinander, ihren Stolz mit jeder kleinen Flamme von Eifersucht zu wärmen, die sie noch entzünden konnten. Ihre Augen waren hart und gierig, doch jammervoll wie die Augen alter Affen. Sie hatten keine Angst vor dem Tod, doch gegen das Alter kämpften sie mit nahezu wilder Verzweiflung und wiesen dessen Gaben von Milde und Frieden zurück, während sie mit schriller Stimme nach der Rückkehr ihrer Jugend riefen, der Jugend, die sie schon lange vergessen hatte.

Der Heliokios, der sich damit vergnügte, mit seinem Affen zu spielen, schien ein anderer zu sein, als der, den ich in der Dritten Halle der Audienz zu Gericht sitzen sah. Der Bewahrer des Elfenbeinsiegels war eine ehrfurchteinflößende Gestalt — mit der großen Zeremonienperücke, dem purpurfarbenen Umhang, welcher mit den goldenen Löwenköpfen, den Königlichen Insignien, zusammengehalten wurde, und der »Geißel mit dem Elfenbeingriff«, dreifach mit Gold umwunden, in seiner Hand.

Bittsteller zitterten vor ihm, denn an seinem Wort hing Tod oder Freiheit. Ich sah, daß er das Gesetz hochielt, aber nicht die Weisheit besaß, es zu deuten; so erhielt der Mann, der einen Laib Brot gestohlen hatte, weil sein Kind fast Hungers starb, die gleiche Bestrafung wie einer, der stahl, weil er zu faul zum Arbeiten war.

Am ersten Tag hörte ich ihn das Urteil über einen Feldarbeiter sprechen, der den Jagdhund eines Reichen getötet hatte, welcher sein Kind angegriffen. Das Gesetz sah die Todesstrafe vor, wenn einer seine Hand gegen den Dienstherren erhob oder auch gegen die Familie oder den Diener des Herrn.

Der Hausverwalter, welcher den Hundebesitzer vertrat, brachte vor, daß der Hund der treueste Diener seines Herrn gewesen sei und als solcher beurteilt werden müsse. Er war zum Töten abgerichtet worden, warum sollte er also leiden, weil er ein Kind mit einer Gazelle verwechselt hatte?

Dem Feldarbeiter wurde es gestattet, sein Kind als Zeuge hereinzuführen. Es weinte vor Furcht, und die schmutzigen Verbände um seinen Kopf und den rechten Arm wurden abgewickelt, um tiefe, klaffende Wunden im entzündeten Fleisch offenzulegen, da, wo die Zähne des Hundes es zerrissen hatten, bevor der Vater zur Rettung seines Kindes herbeigeeilt war. Gewiß, so dachte ich, müsse Heliokios Recht zugunsten des Mannes sprechen, der sein Kind gerettet hatte, denn durch das Töten des Hundes hatte er nicht nur sein eigenes Kind, sondern auch andere Kinder geschützt. Es ist der Reiche, welcher zu strafen sei, da er noch nicht einmal eine Wiedergutmachung geleistet hatte ...

Doch Heliokios folgte den Worten des Gesetzes und nicht ihrem Geist. »Die Hand, die das Messer führte, das den Hund tötete, muß abgehackt werden.«

Ich biß mir auf die Lippen und hielt heftige Worte des Einspruchs nur zurück, weil Roidahn mir viele Male eingeprägt hatte, daß meine

Rolle in der Königlichen Stadt darin bestand, jene, denen ich begegnete, wahrhaft kennenzulernen — bis ich genug über sie wußte, um sie beurteilen zu können. Hätte ich einen weiteren Beweis für Roidahns Weisheit gebraucht, so bekam ich ihn an diesem Abend.

Heliokios versuchte Mimu beizubringen, den Fischen Hirse hinzustreuen. Er wandte sich zu mir und sagte: »Wenn ich an Mimu gedacht hätte, während ich heute Recht sprach, und so ein richtiges Verständnis von dem gehabt hätte, was der Besitzer des Hundes verloren hat, wäre ich nicht so milde mit dem Mörder umgegangen.«

»Milde?«

»Ja, ich habe ihn nicht zum Tode verurteilt, wie ich es hätte tun sollen, er verliert nur eine Hand.«

Er mußte meinen Abscheu gesehen haben, denn er sagte nachsichtig, als ob er ein Kind erheitern wollte: »Ich vergaß, daß das Leben außerhalb der Oryx für dich fremd ist. Ist es wirklich wahr, daß dein Vater niemals das Urteil einer Verstümmelung erläßt und daß die höchste Strafe, die er anordnet, Verbannung aus der Provinz ist?«

»Ja, das ist wahr.«

Er schüttelte mißbilligend den Kopf. »Ich werde dir Weisheit beibringen müssen, während du hier bist. Ich weiß, daß dein Vater ein großer Gelehrter ist, aber es macht mich betroffen, daß ein Nomarch seine Verantwortung so wenig empfindet. Wenn er die *Geißel* vergißt, wird es in seiner Provinz Aufstand geben, und wenn eine Provinz sich gegen die Ordnung erhebt, bringt sie die anderen in Gefahr, genau wie eine einzige Trage kranken Korns die Fäule in der ganzen Kornkammer verbreitet.«

»Du bist weise, Heliokios, und ich werde mich an deine Worte erinnern. Wenn wir unsere Art nicht ändern, könnte es zu einem Aufstand kommen, geboren in der Oryx, um sich über ganz Ägypten auszubreiten.«

Blutopfer

SOGAR IN DEN Tempeln des Schattens gab es einige wenige wahre Priester, und einer davon war Tet-hen, den ich, wie Roidahn mir gesagt hatte, aufsuchen sollte, sobald sich eine Gelegenheit ergab. Der Tempel, zu dem Tet-hen gehörte, stand im Westen der Stadt und war im vergangenen Jahr fertig geworden. Eine von Sphinxen gesäumte Straße führte zu ihm hinauf, und der Eingang zum Vorhof war ein vierzig Ellen hohes Tor aus Steinblöcken, auf dem die Königliche Familie beim Darbringen der Opfergaben für Ra und Sekmet dargestellt war. Ich war nicht überrascht, daß der Herr des Hohen Mittags zusammen mit Seths Gefährtin verehrt wurde, denn Roidahn hatte mir erzählt, daß es zur Politik der Priester der neuen Religion gehörte, die althergebrachte Verehrung des Ra in Kanäle zu lenken, die auch ihn als einen der Götter der Furcht erscheinen ließen.

Die großen kupferbeschlagenen Türen, die zur Halle der Abgaben führten, waren noch nicht aufgetan worden, obwohl sich schon viele Menschen in dem spärlichen Schatten, der von den Pfeilern des Säulenganges geworfen wurde, zusammengedrängt hatten. Selbst wenn ich nicht gewarnt worden wäre vor dem, was ich von diesen Tempeln zu erwarten hätte — die Gesichter derjenigen, die darauf warteten, ihre Bittgesuche vorzutragen, wären mir Beweis genug gewesen, daß sie ihren Tribut nicht aus freiem Willen darbrachten, sondern als Bestechungsgeld: Sie hofften, damit Schonung vor Seths Geißel zu erlangen.

Neben mir hockte im weißen Staub eine Frau, in der Beuge ihres linken Arms einen Säugling haltend. Ihre rechte Hand war mit einem schmutzigen Verband umwickelt, und sie preßte damit etwas an sich, das ich nicht sehen konnte. Der Kopf des Kindes rollte hilflos von einer Seite zur anderen, als ob der Hals zu schwach sei, ihn zu tragen, und es wimmerte unablässig, ein unnatürliches wimmerndes Klagen wie das eines geblendeten Tieres. Ich sprach zu der Frau und fragte sie, ob ich

Blutopfer 197

etwas für sie tun könne. Sie duckte sich, als ob sie erwartete, ich würde sie schlagen.

»Herr, habt Erbarmen mit mir. Ich bin zu arm, ich verdiene Eure Beachtung nicht. Habt Mitleid, denn mein Kind ist sehr krank.« Nach und nach konnte ich sie überzeugen, daß ich ihr nur helfen wollte. Sie war unterwürfig in ihrer Dankbarkeit wie ein geprügelter Köter, der einer ausgestreckten Hand auf dem Bauch entgegenkriecht.

»Alles was ich besaß, habe ich Sekmet schon gebracht, doch sie wollte mich nicht erhören. Warum sollte sie eine Frau erhören, die nichts von Wert besitzt, um es ihr anzubieten? Aber wenn sie meinem Sohn zu leben erlaubt, wird er wachsen und stark werden, und eines Tages wird er in der Lage sein, unsere Schulden zu begleichen. Seth ist zornig wegen meiner Vermessenheit. Er hat die Hand meines kleinen Sohns als Zeichen seines Zorns verkrüppelt.«

Sie zog das Tuch beiseite, in welches der Säugling eingewickelt war. Seine Hand war gekrümmt wie die Klaue eines verstümmelten Vogels.

»Ich habe Seth einen Beweis meiner Demut erbracht. Manchmal nimmt er Bezahlung mit Blut statt Gold an. Ich hätte meine Hand gegeben, damit er die meines Kindes gesundmacht, aber ich hatte niemanden, mir zu helfen. Meine linke Hand ist unbeholfen, und das einzige Messer, das ich hatte, war nicht sehr scharf.«

Sie streckte mir das kleine Bündel, das sie in ihrer verbundenen Hand hielt, entgegen. »Wickelt es aus, o Herr des Mitleids. Vielleicht werdet Ihr für mich bei den Göttern ein gutes Wort einlegen? Auf Euch hören sie, Ihr seid ein vornehmer Herr. Setzt Ihr Euch für mich ein, damit ich mein Kind retten kann!«

Ihre Augen glänzten in dem mageren Gesicht, während sie zusah, wie ich den schmutzigen Lappen auseinanderzog. Darin lagen zwei Finger, frisch an den Knöcheln abgetrennt.

»Glaubt Ihr, daß Seth sie annehmen wird? Versprecht Ihr mir, daß Ihr ihn dazu bringen werdet — obwohl ich nicht mutig genug war, mir die Hand am Handgelenk durchzuschneiden? Ich hatte Angst vor dem Blut, und wenn ich zuviel Blut verloren hätte, wäre niemand dagewesen, sich um meinen Sohn zu kümmern.«

»Ich werde mich für dich einsetzen, nicht bei Seth, sondern bei Ra. Ich glaube, Ra wird mehr tun, als dein Kind zu heilen. Er wird mich anweisen, dich auf eine Reise in einen Teil Ägyptens zu schicken, der sehr weit von dieser Stadt entfernt ist; dort wirst du vergessen, daß du jemals Furcht hattest. Nicht die beiden Finger, sondern die Liebe, die dich dazu gebracht hat, sie abzuschneiden, hat die Fesseln gesprengt, die dich an Armut und Angst gekettet haben. Und um dieser Liebe willen wird dein Sohn stark werden, und sein Lachen wird freudig in der warmen Luft erklingen, als sei er ein Vogel, der nach langer Dunkelheit die Sonne mit seinem Gesang begrüßt.«

»Ihr verspottet mich doch nicht? Bitte verspottet mich nicht, auch wenn ich nichts habe.«

Ich versuchte sie mit meiner Stimme zu beruhigen. »Niemand soll dich jemals wieder verspotten.« Und ich sagte ihr, sie möge im Schatten ruhen, bis ich zurückkäme.

Ich spürte, wie die Hitze mir von den schwarzen Granitstufen entgegenschlug, als ich sie emporstieg, um in die Halle der Abgaben einzutreten. Ich wußte, daß ich Tet-hen in der heiligen Stätte des Ra finden würde, zur Rechten des Heiligtums, in dem Sekmet herrschte.

»Möge Tahuti dein Herz wägen ...«, sagte ich zu dem jungen Priester, der allein neben der Statue des Ra stand. Und er gab mir die Antwort der Wächter: »... gegen die Feder der Wahrheit.«

»Du bist der Sohn der Oryx. Friede sei mit dir, dessen Herz in der Obhut Ras weilt.«

»Du bist Tet-hen, das Licht unter den Schatten. Der Schüler Ras, der für die Sonne arbeitet, gegen jene, welche dem Schatten schmeicheln.«

Dann gab ich ihm die Botschaft, die Roidahn für ihn hatte.

»Ich arbeite nicht mehr allein hier«, sagte er, »denn nun gibt es noch zwei andere, deren Augen offen sind. Wenn der Neue Morgen angebrochen ist, wird dieser Tempel noch groß sein für solch eine kleine Priesterschaft, doch bald werden viele andere sich zu uns gesellen. Die Priester der Ma'at werden die Leiber jener, die hierher kommen, betrachten und sehen, ob einer der Kanäle, durch die Ptah sein Leben in die Menschen hinabsendet, gegen ihn verschlossen ist. Dann werden die Priester des Ptah die Erschöpften erquicken und die, welche krank sind, reinigen. Jene, die in der Gewalt Seths sind, werden sehen, daß Ras Macht sie aus diesen Banden befreit. Und alle, die zu den Tempeln kommen, werden wissen, daß sie niemals wieder ohne Freund sein werden.«

»Sage mir, Tet-hen, sind die hohen Priester unter der Macht des Seth stark? Müssen wir ihre Macht mit einer noch stärkeren herausfordern, oder sind sie nur Männer, als Priester verkleidet, die mit gewöhnlichen Waffen besiegt werden können?«

»Nur einer hier ist ein Mann wirklicher Macht: Hekhet-ma-en. Der, dem die Ehre zuteil wird, Hekhets Willen zu brechen, muß über große Magie verfügen. Wenn Krieger gesandt werden, ihn zu überwältigen, könnte er sie mit Blindheit schlagen, und bis seine Macht gebrochen ist, würde niemand in den Tempeln der Königlichen Provinzen im ganzen Reich es wagen, Seth — seinem Meister, welcher ihm die Stärke verleiht — den Tribut zu verweigern.«

»Und was ist mit den übrigen?«

»Viele von ihnen sind nicht besser oder schlechter als Höflinge. Es ist ein angenehmes Leben für einen Mann ohne Ehrgeiz, und ein Vater, dessen Tochter nicht gehorsam ist, kann sie hierher schicken, um der Familie durch ihre Jungfräulichkeit Ehre zu erweisen.«

»Jungfräulichkeit?«

»Dies ist ein Gelübde, das der neuen Priesterschaft auferlegt ist. Vielleicht hält die Obrigkeit einsame Tempelschüler für fügsamer. Es ist sogar möglich, daß manche glauben, priesterliche Macht könne durch vergängliche Vergnügungen ersetzt werden, doch meine ich, daß dies selbst bei ihrer Doppelzüngigkeit ein zu spitzfindiger Vorwand ist. Sie versuchen, mit Furcht zu herrschen. Liebe und Angst können nicht im gleichen Hause wohnen. Wenn Priester und Priesterinnen einander lieben, wie sollten sie dann Seth weiterhin Opfer darbringen können?«

»Man sagte, während der Großen Seuche fanden nicht nur Ochsen den Tod, um die Gunst der Flußgöttin zu gewinnen. Stimmt dies, was diese Stadt betrifft?«

»Du wirst keinen Tempel finden, in dem man dies zugibt — noch würdest du einen finden, in dem dies nicht als wahr bekannt ist. Ich selbst mußte mitansehen, wie ein Mädchen in den Fluß ging. Sie schien in einem anderen Bewußtsein — ob Hekhet ihren Willen gebannt hatte oder ob man ihr einen Betäubungstrank gab, ich bin mir nicht sicher. Sie lächelte, als sie fühlte, wie das Wasser ihre Füße umspülte. Sehr langsam ging sie weiter, die Hände wie zum Gruße ausgestreckt. Doch die Krokodile waren ungeduldig; sie schrie, bevor sie unterging.«

Dann erzählte ich ihm von der Frau, die im äußeren Hof auf mich wartete.

»Kannst du für sie die Reise in die Oryx einrichten?« fragte er. »Denn falls nicht, gibt es Wege, über die ich bereits viele Menschen nach Hotep-Ra geschickt habe. Vielleicht hat dir Roidahn erzählt, daß mehr als hundert von den Wächtern auf diesem Weg in die Oryx gefunden haben.«

»Ich habe einen Weg, sie dorthin zu schicken. Wie weißt du, wem du trauen kannst?«

»Nur wenige kommen zu diesem Heiligtum, denn es ist bekannt, daß Ra nicht gierig nach Tribut ist und sich nicht mit Gold kaufen läßt. Er wird hier nur verehrt, weil dies ein Teil des königlichen Erlasses war, als der Tempel erbaut wurde. In diesem Heiligtum zu dienen wird als das unwichtigste aller priesterlichen Ämter betrachtet, deshalb war es nicht schwierig für mich, das Amt zu bekommen. Fast jeder, der zu diesem Tempel kommt, fürchtet sich mehr oder weniger, doch wenn ich jemandem begegne, in dem die Liebe die Furcht überwunden hat, weiß ich, daß es sich um einen Wächter handelt. Viele von ihnen konnte ich unseren Weg lehren, aber es gibt einige, die mehr brauchen, als ich ihnen zu geben vermag, und diese sende ich zu Roidahn. Sie reisen auf verschiedenen Wegen in die Oryx; die meisten auf dem Flußweg. Es gibt einen verschwiegenen Pfad von diesem Heiligtum zu meinem Haus im Priesterbezirk. Der Torhüter des Wohnbezirks gehört zu uns, und würde er jemals gefragt, so würde er leugnen, einen Fremden gesehen zu haben, welcher den Tempel durch dieses Tor verließ. Doch hat es viele solcher Fremden gegeben, Männer wie auch Frauen. Manche, die hierher als Vornehme und Reiche kamen, trugen die Robe eines Priesters, als sie fortgingen; und manche, die arm wie ein gebleichter Knochen hier eintrafen, fanden eine verhängte Sänfte außerhalb dieser Mauern für sie bereitstehen.«

»Ihr Verschwinden ist gewiß bemerkt worden? Ein Mensch kann doch nicht vom Erdboden verschwinden, nicht einmal in der Königlichen Stadt, ohne daß seine Familie versucht, ihn ausfindig zu machen?«

»Jemand, der hier gebunden ist, würde nicht in die Oryx gehen, ohne es den Freunden zu sagen, von denen er weiß, daß er ihnen vertrauen kann. Und jene, die hier durch Bande festgehalten wurden, welche sie ohne meine Hilfe zu zerreißen nicht die Kraft besaßen – ja, zuweilen wird nach ihnen gesucht. Aber wenn die Spur zum Tempel führt, sagen die Häscher, diese Spur sei falsch. Niemand ist so verrückt, Hekhet, den Hohepriester, anzuklagen, aus Furcht, er würde ein *zweites* Opfer verlangen.«

»Du bist sehr mutig, Tet-hen. Wenn ich nur ein Zehntel deines Mutes besäße, wäre ich stolz. Ich wurde noch nicht einmal im Kampf erprobt, doch wenn ich mich in zwanzig Schlachten als Sieger erwiesen hätte, würde ich dir immer noch meine tiefste Anerkennung bezeugen.«

Er lachte. »Aber warum? Wir dienen beide den Wächtern, wie Tausende andere, und alle wissen, daß der Tod, der den verratenen Verschwörer ereilt, für gewöhnlich höchst unangenehm ist.«

»Du kämpfst hier beinahe allein, nicht nur gegen Scharlatane und Schurken, sondern gegen jemand, von dem du sagst, er befehle über eine stärkere Macht als die deine. Hekhet würde versuchen, nicht nur deinen Leib zu zerschmettern, sondern auch deine Seele, wenn er wüßte, daß du gegen ihn arbeitest.«

Tet-hens Augen waren jung und ruhig. Er berührte zärtlich Ras Statue, während er antwortete: »Ich sagte, Hekhet sei stärker als ich ... ich sagte nicht, Hekhet sei stärker als Ra. Er, der in der Sonne steht, hat den Schutz ihrer Strahlen, und die, die im Lichte wandeln, brauchen den Schatten nicht zu fürchten.«

»Es war töricht von mir, nicht zu verstehen«, sagte ich. »Doch Ra würde Hekhet nicht davon abhalten, deinen Körper zu martern? Oder könnte er sogar *das* tun?«

»Warum sollte er? Er schützt den Körper eines Kriegers nicht, der in seinem Namen kämpfend stirbt; warum also sollte er meinen Leib schützen? Du sagtest, Ra-ab, ich sei mutiger als du. Wenn das wahr ist, mußt du weiser sein als ich — denn es bedarf größeren Mutes, sich auf fremdem Weg auf eine Reise zu begeben, als einem vertrauten Pfad zu folgen. Ich weiß nicht, hinter welcher Biegung meines Weges ich dem Tod begegnen werde. Doch ich weiß, daß der Gruß, den wir austauschen werden, der von Männern sein wird, die seit langem Freunde sind; denn oft schon habe ich mich auf dem langen Weg zum Leuchtenden Land an seiner Begleitung erfreut.«

»Ich muß dich nun verlassen«, sagte ich, »um die Frau und ihr Kind dorthin zu bringen, wo man sich um sie kümmert, bis sie nach Hotep-Ra gehen.«

»Sage ihr, sie soll ein paar Schritte hinter dir gehen. Es gibt viele Augen in der Königlichen Stadt, die Befriedigung darin finden, Dingen nachzuspionieren, die sie nichts angehen. Hier würde niemand dir glauben, daß du der Frau nur aus Barmherzigkeit hilfst.«

Ich mußte an der Statue Sekmets vorübergehen, um zum äußeren Hof zu gelangen. Räucherwerk war in einem Basaltgefäß auf dem Opfertisch angezündet worden. Der schwere Rauch schien sich rhythmisch wogend mit dem Schnurren einer großen Katze zu vermischen, und die dumpf brütenden Augen, halb Katze, halb Frau, beobachteten mich von der anderen Seite der Halle.

Die Frau folgte mir, gehorsam wie ein Hund. Ich wagte nicht, ihr zu erklären, was ich vorhatte, bis wir allein waren, damit ihre Dankbarkeit nicht zu große Neugier erregte unter jenen, die immer noch im Hof warteten. Am äußeren Tor trat ich zur Seite, um einen dicken Händler passieren zu lassen. Hinter ihm kam ein nubischer Sklave, der den Tribut des Händlers trug — zwei Elephantenstoßzähne. Ich fragte mich, welche Schuld so schwer auf ihm lastete, daß er sich von solch einem großen Schatz trennte. Vielleicht war es der Seth versprochene Anteil aus der Plünderung eines Dorfes im Goldland.

Das Eheweib des Wächters, der das Haus in der Straße der Kupferschmiede unterhielt, legte das kleine Kind in einen Korb neben dem Fenster und half mir, die Hand seiner Mutter zu waschen. Der Verband war steif von getrocknetem Blut, und wir mußten ihn erst in Wasser aufweichen, bevor wir ihn abtrennen konnten. Als ich den Zustand der Stümpfe sah, bat ich um Essig, um die Wunden zu säubern. Es war schwer zu begreifen, wie sie die Entschlossenheit hatte aufbringen können, sich den ersten und zweiten Finger ihrer rechten Hand abzuschneiden, mühevoll mit Hilfe eines stumpfen Messers, das sie in ihrer Linken hielt. Schweiß lief ihr in kleinen glänzenden Rinnsalen die mageren Wangen hinab, aber sie gab keinen Laut von sich.

Ich fragte sie: »Gibt es jemanden, den du gerne auf deine Reise mitnehmen würdest?«

»Niemand will mich«, sagte sie, und in ihrer Stimme lag kein Selbstmitleid; sie teilte mir nur eine schlichte Tatsache mit. »Es bedeutet niemandem etwas, was mit mir geschieht. Die Frau, die uns in der Ecke ihres Kuhstalls schlafen ließ, wird es gar nicht bemerken, wenn ich nicht mehr zurückkehre. Sie mag denken, ich sei weitergezogen oder wir beide seien umgekommen, ich und mein Sohn. Sie wird sagen, daß es das Beste sei, was uns beiden passieren konnte. Doch es wäre für meinen Sohn *nicht* besser, wenn er stürbe. Er muß erst heranwachsen und stark und glücklich sein, wie sein Vater.«

»Wer ist sein Vater?« fragte ich, weniger aus Neugier, als um sie weitersprechen zu lassen, während ich einen sauberen Verband um ihre Hand wickelte.

»Das kann ich Euch nicht sagen. Ich habe es niemals irgend jemandem erzählt, und ich werde es niemals tun.« Sie nickte dem Säugling zu, der eingeschlafen war. »Ich werde es vielleicht ihm einmal sagen, wenn er erwachsen ist, falls er die Art Mensch ist, die sich sein Vater zum Sohn gewünscht hat.«

»Sehr bald, wenn deine Hand ein wenig geheilt ist und du dich stärker fühlst, wirst du bereit sein für deine Reise. Bis dahin mußt du hierbleiben, und diese Leute werden sich um euch beide kümmern und euch neue Kleider geben und zu essen, was ihr wollt.«
»Könnte das Kind Milch bekommen?« fragte sie. »Soviel es will? Ich kann ihm nicht mehr genug geben.«
»Soviel es möchte«, versprach ich ihr. »Soviel von allem, was jeder von euch beiden möchte. Und dann, eines Tages, werde ich euch beide hinunter zum Fluß bringen zu einem Freund von mir, der eine große Handelsbarke hat. Er fährt bald mit einer Getreidefracht gen Süden und hat genug Platz für dich und das Kind. Auch seine Frau ist mir befreundet und wird sehr freundlich zu dir sein. In sechs oder sieben Tagen, vielleicht bei ungünstigem Wind auch etwas später, wirst du zu jenem Ort kommen, an dem niemand in Furcht lebt. Die Kinder lächeln, wenn sie einen Fremden sehen, und du wirst die Frauen beim Gang zum Brunnen singen hören. Das ist das erste, was dir im Vergleich zur Königlichen Stadt auffallen wird: Die Menschen sehen alle glücklich aus — das, und der Gesang. Du wirst deine eigene Kammer haben — später kannst du, wenn du es vorziehst, ein kleines Haus für dich allein bewohnen. Es wird ein großer Raum sein mit einem Fenster und einem Blumentopf auf dem Fenstersims und Matten auf dem Boden und einer sauberen Decke auf dem Ruhebett. Wenn ihr beide einigermaßen kräftig seid, werden sie irgendeine Arbeit für dich finden, etwas, was du gerne tust. Du wirst immer ein Zuhause und genug zu essen haben, und es wird niemals jemanden geben, vor dem du dich zu fürchten brauchst.«
Ihre Augen blickten vertrauensvoll wie die eines Kindes, und mir wurde beinahe mit Entsetzen bewußt, daß sie keine alte Frau war, sondern nur ein oder zwei Jahre mehr zählte als ich.
»Ich habe von diesem Ort gehört«, sagte sie. »Als ich sehr klein war, erzählte man mir oft davon. Das Land, in dem es keine Schmerzen mehr gibt, keinen Hunger, keine Furcht. Ich wußte nicht, daß es ein wirklicher Ort ist, zu dem man in einem Boot gelangen kann. Ich dachte, es sei das Land, in dem die Götter leben, und daß ich sterben müßte, um dorthin zu gelangen. Ich bin so froh, daß ich nicht zu sterben brauche und hierbleiben und mich um meinen kleinen Sohn kümmern kann, bis er erwachsen ist und mich nicht mehr will.«
»Du wirst *immer* gebraucht werden«, sagte ich. »Das ist das Allerwichtigste in diesem Land, in das du gehen wirst: Wenn du einmal dorthin gehörst, wird dich immer jemand brauchen.«

Gruß der Ersten Begegnung

NACHDEM ICH HELIOKIOS' Audienzen dreimal beigewohnt hatte, fühlte ich mich imstande, ein Urteil über ihn abzugeben. Dieses ließ ich Roidahn über den ersten geheimen Boten zukommen, der nach Hotep-Ra gesandt wurde. Ich gab eine genaue Zusammenfassung aller Urteile, die Heliokios in meiner Anwesenheit gefällt hatte, und fügte Auszüge aus unseren Gesprächen hinzu, von denen ich glaubte, daß sie ein zusätzliches Licht auf seinen Charakter warfen. Von Sebek hatte ich erfahren, daß alle Angehörigen seines Haushaltes ihn als gerechten und umsichtigen Herrn ansahen, und Daklion empfand ganz offensichtlich wirkliche Zuneigung zu ihm. Daher schlug ich vor, daß ihm, wenn ihm auch nicht gestattet werden konnte, sein Amt nach der Machtübernahme durch die Wächter weiter auszuüben, sein Landsitz verbleiben sollte, oder zumindest der Teil, welcher von jenen seiner Bediensteten bearbeitet werden konnte, die bei ihm zu bleiben wünschten. Dort sollte er in angenehmer Abgeschiedenheit leben können.

Als ich den Bericht beendet hatte, welcher mehrere der langen, schmalen Papyrusstreifen füllte, mit denen ich reichlich versorgt worden war, wünschte ich, ich hätte einen Schreiber mit mir bringen können, denn ich fand die Aufzeichnung so vieler Schriftzeichen überaus anstrengend. Ich war der Tradition dankbar, die jedem, der von vornehmer Geburt, einen Schreiber zugestand, welcher die Botschaften auf Schilfgras und Papyrus übertrug.

Während die Tage vergingen, fragte ich mich, wann ich endlich jemandem begegnen würde, der Charakterstärke genug besaß, um entweder ein Wächter zu werden oder die Verbannung aus Ägypten zu verdienen. Ich hielt es für unklug, Heliokios vermuten zu lassen, mein Begehren gelte nicht der Zerstreuung, mit der er mich so verschwenderisch versorgte. Die ersten Gelegenheiten, bei denen ich Gleichaltrigen begegnete, fand ich höchst unterhaltsam, denn diese waren ganz anders als alle Leute, denen ich je zuvor begegnet war. Die Mädchen waren fröhlich und leichtherzig, doch in dem Augenblick, in dem ich versuchte, die Unterhaltung von reiner Schmeichelei wegzulenken, verließen sie mich, um nach jemandem zu suchen, der ihrem Geschmack mehr entsprach. Die jungen Männer gehörten entweder zur Königlichen Leibwache — dann waren sie mit dem Ausbilden ihrer Muskeln voll beschäftigt und konnten über nichts anderes als über sportliche Ertüchtigung sprechen — oder sie waren beinahe so schmächtig wie ihre Schwestern, und genauso verschwenderisch im Umgang mit Augenschminke! Einige dieser feingliedrigen Geschöpfe standen hoch in der Gunst der Frauen, welche sie mit zirpenden Ausrufen überschütteten, wenn sie ein Gedicht vortrugen, oder sie auf der Harfe begleiteten, wenn sie sich mit gespieltem Zieren endlich hatten zum Singen überreden lassen.

Ich begegnete einigen der jüngeren Hofbeamten; die meisten unter ihnen hatten nur nominelle Pflichten, die hauptsächlich darin bestanden, das Leben am Hofe in Gang zu halten. Sie waren von Kindheit an darin unterwiesen worden, und von jungen Jahren an waren ihnen die passenden Worte und Gesten für jede Gelegenheit gelehrt worden, so daß sie beinahe unfähig schienen, als einzelner Mensch zu denken. Irgendeine dieser Unterhaltungen aus der Ferne zu betrachten hieße, einige der bestaussehendsten Männer Ägyptens in lächelnder Gesellschaft der schönsten Töchter dieses Landes zu sehen. Doch schloß man die Augen, während man unter ihnen weilte, so wäre es kaum zu sagen, *wer* da gerade sprach — derart gleichförmig war ihre Unterhaltung, selbst wenn sie ein wenig anzüglich war. Es wäre auch nicht einfach zu unterscheiden, ob die gesellige Zusammenkunft heute oder letzte Woche stattgefunden hat oder ob sie sich, noch von der Zeit verborgen, erst morgen abspielen würde. Es gab so wenige Gesprächsthemen, die sie bewegten, daß sie gierig wie mutterlose Ferkel nach Milch waren, wenn ihnen zu ihrem kleinen Vorrat ein weiteres Thema hinzugefügt wurde. Es konnte das einfachste, belangloseste Ereignis sein, doch irgendwie spannen sie es für gewöhnlich ein in ein Netz aus Klatsch und Tratsch, mit dem sie sich für ein paar Augenblicke Gelächter erhofften.

Ich erinnere mich, wie sie sich eines Tages über nichts anderes als das Gerücht unterhielten, daß die Frau des Bewahrers der Königlichen Steinbrüche eine rothaarige Tochter zur Welt gebracht hatte — eine Frau, die sich unbeliebt gemacht hatte, weil sie so falsch und doppelzüngig war, daß sie den Spitznamen »Enkelin der Sandschlange« erhalten hatte ...

»Ich habe es selbst gehört, von der Frau, die das Kind stillt.«
»Nanu sagt, ihre Mutter habe ihr erzählt, daß diese roten Strähnen in keiner der beiden Familien liegen.«

Ein anderes Mädchen kicherte und sagte wissend: »Ich frage mich, warum der Abgesandte von Minoas ihr Aufmerksamkeit schenkte. Ich habe sie immer für *sehr* unbedeutend gehalten.«

»Ja! Natürlich! *Er* hatte rotes Haar.«

»Aber ist sie ihm jemals begegnet?«

Dann sagte ein fünftes Mädchen in gespielt feierlichem Tonfall: »Wenn ich ein Kind in mir trage, werde ich zumindest zugeben, daß ich seinem Vater *begegnet* bin.«

Dies wurde von einer kleinen Frau beantwortet, deren rundliche Schönheit schon eine Andeutung des Fettes enthielt, das die Zeit bereithielt wie einen Umhang, sie darin einzuhüllen. »Ich erwarte das von dir, Berikan. Du bist so ganz besonders gut darin, einen neuen Mann sofort zu bemerken.«

Über diese letzte Bemerkung amüsierten sich alle köstlich, und ich denke, wenn sich die beiden Frauen die Freiheit der Marktweiber hätten nehmen können, so hätten sie einander die Augen ausgekratzt, statt sich mit einem säuerlichen Lächeln begnügen zu müssen.

Sebek fand jene erste Zeit ergiebiger als ich, denn die Diener unserer Gäste, die mit ihnen kamen, wurden von Dialion bewirtet. Sie waren geneigt, offen über ihre Herrschaften zu sprechen, besonders da Sebek sorgsam darauf achtete, jene, mit denen er sprach, immer reichlich mit Bier oder Met zu versorgen, um ihre Zunge zu lösen. Manche unter ihnen waren ihrer Herrschaft treu ergeben oder brüsteten sich gar mit jenen, deren Abzeichen sie trugen, denn auf diese Weise erhöhten sie ihr eigenes Ansehen unter der Dienerschaft. Doch es gab auch andere, die, in Sebek ein einfühlsames Ohr findend, flüsternd von Ungerechtigkeiten berichteten und darüber, daß sie nur in der Königlichen Stadt arbeiteten, damit sie ihre Familien mit Nahrung versorgen konnten. Viele von ihnen stammten aus der Kaste, welcher in der Oryx der Besitz mehrerer Felder und mindestens zehn Rinder zugestanden hätte. Aber aus Gründen, die ich erst später herausfinden sollte, war ihr Land verpfändet worden, weil sie nicht in der Lage waren, die hohen, vom Pharao auferlegten Steuern zu zahlen, und nun hatten sie nur noch wenig mehr Freiheit als die fremden Sklaven. Die Auskünfte, die Sebek zusammentragen konnte, waren bruchstückhaft, doch sie reichten aus, um eine zusätzliche Liste von

Leuten aufzustellen, die wir beurteilen mußten, sobald wir mehr über sie wußten.

Ich war bereits zwölf Tage im Haus der Zwei Winde, als mir Heliokios sagte, daß ich zu einem Festmahl im Hause von Ramaios, Bewahrer des Königlichen Schatzes, eingeladen war.

»Er hat das Goldene Siegel unter dem Pharao inne«, sagte Heliokios. »Neben dem Wesir ist dies das mächtigste Amt. Ramaios wird für seine Aufrichtigkeit geachtet, man sagt von ihm, er sei der einzige Mann in den Königlichen Provinzen, dessen Gunst nicht erkauft werden kann — wenn auch andere sagen, er sei ein Narr, aus seinen Gelegenheiten nicht ausgiebiger Nutzen zu ziehen. Ich fürchte, seine Gastlichkeit steht nicht im Ruf, ausgesprochen lustig zu sein, obwohl seine Speisen berühmt sind und sein Wein dem besten des Königlichen Weinkellers ebenbürtig ist, doch er hat eine Tochter, Meri-o-sosis.« Er hielt inne und sah mich fragend an. »Was ich bisher von dir gesehen habe, so bist du an Frauen offenbar nicht interessiert — oder hast du dein Herz in der Oryx zurückgelassen?«

Mimu gab mir den Schlüssel für eine Antwort, die ihn befriedigen würde: Sie hockte gerade über einer Schale voll Früchten und überlegte, welche sie zuerst nehmen sollte.

»Nicht, daß Frauen mir gleichgültig sind — ich brauche nur, wie Mimu, lange, um meine Wahl zu treffen.«

Da es sich um ein förmliches Festbankett handelte, ließ ich mich von Sebek als meinem Mundschenk begleiten. Das Haus des Herrn des Goldenen Siegels lag jenseits der Straße der Sphinxe mit den Widderköpfen, und der Garten des Hauses führte hinab zum Fluß, wo Ramaios einen eigenen Bootssteg hatte. Dies wußte ich, weil mir das Haus am Tag zuvor vom Fluß aus gezeigt worden war.

Ich beschloß, zu Fuß zum Gastmahl zu gehen, denn nach der Hitze des Tages waren die schattigen Straßen angenehm, und ich war der Untätigkeit überdrüssig, die Heliokios Gesellschaft zu leisten mir oft auferlegte. Ich erreichte das Haus bei Sonnenuntergang und sah, daß bereits viele Gäste anwesend waren. Im Eingangshof standen Sänftenträger beisammen und beobachteten, wie neu angekommene Träger ihre Herrschaft vor den drei breiten Stufen absetzten, welche zum hohen Tor des Haupteingangs führten.

Zwölf nubische Diener, die in ihrer prachtvollen Gestalt so gut zueinander paßten, daß jeder wie der Zwillingsbruder des Mannes neben ihm aussah, säumten den Weg zur Halle des Gastmahls. Ihre Gewänder waren aus schwerem, leuchtend gelb gefärbtem Leinen, und sie trugen die Sphinx-Kopfbedeckung, zinnoberrot-gelb gestreift, Farben, die nur von den Angehörigen des Haushalts eines Bewahrers des Königlichen Siegels getragen wurden.

Ramaios saß in der Mitte einer langen Tafel, die an der Stirnseite der Halle auf einem Podest bereitet war. Ihm zur Seite waren jeweils drei Holzsessel leer, auf denen die wichtigsten Gäste sitzen würden. Er trug eine Perücke der Art, wie sie Heliokios bevorzugte. Seine Augen waren lang und schmal, und seine unrasierten Brauen wirkten wie Holzkohlen, die für dieses dünne, ausdruckslose Gesicht mit seiner weit vorstehenden Nase und dem zusammengezogenen Mund zu kühn gezeichnet schienen.

Vor ihm auf dem Tisch stand ein goldener Weinbecher mit zwei Henkeln — aus diesem trank der Reihe nach jeder Gast, während er seinen Namen mit dem seines Gastgebers im Schwure gegenseitiger Freundschaft verband. Doch war der Gast eine Frau, so nahm der Gastgeber den Becher und trank auf ihr Wohl und ihren Namen. Wie es dem Brauch entsprach, hielt Sebek den Becher zum Trinken für mich, eine Zeremonie zur Erinnerung an jenen Pharao, der vom König eines eroberten Volkes erstochen worden war, während er den Wein trank, mit dem der Treueschwur besiegelt werden sollte. Ramaios fügte den förmlichen Begrüßungssätzen ein paar Worte hinzu, in denen er mir sagte, daß ich, als Sohn meines Vaters, ihm immer ein willkommener Gast sein würde, denn sie waren Freunde seit sie als junge Männer auf eine berühmt gewordene Löwenjagd gegangen waren, auf der Vater drei Löwen erlegt hatte.

Die jüngeren Gäste schienen auf der anderen Seite der Halle versammelt zu sein, da ich aber hoffte, jemandem zu begegnen, der sich für die AUGEN DES HORUS als wichtig erweisen würde, vermied ich sie und setzte mich auf einen von zwei Holzsesseln, die ein wenig abseits von den anderen standen und teilweise von einer Säule verdeckt waren.

Da es sich hier um einen förmlichen Anlaß handelte, saßen der Gastgeber und seine wichtigsten Gäste an der hohen Tafel, während sich die übrigen ihre eigenen Tischgenossen suchten und nach Belieben einen der Holzsessel einnahmen, welche in Gruppen zu zweit, fünft oder sechst auf beiden Seiten der Festhalle aufgestellt worden waren.

Die zweite Aufgabe des Mundschenks bestand darin, seinem Herrn Wein und Speise zu bringen, oder vielmehr den Dienern zu sagen,

Gruß der Ersten Begegnung 209

welches der vielen Gerichte seinem Herrn möglicherweise genehm wäre. Es gab viele unterschiedliche Gerichte, verschiedene Arten von Fisch, Geflügel und Wildbret und weiter mit fremdländischen Kräutern gefüllte Eier, Pastete aus Entenleber, in süßem Wein eingelegte, geöffnete Granatäpfel und reife Melonen, mit neuen Datteln gefüllt und mit Mandelsplittern bestreut, und ich wußte, daß es Gerichte geben würde, die ich noch nie gekostet hatte, denn Heliokios war kein Mann, der die Köche eines anderen grundlos pries.

Die große Höhe des Raumes schien das Stimmengeräusch zu dämpfen, oder es gab vielleicht nicht jene Fröhlichkeit, wie ich sie in anderen Häusern kennengelernt hatte. Ich fragte mich, ob dies an Ramaios lag oder daran, daß die meisten der hier anwesenden Gäste einer älteren Generation angehörten, als ich sie bisher kennengelernt hatte. Inzwischen waren fünf der sechs Sessel neben Ramaios besetzt. Ich erkannte einen Hauptmann der Königlichen Leibwache, im Schmuck seiner glitzernden Abzeichen, und neben ihm sein Eheweib, das jung genug aussah, um seine Tochter sein zu können, und deren Mutter eine babylonische Prinzessin war. Sebek flüsterte mir zu, einer der Ehrengäste sei der Baumeister, welcher die Stadt entworfen hatte und von dem berichtet wurde, er stünde dem Königlichen Ohr nahe, und der Mann neben ihm, zur Linken unseres Gastgebers, sei der Befehlshaber der Nördlichen Garnison.

Zu meinem Verdruß wurde der Sessel neben mir von einem Gast nur wenig älter als ich selbst eingenommen, den ich, noch bevor er es mir erzählte, an seinen Abzeichen als Führer einer Hundertschaft derselben Garnison erkannte, welcher der Mann neben Ramaios angehörte. Ich wollte Auskünfte erhalten über die Königliche Stadt, und es war unwahrscheinlich, daß er mir solche geben konnte. Doch ich tröstete mich damit, daß ich, sobald das sich lange hinziehende Mahl vorüber war, frei sein würde, mich unter die anderen Gäste zu mischen, unter denen ich bereits einige Bekannte entdeckt hatte.

Nur eine Gruppe junger, fröhlicher Leute am Ende der Halle belebte das Ganze ein wenig, und ich bereute bereits, mich nicht zu ihnen gesetzt zu haben. Bis dahin hatte ich sie nur als bewegtes Muster leuchtender Farben wahrgenommen, doch nun sah ich, daß Ramaios ziemlich ungeduldig in ihre Richtung blickte. Als ob er einen Befehl gesprochen hätte, eilte nun ein Mädchen, das bis jetzt von ihren Begleiterinnen verdeckt gewesen war, quer durch die Halle zu ihm, um neben ihm Platz zu nehmen. Sie war großgewachsen, fast so groß wie ich, und ihr Körper unter dem langen, in Falten gelegten Gewand aus hauchdünnem, perlenbesetzten Leinen war sehr schlank. Sie hatte leuchtend schwarzes Haar, das sie schulterlang trug und das mit einem Reif aus goldenen und emaillierten Blüten feinster Machart aus der hohen Stirn gehalten wurde.

Ich versuchte, mir ins Gedächtnis zu rufen, wo ich sie zuvor schon gesehen hatte. *Daß* ich sie zuvor gesehen hatte, dessen war ich mir sicher — aber wo? Wie hätte ich sie mit einem der Mädchen verwechseln können, die ich in der Königlichen Stadt gesehen hatte, war sie doch von diesen so verschieden wie die Töne einer Nachtigall vom Geschrei eines wütenden Papageis.

Auch der Mann neben mir starrte sie an. »Wer hätte gedacht, daß Ramaios solch eine schöne Tochter hat! Sie sagen, sie sei sehr ehrgeizig und weigerte sich, einen Gatten zu wählen, bis nicht jeder der Prinzen eine königliche Gemahlin genommen hat.«

Ich versuchte, nicht länger über sie nachzudenken. Warum sollten mich die Bestrebungen einer Tochter Ramaios' interessieren? Ich war dem Mädchen jenseits des Flusses niemals untreu gewesen, und keine Schönheit außer der ihren konnte mich in Versuchung bringen.

Der Soldat erzählte mir, daß er gerade von einem Vorstoß in die östliche Wüste zurückgekommen sei. An der Art, wie er seine Geschichte erzählte, hätte ich meinen können, Ägypten liege im Krieg, bis ich erkannte, daß es sich nur um eine kleine Bande von Räubern, insgesamt zwölf, handelte, die er mit seiner Hundertschaft getötet hatte, damit sie »nie wieder wagten, auf den hoch gelegenen Weiden Herden zu überfallen«.

Ich versuchte ihm meine Aufmerksamkeit zu schenken, doch meine Gedanken ließen sich nicht von dem Mädchen abwenden, welches an der hohen Tafel saß. Ich war froh, im Schatten einer Säule zu sitzen, denn dies gestattete mir, sie unauffällig zu beobachten. Jede ihrer Gesten, jede Bewegung ihres Kopfes, der wie eine Lotosblüte auf dem Stiele ihres Nackens ruhte, ließ sie mir noch vertrauter erscheinen. Es war mir, als hörte ich mich sagen: »*Natürlich* werde ich dich erkennen, wenn ich dich sehe — ich werde in jede Provinz und in jedes Land gehen, auf den Feldern und auf den Straßen der großen Städte nach dir suchen, bis ich dich finde.« Und eine Stimme, die antwortete: »Wie wirst du mich erkennen, wenn du nicht weißt, wie ich aussehen werde? Ich könnte alt oder fett sein oder schielen, und wie könntest du mich lieben, wenn ich häßlich wäre?«

Gruß der Ersten Begegnung 211

Die Gewißheit kam wie ein plötzlicher Lichtstrahl. Ich *hatte* sie erkannt, fast in dem Augenblick, in dem ich sie gesehen. Und ich kannte ihren Namen, noch bevor ich wußte, daß sie ihn trug: Meri-o-sosis — Meri, wofür das Schriftzeichen »Geliebte« steht.

Wie aus weiter Ferne hörte ich den Soldaten nun von einer weiteren Unternehmung erzählen, und hörte auch die wenigen Worte, in denen sich Kürze mit Unhöflichkeit verbanden, die als Antwort aus meinem Munde kamen. Doch sie gehörten zu Ra-abs Hülle, denn sein Geist folgte nur seinen Augen, so daß zwischen Ramaios und seiner Tochter ein Dritter stand, wenn auch keiner der beiden ihn sah.

Ich fand mich erst wieder mit dem äußeren Ra-ab vereint, als sie auf ein Zeichen ihres Vaters vom Podest herabstieg, um mit ihm von Gruppe zu Gruppe gehend mit jedem Gast ein paar Worte zu wechseln. Ich bemerkte, daß der Stuhl neben mir freigeworden war, und sah, daß der Soldat sich zu zwei anderen Männern an der gegenüberliegenden Seite des Raumes gesellt hatte. Sie starrten zu mir hinüber, als hätte er ihnen gesagt, daß ich entweder betrunken oder der größte Langweiler sei, den er unglücklicherweise je getroffen hatte. Ich blickte mich nach Sebek um und sah, daß er weggegangen war, um sich eine Erfrischung zu holen und dem Tratsch der anderen Mundschenke zuzuhören.

Würde sie sich an meinen Namen erinnern? Sie hatte mir *versprochen*, mich zu erkennen, wenn wir uns begegneten. Was würde ich ihr sagen, um ihr zu zeigen, daß auch ich mich erinnerte?

Ihr Vater hielt inne, um sich mit ein paar Leuten zu unterhalten, und sie ging allein weiter. Ich hörte, wie ihr eine Frau zu ihrem Geburtstag Freude wünschte. »Wie rasch ihr Kinder heranwachst! Mir scheint es erst gestern gewesen zu sein, da ich dir eine Holzente zum Spielen mitbrachte, und nun wirst du morgen sechzehn!«

Ich stand da und erwartete sie. Sie gab mir den Gruß der Ersten Begegnung, und ich konnte keine Worte ihr zur Antwort finden. Dann legte sie die Hand über ihre Augen, als ob sie plötzlich in ein helles Licht getaucht wäre und geblendet sei. »Wie dumm von mir«, sagte sie verwirrt. »Ich habe deinen Namen vergessen. Ich habe dich einen Moment lang nicht erkannt. Du warst gewiß schon einmal Gast bei uns? Verzeih meine Unhöflichkeit, dir den Gruß der Ersten Begegnung zu entbieten ... gewöhnlich bin ich nicht so vergeßlich ...«

»Wir sind uns das erste Mal auf einer von Bäumen gesäumten Straße begegnet, jenseits des Flusses.«

Die Allee, welche zum Palast führt? Sie liegt nicht jenseits des Flusses.«

Ich fragte mich, ob sie mich wieder neckte, wie sie es getan, als ich mich in eine Oryxantilope verwandelt hatte. Um ihr zu zeigen, daß ich mich erinnerte, sagte ich: »Hast du die Oryx vergessen?«

Wieder gab sie vor, nicht zu wissen, was ich meinte ... oder verstand sie *wirklich* nicht? »Die Oryx? Natürlich! Du bist Ra-ab Hotep, der Sohn der Oryx. Nun *weiß* ich, daß wir uns noch nie begegnet sind, denn mein Vater erzählte mir, du seist gerade erst in der Stadt angekommen, und ich war noch nie im Süden.«

Doch die Botschaft ihrer Augen leugnete ihre Worte. Und als ich mich verabschiedete, sang mein Herz, denn ich hatte entdeckt, daß ein Traum auf *meiner* Seite des Flusses Wirklichkeit werden konnte.

Das Oryx-Halsband

AM NÄCHSTEN MORGEN erwachte ich lange nach der Morgendämmerung. Einen Augenblick meinte ich, von Meri geträumt zu haben, und fragte mich, warum es mir nicht widerstrebte, in den Körper zurückzukehren. Meri ... woher wußte ich, daß sie Meri hieß? Die Herrlichkeit des Erinnerns überflutete mich — wir waren nun nicht mehr durch die Nebel des Flusses voreinander verborgen. Sie war hier, in der Königlichen Stadt! Gestern hatte ich sie gesehen, ihre Stimme vernommen, wußte, obwohl sie vielleicht noch nicht bereit war, es auszusprechen, daß sie unsere Verbindung erkannt hatte.

Ich rief nach Sebek, und den Türvorhang beiseite streifend, betrat er sogleich mein Gemach. »Sebek, ich habe sie gefunden! Ich wußte, sie war nicht die Tochter des Hasen ...«

»Gefunden — wen?« fiel er ungeduldig ein, und ohne auf eine Antwort zu warten, fuhr er fort: »Wir waren im Hause des Bewahrers des Goldenen Siegels; dies war die wichtigste Gelegenheit für uns, seit wir in der Stadt sind, Leute zu treffen, von denen die Wächter Kenntnis haben müssen — und was hast *du* getan? Außer den paar Bemerkun-

Das Oryx-Halsband 213

gen einem Soldaten gegenüber — und selbst dieser fand dich so langweilig, daß er dich verließ, sobald es der Anstand erlaubte — hast du allein in einer Ecke gesessen, ohne die geringste Anstrengung zu unternehmen, mit irgend jemandem ins Gespräch zu kommen. Und ich mußte bei den Dienern herumstehen und zusehen, wie du deine Gelegenheiten vergeudetest! Hätte der Haushofmeister für die Mundschenke nicht einen Krug geöffnet, so daß wir außer unseren Herren einzugießen, auch selbst Wein trinken konnten, wäre ich nicht in der Lage gewesen, wenigstens eine dürftige Nachlese zu sammeln von dem, was eine reichliche Ernte hätte sein können. Und als ich in die Halle des Gastmahls zurückkehrte, mußte ich feststellen, daß du bereits gegangen warst, also beeilte ich mich, nach Hause zu kommen — nur um dort von Daklion zu hören, daß du Befehl erteilt hattest, nicht gestört zu werden!«

Ich war viel zu glücklich, um mich über seine Klagen zu verdrießen. »Höre auf zu jammern, du langweiliger, alter Mann, und lausche! Interessiert es dich so wenig, daß ich dir den Namen der Frau nennen kann, welche die Gemahlin deines zukünftigen Nomarchen sein wird? Du sagst, ich hätte unsere Gelegenheiten vergeudet, doch wenn dein Verstand das nur fassen könnte, so wüßtest du, daß ich sie gefunden habe, die eines Tages die Oryx regieren wird.«

»Du scheinst immer noch zu träumen, denn eine unwahrscheinlichere Geschichte habe ich nie vernommen. Du hast in der ganzen Zeit, in der wir dort waren, mit keiner Frau gesprochen, wenn ich auch annehme, daß selbst du zumindest einige Worte der Höflichkeit für die Tochter des Gastgebers finden mußtest!«

»Und diese wenigen Worte genügten! Habe ich vergessen, dir ihren Namen zu nennen? Er lautet Meri-o-sosis, und der Mann, dem ich die große Ehre erweisen werde, Großvater meines Erben zu sein, ist der Bewahrer des Goldenen Siegels unter dem Pharao!«

Ich lachte angesichts seiner blanken Verblüffung. »Soviel euch Leuten, die sich gerne über Träume lustig machen! Du dachtest, wenn ich mir nur eine kleine Konkubine erwählte, wie du es mir einst so eindringlich geraten, würde ich aufhören nach einer Frau zu suchen, die es nur in meiner Einbildung gibt. Selbst Kiyas dachte, daß sie — fände ich sie jemals — sich als die Tochter eines Fischers herausstellen würde oder eines Mannes von ähnlich niederem Range, was Vater zu mißbilligendem Seufzen veranlassen würde.«

»Es geziemt sich nicht für einen Diener, sich zu der Wahl seines

Herrn zu äußern«, sagte Sebek und fügte dann zweifelnd noch hinzu: »Ich glaube, daß dies, wenn du ganz aufgewacht bist, nur ein weiterer deiner Träume ist, obwohl ich natürlich, falls du Ramaios' Tochter tatsächlich heiraten solltest, der erste sein werde, sich an deinem Glücke zu erfreuen.«

»Warum warten? Freue dich *jetzt*, Sebek, verschiebe niemals eine Freude!«

»Zuweilen ist die Freude die Mutter der Enttäuschung.«

»Manchmal erinnerst du mich an die Geschichte, die Roidahn oft erzählte, als wir Kinder waren — von dem Wachtelhühnchen, das verhungerte, weil es nicht wagte, die Würmer zu fressen, die seine Geschwister fraßen, nachdem die Wildente ihm erzählt hatte, daß Würmer kleine Sandschlangen sind! Ich bin sehr hungrig; geh und hole mir Honig und frisches Brot und zwei Enteneier und auch eine Melone, falls du eine auftreiben kannst. Und beeile dich, o Vater der Mißbilligung, falls dein unruhiger Bauch nicht zu schwer für deine verdorrten Schenkel ist!«

Diese Bemerkung brachte seine Liebenswürdigkeit zurück, und er probierte an mir einen neuen Ringer-Wurf aus, den er am Tag zuvor geübt hatte ... und mit dem er mich über die Schulter hätte werfen können, hätte ich nicht einen Gegengriff gekannt, der ihn zu Boden warf.

Während er die Speise holen ging, nahm ich das Oryx-Halsband aus dem Kästchen, das Neku entworfen. Ich konnte es ihr heute geben, zum Jahrestag ihres ersten Atemzuges, zu dem ihre Freunde ihr als Zeichen der Zuneigung Blumen schenken würden. Um die Vorfreude voll auskosten zu können, beschloß ich, erst am Abend zu ihrem Hause zu gehen. Ich hüllte das Halsband wieder sorgsam in das grüne Leinen und legte es in das Kästchen zurück. Der Deckel zeigte ein Mädchen, welches sich vorbeugte, um einen Blumenkranz um den Hals der Oryxantilope zu legen, die in demütiger Ergebenheit, den Kopf geneigt, neben ihr stand ... dies würde sie sicher an die Freude erinnern, die wir jenseits des Flusses empfunden hatten? Ich wollte das Geschenk zwischen Blumen verbergen, die ich selbst auswählen würde, selbst wenn ich jede Ecke des Marktes, der täglich außerhalb des Südlichen Tores stattfand, absuchen müßte.

Als ich den Hof von Ramaios' Haus betrat, sah ich den Soldaten, neben dem ich am vorigen Abend gesessen hatte. Er blickte zur Seite und beschleunigte seine Schritte, aus Angst, ich könnte ihn erkennen und ihm erneut die Langeweile meiner Begleitung auferlegen.

Meri war im Garten zwischen dem Haus und dem Fluß. Sie trug ein flachsblaues Gewand, und das feine Netz, mit dem sie ihre Haare zusammenhielt, war mit kleinen Blüten aus rosafarbenem Quarz zwischen Amethyst-Blättern verziert. Sie saß inmitten einer Gruppe von Freunden, und auf der Steinbank neben ihr häuften sich bereits die Blumen, die sie ihr mitgebracht hatten. Ich hoffte, daß es mir gelänge, der letzte zu sein, der sie begrüßte, damit sie so einen Weg finden würde, um mit mir allein zu sein — auch wenn es nur für einen Augenblick wäre. Ich hatte das Kästchen in einem flachen Korb aus grünen Binsen zwischen Blütenzweigen von Nachthyazinthen und Stephanotis versteckt. Sie lächelte, als sie mich sah ... doch hatte sie auch all den anderen zugelächelt. Sie nahm den Korb entgegen und stellte ihn ein wenig abseits von den anderen ab. Zuerst sah sie das Kästchen nicht, und als ich bemerkte, daß kein anderer ihr ein zweites Geschenk gebracht hatte, begriff ich, daß ich eine weitere Regel der Etikette verletzt haben mußte, und überlegte, ob sie dies vermessen finden würde. Dann erblickte sie es, und mit einem kleinen Ausruf des Entzückens nahm sie das Halsband heraus. »O Ra-ab — Ra-ab Hotep, tausend Dank gebührt deinem Vater für solch ein herrliches Geschenk an die Tochter seines Freundes.«

Ich begriff den Hinweis und antwortete: »Er sagte, ich solle es dir an deinem Geburtstag schenken, deshalb habe ich es dir nicht gleich bei meiner Ankunft in der Königlichen Stadt gegeben.«

»Wenn du das getan hättest, hätte ich es gestern abend getragen, denn ich besitze keines, das auch nur halb so schön wäre.«

Sie hielt es hoch, damit die anderen es sehen konnten, und diese drängten sich zusammen, um es zu betrachten. »Stimmt es nicht, was ich sage? Keiner von euch besitzt ein Halsband von so außergewöhnlicher Gestaltung wie dieses. Und seht das Kästchen ... Ich werde mein Malachitpuder und meine Augenschminke darin aufbewahren, auf daß sie von dem Künstler lernen, welcher diese klaren, flüchtigen Linien zog, um meine Augenbrauen noch schöner nachzeichnen zu können!«

Ich blieb, auch als alle anderen Gäste gegangen waren. Nur die vier Mädchen, die ihre Begleiterinnen waren, blieben noch bei uns. Sicher würde sie eine Ausrede suchen, um mich allein sprechen zu können? Doch entweder schien ihr das unklug zu sein, oder sie wollte es nicht. Ich wünschte, die anderen wären Fliegen, so daß ich sie beiseite wischen könnte ... oder Leoparden, die ich töten könnte, um ihr meine Ergebenheit zu zeigen.

Schließlich gab es keine Ausrede mehr, noch länger zu verweilen, und verzweifelt darüber nachsinnend, wann ich erneut die Gelegenheit haben würde, sie zu sehen, verabschiedete ich mich. Als ob sie sich auf eine Angelegenheit bezog, die bereits zwischen uns ausgemacht, sagte sie zu meiner Freude vor den zuhörenden Anwesenden: »Mein Vater hat mich angewiesen, dir zu sagen, daß er, wenn du ihm morgen die nur für sein Ohr bestimmten Botschaften aus der Oryx überbringst, dich nicht hier, sondern im Inselpavillon erwarten werde. Er findet es häufig geruhsamer, dort zu arbeiten. Da deine Bootsleute vielleicht Mühe haben würden, dorthin zu finden, wird ein Bootsmann von uns dich am dritten Landesteg erwarten. Er sagte mir auch, ich solle dich wissen lassen, daß du, falls er wegen einer dringenden Angelegenheit unabkömmlich sein sollte, mir all die Botschaften deines Vaters anvertrauen kannst, die ich getreulich dem meinen übermitteln werde.«

Wären die bis zum folgenden Tag so langsam verstreichenden Minuten Sklaven in den Steinbrüchen gewesen, so wäre ihr Aufseher in seiner Ungeduld, sie anzutreiben, unbarmherzig grausam vorgegangen. Doch endlich war die Zeit gekommen, zum dritten Landesteg zu gehen. Die Barke, die Meri geschickt hatte, um mich zu ihr zu bringen, hatte einen Bug, der wie ein Schwan geformt war, und ich saß auf einer erhobenen Plattform hinter den beiden Ruderern. Die Insel lag mitten im Fluß, und beim Näherkommen sah ich, daß blühende Büsche bis zum Wasser hinabwuchsen. Steinstufen führten vom hölzernen Landesteg das steile Ufer hinauf, doch niemand war dort zu sehen. Der Steuermann legte an und erklärte mir, daß ich dem Pfad am Ende der Stufen folgen solle, um zum Pavillon zu gelangen. Der Pfad wand sich durch schattiges Dickicht. In der grünen Stille überkam mich ein Gefühl der Unwirklichkeit, als ob ich auf dem Sand des Weges die schmalen Hufabdrücke einer Oryxantilope sehen könnte.

Ich kam zu einer grasbedeckten Lichtung und erwartete schon fast, Meri mit ausgestreckten Händen, so wie sie mich in unseren Träumen begrüßt hatte, auf mich zulaufen zu sehen. Nicht länger brauchten wir zu tun, als seien wir Fremde — obwohl wir beide wußten, daß dem nicht so war. In einem Augenblick sollte ich sie also allein sehen, ohne etwas verbergen zu müssen ... würden wir gewiß allein sein? Ich vernahm die Stimmen mehrerer Frauen, und die Enttäuschung traf mich schärfer als ein Dorn.

Das Oryx-Halsband 217

Die Vorderseite des kleinen Holzpavillons wurde durch ein weiß und gelb bemaltes Sonnensegel beschattet. Darunter stand ein Ruhelager, dessen Seiten aus Ebenholz geschnitzte Hathor-Kühe mit elfenbeinernen Hörnern waren, und darauf lag Meri und lachte über etwas, was offenbar eines der vier sie umgebenden Mädchen gerade gesagt hatte. Sebek hatte mir erzählt, die Mädchen seien schön, doch ich bemerkte sie gar nicht. Die Sterne sind nicht sichtbar, wenn die Sonne am Himmel steht.

Meri begrüßte mich, wie sie es schon einmal getan hatte — mit der lächelnden Höflichkeit, die dem Gast ihres Vaters gebührte und wie ich sie gestern hundert andere hatte grüßen sehen. Hatte sie mich vergessen, oder mußten wir unser Versteckspiel nur noch ein wenig länger aufrechterhalten? Sie fragte mich nach Neuigkeiten aus der Antilopenprovinz, doch nur, als sei es Brauch bei der Unterhaltung und nicht, als interessierte sie das Thema besonders. Dann trug sie einem der Mädchen auf, Wein und Honigkuchen zu holen, doch sie füllte meinen Becher nicht selbst, wie sie es getan haben würde, wäre ich ein enger Freund.

Sie bat ein anderes Mädchen, zur Harfe zu singen, wofür ich dankbar war, denn dies gestattete mir, sie anzusehen, ohne mir irgendeine Rede ausdenken zu müssen, um meine Gedanken zu verbergen. Sie trug einen Kranz aus grünem Korn, und ihr Haar war glatt und dunkel wie der Fluß zur Mitternacht. Ihr Gewand war aus fein gefaltetem hauchdünnen Leinen, und ihr Leib schimmerte durch das Kleid wie Mondblumen in der Abenddämmerung. Ihre Füße waren schön wie der Morgen, und ich beneidete ihre scharlachroten Sandalen, deren Goldschnallen sie umschließen durften, während ich fernbleiben mußte. Sie war sehr still, während sie dem Gesang des Mädchens lauschte, einen Fächer aus Reiherfedern müßig in ihrer Hand, einer Hand, die lang und schmal war, mit vergoldeten Nägeln in der Form von Mandelkernen.

Dann mußte ich Anteilnahme an dem Deckel einer Schatulle heucheln, welche eines der Mädchen mit Bergpech und Perlmutt einlegte ... und einem weiteren Lied lauschen, während alles, was ich zu hören ersehnte, Meris Stimme war. Sie schickte nach einem Würfelbrett und Spielfiguren und forderte mich zu einem Spiel auf. Als sie sich vorlehnte, um eine Figur zu bewegen, stieg ihr Duft mir so lebhaft in die Nase, daß es mir schwerfiel, sie nicht um Gnade anzuflehen. Warum genoß sie es, mich zum Narren zu halten? Wenn sie mich nicht mehr liebte, besäße sie sicher die Barmherzigkeit, mich fortzuschicken? Ich redete mir ein, hätte ich gewußt, *wie* sie mich hier empfängt, hätte ich Sebek an meiner Statt schicken können: Sie würde den Unterschied nicht bemerkt haben, und er hätte es genossen! Der letzte Wurf des Würfels ersparte es mir, länger Figuren auf einem Brett umherzubewegen. Ich stand auf, nach förmlichen Abschiedsworten suchend, um mein Herz dahinter zu verbergen, doch bevor ich sie aussprach, entließ Meri die Mädchen; sie brauche sie erst wieder, wenn es Zeit sei, nach Hause zurückzukehren, und sie könnten solange zum Badeplatz im Norden der Insel gehen.

Sie wandte sich zu mir: »Mein Vater hat mir von wichtigen Angelegenheiten berichtet, die ich mit dem Sohn der Oryx besprechen soll.« Einen Augenblick lang legte sie ihre Hand auf meinen Arm. »Es gibt hier einen blühenden Baum, der, so glaube ich, in eurer Provinz nicht wächst. Ich möchte, daß du mir sagst, ob deine Schwester seinen Duft angenehm fände, wenn die Salben, die ich ihr schicke, damit parfümiert würden.«

Die Enttäuschung verschwand wie die Nebel, die einst *ihr* Land von dem meinen verborgen hatten. Sie führte mich über eine andere Lichtung, die in einen Pfad mündete ähnlich dem, auf welchem ich hergekommen. Und als sie einen Baum erreichte, dessen sich öffnende Knospen lebhafte Farbflecken im dunkelgrünen Blätterwerk waren, streckte sie sich in die Höhe, um eine Blüte zu pflücken, die schon weiter geöffnet war als die anderen.

Sie drehte sich um und lehnte sich gegen den dunklen Stamm. Wir waren wie benommen in einem Netz der Stille, und dann hörte ich ihre Worte wie ein Lied von einer silbernen Saite perlen: »Dieser Baum wächst nicht jenseits des anderen Flusses, doch wir gehören *dorthin*.«

Und ich antwortete: »Wir haben dorthin gehört, seit du das erste Mal am Ende der Allee auf mich gewartet hast, um mich zu Anubis zu bringen.«

Sie legte ihre Hände auf meine Schultern. Dann lag sie in meinen Armen, und es schien, als hätte sie sie niemals verlassen.

Während wir Hand in Hand im grünen Schatten wandelten, fragte ich sie: »Warum wolltest du mich glauben machen, du hättest mich vergessen?«

»Ich mußte *sicher* sein ... obwohl ich in meinem Herzen niemals zweifelte, daß du derjenige bist, auf den ich gewartet habe. Drei Jahre schon weiß ich, daß ich dir begegnen würde, obgleich manche meiner Träume nicht so klar waren wie die deinen. Ich erinnere mich nicht an deinen Namen, obwohl du mir sagst, ich hätte es dir versprochen, und ich wußte nicht, wie du aussehen würdest. Ich habe immer nach dir Ausschau gehalten — unter den Gästen, die in meines Vaters Haus kamen, und unter den Soldaten, unter allen, denen ich begegnete. Und als ich dich nicht finden konnte, suchte ich sogar in den Gesichtern der Ruderer und zog in den Straßen die Vorhänge meiner Sänfte beiseite für den Fall, daß ich dich vielleicht in der Menge erblicken würde.«

»Wann wußtest du, daß *ich* es war, auf den du wartetest?«

»Ich glaube, sobald ich dich allein dasitzen sah und bemerkte, daß du oft zu mir herüberblicktest. Ich tat, als wolle ich nur mit dir sprechen, weil du so einsam aussahst und es meine Pflicht dir gegenüber als Gast war. Als ich deine Stimme vernahm, war ich sicher, daß ich dich schon zuvor gesehen hatte, und es unhöflich gewesen war, dich mit dem Ersten Gruß willkommen geheißen zu haben. Ich war verwirrt, mich nicht an deinen Namen erinnern zu können, wo mir doch schien, daß ich dich so gut kannte. Deine Augen, nur deine Augen waren so, wie ich immer wußte, daß sie sein würden — darum habe ich dich aus der Entfernung nicht erkannt. Deine Augen ließen das gleiche Erkennen aufleuchten, wie ich es in den meinen wußte.«

»Warum hast du mich dann gestern wie einen Fremden behandelt?«

»Wie konnte ich dir mein Herz öffnen, während uns Leute beobachteten? O Ra-ab, mein Geliebter, wir sind zwei Blütenblätter derselben Blume, doch als Ramaios' Tochter und Sohn der Oryx wurde uns gelehrt, eine andere Sprache zu sprechen. Ich habe von der Oryx gehört, und ich weiß, daß du nicht dem mannigfaltigen Verbergen folgen mußtest, aus dem das Leben hier besteht. Manchmal scheint mir, daß der ganze Königliche Haushalt nicht mehr Leben besitzt als ein Wandgemälde, als wären wir alle Teil eines Bildes, das von einem längst verstorbenen Zeichenkünstler entworfen worden ist. Als ich dem Gastmahl beiwohnte, auf dem wir uns begegneten, dachte ich, es würde wie hundert andere sein. Die Frauen würden andere Gewänder tragen, die Speisen und die Blumen würden sich mit der Jahreszeit geändert haben, doch das Muster bliebe das gleiche — denn wenn auch die Farben eines Grabgemäldes verändert werden, verändern doch die Geister, die flüsternd dem Begräbnismahl beiwohnen, nicht den Rhythmus ihrer Klagen. Geister sind auf die Lebenden eifersüchtig, und wenn sie wüßten, daß ich ihre Gesellschaft nicht länger teile, da du mich aus ihrem flüsternden Schatten herausgeholt, würden sie sich zusammenschließen, um mich zurückzubekommen. Jeder, der hier versucht, die festen Bahnen, in welchen sein Leben verläuft, zu verlassen, wird wie ein Feind behandelt, der vernichtet werden muß. Ich habe mich zu heiraten geweigert. Doch das wurde mir verziehen, weil ich jung bin, und weil sie vermuten, meine Weigerung rühre vom Ehrgeiz her: Der jüngere Sohn des Pharao hat seine königliche Gemahlin noch nicht erwählt. Wenn ich selbst den Frauen, die mir am nächsten stehen, jenen, welche ich für die treuesten halte, erzählt hätte, daß ich auf einen Geliebten aus einem Traum wartete, so hätten sie untereinander geflüstert, der Wahnsinn habe meine Stirne gestreift. Und Feuer verbreitet sich unter Getreide im Kornspeicher langsamer als Geflüster unter müßigen Frauen. Mein Vater hätte sich gegen das Gerücht, ein vom Wahnsinn heimgesuchtes Kind zu haben, zur Wehr gesetzt, indem er mich mit einem Manne seiner Wahl vermählt — und es wäre keine Mühe, für die Tochter eines Mannes, der so mächtig ist wie mein Vater, einen Gatten zu finden.«

»Wie hätte er dich gegen deinen Willen zur Heirat zwingen können? Es ist gegen das Gesetz Ägyptens, daß eine Frau einen Mann heiraten muß, den sie nicht frei gewählt hat!«

»Ich wäre nicht *gezwungen* worden ... zumindest hätten sie es nicht so genannt. Mir wäre die Wahl geblieben, in den Königlichen Tempel zu gehen ... um mit der Zeit eine Priesterin zu werden, die in allem die Macht der falschen Priester stärkt. Hätte ich die Kraft, mich ihrem Willen zu widersetzen, nun, dann gibt es viele, welche noch vor ihrer Einweihung den Tod finden.«

Während sie sprach, begriff ich, daß sie, sobald man von unserer Liebe erfuhr, in der gleichen Gefahr wie ich leben würde. Ergriff man mich als Spion, so würde auch sie unter der Folter sterben. Ich mußte sie sofort vor diesen Fremden retten, denen sie in der Verbannung geboren worden war, und sie dem Schutze der Wächter anvertrauen.

Ich nahm sie in meine Arme. »Wir müssen in die Oryx flüchten, noch heute nacht! Als meine Gattin wird selbst dein Vater seine Gewalt über dich verloren haben ...«

Dann erzählte ich ihr von den Wächtern, und warum ich in die Königliche Stadt gekommen war. Ich schloß mit den Worten: »Selbst wenn der Pharao ein Heer ausschickte, um dich zurückzubringen, müßte er mehr als die Hälfte seines Reiches erobern, bevor er seinen

Willen durchsetzen könnte. Denn die Wächter werden kämpfen, wenn einer von ihnen bedroht wird, und der, welcher gegen die Oryx zu Felde zieht, fordert die Krieger sämtlicher südlicher Provinzen heraus.«

Während ich sprach, hatte ich bereits unsere Flucht geplant. »Du mußt mit mir zum Hause des Kupferhändlers kommen, der das erste Verbindungsglied in der Kette zwischen mir und Roidahn ist. Ich denke, wir sollten den Flußweg nehmen, vielleicht in einer Kornbarke oder einem Handelsschiff. Es gibt verschiedene Wege, auf denen wir im geheimen reisen können: Wir werden vielleicht von Dorf zu Dorf ziehen müssen und uns tagsüber versteckt halten und nur nachts wandern, als Fischer verkleidet, die ihre Netze im Mondschein auswerfen. Ich hoffe, daß wir langsam reisen, miteinander allein, wie ich es mir schon so lange erträumt habe ... nun wird es ein Traum sein, aus dem wir erwachen und entdecken, daß wir beieinander sind.«

Sie seufzte, und ich schlang meine Arme enger um sie. Ihr Haar an meinen Lippen war glatt und duftend wie eine sonnenwarme Frucht. »Warum seufzt du, mein Herz?«

»Weil ich mit dir in die Oryx gehen möchte ... heute nacht. Weil ich nicht in das törichte Muster meines alltäglichen Lebens hier zurückkehren möchte, nicht einmal für kurze Zeit.«

»Dann gibt es keinen Grund zum Seufzen. Du *wirst* in die Oryx gehen; bevor es dunkel ist, werden wir zu unserer Reise aufgebrochen sein!«

Sie schüttelte den Kopf. »Nein, Ra-ab, das ist ein Traum, auf den wir noch warten müssen. Du kannst die Wächter nicht verraten, und wegen der Liebe zu dir und wegen der Götter gehöre auch ich zu ihnen. Du bist hierher geschickt worden, um herauszufinden, wessen Macht beschnitten werden muß und wessen gedeihen darf — und wer wäre gesellschaftlich besser imstande, dir dabei zu helfen, als ich? Es sind die Frauen, durch die du am meisten über die Männer erfahren kannst, denn selbst die Frauen hoher Beamten tratschen so offen über ihre Ehemänner wie Marktfrauen. Ich habe unter ihnen ein paar enge Freundinnen, doch den Wünschen meines Vaters gehorchend, bin ich Gast und Gastgeberin für *alle* bedeutenden Frauen am Hof. Sie werden meinen, daß ich nun Freude an weiblichem Klatsch gefunden habe, und sie werden lächeln und denken, dies sei so, weil ich endlich einen Gatten gewählt habe. Und so werden sie begierig sein, mich darüber aufzuklären, wie Männer dem Willen einer Frau gefügig gemacht werden können! Durch die Ratschläge, die sie mir erteilen, werde ich die Verdienste ihrer Gatten erfahren ... und falls es eine unter ihnen gibt, deren Ehe wie *unsere* Verbindung ist, so werde ich dies an ihrem Schweigen erkennen: Denn jene, welche in Liebe verbunden sind, bedürfen keines Rates außer dem, den ihnen ihr eigenes Herz erteilt. O Ra-ab, mein teurer Geliebter, es wird so schwer für uns werden, all diese langwierigen Förmlichkeiten einer Verlobung nach hiesigem Brauch über uns ergehen zu lassen. Ich werde vorgeben müssen, blind zu sein gegenüber deiner Zuneigung zu mir, und nur nach und nach dürfen meine Dienerinnen merken, daß ich Ausreden erfinde, um mit dir allein zu sein. Ich habe sie heute vorbereitet, indem ich ihnen sagte, daß ich in Abwesenheit meines Vaters mit dir Staatsgeschäfte zu besprechen hätte. Sie waren nicht überrascht, denn es ist nicht das erste Mal, daß ich dies tat — mein Vater weiß, daß ein Mann einem Mädchen manchmal mehr erzählt als einem hohen Beamten.«

»Wie lange muß ich auf dich warten? Wie viele Tage müssen wir mit diesem Schatten der Wirklichkeit vergeuden?«

»Ein paar Wochen, vielleicht sogar weniger, bevor ich es wagen kann, meinem Vater zu sagen, daß ich dich zum Gatten nehmen möchte. Er wird seine Zustimmung nicht verweigern, denn er wird zufrieden sein, daß ich jemanden so passenden wie deines Vaters Sohn gewählt habe. Lieber Ra-ab, ich bin so dankbar, daß die Götter dich nicht als Fischer gesandt haben oder mich als Tochter der Konkubine eines fremdländischen Kaufmanns!«

»Das wäre vielleicht einfacher, denn sie hätten nicht dem langsamen Dahinschleichen toter Förmlichkeiten zusehen brauchen!«

Sie lachte und fuhr mit den Fingern durch mein Haar. »Vor drei Tagen haben wir die Zeit bis zu unserer Begegnung vielleicht in Jahren gemessen — und nun sind wir bereits ungeduldig, daß die Liebe auf unsere Verlobung warten muß! Unsere Vermählung wird wohl nach dem Gesetz der Königlichen Provinzen vollzogen werden müssen, doch es wird *dein* Priester sein, der uns im Namen Ptahs verbindet, wenn wir unser Heim in der Oryx erreichen ... es wird das erste wirkliche Heim sein, das ich je gekannt habe.«

Vom Fluß stiegen bereits die Abendnebel auf, als ich meine Geliebte küßte — die ich morgen wieder mit aller Förmlichkeit würde grüßen müssen.

Asheks Siegel

INNERHALB EINES MONDES hatte Meri es mir ermöglicht, die scharlachfarbenen Waagschalen Tahutis — das Zeichen, daß von einem der AUGEN DES HORUS ein Richtspruch ergangen war — bei achtzehn Namen auf der Liste einzusetzen, die Roidahn mir gegeben hatte. Es war nicht länger so schwierig für uns, miteinander allein sein zu können, denn ihre vier Dienerinnen wußten von unserer geheimen Verlobung und machten die strikte Etikette zu einem Schild, das uns beschirmte, statt zu einer Schranke, die uns voneinander fernhielt. Ich hatte ihnen von den Wächtern erzählt, daher mußte Sebek in ihrer Gegenwart nicht so tun, als sei er mein Diener.

Meri fand es sogar noch einfacher, als sie es vorausgesehen hatte, die Gattinnen jener Männer, über die ich Auskunft benötigte, zu offenherzigem Sprechen zu bewegen. »Sie scheinen zu denken«, sagte sie, »daß Männer und Ehegatten sich so voneinander unterscheiden wie Flußpferde von Krokodilen — und daß alle Ehemänner so sehr wie ihre eigenen sind, daß ich nach der Vermählung genau *ihre* Erfahrungen machen werde. Manchmal sind sie zu stolz, um zuzugeben, daß sie unglücklich sind, aber sie betrügen sich selbst, ohne es wahrzunehmen. Erinnerst du dich an Tahu, die Gattin des Bewahrers des Elfenbeinsiegels in der Zweiten Halle der Audienz?«

Tahu war vor drei Tagen mit uns auf eine Flußfahrt gekommen: Ich hatte sie kennenlernen wollen, weil ihr Gatte ein so bedeutender Beamter war. Ich wußte, daß er so alt wie Heliokios war, und so überraschte es mich, als ich sah, daß sie dem Alter nach seine Tochter hätte sein können, vielleicht sogar seine Enkelin. Sie trug übertrieben viel Schmuck, und ihr Haar war von Salben so steif, daß es aussah wie geölter Stein.

»Ja, ich erinnere mich an sie«, sagte ich.

»Was für einen Eindruck hast du von ihr?«

»Daß sie wenig besitzt, *mit* dem sie denken kann, und noch weniger, *worüber* sie nachdenken könnte. Sie hat vieles mit Mimu, Heliokios' Äffin, gemein, denn sie beide sind die verwöhnten Spielsachen alter Männer. Jeden Tag muß ein Diener frühmorgens zum Fruchtmarkt gehen, um Mimus Lieblingsspeisen zu besorgen — grüne Mandeln sind zu dieser Jahreszeit ihr größter Genuß. Und ich vermute, daß die Waren fremdländischer Goldschmiede nach hübschen Kleinigkeiten durchsucht werden, die in Tahus gierige kleine Hände gelegt werden — damit sie die Liebkosungen ihres Herrn duldet, genauso wie Mimu sich tätscheln läßt, wenn sie bekommen hat, was sie will.«

Meri und ich lagen auf der Insel im Schatten eines Flammenbaumes nebeneinander auf dem grasbewachsenen Ufer. Ihr Kopf ruhte auf meiner Schulter, daher konnte ich ihr Gesicht nicht richtig sehen, doch ich spürte, wie sich ihr Körper vor Lachen bog.

»Warum lachst du?«

»Weil du drollig bist, wenn du so lieb und aufgeblasen bist! Nein, aufgeblasen ist vielleicht nicht das richtige Wort, aber manchmal bist du sehr *mißbilligend*, Ra-ab. Was würdest du tun, wenn ein Mann von mir so dächte wie du von Tahu?«

»Ich sollte ihn wahrscheinlich bemitleiden, weil er verrückt geworden ist, aber vor schnellem Zorn würde ich ihn wohl wegen Gotteslästerung niederschlagen.«

»O Ra-ab, ich *liebe* dich, wenn du grimmig bist! Aber du darfst das nicht zu oft sein, denn wenn ich erst so lange deine Frau bin, daß du dich daran gewöhnt hast, wärst du dann vielleicht grimmig mit *mir*!«

Nachdem ich sie für diese ungeheuerliche Behauptung gebührlichst bestraft und herausgefunden hatte, daß es unter ihrem rechten Schulterblatt eine Stelle gab, wo selbst eine Göttin kitzlig war, kehrten wir zu dem Thema Tahu zurück.

»Du denkst«, sagte Meri, »sie sei eine habsüchtige, übertrieben gekleidete Puppe, deren Gatte, ein armer, dummer alter Mann, begierig ist, sie mit Geschenken zu überhäufen, um sie zu einem Lächeln zu bewegen. Das gleiche habe auch ich gedacht, darum habe ich mich nie bemüht, sie besser kennenzulernen. Doch ich habe ihr Gesicht gesehen, als ihr Armreif ins Wasser fiel. Ich weiß, du warst ungehalten, als sie solch ein Aufhebens machte, und wir anhalten mußten, während Diener nach ihm tauchten. Du dachtest, sie prahle, als sie immer wieder sagte: ›Wenn wir ihn nicht finden, wird er mir zwei andere geben, um ihn zu ersetzen‹, und ich hörte dich zu Sebek sagen, sie sei genau die Art von Frau, die einen Diener unter die Krokodile schicken würde, nur um einen Armreif zu holen! Doch ich sah ihr Gesicht, als ihr der Reif hinabfiel, und du nicht. Sie hatte Angst, Ra-ab, größere Angst als ein Sklave, der den Lieblingsweinbecher eines unbarmherzigen Herrn fallenläßt. Sie wollte nicht den Armreif, doch erfüllte sie der Gedanke mit Entsetzen, ohne ihn heimkehren zu müssen. Ashek ist nicht der freundliche alte Mann für den wir ihn gehalten haben. Er ist grausam, und dunkel vor Besitzerstolz. Neid ist die Geißel, die ihn angetrieben hat, und er will, daß das Salz des Neides die Münder jener versengt, die einen Trinkspruch auf den Erfolg seines Ehrgeizes ausbringen. Er nahm sich eine junge Gattin, weil Männer seines Alters ihn beneiden sollten. Er schenkt ihr mehr Juwelen als irgendeine andere Frau in der Königlichen Stadt besitzt, denn sie sind das Siegel seiner Macht. Tahu ist nichts mehr als die Schatulle, in der er seinen Goldstaub lagert ... und sein Siegel verschließt den Deckel.«

»Meri, läßt du nicht einen großen Baum aus einem sehr kleinen Samen wachsen? Vielleicht *hatte* sie Angst, vielleicht geht sie sehr sorglos mit den Dingen um, die er ihr schenkt, und fürchtete, daß er, da sie den Armreif verlor, zukünftig nicht mehr so großzügig sein würde. Natürlich, du *könntest* recht haben, doch du hast keinen Beweis.«

»Ich hätte dieses Urteil nicht über den Bewahrer des Elfenbeinsiegel gesprochen, wenn ich nicht sicher gewesen wäre. Hast du nicht bemerkt, daß Tahu noch bei mir blieb, als du gingst? Da ihr Gatte nicht in der Stadt war, lud ich sie ein, die Nacht in unserem Hause zu verbringen ... ich wollte herausfinden, *weswegen* sie sich fürchtete. Sie nahm das Angebot eifrig an, sagte aber, sie wolle keine Dienerin ihr zur Seite ... das allein schon wäre ausreichend gewesen, meine Neugier anzustacheln, denn sie sieht nicht aus wie die Art von Frau, die Dinge lieber selbst verrichtet. Ich ging zu ihrem Gemach und bemerkte, daß sie ein Nachtgewand trug, obwohl es die heiße Jahreszeit ist. Sie hatte sich abgeschminkt und ihr Haar mit einem einfachen Band zusammengebunden. Sie hatte meinen Besuch nicht erwartet; sie war verblüfft, und einen Moment lang mußte ich an einen Krieger denken, der sich ohne Waffe hilflos dem Gegner ausgeliefert sieht. Ich fühlte mich plötzlich viel älter als sie, und ich sagte: ›Mein armes Kind, ich weiß alles, du mußt mir nichts vormachen.‹ Und sie fing zu weinen an, langsame, schwere Tränen, die sie nicht zu verbergen suchte.

Es war keine schöne Geschichte, die sie mir erzählte. Sie handelte von einem alten Mann, der ein Gut im Norden besaß. Es war kein großes Gut, und als es drei Jahre hintereinander Mißernten gab, konnte er seine Steuern nicht mehr bezahlen. Doch er war bei mehr als einer Gelegenheit Gastgeber für den Bewahrer des Zweiten Elfenbeinsiegels. Und dieser Gast begehrte seine Tochter, und die Tochter verweigerte sich ihm. Würdest du diese Stadt so gut wie ich kennen, Ra-ab, so fändest du diesen Teil der Geschichte ganz alltäglich — die Tochter, die zum Wohle der Familie verkauft wird. Natürlich werden die äußeren Formen gewahrt: Dem Mädchen wird eingeredet, daß es töricht und außerdem äußerst undankbar seinen Eltern gegenüber wäre, diese Gelegenheit zum Weiterkommen der Familie nicht zu nutzen ... ›Sie solle geschmeichelt sein, die Zuneigung, die höchst ehrenwerteste Zuneigung eines solch mächtigen Beamten gewonnen zu haben‹. Man könnte ihr andeuten, ihre Familie werde zu leiden haben, sollte sie so närrisch sein, sich zu weigern ... und wenn sie einen anderen Mann als Gemahl vorzöge, würde sie ihm als Mitgift nur Enttäuschung und Unterdrückung bringen, denn jene, die das Mißvergnügen der Hofbeamten des Pharao erregen, gedeihen in Ägypten nicht.

Wäre Tahu die Puppe gewesen, für die wir sie zuerst gehalten haben, so wäre Ashek ihrer überdrüssig geworden und hätte sich damit begnügt, sie wie eine lebende Statue zu benutzen, mit der er seinen Reichtum zur Schau stellen konnte. Aber sie war keine Puppe. Sie hatte den Mut, ihm zu sagen, daß sie, obwohl er sie als Sklavin erworben habe, noch immer frei sei, wie alle Sklaven, denn kein Mensch könne einen anderen besitzen. Sie hat viele Juwelen. Du kennst den fremdländischen Brauch, daß der Käufer, wenn er von einem Händler Waren kauft, sein Siegel auf die Handelsware drückt? Es scheint, Ashek übernimmt gerne die Bräuche Fremder ... mit gewissen Abwandlungen. Jedesmal, wenn er seiner Gattin ein neues Geschenk bringt, setzt er sein Siegel als Zeichen seines Besitzes. Das Elfenbeinsiegel kann er nicht benutzen, denn das würde großer Hitze nicht standhalten. Das Siegel, welches er verwendet ist ziemlich klein, ungefähr von der Größe meines kleinen Fingernagels, und es ist aus Kupfer. Der Abdruck, den das Siegel hinterläßt, verwächst mit der Zeit zu einer tiefen Narbe, doch die Schriftzeichen der noch frischen Siegelmarken können immer noch gelesen werden. Während sie mir dies erzählte, zog Tahu ihr Gewand aus. Sie sagte, sie müsse nicht ihre Schatztruhe öffnen, um ihre Juwelen zu zählen, sie brauche nur die Siegel zu zählen, die ins weiche Fleisch ihrer Schenkel gebrannt wurden.«

Es dauerte drei Tage, bevor Meri und ich einen Plan, wie Tahu in die Zuflucht Hotep-Ras zu schicken sei, vollendet hatten. Zuerst fürchtete Tahu, ihre Familie werde unter ihrer Flucht zu leiden haben, denn sie hatte sich im Laufe der Zeit an die Vorstellung gewöhnt, ihr Leben sei ein Unterpfand für deren Sicherheit. Sie begehrte nicht mehr auf, nicht einmal gegen ihren Gatten — so mußten auch die Jungfrauen, die man dem Flusse geopfert hatte, ergeben in den Tod gegangen sein. Aber während wir mit ihr sprachen, flackerte in ihren Augen Hoffnung auf, als sei sie eine fremdländische Sklavin, der die Freiheit in ihrem eigenen Lande versprochen wurde.

»Ich möchte fliehen! Selbst ihr könnt nicht verstehen, wie *sehr* ich flüchten möchte. Doch ihr wißt nicht, wie verschlagen Ashek ist! Irgendwie würde er herausfinden, wo ich hingegangen bin. Er würde eine Geschichte erfinden — daß ich entführt worden sei oder den Verstand verloren hätte, und jeder Soldat, jeder Diener von jedem noch so geringen Beamten, würde nach mir suchen. Selbst wenn ich verkleidet wäre, würden sie diese Narbe auf meiner Schläfe sehen.«

Als Antwort auf meine unausgesprochene Frage sagte sie: »Nein, *diese* Narbe hat nicht er mir beigebracht. Ich bin als Kind gefallen, und habe meinen Kopf an der Kante einer Steinstufe aufgeschlagen. Sie dachten, ich würde sterben, doch die Götter verwehrten mir diese Freundlichkeit und schickten mich statt dessen in Asheks Haus.«

Sie zitterte. Ich nahm eine ihrer Hände und Meri die andere. »Tahu, du bist nicht mehr allein. Ashek hat keine Gewalt über dich. Keine Gewalt, verstehst du? Du gehörst dir selbst. Du bist frei. Du gehst in die Oryx, und wenn die Wächter zum Handeln bereit sind, wird Ashek aus Ägypten verbannt werden — und für die Verbannung dankbar sein.«

»Wie kann ich in die Oryx gehen? Wenn mich die Wächter beschützen, könnten sie vernichtet werden. Irgendwie *wird* er mich finden. Er hat seine Spione überall. Die Aufseher der Königlichen Straße sind ihm untertan, und ihre Macht erstreckt sich auf jede Provinz.«

»Er wird nicht nach dir suchen, denn wir haben uns einen Plan ausgedacht. Meri sagte mir, Ashek sei ein Mann des Neides, ein Mann, der seinen eigenen Wert an dem Neid mißt, den er bei anderen hervorrufen kann. Wenn bekannt würde, daß du ihm davongelaufen wärst, müßte er dich finden und dich zurückbringen, um seine Stärke unter Beweis zu stellen. Doch wenn er vor jedermann verbergen könnte, daß ihn seine junge Gemahlin haßt, obwohl er, sich ihre Gunst zu erkaufen sucht, wäre er begierig, dies zu tun. Letzten Endes wird es dies sein, was für ihn als Zünglein an seiner Waage den Ausschlag gibt: Wie kann er den Neid scharf und brennend erhalten wie das Messer eines Mörders? Du weißt, daß er erst in drei Tagen in die Stadt zurückkehren wird. Du mußt dich in deine Gemächer einschließen und darfst niemanden einlassen. Du mußt dich so sonderbar benehmen, daß die Frauen in deinem Haushalt im nachhinein denken, du seist verrückt geworden. Doch dürfen sie nicht meinen, du seist krank oder wollest dir das Leben nehmen, sonst würden sie dich bewachen lassen. An dem Morgen, an dem dein Gatte zurückkommen soll, wirst du nach einer Dienerin schicken und ihr einen Brief übergeben, den sie ihm bei seiner Ankunft aushändigen soll. Er wird fest versiegelt sein, und die Nachricht, die er enthält, wird kurz sein ... ein paar Zeilen, um ihm zu sagen, daß du dich lieber der Gnade der Flußgöttin überantwortest, als noch länger unter ihm zu leiden, daß du dich ertränkt haben wirst, bevor er die Zeilen, die du geschrieben hast, lesen wird. Er wird dir glauben, denn er ist sich seiner Macht so sicher, daß er sich nicht vorstellen kann, daß irgend jemand es wagen würde, dir Schutz zu gewähren.«

»Das klingt, als ob es wirklich so geschehen könnte!«

»Es wird geschehen. In drei Tagen wirst du dich auf dem Weg in die Oryx befinden.«

»Doch wie, Ra-ab? Wie?«

»Ich werde alles vorbereiten. Du mußt nur tun, was ich dir gesagt habe. Gib deiner Dienerin den Brief und sage dann, daß du dich in deinem privaten Garten ausruhen wirst, weil du schlecht geschlafen hast und unter keinen Umständen gestört werden willst, bis dein Gatte heimkehrt. Das mußt du eine Stunde nach Sonnenaufgang tun. Dein Garten hat eine Pforte, die auf eine kleine Gasse führt, entriegele sie, und du wirst mich draußen wartend finden.«

Während ich neben der schmalen Pforte an der hohen Mauer wartete, schien die Zeit so langsam zu vergehen, daß ich anfing zu fürchten, Tahu hätte der Mut verlassen. Dann hörte ich, wie die Riegel zurückgezogen wurden, und eine kleine, vermummte Gestalt schlüpfte hinaus. Mit einem geflüsterten Gruß nahm ich ihre Hand und führte sie auf den schmalen, gewundenen Wegen zwischen den Gartenmauern zum ärmeren Teil der Stadt. Wir waren beide als höhere Diener verkleidet, daher schenkte niemand uns die geringste Beachtung, als wir uns einen Weg durch die mit Menschen überfüllten Märkte bahnten.

Ich klopfte dreimal an der Tür des Hauses in der Gasse der Kupferschmiede, und sie wurde von einem der Wächter geöffnet, der mit mir aus der Oryx gekommen war.

»Der Plan läuft glatt«, sagte er. »Eine kleine Kornbarke liegt bereit, die Stadt in Richtung Süden zu verlassen. Der Steuermann und die beiden Männer an den Segeln sind Wächter, und es ist nicht das erste Mal, daß sie mehr als nur Korn nach Hotep-Ra bringen. Einer von ihnen nimmt das kleine Kind seiner toten Schwester mit, damit es von unseren Leuten aufgezogen werden kann. Daher habe ich vereinbart, daß Tahu vorgeben soll, seine Frau zu sein, und auf der Reise den Säugling betreut.«

Kleider, der Frau eines Fischers geziemend, lagen bereits für sie bereit, und jene, welche sie getragen hatte, wurden verbrannt, um nicht den geringsten Hinweis auf ihre Anwesenheit zu hinterlassen. Ich brachte sie am Nördlichen Tor aus der Stadt, was der kürzeste Weg zu den großen Steinkais war, wo die Handelsschiffe und Barken festmachten. Auf den Kais drängten sich die Menschen, Nubier und Asiaten, die hochgewachsenen Männer des Südens und die dunklen, schmallippigen Männer des Punt in buntem Durcheinander, während sie ihre unterschiedliche Ladung zu den wartenden Schiffen trugen. Ballen gegerbter Felle, Getreidesäcke, Zedernstämme von fremden Küsten, viereckige Blöcke roten Granits aus den Königlichen Steinbrüchen, Flachsbündel, bereit, zu dem feinen Leinen gewebt zu werden, das die Frauen bei Hofe trugen ... und hundert andere Arten von Handelsware. Wer würde Zeit haben, eine Frau zu beachten, die, einen blauen Schleier in die Stirn gezogen, vorübereilte, einen Schleier, der die Narbe an ihrer Schläfe verbarg? Die Frau erreichte eine kleine Barke, deren Segel zum Hissen bereit im Winde flatterten. Ein Mann beugte sich zu ihr, um ihr über den Stapel Getreidesäcke zu helfen, und ein Säugling, der geschrien, war getröstet, als sie ihn in ihre Arme nahm. Ich blieb, bis ich sie im Schutze der Wächter sicher wußte, dann drehte ich mich um und ging zurück in die Stadt.

Eine Stunde später war ich bei Meri, und wir lehnten gemeinsam über das Geländer am Ende des Weges, der vom Hause ihres Vaters zum Fluß hinabführte.

»Dort sind sie«, sagte ich, »diese kleine Barke weit draußen im Strom. Du kannst sie gerade sehen, hinter dem Boot mit dem orangefarbenen Segel.«

Die Barke kam ins Blickfeld. Etwas Blaues wehte im Wind und

zeigte uns, daß Tahu nach uns Ausschau hielt, während der Nordwind sie auf ihre Reise zum Frieden trug.

Am nächsten Tag kehrte Heliokios von einer Audienz, welche er gegeben, mit der Nachricht zurück, ein großes Unglück sei über einen der hohen Beamten gekommen.

»Es ist eine schreckliche Tragödie für Ashek«, sagte er. »Er ist gestern erst nach Hause zurückgekehrt, um festzustellen, daß seine Frau von einem geheimnisvollen Fieber hinweggerafft worden ist. Es scheint, daß sie drei Tage lang krank gewesen war, doch aus Furcht, ihm Kummer zu bereiten, ließ sie es nicht zu, daß man ihm Nachricht sandte. Er ist ein mutiger Mann, denn als er erkannte, sie könne die fremdländische Pest haben, ließ er es nicht zu, daß jemand aus seinem Haushalt sich ansteckte, und betreute sie deshalb selbst. Sie starb zu seinem tiefsten Kummer, und mit ihrem letzten Atemzug hatte sie ihm das Versprechen abgenommen, daß er keinem Priester gestatten werde, sie herzurichten. Natürlich vergrößerte dies seinen Kummer noch mehr, aber es war ihm noch nie gelungen, ihr etwas abzuschlagen. Ihr Körper wird verbrannt werden, er selbst legte ihn in den hölzernen Sarg und versiegelte eigenhändig den Deckel. Er sagte, niemand solle ihre nun erloschene Schönheit zu Gesicht bekommen — so hätte sie es sich gewünscht. Es ist sonderbar, daß ein solch edler Mann soviel Verständnis für eine eitle und törichte Frau gezeigt hat!«

Das dunkle Schweigen

ICH WAR BEREITS fünfzig Tage in der Königlichen Stadt, als der Pharao von seinem Sommerpalast zurückkehrte, welchen er vor kurzem an der Stelle erbaut hatte, wo der Fluß ins Meer mündete. Er gab bekannt, daß er am Tage nach seiner Rückkehr den engsten Mitgliedern des Hofes Audienz gewähren würde, und Heliokios nahm mich dahin mit.

Mir fiel es schwer, mir den Pharao als einen Mann vorzustellen, einen Mann, dessen schwache Hände versuchten, die Größe Ägyptens

Das dunkle Schweigen 231

zu erdrosseln, einen Mann, den die Wächter verdammt hatten. Für mich war er eine legendäre Gestalt, beinahe so fern aller menschlichen Züge wie die Macht selbst. Die Macht der Götter, die Macht des Pharao, sie war die gleiche — nur unterschiedlich im Ausmaß, genau wie das Wasser des Nils das gleiche Wasser ist, wenn es ein Boot ruhig in seiner Fahrt dahinträgt oder wenn es einen Damm niederreißt und Zerstörung bringt. Seit Roidahn mit gesagt hatte, daß dieser Pharao nur eine Puppe, ein Spielball anderer sei, hatte ich mich stets gefragt, wie er die Magie der Doppelten Krone auf seinem Haupte hatte tragen können oder auf seiner Stirn den Uraeus und doch nicht zugrunde gegangen war wie ein Baum, welcher es mit dem Blitz hatte aufnehmen wollen. Wußten die Geflügelten Pharaonen alter Zeiten von dem Betrüger, der die Symbole ihres Erbes trug? Klagten sie ihn seiner Tollkühnheit an, oder seufzten sie angesichts der Blindheit der Nachkommen ihrer weisen Generation, die nur noch die königlichen Insignien sahen, nicht aber, was diese symbolisierten?

Als Sohn und erklärter Erbe eines Nomarchen hatte ich in Königlicher Gegenwart auf einen Standartenträger Anspruch, und so war vereinbart worden, daß mir Sebek beim Betreten der Halle der Audienz folgen solle, die zeremonielle Standarte der Oryx, die elfenbeinfarbene Antilope mit goldenen Hörnern, an einem mit Silber umwickelten Stab aus Ebenholz tragend. Meine Sphinx-Kopfbedeckung war mit goldenen Fäden durchwirkt; Gürtel, Brustplatte und die Armreifen, die oberhalb der Ellenbogen getragen wurden, waren von Neku für mich entworfen worden. Jeder brachte dem Pharao ein Geschenk — ein althergebrachtes Zeichen der Dankbarkeit, auf daß die Huldigenden wieder einmal »durch das Licht seines Antlitzes erneuert« werden mögen. Mein Geschenk war eine Schatulle aus Sesamholz, eingelegt mit Elfenbein und Perlmutt in einem Jagdbild, das vier Hunde beim Reißen eines Leoparden darstellte.

Der Vorhof des Palastes, mit rotem Granit gepflastert, wurde von einer Dreierreihe der Königlichen Leichwächter gesäumt. Sie waren herrlich anzusehen, in den Farben Zinnoberrot und Gelb, und ihre Schilde blendeten, als die Sonne auf ihr poliertes Kupfer fiel. Jeder Mann war körperlich so vollkommen, wie ihn jahrelange Körperübungen nur machen konnten, jedes Gesicht war unbeweglich wie das einer Statue.

In der Halle der Audienz saß der Pharao allein auf einem großen Thron aus schwarzem Granit. Sein ältester Sohn, obwohl schon in mittleren Jahren, war nicht zum Mitherrscher gemacht worden. Er saß auf einem kleinen Thron, einem Sessel mit einer hohen Rückenlehne aus vergoldetem Holz. Ihm gegenüber auf der anderen Seite des Podestes saß auf gleichem Throne der zweite Prinz, ein Mann zwanzig Jahre jünger als der Königliche Erbe und von einer anderen Mutter geboren. Beide dieser zweitrangigen Thronsessel standen eine Stufe über dem Boden erhöht, doch dem großen Thron näherte man sich über sieben Stufen. Neben dem Pharao stand auf jeder Seite ein Fächerträger: Es waren bemerkenswert hochgewachsene Nubier, die durch ihren Federkopfschmuck noch größer wirkten. Die Straußenfedern jedes Fächers waren leuchtend purpur gefärbt und in Gold- und Ebenholzstäbe gefaßt, die ganze acht Ellen maßen. Neben dem Podest saßen zwei Leoparden an einer Doppelleine; einer davon fauchte gerade seinen Diener, einen Jungen von vierzehn Jahren, an.

Der Pharao trug die Krone des Nordens, und der alte Kopf, kahlgeschoren wie der eines Priesters sah in dem Kreis aus Rotgold so unpassend aus wie ein Straußenei. Das Fleisch unter den kleinen Augen, welche bösartig aus dem Schutze überhängender Augenbrauen hervorlugten, bildete Tränensäcke, und die vorspringende Nase, noch immer scharf ausgeprägt im welkenden Fleisch, sprang über Lippen vor, welche zusammengepreßt waren wie die Börse eines Geizhalses.

Ich kniete nieder und berührte den Königlichen Spann mit meiner Stirn. Er neigte sich, um mein Geschenk entgegenzunehmen und ließ sich sogar herab, den Deckel zu öffnen. Vielleicht war er enttäuscht, daß kein Goldstaub darin lag, aber er sagte: »Wir betrachten es mit Wohlgefallen.« Jedes Wort rasselte durch die trockenen Lippen wie eine Ratte, die aus einem Stoppelfeld eilt.

Meinen Kopf gesenkt zwischen den ausgestreckten Armen, bewegte ich mich langsam rückwärts in die Reihen jener, die ihre Geschenke bereits überreicht und sich zwischen den Doppelreihen der Lotossäulen versammelt hatten, welche sich ganze vierzig Ellen zum Dache emporreckten. In Königlicher Gegenwart war es niemandem erlaubt zu sprechen, und ich begriff, warum Meri gesagt hatte, das Leben eines Mannes am Hofe sei so unwirklich wie ein Grabgemälde. Das leise Rascheln von Sandalen auf poliertem Stein, ein beinahe unhörbares Rauschen der Fächer, der schnelle, flache Atem einer Frau, die neben mir stand — alles verstärkte nur das Schweigen, so wie ein plötzliches Rascheln der Blätter die Stille vor dem Losbrechen eines Sturmes betont. Der Duft von Blumen und stark parfümierten Salben lag in der Luft wie Öl auf dem Wasser. Doch die Hofleute des Pharao waren sehr diszipliniert, kein Gesicht verriet Langeweile, niemand regte sich oder zeigte sich müde, obwohl manche von ihnen bereits mehr als zwei Stunden gestanden haben mußten. Ich machte vorsichtig einen Schritt nach rechts, um eine bessere Sicht zu erhaschen. Nun konnte ich Amenemhet, den Wesir, sehen. Er war noch sehr jung für ein solch hohes Amt, doch war er der Sohn eines sehr mächtigen Vaters, dessen Stärke diese Puppe auf dem Thron gehalten hatte. Die Augen schwarz und leuchtend wie die eines Falken, die grimmige Nase eines Kriegers, den festen, schmalen Mund eines Gesetzgebers. Würde er die Rolle, die ihm von den AUGEN DES HORUS vielleicht angeboten würde, annehmen? Würde aus seinen Lenden eine neue Dynastie hervorgehen? Würde er oder der junge Prinz Ägypten regieren? Der Wesir war als Mann der Stärke bekannt, gerecht, unbestechlich. Doch war er zu kalt, seine Gerechtigkeit mit Mitgefühl zu erhellen? Hierin lag der einzige Zweifel, den Roidahn über ihn hegte. Der neue Pharao, gewählter Führer der Nomarchen, mußte stark sein — seine Oberherrschaft von allen freiwillig anerkannt werden, sein Name Ägypten einen. Was hatte Roidahn doch gesagt: »Nur jene, welche ihre eigene Schwäche fürchten, sind grausam.«

Der Pharao erhob sich, und wie ein vom Winde gebeugtes Kornfeld machte die ganze Versammlung eine tiefe Verneigung. Dann stieg er langsam die Stufen vom Thron herab. Erst als der Vorhang, welcher den Zugang zu seinen persönlichen Gemächern verdeckte, wieder an seinen Platz zurückgefallen war, zersprang die Stille in das Gemurmel vieler Stimmen.

Sie waren wie Kinder, entlassen aus der langweiligen Beharrlichkeit eines Schreiblehrers, herausgeputzte Kinder, denen gesagt worden war, sie sollten nicht in die Sonne gehen, sich nicht erhitzen oder schmutzig machen — die aber nichtsdestotrotz Kinder waren. Nun trat das Wesen des Wesirs noch deutlicher zutage: Obgleich er keine Pracht und Würde vorzutäuschen brauchte, war er dennoch ein Falke unter Spatzen.

Dreimal ging ich in den folgenden sieben Tagen wegen offizieller Angelegenheiten in den Palast. Ich brauchte nicht lange, um zu sehen, warum die Wächter die Wahl zwischen dem Wesir und dem jüngeren Prinzen, Men-het, treffen wollten, denn es war offensichtlich, daß der Königliche Thronerbe noch verachtenswerter war als sein Vater. Er hatte ein schwaches, bösartiges Gesicht, blasse ziemlich vortretende Augen und einen schlaffen Mund mit aufgeworfener Unterlippe.

Es gefiel ihm, mir Aufmerksamkeit zu erweisen, und ich war dumm genug, nicht zu erkennen, daß er mir, wäre ich ein Mädchen gewesen, keinerlei Augenmerk geschenkt hätte. Daher war ich überrascht, als er einen seiner Leibdiener nach mir schickte, um mich zum Abend als Gast zu laden. Heliokios sagte, ich müsse die Einladung annehmen, denn es sei höchst unklug, den Prinzen zu beleidigen, besonders da nun Gerüchte umgingen, der Pharao sei ein todkranker Mann. Ich bemerkte, daß Heliokios verlegen war, als wolle er mir etwas sagen und könne die richtigen Worte nicht finden.

Jeder der Prinzen hatte ein Haus innerhalb der Palastanlage, und das vom Königlichen Erben bewohnte Haus hatte ungefähr die Größe des Hauses der Zwei Winde. Es waren keine anderen Gäste geladen, und das Mahl wurde in einem kleinen Pavillon serviert, von dem aus ein kurzer Weg von Mandelbäumen gesäumt zu einem großen, weißen Gebäude führte, welches keine Fenster zu haben schien.

Der Prinz stellte mir mehrere Fragen über die Oryx, schien jedoch an meinen Antworten nicht sonderlich interessiert zu sein. Zuerst dachte ich, er hätte vielleicht von den Wächtern gehört und suchte Auskunft, doch später begriff ich, daß seine Fragen nur dazu bestimmt waren, mir ein entspanntes Wohlgefühl zu vermitteln. Er schien den Unterschied unseres Ranges möglichst verkleinern zu wollen und entließ sogar die Diener und schenkte mir selbst den Wein ein.

»Du sollst mich nicht nur als deinen künftigen Pharao betrachten«, sagte er. »Du bist mein *Freund*. Verstehst du? Der Pharao kann seinen Freunden nichts verweigern. Ich werde der immer gleichen Gesichter überdrüssig, der gleichen Stimmen, des engen Kreises am Hofe meines Vaters. Sie sind so dumm — und so betulich. Doch du bist anders. Du bist jemand, bei dem ich frei reden kann. Wir sind *Männer*, und jene sind nur Kinder — oder Greise.«

Ich wurde immer verwirrter. Warum sollte dieser Mann, der fast dreißig Jahre älter war als ich, in mir einen Freund suchen? Warum gab er sich Mühe, dem Sohn eines Nomarchen zu schmeicheln?

»Ich weiß, ich kann dir vertrauen«, fuhr er fort. »Vor den gewöhnlichen Menschen muß man manches geheimhalten, doch zwischen uns kann es Verständnis geben. Da ich mehr als zur Häfte göttlich bin, finde ich mein Vergnügen nicht in der Art der gewöhnlichen Sterblichen. Meine Göttlichkeit hat mir gesagt, daß ich dir vertrauen kann, und meine Göttlichkeit ist mein Schutz — denn würdest du mich verraten, so würdest du sterben, wie andere gestorben sind, die sich meines Vertrauens unwürdig erwiesen haben.« Seine Stimme war ein wenig erregt, obwohl er am Wein nur sparsam genippt hatte. »Es wird dir gefallen, in der Königlichen Gunst zu stehen. Ich bezweifle, daß du durch ein Amt ermüdet werden willst, doch wenn du das Zeichen meiner herrschaftlichen Stellung brauchst, kannst du dir dein eigenes Siegel wählen. Oder ich mache dich zum Führer einer Garnison, falls du dies vorziehst ... obwohl ich denke, daß dies deinem Geschmack nicht entspräche. Du wirst vielen Konkubinen befehlen, und du wirst keinen Rivalen fürchten müssen.«

Dann, wie ein schmollendes Kind: »Du glaubst mir nicht! Du glaubst die Geschichten, die sie über mich tuscheln, daß ich keine Konkubinen habe?«

Er glitt mit seinen feuchten, dicken Fingern meinen Arm hinauf, und seine Stimme fiel in ein verschlagenes Flüstern: »Ah, ich bin schlau, ich halte meine Konkubinen versteckt. Wie hübsch sie sind — aus Nubien, einige aus Babylon und einige aus Punt. Ich werde dich in das Haus mitnehmen, in dem sie gut bewacht werden, sicher, in der Obhut des dunklen Schweigens.« Er kicherte. »Das ist mein Witz ... ›das dunkle Schweigen‹. Komm, ich werde es dir zeigen ...«

Er eilte den Weg zwischen den Mandelbäumen hinunter, sein schwerer Hängebauch schaukelte wie die Hinterbacken eines Affen, der auf den Beinen zu laufen versuchte.

Auch die Ostseite des weißen Gebäudes war fensterlos, doch gab es dort eine Türe, schwer mit Kupfernägeln beschlagen. Er klopfte, und ein nubischer Sklave öffnete.

Der Prinz kicherte. »Hier, Ra-ab, hier ist mein dunkles Schweigen«, und dann zu dem Mann, »Mache deinen Mund auf, Mahyiu!«

Zwischen der Doppelreihe strahlend weißer Zähne war der Mund leer — ohne Zunge.

»Er ist ein sicherer Hüter, nicht wahr, Ra-ab? Er kann über meine Konkubinen nicht sprechen — noch kann er insgeheim eines meiner Vorrechte ausüben, denn sein Lendenschurz ist genauso leer wie sein Mund!«

Er schüttelte sich vor entzücktem Vergnügen über seinen Witz, wofür ich dankbar war, denn dies gab mir Zeit, meinen Abscheu zu verbergen.

Beim Öffnen der Türe hatte man ein Stimmengemurmel hören können, dann ertönte der Klang eines Gongs, auf den sich plötzliche Stille ausbreitete, die nur vom Geräusch laufender Füße unterbrochen war.

Der Prinz nickte befriedigt. »Sie sind gut erzogen. Sie wissen, daß sie in ihre Käfige huschen müssen, wie gehorsame Singvögel, bis ich diejenigen, welche mir heute zu Gefallen sein werden, herbeirufen lasse.«

Von der Eingangstür führte ein Durchgang zum Innenhof, der wie ein großer Raum wirkte, jedoch zum Himmel hin offen war. Auf drei Seiten gab es Reihen schmaler Türen, jede mit einem verriegelten Gitterfenster versehen. Die Wände waren mit Fresken bedeckt; das Hauptmotiv der Verzierung bildete ein großes Auge, eine groteske Nachahmung des Auges des Horus. Am Ende des Hofes war das größte dieser Augen, hoch oben, wo die Mauer in eine verborgene Galerie vorsprang.

Dorthin zeigte der Prinz. »Du wirst in dieses Auge gehen, von wo aus du ungesehen beobachten kannst. Wenn sie wüßten, daß du da bist, könnte sie das schüchtern machen, aber ich werde wissen, daß du da bist. Ich habe nichts zu verbergen – gar nichts, verstehst du? Nichts!« Seine Stimme hatte sich in einen Schrei verwandelt. Dann gewann er die Beherrschung zurück und sagte knapp: »Beeile dich. Geh durch diese Türe die Treppen hinauf. Gib keinen Ton von dir, bis ich dich herbeirufe.«

Die Treppe führte in einen kleinen Raum mit einem solch niedrigen Dach, daß ich nicht aufrecht stehen konnte. In der gegenüberliegenden Wand war eine schmale Türe, die ich von außen verriegelt fand. Am Ende des Raumes, direkt über dem Boden, war die wie ein Auge geformte Öffnung. Auf dem Boden liegend konnte ich durch das Auge in den Hof hinuntersehen.

Zwei Sklaven hatten ein niedriges Ruhebett herbeigetragen, das mit Leopardenfellen bedeckt war. Darauf lag der Prinz, nackt, einen goldenen Phallus zwischen seine Schenkel geschnallt.

Neben ihm stand ein Nubier, ein Widderhorn mit goldenem Mundstück haltend. Der Prinz hielt sieben Finger in die Höhe, und bei diesem Zeichen blies der Sklave siebenmal ins Horn. Dies zeigte, wie ich später sah, welche der Zellen geöffnet werden sollte. Es gab zwanzig Zellen, und alle waren numeriert.

In mein Blickfeld kam eine kleine, zarte Gestalt, in purpurfarbene Gaze gehüllt. Ihre erhobenen Hände waren lang und dünn, die Handflächen und Fingernägel in leuchtendem Karminrot gefärbt. Langsam bewegte sie sich in den verschlungenen Rhythmen eines rituellen Tanzes – einer entweihten Form der Anbetung von Min. Immer näher kam sie der feisten Gestalt, die auf ihrem Lager aus Leopardenfellen hingestreckt lag. Die Hände der Tanzenden waren die ganze Zeit flehentlich ausgestreckt. Dann, als Geste der Unterwerfung, ließ sie ihren Schleier fallen. Es war eine Asiatin, das junge Gesicht stark nach ägyptischer Mode geschminkt. Flehend näherte sie sich der gleichgültigen Gottheit, und schließlich berührte sie das goldene Symbol — und stand bewegungslos, wie vor Entsetzen erstarrt.

Erst dann bemerkte ich die Geißel, die zwischen den Leopardenfellen verborgen war. Sehr langsam hob sie der Prinz über den Kopf. Die Riemen sangen durch die Luft. Der Körper des Mädchens schien unter ihnen zu bersten, als sie zu Boden glitt.

Ein Sklave trug sie fort. Der Prinz hob drei Finger in die Höhe. Bevor der dritte Ton des Horns verklungen war, erhob sich ein Schwatzen, wie das eines wütenden Affen. Ein anderer Sklave führte einen Mann herein, dessen Körper mit einem Fell aus Affenhäuten bedeckt war. Um seinen Hals trug er ein breites metallenes Halsband, und er tat, als wolle er den Mann, der ihn an der schweren Kette führte, beißen. Er hüpfte vorwärts, wobei er sein Gewicht auf die Fingerknöchel stützte, wie große Affen es tun. Er rang mit seinem Bewacher, knurrend und fauchend, und brachte es schließlich fertig, seine Zähne in den Schenkel des Sklaven zu schlagen, bis das Blut spritzte.

Der Prinz pfiff, wie ein Mann, der seinen Hund ruft. Der menschliche Affe schlurfte schwänzelnd und geifernd auf ihn zu, wie in einer Ekstase der Erniedrigung.

»Nieder, Niyanga. Du bist kein Mann mehr, du bist ein Affe! Und einst warst du ein Prinz, erinnerst du dich? Dein Vater versuchte, die Macht Ägyptens zu leugnen — doch mein Vater war größer als der deine. So wurde er besiegt, und du wurdest als Sklave hierher gebracht. Meiner Mutter tatest du leid, und sie sagte, du solltest in den Frauengemächern des Palastes aufgezogen werden. Doch du hast herausgefunden, daß die Götter auf mich eifersüchtig waren und es nicht wagten, mich einen Sohn zeugen zu lassen, der noch größer als sein Vater sein würde und also größer als sie selbst, denn ich bin den Göttern ebenbürtig. Du wagtest, mich zu bemitleiden — *mich*, der ich Pharao Ägyptens sein werde und göttlich bin! Aber ich ließ dich im Palast aufwachsen, ich machte dich sogar zu einem Hauptmann der Leibwache. Du hattest auch eine Frau und drei Kinder. Sie weinten, als sie hörten, du seist im Kampfe getötet worden, aber du warst nicht getötet worden, oder, Niyanga? Du warst nur verwundet, und dies brachte dir eine Zeitlang eine Art Vergessen, denn die Wunde war an deinem Kopf. Als du erwachtest, fandest du dich hier. Erst als du wieder stärker geworden warst, erzählte ich dir, daß ich dir eine *zweite* Wunde zugefügt hatte ... ich mag meine Affen nicht mit zu tiefer Stimme schwatzen lassen. Selbst wenn ich dich gehen ließe, würden dich die Affen nicht in ihrem Stamm aufnehmen, du bist ein Ausgestoßener — bei Mensch und Tier. Du bist zu stolz, um zu den Menschen zurückzukehren, um zu sehen, wie dein Eheweib, das dich einst bewunderte, jetzt ihr Lächeln einem anderen Gatten schenkt. Dein *Sohn* ist nun in der Leibwache. Vergiß nicht, daß ich ihn, solltest du ungehorsam werden, hierherbringen lasse und ihm zeigen werde, daß sein Vater ein Affe ist!«

Der innere Aufruhr seines Hasses hatte damit seinen Höhepunkt erreicht. »Nieder mit dir! Und lecke meinen Speichel vom Boden!«

Erst nachdem die nächste Zelle geöffnet worden war — sie mußte zwei Gefangene beherbergt haben — und ich zwei Knaben aus Punt in einer schmutzigen Darbietung hatte sehen müssen, erkannte ich, daß die erste verschleierte Gestalt ebenfalls ein Knaben-Eunuch war, entmannt wie auch die Bewacher dieser Grotte der Unterwelt auf Erden.

Wie konnte ich verhindern, daß der Prinz meinen Abscheu merkte? Sollte sich auch nur der Schatten des Verdachts in seinem Gemüte regen, daß ich dabei war, seinen Tod ins Auge zu fassen, so würde ich diesem Gefängnis niemals mehr entrinnen. Irgendwie mußte ich entkommen, *sofort*. Ich kroch leise die Treppe hinunter und bemerkte, daß die Türe am Fuße der Treppe verriegelt war. Mein Herzschlag schien wie ferner Trommelwirbel. Dann erinnerte ich mich an die andere kleine Tür. Noch bevor ich sie erreichte, hörte ich, wie sie entriegelt wurde. Ein nubischer Sklave stand in der Tür, der mir mit einer Geste Schweigen bedeutete und mir winkte, ihm zu folgen. Ich hatte keine andere Wahl. Es war sinnlos, ihn zu bekämpfen, er war ein Gefangener wie alle anderen. Irgendwie mußte ich dem Prinzen nahe genug kommen, um ihn ein wenig das Leiden kosten zu lassen, was er für andere geschmiedet hatte. Meine Finger krümmten sich, und ich spürte, daß ich meine eigene Furcht verloren hatte bei der Vorstellung, wie sie den letzten Atem aus dieser gräßlichen Gurgel quetschen würden.

Der Durchgang endete an einer anderen Treppe, und die Türe am Fuße der Stufen sprang auf. Der Sklave trat zur Seite, um mich vorbeizulassen. Mit einer Woge der Erleichterung fand ich mich in einem

Dickicht niedriger Sträucher außerhalb der Palastmauern wieder. Der Sklave legte seine Hand auf meine Augen, dann auf meinen Mund. Einen Moment lang dachte ich, er würde mich erdrosseln, dann wußte ich, daß er das einzige Mittel gebrauchte, um eine Botschaft zu überbringen ... »Du hast nichts gesehen, du darfst nichts sagen.«

Ich nickte, um zu zeigen, daß ich verstanden hatte. Er stand einen Augenblick lang an der offenen Tür und sah zu, wie ich den schmalen Pfad durch die Bäume einschlug, der zur Straße der Sphinxe führte — und in die Freiheit.

Früh am Morgen des nächsten Tages sagte mir Daklion, daß Heliokios zu seinem Landgut reisen wollte und meine Begleitung wünsche. Ich fragte mich, ob diese plötzliche Änderung seiner Pläne etwas mit meinem Besuch bei dem Königlichen Thronerben zu tun hatte. Dachte Heliokios, ich sei in Gefahr, und gebrauchte diese Ausrede, um mich aus der Königlichen Stadt zu bringen? Ich mußte mich dessen vergewissern, bevor ich zustimmte, mit ihm zu gehen, so daß ich, falls nötig, Meri warnen und unsere Flucht vorbereiten konnte.

Ich ging hinauf in Heliokios' Gemächer und fand ihn auf dem Flachdach in der Weinlaube, Mimu mit Früchten von einem Teller fütternd. Er liebte es nicht, zu dieser Stunde gestört zu werden, und wirkte überrascht, mich zu sehen.

»Du scheinst beunruhigt, Ra-ab. Ich hoffe, du hast keine schlechte Nachricht empfangen?«

»Um das herauszufinden, bin ich gekommen. Daklion sagt mir, du würdest dich heute nachmittag auf dein Landgut zurückziehen.«

»Zweifellos wirst du Meri benachrichtigen wollen, daß du für ein paar Tage weggehst. Du wirst genug Zeit haben, dies zu tun, denn die Reise dauert nur zwei Stunden, und wir brauchen erst am Abend aufzubrechen, wenn es kühler ist.«

»Du hast mir gestern nichts von dieser Änderung deiner Pläne gesagt. War es meinetwegen?«

»Deinetwegen? Wieso? Ist mein Beschluß, aufs Land zu reisen, um mit meinem Verwalter bestimmte wichtige Gutsangelegenheiten zu besprechen, ohne daß ich dich zuerst um Rat frage, so verwunderlich? Ich weiß, daß du jegliche Zeit fern von Meri als vergeudet betrachtest, doch ich hatte gehofft, du würdest willens sein, auch einem alten Mann ein paar Tage deiner Gesellschaft zu gewähren. Die meisten Männer wären begierig, ein Gut zu sehen, das eines Tages das ihre sein könnte, und der künftige Gemahl der Tochter des Goldenen Siegels sollte froh sein, zu wissen, daß seine künftigen Besitztümer zahlreicher sein werden, als sie es gegenwärtig sind.«

Er war verärgert und wandte sich ab, während er eine Feige für Mimu schälte.

»Ich muß mich entschuldigen für meine scheinbar höchst undankbare Antwort auf deine Einladung. Ich dachte, du würdest mich fortbringen, weil ich das Mißgeschick gehabt habe, Gast des Königlichen Thronerben gewesen zu sein ... und es wahrscheinlich so ist, daß solche Gäste es klüger finden, sich so weit wie möglich außerhalb der Macht ihres Gastgebers zu begeben.«

Mit der Feige noch immer in der Hand, Mimus Ungeduld keine Aufmerksamkeit schenkend, sagte er: »Brachte er dich in das Haus des Dunklen Schweigens?«

»Ja.«

»Ich hätte dich warnen sollen ... *gewiß* hätte ich dich warnen sollen. Viele von uns haben durch das Auge geblickt, doch gewöhnlich nicht, bevor wir bei mehreren Gelegenheiten sein Gast gewesen waren. Er lädt selten einen verheirateten Mann in sein Haus, und ich dachte, er habe nach der Ankündigung deiner Verlobung sein Interesse an dir verloren.«

»Warst du jemals sein Gast?«

»Ja, vor vielen Jahren.«

»Warst du durch dein Wissen niemals in Gefahr?«

»Nein, denn ich war klug genug, keinerlei Einzelheiten über die Königliche Gastfreundschaft verlauten zu lassen. Nur jene, die töricht genug waren, zu reden, waren — laß es uns *unglücklich* nennen.«

»Ich habe mit niemandem darüber gesprochen.«

»Dann hat dir das Auge kein gefährliches Wissen vermittelt. Selbst ich weiß nicht, wer von meinen Freunden dort gewesen ist, obwohl ich weiß, daß es viele sein müssen. Der Pharao kennt seinen ältesten Sohn, und es entzückt ihn, dessen Minderwertigkeit hervorzuheben. Es ist vielleicht zum größten Teil der Fehler des Vaters, daß der Sohn sich zu einem Ungeheuer entwickelt hat. Als Kind wurde sein Leib verwundet, eine Fleischwunde in der Leiste entzündete sich und brauchte lange, bis sie heilte ... dann fing man an zu flüstern, dies habe dem Thronerben die Männlichkeit genommen. Er war ein sehr grausames Kind. Er befahl, daß seine Hunde und Katzen kastriert wurden, und ich sah ihn einmal einer lebenden Taube die Federn ausreißen. Ich meine, in der Grausamkeit bahnten sich die normalen Energien seines Körpers einen Weg. Doch selbst er wagte es nicht, in der Stadt einen öffentlichen Skandal zu machen ... darum hat er das Haus des Dunklen Schweigens gebaut. Dem Pharao ist es gleichgültig, wie sich sein ältester Sohn vergnügt, solange es nicht öffentlich bekannt wird. Er gestattet seinem Sohn nie, die Machtbefugnisse des Mitherrschers auszuüben, darum läßt der Thronerbe die Leute gerne wissen, daß er auf seine Weise absolute Gewalt ausübt: über elende Sklaven.«

»Er sollte vernichtet und sein Körper verbrannt werden, denn selbst den Geiern würde es von solch einem Kadaver übel werden!«

»Was immer deine persönlichen Gedanken sein mögen, Ra-ab, du wirst solch verräterische Äußerungen nicht machen, solange du mein Gast bist. Wenn ich meine Pflicht als Bewahrer des Elfenbeinsiegels ausüben würde, müßte ich deinen Tod verfügen, da du dich gegen ein Mitglied der Königlichen Familie geäußerst hast. Glücklicherweise habe ich deine letzte Bemerkung nicht gehört und bereits vergessen, daß du so unklug warst, sie zu äußern.«

Gefangener der Zeit

HELIOKIOS' LANDGUT LAG im Südwesten der Stadt, und wir erreichten es vor Sonnenuntergang. Es war nicht so groß, wie ich erwartet hatte, und beschäftigte wohl kaum mehr als hundert Leute. Der größere Teil des Gutes bestand aus Weideland, obgleich ich drei Flachsfelder und vielleicht doppelt so viele Kornfelder sah, in denen bereits die zweite Ernte heranwuchs. Das Haus war beträchtlich größer als jenes in der Stadt, obwohl es kein oberes Stockwerk gab. Die Frauengemächer, in denen die Konkubinen lebten, wenn sie nicht im Haus der Zwei Winde waren, lagen abseits vom Hauptgebäude, eingebettet in einen eigenen Lustgarten, der von einer Mauer umgeben war.

Heliokios war sehr stolz auf seine Stiere, mit denen er eine berühmtgewordene Rasse gezüchtet hatte. Sie waren in einem eigenen Gebäude untergebracht und voneinander durch bemalte hölzerne

Trennwände abgeteilt. Jeder stand knietief in frischem Weizenstroh, und einige wurden mir zum Bewundern vorgeführt. Es waren herrliche Tiere, ihr glänzendes schwarz-weißes Fell leuchtete wie auf Hochglanz polierter Stein, und ihre langen Hörner waren an den Spitzen golden bemalt. Die Kühe, die für den Haushalt gebraucht wurden, stammten aus einer anderen Züchtung, sie waren viel kleiner und von rötlicher Farbe. Sie liefen in einem großen Gehege hinter den Küchenräumen frei herum und wurden, als ich sie zum ersten Mal sah, gerade zum Melken hereingeführt. Als wir den Hof im Dienstbotenquartier überquerten, lag ein warmer Duft von frisch gebackenem Brot in der Luft, und eine alte Frau, die in einem Steinmörser Korn zerstieß, starrte mich an und zog ihr Kopftuch ins Gesicht, so als wollte sie nicht, daß Heliokios sie bemerkte.

Der neu angelegte Weingarten lag an der Rückseite des Hauses, und hinter ihm sah ich einen Hain von Platanen neben den Ruinen eines kleinen Tempels. Die Weinreben trugen noch keine Anzeichen von Beeren, doch mich erinnernd, wie ich Heliokios wegen seines Rechtes, Weinstöcke zu pflanzen, gekränkt hatte, bemühte ich mich angesichts der kleinen grünen Schößlinge angemessen beeindruckt zu scheinen.

Obwohl das Gut in einer beträchtlichen Entfernung vom Fluß gelegen war, wurde es von einem breiten Kanal gut bewässert, welcher nicht nur für die Felder reichlich Wasser lieferte, sondern auch für ein Badebecken, das mindestens dreimal so groß wie dasjenige in der Stadt war.

In diesem Becken schwamm ich am folgenden Morgen kurz nach Sonnenaufgang, als ich Daklion aus der Tür stürzen sah, die zu meinem Gemach führte. Ich sah, daß etwas Ernstes geschehen sein mußte, denn gewöhnlich bewegte er sich achtsam und bewußt, ohne jemals Gefühle zu zeigen außer jenen, welche er der Würde eines Haushofmeisters als angemessen erachtete.

»Ich kann meinen Herrn nicht wecken! Er liegt, als sei er tot, doch er atmet noch. Was kann ich für ihn tun? Ich habe einen Boten zum Königlichen Arzt geschickt und ihn gebeten, rasch zu kommen. Mein Herr schien gestern wohlauf zu sein, wenn er sich auch über die Hitze beklagte und gestand, daß er ungebührlich müde sei ...«

Ich lief in Heliokios' Gemach. Als ich ihn sah, wußte ich, daß wir nichts tun konnten, außer auf den Arzt zu warten. In der Oryx hatte ich einen anderen Mann gesehen, dessen Gesicht diese dunkle, purpurrote Färbung aufwies — es war ein Soldat gewesen, der bei einem

Sturz verletzt worden war, doch bei ihm war es die linke Körperseite gewesen, die kalt und starr geworden war. Der Heiler-Priester, welcher ihn betreute, hatte mir gesagt, der Soldat habe einen Schädelbruch, und ein Teil des Gehirns sei gequetscht worden, und er hatte mir auch erklärt, daß das Gehirn eine solche Verletzung auch ohne eine äußere Ursache erleiden könne. Der Soldat war gestorben, und ich war sicher, daß auch Heliokios bereits im Sterben lag.

Ich wußte, daß von mir als seinem engsten Blutsverwandten erwartet wurde, allen Riten vor und nach seinem Tode beizuwohnen ... und sein Gemach nicht zu verlassen, nicht einmal, um zu schlafen. Er gewann das Bewußtsein nicht wieder, obwohl er zuweilen den Kopf bewegte, als ob er nach jemandem suche, und als die faltigen Lider zuckten und die Augen sichtbar wurden, schien immer noch ein Funken der alten Lebenskraft in ihnen. Ich fragte mich, ob Roidahn wohl gewußt hatte, wie schwer es mir fallen würde, nicht zugunsten eines alten Mannes voreingenommen zu sein, der mir ein freundlicher und großzügiger Gastgeber gewesen war — und ob er es deshalb für nötig gehalten hatte, mich an meinem letzten Abend in Hotep-Ra daran zu erinnern, daß meine Verpflichtung zur Treue den Wächtern gegenüber den Vorrang vor jeder geringeren Treueverpflichtung von Gastlichkeit und Verwandtschaft haben müsse.

Der Königliche Arzt kam am späten Nachmittag mit zwei Begleitern an. Ich mußte tun, als glaubte ich seinen Versicherungen, Heliokios würde unter seiner Pflege rasch wieder gesunden, und ihm ohne Einspruch bei seinem unwissenden Vorgehen zusehen. Wäre Heliokios jemand gewesen, den ich wirklich liebte, so hätte ich alle Zurückhaltung vergessen und nach einem Heiler aus der Oryx geschickt — obwohl ich während der Seuche mit den Zeichen des Todes allzu vertraut geworden war, um nicht zu wissen, daß ihn kein Arzt länger als ein paar Tage noch am Leben erhalten konnte. Das Leben hätte ich ihm nicht geben können, doch zumindest hätte ich ihm die Demütigungen, die er während seines Sterbens erleiden mußte, erspart.

Ich fragte den Königlichen Arzt, ob er wisse, was die Krankheit verursacht habe, und erzählte ihm von dem Mann, der die Hirnquetschungen erlitten hatte. Meine Frage zeigte mir, daß Ärzte ihre Geheimnisse genauso eifersüchtig hüten wie falsche Priester ihre Rituale, was mich nicht überraschte in Anbetracht dessen, daß beide versuchten, ihre abgrundtiefe Unwissenheit vor jenen Toren zu verbergen, auf deren Gutgläubigkeit sie ihre Macht gründeten.

Er sah mich mit versteckter Mißbilligung an und wiederholte, was er mir bereits gesagt hatte — daß Heliokios' Geist von einem Dämon in Gestalt einer köstlichen Konkubine aus seinem Körper fortgelockt worden sei.

»Zweifellos ist dies die Ursache seiner Krankheit«, sagte der Arzt überheblich. »Der Dämon hält ihn von seinem Körper fern, und nur indem man Heliokios ein bestimmtes Maß an Schmerz zufügt, kann er sich der Gefahr bewußt werden und so wieder ins Leben zurückkehren. Wenn Ihr an meinen Worten zweifelt, seht selbst die Verführerin an seiner rechten Seite liegen, wo sie ihm die Wärme und Lebenskraft aussaugt, darum natürlich wurde er kalt und leblos.«

Er gab seinem Gehilfen ein Zeichen, welcher ihm ein kleines Messer reichte, und ich mußte zusehen, wie es der gelben, faltigen Haut ein Netzwerk aus feinen Schnitten beibrachte, gerade tief genug, um Blutstropfen hervorperlen zu lassen. Als dies keine Wirkung hervorrief, rieben sie eine brennende Salbe in die Wunden; sie hatte einen scharfen, säuerlichen Geruch und war von einem blassen Rostrot durchzogen. Diese Prozedur wurde von Sonnenaufgang bis zum Mittag des zweiten Tages immer wiederholt, und als sie zugeben mußten, daß Heliokios keine Veränderung aufwies, sagten sie, sie seien nun gezwungen, stärkere Maßnahmen anzuwenden.

Sie verschnürten die Genitalien des sterbenden Mannes in einem aus der Haut eines schwarzen Widders gemachten Beutel, welcher unmittelbar vor seiner Opferung kastriert worden war. Selbst die mächtigsten Geister, so sagten sie mir, könnten nicht sehen, welcher Teil des menschlichen Leibes auf diese Weise geschützt sei. »Und die Wirkung dieser Unsichtbarkeit ist so machtvoll, daß es sich auf Seele und Geist ebenso wie auf den Körper auswirkt. Dieses Heilmittel wird nur angewandt, wenn andere Methoden versagt haben. Denn obgleich es nun sicher ist, daß die Verführerin jetzt ihren Bann lösen muß — da sie für einen Liebhaber, den sie für einen Eunuchen hält, keine weitere Verwendung hat —, wird Euer Verwandter nach seiner Rückkehr im Leben für immer seine Männlichkeit eingebüßt haben. Doch würde seine Manneskraft durch machtvolle magische Sprüche vorübergehend wiederhergestellt, wäre jedes ihm geborene Kind Sohn des schwarzen Widders.«

Die Hitze war erstickend, denn der Arzt verbot das Öffnen der Fensterläden, und die einzige Luft kam durch ein kleines Loch, das er in einen der Läden hatte schneiden lassen, in der Form eines Männchens mit ausgestreckten Armen, durch das die Seele wiederkehren könne. Am Fuße des Bettes wurde ohne Unterlaß Feuer in einem Kupferbecken am Brennen gehalten. Nachts wurde das Feuer mit Pech und anderen Kautschukharzen genährt, um den Geist zu erinnern, daß, wenn er nicht zurückkehrte, sein Leib bald in den Händen der Einbalsamierer liegen würde. Während des Tages wurden die widerlichen Dinge, die der alte Mann zu essen gezwungen wäre, hätte er sie hinabzuschlucken vermocht, in einem Deckelkrug, wie sie gewöhnlich für das Aufbewahren der Eingeweide benutzt wurden, verbrannt. Die Ärzte waren nämlich der Meinung, daß ein Mann, solange er atmet, aus dem Rauch dieser Dinge den gleichen Nutzen zieht, als wenn sein Magen sie aufzunehmen vermag. Als ich sah, aus was sie bestanden, erschien mir sein Zustand äußerst gnädig, denn er hatte ihn bereits dem Schutze des Todes nahe genug gebracht, daß sein Geist nicht die Würdelosigkeiten erdulden mußte, welche sein Fleisch über sich ergehen lassen mußte. Zu jeder Stunde des Tages, von Sonnenaufgang bis Sonnenuntergang, wurde das Kupferbecken nachgefüllt:

Zur Stunde der Morgendämmerung mit Löwendung, welcher mit Honig befeuchtet war — um Stärke zu verleihen. In der zweiten Stunde frisch abgehäutete Mäuse in Essig getaucht — denn Mäuse können durch die kleinsten Röhren entkommen. Zur dritten Stunde Ameisenlarven in Öl — denn wenn ihr Nest zerstört ist, beginnen Ameisen sofort mit dem Wiederaufbau, und der Körper, solcherart gestärkt, wird sich wieder erneuern, selbst wenn er zutiefst verstümmelt ist. Zur vierten Stunde eine Schale mit Krokodilfett — denn Krokodile bewachen die Tore zur Unterwelt, und wer von ihrem Fleisch gegessen, kann aus den Höhlen der Unterwelt wiederkehren, da die Wächter im Glauben, er sei einer der ihren, ihn nicht angreifen. Zur fünften Stunde, das Fleisch dreier Schlangen, in altem Wein gekocht — denn die Schlange hat in ihrem Fleisch das Gegenmittel für die stärksten Gifte, selbst ihr eigenes, und Wein erhöht die Wirksamkeit dieser Eigenschaft. Zur sechsten Stunde Knoblauch in Taubenblut — denn die Verführerin wird sich zurückziehen, wenn sie den Knoblauch im Atem ihres Opfers riecht, und die Taube wird ihm die Stärke verleihen, vor ihr davonzufliegen, sobald sie ihren Griff lockert. Zur siebten Stunde eine Paste aus den Maden vom Körper eines toten Geiers — denn sie verzehren, was die Toten verzehrt hat. Zur achten Stunde Staub aus dem Sarkophag einer mumifizierten schwarzen Katze und das Schwanzhaar einer lebendigen Katze, in Eselsmilch eingeweicht — dies wird ihn befähigen, nachts alle magischen Schranken zu überwinden, die Milch wird die Hilfe der toten Katze erkaufen und die Lebenden stärken. Zur neunten und letzten Stunde das voll ausgewachsene Embryo eines Affen – um dem alternden Fleisch die Kraft der Erneuerung zu geben. Dies war das einzige Mal, bei dem es ihnen wiederstrebte, mir zu erzählen, was der Krug enthielt. War es nur ein Affe? Im schwachen Licht des Feuerbeckens, in seinem Fruchtwasser schwimmend, schien dies der Ausbund aller unwissenden Menschheit zu sein.

Der Gestank war schwer wie ranziges Öl, und der keuchende Atem des sterbenden Mannes war der einzige Ton in der Stille. Ich trat an sein Bett und beugte mich über ihn, um eines seiner dünnen Lider zu heben. Das Auge war nach hinten gerollt und zuckte nicht. Eine Seite seines Gesichts war verzerrt, und aus dem Mundwinkel kommend sammelte sich Speichel als kleines Rinnsal in der Höhlung seines spitzen Schlüsselbeins.

Hätten zwischen uns Bande wahrer Zuneigung bestanden, so hätte ich ihn wohl immer noch erreichen und seinem ruhelosen Geist ein wenig Trost bringen können. Ich versuchte zu beten, er möge den Großen Fluß in Frieden überqueren können. Meine Worte schienen kein Leben zu haben, als stünden sie nur auf einer Papyrusrolle, und ich fühlte keinen Strom der Bekräftigung durch mich herabfließen. Ich dachte, wie bemitleidenswert doch ein Mann war, welcher ein Kraftpunkt weltlicher Macht gewesen und nun ohne jeden Freund sterben mußte, schlimmer als jeder seiner geringsten Diener.

Der Rauch aus dem Kupferbecken ringelte sich wie eine schwarze Schlange hinunter. Ich hätte gern das Fenster geöffnet, aber mit dem Brechen der Siegel, mit denen sie der Arzt versehen hatte, hätte ich mich der Verantwortung ausgesetzt, den Tod meines Verwandten absichtlich zu beschleunigen. Die faulige Luft trug zu seinem Unwohlsein nichts bei, und ich konnte sie noch aushalten.

Kurz nach Sonnenuntergang kam der Arzt in das Gemach und teilte mir mit gedämpfter Stimme mit, daß er nicht länger vor mir verbergen könne, daß seine Arbeit beendet war. Es gäbe nichts für mich zu tun, außer bei Heliokios zu wachen, bis ich sah, daß es Zeit war, den Priester herbeizurufen, der die Totenrituale durchführen sollte. Sein Versagen hatte ihm nichts von seiner Sicherheit genommen. Er schien zufrieden, alles ihm Mögliche getan zu haben, und der Überzeugung, der verdorbene Geist meines Verwandten allein habe dessen Genesung verhindert.

Er sagte selbstzufrieden: »Ihr müßt euch mit dem Wissen trösten, daß *nichts* unversucht geblieben ist. Wenn ein Geist auf einem Weg besteht, welcher zum Tode führt, kann nichts ihn vor den Folgen seiner eigenen Torheit bewahren.« Seine Stimme verlor den Tonfall leeren Trostes, den er wohl oft Hinterbliebenen gegenüber anschlug. »Der Priester wurde benachrichtigt, daß er möglicherweise noch vor der Morgendämmerung gebraucht wird. Um eine Verzögerung zu vermeiden, weilt er bereits im Hause und wartet darauf, daß Ihr ihn herbeiruft, sobald Euer Verwandter zu atmen aufgehört hat. Nun werde ich Euch verlassen, denn es ist Euer Vorrecht, in den letzten Stunden allein bei ihm zu wachen.«

Als er sich umwandte, um das Gemach zu verlassen, hielt er inne und sagte: »Wenn Euch die Wärme des Feuerbeckens unbehaglich ist, könnt Ihr es entfernen lassen ... es ist nicht mehr notwendig.«

Die Lampen am Kopf- und Fußende des Bettes brannten mit schmaler, klarer Flamme. Die Lungen mühten sich für jeden schwerfälligen Atemzug ab, wie müde Ochsen, die eine Last zogen, welche sie bald zum Einhalten zwingen würde. Die Stille des großen Hauses schien darauf zu warten, daß dieses Geräusch schließlich in ihr großes Schweigen eingehen würde, um dann nur von zeremoniellem Wehklagen unterbrochen zu werden. Die Augenblicke schleppten sich dahin, wie die Füße blinder Gefangener, und die vergehenden Stunden waren so schwer wie der Deckstein eines Grabes.

Der Vorhang vor dem Eingang raschelte, als ob er sich in einem plötzlichen Windstoß bewegte, und durch die Schatten kroch eine Frau heran. Ihre Augen waren auf das Gesicht des sterbenden Mannes geheftet, und sie bemerkte mich überhaupt nicht. Sie kam langsam auf die andere Seite des Bettes, und ich erkannte sie als die Frau wieder, welche für die Diener gebacken hatte. Sie war krumm und alt, ihre trockenen, farblosen Lippen lagen faltig über geschrumpftem Zahnfleisch, doch in ihren Augen lag der Blick einer Braut für ihren Geliebten, und in den Höhlen ihrer Lider lebte die Jugend. Sie nahm die Hand des alten Mannes zwischen ihre Hände und drückte sie gegen ihre Wange. Ihre Stimme war weich wie die Haut eines jungen Mädchens, warm und lebendig.

»Das Alter ist gekommen, uns zu befreien, o mein Geliebter, und die Jahre können uns nicht länger trennen, denn die Mauer, die das Leben zwischen uns errichtet hat, stürzt vor dem Herannahen des Todes. Der Tod hat den Schleier, welcher uns voreinander verbarg, zerrissen, und wir können mit klaren Augen in jene Zeit zurückkehren, als der junge Heliokios die Tochter seines Vaters Dieners nahm, und sie sich zusammen erfreuten. Wir sind wieder jung! Du bist gerade vom Vogelfang heimgekehrt, dein Körper stramm wie ein gedehnter Bogen, um mit dem Pfeil der Begierde die Gazelle der Zufriedenheit zu erlegen. Deine Haut hat den Glanz der Liebe Ras, und deine flinken Schenkel und gebieterischen Schultern erfreuen sich ihrer Stärke. Und ich bin jung, schöner als die hübscheste der Konkubinen deines Vaters. Dies hat uns der Tod gebracht — jene Stunden, an denen du dich an mir erfreutest und mir Freude schenktest, alles andere ist vergessen.

Und was hat der Tod dafür genommen? Die Tränen, welche ich vergoß, als du mich vergessen hattest, als du mich nicht mehr für wert hieltest, eine Konkubine zu sein, nicht einmal eine unter vielen. Die Jahre, als ich den Befehlen anderer Frauen gehorchen mußte, mit denen du dich vergnügtest — Malachit zermahlen mußte, die Augen derer zu verschönern, welche dich sehen würden, wie ich dich einst gesehen. Nägel vergolden an Händen, welche deine Haut kennen würden, Brüste, welche du liebkostest, mit parfümiertem Öl einreiben ... Ich nahm keinen anderen Mann und alterte rasch. Meine Hände wurden ungeschickt und meine Füße langsam. Ich war froh, als ich zu einer Küchendienerin gemacht wurde, denn es war einfacher, Essen zu bereiten, das du vielleicht essen würdest, statt andere Arten deines Appetits zu unterstützen. Nun backe ich Brot für jene, welche wie ich die Asche deines Haushalts sind ... doch der Tod nimmt mich fort. Der Tod hat jene kummervollen Jahre in seiner Hand gesammelt und zermalmt sie zu Staub, den dein sterbender Atem in den Wind geblasen hat. Die Zeit war unser Gefängniswärter, die Zeit hat deine Jugend verschlissen und deine Stärke in bittere Schwäche verwandelt. Nun hat der Tod die Zeit erobert und sie zu gehen gezwungen ... auf daß sie um andere Narren ihre Mauern errichtet, die der Tod zur Seite fegen kann wie Sommergras ...

Komm, Geliebter, du kehrst aus dem Schilf zurück und trägst einen Strick mit vier Wildgänsen daran. Du beeilst dich, weil ich unter dem Feigenbaum auf dich warte, der auf dem Hof des verfallenen Tempels wächst. Du bist so schnell gelaufen ... nur noch ein ganz klein wenig weiter. Nun kannst du mich sehen, denn als ich deine Rufe hörte, trat ich aus den Schatten hervor und stand im Lichte wartend, wo du mich sehen könntest ...«

Sie hob die Lampe hoch und hielt sie über ihren Kopf, während sie sich über ihn beugte. Ihre Stimme erklang, klar und stark: »Ich bin hier, Helios, ich warte auf dich ... mein teurer Geliebter!«

Sie erhob sich, aufrecht und jung, die alte, verkrüppelte Frau. Sie streckte ihre Hände aus, als ob sie die Umarmung ihres Geliebten erwarte. Ihre Augen schienen ihn zu sehen, hinter dem Bett, jenseits der Schatten stehend.

Ihr Leib sackte in sich zusammen, wie die Asche in sich zusammenfällt, wenn ihr Leben verzehrt ist. Ich stand am Fenster, dessen versiegelte Läden ich geöffnet hatte. Das Mondlicht schien sehr hell, doch konnte ich sie nicht sehen, obwohl ich wußte, daß sie einen Weg einschlugen, dorthin, wo ein Feigenbaum bei einer vergessenen Ruine wuchs.

Noch bevor ich sie berührte, sah ich, daß sie tot war. Auf den Lippen des toten Mannes ruhte die Spiegelung des Lächelns, das ihr Gesicht erhellte ... der tote Mann, von dem ich geglaubt hatte, ihn unter Fremden sterben zu sehen.

Ich hob sie hoch, sie war sehr leicht, wie uraltes Holz, das bald zu Staub zerfallen würde. Ihr mußte die Unwürdigkeit der letzten Riten, welche den Leib durch die Rituale einer unwissenden Priesterschaft entheiligten, erspart werden. Sie wäre sicher gern in der Tempelruine begraben werden, auf daß ihr Leib an jenen Platz zurückkehrte, an dem er einst Freude fand ...

Ich überlegte, wessen Erlaubnis ich einholen müsse, um sie nicht auf die allgemeine Begräbnisstätte bringen zu müssen. Erst da wurde mir klar, weshalb sich der Haushalt nun meinen Wünschen fügte — weil Heliokios keinen anderen Erben eingesetzt hatte, und somit ich, sein engster Blutsverwandter, der Erbe all seiner Besitztümer war. Ich war der Herr des Hauses der Zwei Winde, seiner Herden und seiner Schätze, seiner Ländereien und Weingärten.

Ich legte die Frau auf eine schmale Lagerstatt unter dem Fenster und ging Daklion suchen. Er wartete im Vorraum und mußte an meinem Gesicht den Tod seines Herrn abgelesen haben, denn er verbeugte sich tief vor mir und kniete dann nieder, um zum Zeichen seiner Treue mit der Stirn meinen Fuß zu berühren und sagte: »Euer Wort ist mein Gesetz, über allen anderen Gesetzen!«, welches die förmlichen Worte des Gehorsamsgelübdes waren.

Ich sagte zu ihm: »Es gibt zwei Begräbnisse vorzubereiten. Ein Grab steht für seinen Bewohner bereit, und die Rituale für die letzte Reise seines Fleisches sind lange schon geordnet. Du, Daklion, bist bei Heliokios seit seiner Jugend, vielleicht wußtest du, daß er vor fast fünfzig Jahren der Geliebte einer Frau war, die er vergessen zu haben schien. Doch ihre Liebe war das Gold, das auch die Zeit nicht blind werden läßt, denn nur unedle Metalle verschleißen sich. Die Konkubinen werden ihr Wehklagen erheben, und die Frauen seines Haushaltes werden Asche auf ihr Haupt streuen, doch die Stimme der einzigen, welche ihn liebte, wird schweigen, denn bei seinem letzten Atemzug verließ auch ihr Geist den Körper, da es nichts mehr gab, ihn auf Erden festzuhalten. Der Leib meines Verwandten soll entsprechend des Brauches, nach dem er lebte, bestattet werden, doch sie ist frei von solch zeitlicher Verpflichtung. Ihr Leib war eine Fessel, die gesprengt worden ist, und für sie ist die Erinnerung an seine Müdigkeit ein Nebel, den die Sonne zerstreut hat. Wenn auch der Tempel eine Ruine ist, scheint immer noch das Licht, das dort entzündet wurde, für jene, die Augen haben zu sehen. Wenn auch der Baum gefällt wurde, spricht die Stimme der Blätter noch immer zu jenen, deren Ohren offen sind. Dort soll sich ihr Körper mit der Erde vermischen, an diesem ruhigen Ort, an dem Liebe die Zeit verlachte, und die Jugend das Alter mit dem raschen Speer des Todes überwand.«

Daklion folgte mir durch die verlassenen Höfe ... verlassen, weil alle in ihren Kammern blieben, bis die Kundgebung zum Wehklagen erteilt werden würde. Ich trug die Frau auf meinen Armen, ihr Kopf lag an meiner Schulter, als ob sie müde sei und schliefe. Die Mondgöttin, voller Mitgefühl mit allen Frauen, welche aus Liebe leiden, bedeckte den Weg zu ihrem Grab mit einem Silber, dem der Schatz des Pharao nicht hätte gleichen können.

Nur eine zerbrochene Lotos-Säule und ein Teil von zwei Mauern, die einst einen Hof umschlossen, zeigten, wo der Tempel gestanden hatte, und dort, wo sich die Mauern trafen, konnte ich die Wurzeln eines toten Baumes erkennen. Ich legte sie sanft, in meinen Umhang eingewickelt, nieder. Ich hatte das Gefühl, als ob ein Schleier vor meinen Augen läge und ich, könnte ich ihn zur Seite ziehen, den Ort sehen würde, wie er wirklich war und nicht, wie ich ihn nun durch die Täuschung der Zeit sah. Dann wäre es nicht in nackter Erde unter offenem Himmel, wo ich ihr Grab bereitete, denn hier, im Schatten, wuchs nun Gras, und zu dieser Jahreszeit waren die Äste über mir dicht mit Blättern bedeckt. Ich arbeitete leise, um die Liebenden, die im warmen Schatten miteinander flüsterten, nicht zu stören. Sie waren die Wirklichkeit und ich nur ein Trugbild, das noch nicht geboren war, ein

Trugbild ohne die Kraft eines Schattens. Der Spaten grub einen schmalen Graben in den Boden, und doch war das Gras nicht zerstört. Ein Trugbild hob den Körper einer alten, müden Frau und küßte ihre Stirn, bevor das Gesicht von den Falten eines weißen Umhangs mit einer goldenen Oryx-Spange verhüllt wurde.

Die trockene Erde polterte hinab in das Loch — doch das Mädchen, den Kopf ihres Geliebten freudig zwischen den Brüsten haltend, hörte die Erde nicht, die von Trugbildern bewegt, ihr Grab füllte. Denn nicht länger war sie eine Gefangene der Zeit.

Falls der Priester, ein Mann mittleren Alters, in einer weißen Robe mit schwerem Purpur umsäumt, bemerkt hatte, daß er erst drei Stunden nach Heliokios' Tod herbeigerufen worden war, ließ er sich jedenfalls nichts anmerken, und wortlos begann er mit seinen Riten, die eine unwissende Verdrehung des »Versiegelns des Leibes« waren, welche ich Nefer-ankh während der Anrufung Ras hatte vollziehen sehen.

Die Zeremonie, welche ich nun beobachtete, sollte den Geist vom Körper befreien und ihn während seiner Reise durch die Unterwelt beschützen. Eine weiße Taube und ein schwarzer junger Hahn wurden auf einem kleinen Altar geopfert, der von zwei Tempeldienern in das Gemach getragen worden war. Das Blut des weißen Vogels sollte den Geist während der Stunden, die unter der Herrschaft der Sonne standen, beschützen, und das Blut des schwarzen Vogels sollte den Geist schützen, wenn der Einfluß der Göttin des Dunkelmondes vorherrschte.

Mit diesem gemischten Blut wurde der Körper an der Stirn, der Brust, den Handflächen und den Fußsohlen gesalbt. Das Öl, das Nefer-ankh im Tempel der Oryx benutzt hatte, war erfüllt gewesen von Macht, doch das hier gebrauchte Blut war nur ein leeres Symbol, denn der Mann, welcher es anwandte, war nur ein Mann, in die Robe eines Priesters gekleidet. Dann wurde der Mund des Leichnams mit Gewalt geöffnet, denn er begann zu erstarren, trotz der Hitze im Raum. Und auf die Zunge legte man einen Papyrusstreifen, auf dem die Namen des Bugs und der Ruder des Bootes der Millionen Jahre verzeichnet waren, auf daß der Geist die Antwort während der Fährnisse seiner Reise wisse.

»Dieser Ritus wurde früher vor dem Tode vollzogen« sagte der Priester. »Der sterbende Mann trank die Asche eines solchen Papyrus mit einem Schluck Wein.«

Dann fing er mit lauter Stimme zu beten an, um Heliokios' Geist vor den Gefahren, die ihm auf seiner Reise über den Großen Fluß begegnen würden, zu warnen und ihm einzuschärfen, nicht auf die Stimmen der bösen Dämonen zu hören, die gesandt waren, ihn zum Verlassen des Bootes zu überreden, auf daß sie ihn in den Wassern des Vergessens verschlingen konnten.

Noch immer intonierend, versiegelte er die Ohren mit kleinen Lehmpfropfen, die mit Blut befeuchtet worden waren. Auf gleiche Weise verschloß er die Nasenlöcher, während er mir erzählte, daß es ein beliebter Trick von Dämonen sei, die gerade Verstorbenen zu stören, indem sie sie einen Duft riechen ließen, der mit den Freuden des Fleisches verbunden sei, die Salbe einer geliebten Konkubine etwa oder den Duft einer köstlichen Speise, auf daß der Geist versucht sein könnte, in den Körper zurückzukehren.

Ich fragte, warum sich die Dämonen solcher Mittel bedienen sollten. Man antwortete mir, obgleich der Geist zunächst von jenen Geistern, welche den Sterbenden betreuen, beim Verlassen des Körpers beschützt sei, sei er jedoch offen für die Versklavung durch die Mächte der Dunkelheit, sollte er aus eigenem freien Willen zurückkehren.

Während der Priester diese Amtshandlungen ausführte, bemerkte ich seine Tempeldiener. Es waren noch nicht ausgewachsene Knaben. Ihre Augenlider waren bemalt wie die von Frauen, und ihre Ohrläppchen und Brustwarzen waren karminrot gefärbt. Wäre ich ausreichend mit den Praktiken der neuen Tempel vertraut gewesen, so hätte ich gewußt, daß es Knaben waren, die im Alter von fünf Jahren dem Tempel als Bezahlung für eine besondere Gunst gegeben worden waren, welche Sekmet oder Seth ihren Eltern erwiesen hatten. Durch ein allmähliches, zwei Jahre dauerndes Verfahren wurden sie zuweilen entmannt, oder sie wurden einer Vorbereitung unterzogen, um ihre sexuelle Reifung zu steigern, ähnlich wie es bei Mädchen in bestimmten asiatischen Stämmen gemacht wird.

»Es gibt nichts weiter für mich zu tun«, sagte der Priester. »Der Körper ist nun für den Einbalsamierer bereit.«

Ich hatte vergessen, daß der Leichnam einbalsamiert werden mußte, und überlegte, ob Daklion wüßte, wer herbeizurufen sei. Als ob er meinem Gedanken antwortete, sagte der Priester:

»Der Königliche Arzt benachrichtigte mich vor seinem Weggang, daß er bei seiner Ankunft in der Königlichen Stadt sofort dem Königlichen Einbalsamierer mitteilen werde, daß seine Dienste hier benötigt werden. Wahrscheinlich sind seine Diener bereits eingetroffen, um den Körper ins Haus des Einbalsamierers zu bringen.«

Ich war überrascht, denn in der Oryx fand das Einbalsamieren im Hause des Toten statt und wird auch nur an jenen vollzogen, deren Beerdigungsriten so aufwendig und langwierig sind, daß sie eine Einbalsamierung nötig machen, um den Zerfall des Körpers bis zum Beenden dieser Rituale hinauszuzögern. Ich fragte den Priester, ob er Wein oder eine andere Erfrischung vor seiner Abreise zu sich nehmen wolle. Er lehnte ab und sagte, er habe bereits von meiner Gastfreundschaft während der Stunden, in denen er auf Heliokios' Tod gewartet, Gebrauch gemacht.

Er starrte mich mit Neugier und einer Beimischung von Feindseligkeit an, und wieder fragte ich mich, ob er wußte, daß er viel länger zu warten gehabt hatte, als es ihm nötig schien.

»Zweifellos werde ich Euch wiedersehen«, sagte er, »nun, da Ihr der Herr des Hauses der Zwei Winde seid. Der Tribut dieses Gutes wird zu dem Tempel gebracht, zu dem ich gehöre. Er liegt weniger als eine Stunde im Norden von hier und ist vor zwanzig Jahren erbaut worden, wenn er auch erst vor kurzem dank der Großzügigkeit Eures Verwandten erweitert wurde. Er muß sehr zufrieden sein, seinen Schatz mit solcher Voraussicht verwendet zu haben, denn die an einen Tempel abgeführten Abgaben sind der einzige Besitz, der einem Manne im Jenseits von Nutzen sein kann.« Er hielt inne und blickte mich prüfend an. »Ich habe ein paar Eurer Bullen gesehen, während ich wartete; sie sind es wert, zum Hauptopfer unseres nächsten Festes gemacht zu werden.«

»Es sollen Euch fünf gegeben werden«, sagte ich, »in Gedenken an meinen Verwandten.«

»Fünf?« wiederholte er und fügte dann bedeutsam hinzu: »Ihr habt eine große Herde.«

»Ihr mißversteht mich. Ich sagte zehn, nicht fünf.«

Zum ersten Male lächelte er. »Heliokios wird es zufrieden sein. Das Opfer zehn solcher Bullen wird sogar die Zweiundvierzig Richter milde stimmen.«

Nachdem ich den Priester hatte abreisen sehen, fand ich Daklion vor dem Gemach auf mich warten, in dem sein toter Herr lag.

»Die Diener des Königlichen Einbalsamierers sind hier«, sagte er. »Mein Herr hat vor langer Zeit angeordnet, sein Körper möge von ihm, dessen Kunst ohnegleichen ist, einbalsamiert werden. Es ist üblich, daß der, welcher dem Toten am nächsten steht, den Körper zum Hause des Einbalsamierers begleitet, daher haben sie eine zweite Sänfte gebracht. Werdet Ihr mit ihm gehen?«

»Ja, Daklion. Ich werde mit ihm gehen.« Und ich legte meine Hand auf seine Schulter, denn ich sah, daß er tief bekümmert war.

Der Königliche Einbalsamierer

DAKLION ERZÄHLTE MIR, daß es in den Königlichen Provinzen zwei Grade des Einbalsamierens gab: Die gewöhnliche Einbalsamierungsart dauerte vier Tage, doch der zweite Grad, der nur ausgeführt wurde bei Angehörigen der Königlichen Familie, Hohepriestern und einigen bedeutenden Beamten des Hofes, welchen diese besondere Gunst zuteil wurde, dauerte weitere vierzig Tage. Während dieser Zeit wurde das traditionelle Wehklagen in allen Haushalten, die dem Toten gehörten, fortgesetzt, und sein Besitz ging erst auf den Erben über, wenn das Grab versiegelt war.

Die Tradition schrieb vor, daß nur die, welche den Toten zu versorgen hatten, den Leichnam berühren durften; daher bereiteten die Diener des Einbalsamierers Heliokios für seine letzte Reise in die Königliche Stadt vor. Die für ihn mitgebrachte Sänfte hatte die Form eines Sarkophags — Nut mit ausgestreckten Armen hütete jede der Ecken, und ihr Kopf befand sich zwischen den Sternen, welche den Deckel zierten.

Die Sänfte, in der ich reiste, hatte zum Zeichen der Trauer Vorhänge in weißer Farbe. Sie waren dicht zugezogen, wofür ich dankbar war, denn so hatte ich die Gelegenheit zu schlafen. Ich erwachte, als wir das Westtor passiert hatten, und als ich zwischen den Vorhängen hinaussah, erkannte ich eine der schmalen Gassen, die vom fremdländischen Markt wegführten. Die Träger hielten vor dem Tor an einer hohen, nicht getünchten Mauer, und ich hörte das Wegziehen der Riegel, bevor das Tor aufgetan wurde. Gestutzte Akazien säumten den Weg zu einem weißen Haus, das jenen ähnelte, welche von Hofbeamten bewohnt werden. Hinter dem Haus sah ich mehrere Bauten; sie waren tief im Boden eingelassen, und zuerst hielt ich sie für Weinlager. Dann erkannte ich, daß sie einem ganz anderen Zwecke dienten, denn zu einem von ihnen wurde Heliokios nun gebracht.

Meine Sänfte wurde am Eingang des Haupthauses abgesetzt, und hier wurde ich von einem ehrwürdigen alten Mann begrüßt, der sich mir als Yiahn vorstellte, der Königliche Einbalsamierer. Ich hatte ihn mir von verstohlener und heimlichtuerischer Art und verschrumpeltem Körper vorgestellt, als eine Art Zauberer, doch er war klar und natürlich wie eine Schale süßer Butter. Er trug eine Robe aus dunkelblauem Leinen, und obwohl der Schwung seiner Augenbrauen und etwas an der Form seiner Wangenknochen mir sagte, daß er nicht reinblütig war, sprach er ohne fremdländische Färbung.

Er lud mich in sein Haus ein und gab mir Wein, der, wie er sagte, aus den Weingärten des Pharao kam, und schwer und sehr süß war. Als ich trank, fühlte ich, wie die Müdigkeit vieler durchwachter Stunden wich. Ich fragte mich, ob er wohl dachte, ich sei gekommen, ihn auszuspionieren oder um sicherzugehen, daß seine Arbeit zuverlässig ausgeführt wurde. Daher erklärte ich, daß ich ein Fremder in der Stadt sei und daß man in meiner Provinz die Menschen nicht so sorgfältig auf ihr Grab vorbereitete.

Er zeigte das Lächeln eines zufriedenen Mannes, welcher nie von Ängsten oder Reue geplagt wird. »Auch ich gehöre nicht in diese Stadt, obwohl ich nun schon seit vielen Jahren hier lebe. Der Pharao und die Mitglieder seines Hofes sind sehr darum besorgt, wie ihr Fleisch am besten überdauern kann, wenn sie nicht länger darin hausen. Aus diesem Grunde kam ich her, nachdem ich noch zu dem Handwerk hinzugelernt hatte, das mir mein Vater beigebracht, der auch Einbalsamierer war. Er hatte es von einem Verwandten meiner Großmutter gelernt, der nicht aus Ägypten stammte. Nun bin ich nicht mehr arm, doch es wurde zu meinem Handwerk, den Zerfall zu überlisten, und ich liebe die Vollkommenheit zu eifersüchtig, um sie zu verlassen, denn immer noch gibt es viel zu entdecken. In den alten Zeiten wäre ich vielleicht Priester geworden, doch die Tempel der heutigen Zeit können meine Ergebenheit nicht für sich beanspruchen.«

Er stand auf, immer noch lächelnd, und fuhr fort: »Der Körper wird nun für mich vorbereitet sein. Da er Euer Verwandter ist, könnt Ihr mich begleiten, wenn Ihr es wünscht, und ich werde Euch bis zu Eurem Weggang keines meiner Geheimnisse vorenthalten.«

Ich begriff, daß er mir eine große Höflichkeit erwies. So nahm ich sein Angebot an ... und hoffte, er bemerke nicht, wie beunruhigend ich diese Aussicht fand.

»Die Lebenden müssen sich reinigen, bevor sie sich der Toten annehmen. Kommt mir mir, und ich werde Euch zeigen, was Ihr zu Eurer Vorbereitung tun müßt.«

Ich war überrascht, daß ich diesem seltsamen Manne gegenüber bereits Freundschaft empfand. In seiner Art lag weder Unterwürfigkeit noch Gönnerhaftigkeit; er betrachtete es als selbstverständlich, daß ich ihn als einen Meister seines Handwerkes anerkannte, und er ließ sich weder durch Bescheidenheit noch durch Eitelkeit blenden.

Sein Haus war äußerst einfach ausgestattet, wiewohl ich selten ähnlich beeindruckende Wandgemälde gesehen habe wie in seiner Empfangshalle. Wenngleich es wenig andere Verzierungen gab, wurde mir klar, daß er reich sein mußte, um in der Lage zu sein, seinen Geschmack auf diese Weise zu befriedigen, denn die Böden waren aus seltenem weißen Stein, von purpurfarbenen und grünen Adern durchzogen, und die Türen aus glänzend poliertem Zedernholz.

Ich wurde in eine kleine Kammer geführt, wo ein Diener auf mich wartete. Seinen Anweisungen folgend, wusch ich mich zuerst überall mit Wasser, in das der Saft vieler Zitrusfrüchte gegeben worden war — es war sauer im Geschmack und brannte wie Feuer, als es einen kleinen Schnitt an meinem Unterarm berührte. Dann rieb er mich leicht mit Öl ein, das einen starken, aber nicht unangenehmen Duft hatte. Als er fertig war, reichte er mir eine Robe, wie sie sein Herr trug — mit langen Ärmeln, mich vom Hals bis zu den Füßen bedeckend. Sogar meine Sandalen wurden durch andere ersetzt, die hölzerne Sohlen und Riemen aus geflochtenem Stroh hatten.

Dann führte mich der Diener in den Raum zurück, in dem ich mit Yiahn Wein getrunken hatte, und dort wartete dieser bereits auf mich. Er war wie ich gekleidet, doch die Ärmel seiner Robe ließen die Unterarme frei, und sein Kopf war mit einer gefältelten Kopfbedeckung aus weißem Leinen bedeckt. Ich sah, daß er die Weinbecher neu gefüllt hatte, und einer plötzlichen Regung folgend hob ich den meinen gen Osten hoch. Ohne zu zögern, brachte er darauf den Trinkspruch der Wächter aus: »Sieh zur Morgendämmerung und sieh, wie Ra zu jenen zurückkehrt, die nach Ihm Ausschau halten!«

»Dann seid Ihr einer von uns?« rief ich aus.

»Die Oryx hat mein Haus bereits beehrt, denn zweimal schon fand

Der Königliche Einbalsamierer 257

es Hanuk, Roidahns Sohn, geziemend, die Abzeichen eines Dieners des Königlichen Einbalsamierers zu tragen: Und *mehr* als zweimal haben Männer ihr Heim in meiner Totensänfte verlassen, nur um ihre Gesundheit wieder völlig hergestellt zu finden, sobald sich meine Türe hinter ihnen schloß — und mein Haus die erste Station ihrer Reise nach Hotep-Ra wurde. Es mag wohl sein, daß in der Zeit des Horizonts viele für Ägypten *lebende* Männer erst zu sterben vorgeben müssen — genauso, wie manche sterben mögen, weil sie *gegen* Ägypten lebten. Niemand wird den Dienern des Königlichen Einbalsamierers nahetreten, denn man glaubt, daß ich das Geheimnis eines vergnüglichen Lebens im Jenseits kenne, und es ist bekannt, daß meine Kunst sich nicht von jenen kaufen läßt, welche mich beleidigt haben. Ich bedaure, daß Ihr keine Zeit haben werdet, Euch mit ein wenig Schlaf zu erfrischen, wenn Ihr mir bei der Arbeit zusehen wollt, denn besonders zur heißen Jahreszeit warten die Toten nicht auf die Lebenden!«

Ich folgte ihm durch den nach dem Brauche angelegten Garten. Er war ein solch angenehmer Gastgeber, daß ich mir kaum klarmachen konnte, daß ich ihm nun nicht dabei zuschauen würde, wie er den Fischen in seinem Lotosteich Hirse hinstreute, sondern wie er dem Gesetz des Zerfalls Einhalt gebot. Die Treppe, welche in den Untergrund hinabführte, war länger, als ich erwartet hatte, und am Ende der Stufen gelangten wir zu einem Gang, der noch weiter abfiel und zu einer engen, in den harten Stein gehauenen Kammer führte. Sie wurde von vier in Haltern an der Wand steckenden Öllampen erhellt, und die Luft war kühl wie ein tiefer Brunnen.

Heliokios' nackter Körper lag auf einem Steintisch in der Mitte des Raumes, und hinter ihm sah ich eine dunkle Öffnung, die in einen anderen Raum führte. Das Fleisch begann sich bereits zu verfärben, und als er das Ausmaß der bläulichen Flecken sah, gab Yiahn einen Ausruf des Ärgers von sich. Auf einem Hocker neben dem Körper waren mehrere Messer und seltsam geformte Instrumente ausgelegt, und daneben standen vier Kanopenvasen.

Yiahn ergriff einen der Gegenstände, der einen Griff so lang wie seine Handfläche hatte und an dessen einem Ende zwei metallene Haken angebracht waren, geformt wie die Klauen eines Leoparden. In die andere Hand nahm er einen schmalen Streifen biegsamen Metalls, den er verbog, bis er in eines der Nasenlöcher des Leichnams eingeführt werden konnte, und ließ ihn dann los, so daß er das Nasenloch weit offen hielt. In den Nasengang hinein schob er nun die Klaue. Es gab ein kratzendes Geräusch von Metall auf Knochen, ein Ton so fein wie das Nagen einer Maus. Zu meiner Schande fühlte ich, wie der Schweiß mir auf die Stirne trat, und meine Handflächen kalt und feucht wurden. Ich weiß nicht, ob Yiahn merkte, wie ich mich fühlte. Doch er begann zu sprechen, und als ich zuhörte, verging die Übelkeit.

»Schon bevor ich so alt war wie Ihr, interessierte mich die Vielschichtigkeit des menschlichen Körpers, und es gab viele Fragen, auf die ich keine Antwort finden konnte. Ich wußte, daß der Leib nur die zeitweilige Behausung der Seele und des Geistes ist. Doch fand ich heraus, daß ein Philosoph zwar auch bei undichtem Dache seine Gedanken ungestört fortsetzen kann, er jedoch nicht in seinen Überlegungen fortfahren kann, wenn der Leib, in welchem seine Seele Wohnstatt hat, sich gegen größeres Ungemach zur Wehr setzt. Es gibt Menschen, die behaupten, ihre Seele sei so so stark, daß Schmerz bei ihnen kein Gehör findet. Doch wenn es auch solche Menschen gibt — und ich habe sie sich selbst absichtlich verletzen sehen, in einer Weise, die für andere unerträgliche Qual wäre —, so habe ich doch niemals von einem Manne gehört, welcher seine Lebensenergie zu solchem Zwecke mißbrauchte, der zur Summe menschlicher Weisheit etwas von Belang hinzugefügt hätte.«

Er kratzte das Gehirn durch die Nase heraus, dickes, weißliches Gerinnsel, gefleckt mit Blut und Schleim, und trug es vorsichtig zu der ersten Kanopenvase.

»Da die Seele vom Fleisch so bedrängt werden kann, beschloß ich, sei es Pflicht des Menschen, einer solchen Beschränkung der in die Weite strebenden Seele Einhalt zu gebieten. Die Priester machen aus der Seele ein Geheimnis und behaupten, obgleich alle Menschen eine besäßen, könne nur die Priesterschaft sie verstehen. Es wurde mir tatsächlich beigebracht, solchen Dingen nachzuforschen hieße, den Zorn der Götter auf sich ziehen. Doch ich fragte mich: Wenn ein Mann einen Wasserkrug zerbricht und keinen anderen zur Verwendung hat, muß er lernen, ihn zu flicken, um nicht Durst zu erleiden — ist es dann unvernünftig, daß er, wenn er seinen Leib verletzt, diesen auch flicken muß? Doch als ich darüber nun zu lernen versuchte, fand ich heraus, daß das, was unter der Haut des Menschen ist, von Blut leuchtet und von Geheimnis verdunkelt ist, und ich sagte: ›Ist der Pfeil eines Feindes das einzige, was in das Innere des Körpers zu sehen vermag? Kann nicht das, was zu heilen kommt, ebensoviel Sicht haben, wie das, was zu zerstören kommt?‹ Solche Fragen blieben unbeantwortet, wenn ich nicht sogar dafür bestraft wurde, sie gestellt zu haben. ›Wie kann ich herausfinden, was einen Mann krank gemacht hat, wenn ich nicht sehen darf, was ihn gesund gemacht hat?‹ Wie wenig kennen wir die Zusammenhänge jenes Hauses, in dem wir leben! Die Lunge und das Herz, das Gehirn und die Eingeweide, wir wissen von ihnen nur, weil sie seit vielen Jahrhunderten von den Einbalsamierern herausgenommen wurden ...«

Er hielt inne und machte mit einem kleinen Messer einen Einschnitt unter dem linken Rippenbogen. Sanft weitete er ihn, bis er seine Hand in den Brustkorb schieben und das Herz herausziehen konnte. Blut sickerte heraus und tröpfelte langsam auf den Boden. Er trennte einige der großen Blutgefäße ab, die noch daranhingen, und legte es dann in die zweite Kanopenvase. Seine Hände waren schleimig, deshalb wusch er sie in einer Wasserschale, bevor er den Schnitt im Fleisch mit raschen, feinen Stichen schloß, wobei er eine Kupfernadel und einen stark gewachsten Faden benutzte. Während er dies tat, sprach er weiter ...

»Erkennend, daß niemand einem Knaben erlauben würde, seine Neugier zu befriedigen, indem er einen lebenden Körper öffnete ... und wissend, daß einen Leichnam zu berühren Tod oder Verbannung bedeutet, außer wenn dies zur Vorbereitung der Beerdigung geschieht, verzweifelte ich, bis ich begriff, wie großzügig die Götter in der Auswahl meiner Eltern gewesen waren. Ich war der Sohn eines Einbalsamierers, was konnte also natürlicher sein, als daß auch ich dieses Handwerk erlernte? Bevor er starb, lehrte mich mein Vater sein gesamtes Wissen, und während ich mit ihm arbeitete, mußte ich tun, was er tat ... eine eilige Entfernung der Eingeweide und ein Eintauchen des leeren Leichnams in Harze, bevor er dann in Streifen aus Leintuch eingewickelt wurde. In hundert Jahren wird im Innern dieser Umwicklung nur Staub sein und ein paar wenige Knochen — im Innern jener, welche nun ich umwickle, wird der, der sie in tausend Jahren enthüllt, immer noch sagen können: ›Diese Frau war schön‹ oder ›Dieser Mann war stolz‹.«

Er zog nun die Eingeweide durch einen schmalen Schnitt an der rechten Bauchseite heraus, wobei er sie langsam, sehr langsam um einen glatten Stock wickelte, denn sie begannen bereits zu verwesen und könnten platzen. Der Gestank von Verwesung und Exkrementen überwog den reinen, berauschenden Geruch unserer schützenden Öle. Mein eigener Magen schien sich umzudrehen, wie ein Hund, der sich immer wieder im Kreise dreht, um sich im Sand ein Lager zu machen ...

»Ich wurde berühmt, und dafür war ich dankbar, denn der Ruhm brachte mir viele Körper, von denen ich lernen konnte, und ich fand vieles heraus, was andere jetzt noch nicht anzunehmen bereit sind. Ich bemerkte, daß mehrere Frauen, von denen man annahm, sie seien an einem in ihrem Leib verwesten Kinde gestorben, tatsächlich gar nicht empfangen hatten, sondern ein Gewächs in ihrer Gebärmutter beherbergten — manchmal war es größer als meine Faust und härter als Stein. Was wäre geschehen, wenn dieses Gewächs entfernt worden wäre, *bevor* sie tot waren? Wären sie wieder gesund geworden? Wie sollte ich das wissen? Es gab viele Messer-Heiler, doch sie waren nur für jene da, welche mit einer Waffe verwundet worden waren oder sich einen Knochen gebrochen hatten, der die Haut durchstach. Niemand würde zu einem Einbalsamierer kommen, bevor er nicht tot wäre. Also nahm ich einen ›Zwillingsbruder‹ zu mir ... wenn ihn auch keiner in meinem Haushalt kennt, außer zwei vertrauenswürdigen Dienern. Falls jemand die Ähnlichkeit zwischen dem Messer-Heiler, der ein kleines Haus im ärmsten Viertel der Stadt hat, und Yiahn, dem Königlichen Einbalsamierer aufgefallen ist, so hat doch niemand sich darüber geäußert — und ich bin frei, ungestört meine zwei Leben zu leben. Es war an einem Tag, an dem ich jene zweite Rolle spielte, da ich zum ersten Male von den Wächtern hörte. Hanuk wohnte im Hause einer Frau, deren Brust ich geöffnet hatte, um einen Abszeß abfließen zu lassen. Sie war rasch wieder zu Kräften gekommen, und dankbar sprach sie von mir zu allen, die sie traf. Durch sie kam Hanuk mehrere Male in mein Haus, und als er sich über mich ein Bild gemacht hatte, erzählte er mir von den Wächtern und sagte, ich sei einer von ihnen. Da wir Freunde waren, zwischen denen solche Dinge erlaubt sind, machte ich mir einen Spaß mit ihm und sagte, ich könnte den Königlichen Einbalsamierer dazu bringen, uns beizutreten. Und obgleich Hanuk dies bezeifelte, willigte er schließlich doch ein, zu seinem Hause mitzukommen ... und fand, daß er statt *zwei* neuen Wächtern nur einen hatte!«

Durch einen dritten Einschnitt, diesmal im Rücken, hatte er die Lunge herausgenommen, und die vierte Kanopenvase stand bereit, versiegelt zu werden. Ein Mann, den ich, obgleich er nun wie wir gekleidet war, als einen der Sänftenträger wiedererkannte, brachte ein schweres Kupferbecken mit glühender Holzkohle herein. Darauf stand

Der Königliche Einbalsamierer 261

ein Topf mit etwas, was wie dunkles Wachs aussah, und als dieses zu brodeln anfing, entstieg ihm eine Wolke, die nicht nur nach Teer roch, sondern auch nach Lavendelöl und Myrrhe und anderen Essenzen. Mit Hilfe eines hohlen Schilfrohrs wurde die kochende Flüssigkeit durch das Nasenloch, welches noch immer durch den Metallstreifen offengehalten wurde, in den Schädelraum geleitet und danach auch den Hals hinab und in die Ohren. Dann wurde ein anderes hohles Schilfrohr, dünner als das erste, durch einen Schlitz in den Hodensack eingeführt und das alte, verschrumpelte Glied soweit mit Wachs ausgefüllt, daß es aussah, als hätte es die Begierde seiner vergessenen Jugend wiedergewonnen.

Yiahn machte eine Pause und blickte mich an. »Dies ist der Punkt, an dem ich gewöhnlich allein weiterarbeite ... doch ich hoffe, Ihr bleibt, falls Ihr mehr über meine Arbeit wissen wollt. Es gibt nicht viel mehr zu tun, nur das Herausziehen der großen Adern, doch dies geht langsam, wenn der Körper alt ist und viele Stunden vergangen sind, seit das Blut geronnen ist.

Er öffnete beide Arme in der Ellbeuge und begann mit Zangen die blassen, knotigen Schnüre, die einst mit Leben pulsiert hatten, herauszuziehen. Blutklumpen glitten mit kurzem, weichen Plumpsen auf den Tisch. Er behandelte andere Teile des Körpers in der gleichen Weise — die Riste, die Kniebeugen und beide Seiten des Halses. An jeder Stelle schloß er den kleinen Einschnitt mit solcher Sorgsamkeit, daß nur noch eine dünne Linie zu sehen war.

Dann wurde ein anderer Topf auf das Feuer im Kupferbecken gestellt. Soweit ich es beurteilen konnte, enthielt er Bienenwachs, dem bestimmte aromatische Harze hinzugefügt worden waren. Als dies ausreichend geschmolzen war, jedoch noch bevor es zu kochen begann, bestrich Yiahn damit leicht den ganzen Körper mit einem Pinsel, wie ihn Schreiber für ein großes Wandgemälde benutzen, und ließ die eine Seite trocknen, bevor er den Leichnam auf die andere Seite drehte. Auf ein Zeichen seines Meisters kam der Mann, der das Feuer im Kupferbecken wartete, herbei und hob die Füße des Leichnams an. Yiahn nahm ihn beim Kopf, und gemeinsam trugen sie ihn durch die Öffnung in der Wand, die ich beim Betreten des Raumes bemerkt hatte.

Als ich mich bückte — denn der Eingang war sehr niedrig —, um ihnen zu folgen, hörte ich das Tropfen von Wasser. Der Leichnam lag in einer flachen Senke im Boden, die fast wie das Bad in Meris Gemächern geformt war, und darüber hing an starken Seilen ein riesiger Wasserkrug von der Decke. Am Boden dieses Kruges war ein Zapfen mit einem beweglichen Schlauch angebracht, dessen Ende mit einem Stück hohlen Schilfgrases von etwa sechs Handbreit Länge verbunden war.

»Dies ist nicht angenehm anzusehen, selbst wenn man es gewohnt ist«, sagte Yiahn.

Ich war zu stolz zuzugeben, daß mir bereits für mein ganzes Leben reichen würde, was ich bis jetzt vom Einbalsamieren gesehen hatte. So sagte ich ihm, daß ich bleiben wolle, um alles zu sehen, was er mir zu zeigen gewillt war.

Der Kopf des Leichnams wurde gewaltsam nach hinten gebogen und der Kiefer aufgestemmt, bis Mund und der Nacken in einer geraden Linie mit dem Rumpf lagen. Die starken gelben Zähne schienen das Schilfgras zermalmen zu wollen, als es zwischen ihnen nach unten geschoben wurde ... zunächst schienen sie dem Druck zu widerstehen, doch dann glitt es leicht nach unten. Mit einem heftigen Anfall von Brechreiz wurde mir klar, warum es nun so einfach hinabglitt — in dem leeren Rumpf gab es nichts mehr, was Widerstand hätte leisten können. Durch den After hinauf wurde ebenfalls ein kurzes hohles Schilfgras geschoben.

»Damit wird ein gleichmäßiges Abfließen sichergestellt. Gäbe es dieses nicht, so könnte sich die Lake ihren Weg vielleicht durch die vernähten Schnittstellen bahnen, selbst durch die schützende Wachsdecke hindurch, oder würde den Körper vielleicht aufblähen, so daß Euer Verwandter mit einem Wanst durch die Unterwelt reisen müßte. Ein guter Einbalsamierer wacht genauso eifersüchtig über das Aussehen derer, die er vorbereitet, wie ein altes Weib, das eine fremdländische Konkubine für das Feilschen schmückt!«

Der große Krug wurde mit einer heißen Lake gefüllt, die verschiedene Mineralsalze enthielt, welche bei bestimmten Stämmen zum Einpökeln von Fleisch verwendet werden. Als der Zapfen herumgedreht wurde, floß die Flüssigkeit gurgelnd in den Leichnam hinab. Er zitterte, als ob er nach Atem rang, mit wogendem Brustkorb und Bauch, wie ein ertrinkender Mann, der um sein Leben kämpfte ... ein Mann, den *wir* zu ertränken suchten.

Ich zwang mich, ungerührt zuzusehen. Ich *durfte* Yiahn nicht sehen lassen, wie übel mir wurde. Der zweite Schlauch, durch den die Flüssigkeit abfloß, führte zu einem Gitter im Boden des Bades. Erst als Yiahn sich endlich überzeugt hatte, daß die Lake den Körper durchströmte, ohne die äußere Haut an irgendeiner Stelle zu berühren, sagte er, nun bräuchten wir nicht länger hierbleiben. »Es gibt nichts mehr für mich zu tun. Der Krug wird in den nächsten sieben Tagen ständig nachgefüllt werden, und erst dann wird der Körper für die letzten Arbeiten bereit sein, wobei eine Zubereitung aus Pech und bestimmten Harzen für die Zwischenzeit aufgetragen wird, bis der Leichnam schließlich zum Umwickeln bereit ist.«

Ich war sehr froh, ihm den Durchgang hinauffolgen zu können und frische Luft zu atmen. Ich wußte, daß ich lange da unten gewesen war, doch war ich überrascht, daß die Sonne bereits untergegangen war.

»Ich hoffe, Ihr erweist mir die Ehre, in meinem Hause zu übernachten«, sagte er. »Es wäre mir eine große Freude, mich mit einem der AUGEN DES HORUS zu unterhalten, und es könnte zu anderer Zeit für uns nicht so einfach sein, diese Gelegenheit zu finden.«

Als ich mich gewaschen hatte — dieses Mal war das nach Zitronen duftende Wasser erhitzt, und der Diener rieb mich mit Sand ab, um alle Spuren der starken Öle abzuwaschen —, gesellte ich mich zu Yiahn auf der von Weinreben überrankten Terrasse im Garten, wo Speise und Wein für uns bereitet waren. Ich bemerkte, daß ich sehr hungrig war, und aß eine Zeitlang schweigend. Auch er sprach nicht, außer um mich zu fragen, welches Gericht ich bevorzuge oder ob ich einen anderen Wein trinken wolle.

Er brachte den Trinkspruch der Wächter aus und sagte: »Ich werde bezeugen, daß der Sohn der Oryx kluge Augen und einen starken Magen hat ... und dies ist für jeden Mann eine glückliche Verbindung. Es gibt nicht viele, die dem zugesehen haben, was Ihr heute saht, und hinterher immer noch einem Mahl gerecht werden konnten. Selbst als der Leichnam durch das Wasser in Bewegung geriet, seid Ihr nicht zurückgezuckt. Nur noch zwei Männer, abgesehen von denen, deren Aufgabe es ist, mir zur Hand zu gehen, haben dies mit angesehen — einer von den beiden erbrach sich und mußte hinausgetragen werden, und der andere dachte, der Leichnam sei wieder lebendig geworden und schrie das Geständnis hinaus, er habe den Tod seines Onkels beschleunigt, indem er unter seine Speise verfaultes Fleisch gemischt, welches er unter den Klauen eines toten Löwen herausgeschnitten hatte. Ich wußte, daß er schuldig war, doch ich wollte, daß er es gestand ... darum hatte ich ihn bei meiner Arbeit zusehen lassen.«

Ich lachte. »Verdächtigt Ihr mich des Todes meines Verwandten? Und wenn ja, haltet Ihr mich nun für unschuldig ... oder für zu abgekocht, als daß mich Schuld schmerzen könnte?«

»Weder noch, doch ich lebe in einer Stadt der Heuchelei, und es tut gut, jemanden zu sehen, der durch seine Taten beweist, daß es in der Oryx noch freie Männer gibt. Er war Euer Verwandter und bestimmte Euch zum Erben seiner Güter. Dafür tragt Ihr Sorge, daß die Bräuche, nach denen er lebte, eingehalten werden, wie er es sich gewünscht hätte. Doch Ihr beklagt seinen Tod nicht heuchlerisch, wie andere es getan hätten.«

»Warum sollte ich ihn beklagen? Wäre er viele Leben lang mein Freund gewesen, hätte ich wohl versucht, den Mut zu finden, mich an seiner neuen Freiheit zu erfreuen, statt sie mit meinem eigenen Kummer zu verdunkeln. Da er mit mir nicht durch Zuneigung, sondern nur durch Verwandtschaft verbunden ist — obgleich er mir Freundlichkeit entgegenbrachte, wofür ich ihm sehr dankbar bin: Warum sollte ich beklagen, daß er den einen und ich den anderen Weg einschlage, so wie zwei Bekannte, welche auf der Straße aneinander vorübergehen?«

»Die Bewohner dieser Stadt haben solange falsche Götter angebetet und sind den Ritualen einer unwissenden Priesterschaft gefolgt, daß sie die Wirklichkeit aus den Augen verloren haben. Das Falsche ist zu ihrer Wahrheit geworden ... und die Wahrheit würden sie wie einen Barbaren behandeln ... falls sie ihr jemals begegnen! Daher wußte ich, daß Ihr aus der Oryx kamt, noch bevor ich die Oryxspange sah, die Ihr tragt. Bei Euch ist ein Mann Freund oder Feind, und Ihr hofft, den Feind zum Freund zu machen. Ihr verdächtigt andere nicht der Verräterei, denn sie ist eine Hure, die Ihr niemals kennengelernt habt. Herablassung oder das Lächeln eines Schmeichlers sind Eurem Munde fremd, denn Ihr beurteilt Menschen nach ihrem Herzen. Ihr wißt, daß alle Menschen sind, was Ihr einst wart oder was Ihr noch werdet, und dieses wissend, wißt Ihr auch, daß es in ihnen etwas gibt, was ein Teil in Euch ›Bruder‹ nennt.

Ich habe viele Tote gesehen, und ich erfuhr über sie durch jene, die als ihre letzten Begleiter hierher kamen. Kummer und Schmerz — beide sind Feinde der Heuchelei, und so habe ich in den zwanzig Jahren als Einbalsamierer und Messer-Heiler viel über diese Stadt und ihre Menschen erfahren. Ich kann Euch die Namen von fünfzig geben, von denen ich weiß, daß sie zu uns gehören, obwohl sie bisher noch nichts von den Wächtern gehört haben. Und ich kenne fünfhundert, die der Anbruch des Neuen Morgens blenden wird.«

Er stand auf und legte seine Hand auf meine Schulter. »Nun ist es an der Zeit, schlafen zu gehen; Ihr seid erschöpft, und auch ich bin müde, denn fünf meiner ›Gräber‹ sind mit Vornehmen und Beamten gefüllt ... deren Fleisch jedem Menschen beweisen soll, daß der Tod keinen Unterschied der Klasse zuläßt.«

Teil V

Kornschatz

OBGLEICH DIE FÖRMLICHE Kundgebung unserer Verlobung durch Heliokios' Tod verschoben wurde — denn während der Trauerzeit von vierzig Tagen durfte niemand, der dem Haushalt des Verstorbenen angehörte, einen Vertrag eingehen —, konnten Meri und ich doch oft miteinander allein sein, da mich Ramaios als den von seiner Tochter erwählten Gatten angenommen hatte. Seine Schreiber fertigten bereits lange Tafeln, auf denen die Besitztümer verzeichnet wurden, die bei unserer Vermählung ihr gehören sollten, und ich erwartete ähnliche Tafeln aus der Oryx.

Da Ramaios Meris Vater war, hatte ich gedacht, in ihm einen alten Freund zu finden. Doch wenngleich wir uns oft sahen, blieben wir Fremde. Er war stets höflich, doch ohne Wärme, ohne das Feuer, das aus der Bekanntschaft Zuneigung entflammen zu lassen vermochte. Ich wußte, daß er ein Mann von makelloser Ehrlichkeit war, und es hieß, sein Wort gelte mehr als das Siegel jedes anderen Mannes. Als Königlicher Schatzhalter hatte er neben dem des Wesirs das höchste Amt inne, und seine Macht erstreckte sich auf jede Provinz Ägyptens. Er war es, der entschied, wann Korn gegen Gold oder Elfenbein eingetauscht werden sollte oder diese wiederum gegen Korn aus fremden Ländern eingetauscht werden mußten.

Meri erzählte mir, daß, ehe er vor zwei Jahren das Amt übernommen hatte, jeder Bewahrer des Goldenen Siegels bald sehr reich wurde und dann entweder voll mit seinen neuen, ausgedehnten Besitzungen beschäftigt war oder zugunsten eines anderen abdankte, auf daß Neid oder die Furcht vor seiner Macht nicht sein Leben gefährde.

»Von den Königlichen Gaben hat das Goldene Siegel die größte Gelegenheit, unrechten Wohlstand anzuhäufen«, sagte Meri. »Wer es innehat, kann sich am Zehnten des Reichtums des ganzen Landes bereichern, und es gibt niemanden, der es wagen würde, ihm entgegenzutreten. Er ist es, der die von jeder Provinz zu zahlenden Abgaben festsetzt ... ist es also verwunderlich, daß die Nomarchen es zufrieden sind, daß er für sich Reichtum anhäuft, solange er die Steuer auf ihr Land nicht zu schwer bemessen läßt? Jener, dessen Nachfolge Vater antrat, war als *Großvater der Bestechung* bekannt, und als er starb, hieß es, er besäße mehr als fünftausend Rinder und fast tausend fremdländische Sklaven, und das große Gut nahe der alten Hauptstadt, welches er erworben, hätte ebenso viele Menschen beherbergen können wie die zweitgrößte Stadt einer Provinz.«

»Warum dann hat dein Vater dieses Amt angenommen? Du sagst, er habe seinen eigenen Reichtum nicht gemehrt, noch gehört er zu den Wächtern und kümmert sich um das Leben anderer. Nahm er es also an, um seine eigene Rechtschaffenheit zu beweisen — dies wäre gewiß, als ob man den Kopf gegen einen Felsen schlägt, um zu beweisen, daß der Fels hart ist, denn von ihm wird gesagt, er sei der ehrlichste Mann in den Königlichen Provinzen.«

Meri lag neben mir wohlig ausgestreckt auf einer gelbbezogenen Bodenmatte in einem ihrer Gemächer und wand einen Kranz aus Jasmin. »Mein Ra-ab, welch ein Glück, daß wir in der Oryx leben werden und Vater in der Königlichen Stadt bleibt. Wenn ich bei Tisch zwischen euch beiden sitze, so ist das, als nähme ich mein Mahl einsam zwischen den zwei Granitstatuen ein, welche das Tor des Neuen Tempels tragen! Du bist nie zuvor jemandem wie ihm begegnet, nicht wahr? Du erwartest von jedem, dein Freund oder dein Feind zu sein, und du kannst jemanden, der weder das eine noch das andere ist, nicht verstehen. Wenn Vater stürbe, wäre niemand froh und niemand würde weinen — dennoch würden sie ihn vermissen, wie sie den großen Torpfeiler vermißten, der die nördliche Grenze der Stadt markiert, wenn er eines Nachts verschwände. Ich habe ihn niemals lachen sehen, und ich sah ihn auch niemals einem Ärger nachgeben, obwohl ich mich ziemlich anstrengte, beides in ihm zu bewirken — bis ich begriff, daß es sinnlos war. Er war niemals unfreundlich und behandelte mich stets gerecht. Doch warum er jemals geheiratet hat, habe ich nie begriffen — ich glaube, auch er nicht!«

Sie hielt inne, um die Sache noch weiter zu bedenken, dann fuhr sie fort: »Zweifellos hat seine Mutter diese Heirat arrangiert, denn meine Mutter kam aus einer Familie, deren Ländereien an die seinen grenzten, und mir wurde erzählt, sie sei sehr schön gewesen. Ich hoffe, sie war wie er, kalt und ohne Phantasie — ich weiß nicht, denn ich habe sie nie gesehen, nicht einmal im Traum. Doch falls sie war wie ich, so könnte ich das Ausmaß meines Mitleids nicht zeigen, wenn ich auch zwanzig Jahre weinte ... denn ich wüßte, sie wäre aus Langeweile gestorben und nicht im Kindbett! — Du sagtest mir, ich hätte zuviel Jasmin gepflückt, doch das stimmt nicht, denn ich mache eine Blütengirlande, die du um den Hals tragen sollst. — Dies wird eines der tausend wunderbaren Dinge im Zusammenleben mit dir sein, Ra-ab: Es wird mir nie langweilig werden. Ich werde dich lieben und mit dir lachen und um dich fürchten und um dich weinen, wenn du fortgehen mußt, und für dich hassen, wenn du einen Feind hast, und für dich leben und natürlich für dich sterben ... aber es wird mir nie, nie langweilig sein!«

»Wenn das gleiche tausende Male wieder und immer wieder geschieht — wirst du das nicht langweilig finden?«

»Was meinst du damit?«

»Ich habe deine rechte Brust hundertmal und vielleicht öfter geküßt, während du erzähltest, und deine rechte Schulter ungefähr sechzigmal, und deine rechte Augenbraue siebzigmal. Ich habe vergessen, wie oft genau ich dein Ohr küßte, und wenn ich deinen Mund küsse, vergesse ich zu zählen.«

»Ich komme jetzt lieber auf deine andere Seite, sonst werden meine linke Brust, meine linke Schulter und meine linke Augenbraue und mein linkes Ohr eifersüchtig, und es wäre sehr ungemütlich, in einem Leib zu leben, in dem eine Seite auf die andere eifersüchtig wäre. Stell dir bloß vor, wie die linke Hand die Bettdecke wegziehen könnte, so daß der armen rechten Schulter kalt würde ... nicht doch, Ra-ab! *Nicht, das kitzelt!*«

»Der arme alte Heliokios wird in zwölf Tagen wohlversorgt in seinem Grabe beigesetzt sein, und dann wirst du sehr bald gar keine Bettdecke mehr haben, weil du mich haben wirst.«

»Nicht mal in der kalten Jahreszeit?«

»Nun, es müßte dann schon *sehr* kalt sein.«

Eine Weile später erinnerte ich mich an das, was ich sie schon zuvor hatte fragen wollen. Sie hatte inzwischen den Gedanken aufgegeben, eine Girlande für mich winden zu wollen, weil ich die Jasminblüten für ein hübsches Muster verwendet hatte, das zwischen ihren Brüsten auf ihren Bauch hinabfloß. Dann sagte sie, sie kitzelten sie, und setzte sich auf. Die Blüten wurden auf den Boden verstreut, und wir waren beide zu müßig, sie aufzusammeln.

»Meri, du hast meine Frage noch nicht beantwortet: Warum wurde dein Vater Schatzhalter?«

»Um zu sehen, ob seine Vorstellungen vom Tauschhandel wirklich umzusetzen sind — dies ist das einzige, was ihn wirklich bewegt. Ich habe nie verstanden warum; es ist nicht, weil er durch sein Amt reicher werden will oder weil es ihm Macht verleiht oder weil es ihm die Bewunderung der Menschen einbringt. Er ist wie ein Schreiber, der es zufrieden ist, die Wände eines Grabes zu bemalen, obwohl er weiß, daß niemand darin begraben werden wird, sondern daß man es versiegelt, bevor ein menschliches Auge je seine Malereien erblickt hat. Als der Wesir Vater das Goldene Siegel anbot — vielleicht hatte selbst der Pharao nach einer Weile genug davon, betrogen zu werden, und wollte einen ehrlichen Mann —, war es, als sähe der Schreiber, welcher bislang zufrieden zum eigenen Vergnügen gearbeitet hatte, daß nun Hunderte von Menschen kamen, um sein Werk zu betrachten ... weil es schließlich doch von Bedeutung war, für andere Menschen genauso wie für ihn selbst.«

»Was meinst du mit ›er sei am Tauschhandel interessiert‹? Du kannst doch daran nicht interessiert sein, wenn du nichts hast, was du eintauschen kannst?«

»O doch, du kannst, wenn du Vater bist. Wenn du und ich arm wären und einen Fisch einzutauschen hätten, wäre für uns nur von Belang, wie schnell wir jemanden fänden, der das hätte, was wir dafür wollen. Doch Vater hat alles, was er möchte; daher macht so etwas ihm keine Sorgen. Bis jetzt konnte er das Handelssystem nicht verändern. Er sagt, seine Pläne seien noch nicht abgeschlossen, und er bemüht sich ständig, dazu mehr Wissen zu erhalten. Heutzutage treiben wir Tauschhandel mit Dingen, die nicht verderben — Gold und Elfenbein, Silber und Malachit und viele andere Dinge wie Lampen und Statuen, natürlich nicht Götterstatuen —, wenn wir aus fremden Ländern Waren brauchen, die wir nur von dort bekommen können. Dieser Handel wird zumeist von Beamten unter Pharaos Siegel durchgeführt, obgleich es auch Händler auf den fremdländischen Märkten gibt. Nur die Vornehmen haben solcherlei Schätze in ihrem Besitz, wenn auch manche der Händler und niederen Beamten so etwas ihr eigen nennen. Doch die Mehrheit unseres Volkes ist arm, und sie können nur mit Dingen handeln, die rasch verderben: Fische und Früchte, Gemüse, Milch oder Eier, und gewöhnlich möchten sie diese Dinge gegen Getreide eintauschen, außer in einem sehr guten Jahr, wenn sie selbst genügend anbauen konnten.«

»Sie sollten stets genug für sich selbst anbauen können.«

»Das können sie nicht, Ra-ab, sie haben nicht genug Land. Wie kann ein Mann genug für sich und seine Familie auf einem kleinen Feld anbauen, das vielleicht nicht mehr als zwanzig mal dreißig Schritte groß ist?«

»Warum gibt es nicht genügend Land? Weil der Pharao und seine Beamten es den Leuten weggenommen haben. Das Korn wird angebaut, aber es gehört nicht dem, der es gesät hat, es gehört dem Mann, dem das Land gehört. Die Herrscher Ägyptens haben vergessen, daß die Erde das Gut der Götter ist und daß das, was die Erde hervorbringt, ein Geschenk der Götter an den ist, der den Boden bestellt. Natürlich gibt es genügend Land, Meri, mehr als genug für jeden Mann, jede Frau, jedes Kind in Ägypten, um ihr *eigenes* Brot essen zu können. Der Nil schenkt uns jedes Jahr zwei und manchmal auch drei Ernten; aber hast du vergessen, daß wir erst gestern neunzig Getreidebarken stromaufwärts fahren sahen? Sie brachten das Korn nicht in die Südlichen Provinzen, sie brachten es nach Nubien, von woher sie mit noch größeren Reichtümern für den Pharao zurückkehren werden.«

»Ich habe dir immer noch nicht erzählt, *was* Vater tun möchte. Immer wieder beginne ich, doch wenn wir beieinander sind, gibt es so viele Gedanken wie Wildenten in den Sümpfen am Fluß — wir beginnen, einer zu folgen, und sehen dann eine andere mit noch leuchtenderen Flügeln.«

Die Wände des Gemachs waren bemalt mit einer Darstellung, wie Meri sie gerade beschrieb — hohes Papyrusschilf, das an den Ufern eines leuchtend blauen Flusses voller Fische wuchs und in dem sich viele verschiedene Vögel tummelten.

Sie wies auf einen Ibis, der mit einem Frosch im Schnabel in ewiger Betrachtung versunken dastand. »Das ist Vater, und das ist seine Idee ... der Frosch, den er so sorgsam hält. Darum lacht er nie, weil er befürchtet, wenn er es täte, könnte sie ihm entkommen!«

»Denke an den Frosch und vergiß alles andere, bis du mir davon erzählt hast.«

»Einverstanden, aber du darfst mich nicht küssen, während ich versuche, vernünftig darüber zu sprechen ... zumindest nicht so oft! Vater denkt, genau wie wir, daß jeder genügend Land haben sollte, um Nahrung für sich und die Seinen anzubauen. Doch er sagt, es tauge nicht, den Reichen das Land wegzunehmen und es den Armen zu geben, bevor es nicht ein neues System gibt, durch das die Armen ihren Grundbesitz auch während eines schlechten Jahres behalten können.

Wie überstehen die Besitzer großer Ländereien eine Reihe von schlechten Jahren, wie überlebt selbst Ägypten? Dies war die erste Frage, die er sich stellte, und die Antwort lautete: weil sie Schätze besitzen, so daß sie, wenn ihre Kornkammern leer sind, etwas von diesem dauerhaften Reichtum gegen Korn eintauschen können. Wenn es dem Besitzer eines großen Gutes mangelt, bekommt er es, indem er etwas, von dem er selbst mehr als reichlich hat, bei einem anderen Gutsherrn dagegen eintauscht. Es mag ihm an Korn fehlen, aber er mag Leinen haben oder Bausteine oder feines Tongut ... und wenn er in diesem Jahr keinen Überfluß daran hat, so handelt er mit etwas aus seiner Schatzkammer, etwas, was bei einer Mißernte seinen Wert unverändert behält. Solchen Handel machen auch die Nomarchen untereinander, und wenn es nicht genügend Korn in den Zwei Ländern gibt, wird Pharaos Schatzhaus geöffnet, und Ägypten treibt Handel mit fremden Ländern. Aber die Armen besitzen keine unverderblichen Reichtümer, und wenn sie eine Mißernte haben, müssen sie hungern oder ihr Land abgeben.«

»Warum sollten sie? Auch wir in der Oryx haben magere Jahre gehabt, doch wir beobachten das Steigen des Flusses, und so wissen wir, wenn wir nicht in der Lage sein werden, unsere Kornkammern zu füllen und mit dem Norden um Korn handeln müssen. Vaters Schatz wird dazu verwendet, so daß sein Volk nicht leiden muß, wenn Nut uns ihren Überfluß nicht gewährt. Und sollte jemand in der Oryx hungern, während es noch einen einzigen Elfenbeinzahn im Besitz der Provinz gibt, so wäre dies, als äße ein Mann sich satt, während seine Kinder vor Hunger weinen.«

»Wenn die Zwei Länder wie deine Oryx wären, gäbe es keine Notwendigkeit, neue Gesetze zu machen, denn jeder würde den Gesetzen der Götter gehorchen und sich erinnern, daß wir Brüder sind. Aber Vater weiß nichts von den Wächtern, und selbst wenn, verstünde er doch nur solche Gesetze, die in der Reichweite seiner eigenen Erfahrungen liegen. Du und deinesgleichen seid euren Mitmenschen gegenüber warmherzig, doch Männer wie Vater können nur Gesetze verstehen — und deren Auslegung bedarf keiner Herzenswärme. Es gibt viele, die noch die Gesetze der Menschen brauchen, denn sie sind noch nicht bereit, von ihnen frei zu sein. In der Oryx gibt man den Menschen Nahrung, wenn es ihnen ohne eigenes Verschulden daran mangelt; doch mit Ausnahme einiger weniger, die der Königlichen Mildtätigkeit unterstehen, geschieht hier so etwas nicht.

Im übrigen Ägypten bekommt keiner etwas, wenn er nicht in der Lage ist, dafür zu bezahlen. Wenn jemand nicht mit dem zahlen kann, was er anbaut oder herstellt, so muß er mit Land zahlen ... und wenn er kein Land hat, muß er für den Mann, der ihn vor dem Hungertode bewahrte, arbeiten, bis die Schuld abgezahlt ist. Und dies dauert oft viele Jahre oder ein ganzes Leben lang. Wie, denkst du, haben der Pharao und seine Vornehmen ihre großen Häuser und andere für sie wichtige Monumente und Bauten errichtet? Mit Sklavenarbeit, und nicht nur mit fremdländischen Sklaven: Auch Tausende aus unserem Volk müssen für sie arbeiten, weil sie einst um Korn betteln mußten oder sonst hätten zusehen müssen, wie ihre Kinder verhungerten.

Getreide ist der wahre Reichtum Ägyptens, und das Korn sollte freien Männern gehören, die es mit Fleiß und Mühe angebaut haben. Mit Fremden sollte nur bei einer Mißernte gehandelt werden, doch nun, selbst wenn die Kornkammern schon vor der zweiten Ernte gefüllt sind, hat das Volk keinen Nutzen davon. Statt daß die Menschen von der Furcht vor einer Hungersnot befreit wären und sich so weigern könnten zu arbeiten, wenn man sie nicht gut behandelt, läßt man das Korn verfaulen — falls es nicht genügend Schiffe gibt, um es zu den Fremden zu bringen, deren Länder an das Große Meer grenzen, oder genügend Sklaven, um es zu den Handelsplätzen der Barbaren zu tragen. Wenn drei magere Jahre aufeinander folgen, können selbst jene, die etwas zu tauschen hätten, kein Korn mehr dafür bekommen. Sie geben dem Nil die Schuld und erkennen nicht, daß es der Pharao ist, der »Vater der Hungersnöte« genannt werden sollte. Dem Pharao widerstrebt es stets, die Kornkammern aufzufüllen, wenn dies bedeutet, daß seine Schätze dafür hergegeben werden müssen und die Pracht an den Höfen fremder Herrscher mehren. Denn der Pharao beurteilt seine Macht nach seinem Reichtum und nicht nach der Zufriedenheit seines Volkes.«

»Das wird anders werden, wenn ein Wächter über Ägypten herrscht, denn dann wird niemand mehr eine Machtstellung innehaben, der sie nicht dazu gebraucht, den unter seiner Obhut Stehenden Sicherheit zu geben. Soweit sind dein Vater und ich uns einig, doch noch kenne ich die Botschaft des Frosches nicht, den er so sorgsam in seinem Munde hält.«

»Jeder Mensch sollte den Nutzen seiner Arbeit genießen können, und er sollte Schutz erhalten, wenn Nut das Werk seiner Hände zerstört«, fuhr Meri fort. »In unserem gegenwärtigen System könnte ein

Mann in einem Jahr des Überflusses so reichlich Salat ernten oder in seinen Netzen so viele Fische fangen, daß er niemanden finden kann, ihm diese zu tauschen, und in einem schlechten Jahr muß er hungern, weil er nichts zum Handeln hat. Er besaß keinen Schatz von Dauer, und der Schatz, der seiner sein sollte — Korn, das mehrere Jahre aufbewahrt werden kann —, liegt in den Händen der Herrschenden. Herkömmlich besitzt ein Fisch einen festgelegten Wert im Tausch gegen Gemüse, und dieser Wert bleibt gleich, selbst wenn der Fluß den Netzen weniger geschenkt hat, während die Gärten reiche Fülle bescherten. Wenn dies geschieht, leidet der Mann mit dem Salat ebenso wie der Fischer — denn solange es sich der eine nicht leisten kann, etwas zu kaufen, kann der andere auch nichts verkaufen.

Vater sagt, jede Provinz solle in Bezirke eingeteilt werden und jeder Bezirk so klein sein, daß ein Marktaufseher alle Gegebenheiten kennen kann, die Einfluß hatten auf eine bestimmte Ware, wie beispielsweise das Wetter und der Wasserstand in den Kanälen. Jede dieser Gruppen von Waren — Gemüse, Früchte, Milchkühe, Wildgeflügel — wird nach einer Meßtafel bewertet, sowohl untereinander wie auch innerhalb der Gruppe. Jedes bestimmte Gemüse wird zum Beispiel einen festgesetzten Wert gegenüber jeder anderen Art von Gemüse haben, und diese Werte werden angepaßt, je nachdem, wie Wetter und Jahreszeit jede Gemüseart beeinflußt haben. Alle dreißig Tage wird auf den Märkten eine neue Meßtafel für den Tauschhandel bekanntgegeben: Sie wird in Bildzeichen, nicht in Schriftzeichen auf die Mauer gemalt, so daß alle sie »lesen« können. Oben auf jeder Tafel wird ein Kreis sein, der bedeutet, daß jede der darunter gemalten Einheiten gegen eine Einheit auf jeder anderen Tafel eingetauscht werden kann. Und unter dem Kreis wird der Wert der Dinge verzeichnet sein, die in diesem Teil des Marktes zu finden sind; auf dem Gemüsemarkt könnte beispielsweise zuerst das Bild einer Zwiebel stehen und darunter vier Salatköpfe und darunter fünfzehn Rettiche und darunter ein Bündel gemischter Kräuter ... und so weiter für alle Arten von Gemüse. In jedem anderen Teil des Marktes wäre es gleich, so daß du, wenn du eine Melone gegen Gemüse eintauschen wolltest, zuerst zu dem Fruchtmarkt gingest, um zu sehen, wie viele Melonen unter den Kreis gemalt sind, und dann zum Gemüsemarkt, wie viele Kreise im Wert von Gemüse du als Austausch erhieltest. Dies wäre für jedermann leicht verständlich, viel besser, als von Stand zu Stand gehen zu müssen, zu feilschen und geprellt zu werden — und dann unzufrieden fortzugehen, weil eine andere Frau mehr für ihre Ware erzielte, oder sich großartig zu fühlen, weil man einen anderen geprellt hat, der beim Feilschen weniger gerissen war! Ich bin oft, als eine der Hausdienerinnen verkleidet, auf die Märkte gegangen, um die Zustände dort für Vater zu erkunden, und ich habe sogar eine Frau gesehen, die mit dem Feilschen um ein Stück Leinen mehr Zeit verbrachte, als sie gebraucht hätte, es zu weben!«

»Was geschieht, wenn zuviel Gemüse auf den Markt kommt oder alle Frauen Fisch statt Eier kaufen wollen oder Früchte statt Honigwaben?«

»Es ginge ihnen immer noch besser als im Augenblick, doch ich bin noch nicht zum wichtigen Teil von Vaters Idee gekommen. Falls du schon auf vielen Märkten gewesen bist, wirst du die Stapel verfaulender Waren bemerkt haben, die keiner verkaufen konnte, obwohl gleichzeitig Leute traurig fortgingen, weil sie nicht genug zum Tauschen hatten für das, was sie gebraucht hätten. Vater kann all das beenden, und wenn die Wächter an der Macht sind, *wird* er es beenden ... bis dahin wäre es nicht möglich, denn es würde zuviel Gegnerschaft hervorrufen bei jenen, welche aus dem gegenwärtigen System ihren Nutzen ziehen. In der Zukunft wird es auf jedem Markt einen für die Kornkammern zuständigen Beamten geben, und nachdem die Leute untereinander Handel getrieben haben, wird alles, was unverkauft blieb, dem Beamten gebracht und gegen Korn eingetauscht werden. Und dieses Korn können sie aufbewahren, bis sie es brauchen, so wie die reichen Leute ihr Gold aufbewahren.«

»Was wird der Beamte mit all den Dingen tun, die er im Austausch gegen Korn angenommen hat?«

»Sie werden unter denjenigen, die sich ihren Lebensunterhalt nicht selbst verdienen können, verteilt werden: den alten Leuten und den Waisen, den Krüppeln und den Kranken ... all jenen, die heute auf Mildtätigkeit angewiesen sind oder verhungern müssen.«

»Angenommen es gäbe mehr Nahrung als alle Menschen verwenden könnten?«

»Ich glaube nicht, daß dies jemals geschehen wird. Aber wenn es so wäre, wäre es gerechter, der Pharao trüge die Last der Vergeudung, als wenn dies zu Lasten jener ginge, die es mit Fleiß und Mühe wachsen ließen. Wenn man herausfände, daß es von einer Art Ware stets zuviel gäbe, könnten die, die sie herstellen oder anbauen, zu etwas anderem überwechseln. Dies wäre nicht schwer zu bewerkstelligen.

Denke nur, Ra-ab, wie anders es für uns wäre, wenn du und ich arm wären. Angenommen wir hätten einen kleinen Garten und hart darin gearbeitet, so daß er eine gute Ernte einbrächte und unsere Kinder nicht hungern müßten. Nut ist freundlich, und wir sorgen dafür, daß es viele gefüllte Körbe zum Markt zu tragen gibt. Wie würden wir uns fühlen, wenn wir das Gemüse, die Früchte wegwerfen müßten, weil keiner sie haben wollte? Wäre es nicht ganz anders, wenn wir *wüßten*, daß wir für all unsere Arbeit einen gerechten Gegenwert erzielen? Es wäre der Unterschied zwischen Glücklichsein und ständiger Angst vor der Zukunft.«

»Die Idee ist wunderbar, Meri! Ramaios ist ein Wächter, selbst wenn er sich nie für unsere Überlegungen und Pläne interessiert, denn ein Wächter ist jemand, der der Summe menschlichen Glücks etwas hinzufügt, statt sie zu schmälern. Sein Name wird von Tausenden von Menschen in ganz Ägypten gesegnet werden, und die einzigen, die wünschen werden, er wäre nie geboren, sind jene, die die Sorgen anderer in Reichtum für sich verwandeln!«

»Können wir nun aufhören, über den Frosch zu sprechen, Ra-ab?«

Tochter der Konkubine

ALS ICH IN dieser Nacht zum Hause der Zwei Winde zurückkehrte, fand ich Sebek bereits am Tor im äußeren Hof auf mich wartend. Ich hatte ihn noch nie in solcher Erregung gesehen, und einen schrecklichen Moment lang dachte ich, die Pläne der Wächter seien verraten worden.

Auf meine rasche Frage antwortete er: »Nein, das ist es nicht, aber es ist fast so schlimm. Ich kann es dir hier nicht erzählen, wo wir vielleicht belauscht werden können. Du *mußt* dir etwas einfallen lassen, was wir tun können, denn ich kann es nicht. Ich wäre dir beinahe zu Ramaios' Haus gefolgt, bevor mir klar wurde, daß du diese Nachricht gewiß vor Meri-o-sosis geheimhalten willst.«

Inzwischen waren wir in der Stille und Abgeschiedenheit meines

Gemachs angelangt, und er sprach nun zusammenhängender. »Du kennst das Haus neben dem unserem, das, in welches vor drei Tagen Möbel gebracht wurden? Nun, unsere Diener sind voller Neugier, wer dort wohl wohnen würde; sie hörten, es sei eine Frau. Manche sagten, sie sei eine Fremde, andere meinten, sie sei die Konkubine von einem der Prinzen, die sich hier verbergen will, weil der Pharao sie nicht in den Frauengemächern des Palastes duldet. Heute kurz nach Mittag sah ich, wie eine verhängte Sänfte zu dem Hause getragen wurde, und dachte bei mir, sie könne keine besonders bedeutende Person sein, denn sie hatte nur drei Reisetruhen bei sich und keinerlei Anzeichen einer weiblichen Dienerschaft. Doch dies brauchte mich nicht zu kümmern, und ich dachte nicht weiter darüber nach, bis einer der Knaben, die im Garten arbeiten, mit einem verschlagenen Grinsen im Gesicht zu mir kam und sagte, er brächte eine Botschaft von der Dame, die ins Haus der Vier Akazien gezogen war, der ›Dame, auf die ich warte.‹ Ich meinte, er habe sich geirrt und sie sei vielleicht zu Heliokios gekommen und hätte nicht gehört, daß er tot war. Wenn dies der Fall war, war es sicher schicklich, daß sie von mir statt von einem der Diener erfahren sollte, daß die einzigen Konkubinen, für die sich Heliokios noch interessierte, jene in den Wandgemälden seines Grabes waren ... und, um ehrlich zu sein, bin ich wohl genauso neugierig wie jeder andere. Gleichviel, warum auch immer, ich *ging* in ihr Haus. Ich hatte den Torhüter schon vorher gesehen, denn man hatte ihm die Sorge für das Haus übertragen in der Zeit, als es leerstand. Er schien mich zu erwarten und sagte, die Dame warte bereits auf mich im Gemach hinter der Eingangshalle. Es ist ein hübsches kleines Haus. Die Wandgemälde sind sehr hell und zart, doch die Möbel sind zu prunkvoll ... vielleicht hatte Heliokios eine seiner Konkubinen hier wohnen. Es wäre dafür ein passender Rahmen. In dem angrenzenden Gemach lag auf einem mit zinnoberroter Seide bedecktem Ruhelager eine Frau ausgestreckt, ihr Gesicht hinter einem Fächer aus Reiherfedern versteckt. Ich konnte ihre Füße und eine Hand sehen, und ihr Gewand aus durchsichtigstem Leinen hätte mich weit mehr sehen lassen, wenn ich näher hingeschaut hätte. Vielleicht hätte ich sie erkennen sollen, noch bevor ich ihre Stimme vernahm ...«.

Vergnügen hatte sich in mir ausgebreitet: Daß der ernste Sebek, von dem ich gedacht, er sei nie von eine Weib betört worden, nun sogar eine Konkubine hatte, welche er selbst vor seinem engsten Freund hatte versteckt halten können — das war an sich schon ein herrlicher

Witz ... doch daß sie ihm unerwünscht in die Königliche Stadt gefolgt war! Wie ich ihn ob seiner Geheimniskrämerei aufziehen würde! Ich bemühte mich, mein Entzücken zu verbergen, doch fühlte ich, wie mein Mund zu zucken begann und ich mir das Lachen schließlich nicht mehr verkneifen konnte.

»Sebek, wie kannst du ein solch ungnädiger Liebhaber sein! Wenn *mir* eine Frau aus der Oryx gefolgt wäre und wenn diese Frau Meri gewesen wäre, hätte ich gejubelt und würde nur von ihrer Seite weichen, um seltene Gaben zu ihrem Vergnügen herbeizuholen!«

»Sie kann nicht hierbleiben! Du mußt gehen und mit ihr vernünftig reden, *jetzt*, und *mach*, daß sie fortgeht!«

Er sah so durcheinander aus, daß ich vor Lachen rücklings auf die Bettstatt fiel. »*Ich* muß gehen, um den Hauptmann meiner Leibwache vor einem zudringlichen Weib zu verteidigen! Soll ich ihr sagen, daß du ein Langweiler bist, an den sie ihren Liebreiz verschwendet, doch daß in dieser Stadt selbst du ein Prinz unter Fischern bist, so daß sie lieber augenblicklich in den Süden zurückkehren möge, wo die Männer ihre Schönheit besser wertzuschätzen wissen?«

Er stand über mir, und seine Stimme bebte vor Zorn. »In Ordnung, lache du nur und tue nichts! Lache, bis du dich müde gelacht hast – denn dir wird lange nicht mehr zum Lachen zumute sein! Es ist ein herrlicher Spaß, daß eine Frau Sebek in die Königliche Stadt folgt, und ein noch größerer Spaß, daß sie nicht fortgehen will, wenn er sie dazu auffordert. Doch bis jetzt ist der Spaß ein leerer Becher, und du hast seinen wahren Geschmack noch nicht gekostet – nun werde ich den Wein des Gelächters ausschenken, und magst du deinen Anteil trinken! Die Frau, die im Hause der Vier Akazien wartet, hat einen Namen, den du oft ausgesprochen hast – Kiyas! Oder laß uns ihr ihren förmlichen Namen geben – die Tochter der Oryx!«

Ich hätte nicht aufgeschreckter sein können, hätte er einen Krug Wasser im Schlafe über mich ausgegossen. Nun war es an ihm zu lächeln. »Es ist nicht so lustig, wenn du die ganze Geschichte hörst, nicht wahr? Es ist nicht *meine* Schwester, die ungehorsam ist – wenngleich ich als dein Diener natürlich etwas von deiner Beschämung teile.«

»Du hättest sofort nach mir schicken sollen. Dann hätte sie Zeit gehabt, noch vor Sonnenuntergang die Heimreise anzutreten.«

»Und *wenn* ich das getan hätte – wäre Ramaios so froh gewesen, den Sohn der Oryx willkommen zu heißen, wenn er gewußt hätte, welche neue Tochter er auch begrüßen müßte?«

»Ich muß sofort zu Kiyas — und du kommst besser mit.«

»O nein, Ra-ab, ich komme nicht mir dir! Ich bin es müde, meine Worte wie Kieselsteine in einen leeren Brunnen fallen zu hören. Ich versuchte sie zu überzeugen, und ich war zornig, ich befahl ihr, und ich flehte sie an; und sie lächelte nur und fragte mich, ob ich fände, daß sie genug um ihre Augen gemalt habe und ob ihre Füße nun nicht noch schlanker aussahen, nachdem sie die Sohlen rot gefärbt habe. Solange ich in der Königlichen Stadt bin, werde ich meine Rolle beibehalten, und dein Diener streitet nicht mit deiner Schwester.«

Als ich das Gemach verließ, bemerkte ich, daß er beinahe ebenso belustigt war, wie ich es noch vor wenigen Augenblicken gewesen.

Kiyas war in dem gleichen Raum, in dem sie auf Sebek gewartet hatte. Als sie mich sah, sprang sie auf und kam auf mich zugelaufen, um mir ihre Arme um den Hals zu schlingen: »Lieber Ra-ab, ich freue mich so, dich zu sehen! Es ist schon so lange her, seit du fortgegangen bist, und du hast mir so viel zu erzählen. Briefe können nur so wenige Neuigkeiten überbringen, und die deinen waren viel zu kurz.«

»Du wirst dich mit Briefen zufrieden geben müssen, bis ich mit meiner Gattin in die Oryx zurückkehre. Du mußt die Stadt heute abend verlassen, doch wirst du nicht auf dem Weg, den du gekommen bist, heimkehren. Du wirst verkleidet gehen müssen, auf einem der Wege, auf dem die geheimen Boten der Wächter reisen.«

Sie legte sich auf das Ruhebett zurück und griff nach ihrem Fächer. »Nein, Ra-ab, ich gehe nicht fort. Ich bin hierher gekommen, um dir zu helfen, und wenn du zu dumm bist, das zu erkennen, werde ich allein arbeiten müssen.«

»Mir helfen?« sagte ich bitter. »Indem du die Oryx entehrst. Mir helfen! Indem du einen Aufruhr verursachst, der Ramaios dazu bewegen wird, die Einwilligung in meine Hochzeit mit seiner Tochter zurückzuziehen!«

»O Ra-ab, du bist viel dümmer geworden, seitdem du von mir fortgegangen bist!«

»Wenn ich dumm bin, dann bist *du* die Mutter aller Dummheit — und mit deinem Tod blieben all die Dummen mit leerem Blick als Waisen zurück.«

»Wie höflich du geworden bist, mein Ra-ab. Es muß ein seltenes Vergnügen sein, dich Lob und Schmeicheleien mit deiner Geliebten austauschen zu hören ... euer Geflüster muß melodisch sein wie zwei Katzen, die bei Vollmond aufeinandertreffen!«

Ich wußte, daß sie, wenn ich sie noch ärgerlicher machte, nur noch dickköpfiger werden würde. Also versuchte ich, meine Ungeduld zu zügeln, und sagte: »Ich bin sicher, du *wolltest* helfen, Kiyas — obwohl ich nicht begreife, wie. Doch dies ist etwas, was ich viel besser als du beurteilen kann. Die Menschen hier sind nicht wie in der Oryx. Viele der Frauen haben Gift auf ihrer Zunge, und während sie sich gegenseitig als mögliche Rivalinnen betrachten, versuchen sie ständig ihre Macht zu stärken, indem sie andere in Verruf bringen. Wenn es möglich gewesen wäre, dich hierzuhaben, hätte ich längst nach dir geschickt. Doch Heliokios ist noch unbestattet, und während der vierzig Tage der Trauer darf niemand, der bei seinem Tode nicht zum Haushalt gehörte, durch dieses Tor eintreten, ausgenommen jene, die zur Vorbereitung der Begräbnisriten kommen. Wenn sie wüßten, daß ich meine Schwester hergebracht habe, würden sie mich für einen Barbaren halten. Solange ich mich aber in den Königlichen Provinzen aufhalten muß, muß ich mich ihren Gebräuchen anpassen. Ramaios ist der Vater aller Förmlichkeit, und da es nicht Brauch ist, würde er dich nicht als Gast in sein Haus bitten, bis die Verlobung öffentlich bekanntgegeben ist — selbst wenn Meri sich danach sehnt, dich zu treffen.«

»Das weiß ich alles, Ra-ab. Ich habe dich nicht gebeten, mich im Hause der Zwei Winde oder im Hause Ramaios' willkommen zu heißen. Glaubst du, ich wäre zu diesem Haus gekommen, wenn ich gehofft hätte, dein Gast zu sein? Und glaubst du, ich hätte mich wie eine Konkubine gekleidet, wenn ich hierher als deine Schwester gekommen wäre?«

»*Warum* dann bist du hergekommen? Und was ich noch weniger verstehen kann, *wie* bist du hierher gekommen?«

»Wenn du für ein paar Augenblicke aufhörst, auf mich böse zu sein, und mich nicht unterbrichst, will ich alles erklären. Und dann kannst du vergessen, wie dumm du gewesen bist, und es wird dir einfallen, wie sehr du dich freust, mich zu sehen.«

Sie glättete einladend die Kissen an ihrer Seite, und ich setzte mich ziemlich widerstrebend neben sie, um ihr zuzuhören.

»Ich war oft mit Roidahn und Hanuk zusammen, seitdem du fortgegangen bist; ich habe all die Nachrichten, die dein geheimer Bote uns gebracht hat, gehört, und Vater zeigte mir auch all deine Briefe an ihn. Ich weiß, wie Meri es über die Gattinnen der Vornehmen und Beamten herausfindet, ob diese Wächter werden können. Hanuk selbst sagte, es sei schade, daß einige der wichtigsten Männer keine Gattinnen, sondern nur Konkubinen hätten, denn Meri könnte nichts über sie herausfinden, weil Gattinnen und ihre Töchter in einer anderen Welt leben als die Konkubinen. Aber eine Konkubine hat manchmal mehr Macht als jede andere Frau. Die Königliche Gemahlin des Pharao war lange Zeit krank und verläßt ihre eigenen Gemächer nie, und seine Nebenfrau hat keine enge Vertraute. Doch gibt es zweihundert Frauen im Palast, tausend Intrigen, tausend Geheimnisse werden jeden Tag flüsternd verbreitet, und es gibt dort niemand von uns Wächtern, sie zu hören. Wenn Sebek eine Konkubine hätte, wäre sie vielleicht mitgekommen und hätte für uns gearbeitet, oder es hätte einen Wächter in den Frauengemächern des Hauses der Zwei Winde gegeben – aber dem war nicht so, du sagtest, sie seien alle alt und einfältig. *Darum bin ich hergekommen ... weil ich auf diese Weise für die Wächter arbeiten könnte, besser als auf irgendeine andere Art.*

Roidahn sagte, er könne mich ohne Vaters Erlaubnis nicht hierherkommen lassen, und ich wußte, ich würde sie niemals bekommen. Also half mir Hanuk, meinen Plan zu schmieden. Ich sagte Vater, du hättest nach mir geschickt, zu kommen, sobald die vierzig Tage der Trauer vorüber seien, und daß ich bis dahin bei Roidahn bleiben wolle. Vater hat gerade eine Papyrusrolle aus der Schildkrötenprovinz bekommen. Sie ist sehr alt, so alt, daß er dafür zwei Elefantenstoßzähne und ein Goldhalsband gegeben hat, daher ist er viel zu beschäftigt mit dieser wunderbaren neuen Fundgrube für seine Geschichtsforschung, als daß er wegen seiner Tochter Verdacht hegen könnte! Ich *ging* nach Hotep-Ra, doch Roidahn war nicht da, und Hanuk war allein zu Hause. Hanuk hatte dieses Haus hier bereits für mich besorgt und diese Gewänder richten lassen, und Möbel und Juwelen, meiner neuen Rolle angemessen. Er sagte mir, es sei nicht unüblich, daß ein reicher Mann einen beträchtlichen Teil seines Vermögens der Tochter seiner Lieblingskonkubine hinterläßt – die Kinder der Nebenfrau nehmen natürlich den gleichen Rang ein wie die Kinder der ersten Gattin, doch die Kinder von Konkubinen sind eine Kaste für sich. Die Tochter einer Konkubine kann sehr viel Macht gewinnen, wenn es auch selten ist, daß sie geheiratet wird. Sie sind die einzigen Frauen, die in einem eigenen Haus leben ohne Dienerinnen, und wenn sie jung und reich und jungfräulich sind, werden sie bald zu jedem Gastmahl und zu jedem Vergnügen geladen, wo sie den mächtigsten Männern des Landes begegnen werden, welche Zerstreuung suchen – und froh sind, Geheimnisse in ein Ohr zu flüstern, das sie mit Liebreiz umgarnt.«

»Hanuk muß verrückt sein, daß er dich zu diesem Plan angestiftet hat! Er mag recht haben, und sicher könnte eine Konkubine vieles herausfinden, was wir bisher noch nicht wissen — aber er hätte statt deiner eine andere Frau schicken sollen! Ist ihm denn nicht klar, daß wenn ich ohne einen Erben zu hinterlassen stürbe, du die Oryx wärest? Wie könnten wir unseren Platz unter den anderen Provinzen einnehmen, wenn die Frau, die die Oryx regiert, einst eine Konkubine gewesen war!«

»Wäre Hanuk der Ansicht, daß eine andere Frau ebensoviel wie ich tun könnte, hätte er sie geschickt. Er weiß, daß es eine Regel der Wächter ist, daß jeder die Rolle spielen soll, für die er am besten geeignet ist. Er vertraut meinem Urteil — von dem es abhängen könnte, ob ein Mann uns beitreten oder aus Ägypten verbannt werden soll. Du bewunderst Hanuk, weil er oft in Verkleidung reist und Gefahr sein einziger Reisebegleiter ist. Ra sieht mein Herz und nicht die Farbe meiner Augenschminke, und ich stehe ebenso unter seinem Schutz wie damals, als wir noch Kinder im Hause unseres Vaters waren.«

»Nichts, was ich sage, wird dich von deiner Absicht abbringen?«

»Nichts, Ra-ab. Du kannst nur entscheiden, ob ich mit oder ohne deine Hilfe arbeite. Können wir nicht aufhören, uns gegenseitig zu bekriegen, und gemeinsam für Ägypten kämpfen?« Sie ließ ihre Hand in die meine gleiten. »Können wir es, Ra-ab?«

»Ich hätte diesen Plan niemals gestattet — doch nun, da er geschmiedet ist, werde ich dir natürlich helfen.«

Sie klatschte entzückt in die Hände. »Ich wußte, du würdest es, wenn du *verstanden* hast. O Ra-ab, ich bin so glücklich, daß wir nicht mehr so tun müssen, als stritten wir!«

»Es scheint dir aber nicht so leichtgefallen zu sein, Sebek zu überzeugen.«

»Ich habe es nicht versucht. Er war entsetzt, mich zu sehen, und begann mich zu schelten, als sei ich ein ungezogenes Kind. Daher dachte ich, es würde ihm nicht schaden, wenn er weiterhin meint, ich sei aus der Oryx fortgelaufen und nur aus Abenteuerlust hierher gekommen. Es wäre besser, du würdest bald zu ihm gehen und ihm alles erklären, bevor er eine Dummheit macht, wie etwa einen Boten zu Vater zu schicken. Er weiß es noch nicht, aber er wird mir helfen müssen. Hanuk sagte, es sei für eine Frau wie mich durchaus üblich, einen männlichen Diener zu haben, der überall mit mir hingeht, eine Art

Leibwächter und Mundschenk in einem, der in Rufweite bleibt, bis sie ihn fortschickt. Es ist nicht so, daß ich meine, Schutz zu brauchen, doch er könnte sicher genausoviel hören wie ich ... und es wäre nett zu wissen, daß er in der Nähe ist, *falls* ich ihn brauche. Ich werde ihn nur mitnehmen, wenn ich in das Haus von Fremden gehe, denn während ich hier bin oder in meiner Sänfte unterwegs, werde ich ziemlich sicher sein, denn die acht Männer, welche als Sänftenträger und Träger meiner Reisekisten mit mir aus der Oryx gekommen sind, sind alle Wächter. Hanuk fand sogar einen, der kochen kann, so werde ich also keine Fremden anstellen müssen, sich um mich zu kümmern. Hanuk meinte, du könntest Sebek zu deinem Haushofmeister machen oder ihm ein anderes gutes Amt geben, was den Dienern erklären würde, warum er plötzlich reich genug ist, um dem Haus der Vier Akazien Besuch abzustatten. Dann könnte er weiter bei dir wohnen und zwischen uns Nachrichten überbringen, ohne Verdacht zu erregen.«

Und so wurde es eingerichtet, genau wie Kiyas es sich schon längst ausgedacht hatte.

Prinz Men-het

GANZ IM GEGENTEIL zu Sebeks düsteren Prophezeiungen fand Meri nichts als Lob für Kiyas' Verhalten. Sobald ich ihr von ihrer künftigen Schwester erzählte, sagte sie, ich solle es sofort einrichten, daß sie einander kennenlernen. Und obwohl ich ihr entgegnete, es sei höchst unklug, Gefahr zu laufen, daß Kiyas mit einem von uns gesehen wurde, überredete sie mich, sie noch am gleichen Abend nach Sonnenuntergang zum Inselpavillon zu bringen.

Auf Sebeks Vorschlag hin trug Kiyas das Gewand einer Dienerin und ging ein paar Schritte hinter mir, einen Korb mit Früchten tragend, als käme sie vom Markt zurück. Meri wartete am Landesteg der Insel auf uns. Es schien mir ein wenig unwirklich, daß diese beiden Frauen, die meinem Herzen so nahe standen, sich nun zum ersten Mal begegnen würden.

Meri streckte Kiyas die Hände entgegen und sagte voll Freude: »Ich hatte recht, ich wußte, wie du aussehen würdest ... obwohl du damals jünger warst. Hast du Anilops noch immer?«

»Ja. Hat dir Ra-ab von ihm erzählt?«

Meri lächelte. »Nein, er hat mir nicht von ihm erzählt.«

Kiyas nickte. »O, ich verstehe. Du träumst, wie er. Ich bin so froh, denn er wäre nie wirklich glücklich geworden mit einer Frau, die diese Dinge nicht versteht ... selbst wenn sie so schön wäre wie du.«

Ihnen zuzuhören machte mich froh — denn nun wußte ich, daß es auch zwischen ihnen goldene Bande gab.

Später sagte Meri: »Bevor ich Ra-ab begegnet bin, kannte ich keinen einzigen *wirklichen* Menschen. *Du* bist wirklich, wie er es ist, was der beste Beweis für die Weisheit der Oryx ist, falls es einen bräuchte. Ihr denkt selbst, ihr *seid* ihr selbst; doch das Denken der meisten Menschen ist wie der Unrat in den Straßen nach einem Fest — gefüllt mit aller Art von Dingen, die andere Menschen weggeworfen oder verloren haben. Keiner von euch würde eine Vorstellung, einen Gedanken, für gut befinden, ohne euch zunächst eure eigene Meinung von ihrem Wert zu bilden. Ihr wißt, wohin ihr geht und *warum*. Ich denke, Kiyas könnte in der Wahl ihrer Mittel ziemlich unzimperlich sein, wenn sie sich sicher ist, daß sie das richtige Ziel ansteuert.«

Kiyas lachte. »Du hast einiges von Ra-ab gehört. Er sagt immer, ich hätte keine falsche Scheu; zuweilen *muß* ich bedenkenlos sein: wenn die Menschen einfältig sind oder wenn es gut für sie ist, ein wenig geneckt zu werden. Du solltest mir dankbar sein, denn wenn ich Ra-ab nicht hie und da aufgezogen hätte, könnte er dir nicht annähernd ein solch unterhaltsamer Gatte sein.«

»Was wäre, wenn du nicht ihn als Bruder gehabt hättest?« fragte Meri rasch.

»O, dann wäre ich wohl kaum überhaupt jemand gewesen, einfach nur ein nettes, braves, kleines Mädchen, das niemandem Kummer bereitet. Und irgendwann hätte man mich dann verheiratet — wahrscheinlich mit Sebek, es sei denn, Vater hätte den Sohn des Hasen bevorzugt, und ich hätte drei Kinder, genauso langweilige wie ich selbst. Das ist eines der nettesten Dinge an Ra-ab: Er läßt es einem nie langweilig sein, nicht mal einen Augenblick lang. Auch du wirst das herausfinden.«

Meris Hand schlüpfte in meine. »O, das habe ich schon. Schon vor langem, an dem Abend vor meinem Geburtstag.«

Ich packte den Speisekorb aus, den Meri mitgebracht hatte. Vom Honigkrug war der Deckel abgegangen, wir waren lustig und leichten Herzens und aßen mit den Fingern, leckten sie ab wie Kinder, als sie klebrig wurden. Erst als wir das Mahl beendet hatten und gemeinsam in der kleinen Bucht geschwommen waren, die durch eine Reihe von Pfählen vor Krokodilen geschützt war, begannen wir einen Plan für Kiyas zu überlegen. Auf dem Weg zur Insel hatte ich Kiyas von Ashek, vom Königlichen Erben und von jenen kleineren Beamten erzählt, bei denen ich bereits zu einer Entscheidung gekommen war.

»Du scheinst nicht viele ehrbare Männer in der Königlichen Stadt gefunden zu haben«, sagte Kiyas. »Selbst Heliokios hätte man nicht erlauben können, sein Amt weiterhin auszuüben, wenn er noch am Leben wäre, obgleich ich annehme, es hätte ihm nicht viel ausgemacht, in ein kleines Haus zu ziehen und nicht wichtig zu sein. Ich denke, ich hätte ihn gemocht — du gibst mir am besten seinen Affen, ich vermute, er vermißt seinen Herrn, und ich mag Affen.« Sie hielt einen Augenblick inne und fuhr dann fort: »Ich glaube nicht, daß Verbannung für Ashek schlimm genug wäre. Tahu erreichte Hotep-Ra, gerade als ich abreiste. Sie wird das Kind, um das sie sich auf der Reise gekümmert hat, behalten. Sein Onkel ist sehr erfreut, weil die Mutter des Kindes, zu der er es bringen wollte, schon ein bißchen zu alt ist, um gut mit einem kleinen Kind spielen zu können.«

»Was würdest du mit Ashek machen?«

»Ich schlug Roidahn vor, daß man ihn zwingt, sich selbst ein Siegel aufzudrücken — ein besonders großes Siegel — für jedes schlechte Urteil, das er gesprochen. Sein Leib wird nicht genug Platz bieten, alle zur gleichen Zeit anzubringen, doch wir könnten die Haut in der Zwischenzeit heilen lassen.«

»Was sagte Roidahn?«

»Er war nicht einverstanden. Er sagt, die Wächter sollen die Furcht verbannen, und daher dürfen sie nicht Furcht erzeugen, nicht einmal bei ihren Feinden. Ich frage mich, was die Barbaren von den Verbannten halten werden, die wir ihnen senden, und ich gehe nicht davon aus, daß die Südnubier über sie besonders erfreut sein werden. All jene, die wir verbannen, sollen ein kleines Brandmal auf ihrer Stirn tragen, unser Zeichen der Waagschalen, nur im *Ungleichgewicht*, so daß die Fremden Ägypten nicht nach jenen beurteilen, die es verraten haben. Was glaubst du, wird Roidahn mit dem Königlichen Erben machen? Ich wünschte wirklich, ich wäre noch dort gewesen, als deine Botschaft ankam.«

»Er muß das meiste davon bereits gekannt haben. Durch Heliokios erfuhr ich, daß fast jeder am Hofe eine gewisse Ahnung davon hat, was im Hause des Dunklen Schweigens vor sich geht, und daß ich nicht der einzige war, der durch das *Auge* blickte. Auch Heliokios war dort, und darum hat er mich zuvor beinahe warnen wollen — er machte mehrere Anspielungen, doch ich dachte, er meine gewöhnliche Konkubinen, und wunderte mich, warum er plötzlich so ausweichend war.«

»Warum läßt der Hof es einfach so weitergehen?«

»Weil niemand am Hof zugeben wird, zu wissen, was vor sich geht. Jene, die das Wissen aus erster Hand haben, würden es niemals preisgeben; sie wissen zu gut, daß Schweigen ihr einziger Schutz ist. Und ich denke, daß abgesehen von Furcht einige von ihnen wirklich glauben, daß der Königliche Erbe halb göttlich ist — böse, natürlich, aber stark im Schutze Seths.«

»Was sollen wir mit ihm tun?« fragte Meri.

»Ich wünschte, *ich* könnte darüber entscheiden, doch dem ist nicht so: Roidahn wird den Richterspruch über ihn geben. Es wird weiser sein als das, was ich tun würde — aber nicht annähernd so befriedigend für jemanden, der mit angesehen hat, was dieser Abschaum von Unrat tut!«

»Hanuk meint«, sagte Kiyas, »daß das Wort an die Wächter gehen wird, sobald sicher ist, daß der Pharao im Sterben liegt, auf daß wir handeln können, bevor der neue Pharao ernannt wird. Wir hätten den Pharao getötet, wäre es nötig gewesen. Doch es hat sehr den Anschein, die Götter wollen ihn vor die Zweiundvierzig Richter rufen, und wir sollten ihnen für ihre Rücksicht dankbar sein. Und so bleibt den AUGEN DES HORUS nur noch die Entscheidung, wer der neue Pharao werden soll.«

»Wer denn?« sagte Meri. »Hat Roidahn das noch nicht entschieden?«

»Bis jetzt nicht. Er denkt, es wird der Wesir sein, doch der Leopard und die Schildkröte wollen den jüngeren Prinzen, denn wenn *er* es ist, der gewählt wird, könnten wir uns der Ergebenheit der Nördlichen Provinzen gewisser sein. Der Norden ist immer gegen einen Wechsel in der Dynastie gewesen. Roidahn weiß genug über den Wesir, und ich denke — auch wenn Roidahn das mir nicht gesagt hat —, daß der Wesir unsere Pläne kennt, doch unentschlossen ist, ob es für Ägypten besser wäre, wenn er weiterhin als Macht hinter dem Throne wirkt oder selbst Geißel und Krummstab in die Hände nähme. Keiner von euch beiden scheint viel über den jüngeren Prinzen zu wissen.«

Meri antwortete ihr. »Er ist nicht oft in der Königlichen Stadt. Sein älterer Bruder ist furchtbar eifersüchtig auf ihn und versucht stets, den Pharao dazu zu bewegen, ihn auf Straffeldzüge zu schicken, wenn eines der Nachbarländer ungehorsam wird. Ich meine, der Pharao glaubt tatsächlich, dies geschehe zu Ehren des Königlichen Hauses, und sieht sich selbst durch seinen Sohn als Krieger-Pharao. Doch der Thronerbe hofft natürlich, daß Men-het getötet wird. Er ist im Heer sehr beliebt, und seine Leute beschützen ihn gut. Täten sie es nicht, so wäre er vermutlich schon längst hinterhältig umgebracht worden. Vor einem Mond wurde er am Arm verwundet, darum ist er im Palast und wird wohl nicht wieder fortgehen, bevor sein Vater gestorben ist. Es gibt viele, die glauben, er werde seines Bruders Macht herausfordern, sobald offensichtlich ist, daß ihr Vater im Sterben liegt, und er weiß, daß viele Leute nur zu froh wären, sich auf seine Seite zu stellen.«

»Ist er verheiratet?«

»Ja, doch ist es keine wirkliche Ehe, wenn seine Gattin ihm auch zwei Töchter geschenkt hat. Es ist eine vom Pharao angeordnete Verbindung, weil dieser Weg einfacher war, als die Garnison an der Nordgrenze zu verstärken. Es gibt keine Nebenfrau, obgleich es heißt, er möge Frauen sehr.«

Kiyas zupfte einen Grashalm aus dem Boden und kaute ihn nachdenklich, bevor sie sich wieder an der Unterhaltung beteiligte. Als gäbe sie ein sorgfältig durchdachtes Urteil von sich, sagte sie: »Prinz Men-het ist im Heer beliebt. Falls er daher nicht gewählt wird, könnten wir nicht nur mit unserem Verstand, sondern auch mit Schwertern kämpfen müssen. Er ist der natürliche Erbe oder wird es sein, wenn wir mit seinem Bruder fertig sind, und doch zieht Roidahn den Wesir vor. Warum? Dies ist eines der Dinge, die wir herausfinden müssen. Der Prinz hat eine Gattin, doch sie lieben einander nicht. Sie hat ein eigenes Haus, und er teilt es, wenn er in der Stadt ist, mit ihr nur um der Etikette willen. Ein weiteres ›Warum?‹ Er liebt Frauen, dennoch hat er keine Nebenfrau. Was ist daher natürlicher, als daß er nach einer Konkubine Ausschau hielte? Was der Grund dafür ist — und ich weiß nicht, warum wir nicht schon längst darauf gekommen sind —, daß Kiyas im Augenblick eine Konkubine ist!«

Nach wenigen Tagen schon wurde geflüstert, daß der jüngere Prinz von der Frau, die im Hause der Vier Akazien Wohnung genommen hatte, betört sei. Eine Stunde vor Tagesanbruch hielten Sebek oder ich nach dem vereinbarten Zeichen, einem Licht in Kiyas' Fenster, Ausschau, und wenn wir es sahen, kletterten wir über die Mauer, um ihre Neuigkeiten zu erfahren. Wir mußten sie stets vor Sonnenaufgang verlassen; diese Vorsichtsmaßnahme war notwendig geworden, seit sie uns gewarnt hatte, daß Prinz Men-het, aus Angst, sie könne durch seine Feinde gefährdet sein, eine Wache aus seinen vertrauenswürdigsten Soldaten bei ihrem Haus aufgestellt hatte. Es war ein glückhafter Umstand, daß ihr Garten an den meinen grenzte. Sie zu besuchen, ohne Verdacht zu erregen, wäre sonst sehr schwierig gewesen: Es standen stets zwei Soldaten auf der Straße vor ihrem Eingangstor und ein weiterer auf dem schmalen Weg, der hinter dem Garten verlief.

Einer von Men-hets eigenen Leibwächtern, ein Hauptmann, der ein Verwandter des Nomarchen der Schildkrötenprovinz war, gehörte zu den Wächtern, und er war es, der auf Hanuks Geheiß seinem Herrn von der schönen Fremden erzählt hatte, die in der Königlichen Stadt angekommen und bereits zum Gegenstand erregter Mutmaßungen unter den jungen Vornehmen und Reichen geworden war. Dies hatte schon ausgereicht, um Kiyas eine Einladung in Men-hets Lustpavillon zu sichern, einen Pavillon am Fluß, wo er seine engsten Freunde empfing und bewirtete.

»Es waren drei Frauen und fünf weitere Männer zugegen«, sagte Kiyas. »Eine der Frauen war sehr hübsch, mit roten Haaren wie ihre minoische Mutter und blauen Augen. Sie gehörte schon fast ein Jahr zu einem von Men-hets Hauptleuten, ansonsten hätte ich wohl kaum Gelegenheit gehabt, die ganze Aufmerksamkeit des Prinzen erobern zu können. Ich sprach mit ihm über sämtliche Themen, die mir für eine Konkubine höchst ungeeignet schienen: Zunächst verglich ich den neuen Stil der Wandmalereien mit jenem, uns von den Älteren überlieferten. Ich glaube, er fand dies sehr langweilig, doch war er offensichtlich bezaubert von meinem unerwarteten Wissensgebiet ... ich gab nur wieder, was Vater über einige der neuen Künstler sagt, daher war es ziemlich einfach, überzeugend zu sein. Dann fragte ich ihn, ob er die gleiche Strategie bei der Niederschlagung des Aufstands im Goldland angewendet hat wie gegen die Puntiten. Es war Hanuks Idee, daß ich dies fragen sollte, was zeigt, daß er klüger ist als eine Frau, wenn es darum geht, den Weg zum Herzen eines Mannes zu finden. Gegen

Prinz Men-het 291

Ende des Abends hätte Men-het nicht mehr bemerkt, ob die Augen irgendeiner anderen Frau blau oder braun waren, und am nächsten Morgen schickte er mir ein prachtvolles Türkishalsband und einen Salbenkrug aus Alabaster, mit Lapis eingelegt.«

Ich hätte mir um Kiyas weitaus weniger Sorgen gemacht, wenn wir bei unserem ursprünglichen Plan — Sebek als ihren begleitenden Diener mitzunehmen — hätten bleiben können. Doch dies wollte sie nun nicht mehr, da Sebek bereits zu bekannt sei und zu leicht erkannt werden könnte, und widerstrebend mußte ich zugeben, daß sie damit recht hatte. Sie war sich der Gefahren, in welche sie sich begab, voll bewußt, doch sie sorgte sich nicht um die Möglichkeit, vielleicht wirklich nicht nur dem Namen nach eine Konkubine werden zu müssen.

Sie sagte: »Nun, wo bekannt ist, daß Men-het mir seine Gunst so offen zeigt, wird kein anderer Mann es wagen, mir mehr als nur höchst förmliche Höflichkeit zu erweisen. Sebek scheint überzeugt, daß Men-het ob meines Ausweichens bald ungeduldig werden wird — doch Sebek hat meine Klugheit schon immer unterschätzt. Fast jede Frau in Ägypten wäre mehr als bereit, dem jüngeren Prinzen die Gastfreundschaft ihres Leibes anzubieten, und dies weiß er sehr wohl und ist ihrer Willfährigkeit schon lange überdrüssig. Wenn seine Augen zu glühend werden, spreche ich ihm von den Kriegslisten kämpfender Männer, und wenn er mich mit einer zu langen Geschichte irgendeines sich lange hinziehenden Feldzuges langweilt, erinnere ich ihn daran, daß ich ein Weib bin, welches er heiß begehrt ... doch wenn er versucht, zärtlich zu werden, entdeckt er, daß ich plötzlich kälter geworden bin als der Nil im Winter. Er hat versucht herauszufinden, wer meine Eltern sind. Ich wußte nicht warum, bis sein Hauptmann — derjenige der zu uns gehört — mir erzählte, daß, wenn es möglich wäre, die Königliche Erlaubnis zu erhalten, mich der Prinz zu seiner Nebenfrau machen würde.«

Dies war etwas, was ich nicht in Betracht gezogen hatte. »Was hast du ihm erzählt? Wenn er dich mit der Oryx in Verbindung bringt, könnte er entdecken, wer du wirklich bist. Ihm würde klarwerden, daß die Tochter des Nomarchen nie hierhergekommen wäre so wie du, außer sie wäre eine Spionin. Er wird sich fragen: ›Warum sollte die Oryx das Königliche Haus ausspionieren?‹ Vergiß nie, Kiyas, daß es schon früher Verschwörungen gegeben hat, sowohl gegen seinen Vater als auch gegen seinen Großvater ... und der Tod den Verschwörern sehr willkommen ist, wenn er ihnen schließlich gewährt wird.«

»Denkst du, Hanuk hat mich nicht davor gewarnt? Natürlich hat er das getan; und ich kam in die Königliche Stadt, vorbereitet mit einer Geschichte, die ich, wenn nötig, erzählen konnte. Würdest du gerne die Geschichte von der Kindheit deiner kleinen Schwester hören?«

Ich sagte, daß ich dies ganz gewißlich wolle, und also hub sie an zu erzählen:

»Ich weiß nicht, wer meine Eltern sind, denn ich wurde in der Nähe eines kleinen Dorfes in der Leopardenprovinz ausgesetzt, als ich noch weniger als zwei Jahre zählte. Man hatte mich vor die Türe einer Witwe gelegt, deren Mann und einziges Kind vor kurzem an der schwarzen Krankheit gestorben waren. Als sie mich sah, dachte sie, die Götter hätten ihre Gebete erhört, indem sie ihr ein anderes Kind zu lieben sandten. Daß ich kein sterbliches Kind sei, bezweifelte sie nie, denn meine Kleider waren aus dem feinsten hauchdünnen Leinen, und ich lag in einer Wiege aus Zedernholz, welche dreifach mit Goldsilber umwunden. Auf jeder Seite stand neben mir ein Weinkrug, und beide waren bis zum Rand mit Goldstaub gefüllt. Die Witwe hatte Angst, dem Dorfältesten davon zu erzählen — er würde ihr vielleicht das Kind wegnehmen, weil er nicht glauben konnte, daß es ein unsterbliches Kind sei, und deshalb meinen, sie habe es seinen rechtmäßigen Eltern gestohlen. Daher vergrub meine Ziehmutter die Krüge mit dem Goldstaub unter dem Fußboden ihres Hauses und zog mich als ihr eigenes Kind auf. Erst als sie starb, erzählte sie mir, wie sie mich gefunden hatte und wo das Gold versteckt war. Als kleines Kind hatte ich flüchtige Erinnerungen an ein großes, schönes Haus mit vielen Säulen und an einen Garten voll Blumen, in dem es einen Teich gab, in welchem Fische sich zwischen Lotosblüten tummelten. Heute ist mir klar, daß es sich um das Haus meiner Eltern gehandelt haben muß, doch meine Ziehmutter sagte mir stets, dies seien nur Träume, über die ich nicht zu anderen Kindern sprechen dürfe.

Men-het war höchst erfreut, als ich ihm all dies erzählte, und er ist entschlossen herauszufinden, wer meine Eltern waren. Denn er sagt, es sei offenkundig, daß ich von edlem Blute sei, und sobald dies nachgewiesen werden kann, werde er mich zu seiner Gemahlin machen.«

»Du wirst *sofort* fliehen müssen, solange noch Zeit bleibt! Ist dir denn nicht klar, daß er, sobald sein Bote aus der Leopardenprovinz zurückkehrt, wissen wird, daß du gelogen hast?«

Kiyas seufzte. »Wirst du *niemals* glauben, daß ich nicht ganz so töricht bin? Habe ich dir nicht gesagt, daß Hanuk und ich uns die Geschichte zurechtgelegt haben? Es *gab* eine alte Frau in diesem kleinen Dorf, und sie hatte ein Kind meines Alters angenommen. Sie starb, und das junge Mädchen verließ das Dorf vor drei Monden. Niemand dort weiß, wohin sie gegangen ist, doch es ist so, daß sie zu den Wächtern gehört und sich nun in Hotep-Ra befindet. Das Haus ist verlassen, aber ein äußerst überzeugendes Loch und Teile eines zerbrochenen Weinkruges werden im Boden des größeren Gemachs zu finden sein. Das Mädchen ähnelt mir in Wirklichkeit nicht sehr, doch wir haben die gleiche Farbe von Haar und Haut, und die Beschreibung, welche auf die eine paßt, würde auch auf die andere passen.«

»Men-het wird bald entdecken, daß es keine vornehme Familie gibt, deren Tochter vor vierzehn Jahren geraubt wurde.«

»Ich habe bereits angedeutet, daß meine Mutter wohl nicht ihren Gatten als meinen Vater auserkor und Nachforschungen daher mit höchster Verschwiegenheit vonstatten gehen müßten, wenn sie der Frau, welche mich geboren, nicht Kummer und Unehre bringen sollen. Ich sagte Men-het, daß sie sich vielleicht töten würde, wenn er Beschämung über sie brächte, und dann könnte ich ihn niemals lieben, denn er wäre der Mörder meiner Mutter.«

»Bist du dir im klaren, wozu all dies führen könnte?«

»Ich habe die verschiedenen Möglichkeiten in Betracht gezogen. Ich könnte als Spionin gefoltert werden, und das wäre höchst unangenehm, falls Men-het den Geschmack seines Bruders teilt. Men-het könnte meiner überdrüssig werden, ehe ich noch den Wert seines Herzens kennengelernt habe und beurteilen kann — und sollte dies geschehen, werden wir auch nicht schlimmer dran sein, als wenn ich nie hergekommen wäre. Oder ich vermag vielleicht Roidahn den Rat zu geben, Men-het solle Herrscher von Ägypten werden.«

»Liebst du ihn?«

Sie sah überrascht aus. »Sicherlich weißt du, daß ich ihn *nicht* liebe? Denkst du, ich würde einen Mann ausspionieren, den ich wirklich liebe — sei es auch für die Wächter? Glaubst du, ich würde so lange brauchen, seinen Wert einzuschätzen, wenn es eine große Zuneigung zwischen uns gäbe?«

»Falls du zu der aufrichtigen Überzeugung gelangtest, daß er der neue Pharao werden sollte, dann würdest du ihn gewiß heiraten? Es sollte dir nicht schwerfallen, seiner ersten Gemahlin den Rang abzulaufen, und mit deinem Einfluß als die Königliche Gemahlin würdest du über Ägypten herrschen.«

Ich hatte sie seit unseren Kindestagen nicht mehr so zornig gesehen. »Ich sagte dir, ich liebe ihn nicht, dennoch unterstellst du mir die Absicht, die Mutter seiner Erben werden zu wollen. Ich spiele die Rolle einer Konkubine, und wenn nötig, werde ich eine; doch wenn ich täte, was du so großzügig vorschlägst, wäre ich es nicht wert, mich unter die Frauen zu mischen, welche die Soldaten einer Garnison erfreuen!«

Meri berichtete mir, daß sämtliche Frauen von nichts anderem mehr reden konnten als von »ihr«, die Prinz Men-hets Herz erobert hat.

»Öffentlich können sie nicht anerkennen, daß es sie gibt — doch scheinen sie genau zu wissen, welche Geschenke sie von ihm empfängt, was sie trägt, selbst welche Art von Blumen er ihr jeden Morgen schickt. Sie wissen, daß die Tragesänfte mit den purpurfarbenen und mit silbernen Fischen verzierten Vorhängen die ihre ist und daß die vier nubischen Träger dem Prinzen gehören — oder ihm gehörten, bis er sie ihr schenkte. Sie wissen, daß sie nur den Königlichen Wein trinkt, der aus jenen Tropfen gekeltert wird, welche die Sonne aus den Trauben zieht, daß sie ihr Haar in einem Aufguß von minoischem Rosmarin wäscht, daß ihre Salben mit Nachthyazinthe parfümiert sind, nicht mit Stephanotis, wie man zuerst gedacht (was *ich* sehr genau weiß, da ich selbst sie Kiyas schenkte!), sogar, daß sie ein kleines Mal an der Innenseite ihres linken Fußes hat. Sie stellen Vermutungen an über ihre Herkunft, und ihre Geschichten sind vielfältig: einmal ist sie von königlichem Geblüt, eine Tochter der jüngsten Schwester des Pharao, von der es heißt, sie habe Zwillinge zur Welt gebracht und eines der kleinen Mädchen sei aus dem Palast geschmuggelt worden, bis hin zu dem Gerücht, sie sei das Kind einer jungfräulichen Priesterin im Tempel der Großen Pyramide — doch ob von einem Priester oder durch Gottes Mitwirken gezeugt, darüber ist noch nicht entschieden!«

Als mir Meri dies erzählte, waren wir gerade in dem kleinen Segelboot unterwegs, das ich ihr geschenkt hatte. Es hatte ein grünes Segel mit zwei Oryxantilopen darauf. Flußabwärts kam eine der kleineren Königlichen Lustbarken. Auf jeder Seite saßen zehn Ruderer, die gemächlich die langen vergoldeten Ruder durch das Wasser zogen. Zwischen ihnen war ein von einem Baldachin überschatteter Podest, wo auf indigoblauem Lager Kiyas und Men-het ruhten.

Ich drehte die Segel aus dem Wind, um sie vorbeifahren zu lassen. Über dem sanften Schlag der Ruder hörte ich Kiyas lachen. Ein Affe rannte auf dem schmalen Deck entlang und sprang auf die Königliche Schulter ... Mimu befand sich in erlesener Gesellschaft!

Ein Herz auf der Waagschale

ZU MEINER GROSSEN Erleichterung hatte Ramaios mir Einverständnis bekundet, als ich ihm von den Wächtern erzählte. Ich hatte befürchtet, seine althergebrachte Sichtweise könnte ihm verdunkeln, daß Verschwörung notwendig war, wenn die Größe Ägyptens wiederhergestellt werden sollte. Doch als ich ihm sagte, daß unter der neuen Herrschaft sein Traum von der Schaffung eines gerechteren Handelssystems Wirklichkeit werden könnte, ließ er fast so etwas wie Begeisterung erkennen, was ich bei einem solch trockenen Mann kaum für möglich gehalten hatte. Nach einer längeren Beratung mit Meri beschloß ich, ihm nichts von Kiyas zu erzählen. Er hätte wohl die entscheidende Rolle, die sie spielte, gesehen, doch ich wollte seine Überzeugung nicht zu sehr auf die Probe stellen. Wissend, daß ich eine Schwester habe, war er ein wenig überrascht, daß sie zur Vermählung nicht in die Königliche Stadt kommen würde. Ich aber erklärte es ihm mit der Begründung, sie helfe während meiner Abwesenheit unserem Vater bei der Verwaltung der Provinz, und dieser wolle nur höchst ungern auf sie verzichten, bis ich zurückkehrte.

Der Tag unserer Vermählung war festgelegt worden, als unsere Verlobung bekannt gegeben wurde; die Vorbereitungen waren nahezu abgeschlossen, und sofort nach der Hochzeit würden Meri und ich in die Oryx aufbrechen. Ramaios gab seiner Tochter eine prachtvolle Mitgift, und um meinem Vater weitere Ehre zu erweisen, ließ er die Liste, welche die einzelnen Gegenstände der Mitgift verzeichnen sollten, auf Täfelchen aus Elfenbein schreiben, die in eine kleine Ebenholzschatulle paßten. Jedes Täfelchen, das angefertigt wurde, zeigte er mir. Von seinen Gütern im Norden: fünfhundert Rinder, vierzig Ballen feines Leinen, sechzig Stück wollenes Tuch, zweihundert Krüge mit Wein, zwölf Kisten mit fremdländischen Gewürzen. Aus seiner Schatzkammer: acht Elefantenstoßzähne, jeder nicht weniger als drei Ellen lang, vier Halsbänder aus Gold, zwei aus Silber, sechs aus Goldsilber; hundert Straußenfedern. Als persönlichen Schmuck für Meri: zehn Armreifen verschiedener Form, zwölf Stück Kopfschmuck, achtzehn Halsketten, sechs Spangen für Umhänge. All dies vom feinsten Kunsthandwerk, aus Gold und Silber geschmiedet und mit Email, Türkis, Lapislazuli, Rosenquarz und Amethyst noch reicher verziert. Weiterhin zehn Truhen für ihre Gewänder, alle mit ihren Lieblingsmotiven bemalt — hauptsächlich Flußszenen mit Fischen und Vögeln.

Sie hatte hundert lange Gewänder aus hauchdünnem Leinen, in feinste Falten gelegt, vierzig Paar Sandalen aus gefärbtem oder vergoldetem Leder, zu ihren Armreifen passend verziert; eine große Anzahl kurzer Gewänder, leichte Hemden, warme Kleidung und Umhänge für den Winter. Außerdem gab es genug Möbel für drei Gemächer, von Handwerkern gemacht, die für das Königliche Haus arbeiteten. Um all dies zu uns zu bringen in die Oryx, hatte er ihr sechs Lastkarren, jeder versehen mit zwei Ochsengespannen, dazugegeben. Drei ihrer persönlichen Begleiterinnen würden mit ihr gehen, die älteste der vier war verlobt und wollte in der Königlichen Stadt bleiben; dazu zwei Dienerinnen, vier Sänftenträger und acht Ruderer für die kleine Lustbarke, welche er eigens für uns hatte bauen lassen.

Ich war über jeden Augenblick, der mich von Meri trennte, ungeduldig, und ich wurde täglich unruhiger, weil Kiyas noch zu keinem endgültigen Urteil über Men-het gekommen war. Denn ich war entschlossen, sie müsse sich unbedingt bereits auf dem Rückweg in die Sicherheit der Oryx befinden, bevor ich die Königliche Stadt verließ.

Als ich diesem Kiyas gegenüber Nachdruck verlieh, schien sie es für unwichtig zu halten. »Ich bin allein hierher gekommen«, sagte sie, »und wenn die Zeit kommt, werde ich meinen Weg zurückfinden, wenn es sein muß, allein. Vergifte dein Glück nicht mit Sorgen um das, was geschehen könnte. Ich kenne Men-het und du nicht. Selbst wenn er wüßte, daß ich eine Spionin bin, würde er mich immer noch beschützen, glaube ich.«

»Du verliebst dich doch nicht in ihn, oder?«

»Nein, ich wünschte, es wäre so. Das würde alles in vieler Hinsicht sehr viel einfacher machen. Ich würde ihn heiraten und meinen, daß ihn mein Einfluß zu einem weisen Träger von Krummstab und Geißel machte.«

»Warum heiratest du ihn dann nicht? Es wäre kein Verrat, wenn du es tätest, denn du liebtest dann dein Land mehr als dich selbst. Die Dynastie wäre bei dir gut aufgehoben — könntest du es, Kiyas?«

Ein Herz auf der Waagschale

»Nein, aber nicht aus den Gründen, die ich dir einst nannte. Wenn ich glaubte, ich könnte Ägypten Frieden und Ruhe bringen, indem ich seine Königin werde, würde ich es — selbst wenn Men-het ein Ungeheuer wäre. Doch es wäre nicht von Nutzen, Ra-ab. Er denkt, er liebt mich, aber er tut es nicht wirklich, denn ich liebe ihn nicht, und wenn es eine wirkliche Verbindung gibt, muß sie von beiden erkannt werden. Ich bin nur das erste, nach dem er verlangt und das ihm *nicht* gewährt wurde, und dies läßt mich schrecklich begehrenswert erscheinen. Doch wenn ich seine Gemahlin wäre, hätte ich bald nicht mehr Macht als jede andere Frau. Ein Jahr lang würde er vielleicht auf meinen Rat hören ... und wenn ich soviel erwarte, könnte ich mich selbst noch überschätzen. Dann, wenngleich ich die Königliche Gemahlin wäre, wäre es, als herrschte er allein. Und selbst wenn ich meinen Einfluß auf ihn niemals verlöre, was wäre, wenn ich stürbe? Nein, Ra-ab, ihn zu heiraten wäre von keinerlei Nutzen. Der Pharao muß imstande sein, allein zu herrschen, er darf nicht wieder eine Puppe sein, die durch eine Macht hinter dem Thron bewegt wird. Gattin oder Wesir können nie genug sein — ein Geist, der nur der Kanal ist für die Vorstellungen eines anderen, ist offen für alle Einflüsterungen ... das Raunen von Macht und immer mehr Macht um der Macht willen, noch heimtückischer als die Schmeicheleien von Speichelleckern.«

»Warum zögerst du dann, in die Oryx zurückzukehren? Du hast entschieden, daß Men-het nicht herrschen kann, daß Roidahn recht hat, den Wesir zu wählen. Du mußt sofort heimkehren, denn deine Arbeit hier ist beendet.«

»Ich bin nicht sicher, Ra-ab. Ich bin nicht *sicher*. Kannst du nicht sehen, daß dies eine furchtbare Entscheidung ist? Men-het ist ein hervorragender Krieger, und das Königliche Heer wird niemals in seiner Ergebenheit ihm gegenüber wanken. Ich habe versucht, ihn auf unsere Art zu denken einzustimmen, und wenn ich versage, werden Tausende unserer Landsleute sterben. Ich werde ihren Tod verschuldet haben, weil ich nicht klug genug war mit meinen Worten, denn was ich so verzweifelt zu tun versuche, ist, ihn die Weisheit sehen zu lassen: auf daß er selbst erkennen kann, daß es besser ist, den Wesir herrschen zu lassen und selbst Oberbefehlshaber zu sein. Wenn ich versage, stirbst du vielleicht, Ra-ab, wenn du die Oryx in den Kampf führst. Dein Blut und Meris Tränen werden fließen, weil Kiyas meinte, sie sei schlauer, als sie wirklich war.«

Mit Erleichterung vernahm ich ein paar Tage später, daß ein Bote aus Hotep-Ra mit der Nachricht angekommen war, Hanuk werde an meine Seite kommen und am nächsten Tag in der Königlichen Stadt eintreffen. Hanuk war älter und klüger als ich, und Kiyas würde vielleicht in seinem Rat mehr Trost finden als in dem meinen.

Am Tag nach seiner Ankunft kam er mit mir, als wir noch vor Sonnenaufgang wieder das Licht in Kiyas' Fenster erblickten. Als ich sie beieinander sah, war ich doppelt dankbar, daß er gekommen war, um ihr zu helfen. Sie war blaß und sehr müde. In ihrem losen Gewand aus gelbem Leinen, mit offenem Haar, sah sie für solch eine große Verantwortung zu jung aus.

»Ich glaubte, zu einem Entschluß kommen zu können, Hanuk, doch ich kann nicht. Einen Augenblick lang bin ich sicher, daß Men-het nicht Pharao sein darf, dann wieder sehe ich ägyptische Krieger sich gegenseitig töten, beide Seiten in dem Glauben, sie kämpften für Ägypten und das vergossene Blut würde Ägyptens Felder nur fruchtbarer machen. Wäre Men-het böse, so wäre die Entscheidung leicht, aber er ist *nicht* böse. Er ist stark und mutig und ein großartiger Krieger. Er ist freundlich und großzügig, und jeder seiner Männer würde ohne jede Frage für ihn sein Leben geben.«

»Warum sollte er uns dann nicht regieren?«

»Weil er keine Weisheit besitzt, außer in den Wegen des Kampfes, weil er nicht erkennen wird, daß eine Eroberung mit dem Schwert keinen Frieden bringen kann. Für manche ist es einfach, ihn zum Sprechen zu bringen über das, was er als Pharao tun würde. Er kennt und haßt den Königlichen Erben, und er ist entschlossen, ihn eher zu töten, als herrschen zu lassen, wenn der Pharao stirbt. Natürlich wage ich es nicht, ihm von den Wächtern zu erzählen, doch ich tat, als wäre das, was sie für Ägypten planen, *meine* Vorstellung davon, wie Ägypten regiert werden solle. Er stimmte mir zu, daß zuweilen die Gesetze falsch angewendet werden und daß viele der Aufseher bestechlich sind. Er sagte, eine seiner ersten Handlungen als Pharao bestünde darin, viele der Beamten zum Tode zu verurteilen — doch er hat nur einen Maßstab, mit dem er beurteilt, wer ihnen im Amt folgen soll: Sie müssen seine Freunde sein, deren Ergebenheit er sich sicher ist. Er weiß, daß der Großteil des Reichtums des Landes in den Händen ehrloser Angehöriger vornehmer Familien ist, doch er sagt, daß das Land unter seiner Herrschaft gedeihen würde und die Kornkammern niemals leer sein sollten. Ich erzählte ihm, wie die Menschen in den kleinen Dörfern leiden, wenn es eine Hungersnot gibt, und wie sie unterdrückt werden. Er hörte es sich an und bat mich, ihm mehr zu erzählen. Eine Weile dachte ich, er könnte ein Wächter werden, und fragte mich, warum ich ihn nicht liebte. Er erklärte, daß die Aufseher gnadenlos bestraft werden sollten für das, was sie getan haben: Seine Gerechtigkeit besteht einzig aus Strafen, und blinde Ergebenheit ihm gegenüber wird stets belohnt werden. Ich fragte ihn, ob er nicht einen aufrichtigen Mann, der sich nicht fürchte, ihm zu sagen, wenn er irrte, jemandem vorzöge, der ihm Lobpreis ohne Überzeugung bot. Er lachte und sagte: ›Kleine Kiyas, ich spreche von der Zukunft, wenn ich Pharao bin. *Wie kann der Pharao etwas falsch machen?*‹ Darum darf er niemals Pharao werden. Schon jetzt stellt er die Richtigkeit seiner Entscheidungen nicht in Frage, und wenn er Krummstab und Geißel in Händen hielte, glaubte er sich allmächtig und würde nicht einmal um Rat zu den Göttern beten. Er hat die Bedeutung des Königlichen Gelübdes ›Mit diesem Krummstab werde ich mein Volk weiden, und mit dieser Geißel werde ich es vor seinen Feinden beschützen‹ vergessen. Wenn sein Volk Überfälle eines Feindes von außen zu fürchten hätte, so würde er sein Gelübde erfüllen können; doch weilten die Feinde des Friedens unter seinen Freunden, so würde er sie niemals erkennen. Zuerst dachte ich, er wünsche Frieden für Ägypten, wie ein Vater Frieden wünscht für seine Kinder, dann merkte ich, daß er sich den Frieden nur wünscht, damit das Land noch reicher und seine Heere noch mächtiger werden. Er würde von jeder Provinz fordern, fünftausend Krieger zu stellen statt tausend. Statt sein Heer nur gegen jene angrenzenden Länder zu führen, die unsere Grenzen anzugreifen versuchen oder ihre gerechten Abgaben nicht zahlen, würde er sie erobern wollen und ihre Krieger zur Arbeit auf die Feldern Ägyptens bringen, auf daß mehr Ägypter die Laufbahn des Soldaten einschlagen könnten und unsere Grenzsteine bis über Babylon hinaus versetzen. Ich erinnerte ihn an ›Jene, deren Name niemals ausgesprochen werden soll‹, die Eroberer, die Ägypten mehr als zweihundert Jahre besetzt hielten. Ich fragte ihn: ›Könnte es nicht sein, daß auch *unser* Name, wenn wir Fremden Land stehlen, von den Säulen und Bauten getilgt wird?‹ ›Das kann man nicht vergleichen. ›Jene, deren Namen niemals ausgesprochen werden soll‹ waren keine *Ägypter!*«

Am nächsten Tag erneuerten Hanuk und ich unser Bemühen, Kiyas zur Rückkehr in die Oryx zu überreden, doch es blieb ohne Erfolg. Sie sagte:

»Ich glaube weiterhin, daß ich morgen — immer ein anderes ›Morgen‹ — Men-het dazu werde bringen können, zu denken wie wir. Er befiehlt über einen großen Fluß von Energie, und richtig genutzt, wäre dies von unschätzbarem Wert. Ich habe das Gefühl, als mühe ich mich, ein für mich zu schweres Schleusentor zu öffnen — habe ich Erfolg, fließt das Wasser in die richtigen Kanäle; wenn ich versage, wird der Wasserspeicher hinweggerissen, und statt Fruchtbarkeit kommt die Zerstörung. Ägypten ist oft von mißgünstigen Fremden bedroht worden, und es könnte wieder bedroht werden, sogar zu unseren Lebzeiten schon. Mit Men-het als Befehlshaber über unsere Heere würde die Furcht niemals wieder über die Grenzen Ägyptens zurückkehren, wenn wir sie einmal aus unserem Land gejagt haben. Jeder Mann zerbricht, wenn er versucht, sich zuviel Macht aufzubürden, so wie eine Holzsäule auseinanderbricht, wenn die Dachbalken aus Granit sind. Der Name Men-het als Oberbefehlshaber der Garnisonen würde jahrhundertelang mit Ehrerbietung genannt werden, doch Men-het, der Pharao, würde bestechlich werden. Ich habe ihm sogar vorgeschlagen, er solle seinen Bruder herrschen lassen, denn falls er zustimmt, auf die Krone zu verzichten, würde er vielleicht Amenemhet anerkennen und sagen, daß er, Men-het, der Krieger, des immer wiederkehrenden, langsamen Ablaufs der Audienzen bald überdrüssig geworden wäre. Doch er wollte nicht auf meine Worte hören. Er versuchte mich zu trösten, daß seine Göttlichkeit keine Schranke zwischen uns errichten würde ... denn er dachte, ich hätte aus Angst über dies alles gesprochen. Es ist nichts Böses in ihm, Ra-ab, er hat nur keine wahre Demut, die das volle Maß der Verantwortung trägt, ohne zu fordern, was sie nicht erfüllen kann. Er hat Ägypten unter einem schwachen Herrscher gesehen, er hat gesehen, wie Ägyptens Größe unter den kleinen, gierigen Händen tausender Beamter erwürgt wurde. Man kann ihm keine Schuld dafür geben, daß er sich wünscht, ein für seine Stärke gerühmter Herrscher zu sein. Mögen die Götter Mitleid mit ihm haben, weil er nicht weise genug ist, zu sehen, daß die Stärke, die Ägypten braucht, nicht allein die Stärke der Waffen ist.«

»Wenn die Zeit kommt«, sagte Hanuk, »können wir ihm die Wahl lassen, unter dem Wesir der Oberbefehlshaber des Heeres zu sein oder in die Verbannung zu gehen.«

»Er wird niemals dem Manne, welchen er stets als unrechtmäßigen Träger der Krone betrachten wird, den Eindringling, der Macht errang, in dem er das vom Königlichen Hause in ihn gelegte Vertrauen verriet, Ergebenheit schwören. Auch Verbannung wird er nicht hinnehmen — er wird jene, die ihm ergeben bleiben, im Kampfe gegen dich anführen, bis man ihn tötet.«

Ich legte meinen Arm um ihre Schultern. »Kiyas, er ist nur ein Ägypter *mehr*, der sterben könnte, weil er in die Irre geleitet ist. Er ist ein Mann gegen so viele andere: Gedenke der Sklaven, die du auf den Königlichen Straßen hast sich zu Tode arbeiten sehen, gedenke der Krüppel, die sich durch den Staub der Dorfmärkte schleppen in der Hoffnung auf Almosen von Menschen, die vom Glück ein klein wenig mehr begünstigt sind. Würdest du sie zu weiterem Leiden verdammen, nur weil du mit *einem* Manne Mitleid hast?«

Sie versuchte zu lächeln. »Es ist schwer, gerecht und gleichzeitig Frau zu sein. Während ich mit dir und Hanuk zusammen bin, denke ich nur als eine der Wächter. Ich habe nur einen Feind und muß jede Waffe gegen ihn erheben, bis die Furcht aus Ägypten verbannt ist. Doch wenn ich mit Men-het zusammen bin, ist es schwer, nicht als Frau zu denken, denn ich sehe ihn unverdunkelt von den Schatten eines künftigen Ranges. Heute nahm er mich zu den Sümpfen mit, um mir sein Können mit dem Wurfholz zu zeigen. Wir nahmen niemanden mit, nur seine zwei Jagdkatzen, welche die Vögel holten, die er tötete. Bei anderen sind diese Katzen so wild wie Leoparden, doch mit ihm sind sie zahm und fügsam wie das weiße Kätzchen, das ich einst hatte, als ich vier Jahre zählte. Nachdem er viele Vögel erlegt hatte, schlief er mit dem Kopf in meinem Schoße ein. Auf seiner Stirn ist eine Narbe vom Pfeil eines Feindes aus Punt, sie fühlte sich an wie eine weiße Schnur unter meinen Fingern. Da war er kein Prinz, nur ein junger Krieger, der mich auf seine Weise liebt. Er lächelte im Schlaf und sah so jung und schutzlos aus ... wie hätte ich da im Sinn haben können, daß zehntausend Mann auf seinen Befehl warten? In seinem Gürtel trug er ein Jagdmesser. Ich hätte es aus der Scheide ziehen können, ohne ihn zu wecken. Ich hätte es ihm ins Herz stoßen können. Ich wäre eine Mörderin gewesen, und noch schlimmer — eine Frau, die einen Mann im Schlafe tötete, welcher sie liebt. Ich hatte nicht den Mut, offen das zu tun, was ich auf peinvollere Weise tue. Er wäre *dann* in Frieden gestorben, mit einem Lächeln auf den Lippen. Doch wenn er einst wirklich stirbt, wird er ein verbitterter Mann sein, der weiß, daß ich ihn verraten habe und daß er im Kampf gegen Ägypter stirbt ... die gleichen Ägypter, für die er so oft im Kampf sein Leben gewagt hat.«

Es waren noch zehn Tage bis zur Hochzeit, als Kiyas mir dieses berichtete: »Men-het geht zur Nördlichen Garnison, um das neue Lager zu sehen, das gerade fertiggestellt worden ist. Der Königliche Leibarzt hat ihm gesagt, es sei unwahrscheinlich, daß der Pharao noch länger als ein Jahr am Leben ist und jederzeit plötzlich sterben könne. Men-het scheint sich sicher zu sein, daß der Norden gegen den Königlichen Thronerben auf seiner Seite sein wird. Ich glaube, er wird sich mit einigen seiner Hauptleute beraten, und das neue Lager ist nur ein Vorwand für seine Reise. Er verläßt mich nur widerstrebend. Er sagt, ich solle sofort nach seiner Rückkehr seine Gattin werden, und daß er die Vermählung — obwohl sie eine gewisse Zeit geheimbleiben muß — bekanntgegeben wird, sobald er an der Macht ist. Was soll ich tun, Ra-ab? Ich versuchte, ihn vor den Kopf zu stoßen, indem ich sagte, ich sei zu einer Vermählung nicht bereit. Doch er wollte meiner Widerrede kein Gehör schenken, und um mich zu necken, sagte er, er würde mich, sollte ich ihm davonzulaufen wollen, selbst im Herzen der Großen Pyramide finden. Er *würde* mich finden, Ra-ab. Er sagte, er würde seine Soldaten in jede Stadt und in jedes Dorf der achtzehn Provinzen schicken. Wenn sie in die Oryx kommen, wie könnte sich die Tochter des Nomarchen vor ihnen verbergen? Wenn sie mich fänden, wären die Wächter verraten, und davor werde ich immer Angst haben. Dies darf ich niemals tun, niemals: Furcht in die Oryx bringen. Ich muß bei Men-het bleiben und vergessen, daß ich jemals Kiyas war, die Glückliche.«

»Selbst wenn es wahr wäre, daß du die Wächter in Gefahr bringen würdest, ließen Hanuk und ich dich doch niemals hier zurück.«

»Du wirst keine Wahl haben, wenn ich beschließe, in der Königlichen Stadt zu bleiben. Du vergißt, daß Soldaten das Haus bewachen. Du könntest mich nie gewaltsam in die Oryx bringen.«

Ich war erschreckt von dem Kummer und zugleich der Entschlossenheit in ihrer Stimme. »Wirst du nach Hause kommen, falls ich einen Plan hätte, durch den du frei wärst, ohne die Wächter zu gefährden?«

»Natürlich — wenn es solch einen Plan gibt. Doch es gibt keinen. Ich habe wieder und wieder überlegt, nichts gibt es, wodurch ich Men-het daran hindern könnte, mich zurückzuholen. Wenn ich ihm sagte, ich haßte ihn, würde er nur lachen und hielte es für die Verführungskunst eines Weibes. Ich glaube, es würde sein Begehren nach mir sogar noch verstärken: Er ist stolz auf die Narbe auf seiner Hand, wo eine seiner Katzen ihn gebissen hat, bevor er sie zähmte.«

»Einen Ort gibt es, an dem er nie nach dir suchen würde — in deinem Grab.«

»Glaubst du, ich hätte nicht daran gedacht? Es wäre nicht schwer zu sterben, doch diese Zuflucht zu nehmen, solange ich noch, wenn auch nur ein klein wenig, den Wächtern zu helfen vermag, wäre feige. Ich habe mich stets sehr bemüht, kein Feigling zu sein.«

»Ich sagte nicht, daß du sterben solltest — nur, daß er nicht versuchen würde, dich aus deinem Grabe zurückzuholen. Hanuk und ich haben letzte Nacht einen Plan ersonnen, und es bedarf nur deiner Zustimmung, ihn auszuführen. Men-het bricht morgen gen Norden auf und plant, vierzehn Tage fort zu sein. In drei Tagen, wenn er die Mündung des Flusses erreicht haben wird und ein Bote vier oder fünf Tage brauchen würde, um ihn zu erreichen und zurückzubringen, wirst du plötzlich krank geworden sein und sterben, noch bevor die Ärzte herbeigerufen werden können.«

Hanuk unterbrach mich: »Vielleicht wäre es besser, wenn sie von einer Kobra gebissen würde. Eine der Dienerinnen könnte behaupten, sie habe sie in Kiyas' Schlafgemach gefunden, nachdem sie diese getötet hatte, und man könnte eine tote Schlange aufbewahren, um sie Men-het zu zeigen.«

»Ja, das ist noch besser als mein Gedanke.« Und zu Kiyas sagte ich: »Hanuk traf gestern Men-hets Hauptmann, den, der zu uns gehört, und er geht nicht mit Men-het gen Norden. In dem Augenblick, in dem er von deinem ›Tod‹ erfährt, wird er nach dem Königlichen Einbalsamierer schicken. Dies wäre der Wille seines Herrn. Du wirst das Haus der Vier Akazien in einem Sarkophag verlassen. Dies wird nicht das erste Mal sein, daß ein Wächter in einer so sonderbaren Sänfte gereist ist. Im Deckel befinden sich Luftlöcher, und die Träger sind vertraute Diener Yiahns. Du wirst in seinem Hause versteckt bleiben, bis Meri und ich auf unsere Hochzeitsreise gehen, und wirst als eine unserer Begleiterinnen mit uns in die Oryx reisen.«

Vermählung durch Ptah

WENNGLEICH ES NICHT schwer gewesen war, Ramaios zu überreden, die Vermählung in seinem Hause stattfinden zu lassen, so war es nicht ganz so einfach, seine Zustimmung zu erhalten, daß Tet-hen die Zeremonie vollziehen sollte. Er konnte verstehen, daß wir nicht im Neuen Tempel vermählt werden wollten, doch fand er es unverständlich, daß wir nicht den Hohepriester wünschten, wo doch ein Priester bei unserem Ehegelöbnis zugegen sein mußte.

»Ich kann nicht verstehen«, sagte er ziemlich verdrießlich, »warum ihr auf Tet-hen besteht, wenn doch der Hohepriester es aufgrund meines Ranges nicht abgelehnt hätte, zum Vollzug der Zeremonie hierher zu kommen.«.

»Ich weiß«, sagte Meri besänftigend. »Und würdest du nicht einen solch hohen Rang einnehmen, müßtest du deine Macht vielleicht dadurch beweisen, daß du deine Tochter unter Aufbietung aller Zeichen deiner Bedeutsamkeit vermählen läßt. Doch ein Vergolden ist nur notwendig, wenn unedles Metall sich als Gold verkleiden will. Jeder weiß, daß du ein großer Mann bist, daher kannst du es dir leisten, den Grillen deiner Tochter nachzugeben. Es ist gewiß ein Kompliment, daß ich dein Haus dem Tempel vorziehe, und an die Macht der neuen Priester glaubst du auch nicht mehr als wir.«

»Ich wünschte, du würdest so etwas nicht sagen, Meri.« Er klang mehr als nur ein wenig verärgert. »Jedermann in der Königlichen Stadt hat ein Recht auf seine eigenen Gedanken, doch nicht immer das Recht, sie auszusprechen. Viele von uns wissen von den Schwächen und der Bestechlichkeit der Tempel, doch bedeutet das nicht, daß sie ohne Macht sind. Und wird diese Macht in Frage gestellt, kann sie nur zu leicht zerstören.«

»Das wird bald anders werden ...«, begann Meri, doch er unterbrach sie:

»Ja. Ja! Ich weiß: ›Die Wächter werden die Furcht bald aus Ägyp-

Vermählung durch Ptah 305

ten vertreiben, und wir werden einen neuen Pharao haben.‹ Es scheint dir passend, zu vergessen, daß es in der Vergangenheit Verschwörungen gegeben hat, die fehlschlugen, und bis diese hier Erfolg hat, ziehe ich es vor, nichts davon zu wissen. Es war sehr aufrichtig von dir und Ra-ab, dies alles nicht vor mir geheimgehalten zu haben. Ich schätze dein Vertrauen, und im Gegenzug habe ich alles mir Mögliche getan, meine Zustimmung zu deiner Vermählung zu bekunden. Wenn die Wächter an die Macht kommen, werde ich mein Handelssystem errichten können: Es wird Ägypten mehr Stabilität verleihen als ein ganzes Tausend von hoch und edel Gesonnenen, die sich dazu verschworen haben, Ägypten Frieden zu bringen. Aber erzähle mir nichts weiter von euren Plänen. Ich möchte sie nicht kennen, obwohl du versichert sein darfst, daß ich für ihren Erfolg beten werde.« Er warf mir unter seinen schweren Augenbrauen einen durchdringenden Blick zu. »Ich gehe recht in der Annahme, daß eure Pläne auf des Pharaos Tod warten müssen?«

»Ja«, entgegnete ich. »Er liegt bereits im Sterben, und sein Herz wird von einer höheren Macht als den AUGEN DES HORUS gewogen werden.«

»Meri sagt mir, es sei wahrscheinlich, daß der Wesir gewählt wird. Ich billige diese Wahl. Der Königliche Thronerbe — obwohl ich es vielleicht nicht sagen sollte, solange er noch der Königliche Thronerbe ist — besitzt gewisse Eigenschaften, die, sagen wir einmal, für einen Herrscher nicht wünschenswert sind.«

Ich fragte mich, ob Ramaios das Haus des Dunklen Schweigens besucht hatte, und ob er wußte, daß auch ich dort gewesen war. Er fuhr fort: »Prinz Men-het ist glücklicherweise seinem Halbbruder sehr unähnlich, doch er scheint erstaunlich verantwortungslos zu sein für einen Mann, welcher sich als Heerführer so überaus kenntnisreich bewährt hat. Ich höre nie auf Gerüchte, doch es ist mir zu Ohren gekommen, daß er — bei einem Manne niederen Ranges würde man sagen, wie ein bunter Hund — in der ganzen Stadt wegen einer Fremden von sich reden macht.

Ihr habt davon vielleicht gehört, denn du und Meri trefft mehr mit Leuten zusammen, die nicht so stark mit Staatsangelegenheiten beschäftigt sind wie ich, und ich höre — in meiner Stellung ist es meine *Pflicht*, soviel wie möglich zu hören —, daß diese Frau ein Haus in der Nähe, wenn nicht sogar direkt neben dem Haus der Zwei Winde bewohnt. Falls es wahr ist, daß Prinz Men-het im Sinne hat, sie zu seiner

Königlichen Gemahlin zu machen, werden die Wächter ganz und gar zu Recht den Wesir auf den Thron setzen. Es wäre undenkbar für die Frauen des Hofes, einer *Person* höchst zweifelhafter Herkunft ihre Ehrerbietung zu erweisen.«

Es gelang mir, Meri nicht anzusehen, denn ich fürchtete, wir müßten beide lachen. Ich sagte ernst:

»Manche sagen, sie sei Men-hets Kusine, die Zwillingsschwester der Tochter seiner Tante, und andere behaupten, daß sie durch Horus' Einwirken einer Priesterin des Tempels der Großen Pyramide geboren wurde.«

»Das *glaube* ich nicht«, sagte Ramaios entschieden. »Wenn du so alt sein wirst wie ich, wirst auch du solche unwahrscheinlichen Geschichten nicht mehr glauben mögen. Dies ist im übrigen nichts für Meris Ohren — wenn es auch schon morgen deine und nicht mehr meine Angelegenheit sein wird zu entscheiden, was zu hören für sie geeignet ist. Doch ich rate dir mit größten Nachdruck, Fälle göttlichen Eingreifens in Fragen der Vaterschaft mit allergrößtem Zweifel zu betrachten. Das Königliche Haus mag ein besonderer Fall sein, denn ich meine, daß selbst die Abwägendsten unter uns darin übereinstimmen, daß für die frühen Pharaonen Horus mehr als nur ein spiritueller Vater war. Doch was gewöhnliche Leute betrifft — selbst wenn sie zufällig Priesterinnen sind, welche behaupten, Min oder Ptah oder selbst Horus seien so in ihre Schönheit verliebt gewesen, daß sie die für eine Gottheit erforderliche Würde vergaßen —, so erregt dies nicht nur meinen Unglauben, sondern auch meinen Zorn!«

»Ich werde mich daran erinnern, Vater«, sagte Meri sittsam, »und sollte selbst Horus sich dazu herablassen, mich zu bemerken, werde ich ihm sagen, daß für Ramaios nur Ra-ab als Zeuger seines Enkels in Frage kommt, und ihn ungetröstet fortschicken.«

»Dies ist nicht zum Scherzen«, sagte Ramaios ernst. »Ich bin sicher, Ra-ab stimmt mir zu, daß man *niemals* über diese Art von Dingen scherzen darf. Ich muß nun gehen, es gibt vieles, was meine Gegenwart erfordert.«

Die Türe schloß sich hinter ihm, und Meri und ich brauchten unser Lachen nicht länger zu unterdrücken.

»Men-het ist letzte Nacht in die Stadt zurückgekehrt«, sagte ich etwas später. »Ich habe seinen Hauptmann bis jetzt nicht gesehen, doch er erzählte Hanuk, der Prinz sähe zehn Jahre älter aus. Er muß Kiyas weitaus mehr geliebt haben, als ihr klar war, und sie soll in seinem eigenen Grab beigesetzt werden, in der neuen Stadt der Toten auf halben Wege zwischen hier und der alten Hauptstadt. Er stimmte der kurzen Einbalsamierung zu und wünschte nicht, die Leiche zu sehen, als er hörte, daß sie bereits mit Leinenbinden umwickelt ist.«

»War es schwer, eine Leiche der richtigen Größe zu bekommen?«

»Nein. Yiahn gelang es ohne Schwierigkeiten; seltsam genug war es ein Mädchen, welches wirklich an einem Schlangenbiß gestorben war, die Tochter eines kleinen Bauern. Men-het ließ eine Ushapti-Figur, die für sein eigenes Grab gemacht worden war, mit in die Stoffhüllen einwickeln, und die Mumienbinden und der innere und äußere Sarkophag sollen mit seiner eigenen Kartusche versiegelt werden. All die Dinge, die er ihr geschenkt, sollen mit ihr begraben werden, und der heilige Papyrus, welcher seiner eigenen Abschrift des Totenbuchs beiliegt, beschreibt sie als seine Königliche Gemahlin, die Hüterin von Men-hets Herzen, das Lied der Zehntausend Bogenschützen. Er ist überzeugt, daß die Kobra, die sie tötete, vom Königlichen Thronerben geschickt wurde, daher ist er nun doppelt entschlossen, seinen Bruder zu töten. Er hat geschworen, keine Gemahlin zu nehmen und sein Leben der Unterwerfung der Babylonier zu weihen.«

»Arme Kiyas! Wir dürfen ihr dies nie erzählen. Es würde sie so unglücklich machen. Ich glaube, sie hat ihn mehr als nur halb geliebt, vielleicht nicht mit einer Liebe, wie wir sie kennen, Ra-ab, doch wenn sie auch anders war, heißt dies nicht, daß sie nicht die Kraft besaß, zu verwunden.«

»Ich glaube, du hast recht. Sie kam in der Nacht, bevor er gen Norden aufbrach, nicht in das Haus der Vier Akazien zurück. Und das letzte Mal, als ich sie sah, bevor sie zum Einbalsamieren ging, legte sie gerade all seine Geschenke in einen hölzernen Kasten, welcher ihm nach ihrem Fortgehen gesandt werden sollte. Ich konnte sehen, daß sie geweint hatte, und sie sagte: ›Ich bin froh, daß ich ein wenig meiner Schuld beglichen habe.‹ Ich war mir nicht sicher, was sie damit meinte, doch nun bin ich es. Glaubst du, daß sie ein Kind erwartet?«

»Nein, ich bin sicher. Ich habe sie in das ›Geheimnis der Frauen‹ eingeweiht, als ich ihr das erste Mal begegnete. Wenn sie eine wirkliche Konkubine gewesen wäre, hätte sie es selbst gekannt, doch ich stellte fest, daß sie es nicht wußte.«

»Ist das der Grund, weswegen du dir keine Sorgen gemacht hast?«

»Natürlich. Wußtest du das nicht?«

»Meri, was *ist* ›das Geheimnis der Frauen‹?«

Sie lachte mich aus, wickelte mein Haar um ihren Finger und zog mich zu einem Kuß zu sich nieder. »Dies ist eines der Dinge, für deren Entdeckung du als Frau geboren sein mußt. Es wird nicht umsonst ›Geheimnis der Frauen‹ genannt. Die Magie könnte daraus entschweben, wenn es einem Manne erzählt würde. Hättest du gerne, daß Tausende und Abertausende von Kindern in ganz Ägypten geboren werden, nur weil ein Mann von unserer Magie weiß? Bedenke, wie furchtbar es wäre, wenn Frauen Kinder bekämen, wenn sie diese gar nicht haben wollen. Sie wären nicht besser dran als Mutterschafe, die mit einem Widder durchgehen! Wie schrecklich es wäre, wenn ich weinend zu dir käme und sagte: ›O Ra-ab, ich werde ein Kind bekommen, ist das nicht furchtbar?‹, statt sagen zu können: ›Wann werden wir ein Kind haben?‹ und in der Lage zu sein, entscheiden zu können, ob es im Winter oder im Frühling oder während der Großen Überschwemmung geboren werden soll. Ich meine, die Zeit der Überschwemmung ist für unser Erstes wohl am besten, was meinst du, Ra-ab? Dann ist es heiß, aber es gibt nicht viel mehr zu tun als in Booten umherzufahren.«

»Bist du *sicher*, daß du mir das Geheimnis nicht erzählen kannst? Du sagtest, wir sollten niemals Geheimnisse voreinander haben.«

»Ich würde es dir erzählen, Ra-ab, ich würde es wirklich, wenn ich damit nicht den Schwur bräche, welchen jede Frau leisten muß, wenn es ihr erzählt wird. Es ist ein solch altes Geheimnis, weit älter als die Pyramiden und *viel* wichtiger. Die Frauen *müssen* dieses Geheimnis wahren. Ich brauche es nicht, doch andere Frauen schon. Es ist ihr einziger Schutz gegen die überlegene Körperkraft der Männer. Die Frau wird geehrt: Es ist die *weibliche* Linie, durch welche Namen und Besitz von Generation zu Generation weitergereicht werden, nur weil sie es ist, die den ›Schlüssel des Lebens auf Erden‹ bewahrt. Sie wird einem Mann, den sie als Vater nicht wertschätzt, keine Kinder gebären; selbst Ashek konnte Tahu nicht dazu bringen, ihm ein Kind zu gebären, obwohl er sie peinigte. Er wußte nichts von dem Geheimnis; sehr, sehr wenige Frauen erzählen ihren Geliebten überhaupt, daß es ein Geheimnis *gibt*. So dachte er, die Unfruchtbarkeit läge in seinen eigenen Lenden oder die Götter hätten ihr die Fruchtbarkeit genommen.«

»Kann das Geheimnis bewirken, daß Frauen Kinder bekommen oder auch *nicht* bekommen?«

»Nein, das kann es nicht. Manche Frauen haben niemals Kinder, selbst wenn sie welche wollten. Ich weiß nicht genau warum, vielleicht weil Min sie niemals gesegnet hat, oder weil Ptah meinte, er habe sie

Vermählung durch Ptah 309

nicht gut genug erschaffen, um sie an Min weiterzureichen. Es muß furchtbar sein, als Fremde geboren zu sein, wie Men-hets Gattin. Sie gebar ihm zwei Töchter innerhalb eines Jahres, ehe die Frau, die mir das Geheimnis erzählte, es auch ihr sagte. *Darum* bekam sie keine weiteren Kinder mehr.«

»Ich frage mich, warum die Ärmsten so viele Kinder haben, besonders jene, die als Sklaven hierher gebracht wurden; sie scheinen beinahe jedes Jahr ein Kind zu bekommen.«

»Natürlich bekommen *sie* Kinder«, sagte Meri überrascht. »Nur die Frauen vornehmer Abstammung und gebildeter Schichten kennen das Geheimnis, sonst gäbe es vielleicht nicht genügend Menschen, für die Arbeit auf den Feldern oder um Straßen und sowas zu bauen.«

»Warum nennst du es dann ›Geheimnis der Frauen‹? Hast du vergessen, daß ›Frauen‹ dich *und* die ärmste Feldarbeiterin meint?«

»Es ... tut mir leid, Ra-ab, sehr leid! Ich *habe* es tatsächlich vergessen. Ich habe mit jenem kleinen Teil von mir gedacht, der in der Königlichen Stadt gemacht wurde, nicht mit meinem Herzen oder meinem Geist. Ich werde morgen deine Gattin sein, und dann gehöre ich ganz und gar zur Oryx und werde so etwas nie mehr sagen.«

Sie setzte sich auf und sah sehr entschlossen aus. »Es ist zu einem Vorrecht der reichen Leute und Konkubinen geworden, daß eine Frau frei ist von ihrem Leib. *Keine* Frau kann frei sein, wenn sie das Geheimnis nicht hütet. Sie müßte Jungfrau bleiben oder ein ungewolltes Kind bekommen. Ich werde das Geheimnis in die Oryx bringen, und es soll von Frau zu Frau weitergegeben werden, bis es keine im Lande mehr gibt, die es nicht kennt, wenn sie bereit ist, ihre Jungfräulichkeit aufzugeben.«

Um sie zu necken, sagte ich: »Ich habe gehört, daß bei den Barbaren Mann und Frau nicht beieinander liegen, wenn sie ihre Familie nicht vergrößern wollen.«

»Die Gewohnheiten der Barbaren sind so schrecklich. Sie ersinnen stets neue Wege, sich unglücklich zu machen, und *deshalb* sind sie oft so grausam. Und wie *gottlos* von ihnen, Min so zu beleidigen!«

Selbst nach den Gesetzen der Königlichen Stadt waren Mann und Frau mit dem Priester, der die Götter vertrat, allein, wenn sie ihr Ehegelöbnis sprachen, und so konnten wir das Ritual der Wächter vollziehen. Wir wurden in dem kleinen Heiligtum getraut, welches außer von Meri nie von irgend jemandem benutzt worden war. Es war mit Girlanden von Stephanotis geschmückt, und auf dem kleinen Altar stand die Statue Ptahs, für welchen Neku aus Liebe zu ihm seine Hand gegeben hatte.

Es war beinahe, als spräche Ptah durch Tet-hens Mund zu uns:

»Im Namen Ptahs, aus dem zuerst ihr geboren wart, den Weg der Götter zu betreten, welchem ihr folgen werdet, bis ihr mit ihnen vereint sein werdet, ruhe mein Segen auf euer beider Namen, die künftig wie einer sein werden.

Das, was getrennt war, ist zum Ganzen gefügt, und das, was verloren war, ist gefunden — die Waagschalen sind im Gleichgewicht, und Morgendämmerung und Sonnenuntergang treffen sich am Mittag.

So, wie das Kind von zwei Elternteilen stammt, so wird ein im Alleinsein nie gekannter Frieden, eine bisher nie erfahrene Weisheit die eure sein, so wird euch eine Macht durchströmen, welche euch niemals zuvor durchflossen, im Angesicht dieser Vereinigung eures Geistes in Meinem Namen.

Meine Stimme ertönt in euren Ohren, Mein Leben durchbebt eure Nüstern, Meine Sicht ist in euren Augen — wachend und schlafend, bei eurem Weggang und bei der Rückkehr, beim Säen und beim Ernten. Denn wenn zwei Meiner Kinder den Gefährten ihrer Reise finden, dann kann ich in ihrem Neuen Namen verkünden: ›Ich habe einen Sohn‹.

Gehet hin in Frieden, und erinnert euch stets des Vaters, von dem ihr stammt, welcher eurer Rückkehr harrt im Leuchtenden Land jenseits der Sonne.«

Hanuk wartete draußen vor dem Heiligtum auf uns, und an seiner Seite stand unsere Schwester.

»Ich wollte die erste sein, euer Glück zu teilen«, sagte Kiyas und küßte erst Meri, dann mich. »Hanuk sagte, es sei ganz sicher für mich, hierher zu kommen, solange ich dann in Meris Gemach warten würde, bis es Zeit war, zum Schiff hinunterzugehen. Es war auch Hanuks Gedanke, Nekus Statue von Ptah hierherzubringen, damit der Raum durch ihn zu einem Teil der Oryx würde.«

»Was für ein wunderbarer Einfall«, sagte Meri. »Wir lieben euch beide von Herzen.«

Hand in Hand betraten wir die Halle des Gastmahls, wo man die Säulen mit Blumengirlanden umwunden hatte, weißen Blüten als Zeichen des Am-Ziele-Seins. Sie war leer, denn die Gäste würden sie erst betreten und uns Geschenke überreichen, wenn wir unseren Platz auf dem Doppelthron aus vergoldetem Holz eingenommen hatten, der umgeben von blauen Lotosblumen auf einem Podest stand.

Ich nahm Meri in meine Arme. »Nun bist du meine Gattin wie auch mein Leben. Fühlst du, wie sich Gehorsam in dir regt, wie es einem pflichtbewußten Weibe seinem Herrn gegenüber geziemt?«

»Und welchen Gesetzen muß die pflichtbewußte Gemahlin gehorchen?«

»Dem Befehl, niemals aufzuhören, ihn zu lieben.«

»Das ist ganz einfach! Hättest du mir befohlen aufzuhören, dich zu lieben, so hätte ich dir nicht gehorchen können — selbst wenn du mich deswegen zwanzigmal am Tag geschlagen hättest ... Nicht, Ra-ab! Das darfst du nicht!«

»Schon ungehorsam! Du wirst da *noch* einmal geküßt werden müssen — selbst *wenn* ich dein Gewand ein wenig zerdrücke.«

Es war ein sehr schönes Gewand, fast so schön wie Meri, dort, wo es höchst durchsichtig war. Das hauchdünne Leinen war mit vielen kleinen goldenen Oryxantilopen zwischen Weizengarben verziert, und es war mit drei Reihen Goldfäden gesäumt, die es abstehen ließen wie die Glocke einer Blume. Ihre Haut glänzte, als wäre sie mit Silberstaub gepudert, und die Knospen ihrer Brust hätten aus blasser Koralle geschnitzt sein können. Sie trug das Oryx-Halsband, und ihr glänzendes Haar war von einem Schmucknetz gehalten, welches Neku ihr als Hochzeitsgeschenk angefertigt hatte — ein fein gesponnenes Flechtwerk aus Blättern mit Blüten aus Perlen.

»Wir dürfen sie nicht länger warten lassen«, sagte meine Gattin.

Die großen Doppeltüren wurden den Gästen aufgetan. Ich glaube nicht, daß einer von uns erwartet hatte, der Wesir würde zu unserer Hochzeit kommen, doch er war der erste, uns zu grüßen. In meinen Augen war er bereits der Pharao, und vergessend, daß nur die Wächter seine Zukunft kannten, verneigte ich mich beinahe in Ehrerbietung vor ihm. Sein Geschenk war eine Bogentruhe, mit vielfarbigen Rinden eingelegt, so geschickt von Künstlerhand gemacht, daß es aussah, als wäre sie mit einem feinen Pinsel bemalt worden.

»Dem Sohn der Oryx«, sagte er, »welcher der treueste Diener des Pharao ist.«

»Der treueste Diener des Pharao«, wiederholte ich. Gewiß hatte ich richtig die Betonung des letzten Wortes bemerkt, was bedeutete, ich sei *sein* treuester Diener. War Roidahn also bereits zu einer Entscheidung gekommen?

Die Bewahrer des Dritten und des Vierten Elfenbeinsiegels; der Herr der Nördlichen Weidegebiete; der Wäger des Korns; der Hüter der Königlichen Herden; der Befehlshaber der Südlichen Garnison, gefolgt von den Söhnen der Nomarchen der Provinz des Hasen, des Schakals, der Schildkröte und des Steinbocks, alle waren sie in die Königliche Stadt gekommen, um der Zeremonie beizuwohnen. Zu diesen hatte sich auch nahezu jeder wichtige Hofbeamte mit seiner Gattin und den Kindern, die alt genug waren, uns zu Ehren eingefunden.

Neben Meri standen ihre vier Begleiterinnen, und neben mir Hanuk und Sebek, uns die Geschenke abzunehmen, sobald wir für sie gedankt hatten. Jagdbögen, Wurfhölzer, Krüge voll Wein, Köcher, mit seltenen Federn bestückte und lustig verzierte Pfeile wie auch ein Packen goldbeschlagener Halsbänder für meine Jagdhunde waren unter den Dingen, welche ich entgegennahm. Meri brachte man Ballen fein bestickten Leinens, Gewürzkästen, Salbenkrüge, kleine Alabasterfläschchen mit wohlriechenden Ölen, edelsteinbesetzte Schnallen für Sandalen, Fächer mit Griffen aus geschnitztem Elfenbein und mit Silber eingelegtem Ebenholz, einen Mörser und Stößel mit Lapislazuli eingelegt, um darin Malachit für Augenschminke zu zerstoßen, und eine Duftlampe in der Form eines nackten Mädchens, welches auf dem Bauche liegend in ihren ausgestreckten Händen eine Muschel hält.

Nachdem die Geschenke überreicht worden waren, mischten wir uns unter unsere Gäste. Meri schien sehr fröhlich, doch ich bemerkte einen Hauch Traurigkeit an ihr. Viele von denen, die seit der Kindheit ihre Freunde gewesen, würde sie vielleicht nie wiedersehen, falls sie sich gegen uns stellen sollten, wenn die Zeit für Ägyptens Wiedergeburt gekommen war. Viele von ihnen würden in dem neuen Leben glücklicher sein, doch was war mit jenen, die sich dem anderen Hof *nicht* anpassen konnten? Jene, welche Gattinnen oder Töchter von Männern waren, welche die Wächter ihres Amtes entheben würden — was würden *sie* tun, wenn sie aufgrund ihrer eigenen Verdienste beurteilt würden und nicht länger Stärke aus ihrem derzeitigen Rang beziehen konnten? Jene, die viele Jahre in den starren Schranken der Hofetikette verbracht hatten, könnten sich in der neuen Freiheit verloren fühlen. Oder würde der Hof des neuen Pharao dem jetzigen so sehr ähneln, daß das Stück das gleiche zu sein schien und nur einige der Schauspieler andere wären?

Den Wesir hatte man neben Ramaios an das andere Ende der Tafel gesetzt. Würde er die Doppelkrone tragen, wenn ich ihn das

Vermählung durch Ptah 313

nächste Mal sah? Was, wenn Men-het mit Waffengewalt den Thron eroberte und es die Wächter wären, die aus Ägypten verbannt werden würden?

Während Meri und ich mit unseren Gästen sprachen, hörte ich Fetzen anderer Gespräche ...

»Sie sagen, er sei vor Kummer außer sich ...«

»Seine Gattin ist so zornig, daß sie die Stadt verlassen hat und auf sein Gut im Norden gegangen ist. Manche sagen, daß sie sogar zu ihrem Vater zurückkehrt und ihre Kinder mit sich nimmt.«

»Ja, das habe ich auch gehört, es zeigt, wie wenig Verlaß auf Fremde ist.«

»Ich wünschte, er *hätte* sie geheiratet. Es hätte mir gefallen, die Schwester meines Vaters der schönen Unbekannten ihre Aufwartung machen zu sehen.«

Und eine andere Stimme: »Haltet Ihr es für wahr, daß Men-het sie zu seiner Ersten Gemahlin machen wollte?«

»Alle Standarten im Heer des Prinzen sollen vierzig Tage lang zum Zeichen der Trauer den weißen Flor tragen. Hast du *sie* jemals gesehen?«

»Ja, einmal, als ihre Sänfte an meiner vorübergetragen wurde und sie die Vorhänge zurückzog.«

»Ist so schön?«

»Ja. Selbst Nefert müßte ihren Spiegel beiseite legen, sollte sie sich weiterhin für die schönste Frau am Hofe halten wollen, wäre die Schöne Unbekannte durch Heirat an den Hof gekommen.«

»Ich dachte, Prinz Men-het wäre heute vielleicht hier. Schließlich ist Ramaios Bewahrer des Goldenen Siegels.«

»Er hält Trauer, als wäre sie seine Gattin gewesen.«

»Ich finde es schade, daß sie starb. Zumindest wäre es etwas neues Aufregendes gewesen ...«

Ramaios kam ziemlich bedrückt aussehend zu mir und sagte mit gedämpfter Stimme: »Der Wesir erweist uns die Ehre zu bleiben, um bei eurem Aufbruch zur Hochzeitsreise dabeizusein. Da dem so ist, halte ich es für angebracht, wenn ihr euch ein wenig früher auf den Weg machtet. Natürlich sollt ihr euch nicht hetzen, doch es wäre nicht gut, ihn zu lange warten zu lassen.«

Hanuk kam zu uns. »Alles ist bereit«, sagte er. »Die vorausfahrenden Barken sind vor drei Stunden auf den Fluß gegangen, und die Diener werden die Pavillons an dem vereinbarten Platz aufgestellt haben.

Wenn ihr bald aufbrecht, werdet ihr bei Sonnenuntergang dort ankommen und alles für euren Empfang bereit finden. Sebek und ich reisen in der zweiten Barke mit Meris vier Begleiterinnen.«

»Vier?« fragte Ramaios. »Ich dachte, eine von ihnen bliebe hier.«

»Das stimmt«, erwiderte Hanuk. »Doch das vierte Mädchen ist eine Freundin Sebeks ...«.

»Ich verstehe«, sagte Ramaios eilig. »Verzeih mir, dies übersehen zu haben. Ich hoffe, du wirst Sebek erklären, daß ich keine Unhöflichkeit beabsichtigte.«

Meri und ich gingen langsam durch ein Spalier von Menschen, die uns Blumen streuten, zum Landesteg hinunter. Die kleine Lustbarke war grün gestrichen mit dem Weiß und Silber von Entengefieder und trug als Gallionsfigur eine weiße Oryxantilope mit silbernen Hörnern.

Blütenblätter regneten auf uns nieder, als wir nebeneinander am Bug standen. Die Ruderer beugten sich zu ihren Rudern – die Barke legte ab vom Ufer. Unsere Reise in die Oryx hatte begonnen.

Die Mauern der Königlichen Stadt waren hinter einer Flußbiegung verschwunden, und in unserem Kielwasser folgte das andere Boot im Rhythmus unserer Ruder. In ihm stand einsam ein Mädchen, die Hand am Kopf der Gallionsfigur.

»Das ist Kiyas«, sagte ich.

»Ich weiß«, entgegnete Meri. »Ich habe ihr gewinkt, doch sie sah mich nicht. Dann sah ich, was ihre Augen verfolgten. Schau, Ra-ab.«

Mit langsamen, majestätischen Ruderschlägen glitt eine Begräbnisbarke flußaufwärts. Auf einem Podest zwischen den Ruderern leuchtete ein weißer Kalkstein-Sarkophag wie ein Nebelvogel im sterbenden Licht des Tages.

Der Steuermann trug alle Abzeichen des Befehlshabers von Ägypten. Prinz Men-het brachte seine Geliebte zu seinem Grabmal, dort auf ihn zu warten.

Hochzeitsreise

ALS ICH AM nächsten Morgen erwachte, war der Himmel über den östlichen Klippen grün wie Malachit auf den Lidern einer Schönen. Meri schlief noch, ihr Kopf ruhte in der Höhlung meiner Schulter. Im Lichte der Morgendämmerung leuchtete ihr Gesicht wie eine weiße Lotosblüte im dunklen Teiche ihres Haars. Sie mußte gespürt haben, daß ich sie betrachtete, denn sie regte sich und murmelte: »Ra-ab, ich liebe dich so sehr.« Dann, als ich sie näher zu mir heranzog, fiel sie wieder in Schlaf.

Auf dem Fluß lag der kalte Glanz von Goldsilber. Zwei Schwäne, mit würdevollem Schwingenschlag über ihn hinwegfliegend, sah man auf seiner ruhigen Oberfläche wie in einem Spiegel. Das Schilf raschelte, und aus seinem Schutz trat eine Gazelle und bewegte sich anmutig zum Ufer hinab; sie hielt mit erhobenem Kopf inne, bevor sie zu trinken wagte.

Durch meine Liebe zu Meri hatte ich eine neue Verwandtschaft mit allen Kindern Ras entdeckt — wir waren wie jene beiden Schwäne, die gemeinsam einen lange erträumten Horizont suchten. Sie war der Strom des Lebens, an dem ich den Durst meiner Einsamkeit gestillt hatte. Ich betete zu dem Gott der Liebenden, mir die Stärke zu gewähren, durch die ich sie für immer vor Kummer bewahren konnte, und die Weisheit, um mich als ihr Gemahl würdig zu erweisen.

Ich umarmte sie noch inniger. Ihr Mund erwachte zu meinem — es war, als lebten wir in einem einzigen Körper, nicht länger getrennt, nicht einmal durch unsichtbare Schranken, wie Wolken miteinander verschmelzend im Dunste des Sonnenuntergangs.

Später sagte sie: »Ich wünschte, wir könnten ewig hier bleiben — kein anderer Ort kann solch einen Zauber in sich bergen. Wir könnten alle anderen wegschicken und ihnen befehlen, eine Mauer zu bauen, jenseits des Schilfs, außer Sichtweite, so daß wir nie mehr gestört würden.«

»Was täten wir, wenn wir hungrig sind?«

»Du könntest Fische fangen, und ich würde ein Feuer machen und sie für uns braten.«

»Würdest du nicht bald der Fische überdrüssig?«

»Vielleicht, nach einer Weile. Du könntest Hanuk sagen, er möge uns eine Ziege und ein paar Enten bringen ... und außerdem ein paar Gemüsesamen, bevor er in die Oryx zurückkehrt. Dann hätten wir eine Landwirtschaft und einen eigenen Garten.«

»Während der Großen Überschwemmung würde es ziemlich naß werden«, sagte ich, als ob dies mein einziger Einwand sei.

»Nut ist Liebenden sehr zugetan, magischen Liebenden, wie wir es sind, und sie würde alles innerhalb unserer Mauer in eine Insel verwandeln und dafür sorgen, daß der Wasserspiegel genauso bleibt wie im Augenblick. Oder wollen wir ihn eine Elle höher ... so daß der Papyrus näher heranwachsen kann?«

»Nicht eine ganze Elle — ich denke, fünf Daumenkuppen wären ausreichend.«

»Ja, ich stimme dir zu. Du mußt immer sehr vorsichtig sein und genau wissen, was du willst, bevor du Nut darum bittest. Erinnerst du dich an die Geschichte von dem Bauern, der um Regen betete und zu sagen vergaß, wieviel Regen er wollte? Nut spülte seinen Hof hinweg, um ihn zu lehren, in Zukunft vorsichtiger zu sein. Ich fand das ziemlich unfreundlich von ihr, bis mir jemand erklärte, daß es sinnlos sei zu beten, bevor man nicht weiß, um *was* man beten möchte.«

»Ich bete um *dich*, Meri, mindestens dreimal täglich, seit ich das erste Mal von unserem Fluß träumte.«

»Auch ich bete um dich, wenn ich auch, als ich noch klein war, nicht wußte, daß ich nach *dir* suchte. Ich wollte jemanden finden, der wie ich war, nur netter. Jemand, der immer genau wissen würde, *warum* ich etwas tat, selbst wenn er wußte, daß es albern war, und mit dem ich nie mehr einsam sein würde. Der mich stets und alle Zeiten lieben würde, nicht wegen meines Tuns, sondern einfach, weil ich die andere Hälfte seiner selbst wäre.«

»Ich wünschte, ich wäre Dichter statt Soldat gewesen, dann bräuchtest du keinen Spiegel, dir zu sagen, wie schön du bist. Keine andere Frau wird jeden Tag *noch* schöner, nur du.«

»Ich bin froh, daß wir überall schön sind, Ra-ab, und wir bräuchten eigentlich kein Gewand zu tragen, nicht wahr?«

»Ich vermute, wir werden bald etwas anziehen müssen, denn

Hanuk sagte, die Barken wären eine Stunde nach Sonnenaufgang bereit, und wir werden recht früh aufbrechen müssen, wenn wir übermorgen zu Hause ankommen wollen.«

»Glaubst du, daß uns jeder Ort stets als der lieblichste Platz erscheinen wird, so daß wir nicht mehr weiterziehen wollen?«

»Ist das Weiterziehen nicht auch wieder nur ein Abenteuer, das wir miteinander teilen können? Wo immer wir auch sind, es wird uns immer der lieblichste Ort scheinen, weil wir beieinander sind. Denke doch nur, wie häßlich dieser Platz wäre, wenn einer von uns nicht hier wäre.«

»Sag das nicht, Ra-ab, sag es nicht einmal zum Spaß. Wenn du nicht hier wärst, wäre dies nur ein grün-weiß-gestreifter Reise-Pavillon mit grünen Matten auf dem Boden und deiner Truhe auf der einen Seite und meiner auf der anderen, und in der Mitte die Matratze, auf der wir schliefen ... und dort drüben die Blumen, die ich gestern trug, sie sehen ziemlich verwelkt aus, obwohl ich ihnen Wasser gab. Und der Strom wäre nur ein Platz, an dem ich nicht baden könnte, weil es vielleicht Krokodile gäbe, und das Schilf wäre voller Leoparden, die sich überlegten, wann sie mich anfallen könnten ... doch ich würde so sehr weinen, daß ich gar nichts bemerkte.«

»Und wie ist es hier, wenn wir zusammen sind?«

»Es ist eine kleine Provinz im Leuchtenden Land, die Ra eigens für uns auf die Erde gesetzt hat, um darin zu leben. Darum sind wir so viel glücklicher, als irgendwelche menschlichen Wesen es jemals gewesen sind.«

Hanuk sah erleichtert aus, als er uns den Pfad herunterkommen sah, der auf die zweite Lichtung im Schilf führte, wo er und die anderen die Nacht verbracht hatten. Der Pavillon, in dem Kiyas mit den drei Mädchen geschlafen hatte, war bereits abgebaut worden, und einige der Diener waren schon in einer der Barken aufgebrochen, um für uns alle am nächsten Rastplatz das Mahl zu bereiten.

»Einige von unseren Leuten hörten, daß du auf unserer Rückreise hier die Nacht verbringst«, sagte Hanuk. »Sie sandten bei Sonnenaufgang einen Sprecher zu mir und fragten, ob sie ihren Gruß entbieten dürften. Jegliche große Versammlung von Wächtern wäre gefährlich, weil sie unwillkommene Neugier wecken könnte — doch nur jene, die in der Nähe leben, hatten Zeit, sich zu versammeln, und selbst, *wenn* sie bemerkt würden, spielte das keine Rolle.«

»Wann wollen sie hier sein?« fragte Meri.

»Sie warten ein wenig weiter flußaufwärts, bis ich sie wissen lasse, ob ihr sie sehen wollt.«

»Natürlich wollen wir«, sagte ich. »Was könnte natürlicher sein, als daß sie die Frau sehen möchten, die herrschen wird im Namen der Oryx?«

Meri lachte wie ein entzücktes Kind. »Ra-ab, es wird viel lustiger sein als mit den Gästen, die wir gestern hatten. Die meisten von *ihnen* kamen, weil Vater zufällig Bewahrer des Goldenen Siegels ist, nicht weil sie ihn wirklich mochten, noch weniger, weil sie mich mochten. Doch diese Leute kommen, weil sie Wächter sind, sie sind also unsere *wirklichen* Freunde.«

Hanuk meinte, die Leute würden es vorziehen, wenn wir sie mit einer gewissen Förmlichkeit empfingen. Ich stimmte zu, und so erwarteten wir sie in unserem Pavillon, Seite an Seite auf einem Teppich aus Leopardenfell sitzend — einem Geschenk von Ramaios an Vater, welches Hanuk aus der zweiten Barke geholt hatte. Nur wenige der Menschen, die wir nun empfingen, waren jemals in der Oryx gewesen, doch Hanuk kannte sie alle mit Namen und stellte uns einen nach dem anderen, der vor uns hintrat, vor.

Der erste war ein großgewachsener Mann, der den Stab trug, welcher ihn als Oberhaupt eines Dorfes mit mehr als fünfzig Einwohnern auswies.

»Dies ist Denark, der Bruder von Dardas, dem Fischer, in dessen Haus du weiltest, als du zu deiner ersten Krokodiljagd gingst«, sagte Hanuk. »Er blieb ein Jahr lang in Hotep-Ra, als er und sein Bruder die blinde Frau zu Roidahn gebracht hatten, und dann kehrte er in sein eigenes Dorf zurück. Zuerst dachten die Dorfbewohner, er sei ein Geist, von Hayab gesandt, sie zu verfolgen, weil sie sie dem Flusse geopfert hatten. Und als er ihnen von Hotep-Ra erzählte, meinten sie, er schildere einen Traum von einem Land jenseits der Erde. Doch bald lehrte er sie, daß auch sie, wenn sie ihm die Furcht aus Ägypten zu verbannen halfen, in Frieden leben könnten.«

»Was geschah mit dem alten Oberhaupt?« fragte ihn Meri, der ich die Geschichte von Dardas erzählt hatte.

»Da man wußte, daß er im Sterben lag«, sagte Denark, »hieß mich Roidahn in mein Dorf zurückkehren. Das Oberhaupt der Fünf Dörfer gehörte auch zu den Wächtern, daher gestattete er meinen Leuten, ihre eigene Wahl zu treffen, als mein Vorgänger starb.«

Dann reichte er Meri einen Laib Brot und einen flachen Binsenkorb mit Fischen, Symbole der Weisheit auf der Erde und fern der Erde.

Als nächstes trat eine Frau vor uns, eine Leinenweberin aus der Nachbarstadt. Sie war eine Wächterin geworden, weil man sich in Hotep-Ra um ihre Schwester gekümmert hatte. Ich kannte die Schwester: Sie hatte versucht, sich umzubringen, nachdem ihre beiden Kinder von einem Leoparden gerissen worden waren. Hanuk hatte sie gefunden und Roidahn zur Pflege gebracht.

Sie brachte zwei Spannen gelben Leinens für ein Gewand für Meri.

Die nächsten waren ein Töpfer und seine Frau, beide alt und ohne Kinder. Sie hatten in Angst gelebt, was mit ihnen geschehen würde, wenn sie zu alt zum Arbeiten wären. Doch diese Angst verflog, als ihnen gesagt wurde, sie könnten nach Hotep-Ra kommen, wenn nicht die Wächter bis dahin schon über Ägypten herrschten. Sie brachten vier Tontöpfe aus rotem Lehm mit einem eingeritzten Muster aus Punkten und Wellenlinien, in denen man kochen konnte. Die alte Frau tätschelte Meris Hand: »Laßt die Töpfe nicht mit der Asche in Berührung kommen, Teuerste, und sie werden ein Leben lang halten, selbst wenn Ihr so alt werdet wie ich, was, mögen mich die Götter erhören, Euch und auch Eurem feinen jungen Gatten beschieden sein möge. Ihr werdet entdecken, daß Ihr ihn noch genauso lieben werdet, wenn er alt und häßlich geworden ist wie dieser, mein Mann.«

Ihr Mann zwickte sie und sagte mit einem lauten Flüstern: »Du darfst so nicht über den jungen Oryx sprechen!«

»Natürlich darf sie das«, sagte Meri. »Ich bin sicher, was sie sagt, ist vollkommen wahr, und ich werde eure Geschenke sehr achtsam behandeln ... und mag meine Kochkunst ihrer würdig sein.«

Meri lächelte mir zu und sagte: »Du magst doch, wie ich für dich koche, nicht wahr, Ra-ab?«

Soweit ich wußte, hatte sie in ihrem ganzen Leben noch nie etwas gekocht, doch ich sagte — wie ich hoffte, voller Überzeugung: »Deine Art, Blaufisch zuzubereiten — das muß man gegessen haben, um es zu glauben!«

»Blaufisch?« fragte die alte Frau: »Ich nehme stets ...«

Doch zu Meris Erleichterung zog ihr Mann sie eilig fort, bevor sie sich in Einzelheiten darüber auslassen konnte.

Es gab eine kleine Verzögerung, bevor der nächste zu uns herantrat, und ich flüsterte Meri zu: »*Weißt* du, wie man Blaufisch kocht?«

»Natürlich nicht. Ich habe noch nicht einmal davon *gehört!*«

»Heute morgen sagtest du, wir könnten hier für immer leben, und du würdest den Fisch zubereiten, den ich gefangen habe.«

»Ja, aber heute morgen waren wir so magisch, daß wir bereits gekochten Fisch hätten fangen können, wenn wir es wirklich versucht hätten.«

Dann erzählte uns die Witwe eines Bauern, wie die Wächter ihr ein Rind gegeben hatten, um jenes zu ersetzen, das ihr gestorben war, und daß sie deshalb ihre Felder pflügen und genug erwirtschaften konnte, um die Landsteuer zu zahlen.

»Und das Rind, das durch Eures Vaters Freundlichkeit zu uns gekommen ist, hat gekalbt«, fuhr sie fort, »so habe ich nun ein Rinder-Gespann, so fein wie nur irgendeines im Land.«

Sie hatte ihre Kinder bei sich, einen Knaben, der ungefähr vier Jahre zählte, und ein ein klein wenig jüngeres Mädchen. Sie starrten uns schüchtern an. Dann trat das kleine Mädchen vor, kletterte auf Meris Schoß und begann mit ihrem Halsschmuck zu spielen. Die Mutter fing an, sich zu entschuldigen, doch Meri sagte: »Borge sie mir ein paar Augenblicke, sie spielt gerne mit meinem Halsschmuck.«

Es war ein hübsches Kind mit ungewöhnlich grauen Augen und schwarzem Haar, so dick, daß es wie eine kleine Zeremonialperücke aussah. Ich überlegte insgeheim, wie lange es wohl dauern würde, bis Meri beschloß, daß wir ein Kind haben sollten.

Khnum, der Töpfer

IN MERIS GESELLSCHAFT sah Vater glücklicher aus, als ich ihn jemals gesehen. Er hatte erwartet, daß wir ein eigenes Haus haben wollten, und als sie ihm sagte, wir würden es vorziehen, einen neuen Flügel an das Große Haus angebaut zu bekommen, erwärmte er sich zu einer tieferen Zuneigung, als er sie je für Kiyas oder mich empfunden hatte. Ich war ob ihrer Entscheidung ein wenig enttäuscht, denn ich wollte mit ihr in einem Hause leben, welches wir gemeinsam entworfen hatten, und das nicht mit früher Erlebtem verknüpft war. Als ich ihr dies sagte, antwortete sie:

»Auch ich hätte das wirklich vorgezogen, Ra-ab. Doch hast du nicht gesehen, wie glücklich es ihn gemacht hat, daß wir hier bleiben wollen? Er ist so einsam gewesen und immer besorgt, mit seinem Kummer andere zu belasten ... daher verschließt er sich vor anderen, als ob Gram eine Pest sei, die sich auf jene übertragen könnte, die ihm am nächsten stehen.«

»Ich weiß — und in gewisser Weise hat er recht. Kummer ist eine Art von Krankheit, die andere Menschen anstecken kann. Er soll dich nicht unglücklich machen, das würde ich nicht zulassen. Kannst du nicht sagen, daß du deine Meinung geändert hast?«

»Und fortgehen, ohne überhaupt versucht zu haben, ihn zu heilen? Die Wächter sollen doch Menschen vom Unglücklichsein heilen, und Vaters Kummer ist eine Art Krankheit. Er hat es mir gegenüber sogar zugegeben. Von Hoffnung zu leben ist beinahe so schlimm, wie Furcht zu leiden. Er nimmt nicht wirklich Anteil an der Gegenwart, weil er auf den Tod wartet, um mit deiner Mutter wieder vereint zu werden. Er kann nicht in die Zukunft blicken, daher versucht er, die Vergangenheit wieder erstehen zu lassen ... dies ist nur eine andere Art, die Gegenwart zu meiden. Hast du nicht gemerkt, daß er sich deshalb so in die alten Aufzeichnungen vergräbt?«

»Ich glaube nicht, daß du damit recht hast, Meri. Er sagt, er sucht in der Vergangenheit, um einen besseren Weg für die Zukunft zu finden.«

»Warum kümmert ihn dann das *Alter* einer Papyrusrolle? Je älter es ist, desto magischer erscheint es ihm.«

»Die Alten waren weiser als wir. Es ist, als hätte sich im Laufe der letzten hundert Jahre Ras Gesicht mehr und mehr verhüllt.«

»Wir müssen ihm beibringen, daß er — mag er auch viel Weisheit in den alten Schriften finden — diese nicht dazu verwenden darf, sich in die Vergangenheit zu flüchten, sondern ihre Stimme in lebendige Worte übersetzen sollte. Er liest mir jeden Tag vor, hat er dir oder Kiyas jemals etwas vorgelesen?«

»Nein, wir haben ihn, glaube ich, wohl niemals darum gebeten.«

»Wenn er geendet hat, sage ich ihm, wie mich bestimmte Dinge, die er mir erzählt hat, an Dinge erinnern, die sich jetzt ereignen. Ich meine, er fängt an zu sehen, daß die Alten nicht soviel anders waren als wir, noch waren sie viel weiser ... sie wußten einfach nur, *warum* sie Dinge taten, statt sie einfach nur zu *tun*. Er beginnt sich für die »Warums« zu interessieren, wie wir. Er pflichtete mir heute morgen bei, daß jemand, der aufhört, Fragen zu stellen, entweder so weise ist, daß er nicht mehr weiterzuleben braucht, oder vergessen hat, warum er geboren wurde. Deswegen ist jeder geboren, Ra-ab: um mehr von den Antworten zu finden. Hast du nicht die Anzeichen seines Herzenswandels bemerkt?«

»Er sieht glücklicher aus ... aber das täte jeder, der dich zur Gesellschaft hat.«

»Es ist mehr als nur sein Aussehen. Du weißt, daß er seit Jahren mit der Ausgestaltung seiner Grabkammer beschäftigt war und daß die meisten Gemächer des Hauses nackte Wände haben, weil alle Schriftkünstler für die Toten arbeiten? Ich sagte ihm, daß ich die Räume, die du für mich bauen läßt, gerne mit Wandgemälden geschmückt haben möchte, und er erwiderte sofort, daß die Grabkammer warten kann, während die Schriftkünstler für dich arbeiten. Er selbst wird sie bei der Gestaltung beaufsichtigen, und als ich ihn verließ, erweiterte er unsere Pläne für das große Tagesgemach, damit ausreichend Wandfläche für die Aufzeichnung unserer Flußreise aus der Königlichen Stadt vorhanden ist. Nun soll es so groß werden, daß eine doppelte Säulenreihe gebaut werden muß, um die Dachbalken zu stützen, und diese werden in hellem Blau und Gold verziert sein. Es wird vier Fenster geben, mit Läden, die während der heißen Jahreszeit entfernt werden können, so daß es wie ein offener Pavillon sein wird ... der zu einem Garten mit einem Badeteich führen wird, welcher von einer Mauer umgeben ist, so daß wir ganz für uns sein können. Auch unser Schlafgemach soll größer werden, denn bis ich es ihm sagte, dachte er, wir würden getrennte Räume haben. Ich sagte, ich fände dies einen höchst barbarischen Brauch, denn wenn zwei Menschen nicht die ganze Zeit zusammensein wollten, wäre es närrisch von ihnen zu heiraten.«

»Wie wird das Schlafgemach aussehen?«

»Auf die Wände soll eine andere Flußszene gemalt werden, im Vordergrund Schilf und im Wasser viele Fische. Ich bat ihn, eine Gazelle ins Bild einzufügen, die zur Tränke kommt, um uns an jene zu erinnern, die wir am ersten Morgen unseres gemeinsamen Erwachens sahen. Es wird *unser* Fluß sein, den du immer überqueren mußtest, um mich zu finden ... doch nun werden wir stets auf der gleichen Seite des Flusses sein.«

Vater stimmte höchst bereitwillig Roidahns Vorschlag zu, daß unter der Herrschaft der Wächter die Nomarchen stets ein Mann und eine Frau in gemeinsamer Regentschaft sein sollten — entweder ein vermähltes Paar oder Bruder und Schwester, die gemeinsam zu Gericht sitzen, wie einst die alten Pharaonen. In Vorbereitung auf die Zeit, in der wir unser Amt vollständig übernehmen würden, hielten Meri und ich jeden siebten Tag Audienz, denn es gab zu wenige Bittsteller in der Oryx, um jeden vierten Tag Recht zu sprechen, wie es in den meisten der anderen Provinzen Brauch war. Wir unternahmen gemeinsame Reisen in alle Teile der Oryx. In den Städten waren wir bei den Aufsehern untergebracht und in den Dörfern beim Oberhaupt. Mit der Zeit lernte Meri jede Sprosse der Leiter kennen, die sich von uns zu unserem ganzen Volk erstreckte, und wo immer wir hinkamen, wurden wir wie Verwandte empfangen. Vor diesem ruhigen Hintergrund unseres Lebens nahm das Wandgemälde dunkel aufziehender Wolken immer mehr Gestalt an. Jeder Tag brachte neue Nachrichten über Vorbereitungen, die außerhalb der Oryx zum Abschluß gebracht worden waren, und immer mehr Entscheidungen wurden gefaßt, welche Urteile zu sprechen waren, wenn die Zeit gekommen war.

Roidahn hatte seine große Befriedigung über die Auskünfte, die ich für ihn in der Königlichen Stadt gesammelt hatte, zum Ausdruck gebracht. Es war beschlossen worden, daß das Heer der Oryx, unterstützt von der Hasen- und Schakalprovinz, unter meiner Führung an die Spitze des Kampfes gehen sollte, falls Prinz Men-het wirklich das Königliche Heer gegen die Wächter führen würde.

Ich war überrascht, daß es Meri nicht gefiel, als ich ihr sagte, wie sehr Roidahn mich mit seiner Wahl geehrt hatte.

»Wie kannst du von mir erwarten, erfreut zu sein?« fragte sie. »Keine Frau, die ihren Mann liebt, möchte, daß er auf dem Schlachtfeld zu Ehren kommt ... es ist *viel* zu gefährlich! Manchmal wünschte ich, du wärest mehr wie dein Vater, statt Krieger zu sein. Könnte nicht Sebek statt deiner die Oryx führen?«

»Möchtest du, daß die Leute sagen, während der Sohn des Pharao seine Männer gegen die Wächter führte, blieb der Sohn der Oryx in Sicherheit und ließ seine Männer ohne ihn in den Kampf ziehen?«

»Als du in der Königlichen Stadt warst, hörte ich dich oft mit Menschen ungeduldig werden, welche sich in bestimmter Weise benahmen, weil sie fürchteten, was sonst die Leute *sagen* könnten. Du sagtest, es sei die verächtlichste aller Heucheleien, sich von einer unwissenden Meinung antreiben zu lassen. Du und ich gemeinsam können die Oryx regieren, doch Sebek könnte es niemals — er ist gerecht, doch er hat keine Phantasie. Er ist ein ebenso guter Soldat wie du, vielleicht ein besserer. Warum läßt du Roidahn nicht *ihn* zum Führer der Heere ernennen? Du selbst hast zu mir gesagt, es gäbe keinen besseren Hauptmann.«

»Wenn du es so sagst, klingt es wirklich sehr vernünftig. Doch ich könnte keinen anderen meine Leute anführen lassen, solange Roidahn meint, daß ich es richtig tue. Sebek ist ein ebenso guter Hauptmann wie ich, doch er ist nicht der junge Oryx.«

»Er ist älter und erfahrener als du.«

»Keiner von uns war bisher in einem wirklichen Kampf, so täusche ich mich vielleicht, wenn ich glaube, daß die Männer mir besser folgen als irgend jemand anderem.«

»Natürlich werden sie dir folgen, wer würde das nicht?«

»Nicht ich werde es in Wirklichkeit sein, dem sie folgen: Es wird die lange Tradition der Treue zur Oryx sein. Es wird nicht annähernd so gefährlich sein, wie du meinst. Wir werden dem Königlichen Heer zahlenmäßig weit überlegen sein, es sei denn, die fünf Nördlichen Provinzen schlagen sich auf seine Seite. Doch natürlich haben sie mehr Erfahrung im Kampfe; keiner von uns hat auch nur die geringste, außer der Schildkröte, die einst zwei kleine Expeditionen ins Goldland geschickt hat.«

»Wenn du dieses Mal gehst, wirst du stets die Oryx verlassen müssen, wenn sie dich gerade am meisten braucht. Was nützt es, Nomarch zu sein, wenn du keine Krieger hast, die für dich kämpfen?«

»Die alten Pharaonen führten ihre Heere stets selbst in den Kampf.«

»Nur bei sehr wichtigen Schlachten, nicht in albernen kleinen Expeditionen gegen Punt, oder wenn ein paar ihrer Schiffe die Zedernhäfen blockierten, um die Leute dort zu lehren, ihr Bauholz nicht den Asiaten zu schicken, sondern uns.«

Dies war das erste Mal, daß ich etwas tun mußte, was sie unglücklich machte, und es fiel mir sehr schwer. Ich sagte:

»Roidahn hätte mich nicht geheißen, die Oryx zu führen, wenn er nicht *sicher* wäre, daß es richtig ist. Ich werde nicht getötet werden, bis es für mich an der Zeit ist zu sterben.«

»Dies ist eines der Dinge, die du glaubst, deren ich mir aber nicht sicher bin. Obwohl Roidahn dies glaubt und auch Nefer-ankh.«

»Ich meine, es ist unbedeutend, ob es wahr ist oder nicht. Ich werde nicht sterben, solange es für mich etwas zu tun gibt, und ich weiß, es *gibt* noch Arbeit, viele Jahre lang. Natürlich könnte ich verwundet werden, doch ich werde sofort veranlassen, daß ich nach Hause zu dir gebracht werde, so daß du dich um mich kümmern kannst. Es sollte mir nichts ausmachen, eine Wunde zu haben, wenn du da wärst, sie zu verbinden.«

Wir lagen am Rande des Fischteiches und beobachteten den Karpfen, wie er langsam in den Schatten der Lotosblätter hineinglitt.

»Wir sind uns sehr ähnlich«, sagte sie ohne Zusammenhang.

»Dein Haar ist nicht so dunkel wie meines, aber abgesehen davon bin ich mehr deine Schwester als Kiyas. Es wäre nicht so aufregend, zu überlegen, wie unsere Kinder aussehen werden — denn selbst Khnum wird keine große Wahl haben, wenn er für seine Arbeit nur dich und mich als Rohstoff hat. Wenn du nun ein Fremder gewesen wärst oder ich rote Haare gehabt hätte, gäbe es soviel mehr Möglichkeiten!«

»Vielleicht werden wir überhaupt keine Kinder haben. Würden sie uns nicht eher in unserer Zweisamkeit stören?«

»Oh, wir könnten viele Ammen und sowas haben, sich um sie zu kümmern. Und ich vermute, unsere Kinder werden ganz besonders nett sein, so daß wir sie sehr liebhaben werden.«

»Glaubst du, daß Eltern ihre Kinder *wirklich* gernhaben?«

»Wir wissen nicht, was Eltern eigentlich fühlen. Unsere beiden Mütter starben, als wir noch zu jung waren, um uns an sie zu erinnern, und dein Vater liebte die deine so sehr, daß er kein rechter Mensch mehr war nach ihrem Tode, und mein Vater liebte die meine so wenig, daß er überhaupt nicht wirklich als Vater zählt.«

»Ich meine, wir sollten keine Kinder haben, bevor die Wächter nicht ihre Aufgabe erfüllt haben.«

»Ich schon«, sagte Meri nachdrücklich. »Ich werde eines haben, sobald ich es in die Wege leiten kann. Du würdest vielleicht besser auf dich aufpassen, wenn du nicht willst, daß dein Sohn als Waisenkind geboren wird.«

Meri sagte später oft, daß Khnum, der Töpfer, wohl unsere Unterhaltung belauscht haben mußte — denn an diesem Nachmittag begann er, einen Leib für unser erstes Kind zu formen ...

Die Frauen der Oryx

SEIT IHRER RÜCKKEHR aus der Königlichen Stadt hatte Kiyas die meiste Zeit in Hotep-Ra verbracht. Falls sie wegen Men-het Kummer hatte, so verbarg sie es selbst vor mir, und ihr ganzes Augenmerk schien darauf gerichtet, Hanuk bei seinen Plänen zu helfen. Sie nahm weder an der Verwaltung der Provinz Anteil, noch begleitete sie Meri und mich, wenn wir von Ort zu Ort reisten und bei Aufsehern und Landherren Herberge nahmen. Ich war immer noch hoffnungsvoll, daß die Herrschaft über Ägypten ohne Blutvergießen in die Hände der Wächter übergehen würde, doch Meri schien wie Kiyas einen Krieg vorauszuahnen.

»Die Wächter werden triumphieren, doch zunächst werden Wolken die Sonne verdunkeln, und die Geier werden sich über den Kampffeldern sammeln, und das Blut von Schlächtern und Hingeschlachteten wird das Blut von Ägyptern sein.«

»Hör auf, dir Schreckensbilder auszumalen, Meri! Es mag Kämpfe geben, doch darauf haben wir uns seit langem vorbereitet. Ich habe drei Jahre im Hause der Hauptleute verbracht; möchtest du, daß ich alles, was ich dort lernte, verrate?«

»Ich glaube, daß ich mich vor Kämpfen nicht fürchten würde, wären sie nicht Anlaß für uns, voneinander getrennt zu werden. Wenn ich mit klarem Auge schaue, so weiß ich, daß du nicht getötet werden wirst und daß wir ein langes Leben miteinander haben werden. Doch selbst nur eine Stunde voneinander getrennt zu sein, ist eine Vergeudung unseres Glücks. Warum also erwartest du von mir, daß ich dich gern in den Krieg ziehen sehe?«

»Du weißt, es ist für mich bitter, dich zu verlassen. Mir scheint, der Grund, warum wir weniger Männer im Stande der Krieger haben als jede andere Provinz, liegt darin, daß der zufriedene Mann nicht gern seine Familie verläßt.«

Die Frauen der Oryx

»Du sagst, die Oryx sei Zeit deines Lebens nicht im Kriegszustand gewesen.«

»Dies stimmt, doch die Oryx würde dem Pharao Folge leisten müssen, falls er Truppen ausheben sollte. Als es im Goldland einen Aufstand gab, wurde er von Kriegern der Schildkröte niedergeschlagen, doch war es reiner Zufall, daß sie, nicht wir, ausgewählt wurden. Der Bauer und seine Frau können ihre Felder gemeinsam pflügen, wenn sie es wünschen, die Frau eines Fischers kann im Boot ihres Mannes mitfahren, nur der Krieger und seine Frau können ihre Arbeit nicht miteinander teilen.«

Später fragte ich mich, ob diese beiläufige Bemerkung nicht Kiyas auf einen neuen Einfall gebracht hatte, doch zu jener Zeit sah ich darin keine besondere Bedeutung. Meri sagte, sie wolle Roidahn besuchen, und als wir Hotep-Ra erreichten, verbrachten sie und Kiyas viel gemeinsame Zeit in ernstem Gespräch.

Fünfhundert junge Wächter aus anderen Provinzen, deren Eltern nicht zur Kriegerkaste gehörten, waren vor kurzem mit der Bitte um Ausbildung nach Hotep-Ra gekommen, um der Standarte der Oryx folgen zu können. Für sie war auf Roidahns Ländereien ein Kriegerdorf erbaut worden, und Sebek war dorthin gegangen, um ihre Ausbildung zu überwachen. Sebek sagte mir, er hielte es für das Beste, fast jeden der Männer mit dem Streitkolben auszurüsten, dessen Meisterung weit weniger Zeit in Anspruch nahm als der Umgang mit Bogen oder Wurfspeer.

»Es sind nur dreißig unter ihnen, die bereits mit Pfeil und Bogen umgehen können«, fügte Sebek hinzu. »Sie waren Wildenten-Jäger und stammen aus dem Sumpfland.«

Ich stimmte Sebeks Plan zu, denn wir hatten dringenden Bedarf an zusätzlichen Soldaten. Es schien mehr als wahrscheinlich, daß die Heere der Königlichen Provinzen Men-het die Treue halten würden, und falls auch der Norden sich zu ihm schlagen sollte, wäre der Süden in seiner gegenwärtigen Stärke zahlenmäßig zwei zu eins unterlegen.

»Du sagst, du wirst aus den fünfhundert weniger als vierhundert Streitkolbenträger machen und nur dreißig Bogenschützen?«

»Das stehende Heer der Oryx ist auf den Tafeln mit tausend Mann verzeichnet, doch dies bedeutet weniger als achthundert Mann, die zum Kämpfen eingesetzt werden können. Die übrigen müssen die Vorräte an Pfeilen tragen und frische Wurfspeere ... und all die vielen Dinge, die von einem in den Krieg ziehenden Heer gebraucht werden.

Und nach unserer ersten Schlacht werden wir Verwundete haben, um die wir uns kümmern müssen ... selbst wenn dies leichter sein wird als auf fremdem Gebiet.«

An diesem Abend überdachte ich, was Sebek gesagt, und wie gewöhnlich hatte ich meine Gedanken Meri gegenüber ausgesprochen.

»Ich bin froh, daß dir Sebek das erzählt hat«, sagte sie. »So wirst du Kiyas' neuen Einfall besser verstehen. Sie hat seit geraumer Zeit darüber nachgedacht, und nun sind ihre Pläne fast fertig. Ihr war vor jedem von uns klar, daß Men-hets Heer stärker als das unsere sein wird. Sie sagt, es sei nicht so sehr, daß sie besser ausgebildet seien, doch hätten sie bereits praktische Erfahrungen gesammelt und seien zahlenmäßig überlegen. Darum hat sie einigen der jüngeren Frauen beigebracht, wie man ein Heer unterstützt, Vorräte und Nachschub trägt und sich um die Verwundeten kümmert.«

»Arme Kiyas«, erwiderte ich. »Ich hasse es, ihr sagen zu müssen, daß ihr Plan nicht in die Tat umzusetzen ist!«

»*Ich* sollte es hassen, dir zuhören zu müssen, wenn du etwas so Albernes sagst!«

Ich war gerade dabei, mich zu waschen und mit einer kupfernen Schöpfkelle Wasser über mich zu gießen. Meris letzte Bemerkung bestürzte mich so, daß ich die Kelle in den großen Wasserkrug fallen ließ.

»Sieh, wozu du mich gebracht hast!« sagte ich etwas ärgerlich.

Sie neckte mich sanft. »War ich wieder magisch? *Mir* schien, ich säße hier in unserem Gemach, mein Gesicht mit Mandelöl reinigend, und schaute dir zu, wie du dich ziemlich ungeschickt wuschst. Das zeigt nur, daß Erscheinungen reine Einbildung sind ... denn in Wirklichkeit war ich gerade am Grunde deines Wasserkruges zusammengerollt und schnappte mir die Schöpfkelle aus deiner Hand, um dich zu necken.«

Ich ging zu ihr hinüber, meine Haare mit einem Tuch aus ungebleichtem Leinen trockenreibend. »Was habt ihr, du und Kiyas, miteinander ausgebrütet? Habt ihr beschlossen, die Männer sollten besser zu Hause bleiben und den Frauen das Kriegshandwerk überlassen?«

Sie versuchte, streng dreinzublicken. »Ra-ab, laß das Wasser nicht über den ganzen Boden tropfen! Du bist über mein Gewand gelaufen und hast alle Falten durcheinandergebracht.«

»Ich habe nicht bemerkt, daß es sich um ein Gewand handelt, schließlich liegt es auf dem *Boden*.«

Die Frauen der Oryx

»Es war zum Glück kein Lieblingsgewand«, sagte sie großmütig.
»Komm und setzt dich auf diesen Stuhl, wo ich dich sehen kann. Wenn du herumwanderst, versuche ich dich immer im Blick zu behalten und werde dann unachtsam mit meinem Gesicht!«

Sie hatte das Öl abgewischt und rieb nun eine Paste mit einem frischen, leicht säuerlichen Geruch auf Hals und Stirn. Ich wußte aus Erfahrung, daß diese eine Weile dort belassen wurde, bevor Meri ein anderes Stadium dieses seltsamen Ritus erreichte, von dem sie die Bewahrung ihrer Schönheit abhängig glaubte. Inzwischen wußte ich auch, daß Meri, wenn sie mir etwas besonders Wichtiges zu erzählen hatte, was ich vielleicht nicht billigen würde, es gewöhnlich bis zu einer passenden Gelegenheit wie dieser für sich behielt. Daher war ich nicht überrascht, als sie mit möglichst beiläufigem Tonfall sagte:

„Kiyas und ich haben beschlossen, daß es an der Zeit ist, der Tradition, wonach die Frauen der Krieger das Leben ihrer Männer nicht teilen dürfen, ein Ende zu bereiten. Nach ernsthaften Überlegungen stimmte Hanuk Kiyas zu, und sie waren kürzlich im Kriegerdorf, jenem in der Nähe des Hauses der Hauptleute, um ihren Plan mit den Frauen zu besprechen.«

»Es ist sehr freundlich von dir, mir solch eine wichtige Veränderung in meinem Heer mitzuteilen. Schließlich bin ich nur der Befehlshaber der Oryx. Ich vermute, ich darf mich der gleichen Vorrechte wie meine Krieger erfreuen, und dich mit mir in den Kampf nehmen?«

»Natürlich«, sagte sie ruhig. »Darum habe ich Kiyas ja bei ihrem Plan unterstützt.«

»Du hast mir deine Kunstfertigkeit mit dem Bogen verheimlicht ... oder wirst du den Streitkolben oder Wurfspeer wählen, wenn du bei mir bist?«

Meri blieb ungerührt angesichts meiner Versuche, spöttisch zu sein.
»Ich werde am Kampf selbst nicht teilnehmen. Kiyas vielleicht, denn sie kann sehr gut mit Pfeil und Bogen umgehen und hat jeden Tag das Schießen auf ein Ziel geübt, seit sie hierhergekommen ist. Ich werde die Frauen anführen und darauf achten, daß sie tun, was ihnen gesagt wurde, und nicht untereinander streiten. Ich werde mich auch um die Verwundeten kümmern. Kiyas hat versprochen, daß auch sie das tun wird, was sehr selbstlos von ihr ist ... denn ich glaube, nur Hanuk hat sie überreden können, nicht in der ersten Reihe der Bogenschützen dabeizusein.«

Ich war erleichtert, wenn auch verfrüht. »Du meinst, daß du und

Kiyas ein Haus vorbereiten werdet, um die Verwundeten dort aufzunehmen, genau wie sie und ich es vor Jahren für die von der Pestilenz Befallenen taten? Dies ist gewiß ein guter Gedanke, daß Frauen aus Kriegerfamilien, welche nicht zur Aufsicht der kleinen Kinder gebraucht werden, erlaubt wird, euch dabei zu helfen. Seit ich gesehen habe, was Kiyas während des Blauen Todes geleistet hat, war ich davon überzeugt, daß es Frauen gestattet sein sollte, ihren Teil bei der Pflege von Kranken und Verwundeten zu übernehmen. Ich bin sicher, Vater würde sein Einverständnis geben, daß du zu diesem Zweck den Südflügel seines Hauses benutzt, und wenn du noch mehr Unterbringungsmöglichkeiten benötigst, brauchst du nur Roidahn um ein Haus in Hotep-Ra zu bitten.«

»Kiyas hat das bereits bedacht. Hanuk hat dafür gesorgt, daß zwei Heiler-Priester an jedem der Orte sind, mit so vielen Frauen wie sie zum Ausführen ihrer Anweisungen brauchen. Doch jene Frauen werden nicht unbedingt Frauen von Kriegern sein; jede Wächterin, die sich als geeignet erwiesen hat, wäre recht. Kiyas hat bereits fünfzig Frauen zu Ras Tempel gesandt, damit die Heiler-Priester ihnen beibringen, was sie wissen müssen.«

»Wohin schickst du die übrigen Heiler-Priester? Nefer-ankh sagt, er habe zwanzig von ihnen nun ausgebildet und habe weitere, welche noch nicht eingeweiht sind.«

»Zwei werden daheim bei Vater bleiben, zwei hier in Hotep-Ra, vier im Tempel, um sich um unsere eigenen Leute zu kümmern ... so bleiben zwölf, die mit Kiyas und mir kommen können und den dreißig Frauen, die geschworen haben, uns zu folgen.«

»Folgen, euch, wohin?«

»Woher soll ich das wissen? Wenn ich es wüßte, könnte ich die Kampfstrategie für dich vorbereiten — denn dann wüßte ich, wo sich Men-het auf den Kampf einlassen würde. Das einzige, was ich dir sagen kann, ist, daß wir denselben Weg nehmen werden, auf dem du die Oryx führst. Wenn du darauf bestehst, werde ich die Frauen aus dem eigentlichen Kampf heraushalten, zumindest bis wir bewiesen haben, daß sich Frauen nicht vor Pfeilen fürchten — oder jedenfalls nicht mehr als Männer auch. Sie sollen außerhalb der Reichweite der Bogenschützen bleiben, während der Kampf im Gange ist, doch nahe genug sein, um die Verwundeten zu versorgen.«

»Wer wird sich um die verwundeten Frauen kümmern?«

»Es wird keine geben. Die Heiler-Priester sind von jeher unantastbar und können sich ins Kampfgetümmel begeben, um einem Verwundeten zu Hilfe zu kommen, und die sie begleitenden Frauen werden den gleichen Schutz genießen. Es ist nicht, daß wir gegen Fremde kämpfen werden; Kiyas kennt Men-het, und sie sagt, daß keiner seiner Krieger den Ehrenkodex der Krieger brechen würde. Daher werden wir ehrenvoll behandelt werden, selbst wenn man uns gefangennähme. Und ich bin sicher, Men-het würde mir nicht verwehren, dein Gefängnis zu teilen, falls du sein Gefangener werden solltest. Wir wären ganz glücklich, solange wir beisammen sind, Ra-ab, selbst wenn der Ort, wo sie uns einsperren, ziemlich klein und unbehaglich wäre.«

Ich versuchte streng und beeindruckend auszusehen ... was keinesfalls leicht ist, wenn man gerade nichts anhat und auf einem Stuhl neben dem Schminktisch seiner Gattin sitzt, während sie tut, als wäre dreiviertel ihrer Aufmerksamkeit dafür in Anspruch genommen, Öl und Malachit so miteinander zu vermischen, daß genau die richtige Tönung für ihre Augenschminke entsteht.

»Ich hätte nie gedacht, Kiyas könne dich mit ihrer Verrücktheit anstecken. Kannst du dir vorstellen, daß ich dich freiwillig in eine Gefahr führen würde, in der du, wenn du auch Tod oder Verwundung entgehst, gefangengenommen werden und zum Tode oder zur Verbannung verurteilt werden könntest?«

»Ich würde sehr aufpassen, nicht verwundet zu werden, so daß ich mich um *dich kümmern* kann. Falls man dich gefangennimmt, würde ich natürlich dafür sorgen, ebenfalls gefangengenommen zu werden. Wenn du zum Tode verurteilt oder verbannt werden würdest, wirst du gewiß nicht so grausam sein und wollen, daß ich zurückbleibe? Ra-ab, lieber Ra-ab, du könntest nicht wollen, daß mir das widerfährt! Wenn ich sterben müßte, wolltest *du* dann weiterleben? Wenn man mich fortschickte, um unter den Barbaren zu leben, wolltest *du* dann weiter einsam und allein in der Oryx leben?«

Ich sah, wie bekümmert sie mein offensichtlicher Mangel an Einfühlung machte. So beeilte ich mich zu sagen: »Nein, Meri, *natürlich* würde ich das nicht. Du weißt, wenn du sterben würdest, jeder Tag erschiene mir wie unendliche Verbannung, bis ich wieder mit dir vereint wäre.«

Sie seufzte zufrieden. »Dann sind wir einig, und es gibt nichts mehr zu streiten.«

»O doch, denn ...«

Sie kam und setzte sich auf meine Knie und legte ihre Hand über meinen Mund. »Du darfst meine Finger küssen, aber du darfst nicht weitersprechen, bis du beschlossen hast, nicht so dumm zu sein. Mir war so elend zumute, seit ich wußte, daß es zu einem Kampf kommen könnte — weil du vielleicht von mir fortgehen müßtest. Nun ist der Kampf nur zu einem weiteren Abenteuer geworden, das wir gemeinsam bestehen können. Es ist gar nicht gut, unglücklich zu sein, besonders wenn man ein Kind erwartet! Möchtest du, daß dein Sohn geboren wird und wie ein schwermütiges kleines Äffchen aussieht, nur weil seine Mutter in der Schwangerschaft traurig war?«

»Er dürfte wahrscheinlich noch Glück haben, wenn es ihm gelingt, überhaupt wie ein Affe auszusehen — wenn seine Mutter drauf und dran ist, sich ins Kampfgetümmel zu stürzen!«

»Er wird zu klein sein, um mitzubekommen, was ich die nächsten Monde tun werde, und ich glaube nicht, daß die Götter so unfreundlich sind, den Pharao gerade dann sterben zu lassen, wenn ich nicht imstande bin, den Wächtern zu helfen. Ich könnte beinahe sofort, nachdem er geboren ist, mit dir kommen. Ich habe für zwei Ammen gesorgt, falls eine ihm nicht genug Milch geben kann.«

Ich hoffte glühend, daß sich im Falle eines Kampfes mein Sohn als überzeugender erweisen würde als sein Vater, um Meri zu Hause zurückzuhalten. Doch ich sah, daß es im Augenblick sinnlos war, noch weiter mit ihr darüber zu streiten.

»Was wäre, wenn ich deinem Plan zustimmte?« fragte ich.

»Kiyas und ich werden dem Heer folgen, zusammen mit den zwölf Priestern und dreißig Kriegerfrauen, die inzwischen geschult darin sind, die Verwundeten zu versorgen. Mit uns werden noch andere Frauen kommen, die jung und stark sind und an Feldarbeit gewöhnt. Sie werden Vorrat an Pfeilen und Wurfspeeren und anderes tragen und so die Kämpfer entlasten. Die Frauen können sich auch um die Packesel kümmern und das Essen bereiten. Ich habe bereits die Namen von zweihundertzwölf Frauen gesammelt, die mit uns kommen wollen. Weil diese Frauen Männer entlasten und für die Waffen freistellen, hat auch Sebek unseren Plan gebilligt.«

»Ihr habt also auch Sebek auf eure Seite gebracht?«

»O ja, Sebek war *ganz* einfach! Du darfst nicht beleidigt sein, daß Kiyas es erst Hanuk und Sebek gesagt hat. Sie hatte das Recht, es zu tun, denn es war *ihre* Idee — und ich dachte, es wäre eine richtige Überraschung für dich, wenn ich es dir nicht sage, bevor ich die Einzelheiten habe richten lassen.«

»Und *was* für eine Überraschung«, sagte ich etwas unmutig.

»Es war der erste Gedanke, welchen ich nicht sofort mit dir teilte — und das war mehr dein Fehler als meiner. Erinnerst du dich, als wir darüber sprachen, wer die Oryx führt, an dem Tag, als Khnum, der Töpfer, unserer Unterhaltung gelauscht haben muß?«

Ich nickte, und sie fuhr fort: »Nun, an diesem Tag schienst du so *sehr* darauf versessen, die Oryx in den Krieg zu führen, während ich jahrelang mit unseren Kindern weinend daheim zurückbleiben sollte.«

»*Kinder?* Vergiß nicht, was du Ramaios versprochen hast: Horus abzuweisen, falls er jemals zudringlich werden sollte!«

»Es ist gemein, mich zum Lachen bringen zu wollen. Dies ist sehr *ernst*. Seit Hunderten von Jahren konnten in allen Schichten des Volkes Mann und Frau zusammenarbeiten, doch Krieger konnten ihre Frauen nicht an ihrem Leben teilhaben lassen. Darum stehen viele Krieger ihren Frauen nicht sehr nahe; man kann niemanden lieben, der ein getrenntes Dasein führt, welches man nicht mit ihm teilen will ... und *wenn* sie es teilen wollen und es ihnen nicht gestattet wird, können sie nicht wirklich glücklich sein. Wenn das Leben eines Menschen von der Liebe abgeschnitten ist, muß es sich in eine andere Richtung wenden. Dann wird er seine Stärke im Kampf beweisen müssen, vorzugsweise gegen einen Fremden. Fast jedes Tier wird sich verteidigen, wenn es angegriffen wird, aber nur sehr wenige, falls überhaupt welche, töten zum Vergnügen. Die Tradition, die einen Soldaten von seinem Eheweib trennt, gibt ihm allmählich das Gefühl, er habe so wenig zu verlieren, daß er entweder in die Rolle eines Helden oder in den Tod flüchtet. Der Mann, der seine Frau liebt, wird doppelt so grimmig kämpfen, um sein Heim zu verteidigen. Doch ein fremdes Land kannst du nicht mit Kriegern erobern, die *glücklich* sind. Denke, was das bedeuten würde, Ra-ab, wenn wir die Kriegertradition ändern könnten! Frau und Mann würden gemeinsam, Seite an Seite, in Verteidigung ihrer Sicherheit kämpfen, genau wie ein Löwe und eine Löwin ihre Jungen verteidigen — doch kein Mann würde seine Frau in einen *unnötigen* Krieg mitnehmen wollen, wenn er wüßte, daß sie so wie er zu leiden haben würde. Wenn die Krieger von Punt und Südnubien, die Männer der Wüste und die Barbaren diese neue Tradition übernähmen, könnte dies das Ende aller Eroberungen bedeuten, und die Menschheit würde nicht länger ihrer Brüder Blut vergießen.«

Ich war überrascht, daß Hanuk Kiyas' Plan zugestimmt hatte und nicht überredet worden war, gegen besseres Wissen. Er befürchtete ein wenig, ich könnte beleidigt sein, weil ich erst jetzt davon erfuhr, und sobald ich ihn wissen ließ, daß Meri mir den Plan mitgeteilt hatte, sagte er:

»Ich sagte Kiyas, sie hätte dir von Anfang an davon erzählen sollen — aber ich mußte ihr versprechen, ihr Geheimnis für mich zu behalten, bis sie und Meri mit den Vorbereitungen fertig seien. Ich habe erwartet, daß du es zunächst für undurchführbar hieltest wie ich, bis Kiyas mir vor Augen führte, daß meine erste Antwort einem zu schnellen Urteil entsprang. Nun betrachte ich es als genauso notwendig wie alle anderen Veränderungen, die die Wächter vornehmen.«

»Seine Frau vor Gefahr zu schützen ist aber gewiß höchstes Gesetz des Mannes?«

»Welche Art von Gefahr? Seuche, Hunger, Schmerz, große Hitze oder Kälte, Furcht? Welchen Nutzen hat es, sie mit bewaffneter Hand zu verteidigen, wenn die größte Sicherheit nur daher stammen kann, daß sie und ihr Mann miteinander leben, als seien sie *eins*? Ich weiß wie du, daß nur eine Frau, die einen bestimmten Entwicklungsstand erreicht hat, zu einer solchen Zuneigung bereit ist, doch je näher beide diesem Ideal kommen, desto größer ist das Glück, das sie erreichen können. Mehr als Dreiviertel der höheren Ränge der Wächter haben die Vermählung durch Ptah erreicht; sie stammen aus allen Schichten, doch eines haben sie gemein — Mann und Frau können ihr alltägliches Leben miteinander teilen. Wenn die Umstände sie zu trennen drohten, kamen sie nach Hotep-Ra, wo sie einen Zufluchtsort vor dem Getrenntwerden fanden. Zwei Menschen, die sich lieben, sind doppelt stark, was ihnen auch in Bedrohung durch Gefahr Sicherheit geben kann; doch sie können Sicherheit nicht erlangen, wenn sie unter der ständigen Drohung einer Trennung leben.«

»Du sprichst, als wären die Krieger die einzigen Menschen, die ihre Frauen verlassen müssen. Was ist mit den Händlern oder jenen, deren Arbeit darin besteht, Waren von einem Teil Ägyptens in einen anderen zu bringen?«

»Warum sollten Frauen nicht ebenso frei reisen können wie Männer?«

»Das können sie, bis sie Kinder haben; dann müssen sie daheim bleiben und sich um sie kümmern.«

Wir waren unten im Kriegerdorf gewesen, um einigen von Sebeks neuen Streitkolbenträgern bei ihrer Ausbildung zuzusehen, und auf dem Rückweg hatten wir angehalten, um an einem Brunnen zu trinken. Da wir es im Schatten angenehm fanden, setzten wir uns mit dem Rücken gegen eine Palme gelehnt, um unser Gespräch fortzuführen. Meine letzte Bemerkung schien Hanuk aus irgendeinem Grund belustigt zu haben.

»Hast du das Meri gesagt?« fragte er. »Ich sehe sie nicht zufrieden daheim bleiben und sich um eure Kinder kümmern, während du in ganz Ägypten umherschweifst.«

»Sie ist anders. Sie wird natürlich mit mir kommen wie stets, und um das Kind wird sich eine Amme kümmern, und wenn es älter ist, wird es eine Kinderfrau haben.«

»Du glaubst, daß Meri deine Gesellschaft mehr bedeutet als die ihres Kindes?«

»Ich weiß, daß es so ist, wie die ihre für mich ... genau wie für meinen Vater meine Mutter wichtiger war, als es Kiyas oder ich jemals waren.«

»Du stimmst mir also zu, daß Meri — falls sie gezwungen wäre, von dir getrennt zu sein, weil es niemand anderen gäbe, der sich um ihre Kinder kümmern könnte — dieses als Mangel an der Vollkommenheit eurer Ehe betrachten würde ... und auch, daß es ziemlich wahrscheinlich ist, daß sie sich der Beschneidung ihrer Freiheit durch ein Kind widersetzen würde?« Ich nickte, und er fuhr fort: »Die Wächter kennen drei Arten von Ehen, und es ist von entscheidender Wichtigkeit, daß jede dieser drei in jeder Schicht möglich gemacht wird. Zunächst gibt es die ›Ehe der Langen Jahre‹, der Schwur des Neuen Namens, nur von jenen abzulegen, die wie du und Meri wissen, daß ihre Zuneigung aus der Vergangenheit herrührt und über die Dauer vieler Leben anhalten wird. Der zweite Grad ist die ›Ehe fürs Leben‹, die erst nach zwei Jahren Ehe des dritten Grades eingegangen wird, während welcher beide frei sind, auseinanderzugehen ohne priesterlichen Erlaß, welcher erforderlich ist, wenn ein Paar bereits die Ehe fürs Leben eingegangen ist. Viele Frauen, die noch nicht zu einer dauerhaften Beziehung imstande sind, sind es zufrieden, den größeren Teil ihres Lebens so zu verbringen, als seien sie nicht verheiratet — selbst wenn sie mit einem Manne das Haus teilen und ihm Kinder geboren haben. Die Bande, die solche Frauen an ihr Heim und ihre Kinder bindet, sind wohl stärker als die Bande der Zuneigung zu ihrem Ehemann. Wenn er geht, würden sie es vorziehen, zurückzubleiben, und bei unseren gegenwärtigen Gesetzen sind sie dann bereits gut versorgt. Doch jene, deren Bande zu ihrem Mann stärker sind als alles andere, sollten frei sein, ihm zu folgen, falls ihn die von ihm erwählte Arbeit zu gewissen Zeiten von zu Hause wegführt. Es gibt Menschen, sowohl Frauen als auch Männer, die eine besondere Gabe besitzen, sich um Kinder zu kümmern. Solche Leute sind vielleicht kinderlos oder haben eine kleine Familie; ein Fischer, der mehr Fische fängt, als er selbst braucht, nutzt seine Geschicklichkeit zum Wohle der Gemeinschaft — warum also sollten dann andere sich nicht um mehr Kinder kümmern, als sie aus eigenem Fleisch und Blut geboren haben, indem sie *ihr* besonderes Talent zum Wohle aller nutzen?«

»Würden Frauen jemals zustimmen, wenn jemand sich um ihre Kinder kümmert, der nicht zur Familie gehört?«

»Dies solltest du lieber Meri fragen. Kiyas erzählte mir, Meri habe bereits zwei Ammen für dein Kind gefunden, und du solltest wissen, daß dies kein Zeichen von unwilliger Mutterschaft ist.«

»Meri sagt, du und Kiyas seid ins Haus der Hauptleute gegangen, um mit den Frauen der Krieger zu sprechen.«

»Das taten wir, und niemals wurde ein Plan begeisterter willkommen geheißen. Es war leicht zu sehen, welche der Krieger eine Frau hatten, die sie wirklich liebte, und welche aus einem Heim kamen, das aus Zweckdienlichkeit gegründet wurde. Zuweilen war es ein Eheweib, das mit uns kommen wollte, manchmal eine Schwester oder die Konkubine eines noch unverheirateten Mannes. Zweihundertzwölf baten um die Erlaubnis, mitkommen zu dürfen und alle Gefahren mit ihren Männern zu teilen. Dies war eine größere Anzahl, als ich sie bei weniger als tausend Mann erwartet hatte. Kiyas läßt schon ein großes Haus bauen neben den beiden, in denen die Waisen aufgezogen werden, für die Kinder der Frauen, die mit uns kommen.«

»Hanuk, könnten die Frauen nicht zu Hause bleiben und bestimmte Arbeiten verrichten, die dem Heer direkt von Nutzen sind? Sie könnten Leder für Schilde gerben, oder Pfeile mit Federn bestücken oder Leinen für Verbände weben. Wäre das nicht viel besser, als Frauen im Heer zu haben?«

»Das habe ich Kiyas vorgeschlagen, doch sie sagte mir, dies wäre ziemlich nutzlos. Eine Frau findet wenig Trost darin, für etwas nicht Greifbares zu arbeiten, vielleicht weil sie gewöhnlich der Wirklichkeit näher steht als ein Mann. Wenn du ihr sagtest, sie webe Leinen für einen Verband, würde sie sich deshalb ihrem Mann nicht im geringsten näher fühlen, als wenn sie es für eines von Meris Gewändern webte oder für das Segel einer Lustbarke. Wenn sie einen Mann liebt, möchte sie bei ihm sein, *muß* sie bei ihm sein. Sie kann auf dem Weg in den Kampf seine Speise und seinen Waffenvorrat tragen, so wie sie im Frieden das Wasser von der Quelle nach Hause trägt.«

»Und was, wenn sie verwundet wird?«

»Sie wird diesen Schmerz leichter zu ertragen finden als die Geburt eines Kindes. Eines wird leicht vergessen, Ra-ab: Obwohl Männer der Gedanke graust, ihre Frauen der Verwundung durch einen Pfeil auszusetzen, gibt es doch viele, die die Wehen, das Gebären nur als etwas Unbedeutendes betrachten, um das die Frauen viel zuviel Aufhebens machen.«

»Ich wünschte, *ich* empfände dies so!« sagte ich, von Gefühl ergriffen. »Meri scheint es für selbstverständlich zu halten, daß unser Kind ein Sohn ist und daß ihr seine Geburt nur eine kleine vorübergehende Unannehmlichkeit bescheren wird. Ich glaube, als sie gestern davon sprach, mit mir zu kommen, wenn wir gegen Men-het ziehen, stellte sie sich vor, sie käme zu mir, gerade wenn ich den Sieg der Wächter verkünde, um mir mitzuteilen, daß ihr das dichteste Kampfesgetümmel als der geeignete Ort für die Geburt unseres Sohnes erschienen sei ... und dann, während alle uns bejubeln, würde sie mir unseren Sohn zeigen, stark und laut brüllend auf einem Schild! Und seine Mutter natürlich von der kürzlich durchstandenen Anstrengung gänzlich unberührt!«

»Ich vermute, Kiyas würde genauso sein.«

»Ich habe stets die Befürchtung, daß Meri die Schrecken erahnt, die ich mir zuweilen ausmale. Ich vermute, es liegt daran, daß die lebhafteste Erinnerung, die ich an meine Mutter habe, ihr Sterbelager nach Kiyas' Geburt war. Meri sagt, ich sei erst vor zwei oder drei Leben eine Frau gewesen. Sie sagt, ich habe damals ein Kind gehabt; es war aber nicht von ihr, obwohl sie damals ein Mann war. Ich wünschte, ich könnte mich daran erinnern, wie es ist, ein Kind zu bekommen — dann würde ich vielleicht erkennen, daß es nicht so schlimm ist, wie ich mir vorstelle.«

»Es könnte dann vielleicht *noch* schlimmer scheinen«, sagte Hanuk düster. »Verzeih, ich hatte vergessen, daß deine Mutter starb, als Kiyas geboren wurde. Ich wußte, daß es kurz danach war, doch ich dachte, es hätte eine andere Ursache gehabt.«

»Du liebst Kiyas, nicht wahr, Hanuk?«

»Ja, schon immer.«
»Ich hoffe, sie heiratet dich.«
»Das hoffe ich auch. Ich würde lieber ihr Gatte sein als die Weiße Krone tragen!«

Der Königliche Gesandte

IN DIESEM JAHR sollte — wie alle hundert Jahre — eine Erinnerungsfeier an die Einweihung des Tempels von Ra in Theben stattfinden. Der Pharao sollte dieser Zeremonie beiwohnen, wie es in den letzten dreihundert Jahren üblich gewesen. Als es bekannt wurde, daß seine Gesundheit zu schwach sei, um die Königliche Stadt verlassen zu können, wurde ganz Ägypten bewußt, daß die Gerüchte über seinen nahenden Tod wohlbegründet waren. Ich war sehr froh zu hören, daß der Königliche Gesandte, der den Platz des Pharao in den Zeremonien einnehmen würde, der Wesir Amenemhet war und nicht einer der Prinzen. Denn dies hielt ich als Zeichen des Königlichen Willens für deutlich genug, um die Provinzen des Nordens gegen einen Thronanspruch Men-hets zu einer Unterstützung des Wesirs zu bewegen und damit den Wächtern die Notwendigkeit eines Blutvergießens zu ersparen.

Amenemhet sollte auf seinem Weg in den Süden bei uns einkehren. Da er als Königlicher Gesandter kam, würde er empfangen werden, als trüge er die Doppelkrone, und viele Tage lang war die Oryx mit den Vorbereitungen für seine Ankunft beschäftigt. Er sollte mit der Staatsbarke in Hotep-Ra landen und von dort auf der Straße zum Großen Haus reisen, wo ihn Vater empfangen sollte. Sein Weg würde von den Bewohnern der Antilopenprovinz gesäumt sein, gekleidet in helle Festgewänder, Blumen und grüne Binsen vor dem Ehrenaufzug streuend.

In den Gärten unseres Hauses wurden Pavillons errichtet, um jene unterzubringen, für die wir in unseren Mauern keinen Platz hatten. Für die Vornehmen der beiden Nachbarprovinzen Hase und Schakal, welche Gäste unserer Feier waren, wurde ein großes Festmahl bereitet. Im großen Hof sollten uns Tänzer die rituellen Tänze von der Preisung Ras und Ptahs Weg von seinem Abstieg zur Erde bis hin zu seiner Vereinigung vorführen.

Vater hätte, bevor er Meri kannte, sicher wegen dieser Unterbrechung seines einsamen Daseins gemurrt, doch nun schien er es fast ebensosehr wie wir zu genießen, hierfür Pläne zu schmieden. Ich hörte ihn recht oft lachen, und er pflegte sich an mich zu wenden, wenn er Beistand suchte gegen eine weitere Bitte Meris — nur ein gespieltes Sich-Widersetzen, denn er fand Freude daran, ihren Wünschen stattzugeben.

»Müssen *alle* Ochsen vergoldete Hörner haben?« fragte er sie.

»Könnten nicht jene ganz am Ende des Ehrenzuges — es ist unwahrscheinlich, daß Amenemhet sie bemerkt — mit ein wenig goldener Farbe ausreichend geschmückt sein?«

»Nein, Vater, du darfst nicht schäbig sein. Ra-ab hat hundert Ochsen vom Haus der Zwei Winde herbringen lassen, und deren Hörner tragen Goldkappen, sie sind nicht nur vergoldet! Möchtest du, daß die Oryx von den Reichen des Nordens beschämt wird?«

Vater wandte sich an mich und sagte in gespielter Verzweiflung: »Siehst du, was sie mir antut? Sie ist deine Gattin, kannst du ihr nicht Einhalt gebieten, unsere Schatzkammern zu plündern, um ein Fest zu schmücken?«

»Hast du aber Glück, daß ich hier bin«, sagte Meri, mit sich zufrieden. »Andernfalls hätte ein solch dürftiger Auftritt dich sicher in Verlegenheit versetzt. Ochsen mit *bemalten* Hörnern, so etwas! Als ob du nur ein Reicher niedrigen Ranges wärst, der versuchte, den Steuerschätzer mit seiner Armut zu beeindrucken! Ich hatte noch einen guten Einfall, von dem ich dir zu erzählen vergaß: Ich habe jedem Dorf Ballen blauen und gelben Leinens gegeben, damit es niemand ohne neues Gewand gibt. Und ich dachte, es wäre ungerecht, wenn jene, die den Ehrenzug nicht anschauen können, an den Freuden keinen Anteil hätten; daher habe ich veranlaßt, daß sie entweder drei Stück Honigwaben oder einen Krug voll Bier bekommen sollen.«

»Woher hast du das Bier?« fragte ich.

»Oh, das war ganz einfach. Ich schickte Sebeks Onkel eine Botschaft, daß du ihn ersuchtest, er möge es als seinen Beitrag verteilen.«

»Und die Honigwaben?«

»Die kommen von Roidahns ältester Schwester, der alten Dame, die nicht in Hotep-Ra lebt. Ich hatte bemerkt, daß sie viele Bienenstöcke hatte, als wir kurz nach unserer Vermählung bei ihr übernachteten.«

Nachdem sie ausführliche Überlegungen zu einer solch wichtigen Entscheidung angestellt hatte, beschloß Meri, das grüne statt das zuerst gewählte weiße Festgewand anzulegen.

»Du und Vater werden Weiß und Gelb tragen, da dies die Oryxfarben sind, und alle Sänftenkissen werden gelb sein. Also wird es eine Abwechslung sein, wenn ich Grün trage. Mein Gewand wird natürlich bestickt sein mit kleinen Oryxantilopen wie mein Hochzeitsgewand, doch in Silber statt in Gold, da ich es über einem silbernen Untergewand tragen werde.«

Sie betrachtete sich in einem großen Kupferspiegel, einem meiner ersten Geschenke. »Ich bin froh, daß das Fest nicht später im Jahr stattfindet, sonst hätte dein Sohn mir schon eine unförmige Figur verpaßt. Er scheint sich ganz klein zusammengerollt zu haben, so daß man nicht wirklich merkt, daß er da ist, nicht wahr, Ra-ab?«

Ihre Mitte war immer noch so schlank, daß ich sie fast mit meinen Händen umspannen konnte, und ging in Hüften über, fast so schmal wie die eines Knaben — vielleicht gab es eine leichte Wölbung ihres Bauches, doch dies erhöhte nur ihren Liebreiz. »Es ist schwer zu glauben, daß du *wirklich* ein Kind trägst«, sagte ich. »Bist du *ganz* sicher?«

»Liebster Ra-ab, wie könnte mich bei etwas so Wichtigem irren? Ungefähr um den fünften Vollmond von jetzt ab wird er geboren werden.«

»Mondkinder sind oft voller Magie.«

»Meine Kinderfrau pflegte mir zu erzählen, wenn der Mond mir im Schlafe auf mein Gesicht schiene, würde Sekmet mich holen. Doch die zweite Kinderfrau sagte, jene sei eine alberne alte Frau und Nut würde mich unter ihren Schutz nehmen und mich vielleicht ihrer Schwester Hathor in Obhut geben, auf daß ich die Wassermagie erlange. Danach schlief ich so oft wie möglich mit dem Mondschein auf meinem Gesicht und öffnete sogar dann die Fensterläden, wenn es kalt war und ich es eigentlich nicht tun sollte.«

»Hast du dich jemals darum gekümmert, wenn dir gesagt wurde, du solltest etwas *nicht* tun?«

»Nur wenn *du* es mir sagst. Andere haben mir stets gesagt, ich solle etwas nicht tun, von dem ich indes wußte, daß es getan werden mußte!«

»Auch ich pflegte im Mondlicht zu schlafen. Vielleicht hätten wir sonst nie voneinander geträumt!«

Meri war von dieser Vorstellung so aus der Fassung gebracht, daß sie den Kholstift, mit dem sie ihre Augenbrauen verlängerte, niederlegte und sich zu mir umdrehte. »Ra-ab, wie schrecklich! Wenn du nicht von mir geträumt hättest, dann hättest du mich vielleicht nicht einmal bemerkt!«

»Vielleicht nicht ... und vielleicht geht die Sonne morgen früh nicht im Osten auf ... doch keines von beiden ist sehr wahrscheinlich.«

Sie küßte mich und fuhr dann fort, ihr Gesicht weiter zu verschönern, während ich mich niederlegte und ihr zuschaute.

»Es ist überraschend, wie viele hübsche Dinge es in einer Ehe gibt, die ich nicht erwartete«, sagte ich nachdenklich.

»Hast du nicht erwartet, daß die Ehe etwas Schönes ist?«

»Ich wußte, daß mit *dir* sie besser sein würde als das Leuchtende Land ... was zeigt, welch ein guter Prophet ich bin. Aber es gibt noch so viele Sachen *mehr*! Wie, zum Beispiel, hatte ich wissen können, wie dein Rücken aussieht, wenn du dir deine Augenbrauen zupfst, oder die schöne Wölbung deines Arms, wenn du dich vorbeugst, um dein Haar zu kämmen? Auch hatte ich dein Gesicht in all seinen verschiedenen Möglichkeiten nicht gesehen, so ungemein betörend wie es im Augenblick ist, mit einem grünen Augenlid und dem anderen noch unbemalt. Gefällt es dir nicht auch, Unsinn zu reden, einfach weil wir so glücklich sind?«

Sie nickte. »Ja! Als wir zum ersten Mal beisammen waren, schienen wir nie genug Zeit für irgend etwas zu haben außer uns zu lieben und ernsthafte Gespräche zu führen.«

»Ich glaubte, dich mehr zu lieben als es für ein menschliches Wesen möglich sei, selbst bevor wir uns verlobten, doch wenn ich nun dem Mann begegnete, der ich damals war, würde ich ihn einen Langweiler und Toren nennen, weil er nicht den Geist besaß, auch nur ein Zehntel deiner guten Eigenschaften zu sehen.«

»Ich frage mich, warum andere Vermählte nicht ebenso glücklich sind wie wir. Weißt du, daß von allen Frauen, mit welchen ich in der Königlichen Stadt über ihre Gatten gesprochen habe, nur zwei den ihren wirklich liebten? Ein paar meinten ihn zu lieben, doch es war keine Liebe, wie wir sie kennen. Sie schienen durch eine Kraft außerhalb ihrer selbst zueinander gezogen zu werden, wie Wassergras, das sich im Fließen des Stromes ineinander verwickelt. Ptah läßt die verschiedenen Tierarten keinem Gesetz folgen, welches sie ihrer Natur nach nicht freudig befolgen können — warum also sind die Menschen so dumm zu erwarten, daß eine Art von Ehe für alle Arten von Menschen passend sein sollte?«

»Was wäre geschehen, wenn einer von uns nicht im gleichen Jahrhundert wie der andere geboren wäre?«

»Dann hätten wir niemanden gefunden, mit dem wir den Schwur des Neuen Namens hätten ablegen können.«

»Hättest du geheiratet, wenn du mir nie begegnet wärest?«

»Ich glaube ja, denn der wirkliche Teil von mir, der Teil, der nicht einfach Meri ist, sondern all die Menschen, die ich jemals gewesen und in der Zukunft sein werde, hätte gewußt, daß Meris Dasein im Wachen ohne dich verbracht werden muß. Ich hätte gelernt, mich dieser Gegebenheit anzupassen wie die Katze, die ich einst besaß: Sie hatte als kleines Kätzchen eine Pfote verloren und gelernt, auf drei Beinen zu laufen. Fern der Erde wäre ich weiterhin mit dir zusammen gewesen, doch hier unten hätte ich gewußt, daß es sinnlos ist, unser Maß an Vollkommenheit bei einem Gatten zu erwarten ... oder weiterhin in dem Mann, den ich geehelicht, nach dir Ausschau zu halten und so immer enttäuscht zu sein.«

»Es wäre furchtbar, Meri, mit dir verheiratet zu sein und zu wissen, daß der Tod dich befreit für den, zu dem du *wirklich* gehörst.«

»Es scheint dir nur so, weil wir einen Maßstab haben, an dem wir nur weniger vollkommene Beziehungen messen können. Wären wir in Geist und Seele nicht alt genug geworden, um größerer Zuneigung fähig zu sein, wären wir sicher ganz zufrieden mit einer nicht *so* dauerhaften Verbindung. Wir beide müssen wohl viele goldene Fäden zu anderen Menschen haben, und diese Fäden sind nicht unecht, nur weil es noch stärkere gibt. Viele Ehen, in denen zwei Freunde in der Gesellschaft des anderen Geborgenheit und Beistand finden, sind sehr glücklich — auch wenn sie in Seele und Geist zwei Menschen bleiben, obwohl sie miteinander Kinder gezeugt haben.«

»Warum sind nicht mehr Menschen zu unserer Art von Ehe fähig?«

»Ich meine, es liegt daran, daß sie sich der Einheit mit den Göttern verschlossen haben und daher nicht darauf hoffen können, miteinander Einheit zu finden. Wenn zwei Lotospflanzen geblüht haben, können sie fruchtbar werden, denn sie haben das geflügelte Element erreicht. Hät-

Der Königliche Gesandte 343

ten dieselben Lotospflanzen sich dagegen gewehrt, ihre Knospen dem Licht entgegenzustrecken, und sich damit zufriedengegeben, nur noch mehr und mehr Wurzeln in den Schlamm am Grunde des Flusses zu treiben, würden sie weiterhin getrennt bleiben und unschöpferisch, bis ihnen ihre Meisterung des Wassers die Stärke verliehen hätte, die Sonne zu sehen.«

Am Abend vor der Ankunft des Wesirs begaben Meri und ich uns nach Hotep-Ra, wo jene aus seinem Gefolge, welche Amenemhet nicht zum Hause des Nomarchen begleiteten, zwei Tage lang Unterhaltung finden sollten, bis es für sie an der Zeit war, ihre Flußreise fortzusetzen bis zu der Stelle, an der Amenemhet wieder die Barke besteigen würde.

Da die Farben der Wächter die gleichen wie die der Oryx waren, konnten wir alle ihr Zeichen — weiße und gelbe Bänder am rechten Oberarm — tragen, ohne Verdacht bei jenen zu erregen, die nicht zu uns gehörten. Auf den an Roidahns Gärten angrenzenden Feldern waren unter schattenspendenden Bäumen Pavillons errichtet worden, denn auch hier war eine große Versammlung sowohl aus der Oryx als auch aus den beiden Nachbarprovinzen zusammengekommen.

Die Staatsbarke sollte am frühen Nachmittag eintreffen. Bei Sonnenaufgang drängten sich die Menschen bereits auf den Straßen von Hotep-Ra, und die Häuser wurden mit grünen Zweigen und Blumengirlanden geschmückt. Alle zwanzig Schritte entlang des Weges, den der Ehrenzug nehmen würde, flatterten von hohen, weiß-gelb bemalten Masten lange Wimpel. Der Zug würde etwa fünf Stunden brauchen, um sich auf dieser Straße von Hotep-Ra zum Hause des Nomarchen zu bewegen.

Flußabwärts waren Läufer postiert worden, um Nachricht vom Herannahmen zu übermitteln, und zu Mittag nahmen Meri und ich unseren Platz neben Roidahn und Hanuk am Landesteg ein. An beiden Flußufern drängten sich die Menschen, und zwischen ihnen liefen Wasserträger und Männer mit Wein- und Bierkrügen auf den Schultern hin und her. In der Luft schwirrten Gelächter und erwartungsvolle Zurufe. Eine Doppelreihe geschmückter Boote bildete ein Spalier zum Anlegeplatz, ihre Segel waren heruntergezogen, die Maste mit blühendem Wein umwunden und die Seiten mit leuchtend bunten Tüchern behangen, so daß sie aus der Ferne wie kleine Inseln aussahen, auf denen Bäume wuchsen.

Der Aussichtsposten an der Flußbiegung gab Zeichen, daß der Ehrenzug in Sicht kam. Zum Schlage von hundert Ruderern herangleitend, bot die vergoldete Barke des Pharao einen majestätischen Anblick. Im Gleichklang wie die Flügel von schwirrenden Schwalben leuchteten die Doppelreihen der Ruder golden auf, wenn die Sonne auf sie fiel. Nun konnten wir die großen, scharlachroten Straußenfedern der Fächer sehen, als die acht Fächerträger im gleichen Rhythmus wie die Ruderer ihre Fächer durch die Luft bewegten. Endlich konnte man deutlich den Mann erblicken, der die weiße Krone trug — die Krone, die er bald als Pharao, nicht nur als Königlicher Gesandter, tragen würde. Er hätte eine Statue sein können, so ruhig saß er auf dem großen Thron aus Zedernholz. In seinen Händen hielt er Krummstab und Geißel Ägyptens, um seinen Hals die große Brustplatte des Hohepriesters des Mittäglichen Ra, ein traditioneller Titel des Herrn der Zwei Länder. Barke um Barke kam um die Flußbiegung, alles in allem fünfzig, und die kleinste unter ihnen mit vierzig Ruderern.

Die Staatsbarke war so stark vergoldet, daß es wie solides Gold schien, und im leuchtenden Sonnenlicht blendete sie fast zu sehr, um sie anzusehen. Die Ruderer hoben ihre Ruder wie ein Mann aus dem Wasser, und der Steuermann hatte seinen Befehl so vollkommen zur rechten Zeit erteilt, daß die Barke geschmeidig wie ein Schwan am Steg anlegte. Die acht riesigen Nubier, welche die Königlichen Sänftenträger waren, hoben den Thron, auf dem Amenemhet noch immer regungslos saß, und setzten ihn auf das Podest, das in der Mitte des Landesteges dafür errichtet worden war.

Als Sohn des Nomarchen war ich der erste, den Rist seines Fußes mit der Stirn zu berühren. Dann erwies Meri ihm die gleiche Ehrbezeugung, gefolgt von Roidahn und Hanuk und der Rangfolge nach jenen anderen vornehmen Blutes, die bei uns waren. Mir fiel es schwer zu glauben, daß dieses strenge Gesicht uns am Tage unserer Vermählung nur sechs Monde zuvor so lächelnd gegrüßt hatte. Er war fast *zu* königlich, und wieder empfand ich, tief verborgen in meinem Geiste, jenes kleine Flackern von Zweifel. Besaß Amenemhet genügend warme Menschlichkeit, um der Pharao der Wächter zu sein? Ehre und Würde und Gerechtigkeit — all dies besaß er, doch war dies genug?

Der vergoldete Tragethron führte den Zug an, dahinter kamen Meri und ich in einer Doppelsänfte. Uns folgten die hundert Höflinge, die unsere Gäste sein würden, alle in offenen Sänften, der unseren ähnlich. Alle tausend Schritte hielt der Ehrenzug, damit die Träger aus-

Der Königliche Gesandte 345

ruhen und Amenemhet die Aufwartung der Aufseher und Dorfoberhäupter entgegennehmen konnte, die aus allen Teilen der Provinz gekommen waren. Wein und gekühlte Fruchtsäfte wurden herumgereicht, und Mädchen, welche weiße Gewänder und Kränze aus Mondmargeriten trugen, boten Körbe voller Früchte und Platten mit Süßigkeiten an.

Bei Sonnenuntergang waren wir noch eine Stunde von unserem Ziel entfernt, und ich sah mit Freude, wie genau die Reise zeitlich vorgeplant war. Während sich im Westen Zinnober in Violett verwandelte, erblühten Fackeln in der aufsteigenden Abenddämmerung. Licht schien von Fackel zu Fackel zu hüpfen, bis das Feuer wie Wasser floß, um die Straße zu säumen — die Glieder einer schmückenden Kette auf der dunklen Brust der Nacht.

Eine leichte Brise war aufgekommen, die Flammen strömten von den Fackeln wie das Haar einer laufenden Frau. Das warme Licht glänzte auf den Gesichtern der Menschen, die den Weg säumten, weiße und gelbe Gewänder, Blumengirlanden, Funken flogen auf, als ob sie, um die Bedeutungslosigkeit des Goldes wissend, es in die Luft streuten.

Meri ließ ihre Hand in die meine gleiten. »Seit Hunderten von Jahren hat kein Pharao mehr solch *glückliche* Menschen zu seiner Begrüßung versammelt gefunden. Nachdem er *sie* gesehen hat, wird er es niemals wagen, Menschenmengen in anderen Teilen Ägyptens Furcht einzuflößen mit Königlichen Aufzügen, deren Absicht es ist, sie mit der Macht der Geißel zu beeindrucken. Er muß dies sicher so sehen wie ich, denn auch ich war einst eine Fremde in der Oryx. Nur jene, welche jenseits unserer Grenzen geboren sind, können wissen, wie wunderbar es ist, jede Kaste sich in Frieden miteinander freuen zu sehen.«

Am nächsten Tag saß Amenemhet in Zusammenkunft mit den AUGEN DES HORUS. Vater nahm nicht teil, weil er, wie er sagte, sich um die vielen Gäste kümmern mußte, doch Meri und ich waren da, mit Roidahn, Hanuk, Kiyas, Sebek und den zukünftigen Nomarchen des Hasen, des Leoparden und der Schildkröte. Der Schakal war nicht vertreten, denn es war beschlossen worden, daß der Sohn des gegenwärtigen Nomarchen kein geeigneter Herrscher sein würde. Seine Wunden waren geheilt, doch die Lahmheit, an der er für den Rest seines Lebens leiden würde, machte ihn weiterhin zu verbittert, um in seinem Urteil verläßlich zu sein.

Während ich Amenemhets Worten lauschte, wurde mir bewußt, von welch langer Dauer und großer Bedeutung die Rolle war, die er im Zusammenfinden und Wachsen der Wächter gespielt hatte, und ich sah, daß Roidahn die angeborene Hohheit des Wesirs nicht überschätzt hatte. Obwohl wir ihn alle bereits als den rechtmäßigen Träger der Doppelkrone anerkannten, gab es in der Zusammenkunft keine Schranke des Ranges zwischen uns, obgleich wir außerhalb der Wächter-Zusammenkunft ganz und gar anerkannten, daß wir rangmäßig unter ihm standen. Innerhalb unserer Ordnung wurden wir nur nach dem Wägen des Herzens geschätzt, das weder Geburt noch Amt noch Gold Beachtung schenkt.

Roidahn hatte ihn bereits mit der letzten Entwicklung unserer Pläne bekannt gemacht, und nun erläuterten ihm die drei zukünftigen Normachen sämtliche neuen Veränderungen, die in ihren Provinzen stattgefunden hatten, seit er das letzte Mal von ihnen gehört.

»Warum ist der Schakal heute nicht bei uns?« fragte er.

Roidahn gab ihm darauf die Gründe, warum der Nomarch der Schakalprovinz noch nicht gewählt worden war.

»Ich verfüge hiermit«, sagte Amenemhet, »— doch sollte irgendeines der AUGEN DES HORUS gegen diese Verfügung Widerspruch einlegen wollen, so kann er es, wie immer, jetzt tun —, daß sobald ich Pharao bin, Hanuk, Sohn Roidahns, die Schakalprovinz regieren soll. Und von diesem Tage an wird der Schakal mit der Oryx so vereint sein wie diese mit Hotep-Ra.«

Die Hanuk erwiesene Ehre wurde mit Beifall aufgenommen, und ich bemerkte, daß Hanuks erster Blick auf Kiyas gerichtet war, um zu sehen, ob ihr diese Entscheidung gefiel.

»Ich bringe Neuigkeiten aus dem Norden«, fuhr Amenemhet fort. »Die fünf Provinzen sind nicht vereint, wie wir es im Süden sind. Sie begrüßten den Bau der Königlichen Stadt an der nördlichen Grenze der Königlichen Provinzen, denn sie nahmen ihn als Zeichen, daß die Rote Krone über die Weiße herrscht. Mein Vater, der alte Wesir, riet dem Pharao, in den Norden statt in den Süden zu gehen, als er die Alte Hauptstadt verließ. Doch der Pharao verdankt es seiner eigenen Klugheit, daß er seinen Sommerpalast im Norden am Meer erbauen ließ, denn dieser Schachzug — obwohl ich bezweifle, daß er es erkennt — ließ ihn die Ergebenheit des Nordens gewinnen. Nur der Nomarch der Steinbockprovinz an der westlichen Grenze des Deltas ist uns bedingungslos beigetreten. Die anderen vier werden sich, falls es zur offenen Schlacht kommt, mit der Siegerseite verbinden. Alle Fürsten des Nordens warten nur darauf, sich dem Königlichen Thronerben zu widersetzen. Sie waren in der Königlichen Stadt und hatten Gelegenheit, sich ihr eigenes Urteil zu bilden. Überall hörte ich es flüstern, daß der jüngere Prinz herrschen wird, wenn der Pharao stirbt. Bedenket — wiewohl die Bevölkerung des Nordens, die Königlichen Provinzen nicht mitgerechnet, nicht so groß ist wie die des Südens, hat der Norden doch ein größeres Heer. Die Kriegerkaste ist zahlenmäßig stark, denn es war stets die nordöstliche Grenze, welche am meisten durch fremdländische Eindringlinge bedroht war, und die Nördliche Garnison hielt man stets dreimal so stark wie die Südliche Garnison.

Solange ich nur der Wesir bin, muß ich den Königlichen Befehlen Folge leisten, und es könnte sein, daß ich fern der Königlichen Stadt weile, wenn der Pharao stirbt. Wenn die Zeit gekommen ist, müssen wir rasch handeln und so verhindern, daß Prinz Men-het den Norden um Beistand gegen uns ersucht. Bin ich erst gekrönt, so ist es unwahrscheinlich, daß sie einen Aufstand entfachen, denn ich werde die Nomarchen in Audienz rufen lassen und verfügen, daß ihre Herrschaft aufrechterhalten wird und ihre Länder gedeihen sollen wie seit Jahrhunderten nicht mehr. Ihre Hauptleute mögen murren, denn sie wissen, daß sie unter Men-het auf fremdes Gebiet geführt worden wären und ihre Familien durch die Siegesbeute erstarkt wären. Es wird eine Zeit dauern, bevor sie damit zufrieden sein werden, gegen Hungersnot und Seuchen zu kämpfen statt gegen andere Völker; zufrieden damit, nicht zu erobern, sondern eine Eroberung zurückzudrängen. Es mag Jahre dauern, bevor der Norden die Ruhe des Südens erlangt. Ich bin froh, daß ich erst dreißig Jahre zähle, so mögen mir die Götter wohl gestatten, die Waagschale ihrer Gerechtigkeit zu halten, bis die Furcht ihren letzten Boden im Lande Ägyptens verloren hat.«

Dann fragte Kiyas mit einem Ton in der Stimme, der keine Spur ihrer persönlichen Gefühle verriet: »Was sind Eure Pläne für Prinz Men-het?«

»Falls ich in der Königlichen Stadt weile, wenn die Zweiundvierzig Richter anzeigen, daß für die Wächter die Zeit zum Handeln gekommen ist, indem sie den Pharao zu sich rufen, vermag ich mich wohl ohne Einspruch zum Pharao zu erklären, von jenen Hofleuten, Beamten und Leuten der Leibwache unterstützt, die mir bereits den Treueschwur geleistet haben. So schnell wie eine Nachricht reisen kann, soll mein Name als Pharao in jeder Provinz bekanntgegeben werden. Es ist zu hoffen, daß Men-het von der Nutzlosigkeit eines Handelns gegen mich überzeugt werden kann — selbst wenn es bedeuten könnte, daß er gefangengenommen werden muß, bis er seine Zustimmung zu den Wächtern gegeben hat. Danach wird er wieder in seinen Rang als Oberbefehlshaber Ägyptens erhoben werden und sogar noch größere Vorrechte genießen als unter der Herrschft seines Vaters.«

»Was geschieht, wenn Ihr ihn nicht auf unsere Seite bringen könnt?«

»Dann werden er und jene, die ihm folgen, mit Waffengewalt überwältigt werden müssen.«

»Was geschieht, wenn der Pharao stirbt, während Ihr hier seid oder Euch als Königlicher Gesandter auf einer anderen Reise befindet?«

»Es ist zu hoffen, daß dies nicht eintritt. Wenn doch, so halte ich es für wahrscheinlich, daß Men-het ein Urteil über den Königlichen Thronerben sprechen und sich selbst zum Pharao erklären wird. Der Süden wird immer noch mich zum rechtmäßigen Träger der Weißen Krone ausrufen. Ich hoffe, daß der Norden dem Süden folgen wird, statt sich mit den Königlichen Provinzen zu verbünden. Wenn sie gegen uns marschieren, dann werden die beiden Reiche für eine Zeit voneinander getrennt sein, und das Zeichen der Wächter wird mit Blut gemalt sein.«

Dann wandte er sich an uns alle: »Einige von euch haben beinahe zwanzig Jahre auf den Anbruch des Neuen Morgens gewartet. Roidahn hat die Wächter ins Leben gerufen. Er sah, daß die weisen Gesetze, welche Ra-ab Hoteps Großvater erlassen hat, nicht nur der Oryx, sondern ganz Ägypten Frieden bringen können. Dennoch sah Roidahn, daß wir einer neuen Amtshoheit bedurften, denn Gesetze allein sind nicht genug, wenn den Menschen deren weise Anwendung nicht gelehrt wurde. Er hat sein Gut wahrlich recht genannt, Hotep-Ra, ›der Ort, an dem die Menschen den Frieden Ras lernen‹.

Roidahn sah, daß Ägypten an einer Pest leidet, einer Seuche, die aus Hunger geboren ist. Diese Pest gedieh sowohl in fetten als auch in mageren Jahren, denn es war nicht Nahrung für ihren Bauch, an der es den Menschen mangelte, obwohl es viele gab, die auch im Fleische hungerten; es war Wahrheit für ihren Geist, nach der es sie hungerte. Wie ein Mann, der Laibe Brotes in ein Dorf trägt, das an Hungersnot leidet, gab Roidahn allen, denen er begegnete, Wahrheit. Er sorgte dafür, daß jene, die gehungert hatten, stark wurden und nun ihrerseits das Brot der Wahrheit zu anderen brachten, welche bis dahin keine

Linderung kannten. Allmählich begannen die Wunden am Leibe Ägyptens zu heilen. Die Oryx wurde zum Herzen seines erneuerten Körpers, und von ihr aus floß ein frisches Verständnis, das Blut Ptahs, durch Kanäle, die lange trocken gewesen. Roidahn ist ein weiser Arzt. Er wußte, daß wenn der Schorf von einer Wunde gerissen wird, bevor das darunterliegende Fleisch ausgeheilt ist, eine frische Wunde entsteht. Und so wußte er, daß es viel Zeit bedurfte, eine solch lange anhaltende Pest zu heilen. Der Verhungernde muß langsam essen, wenn er sich wieder erholen soll, doch nun ist die Zeit fast gekommen, in der der Schorf abfallen kann, um zu zeigen, daß der Leib Ägyptens rein ist.

Als ich neunzehn Jahre zählte, das Alter, in dem ich Roidahn zum ersten Mal begegnete, dachte ich, der Pharao sei die Ursache der Pest. Ich war unter alten Männern großgeworden, die gegenüber den Sorgen der Menschen, die sie regierten, blind waren, und die Spinnen der Selbstgefälligkeit Hüllen weben ließen, die ihre enge Sicht noch weiter verdunkelten. Hätte Roidahn mir damals gesagt, daß die Wächter planten, den Pharao zu töten — ich wäre ihnen frohgemut beigetreten. Ich betrachtete den Pharao und seine schmeichlerischen Höflinge als die Ketten, die Ägypten gefangenhielten, und ich sehnte mich danach, sie zu zerschlagen. Daher sagte ich Roidahn, er sei ein wirklichkeitsfremder Träumer, der mit den Leuten, die er um sich versammelt hatte, nur über Ideen nachsann, während falsche Priester in ihrer Macht zunahmen und verderbte Beamte unser Volk um sein rechtmäßiges Erbe brachten.

Roidahn sagte mir, eine Idee könne stärker sein als eine mächtige Phalanx aus Bogenschützen, sicherer als zehntausend Streitkolbenträger und geschwinder als Wurfspeere. Wir waren gemeinsam auf einer Löwenjagd in der Nähe der Alten Hauptstadt; er hatte zwei Löwen und ich einen dritten erlegt, und danach kam er als Gast mit mir zu meines Vaters Haus.« Er sah Roidahn an und lächelte. »Ich kann dich sehen, wie du damals warst, mein höchst verehrter Freund, auf den Stufen sitzend, die zum Haupthof hinaufführten, und noch immer höre ich deine Stimme sagen: ›Du denkst, es ist *nur* eine Idee? Gib mir zwanzig Jahre, und in dieser kurzen Spanne habe ich bereits soviel geschafft wie fünf Männer. Erzähle *einem* Mann die Wahrheit, und sie wird die Fäden, die ihn mit seinen langjährigen Freunden verbinden, entlangfließen, weiter und weiter. Doch wie weit sie auch reist, ihre Stärke wird nicht abnehmen. Wie viele auch aus dem Kruge der

Wahrheit trinken, das lebendige Wasser wird niemals weniger, jedoch Tausende werden stark, weil es ihren Durst gestillt hat.‹

Erinnerst du dich, Roidahn, wie du einen Stock ergriffst und ein Muster in den Staub zeichnetest? Du zeichnetest den Umriß eines Mannes, und von diesem strahlten Linien aus, die ihn mit den Freunden seiner langen Jahre, sowohl aus der Vergangenheit als auch aus der Zukunft, verbanden, und von ihnen gingen wieder Linien zu anderen. Du zeigtest mir, daß dies die Fäden sind, aus denen auf dem Webstuhl des Friedens ein geeintes Ägypten gewoben werden könnte. Dann maltest du ein paar Punkte und sagtest, diese stellten Menschen dar, die die Fäden, durch die ihre Zuneigung fließen sollte, durchtrennt hatten. Du sagtest mir, sie seien wie der Dorn, den ich aus meinem Arm zog — totes Holz, das aus dem Leib Ägyptens herausgeschnitten werden müßte, sonst würde es Verderbnis verursachen.

Ich fragte dich: ›Wie findest du deine Wächter?‹ und du antwortetest: ›Nur wenn durch einen Mann Liebe fließt, kann die Wahrheit in ihn einkehren, nur wenn er die Wahrheit erkennt, kann er Liebe kennenlernen. Wenn ich jemanden treffe, in dem die Liebe stärker ist als die Furcht, weiß ich, daß er ein Wächter sein kann, bereit, ausgebildet zu werden, wie er seine Stärke am besten nutzen kann, um andere von der dunklen Herrschaft der Furcht zu befreien.‹«

Dann wieder zu uns allen sprechend, sagte Amenemhet: »Auf diese Weise fand Roidahn eines der AUGEN DES HORUS. Denkt einen Augenblick daran, wie er damals war — ein junger Mann, im Hofe des Hauses des Alten Wesirs sitzend, zu einem Knaben sprechend, wie er in den Staub ein Muster für Ägypten zeichnete, welches sich in fünfzehn Jahren über alle Provinzen ausgebreitet hat. Seine Idee hat die Lebenden von den Toten geschieden, die Klarsichtigen von den Blinden, und viele von denen, die gefangen waren, hat sie frei gemacht.

Der Stock, den Roidahn damals hielt, wurde zu Krummstab und Geißel Ägyptens, und hätte er beschlossen, sie in seinen eigenen Händen zu behalten, hätte ich es als große Ehre erachtet, von ihm zum Wesir gemacht zu werden. Aber aus Gründen, die euch allen bekannt sind, hat er jene Abzeichen der Hoheit in meine Hände gelegt; möge ich ein guter Kanal der darin fließenden Liebe sein, um mich ihrer würdig zu erweisen.«

Teil VI

Fackelträger

VIER MONDE WAREN vergangen. Die Vorbereitungen waren vollendet. Jeder Mann und jede Frau waren bereit für die ihnen zugewiesene Aufgabe, und überall warteten Wächter, daß das Wort verkündet wurde, welches die Wiedergeburt Ägyptens einleiten sollte. Auch im Königlichen Palast gab es Gefährten, die auf Amenemhets Sache eingeschworen waren, und so erreichten uns alle paar Tage Nachrichten von der langsam dahinwelkenden Kraft des Pharao. Amenemhet war zweimal im Norden gewesen, seit er uns in der Oryx besucht hatte, und nun weilte er wieder dort, um im Königlichen Namen die Steuerabgaben im Sommerpalast entgegenzunehmen. Daß er beim Tode des Pharao in der Königlichen Stadt sein sollte oder wenn nicht dort, so doch im Süden, schien für den glatten Ablauf unserer Pläne entscheidend zu sein. So waren wir stets besorgt, wenn er in den Norden reisen mußte.

In zwölf Tagen würde er wieder in der Königlichen Stadt sein. Erst gestern hatte ein Bericht an Roidahn gemeldet, dem Pharao scheine es besserzugehen als seit langem, und der Königliche Arzt habe erklärt, es sei wohl möglich, daß sein Herr das neue Jahr erleben würde. So war es wohl möglich, daß die Stunde des Horizonts nicht kommen würde, bevor Meri nicht länger Gefangene unseres Sohnes war. Ich erzählte ihr diese Neuigkeiten voller Erleichterung, denn da die Zeit der Geburt näher rückte, wuchs ihre Befürchtung, sie könnte sonst daran gehindert sein, mit mir zu kommen, wenn die Oryx gegen Men-het ins Feld zog.

Es war nun der dritte Mond der Aussaat, und die Hitze war nicht stark, nicht einmal mittags. Während des Morgens hatten wir den Schreibern zugeschaut, wie sie die Wandmalerei an den Wänden des Kindergemachs vollendeten. Es war ein Fries aus Tieren, die zum Süden gehörten: zunächst eine Oryxantilope, gefolgt von einem Hasen, einem Schakal, einer Schildkröte, einem Leoparden, einer Gazelle und den anderen Standarten der zehn Provinzen des Südens ... die Oryxantilope führte die anderen auf eine Flußaue, wo Pflanzen und Früchte unseres Landes wuchsen. Nachdem wir eine Weile mit den Künstlern gesprochen hatten, schickte ich nach unserer Doppelsänfte und nach einem Läufer, um dem Segelmeister zu sagen, er möge das kleinste unserer Boote bereitmachen, jenes, welches wir benutzten, wenn wir allein sein wollten, ohne Mannschaft.

Die Winde waren leicht, und wir segelten gemächlich flußabwärts, bis wir einen Platz fanden, wo Bäume bis zum Rande des Wassers hinab wuchsen und ich das Boot im Schatten festmachen konnte.

Meri, die sich ganz der Ruhe hingegeben hatte, gähnte schläfrig und sagte zufrieden: »Wenn wir so allein sind wie jetzt, ist es schwer, sich daran zu erinnern, daß die Stunde, das Jetzt, dem kommenden Morgen angehört nicht dem Gestern. Ich habe mich so daran gewöhnt, unter glücklichen Menschen zu leben, daß die Furcht und Grausamkeit, welche in den Königlichen Provinzen zum Leben gehören, so unwirklich wie ein Alptraum erscheinen — ein dunkler Traum, den ich nicht mehr träume.«

»Ein Traum hört nicht auf *da* zu sein, nur weil du ihn nicht mehr träumst, genausowenig wie ein Traum Wirklichkeit wird, nur weil du es glaubst, Meri.«

Sie seufzte. »Ich weiß. Doch zuweilen wünschte ich, wir könnten in der Oryx leben und den Rest Ägyptens vergessen.«

»Vater glaubte, dies *sei* möglich, bis Roidahn es ihm mit einem Bild deutlich machte: Unterdrückung zu sehen und sich nur mit der Ausrede von ihr abzuwenden, sie läge nicht im Bereich der eigenen Macht und ginge einen daher nichts an, sei das gleiche, wie wenn ein Fisch in der Fischfalle tut, als sei dieser Weidenkorb eine Grotte, welche er sich ausgewählt habe, und nicht ein Gefängnis, und solange er den Rest des Flusses vergessen könne, würde der Fischer niemals kommen. Wenn die Wächter es zuließen, die Macht in den falschen Händen zu belassen, könnten wir vielleicht den Frieden in der Oryx noch für ein paar Jahre weiter genießen — vielleicht auch nur für ein paar Monde. Doch irgendwann würde sich unsere Gleichgültigkeit gegen uns kehren, würde zurückkehren genau wie die Schwalben, und es wären ihnen auf ihrer Reise neue Federn gewachsen, grau wie die Furcht und schwarz wie eine Statue Seths.«

»Auch ich weiß dies, Ra-ab. Ägypten, wie du mir einmal erzählt hast ... oder war ich es, die es dir erzählte — ich habe es vergessen:

Ägypten ist wie der Leib eines Menschen, kein Teil kann wirkliche Ruhe kennen, wenn ein anderer Teil sich in Schmerzen windet.«

Der Ton ihrer Stimme gab mir das Empfinden, sie selbst habe vielleicht Schmerzen, und ich sagte besorgt: »Du meintest, er wird in ungefähr zwanzig Tagen geboren werden, bist du sicher, daß es nicht früher sein wird?«

»Ja, er ist noch nicht bereit.« Sie ließ ihre lange, schlanke Hand über ihren Bauch gleiten. »O Ra-ab, ich wünschte wirklich, Frauen müßten nicht eine solch komische Form annehmen! Mein übriger Leib ist, wie er immer war, doch die Wölbung meines Bauches kann es mit einer Sichel aufnehmen! Und ich wünschte, ein Kind zu erwarten würde nicht so lange dauern. Ich wünschte, es gäbe mir nicht dieses Gefühl der Tolpatschigkeit. Ich wünschte ...«

»Wünschtest du, du bekämst ihn nicht?«

»Nein, das wünsche ich mir nie, besonders jetzt, wo er beinahe bereit ist. Ich habe letzte Nacht wieder von ihm geträumt, kein sehr klarer Traum, sonst hätte ich dir gewiß schon davon erzählen wollen. Er war, wie er früher war, nicht wie er jetzt ist. Auch du kamst in dem Traum vor, und ich glaube, wir waren alle Frauen. Das Land, in dem wir lebten, sah fast wie Ägypten aus, doch es war keine Gegend, in der ich schon gewesen bin. Ich weiß, er wird jemand sein, der ein Freund von uns ist.«

»Ich frage mich, ob wir ihn wiedererkennen, wenn er geboren ist?«

»Es wird lustig sein, jemanden, den wir gut kennen, jemanden, der sonst vielleicht älter und stärker war als wir, plötzlich in einen kleinen Körper gehüllt zu sehen, der nicht einmal gehen oder verständliche Worte hervorbringen kann. Und es wird sehr spannend sein, wenn er uns erzählen kann, woran er denkt, besonders wenn er sich erinnern kann, schon zuvor mit uns zusammengewesen zu sein!«

»Er sollte dankbar sein für all die Mühen, die du seinetwegen erduldest.«

»Nein, das braucht er nicht«, sagte Meri entschieden. »Das ist das eine, was keine Mutter je von ihrem Kinde erwarten sollte: Dankbarkeit für die Mühe, es ausgetragen und geboren zu haben. Es ist die Mutter, die dankbar sein und alles ihr Mögliche tun sollte, ihrem Kind dabei zu helfen, soviel Weisheit zu erlangen, daß es ihm keine Verschwendung von Zeit war, als ihr Kind geboren worden zu sein!«

»Ich frage mich, ob ein Kind weiß, ob es von seinen Eltern gewollt ist? Trotz des *Geheimnisses der Frauen* muß es viele Frauen geben, die unerwartet ein Kind empfangen?«

»Natürlich weiß es das. Wenn unser Sohn ungewollt wäre, so würde er dies empfinden, so wie wir, wenn man uns plötzlich unter uns nicht wohlgesonnene Fremde zu leben verbannte. Selbst wenn die Fremden sich bemühten, freundlich zu uns zu sein, würden wir sie wahrscheinlich hassen. Dennoch, weil wir der Zahl nach hoffnungslos unterlegen wären, müßten wir unsere Gefühle unter gespielter Dankbarkeit oder gar Zuneigung verbergen. Als ich noch sehr klein war, hatte ich oft einen Traum, in dem ich auf einer Wiese umherging, weiße Blumen pflückte und vor mich hin sang, weil ich glücklich war. Plötzlich stieß ein großer Geier herab und trug mich in seinen Klauen davon. Schwarze Wolken bedeckten den Himmel, und es gab nichts als das schreckliche Tosen des Windes. Der Geier brachte mich in eine Höhle, eng und dunkel, und dann verwandelte er sich in eine schwarze Motte, die mich in eine Art Kokon einwebte, ganz und gar. Dieser Teil des Traumes war nicht so schlimm, denn ich träumte mich ziemlich oft auf die Wiese zurück. Doch immer erwachte ich daraus als eine Gefangene, die um ihre Befreiung kämpfen mußte. Dann kam der Vogel zurück und holte mich aus seiner Höhle; wieder hörte ich das Tosen des Windes, und die Klauen gruben sich in meinen Kopf und meine Schultern und taten mir weh. Dann ließ er mich fallen, und ich empfand ein furchtbares Gefühl des Fallens, das lange Zeit andauerte. Wieder schien ich von dem Kokon umwickelt zu sein, und dann waren da Gesichter, die auf mich herabblickten, Gesichter von Fremden, die ich nie zuvor gesehen. Sie beugten sich über mich, und ihre Augen sahen mich so groß und verständnislos an wie weiße Steine. Ich schrie sie an, sie sollten weggehen, schrie nach jemandem, mich zu befreien. Sie verstanden nicht, wovon ich sprach, denn sie alle waren Fremde, die eine andere Sprache sprachen. Es gab keinen, mit dem ich durch Liebe verbunden war — denn wäre es so gewesen, hätten sie verstanden, denn diese Verbindung hätte Gedanken zwischen uns hin- und hergetragen. Als ich älter war, sagte meine Amme, ich sei ein sehr ungezogenes Kind, weil ich soviel weinte ... Ich vermute, sie hatte vergessen, wie es war, eine Gefangene unter Fremden zu sein.«

Es war nahezu das erste Mal, seit ich mit Meri lebte, daß ich voller Groll war gegenüber den Schranken, welche die Zeit errichtet. Ich wollte bei ihr gewesen sein, als sie geboren wurde, um sie von jenen dummen, gedankenlosen Menschen fortzubringen und sie in der

Fackelträger 357

Liebe aufzuziehen, die der natürliche Schutz eines jeden Kindes sein sollte.

»Kein Kind kann sich als Fremder empfinden«, sagte ich, »wenn es Eltern geboren wird, die einander lieben wie wir. Ich glaube nicht, daß unser Sohn etwas dagegen hat, geboren zu werden!«

»Es wird ihm nichts ausmachen, weil er kein Fremder ist. Ein Kind, das Menschen geboren wird, welche einander in dem Maße zugetan sind wie wir, ist nie ein Fremder. Wenn nur solche Menschen Kinder hätten, würde das Geborenwerden nicht als *in die Verbannung gehen* bezeichnet werden. Auch das, Ra-ab, müssen wir unserem Volk beibringen: daß Kinder immer aus Liebe geboren werden sollten und nie aus Zweckdienlichkeit.«

An diesem Abend trugen jene, welche Ra bei der Heimkehr von seiner Tagesreise am Himmel begrüßten, Banner aus Flammen und Korallenrot. Vom Westen flogen Wolkenfahnen herauf, bis sich der Nordwind erhob, und die letzten Feuer des Sonnenunterganges gelöscht waren in einem Himmel wie dunkler Wein. Das Segel blähte sich, als ob es versuchte, die Wölbung des jungen Mondes widerzuspiegeln. Meri lehnte sich gegen meine Knie, während ich am Steuerruder saß. Das Wasser war glatt und kühl wie schwarzes Leinen, und das leise Rauschen des Bootes gegen die Strömung war sanft wie die Schwingen eines Nachtvogels in der Stille.

Als wir die letzte Biegung des Flusses umrundeten, legte sich das Boot etwas gegen den Wind zur Seite. Jetzt leuchtete der Mond heller, und ich konnte die Form der Bäume jenseits des Landesteges erkennen. Ich sah eine Fackel auf dem Weg zu den Wasserstufen und fragte mich so nebenbei, ob wohl jemand hinab zum Flluß kam, um Fische zu fangen.

Ein Mann stand da und wartete auf unser Herannahen. Er hielt die Fackel hoch über seinem Kopf, als er sich vorbeugte, um die Dunkelheit mit den Augen zu durchdringen. Ich rief zu ihm hinüber, und er schwenkte die Fackel drei Mal ... das Zeichen, auf das sich die Wächter geeinigt hatten. Es bedeutete: »Der Pharao ist tot — die Stunde des Horizonts ist gekommen!«

Es schien, als ob der Ra-ab, der nun nach Hotep-Ra reiste, so schnell ihn der Staffellauf der Läufer tragen konnte, nicht ein, sondern zwei Männer waren: Der Liebende, der zum ersten Mal seine Frau verließ, ihre Küsse noch immer warm auf seinen Lippen, ihre Stimme noch soviel wirklicher als die klatschenden Füße der Sänftenträger, welche ihn geschwind von ihr wegtrugen. Und der Befehlshaber der Oryx, begierig, seine Kräfte als Führer zu beweisen, dankbar, daß die Stunde, auf die er sich sieben Jahre vorbereitet hatte, nun gekommen war.

Meri hatte an der Pforte gestanden, um mich aufbrechen zu sehen. Im flackernden Licht der Fackel, die der Torwächter hielt, sah sie so schmal und tapfer aus. Zum Abschied hatte sie gesagt: »Denke daran, Ra-ab, mein Herz und alles an mir, was *wirklich* ist, gehen mit dir. Es ist nur mein Leib, der hierbleiben muß, und bis du zurückkehrst, wird er nicht *mehr* Teil von mir sein als die Gewänder, die bis zu deiner Heimkehr gefaltet in der Zederntruhe liegenbleiben.«

So vieles war in den letzten zwei Stunden geschehen ... als Meri und ich das Große Haus erreicht hatten, fanden wir überall erwartungsvolle Spannung und Tätigkeit. Die Botschaft von Pharaos Tod war am frühen Nachmittag eingetroffen, und Kiyas war augenblicklich nach Hotep-Ra aufgebrochen, dem Ort, an dem sich die unter ihrem Befehl stehenden Frauen wie auch alle Krieger der Oryx versammelten. Durch die ganze Provinz war von Dorf zu Dorf die Nachricht gesandt worden, bei Tageslicht durch Rauchsäulen, nach der Abenddämmerung durch Fackeln. Jene, welche das Große Haus rechtzeitig erreichen konnten, würden sich dort versammeln, um meinen Vater Amenemhet zum Pharao ausrufen zu hören. Ich wußte, daß andernorts die Menschen in die Städte strömen würden, um dieselbe Bekanntgabe von ihren Oberaufsehern zu vernehmen, zur Morgendämmerung, die Stunde, die nach dem Brauch zur Ernennung eines neuen Pharao bestimmt ist. In jeder Provinz des Südens würde sich Ähnliches abspielen, und viele Tausende von Menschen würden außerdem hören, daß sie von nun an von einem neuen Pharao wie auch von einem neuen Nomarchen regiert werden würden. Nur in der Gazellenprovinz gab es Furcht vor Unruhen; doch der alte Nomarch, ein Onkel des von den Wächtern erwählten Mannes, war schon seit langem altersschwachen Geistes, und sollte er sich weigern abzudanken, würde ihm wohl kaum jemand ernsthafte Unterstützung anbieten.

Ich wünschte, ich gehörte zu jenen, die die Gabe besitzen, auf Wasser zu schauen und es als Fenster zu einem anderen Teil der Erde zu sehen, doch als Ra-ab war sie mir nicht mehr zu eigen. Der Norden hatte seine Absichten noch nicht offenbart, und so mußte ich auf einen Botschafter warten, um zu erfahren ob die Oryx in den Krieg ziehen

Fackelträger 359

müsse. Alle zweitausend Schritte wurden die Träger durch frische Läufer ersetzt, und sie waren so geübt, daß ihre Geschwindigkeit sich kaum verringerte, während die Tragestöcke von der Schulter des einen zur Schulter des anderen überwechselten.

Ehe der Morgen dämmerte, kamen die Fackeln von Hotep-Ra in Sicht. Noch andere Fackelreihen strömten dort zusammen, und so wußte ich, daß viele vor mir angekommen waren. Ich traf Sebek, wo der Weg vom Dorf der Soldaten in die Straße mündete. Er erzählte mir, daß dreihundert Mann bereits bei ihm angekommen seien und daß wir zur Mittagszeit zum Aufbruch bereit sein würden.

»Kiyas' Frauen sind alle hier«, sagte er. »Entweder haben sie als erste das Zeichen zum Aufbruch erhalten, oder ihr Eifer ist noch größer als der der Männer, denn sie sind alle hier, zweihundertzwölf Frauen. Sie haben ihr Lager auf dem Feld neben dem Haus aufgeschlagen, welches Roidahn Kiyas zugeteilt hat. Du solltest lieber hinuntergehen, um Kiyas zu treffen, sobald Roidahn weiß, daß du angekommen bist.« Er blickte zum Himmel. »Nein, du wirst keine Zeit mehr haben, bevor er Amenemhet als neuen Pharao verkündet. Ich habe mich gerade aufgemacht, ihn zu sprechen, wir können also zusammen gehen.«

Auf dem großen, viereckigen Platz, um den die Stadt von Hotep-Ra erbaut ist, waren mehr als zweitausend Menschen versammelt. Auf dem Sockel der Statue Ras stand Roidahn, umgeben von dem großen Gefolge seiner Schüler, die mit ihm den Anbruch des Neuen Morgens erwarteten, den er ihnen seit langem versprochen hatte.

Von den östlichen Klippen flutete Licht herauf, und die Wächter sahen Ra, in dessen Namen sie die Macht erbaten, majestätisch am Himmel aufsteigen. Dann sprach Roidahn zu der Menge:

»Im Namen Ras, die Stunde des Horizonts ist gekommen. Eure Augen sind offen, und nun werdet ihr die Erfüllung eurer Arbeit sehen. Eure Ohren vernehmen das Wort; der Ton der Drangsal wird verklingen, und da, wo Weinen war, soll Lachen ertönen. Der Mund der Furcht wird verstummen, denn Ägypten lauscht der Silberstimme der Göttin der Wahrheit. Ihre Stimme soll aus eurem Munde widerhallen, sie wird die Tyrannei in die Verbannung schicken und Frieden und Weisheit herbeirufen, auf daß sie gemeinsam Herrscher der Zwei Länder sind. Liebe ist das Messer, welches die Fesseln durchschnitt, die euch gefangenhielten. Jetzt seid ihr frei, bereit, voranzueilen, um jene zu befreien, welche noch gebunden. Ra ist der Herr der Liebe, und Wille ist die Macht des Horus, seines Sohnes. Vater und Sohn zusammen haben euch stark gemacht. So befehlt in ihrem Namen der Furcht, zu gehen und auf ewig in dem Grabe zu weilen, welches bald den Leib dessen, der nicht Pharao war, umschließen wird. Der Pharao ist tot, und im Namen der Wächter ist der Pharao wiedergeboren. Hiermit verkünde ich euch seinen Namen: Amenemhet, der herrschen wird als Iss-hotep-ab-Ra — Weisheit in Frieden durch die Liebe Ras.«

Ich stand wie alle anderen mit zum Gebet erhobenen Händen. Mehr als jemals zuvor strömte das Leben der Götter, durch das alle Dinge erst leben, in mich ein. So sollte das Ägypten kommender Zeiten sein: mit zum Himmel erhobenen Händen der Sonne begegnend, niemals wieder wie ein Sklave geduckt unter der Geißel.

Als sich die Menge allmählich zerstreute, sah ich Hanuk und bahnte mir einen Weg zu ihm. »Es gibt noch keine Neuigkeiten«, beantwortete er meine begierige Frage. »Noch ist nicht genug Zeit verstrichen, als daß ein Läufer aus der Königlichen Stadt hier eintreffen könnte, doch Vater hofft, daß dies noch vor dem Abend geschieht. Amenemhet wird immer noch im Sommerpalast weilen, und es war abgemacht, daß er — sollte der Pharao in dieser Zeit sterben — sich selbst zum Pharao erklären soll, ohne auf unsere Unterstützung zu warten. Er hält einen ernsthaften Widerstand des Nordens für unwahrscheinlich, wenn sie uns auch nicht mit Waffengewalt gegen Men-het unterstützen würden. Ich meine, wir sollten noch vor Mittag marschieren, um den Hasen an der nördlichen Grenze des Schakals zu treffen. Wir dürfen die Königlichen Provinzen nicht betreten, bis wir hören, was Men-het zu tun beabsichtigt.«

Plötzlich wurde mir bewußt, daß nun *er* der Schakal war. »Du bist jetzt der Nomarch«, sagte ich. »Warum bist du hier, statt in deiner Hauptstadt?«

»Ich kann mich auf die Ergebenheit des Sohnes des alten Nomarchen verlassen. Ich fürchtete, er würde Bitterkeit für uns empfinden, doch er möchte den Wächtern beitreten und sagt, er sei froh, sein Leben nicht damit zubringen zu müssen, geduldig unsere Gesetze zu verwalten. Das letzte Mal als ich ihn sah, war er ganz und gar mit den Plänen für einen neuen Wasserspeicher beschäftigt und konnte kaum an etwas anderes denken. Er schätzt es, daß ich es ihm anvertraue, mich zum Nomarchen auszurufen, wenn er dem Volk die Nachricht vom Königlichen Tod verkündet. Sein Vater war bereit, die Nachfolge auf mich übergehen zu lassen, und sehnte seit einiger Zeit schon die Abdankung herbei.«

Ich wußte, daß Hanuk sich in der Provinz, die nun ihm gehörte, aufhalten würde, wäre es notwendig — doch ich wußte auch, daß ihn nur der Wunsch, bei Kiyas zu sein, davon hatte abhalten können. Ich wollte sie sehen und fand sie damit beschäftigt, Lasten unter den Frauen aufzuteilen.

Sie sagte gerade zu einer Frau: »Ich weiß, daß zehn Wurfspeere nicht so schwer sind wie fünfzig Pfeile, aber sie sind unhandlicher zu tragen, und so betrachte ich diese Aufteilung als gerecht. Wenn du nicht zufrieden bist, solltest du lieber in den anderen Hof gehen, wo die Lasten der Speisevorräte verteilt werden. Sie sind nicht zu schwer, vor drei Tagen habe ich eine davon zehntausend Schritte getragen, während der Mittagsstunden, um mir Gewißheit zu verschaffen.«

Sobald ich mit ihr allein war, fragte ich: »Warum hast du Hanuk nicht gehen lassen? Es war seine Stunde des Triumphs, in der er das erste Mal seine Stadt als Nomarch hätte betreten sollen.«

»Das ist nicht meine Schuld«, sagte sie. »Sobald uns die Nachricht erreicht hatte, sagte ich ihm, er solle aufbrechen. Doch er entgegnete, unverheiratete Nomarchen fänden nicht seinen Beifall, und er wolle förmlichen Einzug halten mit seiner Gattin an seiner Seite.«

»Er meint damit dich?«

Sie nickte. »Ich sagte ihm, da wird er vielleicht lange Zeit warten müssen. Ich liebe ihn sehr, doch ich werde mich nicht mit ihm vermählen, solange ich noch an Men-het denken muß. Das ist auch der Grund, warum Hanuk mir versprechen mußte, mich mit in den Kampf ziehen zu lassen ... falls es einen gibt. Mich verfolgt der Gedanke, daß auch durch *mein* Zutun Men-het gegen Ägypter kämpfen wird. Doch seit ich Amenemhet sah, weiß ich, daß er der Rechte ist, unser Pharao zu sein.«

»Die Wahl wäre auch ohne dich auf Amenemhet gefallen, Kiyas. Was du Roidahn berichtet hast, machte sie ihm nur noch klarer.«

Sie prüfte den Strick, der ein Bündel von Pfeilen hielt. Ihr Haar fiel nach vorne und verbarg ihr Gesicht. »Ich weiß, es hatte sehr wenig mit mir zu tun«, sagte sie, »und doch fühle ich mich verantwortlich, daß Hanuk und Men-het auf gegnerischen Seiten kämpfen werden. Deswegen möchte ich dort sein — auf daß ich mir meines Herzens sicher sein kann.«

»Und was, wenn Men-het nicht kämpft?«

»Ich bete darum. Dann wüßte ich, daß er nicht einmal die Art von Mut hat, um deretwillen ich ihn liebte. Er wäre dann wie ein Traum,

aus dem zu erwachen ich dankbar wäre. O Ra-ab, ich habe so inständig gebetet, der Bote würde uns bei seiner Ankunft berichten, Men-het sei aus dem Lande geflohen ... dann wäre ich frei, Hanuk mit allem, was ich bin, zu lieben.«
»Es muß schwer sein für Hanuk.«
»Ich weiß. Ich wünschte, ich liebte ihn nicht so sehr, denn dann hätte ich nicht so ehrlich zu ihm sein müssen. Ich habe Hanuk niemals belogen, nicht einmal in kleinen Dingen. Als ich herausfand, daß ich es nicht konnte, auch wenn ich wußte, daß ihn die Wahrheit verletzen würde, zeigte es mir, daß ich ihn liebe.«

Da die Schakal- an die Schilfprovinz, die südlichste der Königlichen Provinzen, angrenzte, war vereinbart worden, daß sich die Heere der Oryx, des Hasen und des Schakals im Dorf der Soldaten in der Schakalprovinz, ungefähr sechstausend Schritte von ihrer nördlichen Grenze entfernt, versammeln sollten. Der Leopard, die Gazelle und die Schildkröte standen in Bereitschaft, sich zu uns zu gesellen, und die vier kleineren Provinzen im äußersten Süden sollten warten, bis die Ereignisse zeigten, ob sie uns zu Hilfe eilen sollten oder einen möglichen Angriff aus Südnubien zurückschlagen mußten. Dieses Land hatte seit langem den Tribut an Ägypten verweigert und würde vielleicht die Gelegenheit ergreifen, die Südliche Garnison zu überfallen oder in jene Teile des Goldlandes einzudringen, welche den Pharao als ihren Obersten Herren anerkannten.

Das Heer des Hasen nahm die Weststraße, doch obwohl es einen Teil der Oryx durchqueren mußte, sollten wir uns nicht mit ihm vereinen, bis wir den vereinbarten Ort erreicht hatten. Hanuk kannte die Hauptleute der Schakalprovinz alle sehr gut, so hatten sie begeistert zugestimmt, ihn als ihren Befehlshaber wie auch als Nomarchen ihrer Provinz anzuerkennen. Obwohl Hanuk, ich und der neue Nomarch der Hasenprovinz von gleichem Range waren, jeder Befehlshaber einer Provinz, war ich der einzige, der den Rang auch während der alten Herrschaft schon innegehabt hatte. Und aus diesem Grunde war ich es, dem Roidahn die Befehlsgewalt über die anderen gegeben hatte.

Eine Stunde vor Mittag schlug ich, zwischen Hanuk und Sebek an der Spitze des Zuges marschierend, die Straße nach Norden ein. Sebek hatte seine Männer geschult, gleichen Schritt einzuhalten, und sie sangen zum Rhythmus ihrer in Sandalen steckenden Füße die alten Kriegslieder. Hinter den Kriegern, die zu viert Seite an Seite marschier-

ten, jedes Hundert unter seinem eigenen Führer, kam Kiyas mit ihrem Gefolge von Frauen. Sie sangen die gleichen Lieder wie die Männer, und es belustigte mich zu sehen, daß sie ihnen beigebracht hatte, die Reihen sogar noch genauer zu halten als meine Krieger. Als ich zu Sebek davon sprach, grinste er und sagte:
»Wenn sie erst mit uns fertig ist, werden wir alle zu Tänzern ausgebildet sein! Ich tue, als wüßte ich nicht, daß sie einigen der Frauen beigebracht hat, Pfeil und Bogen zu handhaben. Viele von ihnen lernen schneller als Männer, obwohl sie einen Pfeil natürlich nicht so weit schießen können.«

»Falls es aussehen sollte, als ob Men-het uns besiegt«, sagte ich scherzhaft, »können wir sie herbeirufen, statt um Verstärkung aus der Leopardenprovinz zu schicken.«

»Du würdest nicht nach ihnen rufen lassen müssen, sie warten nicht, bis man sie bittet! Wenn man uns sehr zusetzt, werden sie mehr tun, als die Pfeile nur tragen, und die Messer, die sie so sorgfältig gewetzt haben, werden nicht nur die Kehle einer Ente aufschlitzen. Es ist ein Glück für die Ehemänner, daß ihnen ihre Frauen aus Liebe gefolgt sind, sonst hätten sie in Kiyas' ›Kriegerinnen‹ recht rauhe Bettgenossinnen gefunden!«

»Denkst du, Men-het wird kämpfen?«

»Wenn nicht, tausche ich den Armreif, Zeichen des Hauptmannsranges, gegen eine Sichel und mähe Korn statt Aufständische nieder!«

»Sind nicht wir die Aufständischen?«

Er sah verblüfft aus und sagte dann: »Einen Augenblick dachte ich, du meintest dies ernst. Wir — Aufständische! Wir sind treue Ägypter, die sich weigern, ihr Land noch länger von Betrügern regiert zu sehen. Den Eindringling hinaustreiben, das ist es, was wir tun. Was spielt es für eine Rolle, ob sie als Ägypter geboren sind oder zu dem Volke gehören, ›dessen Name niemals ausgesprochen werden darf‹? Nebenbei, es ist schon so lange Zeit her, daß ihr Name ausgesprochen wurde, daß ich nicht einmal weiß, wer sie waren! Weißt du es?« Ich schüttelte den Kopf, und er fuhr fort: »Wie schon gesagt, es spielt keine Rolle, ob der, der sich den Thron anmaßt, ein Fremder oder ein Ägypter ist, wenn er seine Macht nicht richtig verwenden kann, muß er gehen ... ich persönlich hoffe, wir mögen Gelegenheit haben, seine Flucht zu beschleunigen! Viele Male wünschte ich, Men-het zu töten, und nun werde ich vielleicht die Möglichkeit haben, es zu tun.«

Er versank in Schweigen. Hanuk schien seinen eigenen Gedanken nachzuhängen und ich fragte mich, wie ihm Sebeks Bemerkung gefallen hatte, daß es Kiyas in der nahenden Schlacht nicht an Kriegern fehlen würde ...

Als wir den vereinbarten Ort erreichten, stellte sich heraus, daß der Hase bereits vor uns angekommen war. Für Kiyas und ihre Frauen war das Lager im Hause der Hauptleute errichtet worden, und wir übrigen schliefen im Freien. Auf langen Märschen trug jeder Krieger eine Decke und seinen Umhang bei sich, und diese wurden nun in ordentlichen Reihen ausgebreitet, neben den Waffen ihres Besitzers — der Hase im Westen des Übungsplatzes, wir im Osten. Feuer waren entfacht worden, über welchen junge Rinder auf Spießen gebraten wurden, und neben jedem Feuer standen Körbe voll Brot, Salat und Zwiebeln und Krüge voll Bier.

Seit wir die Schakalprovinz betreten hatten, war unser Weg von Menschenmengen gesäumt, die gekommen waren, um Hanuk zuzujubeln, und es war zu sehen, daß überall Jubel herrschte, weil nun er ihr Nomarch war. Neben dem Haus der Hauptleute war ein Pavillon errichtet worden, in welchem ein Festmahl ihm zu Ehren gegeben werden sollte. Bevor es begann, schworen ihm die Aufseher der nahegelegenen Städte, welche die Gelegenheit genutzt hatten, ihn willkommen zu heißen, den Treueeid. Kiyas saß neben ihm, als seien sie bereits förmlich miteinander verlobt, wenngleich sie nur das schlichte gelbe Gewand trug, wie es — außer der goldenen Oryxspange auf der Schulter — auch ihre Kriegsgefährtinnen trugen. Sie schien würdig, nicht nur über eine Provinz zu herrschen, sondern die Königliche Gemahlin zu sein.

Keiner der anderen Hauptleute hatte eine Frau bei sich, so war Kiyas beim Festmahl die einzige Frau. Jeder von uns überdachte ihre Vorschläge, wie man den Kampf planen könne, so ernsthaft, als sei sie ein Mann. Doch ich glaube, nur wenige vergaßen, daß sie eine Frau war und schön. Ich brachte einen stillen Trinkspruch auf Ra aus mit der Bitte, sie möge Hanuk ehelichen. Jeder war die vollkommene Ergänzung des anderen, ähnlich genug, um Bruder und Schwester sein zu können, obwohl er, der hochgewachsenste Mann der Oryx, fast eine Elle größer war als sie.

Kurz nachdem wir unser Mahl beendet hatten, ertönte draußen ein Ruf, von vielen Stimmen aufgenommen: »Ein Botschafter für den Befehlshaber der Oryx!«

Ein Läufer kam keuchend in den Pavillion und legte mir die Botschaft in die Hände. Ich las sie laut. »Der jüngere Prinz hat seinen Bruder erstochen und sich selbst zum Herrn der Zwei Länder ernannt. Viele der Getreuen Amenemhets sind aus der Königlichen Stadt geflohen, und Men-het hat Befehl erteilt, daß alle, die gefangen werden, als Verräter getötet werden sollen ... wenn es auch Nachrichten gibt, wonach die Königlichen Provinzen viele unbehelligt in den Süden entkommen lassen. Men-het hat seine Standarte in der Königlichen Stadt aufgezogen, und das gesamte Königliche Heer hat ihm die Treue erklärt, außer einigen wenigen, die entweder niedergemetzelt wurden oder flüchten konnten. Es scheint, Men-het habe bis jetzt nicht entschieden, ob er gen Norden oder gen Süden ziehen soll, und sein Heer hat nahe der Königlichen Stadt das Lager bezogen. Man glaubt, er warte auf Nachrichten aus dem Norden, da er immer noch hofft, dieser werde sich zu ihm schlagen. Amenemhet wünscht, daß du das Königliche Heer zum Kampf herausforderst, denn der Norden wartet darauf, sich auf die Seite des Siegers zu schlagen, und wenn du zögerst, könnten sie sich gegen unseren Pharao entscheiden ... und so wären die Weiße und die Rote Krone wieder einmal getrennt und gegeneinandergestellt.«

Ich erhob meinen Weinbecher: »Auf Euch, Amenemhet, Pharao, unter dessen Herrschaft Ägypten von neuem geboren werden wird — ich gebe Euch die Wächter des Horizonts, die beim Anbruch des neuen Tages in den Kampf marschieren werden!«

Die Oryx marschiert

NACH EINER BESPRECHUNG mit den Hauptleuten beschloß ich, die Heere in drei Kolonnen in die Schilfprovinz zu führen — nicht nur, um uns vor jeder Überraschung zu schützen, sondern auch, um es den Spähern, welche Men-het gewiß auf allen Straßen gen Norden postiert hatte, schwerer zu machen, unsere ganze Stärke einzuschätzen. Es gab drei mögliche Wege — die mittlere Straße, eine Königliche Straße, breit und zumeist mit Steinen gepflastert; die westliche Straße, nur wenig mehr als ein breiter Weg, der die Dörfer am Rande der Wüste miteinander verband und die dritte, welche dem Westufer des Flusses folgte und durch die Alte Hauptstadt führte. Die drei Straßen verliefen nur selten mehr als ein paar tausend Schritte voneinander getrennt. Sollte eine der Kolonnen durch einen der Wächter in den Dörfern am Weg gewarnt werden, daß Men-hets Armee in voller Streitkraft sich vor uns zum Kampfe bereitet, wäre genug Zeit, um unsere eigenen Reihen zu schließen, bevor wir in die Schlacht ziehen. Ich beschloß, die mittlere Straße zu nehmen, um leichter mit den beiden anderen Heeren in Verbindung zu bleiben. Der Hase nahm die westliche Straße und der Schakal jene zu unserer Rechten.

Falls es wahr war, daß Men-het auf Nachricht aus dem Norden wartete, bevor er handelte, so war es unwahrscheinlich, daß wir im Laufe des ersten Tagesmarsches auf ernsthaften Widerstand treffen würden. Doch als Vorsichtsmaßnahme marschierten wir in der Anordnung, welche beim Durchqueren feindlichen Gebietes als die sicherste gilt: Wo es die Breite der Straße erlaubte, marschierten die Krieger jeweils zu sechst Seite an Seite, jede Hundertschaft unter ihrem eigenen Führer, welcher sie beim ersten Anzeichen einer Gefahr in drei Mannschaften auffächern lassen könnte — ganz vorne die Speerwerfer, die sich nach ihrem Angriff niederwerfen konnten, um den Bogenschützen freie Bahn zu geben, hinter jenen dann die Streitkolbenträger, die sich an den anderen Mannschaften vorbei in das Kampfgeschehen Mann gegen Mann begeben würden, sobald die Speerwerfer und Bogenschützen ihre Aufgabe erfüllt hatten.

Ich wies Kiyas an, die Frauen ab jetzt in Doppelreihen marschieren zu lassen, mit einer Reihe von Streitkolbenträgern zu jeder Seite, deren erste Pflicht der Schutz der Frauen sein würde. Zudem sollten die Frauen, statt am Ende der Kolonne zu gehen, vorne aufschließen, auf daß zwei Hundertschaften die Nachhut bilden konnten.

Sobald wir die Grenze der Schakalprovinz überschritten hatten, war es recht einfach zu erkennen, welches Dorf unter der alten Herrschaft gelitten hatte und welches durch ein freundliches Dorfoberhaupt beschützt worden war. Die, welche unterdrückt worden waren, eilten aus ihren Häusern herbei oder kamen von den verstreuten Höfen über die Felder gelaufen, um uns Grüße zuzurufen oder Gaben von Brot und Früchten für die Marschierenden zu bringen. Die anderen dagegen waren mißtrauisch gegenüber jeglicher Veränderung in der gewohnten Herrschaft. Es war offensichtlich, daß uns die Nachricht unseres Kommens vorausgeeilt war, denn die Menschen hatten sich an den Brunnen versammelt, welche, wie auf den meisten der Königlichen Straßen, in Abständen von ungefähr sechstausend Schritten angelegt waren. An einigen wenigen Stellen begegnete uns offene Feindschaft, doch die einzigen Waffen, die man dabei benutzte, waren Steine oder Erdklumpen, die unsere Schilde leicht abfangen konnten. Niemand wurde verletzt, außer einem Streitkolbenträger. Er wurde über dem Auge von einem Stein getroffen, den ein kleiner Knabe geworfen hatte, der — als er sah, was er getan — schleunigst bei seiner Mutter Schutz suchte. Die Mutter hatte, als sie den verletzten Streitkolbenträger erblickte, nicht die Absicht, ihr Kind zu schelten. Statt dessen rief sie ihm zu: »Du wirfst so zielgenau, wie schade, daß du nicht alt genug bist, um in unser Heer einzutreten!« Sie, die uns zuvor nur dumpf betrachtet hatte, begann nun zu lächeln und zu winken und verpaßte gleichzeitig ihrem kriegerischen Sprößling einen festen Klaps.

Gegen Abend kam die Alte Hauptstadt in Sicht, und nun gesellte sich der Schakal zu uns, um so zu vermeiden, einen dicht bevölkerten Teil der Provinz durchqueren zu müssen. Hanuk berichtete mir, er habe seine Männer geheißen, sich auf verschiedene nahegelegene Höfe zu verteilen, von welchen er wußte, daß sie Leuten gehörten, die uns wohlgesonnen waren. Dort sollten sie auf weitere Anweisungen warten. Sie würden im Falle eines Angriffs aus dem Süden eine Nachhut bilden können. Sobald wir einen passenden Platz für die Nacht gefunden hatten, würde man ihnen einen Boten senden, um ihnen unseren Aufenthaltsort mitzuteilen. Wenig später erreichte uns ein Läufer des Hasen mit der Nachricht, sie hätten ihr Lager wie geplant in den Gärten eines Aufsehers aufgeschlagen, der seit langem ein Wächter war.

Als wir uns den Großen Pyramiden näherten, sahen wir eine Herde von fünf Bullen, welche vor uns von einem Tempeldiener die Straße entlanggetrieben wurden. An der Farbe seines Gewandes erkannten wir ihn als Angehörigen des Sekmet-Tempels, der vor kurzem vor der Alten Hauptstadt erbaut worden war. Zwei Priester, demselben Tempel zugehörend, folgten der Herde, und als ich auf gleiche Höhe mit ihnen kam, taten sie, als seien sie in eine ernste Unterhaltung vertieft und hätten das Nahen der Kolonne nicht bemerkt. Ich fragte den älteren von ihnen, in wessen Namen die Bullen geopfert werden sollten, und er antwortete in barschem und hochnäsigem Ton: »Sekmet«.

Priester, selbst falsche Priester genießen wohl bei der Ausübung ihrer Amtspflichten Schutz vor bewaffnetem Eingreifen, doch ich hielt

es für völlig gerechtfertigt zu entgegnen: »Da auf Königlichen Erlaß durch den Pharao Amenemhet Sekmet in Ägypten nicht länger verehrt werden darf, kann sie kein Opfer mehr verlangen. Daher sollen Eure fünf Bullen im Gefolge meines Heeres weitergetrieben werden, denn ich zweifle nicht daran, daß es Ra wohlgefällig ist, sie von den Kriegern, welche in seinem Namen handeln, verspeist zu sehen.«
Der Priester begann mich mit eintöniger Stimme zu verfluchen. Wäre er ein Werkzeug der Macht gewesen, hätten mich seine Worte vielleicht wie ein Blitzschlag zu Boden geworfen; doch da er nur ein unwissender Mann war, der sich eines Rituals bediente, welches er nicht verstand, bewirkten seine Worte bei uns nicht mehr als das Sirren eines Grashüpfers.

Östlich der Straße, hinter einem Wäldchen verborgen, lag ein verlassenes Landgut, dessen Umfriedung zum Großteil noch erhalten war. Hätte Sebek es nicht von einer früheren Reise her gekannt, so hätte ich wahrscheinlich übersehen, was für ein guter Platz es für unser Lager war. Die Abenddämmerung war bereits hereingebrochen, und nach zwei Tagesmärschen brauchten die Männer eine Nacht Ruhe. Ich erwartete ziemlich gewiß, Kiyas werde mir mitteilen, viele ihrer Frauen fänden unseren Schritt zu schnell und wollten heimkehren, denn ich selbst war müde nach diesem von kaum einer Pause unterbrochenen Marschieren von der Morgendämmerung bis Sonnenuntergang. Als ich sie fragte, beschied mir Kiyas ziemlich spöttisch, ihre Frauen seien weniger müde als die Männer. Als wollten sie die Wahrheit ihrer Worte beweisen, eilten die Frauen umher, bereiteten das Mahl vor und sammelten Brennholz für die Feuerstellen.

Da wir nicht zuviel Aufmerksamkeit erregen wollten, wurden nur kleine Feuer entzündet, und um diese versammelten sich die Männer, um auf den Spitzen ihrer langen Dolche kleine Fleischstücke von einem der geschlachteten Bullen zu braten. Die Männer schliefen im Garten, ihre Frauen neben sich, doch Kiyas, Sebek, Hanuk und ich entrollten unsere Schlafmatten in dem einzigen Raum des verfallenen Hauses, der noch ein teilweise unbeschädigtes Dach hatte. Ich schlief als letzter ein und lag lange Zeit wach, den Mond durch ein Loch im zerrissenen Schilfdach betrachtend. Über meine Füße lief eine große Ratte und verschwand durch die Öffnung, die schon lange die Tür, welche sie einst verschlossen, vergessen hatte. Es ging ein leichter Wind, und über meinem Kopf bewegte sich ein verdorrtes Palmblatt träge im Windzug hin und her. Kiyas war halb mir zugewandt, und der Mond schien auf ihr Gesicht, das ruhevoll und unberührt wie die Silbermaske einer Mumie aussah.

Einmal erwachte ich während der Nacht, von einer Schar von Ratten gestört. Kiyas und Hanuk waren im Schlaf aneinander gerückt. Sein linker Arm war um sie gelegt, und sie schmiegte sich an seine Seite. Ich versuchte mir vorzustellen, Meri läge neben mir, doch dies konnte kaum meine Sehnsucht nach ihr lindern. Ich wollte mir einreden, ich müsse dankbar sein, sie in der Oryx sicher zu wissen — doch die ganze Zeit wußte ich, daß wir zusammen beide soviel glücklicher gewesen wären, selbst wenn es Gefahren gab und Ratten, unseren Schlaf zu stören.

Am Vortag hatte ich zwei meiner besten Späher in den Sänften, welche wir für die Verwundeten mit uns führten, reisen lassen, auf daß sie ausgeruht des Nachts Ausschau halten konnten nach dem, was für mich vielleicht von Bedeutung sein könnte. Sie waren gleich nach dem abendlichen Mahl in die Alte Hauptstadt gegangen und in der Morgendämmerung zurückgekehrt, um mir Bericht zu erstatten.

Der erste Späher sagte, in der Stadt schiene alles ruhig. Er habe aber gehört, daß der Hohepriester von Sekmets Tempel dem Volke feierlich bekanntgegeben hatte, Men-het sei der von den Göttern bestimmte Pharao, und jeder, der dem Wesir, welcher die Doppelkrone unrechtmäßig in Besitz zu nehmen versuchte, Folge leistete, sei zu tausend Jahren Qualen in den Grotten der Unterwelt verdammt. Zu dieser Verdammung, so behauptete er, habe Seth selbst ihm Befugnis erteilt. Dann hatte er die versammelte Menge ermahnt, alles in ihrer Macht Stehende zu tun, um das Vorrücken des »aufständischen Südens« zu verhindern. Er sagte ihnen auch, die Zeit für bewaffneten Widerstand seitens der Bevölkerung sei noch nicht gekommen, wiewohl das Heer ihrer Provinz Men-het in die Königliche Stadt gefolgt sei, und daß sie geduldig sein und abwarten sollten, bis das Heer der Aufständischen von den Streitkräften unter dem Oberbefehl des rechtmäßigen Pharao vernichtet worden sei. Der Hohepriester verkündete weiterhin, daß es trotz der Notwendigkeit von Geduld noch andere Mittel gäbe, ihrem Lande zu helfen — beispielsweise die Brunnen, aus welchen wir wahrscheinlich trinken würden, zu vergiften und an den Rand der Straßen Körbe mit Früchten zu stellen, in denen sich sorgsam verborgen kleine Schlangen oder Skorpione befänden. Er fügte hinzu, dies wäre sicher besonders wertvoll, da es uns mißtrauisch machen würde, noch Gaben anzunehmen, wie sie uns von jenen angeboten worden waren, welche fehlgeleitet genug waren, uns willkommen zu heißen.

Als der erste Späher seine Schilderung beendet hatte, fragte ich ihn: »Sagte der Hohepriester den Leuten, daß auch dies Seths Rat sei?«

»Ich weiß nicht«, antwortete er. »Doch dem Geflüster unter den Leuten entnahm ich, daß die meisten denken, er habe kein Recht, ihnen zu sagen, sie sollten die Brunnen vergiften. Sie erinnerten einander, daß sie, würden sie dabei erwischt, dem Gesetz nach zum Tod der Zwei Vipern verdammt würden. Ich meine, daß wir uns um die Brunnen nicht zu sorgen brauchen, und falls wir irgendwelche Zweifel haben, können wir den Brunnenhüter zuerst trinken lassen und sehen, ob er sich fürchtet.«

»Auf wie vielen Häusern hast du unser Zeichen gesehen?«

»Ungefähr eines von dreien hatte das gedrehte Seil, und an ungefähr jeder fünften Tür sah ich unsere Waagschalen, in der Form, die bedeutet ›über den, welcher hier wohnt, haben die Wächter das Urteil gesprochen‹.«

»Hörtest du von irgendwelchen Unruhen, als man Men-het zum Pharao ausrief?«

»Es gab ziemlich viel Geraune, und manche sagten, da er nicht der Königliche Thronerbe sei, habe er wohl seinen Bruder ermordet und sei demzufolge nicht als Pharao geeignet. Es gab einige wenige, die nach dem Wesir riefen, doch die Peitschenmänner der Aufseher brachten jene Rufer rasch zum Schweigen.«

Er wies auf den Späher, welcher bisher noch nicht gesprochen und sagte: »Er glaubt, daß sich etwas zusammenbraut, obwohl er keinen rechten Beweis hat.«

»Was hast du gesehen?« fragte ich. »Der Beweis spielt keine Rolle, ein Gefühl kommt der Wahrheit oft näher als eine greifbare Tatsache.«

»Es ist nicht eigentlich etwas, was ich *gesehen* oder *gehört* habe. Das Heer verläßt die Alte Hauptstadt und zieht in die Königliche Stadt — das scheint mir einfach eigenartig. Warum nicht hierbleiben und hier gegen uns zum Kampf antreten, statt uns ungehindert geradewegs durch diese Provinz und in die nächste marschieren zu lassen? Die erste Pflicht eines Heeres besteht darin, die eigene Provinz zu schützen, Pharao hin oder her. Das Heer der Schilfprovinz war berühmt für seinen Mut und ganz besonders für seine Ehre, obwohl es die Kränkung erlitt, daß die Hauptstadt in eine rivalisierende Provinz verlegt worden war. Doch auf Men-hets Befehle hin marschierten sie aus

Die Oryx marschiert

ihren Unterkünften und ließen sie leer, leer wie einen Scheunenboden in einer Hungersnot. Marschierten durch die Stadt und schlugen die Straße gen Norden ein, alle miteinander, lammfromm wie eine Schafsherde! Nur drei alte Lagerverwalter blieben zurück, und zwei von ihnen sind auf einem Auge blind. Und da ist noch etwas anderes: Man könnte meinen, dies bringe die Leute auf und mache sie begierig, ihre Treue *uns* zuzuwenden. Doch ist es so? Nein! Ich habe mich auf dem Marktplatz herumgetrieben und war in sechs Tavernen ... nicht zu erwähnen, daß ich mich mit mehreren jener jungen Frauen unterhalten habe, die es nicht kümmert, offen mit Fremden zu sprechen. Fast jeder wollte, daß Men-het die Krone behält, und als ich sagte, ich fände es merkwürdig, daß er ihnen ihr Heer fortgenommen habe, waren sie augenblicklich still und sagten kein Wort mehr.«

»Du denkst, sie haben ihre Unterkünfte verlassen, nur um sich irgendwo in der Stadt zu verstecken?«

Der erste Mann beantwortete diese Frage. »Nein. Sie marschierten auf und davon, einer von uns zählte sie, als sie vorüberzogen: siebzehnhundert Mann, mehr als die Hälfte davon Bogenschützen und die übrigen Streitkolbenträger und Speerwerfer.«

»Glaubst du, sie kehrten nach Einbruch der Nacht in die Stadt zurück?«

»Nein, nicht in die Stadt, ganz bestimmt nicht. Ich ließ einen Freund an jedem Eingangstor die Augen aufhalten. Und niemand passierte es außer ein paar verängstigten Weibern, die von Krieg hatten sprechen hören und meinten, es sei sicherer in der Stadt als auf ihren abgelegenen Höfen, bis alles wieder friedlich sei.«

Der andere Mann blieb hartnäckig: »Da hat er wohl recht, und doch denke ich immer noch, daß sie nach Anbruch der Dunkelheit wieder zurückkamen.«

»Wo könnten sie sich versteckt halten?«

Er kratzte sich nachdenklich am Kopf. »Dies habe ich auch schon die ganze Zeit herauszufinden versucht. Bäume: Nun ... da bräuchte man eine Menge Bäume, um siebzehnhundert Mann zu verstecken, und was um dieses Haus hier herum wächst, ist bei weitem schon der größte Wald weit und breit. Sie brauchen ein Gebäude, ein schönes, großes, *unverdächtiges* Gebäude ...!«

Ich erkannte, in welche Richtung er sich tastend bewegte. »Der Tempel Sekmets! Krieger, im Priesterbezirk verborgen, darauf wartend, unsere Nachhut anzugreifen, sobald wir vorbeimarschiert waren! *Das* war der Grund, warum man uns soweit hat vordringen lassen, ohne daß auch nur ein Versuch gemacht wurde, uns Einhalt zu gebieten! Men-het dachte, uns besiegen zu lassen, bevor wir überhaupt die Königliche Stadt erreichen! Wenn die Nomarchen des Nordens dann hören, wir seien geschlagen, ohne auch nur auf sein Hauptheer gestoßen zu sein, so halten sie den Süden für erledigt — und übertragen ihre Ergebenheit auf Men-het. Bist du zu müde, um sofort wieder hinauszugehen? Falls es so ist, kann ich einen anderen Späher schicken.«

»Nein, laß mich gehen«, entgegnete er eifrig.

»Reibe Asche in dein Haar und trage nur einen Lendenschurz, gib vor, in deinem Geiste verwirrt zu sein. Geh in den Tempel und bettle um Almosen, versuche, in den inneren Hof vorzudringen, und wenn du das nicht kannst, so finde heraus, welche Pforte in den Priesterbezirk führt. Wenn sie dich wegschicken, wird dies deinen Verdacht bestärken helfen. Eine Horde von Kriegern macht Lärm, auch wenn sie geheißen sind, sich still zu verhalten. Halte dich so nah wie möglich an der Mauer, die sie vielleicht verbirgt, und lausche. Komm zurück, sobald du irgend etwas zu berichten hast, und geh sicher, daß dir niemand folgt. Laß dir besser etwas zu essen geben, bevor du aufbrichst, und dann geh, so schnell du kannst.«

Ich begab mich zu den anderen, um ihnen zu erzählen, was ich für Men-hets Plan hielt, und Hanuk und die anderen pflichteten mir bei.

»Ich werde einen Boten zu meinen Männern senden«, sagte Hanuk, »mit dem Befehl, bei dem Dorfe südlich der Stadt zu warten. Die Hauptstraße führt nicht durch dieses Dorf, und es ist eines der wenigen in der Provinz, wo jeder ein Wächter ist. Eine der Königlichen Kornkammern grenzt an dieses Dorf, und ich weiß, daß sie mehr als zur Hälfte leer ist. Alle Männer des Schakals können sich dort verbergen, bis sie gebraucht werden, und die Dorfleute werden sie mit Speise und Wasser versorgen. Ich werde anordnen, sich der Kornkammer aus verschiedenen Richtungen zu nähern; den meisten wird es gelingen, dabei ungesehen zu bleiben, denn in diesem Teil des Landes sind die Bewässerungskanäle besonders tief und bieten guten Schutz für jeden, der in ihnen entlangkriecht.«

»Einige von ihnen werden sicher gesehen«, sagte Kiyas.

»Das wäre ohne Bedeutung, denn man hielte sie wahrscheinlich für Krieger, welche aus Men-hets Truppen davonlaufen. Ich glaube nicht, daß jemand sie aufhalten würde, denn die Feldarbeiter halten fast

Die Oryx marschiert

alle zu uns, und nur in den großen Städten kann Men-het auf viele begeisterte Gefolgsleute hoffen.«

»Obwohl wir hier recht wohl verborgen sind«, sagte Kiyas, »muß Men-het unterwegs Späher gehabt haben und wissen, wo wir unser Lager aufgeschlagen haben, selbst wenn wir Glück hatten und den Aufenthaltsort deiner Männer und den des Hasen verbergen konnten. Da wir die Königlichen Provinzen betreten haben, muß er wissen, daß wir den Kampf mit ihm suchen. Er weiß auch, daß uns gesagt wurde, er habe sich zur Königlichen Stadt zurückgezogen, und wird erwarten, daß wir ihm eiligst dorthin folgen. Es hat für uns keinen Sinn, einen Aufbruch vorzutäuschen und nach Einbruch der Dunkelheit zurückzukommen, wie es die anderen taten. Wir müssen sie dort, wo sie sind, halten, bis wir einen Plan gemacht haben, sie zu besiegen. Doch wir dürfen sie nicht vermuten lassen, daß wir eine Ahnung haben, daß sie noch hier sind — oder wir werden den ganzen Vorteil eines Überraschungsangriffes einbüßen, von dem sie derzeit glauben, er läge auf ihrer Seite.«

»Sie wissen, daß wir innerhalb von zwei Tagen einen langen Weg zurückgelegt haben«, sagte ich. »So werden sie es nicht verdächtig finden, wenn ich beschließe, meine Leute ausruhen zu lassen, bevor wir weiterziehen.«

Kiyas erwiderte: »Das ist ein Wagnis, das wir nicht eingehen können. Aus einem Grund, den wir bisher nicht kennen, möchten sie die Schlacht irgendwo nördlich von hier stattfinden lassen. Es muß ein guter Plan sein, sonst hätten sie uns in der vergangenen Nacht angegriffen. Daher werden sie uns nicht angreifen, solange wir hier bleiben, *außer* sie vermuten, daß wir von ihrem Plan erfahren haben. Wir brauchen Zeit, um Späher vorauszuschicken, die herausfinden, ob ein anderes Heer auf dem Wege zwischen uns und der Königlichen Stadt lagert, verborgen, wie dieses hier, um einen Überraschungsangriff auf unsere Kolonne auszuführen, auf die Spitze wie auch auf die Nachhut.«

»Wir werden das Wagnis eingehen müssen, daß sie Verdacht schöpfen.«

»Nein, das brauchen wir nicht. Ich schlage vor, daß ein paar meiner Frauen zu einigen der abgelegenen Bauernhöfe gehen, besonders zu jenen, von denen wir wissen, daß sie nicht auf unserer Seite sind, unter dem Vorwand Milch oder Eier zu bekommen. Es besteht wohl eine geringe Gefahr, daß sie angegriffen werden, doch ich halte es überhaupt nicht für wahrscheinlich. Sie sollen tun, als seien sie ob der Beschwernisse des Marsches verärgert, und damit prahlen, daß sie ein solches Geschrei und Gejammer erhoben haben, daß du ihnen schließlich einige Tage Ruhepause versprechen mußtest. Sie können auch sagen, du überlegst noch, ob es besser sei, sie mit einem kleinen Geleitschutz nach Hause zurückzuschicken oder darauf zu bestehen, daß sie dem Heer weiterhin folgen. Bald wird es sich herumsprechen, daß die meisten der Krieger der Oryx Frauen sind, und unzufriedene Frauen dazu!«

»Warum sollten wir uns lächerlich machen?« widersetzte sich Sebek.

Und Kiyas antwortete ihm: »Weil uns der Spott des Feindes einen leichteren Sieg bescheren wird und es uns leichter macht zu beweisen, daß alle, die sich gegen uns stellen, Toren sind!«

Das Fries der Krieger

NACHRICHTEN FLOSSEN DURCH die von uns vorbereiteten Kanäle sogar noch glatter, als ich erwartet hatte. So hatten wir bis zum späten Nachmittag genügend in Erfahrung gebracht, um so gut wie sicher zu sein, daß kein Heer zwischen uns und der Königlichen Stadt lagerte. Die Berichte der Späher, welche ich am frühen Morgen ausgeschickt hatte, bestätigten meine Meinung, das Heer der Schilfprovinz habe sich im Priesterbezirk von Sekmets Tempel versteckt. Spuren ließen darauf schließen, daß eine große Anzahl von Menschen vor kurzem den Weg, welcher zum Nordtor der Tempeleinfriedung führte, gegangen waren. Und allein die Tatsache, daß man versucht hatte, jene Spuren zu verwischen, machte ihr Vorhandensein doppelt bedeutsam. Die Disziplin der sich verbergenden Soldaten mußte außerordentlich sein, denn obwohl es dem Späher gelungen war, sich mehr als zwei Stunden ganz dicht an der Mauer aufzuhalten, hatte er doch nichts als ein leises Gemurmel vernommen, dem er — hätte er nicht bereits Verdacht geschöpft — keine Beachtung geschenkt haben würde.

Sechs der Frauen, die Kiyas ausgeschickt hatte, waren mit merkwürdig ähnlichen Geschichten zurückgekehrt. Obgleich sie kein Geheimnis daraus gemacht hatten, daß sie dem Heer der Oryx folgten, und wir wußten, daß die Besitzer aller aufgesuchten Höfe den Süden als aufständisch betrachteten, hatte man sie überall willkommen geheißen und ihnen die Nahrungsmittel, nach denen sie verlangten, gegeben. Als sie ihren Ärger kundzutun begannen, fanden sie mitfühlende Zuhörer. Nachdem man sich über die Ungerechtigkeit, welche aus Frauen Krieger machte, genug ausgelassen und empört hatte, drängte man die Frauen, das Weitermarschieren zu verweigern, bis sie mehrere Tage Ruhepause genossen hatten ... jedesmal wurden »*mehrere* Tage« betont.

»Es ist recht offensichtlich«, sagte Kiyas, »daß all diesen Menschen eingeschärft worden war, was sie sagen sollten. Der Feind muß gewußt haben, daß wir Frauen bei uns haben, und hielt es für wahrscheinlich, daß wir sie auf Nahrungssuche schicken würden. *Warum* wollen sie uns einige Tage hier aufhalten?«

»Vielleicht braucht Men-hets Kriegsplan Zeit zum Reifen«, meinte Hanuk.

»Warum machen sie dann nicht hier einen Überraschungsangriff auf uns?« sagte ich. »Heute bei Sonnenaufgang wäre die beste Zeit dafür gewesen, und er hätte uns ziemlich unvorbereitet getroffen.«

»Da sie uns *nicht* angegriffen haben«, sagte Kiyas, »beweist dies, daß sie uns eher von hinten angreifen wollen, wenn wir weiter gen Norden ziehen.«

Hier ergriff nun auch Sebek das Wort: »Inzwischen weiß Men-het von den Wächtern, und er beginnt wohl zu erkennen, wie weit unsere Macht reicht. Er mag vielleicht sogar wissen, daß Horus hundert Augen hat, geboren aus der weisen Schau *eines* Mannes, und daß mit ihnen mehr als zehntausend Wächter verbunden sind. Er weiß: Bleibt nur einer von uns, vor allem einer der Hundert des Horus, am Leben, könnte das gleiche Feuer, das wir jetzt entzünden, wieder aufflammen. Wir sind nicht nur ein Heer, das er besiegen muß, wir sind einzelne, die es zu töten gilt — sonst könnte er nur abwarten, bis wir *ihn* vernichten.«

»Sebek hat recht«, sagte Hanuk. »Doch ich denke, Men-het, mit der Stärke seiner überlegenen Streitkraft, ist sicher überzeugt von seiner Macht, uns im Kampf vernichten zu können. Sein Ruf als Krieger ist gerecht verdient — erinnert euch, wie er die Puntiten besiegte, als sie ihm zehn zu ein Mann überlegen waren, und wie er den Aufstand in Nubien mit nur dreihundert Mann niederschlug, als sie an die dreitausend unausgebildete Kämpfer gegen ihn ins Feld geschickt hatten. Doch wenn er uns nur als Heer besiegt, wird er wissen, daß es nur ein kurzes Innehalten geben kann, bevor wir uns erneut erheben. Das ist es, was das versteckte Heer soll: dafür zu sorgen, daß keiner von uns in den Süden heimkehren kann. Er wird verkünden lassen, daß wir uns als Aufständische einem ehrbaren Kampf entziehen wollen, und dann können weder Verwundete noch Frauen auf Schonung hoffen. Er wird seines Vaters Erlaß neu bekräftigen, wonach jeder, der seine Hand gegen das Königliche Haus erhebt, zum Tode durch Folter verurteilt ist; demnach wird jeder, der uns schützt oder Beistand leistet, selbst wenn er nur einem sterbenden Manne Wasser reicht, die gleiche Strafe erleiden. Durch dieses Mittel wird Men-het eine Ausrede haben, nicht nur jeden von uns, sondern auch jeden anderen Wächter zu vernichten. Jeder, der uns Beihilfe geleistet hat, wie gering auch immer, wird unter den Erlaß fallen und zum Tode verurteilt werden.« Er wandte sich Kiyas zu und fragte: »Was meinst du? Bin ich ungerecht?«

Sie schwieg einen Augenblick, bevor sie antwortete und dann langsam sprach: »Men-het hat noch nie das Gesetz der Krieger verletzt, und seine Soldaten würden es niemals wagen, einen verletzten Feind zu töten oder gefangengenommene Frauen oder Kinder anders denn ehrenvoll zu behandeln. Doch während du sprachst, erinnerte ich mich an den Tonfall seiner Stimme, als er zu mir sagte: ›Du vergißt, ich werde *Pharao* sein. Der Pharao kann nichts Falsches tun.‹ Er denkt, er *ist* Pharao, und hat daher das Recht, alles, was die Sicherheit seiner Herrschaft gefährdet, ohne Mitleid zu vernichten. Er wird sich selbst nicht nur als Pharao sehen, sondern als ganz Ägypten. Alle, die sich gegen ihn stellen, sind nicht länger Ägypter; sie werden die fremden Eindringlinge sein ... und seine Familie war Fremden gegenüber noch nie großmütig gesonnen. Falls es wahr ist, daß er selbst seinen Bruder getötet hat, mag ihn die Furcht vor der Blutschuld grausam gemacht haben.«

»Warum sollte dies so sein?« widersprach ich. »Ich selbst hätte den Königlichen Thronerben getötet und dabei keine Gewissensbisse empfunden.«

»Doch, das hättest du«, sagte sie. »Du wüßtest, daß er nur ein Mensch war, entartet und verirrten Geistes. Men-het hat ihn gehaßt, seit sie Kinder waren, doch er glaubt immer noch, daß sein Bruder halb göttlich war. Er konnte nicht anders, denn hätte er es geleugnet, so hätte er die Macht des königlichen Blutes geleugnet und aufgehört, an seine eigene Allmacht zu glauben. Darum wäre er als Herrscher so gefährlich gewesen — er glaubt mit tiefster Aufrichtigkeit, daß seine Macht über sein Volk grenzenlos sein müßte, nicht weil er göttlich inspiriert ist, sondern weil er selbst göttlich ist.«

»Dann stimmst du mir zu?« fragte Sebek. »Er wird versuchen, uns zu vernichten, wie unehrenhaft die Mittel dazu auch sein mögen?«

»Dies wird so sein, bei allem, was ich von seinem Wesen kenne ... eine wohlausgeklügelte Kriegslist, die er unbarmherzig ausführen wird, weil er glaubt, sie diene einem rechtmäßigen Zweck.«

»Sollen wir hierbleiben und das Schilfheer belagern oder einen Gesandten schicken, sie zum Kampfe herauszufordern?« fragte Hanuk.

»Sie zu belagern hat keinen Sinn«, sagte Sebek. »Sobald Men-het herausfindet, was wir tun, würde er uns von der Flanke her angreifen, indem er eine starke Streitkraft entweder vom Fluß aus oder über die Wüstenstraße schickt, um uns den Rückzug abzuschneiden.«

Nun legte ich meine Gedanken dar. »Es geht hier um mehr als die kriegerische Auseinandersetzung zwischen Heeren. Natürlich werden wir, wenn alles versagt, so viele von ihnen töten müssen, wie nötig, um sie zur Aufgabe zu zwingen. Doch ich habe einen Plan, der uns den Sieg ohne großes Blutvergießen bescheren könnte und uns die Alte Hauptstadt und ihre Soldaten vielleicht sogar zu Freunden machen. Wenn wir ihnen beweisen können, daß Sekmet ihnen keinen Schutz zu gewähren vermag, könnten sie zu treuen Kindern Ras werden und sich so zu uns gesellen.«

»Schlägst du etwa vor, unsere Priester sollten hingehen und mit ihnen sprechen?« fragte Sebek ein wenig spöttisch. »Sie würden keinen Einlaß in den Tempel finden und noch weniger Gehör.«

»Unsere Priester spielen in meinem Plan eine Rolle, zumindest drei von ihnen, die Horuspriester Ptah-aru, Ptah-atho und Kepha-Ra. Ich habe mich mit ihnen beraten, und sie sagen, mein Vorschlag sei in Einklang mit dem großen alten Brauch. Sie haben mich angewiesen, euch zu sagen, daß mein Vorschlag ihre uneingeschränkte Zustimmung findet. Es liegt jetzt nur noch an euch, den Plan zu billigen.«

Nachdem sie gehört, was ich ihnen zu sagen hatte, wurde mein Plan, mit einigen unbedeutenden Veränderungen, angenommen, und wir begannen augenblicklich mit Vorbereitungen, ihn in die Tat umzusetzen.

Hanuk sandte einen Boten zu seinen Männern, der sie anwies, sich sogleich nach Einbruch der Dunkelheit zu uns zu begeben. Ein weiterer

Bote begab sich zum Befehlshaber des Hasen. Auch seine Leute sollten im Schutz der ersten Dunkelheit in unsere Richtung vorrücken, jedoch nur bis auf zweitausend Schritte von unserem gegenwärtigen Lagerplatz entfernt, und sich in einem schon lange ausgetrockneten Wasserlauf verborgen halten, der einst ein Ausfluß des Großen Sees gewesen sein mußte, zu einer Zeit, als der See viel größer war als in unseren Tagen. Kiyas machte Vorbereitungen, für die Verwundeten zu sorgen, denn sie und ihre Frauen würden im Lager bleiben, für das ich eine Schutzwache aus hundert Streitkolbenträgern abordnete.

Ich verbrachte den Tag damit, den Männern genaue Anweisungen zu geben, was jeder von ihnen in unserem Vorhaben zu tun hatte, und mit der Überwachung des Baus von hundert Leitern, eine jede stark genug, um das Gewicht von vier Männern tragen zu können, und lang genug, um den oberen Rand der äußeren Tempelmauer zu erreichen, welche vierzehn Ellen hoch war. Glücklicherweise führten wir eine Menge Seile in unseren Vorräten mit, und die Bäume, die unser Lager umgaben, lieferten alles andere benötigte Material.

Wir hatten uns auf einen Angriff bei Nacht vorbereitet gehabt, und so hatte jeder Mann einen dunkelblauen Lendenschurz erhalten, welcher ihn weitaus weniger sichtbar machte als der kurze weiß-gelbe Rock, und die höheren Ränge trugen bis zum Erreichen ihres Zieles dunkle Umhänge. Alle hatten wir um den linken Arm ein Band unserer Farben geschlungen, auf daß wir selbst in der Hitze des Gefechts Freund und Feind sofort unterscheiden konnten.

Seit Sonnenuntergang wehte ein starker Wind von der Wüste her, Staub und Sand mit sich führend, und der Mond wurde oft von Wolken verdeckt. Das Wetter hätte für unsere Absicht nicht günstiger sein können, als wir zwei Stunden vor der Morgendämmerung schweigend auf den Tempel vorzurücken begannen.

Der Haupteingang lag auf der Ostseite. Die Tore des Säuleneingangs waren von einer Stunde nach Sonnenuntergang bis eine Stunde vor Sonnenaufgang geschlossen, und einer unserer Späher hatte berichtet, daß der große Außenhof verlassen dalag und nur zwei Tempelwächter am Tor postiert waren. Dieses Tor war Sebeks Befehl unterstellt, der hundert Speerwerfer und zweihundert Streitkolbenträger mit sich führte. Eine kleinere Streitkraft, eine Hundertschaft unter Führung eines Hauptmanns von Hanuk, war mit einer kleinen Tür an der Südmauer betraut, welche durch dicht gepflanzte Büsche verborgen war und offensichtlich dazu benutzt wurde, den Tempel unbemerkt zu be-

Das Fries der Krieger 379

treten und zu verlassen. Ich hielt es für möglich, daß die Sekmetpriester versuchen könnten, auf diesem Wege zu entfliehen. So hatten wir uns zu ihrem Empfang vorbereitet. In der Westmauer gab es keinerlei Öffnung, und auf der Nordseite war nur das Tor, das zum Priesterbezirk führte. Hier war ein Ausfallversuch der Krieger am wahrscheinlichsten, und ich legte die Bewachung dieser Seite in Hanuks Hände, der dazu alle noch nicht zu anderen Aufgaben bestimmten Krieger mit sich führte, außer den Männern, die ich unter meinem eigenen Befehl behielt, zweihundert Bogenschützen und zweihundert Speerwerfer.

Ich gab den anderen drei Führern Zeit, ihre Männer in Stellung zu bringen, und führte dann meine Streitkraft voran. Wir rückten in Viererreihen vor, jeweils zwei Bogenschützen und zwei Speerwerfer, und jede Reihe trug eine Leiter. Hinter mir kamen die Standartenträger der Oryx, welche wie ich Rangabzeichen und Sphinx-Kopfschmuck unter den langen Kapuzenumhängen verbargen.

Ich wußte, daß die Dunkelheit um mich von bewaffneten Männern erfüllt war, doch so gut übertönte das Geräusch des Windes ihre leisen Schritte, daß ich auch allein durch den schweren Vorhang der Nacht hätte vorwärtsdringen können. Ein Schatten wurde sichtbar, jemand berührte mich am Arm, und die Stimme einer meiner Späher flüsterte: »Es waren an jedem Tor nur zwei Wächter, und es war einfach, sie zu überwältigen, bevor sie Zeit zum Schreien hatten. Mit einem von ihnen mußte ich etwas grob umgehen, doch ich denke, er wird morgen wieder erwachen und sich fragen, wo er seine Kopfschmerzen herhat! Sie sind beide säuberlich wie Mumien verschnürt und werden uns keinen Ärger machen.«

Ungefähr siebzig Schritte vom Westtor des Tempels entfernt hielt ich inne, während meine Männer ihre Plätze einnahmen. Dann ging unser schweigendes Vorrücken weiter. Alle vier Schritte wurde eine Leiter in Position gebracht, die meine in der Mitte der Westmauer und die anderen an den drei Seiten des Priesterhofes; die vierte Seite war vom übrigen Tempel durch die Mauer zu den Heiligtümern abgetrennt. Die Männer erklommen die Leitern. Jeder Anführer duckte seinen Kopf knapp unter dem Mauerrand, die anderen drei drängten sich dicht hinter ihn. Als wir alle unsere Stellung auf den Leitern eingenommen hatten, streckten die Anführer einen Pfeil zur Seite aus, der jeweils vom Mann auf der nächsten Leiter ergriffen wurde. So entstand eine Kette; drei Rucke zeigten an, daß sie vollständig war. Ich und meine Standartenträger hatten unsere Umhänge bereits zu Boden gleiten lassen. Der Wind hatte das letzte feine Gewölk vom Antlitz des Mondes vertrieben, und die Silberhörner auf der Oryxstandarte leuchteten wie weiße Flammen.

Indem ich unsere Kette durchbrach, gab ich das vereinbarte Zeichen. Wir erklommen die Leitern und bezogen oben auf der Mauer Stellung. Ich stand aufrecht und erhobenen Hauptes, mir zur Seite je ein Standartenträger. Die Mauern waren zu lebenden Zinnen geworden — ein Fries aus Bogenschützen und Speerwerfern im Wechsel; Pfeile an gespannte Bogensaiten gelegt, in Wurfhaltung verharrende Arme, begierig, die Speere fliegen zu lassen.

Zwischen den Häusern der Priester, dreißig an der Zahl, lagen Reihen von schlafenden Männern, die ihre Umhänge über die Köpfe gezogen hatten, um sich vor dem scharfen Wind zu schützen.

Ein lauter Ruf hallte von den Tempelmauern wider: »Die Oryx! Die Oryx! Ergebt euch der Oryx im Namen Ras! Im Namen des Pharao Amenemhet bringen wir euch Frieden!«

Wie ein Ameisenhaufen, in den ein Flußpferd geraten ist, brach im Hof ein hektisches Hin und Her aus. Männer sprangen auf, nach ihren Waffen greifend. Die meisten von ihnen waren noch halb im Schlaf und glaubten wohl, ein Angriff erfolge vom äußeren Tor aus oder durch den Toreingang, welcher in die Heiligtümer führte. »Ihr müßt nach oben sehen, um Ra zu erblicken!« rief ich ihnen zu. »Schaut hinauf und seht, wie die Männer der Oryx euch vom Himmel aus zuschauen!«

Jemand schoß einen Pfeil auf mich ab. Er pfiff an meinem Ohr vorbei, doch ich konnte die Richtung, aus der er gekommen, nicht ausmachen.

»Schickt noch einen Pfeil gegen uns, und *meine* Bogen werden singen. Jeder meiner Männer hat Zeit gehabt, sich sein Ziel zu suchen; ihr seid ein leichteres Ziel als eine Kuh, die sich abplagt, einen Schleifstein im Kreise zu drehen. Schickt einen Sprecher vor, auf daß er mir eure Unterwerfung förmlich kundtue!«

Ich sah, wie ein Mann, im Schatten halb verborgen, verstohlen auf das Dach eines Hauses kletterte. Er zielte einen Pfeil auf mich. Das Glück begünstigte mein Ziel, obwohl es rasch gehen mußte: Ich sah meinen Pfeil zitternd in seiner Schulter stecken. Er ließ seinen Bogen fallen und sank mit einem Schmerzensschrei nieder.

»Getroffen!« sagte der Mann neben mir. Zu meiner Überraschung entdeckte ich, daß es befriedigender ist, einen Mann zu töten, der einem nach dem Leben trachtet, als ein Krokodil zu töten. Ich merkte, daß es mir Freude bereitete — obwohl ich wußte, daß Meri, könnte sie mich sehen, sagen würde, es sei kindisch und lächerlich, mich absichtlich so gut sichtbar aufzustellen. Ich weiß, wäre sie bei uns gewesen, so hätte sie darauf bestanden, an meiner Seite zu sein oder meinen Plan zu ändern. Nein, sie *wäre* an meiner Seite gewesen und hätte Freude daran gehabt, ebenso wie ich!

Vom Tor drang wilder Lärm herüber, und dann Rufe — »Die Oryx!« Ein paar der Feinde mußten versucht haben, einen Fluchtweg zu finden, und waren auf ein Spalier von Streitkolbenträgern gestoßen, welche sie empfingen. Nach wenigen Augenblicken verklang das Kampfgeräusch und eine Stimme rief: »Wir ergeben uns der Oryx, nach dem Ehrenkodex der Krieger!«

Ein Mann, an den Abzeichen als Befehlshaber einer Provinz zu erkennen, trat gefolgt von einem Fackelträger in die Mitte des offenen Platzes unter mir.

»Die Schilfprovinz spricht mit der Oryx; nicht als ein getreuer Krieger zu einem Aufständischen, sondern von Befehlshaber zu Befehlshaber. Ich ergebe mich, ehe ich meine Männer abschlachten lasse. Ihr habt mich überlistet und seid ohne Kampfansage über schlafende Männer hereingebrochen. Gehorchen Aufständische dem Ehrenkodex der Krieger?«

»Wir folgen Horus' Gesetzen!« rief ich zurück. »Alle Männer sind frei, ausgenommen jene, die andere zu Sklaven gemacht haben. Wir kämpfen für Ägypten und für die Wiederkehr seiner Größe unter Amenemhet, dem Pharao!«

»Ich erkenne keinen Unrechtmäßigen auf dem Thron an, noch werde ich mich mit Aufständischen verbünden.«

»Ihr glaubtet euch sicher unter dem Schutze Sekmets. Denkt Ihr immer noch, sie kann die ihrigen beschützen? Es scheint, die AUGEN DES HORUS sehen klarer als ihre, obwohl sie den Scharfblick der Katze haben soll!«

»Ihr Fluch auf Euch, für Eure Gotteslästerung!« schrie er zurück.

Ich tat, als blickte ich zum Himmel empor, und rief spöttisch: »Solch ein machtvoller Fluch, und so wenig Wirkung! Gewiß haben Sekmets Priester *mehr* Macht, in ihrem Namen. Sagt ihnen, sie mögen aus den Löchern hervorkriechen, in denen sie sich wie Ratten verstecken! Dann können Eure und meine Männer zuschauen, wie meine Priester, die Horuspriester, die Euren herausfordern, um ihre Macht unter Beweis zu stellen. Drei gegen drei, als ob drei Bogenschützen für ihre Könige stritten!«

»Warum sollte ich meine Priester von Euch verhöhnen lassen?«

»Dies ist eine Herausforderung, kein Verhöhnen, und wenn Eure Priester sich weigern, dann haben sie sich selbst als listige Hochstapler entlarvt. Hat nicht Euer Hohepriester behauptet, Seth selbst, in seiner dunklen Majestät, habe ihm gesagt, Men-het solle den Krummstab und die Geißel halten und so Sekmets Herrscher über diese Provinz sein, eine Provinz des Königreichs ihres Gemahls? Er spricht kühne Worte, nun laßt ihn kühn handeln — und versuchen, sie zu beweisen!«

»Wenn unsere Priester triumphieren, wie es geschehen wird, was dann?«

»So sollt Ihr frei sein, und wir werden die Angelegenheit zwischen uns in gerechtem Kampfe austragen, eine Hundertschaft auf jeder Seite, und alles ausgesuchte Leute. Werdet Ihr Euren Priestern gestatten zu beweisen, daß Ihr nicht den Mut hattet, mit der Oryx einen solchen gerechten Kampf zu wagen?«

»Was geschieht, wenn sie verlieren?«

»Wenn Ihr den Sieg in Ras Namen, durch die Macht der wahren Priester, welche Horus, seinem Sohne, folgen, gesehen habt; wenn Ihr gesehen habt, wie der Stolz *Eurer* Priester wie Sand aus dem ausgestopften Spielzeug eines Kindes rinnt, dann werde ich Euch zwei Wege zur Auswahl geben. Entweder schwört Ihr den Kriegereid, Eure Waffen vierzig Tage lang nicht gegen uns oder unsere Sache zu erheben, oder aber Ihr könnt Euch in Ehren auf unsere Seite stellen und in Frieden leben, unter Amenemhets Herrschaft.«

»Ich nehme Eure Herausforderung an«, rief er hinauf. Und dies fand bei seinen wie auch bei meinen Männern Beifall.

Die Magische Prüfung

DER BEFEHLSHABER DER Schilfprovinz teilte mir mit, der Hohepriester Sekmets habe sich einverstanden erklärt, die Probe des Willens zu Mittag durchzuführen. Dies überraschte mich, da ich erwartet hatte, er würde verlangen, sie zu Sonnenuntergang abzuhalten, zu der

Die Magische Prüfung 383

Stunde, welche weder von der Sonne noch vom Mond beherrscht wurde.

Der Befehlshaber fügte hinzu: »Der Hohepriester Hekhet-ma-en hat die Mittagsstunde gewählt, da seine Stärke eine solch große ist, daß er Euch jeden Vorteil gönnen kann. Er wird Euch sogar gestatten, zu entscheiden, ob beide Seiten die Hilfe ritueller Magie anwenden oder für sich allein stehen sollen.«

Während er sprach, versuchte ich mich zu erinnern, wo ich den Namen schon einmal gehört hatte. Dann wurde mir bewußt, daß Hekhet-ma-en jener Hohepriester Sekmets gewesen war, der nach den Worten Tet-hens große Macht besitzen sollte.

»Ist Euer Priester der gleiche Hekhet-ma-en, der im neuen Tempel der Königlichen Stadt zu sein pflegte?«

Er bejahte dies. Und nun wußte ich, daß die Herausforderung, welche ich in dem Glauben ausgesprochen, sie würde uns die Gelegenheit geben, Sekmets Priester als unfähige Hochstapler darzustellen, nun zu einem Kampf zwischen mächtigen Magiern geworden war. Licht gegen Dunkelheit, Ra gegen Seth, verkörpert in der Macht ihrer Priester.

Ptah-aru hatte mich bereits angewiesen, dem Sekmetpriester den Vorteil der rituellen Magie einzuräumen, auf daß sie nach ihrer Niederlage nicht behaupten könnten, wir hätten ihnen die volle Nutzung ihrer Kräfte verweigert.

Als ich Kepha-Ra, dem größten unserer drei Horuspriester, welcher gegen Sekmets Hohepriester antreten würde, berichtete, was Tet-hen mir über diesen seinen Gegner erzählt hatte, ließ er kein Zeichen einer Unruhe erkennen und antwortete:

»Wenn ich getreu war dem Namen dessen, dem ich folge, wird Er mich zu einem Gefäß Seiner Macht machen, und sollte Seth selbst mich herausfordern, so siegte ich doch. Nur wenn ich ungetan gelassen habe, was ich ausführen sollte, oder den Pfeil meines geschulten Willens im Köcher meines Leibes stumpf werden ließ, werde ich vernichtet werden und mich so als unwürdiger Diener des Herrn des Falken erweisen.«

»Tet-hen sagte, er würde es nicht wagen, gegen Hekhet unter gleichen Bedingungen anzutreten.«

»Die Stärke eines Landes liegt in der Weisheit seiner Priesterschaft. Wenn wir, die Priester der Oryx, besiegt werden, so sind wir, bis andere unserer Bruderschaft die Stärke der Priester der Wächter bewiesen haben, noch nicht imstande, über Ägypten zu herrschen. Krieger können die Macht von Heeren brechen, Krieger können ihr Land vor Eindringlingen schützen — doch solange ein Volk keine lebende Priesterschaft hat, wird der Wurm der Zwietracht in der Frucht des Sieges sein. Der Frieden wird schon im Kern faul sein, und das Gold der Eroberung wird sich in bittere Asche verwandeln. Ich wünsche nun, man möge mich und meine beiden Brüder bis zur Zeit der Prüfung unserer Stärke allein lassen, auf daß wir uns unserer Bräuche gemäß vorbereiten können.«

Nachdem er so gesprochen hatte, gesellte er sich zu Ptah-atho unter einen schattigen Baum und schien in Schlaf zu sinken.

Obwohl ich dem Befehlshaber der Schilfprovinz vertraute, hielt ich es für möglich, Sekmets Diener könnten versuchen, unsere drei Streiter zu behelligen. Daher ließ ich eine starke Wache in einiger Entfernung aufstellen, die ausreichte, sie zu schützen und sie dennoch nicht in der tiefen Meditation, in die sie sich zurückgezogen hatten, zu stören. Eine Wache am Tempel selbst aufzustellen oder gar Späher zu postieren, die Bewegungen der Gegenseite zu beobachten, hätte als unvertretbare Beleidigung gegolten. So führte ich, da es immer noch drei Stunden bis zum Mittag waren, die übrigen meiner Männer zu unserem Lager zurück. Sie waren in bester Laune, lachten und zogen sich gegenseitig auf, und alle schienen sicher, daß sie in wenigen Stunden die Demütigung der Gefolgsleute Seths genießen würden. Hanuk ging neben mir, und ich nutzte diese Gelegenheit, ihm von Hekhet-ma-en zu erzählen.

»Bis jetzt hat sich dein Vorgehen als ausgezeichnet erwiesen«, sagte er. »Aber mußtest du den Sieg wieder in die Waagschale werfen, als er bereits unser war?«

»Wenn Hekhets Macht gebrochen ist, wird dies mehr helfen, den Schatten der Furcht zu vertreiben, als alles, was wir nur durch Waffengewalt hätten erreichen können. Wenige der Priester Sekmets besitzen wahre Macht, und sie empfinden tiefe Ehrfurcht gegenüber jenen, welche über wirkliche Macht verfügen. Für sie ist Hekhet mehr als ein Hohepriester, er ist lebendige Verkörperung der dunklen Mächte. Laß sie ihn gebrochen sehen, und sie werden frei sein. Einige von ihnen mögen dann vielleicht lernen wollen, wie man ein Priester Ras werden kann, und die übrigen werden nicht länger Gefangene eines falschen Tempels sein, sondern ihr Leben in den Dienst Ägyptens stellen können.«

»Glaubst du, Tet-hen hat Hekhets Macht übertrieben? Soweit ich weiß, neigt Tet-hen nicht zu Übertreibungen.«

»Ich teile deine Meinung über Tet-hen, doch ich bete, daß du die Macht *unserer* Priester unterschätzt.«

»Dann beten wir beide um das gleiche. Denn wenn sich die Nachricht verbreitet, daß unsere Streiter besiegt wären, würde dies unserer Sache sehr schaden. All jene, die noch unentschieden sind, auf welche Seite sie sich stellen sollen, und solche, die von Aberglauben verblendet sind, würden sich augenblicklich zu Men-het bekennen. Dies könnte schon ausreichen, den Norden von uns abzukehren, und sobald sie einmal überzeugt wären, daß der Schutz Ras nicht unverletzbar ist, könnten sie sogar wagen, Amenemhet zu töten.«

»Du vergißt, daß selbst im Falle einer Niederlage unserer Priester der Befehlshaber der Schilfprovinz die Herausforderung der Hundert annehmen muß. Zweifelst du, daß wir in *dieser* Schlacht siegreich sein werden?«

»Wenn wir heute morgen gekämpft hätten, wäre ich mir unseres Erfolges sicher gewesen. Doch wenn unsere Soldaten kämpfen müssen, nachdem sie mit angesehen haben, was sie als Zeichen betrachten werden, daß ihre Götter bereits besiegt sind ... nun, Männer können nicht kämpfen, wenn sie nicht an ihre Götter glauben. Zeige mir ein Heer, das nicht an die Rechtmäßigkeit seiner Sache glaubt und daran, daß die Götter auf ihrer Seite kämpfen, und du wirst mir ein Heer gezeigt haben, welches besiegt ist, noch bevor ein einziger Pfeil aus dem Köcher gezogen wurde.«

Ich begann zu wünschen, ich hätte den anderen schon früher meinen ganzen Plan enthüllt, denn als ich von ihm zu erzählen begonnen hatte, hatte ich dies beabsichtigt. Doch aus irgendeinem Grund, welcher mir selbst nicht klar war, hatte ich plötzlich, nachdem ich erklärt hatte, wie der Feind durch einen Überraschungsangriff überrumpelt sein würde, geschwiegen. Natürlich hatte Kiyas mich gefragt, welche Rolle die drei Priester dabei zu spielen hatten. Auf diese Frage hatte ich geheimnisvoll geschaut und geantwortet, sie würde es wissen, wenn die Zeit dazu gekommen wäre, und sie war es zufrieden. Ich versuchte mir Meri an meiner Seite vorzustellen, wie sie mir für meine Entscheidungen Mut zusprach, und beinahe sofort schienen mir meine unausgesprochenen Ängste verächtlich. War ich, Ra-ab Hotep, nicht besser als ein abergläubischer Fischer, bereit, vor den Mächten der Dunkelheit davonzulaufen, statt sie herauszufordern?

Als wir bei unserem Lager ankamen, hatte ich die Ruhe meines Gemütes wiedergefunden. Nur vier unserer Männer waren verwundet worden, denn als die Feinde aus dem schmalen Torweg herausgestürmt kamen, hatten sie sich zwischen den dicht stehenden Reihen von Streitkolbenträgern wiedergefunden, die sie niederschlugen, als seien sie Ratten, welche aus der Tür einer Kornkammer herausstürzten. Die Verwundeten wurden gut versorgt, ein Heiler-Priester hatte sich bereits um sie gekümmert, und Kiyas hatte sie verbunden. Ein Mann hatte eine Dolchwunde in der Schulter, und zwei hatten einen gebrochen Arm; bei einem von ihnen stach der Knochen aus der Haut hervor. Der vierte Mann war noch immer von einem Schlag auf den Kopf bewußtlos, doch der Ma'at-Priester hatte das Ausmaß der Verletzung hellsichtig betrachtet und festgestellt, daß sich der Mann ohne bleibenden Schaden wieder erholen würde, da das Gehirn nicht gequetscht und der Schädel nicht gebrochen war.

Obwohl ich noch nie eine Magische Prüfung gesehen hatte, wußte ich, daß beide Priester dabei ihre Macht auf eine Gedankenform konzentrieren, welche auf ihrer eigenen Ebene so wirkungsvoll sein würde, als wäre sie auf die physische Ebene heruntergebracht. Diese Gedankenformen würden natürlich unsichtbar sein, außer für jene, welche geschult waren in der Sicht, die nicht auf die drei irdischen Dimensionen beschränkt ist. Daher bat ich den Priester Ma'ats, mich zum Tempel zu begleiten, um mir zu beschreiben, was tatsächlich vor sich ging, und dieser willigte gern ein.

Nachdem wir gegessen hatten, brachen wir zu Sekmets Tempel auf. Die Kolonne bestand nun aus der vollen Streitmacht von Oryx und Schakal, mit Ausnahme dreier Frauen, die sich erboten hatten, bei den Verwundeten zu bleiben, und den Wachen, die ich um das Lager herum aufgestellt hatte. Die Männer des Hasen blieben im verborgenen, denn Hanuk fand es klüger, einen Teil unserer Stärke nicht zu offenbaren, um sich gegen mögliche Entwicklungen zu wappnen.

Nachrichten über das Geschehene hatten sich in der Alten Hauptstadt verbreitet, und offensichtlich wußten die Menschen, daß es zu einem Kampf der Magie kommen würde, denn die große Menschenmenge, welche sich versammelt hatte, hielt einen ehrfürchtigen Abstand von den Toren des Tempels. Sie schienen zu glauben, magische Macht nähme einen streng begrenzten Raum ein, und solange sie sich außerhalb desselben hielten, seien sie vor den gefürchteten Kräften, deren Natur sie offensichtlich nicht verstanden, sicher. Offenbar hatten sie in allgemeiner Übereinstimmung beschlossen, Magie sei nur innerhalb einer Reichweite von zwei Bogenschüssen gefährlich, und in die-

Die Magische Prüfung

sem Abstand hatten sie sich versammelt, eng aneinandergedrängt, als ob sie sich gegen ein unsichtbares Seil lehnten.

Ich führte meine Männer absichtlich nahe an sie heran, bevor ich die Kolonne in Richtung des Tempeltores lenkte. Denn ich meinte, wenn sie einen genauen Blick auf uns werfen konnten, würde dies ihre Vorstellung, der Süden sei ein Pack unordentlicher Aufständischer, zerstreuen. Die meisten in der Menge waren feindlich, doch ein kleiner Knabe winkte mir zu und rief: »Feiner Soldat!« wofür er sich von seiner Mutter eine Ohrfeige einhandelte. Ein paar Mädchen lächelten zurück, als unsere Männer ihnen etwas zuriefen, doch die Mehrheit starrte uns nur ablehnend oder mit dumpfer Neugier an.

»Ihr werdet bald durch die Unterwelt marschieren!« schrie eine alte Frau. »Heute abend wird es in Sekmets Küche fein brutzeln! Zarte junge Gotteslästerer gefallen ihr noch besser als Opferstiere!«

Hier fiel ein Mann neben ihr ein: »Sekmet giert auch nach Stieren! Letztes Jahr habe ich ihr drei Stiere gegeben, versprochen hatte ich sie ihr, wenn mein Eheweib mir einen Sohn gebären würde. Dies tat meine Alte schließlich, doch erst nach sieben Jahren, als ich den Handel bereits vergessen hatte. Doch die Priester hüten die Tontafeln gut, und sie kümmerten sich eiligst darum, daß ich meine Schulden beglich. Drei Stiere hat mein Sohn mich gekostet ... und außerdem ist er ein müßiges, albernes Kind, Schwanz oder Hufe eines von ihnen nicht wert!«

Diese Menschenmenge, halb ängstlich, halb lästerlich, gab eine sonderbare Kulisse ab für ein Gottesurteil, welches sehr gut die Entscheidung über die Zukunft der Zwei Länder sein konnte. Im großen Vorhof hatten die Krieger der Schilfprovinz in zwölf Reihen vor der Nordmauer Stellung bezogen, und wir nahmen unsere Plätze ihnen gegenüber ein.

Eine schwarze Basaltstatue Sekmets, ungefähr doppelt so groß wie ein Mann, war am Fuße der Stufen aufgestellt worden, die in die Heiligtümer führten. Vor ihr stand ein Altar aus dem gleichen Basalt, und auf diesem ein großer goldener Kelch und eine Silberschale.

In der Mitte des offenen Platzes waren sechs schwarze Kreise auf das Steinpflaster gezeichnet worden, je drei nebeneinander, zehn Ellen voneinander entfernt. Sie waren groß genug, daß ein Mann in ihnen stehen konnte, doch wenn er zusammenbrach, würde er über die Kreislinie fallen, und der erste, der dies tat, würde als besiegt gelten durch den Mann ihm gegenüber. Die gebräuchlichste Methode bestand darin, den Gegner bewußtlos zu machen, doch es gab viele andere Wege, ihn den Kreis durchbrechen zu lassen. Solche Proben des Willens waren in Sekmets Tempeln nichts Ungewöhnliches, doch fast immer hatte die Person, die gegen den Priester antrat, keine Schulung in Magie genossen und fand sich bald so machtlos zu widerstehen wie ein Vogel vor den Augen einer Schlange. Sobald der magische Einfluß hergestellt war, mußte das Opfer genau das tun, was ihm von dem, der nun die Herrschaft über ihn hatte, befohlen wurde. Tet-hen hatte mir erzählt, er habe einen Mann in höchstem Entsetzen im Hof herumlaufen sehen, in dem Versuch, einem unsichtbaren Hund zu entkommen, von dem er glaubte, er schnappe nach seinen Fersen. Ein anderer sei auf allen Vieren gekrochen und habe versucht, aus einer nicht vorhandenen Schale Wasser zu schlürfen, während ein dritter ein Messer aus seinem Gürtel gezogen habe und gehorsam die Zehen seines linken Fußes abschnitt. Gewöhnlich war eine Menschenmenge anwesend, diese Schauspiele zu beobachten, was sich als sehr nützlich dabei erwies, die Menge unter der Macht des Priesters zu halten. Denn sie glaubten, wenn sie ihm nicht gehorchten, könnte er sie selbst aus der Ferne dazu bringen, sich nach seinem Belieben in demütigender oder verbrecherischer Weise zu verhalten. Tet-hen hatte mir auch erzählt, daß dieser Glaube zuweilen so stark war, daß die Leute ohne Frage jedem Befehl des Priesters gehorchten, wenn sie gesehen hatten, wie er eine solche Zauberei vorführte. Und sie würden sich sogar willfährig zu einem Mordwerkzeug machen, solange es sich nicht gegen jemanden richtete, mit dem sie durch starke Bande der Zuneigung verbunden waren.

Unsere Priester traten vor und setzten sich mit gekreuzten Beinen hinter die Kreise, in denen sie ihre schwere Prüfung bestehen sollten. Ihre Augen waren geschlossen, und sie schienen an ihrer Umgebung keinerlei Anteil zu nehmen. Mehrere Tempelschüler, Knaben mit stark bemalten Gesichtern, in kurzer Tunika aus purpurfarbenem Leinen und mit Halsketten aus Krokodilzähnen, traten hintereinander aus dem Heiligtum und nahmen in einer Reihe ihre Plätze zu beiden Seiten der Statue ein. Ihnen folgten jene Priester, die nicht an dem Magischen Kampf teilnahmen. Es waren ihrer zwanzig, in Leopardenfelle gekleidet, welche ihre Purpurroben zum Teil verdeckten. Sie trugen lange Stäbe, die an der Spitze entweder ein Krokodil der Unterwelt hatten oder eine Katze, die dunkle Nacht symbolisierend. Die meisten von ihnen waren fett, und einer hatte Brüste, die wie die Zitzen einer alten Hün-

Die Magische Prüfung 389

din herunterhingen. Sie trugen goldene Amulette, verschiedene Symbole Seths oder Sekmets und mehrere Ringe an den Daumen. Ihre Nägel waren lang und eingerissen, und ihre Hände starrten vor Dreck. Kiyas bemerkte dies im gleichen Augenblick wie ich und fragte flüsternd: »Warum sind sie so schmutzig?«

»Weil sie sich von uns so stark wie möglich unterscheiden wollen. Unsere Priester führen vor dem Gebet eine zeremonielle Reinigung durch, doch Schmutz ist ihr Symbol für die gröbsten Erscheinungsformen der Erde und stellt so ihre Verbindung mit der Unterwelt dar.«

Nun wurde ein schwarz-weißer Tempelstier, dessen Hörner mit Efeu umwunden waren, hereingeführt. Zwei der Priester traten vor, und während der eine das Tier an den Hörnern faßte, schlitzte der andere seine Kehle auf und ließ das Blut in die Silberschale strömen, welche er vom Altar genommen. Dann wurden zwei schwarze Ziegen, eine männliche und eine weibliche, geopfert. Danach kamen zwei Tauben, deren Gefieder mit Erdpech eingeschmiert worden war — ein dritter Priester biß ihnen den Kopf ab, und ihr Blut, zusammen mit etwas Blut aus der Silberschale, wurde in den goldenen Kelch gegossen, welcher, nachdem er Sekmet dargebracht, in die Mitte des Altars gestellt wurde.

Von irgendwo aus dem Inneren des Heiligtums drang ein plötzlicher schriller Schrei, der rasch erstickt wurde.

»Was war das?« flüsterte Kiyas.

»Sie versuchen Sekmet mit jedem Mittel, das in ihrer Macht steht, zu bestechen. Es heißt, sie liebt Menschenblut, doch selbst *ihre* Priester wagen es nicht, ein Menschenopfer öffentlich darzubringen. Sie werden wohl eine Jungfrau in Sekmets Heiligtum getötet haben ... wenn ich recht vermute, wird in einem Augenblick eine weitere Schale mit Blut herausgebracht.«

Ein Priester kam die Stufen herunter. Er zitterte, und ein scharlachroter Spritzer Blut fiel aus der Schale, die er so vorsichtig in seinen Händen hielt.

»Der Stier, die Ziegen, die Tauben ... und nun die Jungfrau«, sagte ich zu Kiyas. »Nun werden wir Hekhet herauskommen sehen.«

Das Gewand des Priesters war purpurfarben mit breiten senkrechten Streifen. Sein blasser, rasierter Schädel glänzte im Sonnenlicht, und die Sehnen seiner schmutzigen Hände traten hervor wie die Knochen einer Vogelklaue. Seine Lippen waren tiefrot, sie schimmerten in seinem bleichen, maskenähnlichen Gesicht wie Metall. Er hatte keine

Augenbrauen, und die Haut seiner Stirn spannte sich so straff über die Schädelknochen, daß seine schwarzen Augen höhlenartig wirkten wie die eines Geiers.

Er begann eine lange Anrufung vor der Statue, eine Kette unverständlicher Worte. Dann hob er den Kelch mit Blut, nicht um ein Trankopfer auszugießen, wie ich erwartet hatte, sondern um einen tiefen Zug daraus zu trinken, wie ein Mann, der sehr durstig ist. Nun wußte ich, warum seine Lippen von solch glitzerndem Scharlachrot waren, sie waren feucht von einem Schluck, welchen er bereits im Heiligtum genommen hatte.

Die anderen Priester, die an dem magischen Kampf teilnehmen sollten, stimmten in seine Anrufung ein, doch ich bemerkte, daß beide den Kelch nur mit den Lippen berührten und nicht daraus tranken. Dann gingen sie nach vorne, um ihren Platz hinter den Kreisen einzunehmen, welche sie zu beiden Seiten Hekhets betreten würden, sobald das Zeichen gegeben wurde. Doch würden sie nicht mit der Großen Prüfung beginnen, bevor nicht die Hohepriester die erste Probe entschieden hatten. Obwohl ungewöhnlich, war es von den zwei beigeordneten Priestern bekannt, daß sie aus ihrem Kreise fliehen würden, statt bis zur endgültigen Niederlage dort auszuharren. Zuweilen waren sie auch schon von dem Wunsch aus ihrem Kreis gelockt worden, einem anderen Priester, der sich in Qualen wand oder gar starb, Beistand zu leisten.

Unsere Priester hatten sich erhoben und standen nun da, die Hände Ra entgegengestreckt, im stillen Seinen Namen anrufend, mit der Bitte, er möge Seine Macht durch den Kanal in sie einströmen lassen, welcher im Namen von Horus, Seinem Sohn, geöffnet war.

Das Zeichen wurde gegeben, ein langer Ton geblasen auf einem Widderhorn, und die sechs Priester traten vor in ihren Kreis. Hinter unseren Priestern war die kahle, weiße Mauer des Hofes, hinter den Sekmetpriestern stand wie wartend die Statue Sekmets, mit den unheilvoll lauernden Augen einer sich anschleichenden Raubkatze. Die Reihen der Tempelschüler schwangen nun Räuchergefäße, die Wolken von Räucherwerkdüften verströmten.

Kepha-Ra gegen Hekhet, Ra gegen Seth.

Hekhet streckte seine rechte Hand vor, Zeige- und Mittelfinger gestreckt, den Daumen und die übrigen Finger in der Handfläche zusammengefügt. Ich wußte, daß diese Methode, einen Kraftfluß auszurichten, sowohl zum Heilen als auch zum Zerstören oft angewandt

Die Magische Prüfung 391

wurde. Kepha machte keine Bewegung, doch seine Ruhe war wie ein feiner Dolch. Ich konnte nichts Übernatürliches sehen, doch war ich mir einer von ihm ausströmenden Macht bewußt.

Der Priester der Ma'at stand an meiner Seite und begann den Verlauf des Kampfes zu beschreiben, während jeder der Priester seinen Willen gegen seinen Gegner richtete.

»Kepha erschafft eine Verkörperung des Horus, in Gestalt eines Falken, nicht als einen Menschen mit Falkenkopf. Er bildet sich ungefähr eine Elle über Hekhets Kopf ... nun ist er fast vollendet, vollkommen wie der goldene Falke, den Neku schuf. In ihn fließt jetzt Kephas Macht ein, und auch Leben aus der Ebene der Götter. Wenn Kepha nur genügend Macht hineinsammeln kann, wird der Falke sich hinabstürzen und Hekhets Willen vernichten.«

Plötzlich sah ich Kepha wie in großen Schmerzen zusammenzucken.

»Was geschieht Kepha?«

Die Augen des Seherpriesters waren immer noch über Hekhets Kopf gerichtet; doch als er meine Stimme vernahm, wandte er sich, immer noch mit den Händen seine Augen bedeckend, Kepha zu, um den inneren Blick auf seinen Priesterbruder zu lenken.

»Hekhet ist wahrhaftig ein mächtiger Magier! Er hat eine Schlange des Apophis über Kepha geworfen, drei ihrer Windungen sind um seine Beine und Oberschenkel geschlungen, und ihre Fänge haben sich tief zwischen seine Schultern eingegraben. Ihr Maul ist weit offen, flach gegen seine Haut gepreßt: Sie saugt ihm das Leben aus ... entzieht ihm mit jedem Augenblick Stärke.«

Ich sah voll Entsetzen, daß Kepha seine aufrechte Haltung zu verlieren begann. Seine Knie waren leicht gebeugt, der Rücken krümmte sich, die Ellbogen stemmten sich nach hinten, als ob er verzweifelt versuchte, einem furchtbaren Druck zu widerstehen, der ihn unbarmherzig nach vorne trieb. Schweiß strömte seinen Leib hinab ... fast konnte man, auch ohne Seher zu sein, wissen, was ihn in solch eine unnatürliche Haltung zwang.

»Der Falke, sag mir, wie stark der Falke ist!«

»Er wächst und wird größer ... Nein! Nun schwankt er ... er sieht aus, als würde er fallen. Nun wird ein Flügel ein wenig undeutlich.«

Selbst jene, die nichts sahen außer zwei Männern, die einander in der glühenden Sonne gegenüberstanden, mußten sich der gewaltigen Manifestation von Macht bewußt sein. Nichts Sichtbares berührte die beiden Priester, sie gaben keinen Laut von sich — doch der Schweiß höchster Anstrengung rann ihren Körper hinab, und einer von ihnen sah seltsam verdreht aus, als müßte er fallen, wenn ihn nicht das Unsichtbare, das ihn in seinen Fängen hatte, noch stützte, während es sein Vernichtungswerk beendete.

Der Seherpriester sprach mit leiser und eindringlicher Stimme: »Horus, laß ihn sieghaft sein! Er versucht, *Deinen* Falken zu erschaffen. Hilf ihm, im Namen Seines Vaters! Laß den Falken aus Deiner Macht Leben haben!«

Dann wurde seine Stimme lauter: »Er wird stärker! Sieh! Sieh! Er erhebt sich, um zuzuschlagen!«

Alle Augen hafteten auf Kepha, der kurz vor dem Zusammenbruch zu stehen schien. Plötzlich, wie in einer fast übermenschlichen Anstrengung, richtete er sich wieder auf. Er streckte seine Arme aus und senkte sie dann an seine Seite, wie ein Falke, der seine Schwingen anlegt, bevor er auf seine Beute niederstößt.

Hekhet schrie, den hohen, verzweifelten Schrei eines Hasen in den Fängen eines Falken. Mit einer Hand griff er an seine Kehle, während er mit der anderen, so schien es, seine Augen zu schützen versuchte. Er schrie: »Ich werde blind! Blind!«

Wieder hörte ich die Stimme des Sehers: »Der Falke hat ihn an der Kehle gepackt! Seine Klauen sind tief in Hekhets Fleisch eingegraben ... er wird nie die Kraft finden, sie herauszureißen! Der Falke hackt nach seinen Augen. Er glaubt, er blende ihn — so *wird* er ihn blind machen. Er wird nie wieder sehen, und mit seinem Augenlicht wird auch seine Macht von ihm genommen sein! Sieh! Die Macht der Schlange ist bereits gebrochen!«

Hekhet schwankte, stolperte zurück, wie rasend in dem Versuch, seinen Angreifer abzuwehren. Selbst ohne die Erklärungen des Sehers über die Gestalt, in welcher Kepha seine Macht verkörpert hatte, hätte ich gewußt, daß Hekhet gegen einen großen Vogel kämpfte.

Der Hohepriester Sekmets war nun nur noch ein Mann, blind und machtlos, stolpernd und nach Schutz suchend, der nach seinen Priestern rief, ihn zu retten. Die Gewohnheit des Gehorsams war stark in ihnen. Sie liefen ihm nach und verließen so ihre Kreise.

Sekmets Grabmal

ICH WERDE MICH immer jenes Geschehens im Hofe des Tempels von Sekmet erinnern als etwas, was sich wie in einer Traumzeit abspielte, in einer Zeit, welche nicht durch willkürliches Stundenmaß zerteilt wurde. Denn ich vermochte Dinge gleichzeitig zu beobachten, als wären sie Teil einer Abfolge, die Raum genug zwischen ihnen ließ, so daß ich ihnen ungeteilte Aufmerksamkeit zuwenden konnte.

Hekhet war nicht länger der Mittler dunkler Mächte, sondern nur noch ein Mann, alt und ungeschlacht, von Horus' Falken geschlagen; seine Schreie erstarben zu einem schrillen Gewinsel, während er ins Heiligtum der Göttin zurückkroch, die machtlos gewesen war, ihn zu schützen.

Ein paar der Tempeldiener schwangen immer noch ihre Räuchergefäße, doch die geordnete Reihe der Priester war in Auflösung. Sie drängten sich zusammen und starrten voll Entsetzen auf jenen, der sie so lange unter seiner Herrschaft gehalten hatte.

Ich stieß einen Jubelruf aus, der wie ein Echo aus unseren Reihen widerhallte.

»Horus hat gesiegt, im Namen Ras! Die Oryx hat die Diener Seths in die Flucht geschlagen. Groß ist die Macht von Ra, in dessen Namen wir leben. Ehre den Streitern der Oryx!«

Mit wilder Begeisterung zollten sie Kepha Beifall, der außer großer Erschöpfung keine Anzeichen des Furchtbaren aufwies, was er durchgestanden hatte. Erst spät am Abend zeigte er mir die scharlachroten Spuren an seinem Leib, wo Apophis' Schlange mächtig genug gewesen war, sich nicht nur in das Ka, den Lichtkörper, sondern auch in sein Gegenstück Khat, den leiblichen Körper einzukerben.

Die Krieger der Schilfprovinz hatten die Ordnung ihrer Reihen gehalten, und ich trat vor und sprach zu ihnen:

»Männer des Schilfes, ihr habt gesehen, wie Ra Sekmet besiegte und das Licht über die Dunkelheit triumphiert. Nicht ihr seid es, gegen die wir aus dem Süden kämpfen. Wir kämpfen gegen die Furcht, welche ein Beinamen der Göttin ist, deren Diener Hekhet wir gestürzt haben. Unsere Feinde sind jene Männer, die begehren, die Amtsgewalt und die Macht in den Händen der Furcht zu belassen, die begehren, das Kind möge vor dem Vater zurückschrecken und die Frau vor dem Manne, die begehren, das Dorf möge sich vor seinem Oberhaupt ducken und das Dorfoberhaupt bei einem Wort des Aufsehers zittern. Wenn ihr wollt, daß Männer nur arbeiten, weil sie von einem Auspeitscher angetrieben werden, und daß die Kornkammern leer sind, weil der Pharao fürchtet, seine Macht könnte geschmälert werden, wenn sein Gold bei den Barbaren eingetauscht wird; wenn ihr wünscht, daß die Hure namens Haß die am meisten geehrte unter euren Frauen ist und die Wahrheit in euren Häusern keine Bleibe findet; wenn ihr wie blinde Männer, die sich in Fesseln dahinschleppen, zu leben wünscht ... Wenn es *das* ist, was ihr für Ägypten und euch selbst wünscht, dann setzt euren Kampf gegen uns fort! Versucht, Men-het zu eurem Pharao zu machen, auf daß Sekmet herrsche! Ich habe eurem Befehlshaber mein Wort gegeben, daß auch bei einer Niederlage die Wahl bei euch ist. Laßt das Schilf sich mit der Oryx und dem Süden verbünden, um in Frieden unter der Herrschaft Amenemhets zu leben, und laßt Furcht und Sorge mit dem toten Pharao ins Grab hinabsteigen. Oder trefft die andere Wahl — erhebt vierzig Tage lang, geschworen auf die Ehre des Kriegers, eure Hand nicht gegen uns und unsere Sache. Gibt es unter euch Männer, die sich zu uns gesellen wollen, so tretet vor zum Zeichen, daß ihr Amenemhet als rechtmäßigen Herrscher der Zwei Länder anerkennt!«

Der Befehlshaber der Schilfprovinz trat vor und legte zum Gruße zwischen Brüdern seine Hände auf meine Schultern: »Meine Männer müssen für sich selbst entscheiden«, sagte er. »Doch von nun an steht der Befehlshaber der Schilfprovinz unter Eurem Befehl.«

Reihe um Reihe strömten nun seine Männer vor, unter Jubelrufen: »Das Schilf und die Oryx!« »Für Amenemhet und den Süden!«

Ich hatte an den zwei anderen Eingängen des Tempels eine starke Wache aufgestellt, so wußte ich, daß keiner von Sekmets Dienern hatte fliehen können. Tet-hen hatte mir gesagt, daß es im Sekmet-Tempel der Königlichen Stadt unterirdische Gelasse gab, zu welchen nur der Hohepriester und seine engsten Vertrauten Zugang hatten. Da es hier möglicherweise ähnliche Räume gab, hielt ich es für ratsam,

Sekmets Grabmal

mich vom Befehlshaber der Schilfprovinz bei ihrer Erkundung begleiten zu lassen. Er sollte so seinen Kriegern davon berichten können, welche wiederum den Leuten in der Stadt berichten konnten, was für eine Priesterschaft es war, welche die Alte Hauptstadt bis auf den heutigen Tag unterjocht hatte.

Der Befehlshaber der Schilfprovinz bat die Oryx und den Schakal, bei seinen Kriegern in ihren Unterkünften Gastfreundschaft zu genießen. Und dem stimmte ich bereitwilligst zu, kann es doch keinen besseren Weg geben, einer Stadt den Frieden zu bringen, als wenn Eroberer und Eroberte sie Seite an Seite in Freundschaft betreten. Ich beschloß, nur hundert Streitkolbenträger bei mir zu behalten. Davon begleiteten mich zwanzig zusammen mit Hanuk, Kiyas, Ptah-aru und dem Befehlshaber der Schilfprovinz, während ich den übrigen die Aufgabe anwies, die Statue Sekmets zu zerschlagen, und froh war, daß ich in rechter Voraussicht in unserer Ausstattung Hämmer und Keile, die man für solche Arbeit benötigt, hatte mitführen lassen.

Unmittelbar hinter dem Eingang am Ende der Treppe lag das Heiligtum, aus dem die Statue herbeigebracht worden war. Neben dem Sockel, auf der sie gewöhnlich stand, lagen die Rollen, welche benutzt worden waren, die Statue fortzubewegen. Und drei weitere Türen sah ich: je eine ihr zur Seite und eine weitere gegenüber dem Eingang. Ich öffnete die Tür in der Südwand und sah, daß sie in ein kleineres Heiligtum führte, welches durch eine schmale Öffnung im Dache Licht erhielt. Es war von schwarzen Granitplatten gesäumt und enthielt eine Statue Seths in seiner menschlichen Gestalt, flankiert von zwei kleineren Statuen der Krokodile, die die Unterwelt bewachen. Auf dem Opfertisch lag ein schwarzes Zicklein, vom Feuer bereits zum Teil verzehrt, noch schwelend, doch abgesehen davon wies der Raum keine Anzeichen einer kürzlichen Nutzung auf.

Im Heiligtum auf der Nordseite gab es eine Sekmet-Statue in Gestalt einer Katze. Auf dem Sockel stand eine Schale mit Milch und ein Korb voll Fische, wenn ich dies auch erst später bemerkte, denn meine ganze Aufmerksamkeit richtete sich auf das, was auf dem Opfertisch lag. Es war ein Mädchen, vielleicht ein wenig jünger als Kiyas. Ihr Körper war weit zurückgebogen, die Schultern und Lenden noch vom Altar gestützt, ihr Haar, von wunderschönem Dunkelrot, zu Boden hängend. Ihr Körper war so unnatürlich festgebunden worden, daß es wie eine Verhöhnung der Bogenstellung schien, in der zuweilen Nut als Göttin des Himmels dargestellt wird. Die Augen des Mädchens standen offen, als ob sie nach dem Tode Ausschau hielt, sie von den Qualen des Fleisches zu erlösen. Ihr Bauch war vom Nabel abwärts aufgeschlitzt worden, und zwischen ihre Beine war eine nun fast gefüllte Schale gestellt, das herabtropfende Blut aufzufangen.

»Sie hat nur einmal geschrien«, sagte Kiyas. »Diese Wunde hätte sie nicht sofort getötet. Sie muß lange Zeit gelitten haben ...«

Der Mund des Mädchens war verzerrt, der Kiefer, noch nicht starr, herabgefallen. Ich blickte genauer hin und sah, daß ihr ein Knebel aus Tuch in den Hals gestopft worden war. Zu Kiyas sagte ich: »So also haben sie ihren Schrei zum Schweigen gebracht!«

An der Tür hörte man einen der Streitkolbenträger sich erbrechen.

»Möge Ra jenem, der sie tötete, die Seele im Leibe vernichten!« sagte Hanuk.

Kiyas atmete in hastigen Zügen, und ihre Hände waren zu Fäusten geballt. Dennoch gelang es ihr, ihre Stimme in der Gewalt zu haben und leidenschaftslos zu sagen:

»Ra *würde* dies tun ... hätte es der Mann nicht schon selbst getan. Er hat seine eigene Seele zerschmettert, warum also sollten die Götter eingreifen, wenn ihre Gesetze bereits in Kraft sind?«

Die Tür am Ende des großen Heiligtums führte auf eine Galerie, von der mehrere Räume ausgingen. Die Türen waren versiegelt, doch als wir sie aufgebrochen hatten, sahen wir, daß in den ersten drei Räumen der Tempelschatz gelagert wurde. Auf Holzborden an der Wand lagen große Mengen von Kostbarkeiten verschiedenster Art — Elfenbeinzähne, Gold- und Silberhalsketten, Frauenschmuck, der von den seltensten Juwelen der Gattinnen reicher Hofleute bis hin zu einer einzigen Karneolperle an einem Lederband reichte, vielleicht der liebste Besitz einer Frau aus sehr armer Familie.

In einem anderen Raum befanden sich Tausende von Verzeichnissen, manche auf Ton, manche auf Papyrus, andere auf Holz, auf denen Einzelheiten über sämtliche Bestechungsgaben, welche Sekmet von Bittstellern angeboten worden waren, verzeichnet standen. Ich erinnerte mich an den Mann, der seine drei Stiere bezahlt hatte, nachdem sieben Jahre verstrichen waren; er hatte recht, als er sagte, daß die Priester Sekmets ihre Verzeichnisse sorgfältig führen.

In einem anderen Raum befanden sich viele kleine Papyrusrollen, welche sich, wie später untersucht wurde, als Listen über allerlei Schandtaten von Vornehmen, Beamten und Händlern herausstellten. Sie waren als Drohung benutzt worden, um zusätzliche Abgaben zu erpressen. Diese Auskünfte stammten aus vielerlei Quellen; zuweilen war es dem Diener eines Haushaltes gestattet worden, keine Tempelabgabe zu zahlen, wenn er statt dessen seinen Herrn ausspähen und etwas über ihn enthüllen konnte, wie beispielsweise die Einbehaltung von Steuern, die dem Pharao zahlbar waren, was mit dem Tod oder mit Folter bestraft wurde. Es gab auch viele Aufzeichnungen über Frauen, welche ihrem Gemahl untreu gewesen und seitdem in der Furcht vor dem Anprangern ihrer Tat lebten, sollten sie die Forderungen der Priester nicht erfüllen.

Am Ende der Galerie führte eine Tür zu einer weiteren, daneben verlaufenden Galerie, an deren einem Ende sich der Hof des Priesterbezirks befand und am anderen die beiden Gemächer, welche der Hohepriester bewohnt hatte. Zu meiner Überraschung waren diese Räume leer. So gingen wir weiter zum Hof in dem Glauben, Hekhet hielte sich in einem der Priesterhäuser versteckt.

Auch die Häuser und der Hof waren verlassen. Ich ging zum Tor und fragte die Wache, die ich dort aufgestellt hatte, ob irgend jemand an ihnen habe vorbeikommen können. Der Anführer betonte, niemand habe den Tempel verlassen, weder durch die Tore noch über die Mauer, seit wir selbst vor der Magischen Prüfung den Tempel betreten hatten.

»Sie müssen sich alle in einem unterirdischen Gelaß versteckt haben«, sagte ich zu Hanuk. »Auf das Verschwinden Hekhets und der ihm nahestehenden Priester war ich gefaßt, doch ich dachte, sie würden die anderen zurücklassen, auf daß diese den ersten Schwall unseres Zornes zu spüren bekommen.«

»Die Heiligtümer liegen oberhalb der Höfe«, sagte Kiyas. »Ich vermute, die Räume werden unter ihnen sein.«

»Ja, wir werden als erstes dort nach dem Eingang suchen; er führt wahrscheinlich aus einem der Heiligtümer hinab. Tet-hen sagte mir, daß es in dem anderen Sekmet-Tempel auf der Rückseite des Sockels der Statue einen gleitenden Stein gab, welcher nur von jemandem bewegt werden konnte, der das Geheimnis der genauen Stelle kannte, an der Druck ausgeübt werden mußte.«

Wir begannen eine lange und sorgfältige Suche. Alle Böden bestanden aus Quadern polierten Granits gleicher Größe, und obwohl wir sie überall mit einem Streitkolben nach einem hohlen Klang abklopften, welcher eine darunter verborgene Höhlung verraten würde, schienen sich die Quader in nichts voneinander zu unterscheiden. Sie waren gut verlegt, selbst eine dünne Messerschneide konnte nicht zwischen die Blöcke getrieben werden, und den ganzen Boden aufzureißen hätte Tage gebraucht.

Als wir mit der Suche in den Heiligtümern fertig waren, begannen wir in den Lagerräumen. Doch obwohl wir mehrere Male sowohl die Wände als auch den Boden prüften, führte es zu keinem Ergebnis. Es war Kiyas, die bemerkte, daß Hekhets Schlafmatte auf dem Boden in dem inneren seiner beiden Gemächer schief lag. Sie zog sie beiseite und stampfte auf den Stein. Er klang so fest wie die übrigen Quader, doch sie rief aufgeregt aus: »Ich glaube, es ist *hier* darunter! Ich meine, ich habe den Stein erzittern gespürt, doch es war so schwach, daß ich nicht ganz sicher bin.« Sie zeigte nach unten: »Seht, wo der Stein sich in den Boden einfügt! Der Spalt zwischen ihm und dem nächsten ist nicht breiter als die anderen, doch er ist frei von Staub.«

Etwas an der Wand fesselte ihre Aufmerksamkeit: »Seht! Seht! Dort ist ein Fleck, wie vom Abdruck einer Hand. Er ist noch naß, entweder von Öl oder Blut ...«

Sie lehnte sich vor, um die Herkunft des Fleckes zu untersuchen. Dabei glitt sie aus, und das ganze Gewicht ihres Körpers drückte auf ihre ausgestreckte Hand. Hanuk sprang vor und riß sie zurück, als der Stein, auf dem sie gestanden, einsank und eine quadratische Öffnung freigab.

»Das ist der Weg, den sie genommen haben!« rief Hanuk aus. »Seht, dort sind Vertiefungen in den Wänden, die wir als Stufen in den Schacht hinab benutzen können.«

Ich ging darauf zu, um hinabzuklettern, doch Hanuk zog mich zurück. »Nicht so schnell, Ra-ab! Ich habe von solchen Orten schon gehört; sie sind unwillkommenen Gästen gegenüber genauso unfreundlich wie ein Grab einem Grabräuber. Du mußt jeden Stein prüfen, bevor du ihm dein Gewicht anvertraust. Du und ich werden zuerst gehen, und wir halten einander, für den Fall, daß der Boden nachgibt.«

Ich schickte nach zwei der Altarlampen, welche ein ruhiges Licht gaben. Eine von ihnen in meiner rechten Hand haltend, stieg ich vorsichtig von einem Tritt zum nächsten hinab. Ich bemerkte, daß die Vertiefungen gemacht waren, die Enden von Holzbohlen aufzunehmen, was, wären sie eingelegt, den Abstieg recht einfach gemacht hätte. Ich war froh, den Grund des Schachtes erreicht zu haben, denn während meines Abstieges wäre ich für jeden unten Wartenden ein leichtes Ziel gewesen.

Sekmets Grabmal

Der Schacht führte zu einem schmalen Durchgang, zu niedrig, um darin aufrecht zu stehen, und allmählich nach vorn absinkend. Ohne jede Vorwarnung gab eine Steinplatte, die ich gerade betreten hatte, unter mir nach. Ohne Hanuks festen Griff wäre ich in einen senkrecht abfallenden Schacht hinabgestürzt, denn die Steinplatte, welche nachgegeben hatte, war ungefähr acht Ellen lang und hatte sich erst bewegt, als mein volles Gewicht auf ihr ruhte. Im Schein der Lampe konnte ich, ungefähr dreißig Ellen unter mir, das Glitzern von Wasser sehen.

»Und dort hätte dich nicht allein Wasser begrüßt«, sagte Hanuk. »Unter der Oberfläche gibt es wahrscheinlich Spitzen, um jeden aufzuspießen, der das Unglück hatte, hineinzufallen ... nur um sicherzugehen, daß er eines ungemütlichen Todes stirbt!« Da die Grube zu breit zum Hinüberspringen war, mußten zuerst zwei Balken herbeigeholt werden, welche zuvor das Dach eines Priesterhauses gestützt hatten, um eine Brücke zu bilden. Kiyas willigte widerstrebend ein, oben am Schacht mit Ptah-aru und den anderen auf uns zu warten, doch zu Hanuk nahm ich nun noch den Befehlshaber der Schilfprovinz und zehn Streitkolbenträger mit.

Der Durchgang verlief nach rechts und schien an einer nackten Mauer zu enden. Hier vermutete ich einen verschiebbaren Stein, und nach einer kleinen Weile gelang es uns, ihn mit den Hebeln, welche wir mitgebracht, soweit zu lüften, daß wir hindurchkriechen konnten. Eine zweite kurze Treppe schloß sich an, und dann verlief der Durchgang ungefähr zwanzig Schritte lang eben, bevor er erneut eine Wendung nahm, diesmal nach links, und dort vor einer massiven Holztür endete.

Ich hämmerte mit dem Griff meines Dolches gegen die Tür und befahl, sie im Namen des Pharao zu öffnen. Sie war sehr dick, doch als ich mein Ohr dagegen preßte, konnte ich ein wirres Gemurmel von Stimmen vernehmen. Als mein zweiter Befehl ohne Antwort blieb, wies ich meine Männer an, die Tür einzuschlagen, was sie taten, indem sie einen Balken als Rammbock benutzten. Die Riegel, welche die Tür gehalten, barsten mit einem lauten Krachen aus ihren Halterungen. Ich blickte in einen Raum, größer als das innere Heiligtum. Die niedrige Decke war von vier quadratischen Pfeilern gestützt, und die Wände sahen aus wie die einer natürlichen Höhle. In der Mitte des Raumes kauerte Hekhet, die Arme über der Brust gefaltet wie ein großer, kranker Affe. Er hatte die weiten, leeren Augen eines Blinden, und aus seinem Mund rann Speichel, der seinen Leib hinablief wie die schleimige Spur einer Schnecke.

Um ihn herum kauerten die anderen Priester, unter ihnen auch die Tempelschüler. Die Knaben waren still, doch der alte Mann rief immer wieder stammelnd: »Gnade! Habt Erbarmen mit uns!«

»Hätte *er* Erbarmen gezeigt?« fragte ich und zeigte auf Hekhet. »Dieser zitternde Hohn von einem Mann!«

»Wir glaubten, seine Macht sei die einzige, wir kannten keine andere!« warf mit schriller Stimme der außerordentlich fette Priester ein, der mir schon früher am heutigen Tage aufgefallen war. Als er sah, daß mich seine Entschuldigungen nicht beeindruckten, fuhr er noch schriller fort: »Wie können wir der Unwissenheit angeklagt werden? Wir sind alle hier, seit wir Kinder waren, wie diese hier, unsere Söhne.«

Er schob einen der Tempelschüler vor und sagte zu ihm: »Knabe, sage ihm, daß wir gut zu euch waren, daß wir nicht anders konnten, als jenem zu gehorchen, dessen Macht nun gebrochen ist.«

»Aber Ihr *wart* nicht gut zu mir«, sagte der Knabe widerspenstig. »Ihr umschmeichelt mich, wenn Ihr wollt, daß ich so tue, als sei ich Euer Eheweib, und das ist nicht das *einzige*, was Ihr von mir wollt. Doch wenn Ihr dieser Art von Spiel überdrüssig seid, hungert Ihr mich aus und bringt mich dazu, Euch um Essen anzubetteln, um am Leben zu bleiben.«

Der Knabe wandte sich an mich: »Er sagte, er sei Sekmet auf Erden und daß er, würde ich ihm in *irgend etwas* nicht gehorchen oder davonzulaufen versuchen, Schlangen aus meinem Mund kommen lassen werde, bis ich vor schreiendem Wahnsinn sterbe.« Er hob trotzig den Kopf: » Ich werde hier nicht länger bleiben. Ihr und die anderen Männer seid Krieger. Mein Vater war ein Krieger, als ich noch nicht im Tempel lebte. Er hätte sein Versprechen, daß er mich dem Tempel übergeben würde, sollte meine Mutter von der Seuche genesen, nicht gehalten, wenn er gewußt hätte, was man hier mit mir tut.«

Das Kind, denn er war kaum mehr als ein Kind, schüttelte den Griff des fetten Priesters ab und lief, um sich an meine Seite zu stellen. »Ihr könnt mir vertrauen, edler Herr, denn jetzt, wo Ihr hier seid, fürchte ich mich nicht. Bevor Ihr gekommen seid, hätte ich gelogen oder gestohlen oder Leute getötet, wenn es mir geheißen wurde, weil ich zuviel Angst hatte, nicht zu gehorchen. Es ist leicht, zu sagen, daß man tapfer sein wird, wenn man nicht weiß, *was* sie einem antun können; doch ich habe gesehen, wie ein Tempelschüler totgeschlagen wurde, und ein anderer wurde zu Mitternacht an den Fluß geschleppt

Sekmets Grabmal 401

und den Krokodilen vorgeworfen. Sie stopften ihm den Mund, damit er nicht schreien konnte. Er war mein Freund, und ich sah sein Gesicht, als er unter Wasser gezogen wurde. Seine Augen waren weit offen und flehten mich an, ihm zu helfen — doch ich konnte nicht, weil ich zuviel Angst hatte. Wenn man gehorcht, hätscheln sie einen und füttern einem mit ihren schmutzigen Fingern Speise aus ihren eigenen Schalen. Doch ich glaube, sie grämen sich, wenn man zu gehorsam ist, außer man sträubt sich ordentlich, denn es macht ihnen Spaß, sich neue Strafen auszudenken.«

»Hört nicht auf ihn! Er lügt, er lügt!« schrie der Priester.

»Habe keine Sorge, daß ich getäuscht werde«, sagte ich ihm. »Die AUGEN DES HORUS sind gut geschult, die verschiedenen Schattierungen von Wahrheit und Falschheit zu erkennen. Du wirst keinen Schmerz erleiden, den du nicht verursacht hast. Was *du* getan hast, soll auch dir getan werden.«

»Nein! Nein! Habt Mitleid, Mitleid!« Er warf sich zu meinen Füßen nieder.

»Ich finde es bemerkenswert«, sagte ich, »daß jemand, der seine Freundlichkeit beteuert, Angst haben und angesichts der Folgen seiner eigenen Handlungen um Gnade bitten sollte. Ist es wahr, daß du Knaben ausgepeitscht hast und sie auch noch andere Unwürdigkeiten hast erleiden lassen?«

»Nein, nein! Das habe ich niemals getan, niemals!«

Als Antwort riß sich der Tempelschüler seine Tunika vom Leib und zeigte mir seinen Rücken: Er war gezeichnet wie ein Gitter, kreuz und quer gestreift mit Striemen, manche schon länger verheilt und andere, die noch frisch waren.

Ich sagte zu dem sich windenden Priester: »Es scheint, daß deine Freundlichkeit ein wenig grob war. Doch du sollst sie in gleichem Maße empfangen. Ich habe Köche sagen hören, geklopftes Fleisch sei zarter, und zweifellos werden die Krokodile dankbar sein, daß ich mir um ihren Genuß Gedanken mache.«

»Aber das war nicht nur ich! Es war der und der und der da!« kreischte er und zeigte auf verschiedene andere Männer.

Nun hatten auch andere Tempelschüler Mut gefaßt und drängten vor, um mir ihre Narben zu zeigen, während die Priester mit entsetzter Stimme sich weiterhin gegenseitig die Schuld zuschieben wollten und mir so zu erkennen vergönnten, daß sie alle gleich gemein waren.

Zu dem Mann, der sich immer noch zu meinen Füßen wand, sagte

ich: »Du Hohn eines Mannes in einer Geschwulst aus Fett! Eine junge Frau wurde im Heiligtum ermordet. Wie kam diese Frau hierher ... scheint doch Sekmet zu eifersüchtig auf ihr eigenes Geschlecht zu sein, um Priesterinnen zu gestatten?«
»Ich weiß von keiner Frau — eine tote Frau? Vielleicht hat Sekmet sie getötet, denn sie hat mit Frauen keine Geduld.«
»Antworte mir schnell, Brut einer Kröte in eines Geiers Bauch. Eine Frau wurde geopfert. Wo sind die *anderen*, die du in Sekmets Speisekammer hältst?«
Er versuchte, zum Zeichen der Demut seine Stirn auf meinen Fuß zu legen. Ich preßte meine Ferse auf seine fetten Finger und sagte: »Ein kleiner Vorgeschmack dessen, was du in Kürze zu spüren bekommen wirst. Es gibt nur einen Weg zu entkommen, nur einen Weg für jeden von euch. Der erste, der mir sagt, wo ihr eure Gefangenen versteckt haltet, könnte weniger Strafe bekommen, als er verdient hat.«
Im Chor riefen sie, jeder begierig, die anderen zu verraten: »Sie sind hier drunter!« und zeigten alle in die gleiche Ecke des Raumes.
Der Stein, der den Eingang verbarg, hatte kein Gegengewicht und wurde durch einen gewöhnlichen Ringriegel, der in die Steinplatte eingelassen war, gehoben. Eine hölzerne Leiter führte in die Dunkelheit hinab.
Drei Mädchen waren dort unten, keine älter als fünfzehn Jahre. Keine von ihnen antwortete auf meinen Ruf, daß ich kam, sie zu befreien. Wie hätten sie auch können — sie hingen alle mit einem Strick um dem Hals von einem Balken, welcher quer durch die verdreckte Zelle verlief ...
Ich berührte eine von ihnen, ihr Leib war noch warm, doch als wir sie abschnitten, gab es nichts mehr, was wir für sie tun konnten. Sie waren alle tot.
»Die Priester hatten Angst, sie würden sprechen«, sagte ich zu Hanuk. »Sie sind seit langer Zeit hier gewesen. Ihre Hände waren viele Tage schon gefesselt, sieh, wie die Schnüre sich in das Fleisch gefressen haben.«
Ich wandte mich zu dem Befehlshaber der Schilfprovinz: »Ich kann nicht sagen, daß ich auch nur einen der Gebräuche Eurer Priesterschaft anziehend finde.«
Er antwortete mir: »Solange ich lebe, wird niemals wieder einer meiner Krieger Sekmet Achtung erweisen.«
Ich stand ihm Angesicht zu Angesicht gegenüber, die toten Mäd-

Sekmets Grabmal

chen in einer Reihe zwischen uns niedergelegt. Sehr feierlich sagte er: »Die Oryx hat das Schilf mit Waffen und Magie erobert. Doch das Schilf will mehr, als einen tapferen Gegner zu ehren: Sie dankt der Oryx und den Göttern der Oryx für ihre Seele!«

»Wenn wir als Wächter zu Wächter sprechen, liegt es an mir, einem AUGE DES HORUS, eine Entscheidung zu treffen. Wenn wir als Befehlshaber zu Befehlshaber sprechen, dann liegt es an Euch — da dieses Verbrechen in Eurer Provinz begangen wurde —, ein Urteil zu sprechen. Wie soll es lauten?«

»Euer Urteil wird meines sein.«

»Bevor Hekhet besiegt wurde, dachte ich, daß das Zerbrechen seines Willens seine Priester freisetzen würde. Ich hoffte sogar, manche von ihnen könnten vielleicht lernen, wahre Priester zu werden, und daß die anderen imstande wären, ein nützliches Leben zu führen. Nun weiß ich, daß sie zu verdorben sind, als daß etwas anderes als der Tod sie zu läutern vermag. Wenn eine wurmstichige Frucht neben eine andere, gesunde gelegt wird, werden bald beide faulen. Daher kann es diesen Priestern nicht gestattet werden, sich unter andere Menschen zu mischen, und sie sind der Krankheit des Bösen zu weit anheimgefallen, als daß man sie abseits halten könnte, bis sie geheilt sind. Die Tempelschüler sind jung. Manche von ihnen mögen die Verderbtheit aus der Art, wie sie lebten, erlernt haben. Doch sie haben viele Jahre vor sich, ihre Heilung zu bewirken. Ich schlage vor, sie nach Hotep-Ra zu schicken, wo wir darin geübt sind, die Kranken zu heilen. Stimmt ihr zu?«

»Ja, gewiß.«

»Bevor ich das Urteil spreche, möchte ich die Tempelschüler fragen, ob es in ihren Augen einen Priester gibt, der Gnade verdient.«

»Und die übrigen?«

»Ich kann mir kein geeigneteres Grabmal als diesen Raum für sie vorstellen, in dem drei ihrer Opfer im Tod noch nicht erkaltet sind.«

Wir trugen die Leiber der Mädchen vorsichtig in den oberen Raum. Sie sollten mit einem Ritual begraben werden, welches gewährleisten würde, daß die Seele keine Spuren der Gewalt, durch welche sie den Leib das letzte Mal verließ, bewahrte.

Ich sagte den Tempelschülern nicht, was mit den Priester geschehen sollte. Ich fragte sie nur, einen nach dem anderen, ob es einen unter den Priestern gab, bei dem sie Grund zu Dankbarkeit für irgendeinen Akt der Freundlichkeit hatten, wie geringfügig er auch immer gewesen sein mag. Davon gab es zwei, beide waren alte Männer, die nicht viel mehr als Tempeldiener gewesen. Die anderen hätten nur eines einzigen Wortes der Zuneigung bedurft, sie vor dem Tod zu retten, doch dieses Wort wollte ihnen niemand gewähren.

Ich schickte die Tempelschüler und die beiden alten Priester unter der Aufsicht eines Streitkolbenträgers in das Heiligtum, um dort auf uns zu warten. Obgleich ich mir der Gerechtigkeit meines Urteils gewiß war, so war es doch keine angenehme Aufgabe, welche ich vor mir hatte. Hanuk, der Befehlshaber des Schilfs und die Streitkolbenträger halfen mir ... Doch es war rasch vorüber.

Der Balken, der sich quer durch den unteren Raum zog, senkte sich unter der Last von einundzwanzig Körpern, die sich selbst im Tod noch an ihren Stricken leicht hin- und herbewegten.

Der Boden war mit schmutzigem Stroh bedeckt. Nun wurde getrocknetes Schilf von den Dächern der Priesterhäuser dazugeholt und Öl aus einem Krug darüber gegossen.

Ich warf eine lodernde Fackel hinab und überließ die toten Männer dem reinigenden Feuer.

Gebrochener Basalt

AUF MEINEM WEG nach oben aus dem Grab der Sekmetpriester zählte ich meine Schritte, um herauszufinden, wie weit sich die unterirdischen Gänge jenseits der Tempeleinfriedung ausdehnten. Nachdem wir Kiyas und Ptah-aru berichtet hatten, was zu tun wir genötigt gewesen waren, ging ich durch das kleine Südtor hinaus, um Ausschau zu halten nach Rauch, der mir meine Berechnungen bestätigen sollte und anzeigte, ob das Feuer noch brannte. In der vermuteten Richtung sah ich eine Gruppe von Bäumen und fand zwischen ihnen etwas, was wie ein nicht mehr benutzter Brunnen aussah. Rauch stieg in öligen Schwaden aus ihm auf, und als ich hinunterspähte, konnte ich die Schlünde zweier Luftschächte gerade oberhalb der Wasseroberfläche erkennen.

Bei meiner Rückkehr sah ich, daß die Menschenmenge vor dem Eingangstor ungemein angewachsen war. Sie wußten bereits, daß ihr Hohepriester, vor dem sie sich so lange gefürchtet hatten, in einem magischen Kampf besiegt worden war. Doch sie hatten dies als Zeichen der Niederlage der Schilfprovinz betrachtet; so waren sie verwirrt, ihre Krieger in Freundschaft mit den unseren unter ein und demselben Befehl marschieren zu sehen.

Ich bat den Befehlshaber des Schilfes, als den dafür bestgeeigneten Mann, jede noch schwelende Empfindung von Feindschaft gegen uns aufzulösen. So schickte dieser einen Boten, die Menschen in den Tempelhof zu holen, um zu hören, was er ihnen zu sagen habe.

In der Zwischenzeit wurden die Körper der drei ermordeten Mädchen am Fuße der Treppe, die zum Heiligtum führte, auf eine schnell bereitete Bahre gelegt und ihre mitleiderregend zerstörte Schönheit mit den Umhängen von Kriegern bedeckt. Die Menschen der Alten Hauptstadt strömten durch das Tor herein, stoßend und sich gegenseitig puffend, begierig, in die vordersten Reihen zu gelangen.

Dann richtete ihr Befehlshaber das Wort an sie:

»Bewohner der Alten Hauptstadt, ich spreche als Befehlshaber eurer Provinz zu euch. In den alten Tagen war diese Stadt die Hauptstadt, von der aus weise Pharaonen über Ägypten herrschten. Ihr habt gelitten unter falschen Pharaonen, die ihre Göttlichkeit, welche sie zu mehr als nur eine Krone tragenden Männern gemacht, eingebüßt hatten. Ihr habt erlebt, wie die Zwei Länder von einer neuen Hauptstadt aus regiert wurden, und habt auf den falschen Rat neuer, in Sekmets Namen erbauter Tempel gehört.

Doch nichts von alledem ist neu gewesen. Alles war so alt wie die Furcht, auf der es gegründet war. Hekhet, der Hohepriester, ist vernichtet, und jene seiner Priester, welche seine Brüder waren, sind ihm in die Unterwelt gefolgt. Jene, die Gefangene dieses Tempels waren, sind befreit worden und werden mit der Zeit von der Verderbnis, die sie hier lernten, geheilt werden, so wie ein Mann mit vielen Läusen rein werden kann.

Ein wahrer Tempel ist ein Ort, zu dem jeder kommen kann, der eines Rates bedarf von einem, der weiser ist als er selbst. Er ist ein Ort, an dem die Menschen Trost und die Kranken Heilung finden können, ein Ort, an dem die Einsamen einen Freund und die Waisen sowohl Vater als auch Mutter finden. Dies ist es, was euch ein Tempel wieder sein soll, wenn ihr ihn auf reinem Boden neu erbaut habt.

Dieser Tempel Sekmets war eine Geißel, welche ihr in die Hände der Herren der Dunkelheit legtet, auf daß sie euch mit der Peitsche des Aberglaubens peinigen und mit den Skorpionen der Furcht vergiften. Ihr wart zufrieden, Sekmet Stiere zu opfern, auch schwarze Ziegen und Tauben, die ihr in geflochtenen Käfigen herbeischafftet. Wußtet ihr, Bewohner der Alten Hauptstadt, daß sich Sekmet nicht mit dem Blut von Tieren zufrieden gab? Wußtet ihr, daß sie gierig war nach dem Blut von Jungfrauen? Hekhet, den einst ihr geehrt, ließ sie nicht dürsten. Heute morgen waren es vier Mädchen, als Gefangene festgehalten in dem Verließ unterhalb des Tempels. Heute morgen lebten sie noch. Wir hätten sie befreien können, auf daß sie glücklich sind unter der Sonne. Gestern befand ich mich mit siebzehn Hundertschaften innerhalb dieser Tempelmauern. Wir glaubten, unsere Feinde seien die Krieger, die aus dem Süden gekommen waren, und die, für welche wir kämpften, seien die Priester, bei denen wir Zuflucht bekommen hatten. Doch waren es die Männer des Südens, die in unsere Provinz marschiert kamen, uns zu befreien. Wir, die Krieger des Schilfes, waren ebenso Gefangene des Aberglaubens wir ihr, wir waren in Fesseln geschlagen von Furcht, die uns fester band als die Ketten der Sklaven, die in den Steinbrüchen arbeiten.

Heute sind wir frei, und die Wächter unseres Gefängnisses sind tot. Doch vier ihrer Gefangenen wurden getötet, bevor wir sie befreien konnten. Sie starben, damit sie nicht sprechen konnten von dem, was sie wußten. Doch sie starben, auf daß ihr leben sollt, denn ich spreche für sie. Wenn ihr sie gesehen habt, wird es keinen unter euch geben, der jemals wieder seine Macht in Seths Hände oder in die seiner dunklen Gefährtin legen wird.

Tretet vor, seht, ob einer unter euch mir die Namen derer zu nennen vermag, die an jenem Tage ermordet wurden, an dem ihr eure Freiheit wiedergewannt!«

Er zog die Umhänge beiseite, so daß die Gesichter der toten Mädchen zu sehen waren. Schweigend zogen die Menschen an den Bahren vorüber. Eine Frau fiel neben dem Mädchen, deren Bauch aufgeschlitzt worden war, auf die Knie.

»Sie ist meine Tochter, meine Tochter! Vor sechs Monden erzählte mir ein Priester, sie sei im Tempel gewesen, mit einem Mann des Südens, dem sie das Ehegelübde gegeben hätte. Der Priester sagte, er bedaure mich, da meine Tochter bewiesen habe, daß sie keinerlei

Zuneigung für mich empfinde und mit ihrem Gatten fortgegangen sei, ohne einen Gedanken an ihre Eltern zu verschwenden. Ich weinte, da ich mich nach ihr sehnte, doch ich dachte, daß sie eines Tages zu mir zurückkehren würde.«
Tränen rannen das Gesicht der Frau herab. Dann richtete sie sich auf und hob die Hände gen Himmel: »Ra, im Namen Deines Sohnes, räche meine Tochter! Reiße den Tempel Sekmets nieder und laß ihre Priester in Qualen sterben! Peinige sie! Laß ihre Eingeweide sich wie Schlangen krümmen und weiße Ameisen ihr Hirn verzehren, bis ihre Schädel leer liegen. Doch laß ihre Seelen in ihren Knochen weiterleben, auf daß ihre Schmerzen tausend Jahre dauern mögen.«
Dann drehte sie sich um und sprach in flammender Rede zu der versammelten Menge.
»Hekhet ist tot, sonst würde ich ihm die Augen auskratzen und sie zwischen meinen Händen zermalmen wie Schlangeneier! Doch sein Tempel steht noch. Helft mir, ihn niederzureißen! Denn solange noch ein Stein auf dem anderen steht und bis der Sand den Umriß seiner Mauern zudeckt, wird er uns daran erinnern, wie wir zu Ehrlosigkeit verleitet wurden, weil wir Angst hatten.«
Ein Schrei erhob sich aus der Menge. »Zerstört Sekmet! Alles, was ihr gehörte, soll verbrannt werden, zu Ras Ruhm!«
Der Befehlshaber erhob seine Hand, und die Menge wurde still, um ihm zuzuhören. »Kehrt in einer Stunde hierher zurück, und der Tempel ist euer, zur Zerstörung freigegeben. Bringt Hammer und Hebekeile, bringt Öl und Feuer. Und laßt keinen Stein, nicht ein Steinkörnchen außerhalb der Tempelmauern gelangen, denn das Böse kann selbst in einem Staubkorn leben. Wenn alles hier zerstört ist, soll dieser Platz fünfzig Jahre lang als unrein ausgegrenzt werden, und niemand soll ihn betreten, es sei denn auf eigene Gefahr.«
Dann schickte ich Herolde durch die ganze Alte Hauptstadt, um ausrufen zu lassen, daß ich am kommenden Morgen mit dem Befehlshaber der Schilfprovinz an meiner Seite Audienz geben würde, um die Namen jener Amtsinhaber bekanntzugeben, welche ihr Amt auch unter Amenemhet weiter ausüben dürfen, und auch die Namen jener, die als unwürdig befunden worden waren. In meinem Erlaß wurde auch kundgetan, daß jene, die beim Wägen ihres eigenen Herzens wußten, daß die Wächter sie in die Verbannung schicken würden, die Stadt ohne Strafverfolgung verlassen konnten, wenn sie es vor der dritten Stunde des nächsten Tages täten. Es war ihnen gestattet, soviel mitzu-

nehmen, daß es für sechzig Tage zum Leben ausreiche, doch sie mußten auf ihre Köpfe weiße Asche streuen, wie die Büßer unter Sekmets Herrschaft es getan, um anzuzeigen, daß sie ihre Sünden bereuten. An diesem Zeichen sollte man sie erkennen, und sie würden in den Dörfern, durch welche sie auf ihrem Weggang aus Ägypten kamen, genügend Speise und Schutz für die Bedürfnisse ihrer Reise erhalten.

Der Befehlshaber besaß nicht unweit von der Alten Hauptstadt ein Landgut, und dieses, so sagte er, sollte ich als das meine betrachten, solange ich in der Provinz weilte. Zu diesem Ort wurden die vier verwundeten Männer gebracht, zusammen mit den beiden alten Priestern und den Tempelschülern, die dort bleiben sollten, bis sie bereit waren, ihre Reise in die Oryx anzutreten.

Von den vierzehn Knaben waren nur drei zu Eunuchen gemacht worden. Einer von ihnen, der mir sagte, er zähle elf Jahre, war außerordentlich fett, und die anderen beiden hatten die verhutzelten Gesichter von alten Männern. Sie waren in bemitleidenswerter Weise bemüht, mir zu gefallen, und jeden einzelnen von ihnen mußte ich davon überzeugen, daß sie keinerlei Lust in mir erweckten. Man hatte sie zur Hurerei abgerichtet und so dachten sie zunächst, sie hätten mich in irgendeiner Weise beleidigt, da ich ihre Angebote nicht annahm. Jede Ablehnung erhöhte nur ihre Angst, und ich fand auch den Grund heraus — wenn ein Priester, den sie zu vergnügen versucht hatten, zu übersättigt oder zu altersschwach war, um durch ihre Anstrengungen und Einfälle befriedigt zu werden, hatte er sie seine Grausamkeit kosten lassen, indem er sie unbarmherzig auspeitschte.

Unter ihren purpurfarbenen kurzen Gewändern waren die halbverhungerten Leiber der Knaben von Dreckkrusten überzogen. Ihre mit Schminke bedeckten Gesichter stanken nach ranzigen Salbölen. Sie waren zu mitleiderregend, um abstoßend zu sein; ein Mittelding aus verkrüppelten Kindern und einsamen, eingesperrten kleinen Affen. Ich mußte Kiyas bitten, mir bei ihnen zu Hilfe zu kommen, denn ich dachte, sie hätten vor einer Frau vielleicht weniger Angst als vor einem Mann. Sie schickte nach drei ihrer Frauen, uns zu helfen, und gemeinsam wuschen wir die Tempelschüler und verbanden ihre offenen Wunden.

Einer von ihnen legte seine dünne Hand auf Kiyas' Arm und flüsterte: »Ich will versuchen, dir zur Flucht zu verhelfen. Sekmet dürstet es bei Vollmond, doch ich werde sie nicht dein Blut trinken lassen. Ich weiß, daß Frauen dazu da sind, den Göttern geopfert zu werden, um ihrem Zorn auf die Männer Einhalt zu gebieten. Doch du bist freundlich und hast keine Angst, wie die anderen Frauen, die ich gesehen habe. Sie weinten den ganzen Tag und schlugen gegen die Wände des Raumes, in dem sie festgehalten wurden, bis ihnen die Fingerknöchel durch die Haut stachen. Ich brachte ihnen immer die Speise, zuweilen war es so wenig, daß ich mich schämte. Wir bekamen ab und zu ein großes Mahl, weil Sekmet nichts dagegen hat, wenn wir das Fleisch essen, mit dem sie selbst fertig ist. Doch die Frauen, die für sie festgehalten wurden, waren immer hungrig.«

Ich werde mich stets an dieses Bild erinnern. Das Bad war ein Steintrog im Boden, und darin lag dieser Knabe und versuchte Kiyas, die neben ihm kniete, zu trösten, während sie ihm Schicht um Schicht uralten Schmutzes abschrubbte. Sie sprach mit ihm, als sei er ein sehr kleines Kind, das eben erst aus einem Alptraum erwacht war.

»Sekmet ist tot. Sie hat nicht mehr Macht als ein totes Krokodil oder eine ertränkte Katze. Morgen wirst du auf eine Reise gehen an einen Ort, an dem du all die Dinge vergessen wirst, die man dir hier beigebracht hat, und du wirst lernen, glücklich zu sein. Du wirst dich zweimal täglich waschen müssen, doch du wirst dich bald daran gewöhnen, und du kannst essen, so oft du hungrig bist, und schlafen, wenn du müde bist. Statt zuzusehen, wie Stiere geopfert werden, kannst du auf einem Bauernhof leben, wenn du möchtest, und die Kühe melken, wenn sie von der Weide kommen, und die Eier von den Enten einsammeln, bevor sie morgens aus dem Stall gelassen werden.«

Er starrte sie aus immer noch stark mit Schwarz umrandeten Augen an: »Das klingt ganz anders als der Himmel, den mir der Priester versprochen hat, in den ich gehen würde, wenn ich ihm mein ganzes Leben lang gehorsam bin! Er sagte, ich könnte zehn Tempelschüler haben oder sogar mehr, wenn ich *sehr* gehorsam wäre; Schüler, welchen keine geheime Begierde fremd sei. Ich fand nicht, daß dies nach einem besonders schönen Himmel klang, denn ich hätte mich vielleicht erinnert, und die Tempelschüler hätten mir leidgetan.«

»Der unsere ist eine viel bessere Art von Himmel«, sagte Kiyas zuversichtlich, »und du mußt noch nicht einmal sterben, um dorthin zu gelangen. Morgen oder vielleicht übermorgen wirst du ein paar Tage lang in einer Sänfte zu ihm unterwegs sein. Du kannst auch ab und zu laufen, wenn du es zur Abwechslung möchtest, und dann wirst du an einen Ort kommen namens Hotep-Ra.«

»Und wird es dort keine alten Männer geben, die ich dazu bringen muß, aufgeregt zu winseln?«

»In Hotep-Ra gibt es keine alten Männer wie diese, denn in unserem Land haben wir vor Min keine Angst ... wir fürchten überhaupt nichts.«

In dieser Nacht wurde in der Alten Hauptsadt gefeiert, wie man es seit Jahrhunderten nicht erlebt hatte. Die Krieger der Oryx, des Schakals, des Hasen und des Schilfes zogen lachend und singend durch die Straßen, und das Stadtvolk strömte aus den Häusern, um sich zu ihnen zu gesellen. Rund um die ganze Stadt waren Feuer entzündet worden; Krug um Krug von Wein und Bier wurden geöffnet, und jeder bekam, soviel er essen und trinken konnte.

Die Schilfprovinz hatte in der alten Audienzhalle ein Gastmahl für uns bereitet, und dazu kamen alle Hauptleute und Führer der Hundertschaften und jene Vornehmen und Beamten, die Wächter waren. Wir brachten Trinksprüche auf Ra und Horus und Amenemhet aus. Wir tranken auf uns und auf den Süden.

Ich sah, daß Wahrheit in dem Wort liegt, wonach die Köpfe von Kriegern dicker seien als die anderer Männer — oder vielleicht war der Wein der Schilfprovinz nicht so stark wie jener, der in der Oryx gekeltert wurde. Denn obwohl wir bis zwischen Mitternacht und Morgendämmerung feierten, gab es nicht einen unter uns, der nicht immer noch über eine Hängeseilbrücke hätte gehen können, ohne das Gleichgewicht zu verlieren.

Das Haus des Befehlshabers war nur zweitausend Schritte von einem der Stadttore entfernt, daher beschlossen wir, zu Fuß nach Hause zu gehen. Kiyas hakte sich bei Hanuk und mir unter. Als wir durch die Straßen gingen, die selbst zu dieser Stunde noch voller Menschen waren, die ihre Freiheit feierten, sah ich einen Soldaten, den ich als einen meiner Bogenschützen erkannte. Er trug ein Mädchen die Straße hinauf; sie hatte die Arme um seinen Hals geschlungen und bedeckte sein Gesicht mit Küssen. Durch die halbgeöffneten Fensterläden eines kleinen Hauses drang das Geräusch leidenschaftlicher Liebkosungen. Hanuk lächelte. »Khnum, der Töpfer, wird heute Nacht alle Hände voll zu tun haben, um alles auf seinen Tafeln zu verzeichnen!«

»Was spielt es für eine Rolle, da die Kinder in Freiheit zur Welt kommen werden«, sagte Kiyas. »Gestern noch waren sie alle Sklaven, wenn sie es auch nicht wahrnahmen; Sklaven des Aberglaubens, der

Kaste, der Eifersucht, der Unwissenheit. Furcht war ihr Peitschenmann, und wir haben sie befreit.«

Wir passierten die steinernen Säulen des Westtores. »Sieh, Ra-ab«, sagte Kiyas, »schau, Hanuk! Sekmet hat eine Fackel für uns entzündet, die niemals verlöschen wird.«

Aus den Ruinen von Sekmets Tempel erhob sich eine Feuersäule. Die Dunkelheit strahlte Licht aus — im Namen Ras.

Belagerung der Königlichen Stadt

SEIT ICH DEM Befehlshaber des Schilfes die Geschichte der Wächter erzählt hatte — was sie bereits erreicht hatten und was sie hofften in Zukunft für Ägypten tun zu können —, war sein ganzes Bestreben, unsere Sache mit allen in seiner Macht stehenden Mitteln zu fördern. Auch für ihn war nun Amenemhet Pharao, und Men-het, der unrechtmäßig den Thron beanspruchte, mußte überwältigt werden, auf daß die Zwei Länder in Frieden vereint werden konnten.

Er sandte einen Boten, der vorgab, ein Flüchtling aus der Schilfprovinz zu sein, um Men-het von den Ereignissen zu berichten und ihm mitzuteilen, daß die südlichste der Königlichen Provinzen ihm ihre Ergebenheit entzogen hatte und zu Amenemhet übergegangen war. Ich schickte Botschafter zum Pharao und zu jedem der fünf Nomarchen des Nordens, im Vertrauen darauf, daß diese nun stärkere Verbundenheit mit uns fühlten als zuvor.

Der Befehlshaber des Schilfes saß mit mir in Audienz, während ich im Namen des Pharao die Urteile der AUGEN DES HORUS verkündete. Am Ende der Audienz ernannte ich ihn zum Herrscher der Alten Hauptstadt, bis der Pharao entscheiden würde, ob er die Königlichen Provinzen weiterhin direkt der Krone unterstellt wünschte oder ob sie einen eigenen Nomarchen erhalten sollten. Ich hatte dem Befehlshaber bereits gesagt, daß ich mir seiner Bestätigung im Amt des Nomarchen der Schilfprovinz durch Amenemhet so gut wie sicher war, wenn dieser vernahm, was er getan, um der Alten Hauptstadt den Frieden zu bringen.

Wir verbrachten fünf weitere Tage in der Alten Hauptstadt, bis die Boten aus dem Norden mit den Nachrichten zurückkehrten, auf welche ich gewartet. Ich hatte gehofft, Men-het würde, wenn er hörte, daß sich die Schilfprovinz abgespalten hatte, die ihm von Amenemhet angebotenen Bedingungen annehmen: Er sollte entweder in die Verbannung gehen, während seinen Männern die Freiheit gegeben wurde, oder Amenemhet Ergebenheit schwören, wodurch er zum Befehlshaber Ägyptens gemacht würde und alle seine Güter und Vorrechte beibehalten konnte. Doch der Bote sagte mir, Men-het habe die Bedingungen zurückgewiesen und ein beleidigendes Antwortschreiben an den »Verräter und Thronräuber, den einstigen Wesir« gerichtet.

Amenemhet hatte beschlossen, im Sommerpalast zu bleiben, denn von dort aus hatte er größere Möglichkeit, den Norden zu beeinflussen. Obwohl ihn die fünf Nomarchen vorerst als den rechtmäßigen Träger der Roten Krone anerkannt hatten, stellte sich heraus, daß sie dies nicht mehr tun würden, wenn es für sie bedeutete, beim Vergießen königlichen Blutes mitwirken zu müssen. Falls Men-het abgesetzt würde, wären sie wohl bereit, sich mit dem Süden zu verbünden – doch die herkömmliche Eifersucht zwischen den Zwei Ländern war immer noch stark genug, um jedem aus dem Lande der Weißen Krone stammenden Plan Mißtrauen entgegenzubringen.

Späher aus der näheren Umgebung der Königlichen Stadt und einige aus der Stadt selbst berichteten, daß sich Men-het auf eine Belagerung vorbereitete. Er hatte sich nicht nur in die Stadtmauern zurückgezogen, sondern auch große Teile des Getreides, der Herden und des Viehfutters aus dem umgebenden Land abgezogen. Nach Schätzungen konnte er ohne jegliche Versorgung von außen ein halbes Jahr oder sogar länger überstehen. Ich war mit den Befestigungen der Königlichen Stadt ausreichend vertraut, um zu wissen, daß es unmöglich war, sie mit Gewalt einzunehmen, solange sie so stark gehalten wurde. Mit der Zeit könnten wir wohl die Menschen darin aushungern, bis sie sich ergeben müßten – doch diese Zeit hatten wir nicht. Jeden Augenblick konnte die alte Gegnerschaft mit dem Norden erneut aufflammen. Über mehrere Jahrhunderte hinweg war die Rote Krone stärker gewesen als die Weiße; sie würden nun nicht vergessen, daß Amenemhet in Theben geboren war und daß die Wächter, die ihm Krummstab und Geißel in die Hand gelegt hatten, aus dem Süden kamen. Bis sie überzeugt waren, daß es keinerlei Rivalität mehr zwischen den Zwei Ländern gab, würden sie fürchten, einen Plan zu unterstützen, der einen Schwund ihrer Vorherrschaft mit sich bringen könnte.

Hanuk, Sebek, Kiyas, der Nomarch des Schilfes und ich besprachen gerade diese Frage, als ein weiterer Bote eintraf, uns mitzuteilen, daß es Getreidebarken gestattet worden war, flußaufwärts zur Königlichen Stadt zu fahren, was die Verteidigungskräfte, über die Men-het bereits verfügte, noch beträchtlich steigern würde.

»Wir müssen die Stadt sofort umzingeln und weitere Lieferungen aus dem Norden abschneiden«, sagte ich. »Die Kais, an denen sie entladen, sind von der Landseite her gut geschützt, wir müssen also vom Strom her angreifen. Gleichzeitig müssen wir uns der Stadt von allen Seiten nähern und so starke Wachen außerhalb der Tore aufstellen, daß nichts ohne Erlaubnis die Stadt verlassen oder betreten kann.«

Sebek schlug vor: »Wenn Men-het überzeugt ist, daß er zahlenmäßig hoffnungslos unterlegen ist, ergibt er sich vielleicht. Sollen wir um Verstärkung schicken?«

»Nein. Wir haben bereits Streitkräfte in der Zahl, den seinen gleich, und wir brauchen nicht zusätzliche Hundertschaften, um Men-het zu überzeugen, daß unsere Streitkräfte viel größer sind, als sie es *tatsächlich* sind.«

»Wie können wir dies tun?« fragte Kiyas.

»Die Hauptstraße nach Norden verläuft in Sichtweite der Wachtürme, doch außerhalb der Schußweite ihrer Bogen. Kolonnen von Männern, welche die Straße entlangmarschieren, werden gut sichtbar sein; ihre Anzahl kann gezählt und ihre Standarten können leicht erkannt werden. Die Kolonnen werden Richtung Norden marschieren, bis sie außer Sichtweite sind. Dann werden sie den Damm verlassen und in seinem Schutz auf der abgewandten Seite zurückkehren, bereit, unter anderen Standarten erneut gen Norden zu ziehen. Es gibt nur eine Stelle, an der der Damm nicht hoch genug ist, um einen aufrechtstehenden Mann zu verdecken; doch an dieser Stelle verläuft die Straße neben einem tiefen Bewässerungskanal, welcher darin entlangkriechenden Männern mehr als genug Deckung bieten wird. Bei Nacht werden wir viel mehr Kochfeuer entzünden, als wir brauchen — es wird die Belagerten sehr entmutigen, eine um vieles größere Streitmacht als die ihre zu beobachten, die nichts anderes zu tun hat, als zu warten und zu essen, während sie selbst von Tag zu Tag hungriger werden!«

»Wie viele, glaubt Ihr, sind immer noch an Men-hets Seite?« fragte ich den Befehlshaber der Schilfprovinz.

»Die Lotosprovinz pflegte stets ein Heer von zweitausend Mann aufzustellen, doch denke ich, von diesen dürfte weniger als die Hälfte beim Prinzen geblieben sein. Die Mehrheit der Königlichen Leibwache blieb ihm treu ergeben, doch ich zweifle, daß er alles in allem mehr als fünfunddreißig Hundertschaften hat.«

»Dann sind wir ihm zahlenmäßig bereits überlegen, jetzt, da die Schilfprovinz sich zu uns gesellt hat«, sagte Kiyas. »Warum sollten unsere Soldaten gleich Kindern ein Spiel spielen, Wasserkanäle entlangkriechen und sich hinter Dämmen verstecken, um vorzugeben, wir seien stärker, als wir es ohnehin schon sind?«

»Weil wir es nicht wagen können, Men-het eine Belagerung durchstehen zu lassen ... und das weiß er besser als wir. Der Norden ist bereits in Unruhe, er mag vielleicht noch ein paar Tage, vielleicht auch länger, im Ungewissen bleiben können; doch nach Wochen des Abwartens würden die Nomarchen an Amenemhets Stärke zu zweifeln beginnen. Sie würden meinen, es sei zu ihrem Vorteil, Men-hets Retter zu spielen, statt sich in die Pläne des Südens zu fügen.«

»Irgendwie müssen wir eine wirkliche Ehe von Norden und Süden zuwege bringen«, sagte Kiyas. »Gegenwärtig ist der Norden wie eine eitle und eifersüchtige Frau, der ihr Gemahl beständig schmeicheln muß, um sie zu hindern, das Haus mit ihren Launen in Aufruhr zu versetzen!«

Während der größere Teil der vier Heere sich gen Norden in Bewegung setzte, um die Stadt vom Landesinneren aus einzukreisen, fuhren vier Hundertschaften unter meiner und Hanuks Führung in einer Flotte von zwölf Kriegsgaleeren, welche an der Grenze der Schakalprovinz auf ihren Einsatz gewartet hatten, flußabwärts.

Die Bewohner der Alten Hauptstadt säumten jubelnd und Beifall rufend das Ufer, als wir zum nächsten Schritt unseres Vorhabens aufbrachen, einem Vorhaben, das nun das ihre ebenso war wie das unsere. Ich war überrascht, festzustellen, daß Men-het keinen Versuch gemacht hatte, das der Königlichen Stadt gegenüberliegende Ufer zu halten, denn obwohl es dort keine Festungsanlage gab, waren am Fluß doch mehrere große Häuser, welche einer beträchtlichen Anzahl von Soldaten ausgezeichnete Deckung geboten hätten. Die Späher, die das Ostufer erkundet hatten, berichteten, alles sei ruhig; obwohl die größeren Häuser verlassen waren, ging die Arbeit auf den Feldern wie gewöhnlich weiter.

Von Osten wurde uns kein Widerstand entgegengebracht, so kamen wir leichter voran, als ich erwartet hatte, denn der Fluß war breit genug, um außerhalb der Schußlinie der Stadt zu bleiben, solange wir uns in Nähe des gegenüberliegenden Ufers hielten. Ich sah, daß Hanuk recht gehabt hatte und daß die vom Landesteg heranführenden Stufen zur besseren Verteidigung der Stadt zu drehen waren: Sie waren nun glatte Steinrinnen, nicht leichter zu erklimmen als Mauern. Der Wall auf der Uferböschung war an mehreren Stellen erhöht worden, um Bogenschützen zusätzlich Schutz zu bieten. Es war offenkundig, daß jeder Angriff vom Flusse aus ohne Schwierigkeit abgewehrt werden konnte.

Jenseits der Stadt sahen wir mehrere Barken am Kai ankern. Eine von ihnen wurde im Schutze einer Hundertschaft Bogenschützen eiligst entladen. Auf meine Aufforderung, sich zu ergeben, antworteten sie mit einer Flut von Pfeilen, die kurz vor unserer führenden Galeere, in welcher Hanuk und ich standen, ins Wasser zischten. Da unsere Ruderer durch Holzschilde geschützt waren, konnten sie uns näher ans Ufer rudern, ohne sich in Gefahr zu bringen, und gleichzeitig erwiderten meine Bogenschützen den Angriff vom Kai.

Als Men-hets Männer die Stärke unserer Streitmacht sahen und erkannten, daß weiterer Widerstand wahrscheinlich nicht zu ihren Gunsten wäre, zogen sie sich hastig, wenn auch ohne Unordnung zurück. Doch ließen sie uns die noch in den Barken befindliche Fracht zurück. Diese Ladungen erwiesen sich nützlicher, als ich erwartet hatte, denn außer Getreide enthielten sie eine Anzahl von Pfeilen erstklassiger Handwerkskunst und vierhundert Krüge Wein.

In den nächsten drei Tagen geschah nichts Besonderes. Jede Annäherung an die Schußweite der Mauern rief einen raschen und genau gezielten Schauer von Pfeilen hervor, und auf die wiederholte Aufforderung, herauszukommen und sich dem Kampfe zu stellen, antworteten die Wachposten nur mit spöttischem Gelächter.

Nach Kiyas' Einschätzung von Men-hets Wesen war ich sicher, daß es nicht Feigheit war, was ihn hinter den Mauern zu bleiben bewog, statt herauszukommen und zu kämpfen. Dies konnte er nur deshalb vorziehen, weil er damit eine für sich günstigere Situation schuf, günstiger noch, als es selbst ein entscheidender Sieg über uns gewesen wäre.

»Er möchte, daß wir hierbleiben«, sagte Kiyas. »Wenn dem nicht so wäre, würde er versuchen, uns von hier zu vertreiben.«

Ich wandte mich an den Befehlshaber des Schilfes und fragte ihn: »Sagte er Euch, *wann* er vorhatte, gegen uns in den Kampf zu ziehen?«
»Nein. Wir sollten Euch bei Eurem Versuch, Euch in den Süden zurückzuziehen, den Weg abschneiden. Eure Belagerung der Stadt war Teil seines ursprünglichen Planes.«
»Glaubt Ihr, er hat einen Plan, mit dem er die Ergebenheit des Nordens zu beeinflussen hofft?«
»Ja. Er schien sich gewiß, daß der Norden auf seine Seite umschwenken würde. Doch gab er mir keinen Hinweis, wie er dies zu erreichen hoffte.«
Erst später fand ich heraus, worin Men-hets Plan bestand, doch ich will ihn hier darlegen, als ob ich das Licht zukünftiger Schau besäße.

Er hatte den Anführer einer der größten Stämme des Sinai mit der Aussicht bestechen lassen, dieser würde die Freundschaft des Pharao gewinnen und von jenem reiche Geschenke und das Recht, fünfzig Jahre lang seine Herden im östlichen Hochland ohne Abgaben weiden zu lassen, erhalten, wenn er einen Angriff auf die Königliche Stadt vom Nordosten aus vortäuschte.

Men-het hatte dann vor, zu den Nomarchen des Nordens Botschafter mit der Nachricht zu senden, eine mächtige Streitkraft dringe in Ägypten ein, und daß er, ihr Krieger-Pharao, vorstürme, um sie aus dem Lande zu vertreiben. Er vertraute darauf, die Stadt verlassen zu können, wenn er es wünschte, indem er den Strom des Nachts auf Getreidebarken, den Belagerungsring durchbrechend, überquerte. Er würde dann gegen die Eindringlinge marschieren, welche, da sie keinen Widerstand leisten würden, leicht »hinausgetrieben« wären.

So würde er dem Norden berichten können, der Pharao — er selbst — habe allein mit Unterstützung seiner Königlichen Leibwache Ägypten vor dem Überranntwerden gerettet, während die Provinzen des Nordens noch um die Entscheidung für oder gegen ihn gerungen hätten. Er würde betonen, eine Belagerung erduldet zu haben, statt das Blut von Ägyptern zu vergießen, und daß es der Pharao gewesen sei, der Ägypten gerettet habe, als es bedroht war — während der Norden und der Süden miteinander stritten und von einem Thronräuber an der Nase herumgeführt worden waren.

Ich glaube, Men-het hatte den Einfluß der Wächter unterschätzt, als er diesen Plan entwarf. Doch selbst dann hätte er eine Aussicht auf Erfolg gehabt. Er hatte sich bereits einen Ruf als Anführer erwor-

Belagerung der Königlichen Stadt 417

ben, und wenn er sich selbst zum Pharao hätte ausrufen können, nicht nur nach Blutrecht, sondern weil er des Krummstabs würdig war, indem er sich geweigert hatte, Ägypter zu töten, selbst wenn sie sich gegen ihn erhoben, und zur gleichen Zeit mit der Macht der Geißel Eindringlinge eigenhändig aus dem Lande getrieben hatte ... Man darf nicht die Vorstellungskraft des Volkes vergessen — bald wären Men-hets dreitausend Krieger vergessen, und der »Eindringling« käme in den Ruf jener, »deren Namen niemals ausgesprochen werden dürfen«.

Doch ich wiederhole, wir erfuhren von diesem Plan erst viel später. Uns reichte es zu wissen, daß Men-het belagert werden *wollte*, und so war es für uns entscheidend, die Belagerung so bald wie möglich zu beenden.

Dreimal griffen wir gleichzeitig an allen sieben Toren der Stadt an, doch bei jedem Versuch wurden wir zurückgeworfen, ohne den Verteidigern eine Verletzung zuzufügen, während unsere eigenen Männer vom Pfeilehagel gepeitscht wurden wie Korn im Sommersturm. Wenn wir nicht in die Stadt hineinzugelangen vermochten, so konnten wir doch zumindest dafür sorgen, daß sie nicht hinausgelangten. Da es für einen Mann möglich sein könnte, im Schutze der Dunkelheit durch unsere Linien zu schlüpfen, veranlaßte ich, rund um die Stadt Wachfeuer zu legen, welche von Sonnenuntergang bis Sonnenaufgang brannten. Hinter ihnen wurden Bogenschützen aufgestellt, denen jeder, der den Gürtel des Feuerscheins zu durchqueren versuchte, ein leichtes Ziel gewesen wäre.

Es war Sebek, der als erster vorschlug, unter den Mauern hindurch einen Tunnel zu graben, und mit dieser Arbeit wurde am dritten Tage der Belagerung begonnen. Da es entscheidend war, die Belagerten zu überraschen, mußte der Tunnel von einer Stelle aus begonnen werden, die vor jeder Sicht des Feindes verborgen war. Eine kleine, um einen Brunnen stehende Baumgruppe gewährte uns die nahegelegenste Deckung, und sie hatte den zusätzlichen Vorteil, daß es schien, als holten die Männer, die im Tageslicht dort hin- und hergingen, Wasser vom Brunnen.

Die Stelle lag ungefähr fünfhundert Schritte von der Mitte der Westmauer entfernt. Und so gut ich es beurteilen konnte, würde der Tunnel im Garten eines der Häuser an einer Straße enden, welche von der Allee der Sphinxen abzweigte. Wie ich wußte, waren diese Häuser von niederen Hofbeamten bewohnt, und so war es möglich, daß wir uns dort unter dem Schutze eines Amenemhet freundlich Gesonnenen fänden, was ein geheimes Eindringen unserer Streitmacht beträchtlich vereinfachen würde. Ich ging davon aus, daß der Tunnel innerhalb von sieben Tagen fertiggestellt würde. Doch obwohl ich hoffte, viele Männer durch ihn hindurchschleusen zu können, bevor wir entdeckt würden, wußte ich, daß ich auf die Tötung und Verletzung vieler vorbereitet sein mußte.

Da mein Landgut, welches mir durch Heliokios' Tod zugefallen war, nur zwei Stunden von der Königlichen Stadt entfernt lag, beschloß ich, die Verwundeten, welche stark genug waren, die Reise durchzustehen, dorthin bringen zu lassen. Ich machte mich auf, das Gut zu besuchen. Ich hatte Daklion seit meiner Vermählung vor mehr als einem Jahr nicht mehr gesehen, und er war hocherfreut, mich willkommen zu heißen. Wiewohl Men-hets Soldaten das umgebende Land nach Getreide und anderen Vorräten durchkämmt hatten, fand ich im wesentlichen alles so vor, wie ich es verlassen. Die Stiere aus der berühmten Zucht des Gutes waren in die Oryx geschickt worden, unsere Herden aufzubessern, doch gab es immer noch ein paar Milchkühe, die unseren Bedürfnissen nützlich sein würden. Meine Erfahrungen aus den Zeiten der Seuche machten es mir leicht, zu entscheiden, was wir für die Pflege der Verwundeten wahrscheinlich benötigen würden, und Daklion bereitete gemäß meinen Anweisungen bald passende Unterkunft für fünfhundert Mann vor. Viele der Frauen wünschten, bei ihren Männern im Lager vor der Stadt zu bleiben, doch die übrigen waren bereit, Daklion und den Dienern des Haushaltes bei den Vorbereitungen zu helfen. Am nächsten Tag wurden fünfundzwanzig Mann, die in den Scharmützeln vor den Toren verwundet worden waren, in Sänften zum Gut gebracht.

Die Arbeit am Tunnel ging ohne Unterlaß weiter, doch am fünften Tage sah ich dann, daß seine Fertigstellung viel länger dauern würde, als ich gehofft. Der Boden, durch den er gegraben wurde, war zunächst nur Sand oder loses Geröll gewesen, wodurch es nötig wurde, die Seiten im Abstand von je fünf Ellen mit Balken abzustützen, um ein Einstürzen zu verhindern. Später jedoch kam Fels. Dies bedeutete, daß der Tunnel entweder beträchtlich länger gegraben werden mußte, am Felsen vorbei, oder die beiden an der Spitze arbeitenden Männer mußten mühselig den Stein weghaken, was das Vorankommen auf wenige Daumenlängen pro Stunde verlangsamt hätte.

Belagerung der Königlichen Stadt 419

Es war nach der dritten Verzögerung, daß ich wieder einen Botschafter des Pharao empfing. Trotz der Kapitulation der Alten Hauptstadt nahmen die für Men-het Stimmenden täglich zu. Amenemhet konnte auf völlige Ergebenheit nur von seiner persönlichen Leibwache zählen, ein jeder von ihnen Wächter, wenngleich ihm die Nomarchen noch immer die dem Halter von Krummstab und Geißel gebührenden Höflichkeiten, erwiesen. Er betonte den Umstand, daß sie sich vielleicht für unsere Sache mit echter Begeisterung einsetzen würden, wenn es zu einer Entscheidung käme, solange sie noch diese Freundschaftlichkeit an den Tag legten. Doch sollten sie begonnen haben, ihre Unzufriedenheit offen zu zeigen, würden wir ihre bereitwillige Zusammenarbeit eingebüßt haben, vielleicht für viele Jahre, selbst wenn wir Wege fänden, ein Handeln gegen uns zu unterdrücken.

Mir war zuvor nie klar gewesen, daß eine Katze vor einem Rattenloch ebensosehr Gefangene ist wie die Ratte selbst. Die Mauern zwischen Men-het und mir machten uns beide zu Sklaven der Zeit.

Als der Mond immer voller wurde, verspürte ich in mir wachsende Besorgnis um Meri. Ich hatte gehofft, schon siegreich gewesen zu sein, bevor die Pein der Geburt über sie käme. Ich bekam beinahe jeden Tag Nachricht von ihr. Doch obwohl ich wußte, daß wir im Schlafe beieinander waren, erinnerte ich mich nur an ihre Gegenwart und nicht an das, was sie mir von ihrem Leben im Wachzustand erzählte.

Dann kam eine weitere Botschaft vom Pharao: »An den Befehlshaber der Oryx, Befehlshaber meines Heeres des Südens. Wisset, daß Ihr, unser treuester Diener und Bruder in Horus, mit Stärke und Klugheit für die Sache gearbeitet habt und daß Ihr damit fortfahrt mit jedem Mittel, das in Eurer Macht steht. Nun muß ich Euch sagen, sowohl zu Eurem als auch zu meinem Wohle, und daher dem aller Völker Ägyptens, welche uns beiden so wert sind, daß die Zeit, der wir mit höflicher Bedachtsamkeit zwanzig Jahre lang aufgewartet haben, nun begonnen hat, sich zu unserer Feindin zu erklären. Mit jedem Tag gewährt sie durch die Ungeduld der Nomarchen des Nordens Men-het wachsende Stärke. Im Namen des Pharao rate ich Euch, Ra anzurufen, Euch die Schläue des Leoparden, die Stärke des Löwen und vor allem die Schnelligkeit der Oryxantilope zu verleihen, auf daß Ihr Men-het, den Prinzen der Toten Dynastie, durch jedwedes Mittel und jedweden Plan, welche auch immer in Eure Hände gelangen mögen, zum Kampfe bewegt. Falls Ihr bei diesem allerhöchsten Vorhaben versagen solltet, wird dieser Prinz die Rote Krone empfangen. Und obgleich ich noch immer die Weiße Krone trage, wird vom Osten bis zum Westen, vom Meer bis zum Land des Goldes, Drangsal einkehren, denn wieder einmal wird Ägypten ein geteiltes Haus sein.«

Der Toten Stimme

AM ACHTZEHNTEN TAG der Belagerung hatte ich die Verwundeten besucht, und als ich ins Lager zurückkehrte, fand ich eine Nachricht von Kiyas vor — sie sei, da sie sehr müde gewesen, bereits zu Bett gegangen, ohne meine Rückkehr abzuwarten. Sebek aß wie gewöhnlich gemeinsam mit mir zu Abend, und als ich ihn auf die Abwesenheit von Hanuk ansprach, sagte er, dieser hätte irgendwelche persönlichen Dinge zu erledigen gehabt und würde erst spät heimkehren.

Als Sebek seine Runde zu den Wachposten machte, begleitete ich ihn bis zu dem Gürtel der Wachfeuer und ging dann allein weiter. Nachts sahen die Mauern der Stadt noch unüberwindbarer aus, als seien sie stark wie die Klippen an der östlichen Grenze der Oryx. Der Mond stieg auf, und Silberlicht überflutete geisterhaft die Felder. Es wehte kein Wind, und die Stille war unergründlich wie tiefes Wasser. Und doch war ich mir in dieser Stille einer Bedrohung, straff wie ein gespannter Bogen, bewußt. Ich versuchte, an etwas zu denken, was getan werden mußte, auf daß ich den unbehaglichen Kreis meiner Gedanken durchbrach. Selbst die Überprüfung der Lagervorräte hätte eine Entspannung bedeutet, doch die Männer hatten sich zur Nachtruhe gelegt. Ich konnte die Wachposten jenseits des Feuerscheines hin- und hergehen hören und sagte mir: »Angst breitet sich aus wie eine Pest, und sie dürfen nicht wissen, daß ich mir mit jeder vergehenden Stunde vorstelle, wie Heere aus dem Norden aufgestellt werden, um uns von den Flanken her zu überfallen. Die besten Führer besitzen einen ruhigen Geist, und obwohl es mir an solcher Gelassenheit mangelt, kann ich doch zumindest mein Unbehagen verbergen.«

Ich ging zu meinem Zelt zurück und lag sehr still, um den Wachposten meine Ruhelosigkeit nicht merken zu lassen. Schließlich muß ich in Schlaf gefallen sein, denn als ich plötzlich aus dem Schlafe hochfuhr, sah ich zwei verhüllte Gestalten neben mir stehen, die Kapuzen weit vorgezogen, um ihr Gesicht zu verbergen.

Kiyas' Stimme: »Es sind nur Hanuk und ich.« Ich ließ meinen Dolch unter den Rand der Schlafmatte zurückgleiten, um mir die Spannung, mit der ich ihn ergriffen, nicht anmerken zu lassen. »Ist etwas geschehen? Gibt es neue Nachrichten?«

»Gute Nachrichten, glaube ich«, sagte Kiyas. »Wir werden es bei Morgengrauen wissen, in weniger als einer Stunde. Ich denke, Menhet wird eine Herausforderung zum Kampfe schicken.«

»Woher weißt du? Wie könntest du dies wissen?«

»Weil er der Stimme einer Toten nicht ungehorsam wäre!«

»Was meinst du? Was für einer Stimme?«

»Meiner«, sagte Kiyas. »Du wirst es nicht verstehen können, wenn du dir nicht vorstellst, du seist Men-het. Lege dich wieder hin, und schließe deine Augen ... du bist nicht Ra-ab, du bist Men-het, der sich für den Pharao hält.«

Ich tat, wie sie mir geheißen. Vielleicht lag es daran, daß ich so schläfrig war, daß die Bilder, die sie hervorrief, sich vor anderen Augen als den meinen abzuspielen schienen ...

»Obwohl du weißt, daß es deinem Plan zustatten kommt, der Belagerung der Königlichen Stadt standzuhalten, macht es dich verdrießlich. Du versuchst vorzugeben, du seist hier aus eigenem, freiem Willen. Bist du nicht ein Krieger-Pharao, der zwischen Eroberungen rastet? Als du nur ein Prinz warst, war dein Lieblingsplatz in der Stadt dein Lustpavillon, von wo aus man den Fluß überblicken kann. Er hat eine kleine Terrasse oberhalb der Mauer am Fluß, und hier beliebtest du dich aufzuhalten, wenn du eine schwierige Frage zu überdenken hattest. Hier saßest du oft mit Kiyas, der Frau, welche starb, bevor du dich ihr vermählen konntest. Du denkst oft an sie, vielleicht kommst du deshalb jeden Abend hierher. Du weißt nicht, daß du vom gegenüberliegenden Ufer aus gesehen werden kannst und daß deine Feinde wissen, daß kein anderer jemals diese Terrasse benutzt. Du siehst auf dein Grabmal herüber, wo sie begraben liegt ...

Soeben ist der Mond aufgegangen, und sein Licht auf dem Wasser ist dir eine Brücke, deine Gedanken zu der Frau, die du liebtest, wandern zu lassen. Noch vor einem Augenblick war alles leer, leer wie dein Herz, nun gleitet ein Boot flußabwärts. Es ist von der Farbe des Mondlichts, still wie der Tod. Wer steht am Steuerruder? Ein Mann, mit dem Kopf eines Schakals. Anubis, Steuermann des Bootes der Millionen von Jahren! Kommt er, dich zu holen, Men-het? Siehe, das Boot kommt geradewegs auf dich zu, leise, ganz leise. Warum spannen deine Bogenschützen ihre Bogen nicht? Sind sie geflohen, oder bist du der einzige, der das Boot sehen kann? Da ist ein offener Sarkophag, im Mondlicht wie Silber glänzend. Hat dir Anubis deinen Sarg gebracht, Men-het? Du fragst dich, ob du träumst, doch deine Hände, welche nach der Brüstung greifen, sind wirklich genug ... du kannst die Rillen des Steins unter deinen Fingern spüren. Weiter hinten ruft ein Wachposten seinem Nachbarn zu, alles sei in Ordnung. Er kann das Boot nicht sehen — warum sollte er auch, da es zu dir gekommen ist? Nun kannst du in den Sarkophag hineinschauen. Darin liegt ein Weib. Sie, die du liebst, ist aus ihrem Grabe zurückgekehrt, um mit dir zu sprechen.

Langsam, sehr langsam erhebt sie sich. Sie ist blaß wie der Nebel über dem Strom. Ihre Hände sind dir entgegengestreckt, du hörst ihre Stimme ... ›Men-het! Die Geister der Kriegertoten verspotten dich. Sie sagen, der Mann, auf den ich warte, habe Angst. Sie zeihen mich der Lüge, wenn ich sage, Men-het sei größer als sie. Sie flüstern, Men-het, gewiß hast du sie flüstern gehört, wenn der Abend ruhig ist? Sie sagen, Men-het verstecke sich in seiner Königlichen Stadt, denn er wagt nicht, zum Kämpfen hinauszugehen! Sage ihnen, Men-het, daß ich nicht vergebens warte.‹

Die Frau sinkt in ihren Sarkophag zurück. Du wagst nicht, dich zu bewegen, damit die Erscheinung nicht verschwindet, und beobachtest, wie das Boot langsam wendet und flußabwärts davongleitet.«

Es schien, als habe Kiyas die Seele der Toten beschworen. Ich hätte es sein können, welcher auf der Mauer der Königlichen Stadt stand, meine Augen mühend, um einen letzten Blick auf ein Boot zu erhaschen, das in die Dunkelheit zurückkehrt.

»War dein Traum so wirklich«, fragte ich, »daß du gewiß bist, daß Men-het sich seiner erinnern wird?«

»Es war kein Traum«, sagte Hanuk.

»Was meinst du damit?«

Als Antwort ließen sie ihre Umhänge fallen. Ihre Leiber waren weiß wie Salz. Kiyas lachte ob meiner Verwirrung. »Wir haben uns weiß angemalt, dann haben wir unsere Haut leicht mit Öl eingerieben und mit Silber bestäubt.«

Hanuk zeigte mir, was er unter dem Arm trug — eine Maske, der

Kopf eines Schakals. »Ich war Anubis und sie das Weib, das von den Toten zurückkehrte.«

In mir stritten die Bewunderung für einen glänzend ausgeführten Plan mit dem Zorn, daß Hanuk Kiyas solch einer Gefahr ausgesetzt hatte. Der Zorn gewann die Oberhand, und ich sprach: »Hanuk, du hattest kein Recht, Kiyas dies tun zu lassen! Sie ist meine Schwester, und du hättest einen solch verzweifelten Plan nicht ohne meine Erlaubnis wagen dürfen.«

»Es war *meine* Erlaubnis, derer sie bedurfte, und ich gab sie ihr mit meinem Herzen.«

»Seit wann besitzt ein Verwandter mehr Rechte als ein Bruder?«

Hanuk legte seinen Arm um Kiyas' Schulter und lächelte zu ihr herab. Ihr Gesicht hätte mir schon sagen können, was seine nächsten Worte sein würden. Doch ich war noch immer vom Schlafe benommen.

»Seit wann besitzt ein Bruder mehr Rechte als ein Gatte?«

»Ein Gatte?«

»Ja«, sagte Kiyas. »Und, liebster Ra-ab, du darfst darüber nicht zornig sein. Letzte Nacht haben wir das Gelübde des Neuen Namens abgelegt vor Ptah-aru und ihn auf Verschwiegenheit eingeschworen.«

»Warum hast du es mir nicht gesagt? Du weißt, daß ich schon immer Hanuk als Bruder haben wollte.«

»Weil du uns ausgefragt hättest, warum wir uns so plötzlich vermählen wollen. Erinnerst du dich an mein einstiges Versprechen, ich würde nicht eher heiraten, bis ich den Mann gefunden hätte, mit dem ich das Gelübde des Neuen Namens ablegen könnte? Nun, vor drei Tagen entdeckte ich, daß Hanuk derjenige ist, nach dem ich die ganze Zeit Ausschau gehalten hatte. Es geschah, kurz nachdem ich ihm von meinem Einfall erzählte, auf Men-hets Aberglauben zu setzen, so daß ich ihn glauben machen konnte, ich sei von den Toten wiedergekehrt. Hanuk sagte, ›Liebst du die AUGEN DES HORUS so sehr, daß du willens bist, in ihrem Namen den Mann, den du liebst, zu verraten?‹ Da wußte ich, daß ich Men-het nicht liebte und nie geliebt habe, und daß — wie wichtig es auch immer für die Wächter wäre, selbst wenn es die einzige Art wäre, Ägypten zu retten — ich doch niemals etwas gegen Hanuk würde unternehmen können ... weil er mir immer viel, viel wichtiger sein wird als irgend etwas anderes. Ich sagte Hanuk, wie leid es mir tat, soviel unserer Zeit vergeudet zu haben. Und als ich ihn bat, sich sofort mit mir zu vermählen, auf daß wir nicht mehr Zeit vergeuden, sagte er ja.«

»Das ist alles sehr spannend. Doch ich sehe immer noch nicht, warum du es mir nicht erzählen konntest.«

»Was Hanuk und ich vorhatten, war sehr gefährlich. Du hättest uns gewißlich daran hindern wollen oder darauf bestanden, die Gefahr mit uns zu teilen. Wir konnten dies nicht zulassen, denn die Aussicht auf ein Gelingen schien recht gering, und du mußtest bleiben, um die Heere zu führen. Es war nicht von Bedeutung, daß Hanuk und ich uns gemeinsam in Gefahr begaben, da wir beide entweder weiterleben oder beide sterben würden ... Nichts ist für uns von Bedeutung, solange wir nur beisammen sind. Wenn wir nicht wiedergekehrt wären, hättest du von Pta-aru gehört, was geschehen war.«

»Wie seid ihr bloß zurückgekommen?« fragte ich Hanuk.

»Wir führten ein großes schwarzes Stück Stoff mit uns, welches über das Boot gezogen werden konnte, so war es vom Ufer aus unsichtbar geworden. Die Strömung war stark genug, uns stromabwärts zu tragen, und als wir außerhalb Men-hets Sichtweite waren, überquerten wir den Fluß zum anderen Ufer, mit Hilfe von kurzen Paddeln, welche wir liegend handhaben konnten.«

»Was hättet ihr getan, wenn Men-het nicht dagewesen wäre oder ihr von Wachposten gesehen worden wärt, die sich nicht so einfach täuschen lassen?«

»Dies war eines der Wagnisse, die wir eingehen mußten. Ich gebe zu, ich war nicht annähernd so hoffnungsvoll wie Kiyas, daß es uns gelingen würde, ihn zu täuschen.«

»Du nimmst deine Verantwortung als Gatte sehr leicht! Ist dir nicht klar, daß im Falle eurer Gefangennahme Men-het gewußt hätte, daß Kiyas stets nicht mehr als eine Spionin gewesen war und daß ihn ihre Geschichte der Lächerlichkeit preisgeben würde? Er hätte sie foltern lassen, langsam und furchtbar ... sie hätte noch mehrere Tage am Leben sein können!

»Kiyas ist nicht nur meine Gattin; wir beide sind AUGEN DES HORUS, daher sind wir durch Eid verpflichtet, jegliches Wagnis einzugehen, welches wir für unsere Sache dienlich halten. Wir waren uns beide völlig im klaren, daß möglicherweise unsere Hochzeitsnacht die einzige sein könnte, die wir miteinander verbringen würden. Ich traf jede mir mögliche Vorkehrung, sie zu schützen. Wir hatten vereinbart, daß wir, sollte Alarm gegeben werden, in den Fluß springen und versuchen würden, zum östlichen Ufer zu schwimmen, wo einige meiner Männer auf uns warteten.«

»Ich meine, eure Aussicht, das Ufer zu erreichen, wäre etwa eins zu tausend gewesen. Hast du die Krokodile vergessen?«

»Nein«, sagte Kiyas. »Die Krokodile bewachen für Seth die Unterwelt; doch gewöhnliche ägyptische Krokodile hätten Hanuk und mich an einen Ort geschickt, an dem wir immer noch zusammen gewesen wären ... und das ist alles, was ich von meinem Himmel erbitte.«

Plötzlich lief sie zum Zelteingang, um die Zeltplane zur Seite zu ziehen. »Hört!« schrie sie. »Hört!«

Über die Morgennebel schwang sich ein Trompetenschall. »Es ist ein Herold«, sagte Kiyas. »Men-hets Herold ... der die Herausforderung zum Kampfe bringt!«

Vor dem Kampf

DER HEROLD WURDE von zwei Wachposten zu meinem Zelt geleitet. Mit ausdrucksloser Stimme überbrachte er seine Botschaft: »Ich spreche im Namen Men-hets, des Pharao. Hiermit fordere ich das Heer des aufständischen Südens zu einem Kampf der Sechshundert heraus. All jene, die nicht zur festgesetzten Anzahl gehören, müssen schwören, nicht teilzunehmen. Wenn die Niederlage kundgetan wird, soll das besiegte Heer ohne Widerstand in die Gefangenschaft gehen. Hiermit verspreche ich im Königlichen Namen, daß Gefangene keinen Schaden an Leib und Leben nehmen werden. Sie sollen nach vierzig Tagen freigelassen werden, wenn sie bis dahin einen Herzenswandel durchgemacht haben und wieder getreue Ägypter sind. Der Kampf soll morgen vor Sonnenaufgang auf dem Felde Hathors im Süden meiner Königlichen Stadt stattfinden. Unter dieses sei mein Siegel gesetzt, am zweiundzwanzigsten Tage meiner Herrschaft.«

»Sagt dem Prinzen, Eurem Herrn, daß wir seine Herausforderung der Sechshundert gegen Sechshundert annehmen. Sagt ihm auch, daß er morgen erfahren wird, wie falsch seine Botschaft in Worte gesetzt war: Es ist Men-het, der unrechtmäßig den Thron beansprucht, und wir sind es, die für den Pharao kämpfen.«

Der Herold erwiderte nichts, und ich beauftragte vier Soldaten, ihn durch unsere Linien zurückzugeleiten.

Kiyas hatte sich während seiner Anwesenheit verborgen gehalten, auf daß sie nicht erkannt würde. Nun trat sie mit Hanuk an ihrer Seite zu mir.

»Morgen vor Sonnenaufgang, Ra-ab! Men-het hat sich als gehorsamer Diener der Toten erwiesen!«

»Glaubst du, daß er seine Männer selbst anführen wird?«

»Dessen bin ich gewiß. Bedenke, er glaubt, die Schatten verhöhnen ihn ... er wird ihnen keinen neuen Anlaß geben zu spotten: Men-het habe Angst zu kämpfen und bitte seine Männer, seine Ehre für ihn wieder herzustellen!«

»Und doch zweifle ich, ob sein Stolz seinen klaren Urteilssinn nicht überwiegen wird«, sagte Hanuk. »In einem solchen Kampf tragen die Führer kein Gewand, was sich von dem der Krieger unterscheidet. Denn täten sie es, würden sie ihre Heere bald führerlos zurücklassen.«

»Es ist seit langem ausgemacht«, sagte ich, »daß, sollte ich getötet werden, Hanuk das Kommando übernimmt. Die Sechshundert werden aus der Oryx, dem Schakal und dem Hasen zusammengestellt werden. Je zwei Hundertschaften unter der Führerschaft von mir, von Hanuk und dem Befehlshaber des Hasen. Es ist möglich, daß wir beide, Hanuk und ich, getötet werden. Ich bestimme für diesen Fall, daß du, meine Schwester, Gattin des Nomarchen des Schakals, die drei Heere befehligen wirst, bis zu dem Tag, an dem Roidahn oder der Pharao eine andere Vorkehrung zu treffen belieben. Du hast bewiesen, daß du kluger Planung fähig bist, und Sebek wird dir zur Seite stehen, dich zu beraten und auf die Ausführung deiner Befehle zu achten. Dieser Erlaß wird allen Führern der Hundertschaften bekanntgemacht. Und sollte es geschehen, daß Hanuk und ich morgen vor die Zweiundvierzig Richter gerufen werden, wirst du zur selben Zeit den Treueschwur der Krieger des Südens entgegennehmen.«

Eine Herausforderung wie die von Men-het hatte es in alten Zeiten oftmals gegeben, wenn auch die Anzahl der Kämpfer unterschiedlich war: Zuweilen waren es nur drei Krieger gewesen, sonst bis hin zu fünftausend. Der Kampf begann stets bei Sonnenaufgang und wurde fortgesetzt, bis entweder eine Entscheidung erreicht worden war oder die Abenddämmerung sich senkte. Dann galt bis zur Morgendämmerung des nächsten Tages ein Waffenstillstand. Die Unverletzlichkeit,

Vor dem Kampf

welche allen Priestern unter dem Ehrenkodex der Krieger gewährt ist, wurde selbst in der Hitze des Gefechtes eingehalten, und jene, die sich der Verwundeten annahmen, konnten dies ohne Gefahr, von einem verirrten Pfeil abgesehen, tun.

Hathors Feld war eine große Wiese, auf der die Tempelstiere zu weiden pflegten. Sie maß ungefähr tausend Schritte auf tausend. Ich besprach mit den von Men-het geschickten Männern die Vorkehrungen, und wir einigten uns, daß sie die Nordseite des Feldes und wir die Südseite einnehmen sollten. Ich ließ an der südlichen Grenze des Feldes Zelte aufstellen, wo unsere Männer ruhen konnten, falls sich der Kampf einen zweiten Tag fortsetzte; denn es war den Kämpfern nicht gestattet, das Schlachtfeld zu verlassen, bis eine Entscheidung erreicht war. Auf der westlichen Seite wurde in der Mitte zwischen beiden Linien eine Einfriedung durch zwei Masten, von denen blaue Wimpel flatterten, markiert. Dorthin sollten die Verwundeten beider Seiten getragen und in ihren jeweiligen Zelten untergebracht werden. Niemand durfte die Einfriedung betreten, außer jenen, die mit der Pflege der Verwundeten betraut waren. Verwundete des besiegten Heeres wurden nicht gefangengenommen, vielmehr mit aller Rücksicht behandelt und erhielten freies Geleit zu ihren Familien.

Da die Annahme einer solchen Herausforderung bedeutete, daß keine der beiden Seiten bis zum festgesetzten Zeitpunkt einen Angriff unternahm, war ich nicht überrascht, einige Menschengruppen zu sehen, die aus der Stadt gekommen waren, um sich die Vorbereitungen auf dem Kampffeld anzusehen. Durch das Feld wurden zwei flache Gräben, jeder weniger als eine Elle breit, gezogen, fünfhundert Schritte voneinander entfernt. Diese Gräben kennzeichneten das Gebiet, auf welchem der Kampf stattfinden sollte. Die gegnerischen Heere würden versuchen, den Gegner über die gegenüberliegende Linie zu treiben. Das Heer, welches innerhalb dieser Grenzen als erstes keinen lebenden Mann mehr hatte, wurde als besiegt erklärt, und seine Trompeter würden augenblicklich die Unterwerfung verkünden.

Es war einem Mann gestattet, das Feld zu verlassen zum Verbinden seiner Wunden oder um anderen Beistand oder eine neue Waffe zu erhalten, um dann in den Kampf zurückzukehren. Falls Männer während eines länger dauernden Kampfes zeitweilig nicht gebraucht wurden, war es nicht unüblich, daß der Befehlshaber ihnen eine kurze Ruhepause einzulegen befahl, um ihre Lebenskräfte zu erneuern. Die Verantwortung des einzelnen war größer als bei jeder anderen Form des Kampfes, denn bald schon brachen zumeist die Reihen in einzelne Gruppen auf. Und so konnte es geschehen, daß zwölf oder mehr Kämpfe zugleich in verschiedenen Bereichen des Kampffeldes vonstatten gingen.

Bis es Mittag war, hatte ich unsere volle Streitmacht versammelt, um ihnen die Gesetze, unter denen wir kämpfen würden, bekanntzumachen. Dann forderte ich jene auf, die am Kampfe teilzunehmen wünschten, ihre Hand zu erheben. Sie antworteten wie *ein* Mann. So sagte ich ihnen, ich würde die Auswahl den Führern der Hundertschaften überlassen, da diese am besten beurteilen konnten, wer unserer Sache am dienlichsten sein würde. Ich sagte den Führern, daß ich in jeder Hundertschaft eine gleiche Anzahl von Bogenschützen, Streitkolbenträgern und Speerwerfern wünschte und daß nur jene, welche sowohl im Ringen als auch im Umgang mit dem Langdolch besonders geschickt waren, ausgewählt werden sollten.

Am späten Nachmittag führte ich die Sechshundert zum Felde Hathors und erklärte ihnen meinen Plan. »Beim ersten Trompetenschall werden die Streitkolbenträger vorpreschen, um soviel Boden wie möglich zu besetzen, bevor wir auf die feindlichen Reihen treffen. Hinter ihnen werden die Speerwerfer vorrücken, wenn auch mit etwas langsamerer Geschwindigkeit. Und wenn sie sicher sein können, daß ihre Speere nicht vergeudet sind, werden sie sie schleudern, doch erst auf meinen Befehl, bei welchem sich die Streitkolbenträger niederducken werden, um die Speere über ihre Köpfe hinwegfliegen zu lassen. Die Speerwerfer werden dann den Weg für die Bogenschützen freigeben, welche ihre Pfeile in hohem Bogen schießen, so daß sie auf den Feind hernniederregnen. Nachdem die Schlacht im vollen Gange ist, werden die Hälfte der Speerwerfer und Bogenschützen ihre ersten Waffen beiseite werfen und mit Schild und Dolch weiterkämpfen. Die übrigen werden sich hinter das Handgemenge zurückziehen, um auf jeden Feind zu zielen, der ohne Gefahr für unsere Männer getroffen werden kann. Wenn sie an der Reihe sind, Auge in Auge mit dem Feind zu kämpfen, werden auch sie ihre Waffen gegen Dolche austauschen.«

Obwohl ich nahezu gewiß war, daß Men-het den Ehrenkodex der Krieger einhalten würde, ließ ich nach Einbruch der Dunkelheit Wachfeuer entzünden, doch stellte ich nur halb so viele Wachposten auf wie sonst. Ich hatte Ochsen schlachten lassen, um alle Männer mit zusätzlicher Speise zu versorgen, und gewährte je zwanzig Mann einen Krug Bier. Sie lachten und sangen Kriegslieder mit ihren warmen, rauhen

Vor dem Kampf 429

Stimmen. Ich hörte Bruchstücke mancher Gespräche, als ich ihre Reihen entlangging, doch nicht einmal vernahm ich etwas, was darauf schließen ließ, daß sie die Möglichkeit einer Niederlage überhaupt ins Auge faßten. Für sie war die Schlacht bereits gewonnen, und so stark war ihr Glaube an unsere Sache, daß es sie nicht überrascht hätte, wenn Ra Men-het zu Boden geworfen hätte, sollte dieser sich dem Siege nähern.

Ich wünschte, ich hätte ihre Gewißheit geteilt. Ein Teil von mir vertraute auf den Sieg, doch meine Schultern waren vom Gewicht der Verantwortung gebeugt. Die Männer unter Men-het würden erfahrene Kriegsleute sein, stark in der Zuversicht, welche aus einer Reihe von Siegen gewonnen ist. Sie würden es gewöhnt sein, Freunde an ihrer Seite getötet werden zu sehen, gewöhnt an die Schreie sterbender Männer, gewappnet gegen Mitleid. Auf dem Übungsplatz waren meine Männer den seinen ebenbürtig, doch ist es eine furchtbare Prüfung für Männer, sich der höchsten Herausforderung zu stellen, wenn sie noch ungeübt sind. War ich unklug gewesen, das Angebot des Befehlshabers der Schilfprovinz abzulehnen, mir geeignete Männer auch unter seinen erprobten Kämpfern auszusuchen? Dann erinnerte ich mich der Erleichterung, die er zu verbergen suchte, als ich sagte, es sei besser, daß man Männer, welche vor so kurzer Zeit noch Waffengefährten gewesen, nicht gegeneinander in den Kampf schicken sollte.

Es war unwahrscheinlich, daß ich einer Verwundung entging; vielleicht würde Kiyas morgen ein besiegtes Heer gen Süden führen. Wenn Meri tot wäre, würde ich ihr voll Freude folgen — doch mein Tod würde sie zu vielen leeren Jahren verdammen. Ich wollte mit meinen Gedanken an Meri allein sein, und ich wußte, daß Hanuk und Kiyas beieinander sein wollten. Der Weg, den ich einschlug, führte zum Fluß hinunter. Das Wasser plätscherte gegen das Ufer, ein friedliches, tröstendes Geräusch. Vielleicht würde ich nicht getötet werden, vielleicht würde ich bald dieses selbe Plätschern hören, während ich neben Meri in unserer Lustbarke lag. Wünschte ich, sie möge hier sein, bei mir?

Wieder rangen zwei Seelen in mir; zu meinem eigenen Wohle wünschte ich, daß, sollte dies meine letzte Nacht auf Erden sein, ich sie mit ihr teilen könnte. Doch wollte ich nicht, daß sie die Qualen der Angst zu durchleiden hätte, von der ich wußte, daß Kiyas sie jetzt erleben mußte. Bei Sonnenaufgang würde *ich* keine Zeit mehr für Ängste haben — doch Kiyas würde nichts vor ihren Gedanken schützen. Sie würde das Getümmel beobachten, in dem Männer vordrängten und zurückschwankten, und zu sehen versuchen, ob Hanuk und ich nicht in Gefahr seien! Sie würde zu den Geiern emporblicken, die langsam und geduldig über das Feld kreisten, während sie beobachteten, wie unter ihnen ein Fest ausgebreitet wurde.

So lange hatte ich Zeit mit Ungeduld betrachtet — im Hause der Hauptleute; während meiner Ausbildung als eines der AUGEN DES HORUS; auf die Vermählung mit Meri wartend; während der Belagerung der Königlichen Stadt. Stets war ich der Zeit ungeduldiger Diener gewesen, nun war sie für eine kurze Weile meine Freundin geworden. Ihre Stunden waren ein Schild zwischen meinem Leib und der Morgendämmerung. Sie erlaubte mir zu spüren, wie Stärke meine Muskeln durchfloß, und den Segen zu empfinden, ohne Schmerzen zu sein. Sie gab mir den Rat: »Verweile in diesem Frieden, den ich dir gewähre, koste diese langsam vergehenden Augenblicke voll aus ... und wenn du morgen eine schwere Wunde davontragen solltest, so hadere nicht mit mir, meinen Lauf zu beschleunigen.«

Hathors Feld

ALS DIE NACHT mit dem Heraufziehen der Morgenröte heller wurde, sprach ich zu meinen Männern, die auf Hathors Feld versammelt waren.

»Männer des Südens, ich spreche zu euch im Namen des Pharao. Dieser Tag möge in der Geschichte Ägyptens erinnert werden, nicht nur als ein Tag, an dem eine große Schlacht geschlagen wurde, oder als der Tag, an dem des Pharao Macht nicht länger als unrechtmäßig herausgefordert wurde, sondern als der Tag, an dem die Furcht in die Verbannung geschickt wurde und die Wächter des Horzonts den Zwei Ländern Frieden brachten. Jeder von euch steht als Symbol für tausend Männer: Wenn ihr siegt, werden sie frei sein; wenn ihr versagt, werden sie in die Sklaverei gehen. Kämpft nicht um Ruhm, wenn eure Namen auch unvergänglich sein mögen wie die Pyramiden — kämpft, auf daß eure Brüder und Schwestern nicht Verrat erleiden, kämpft, bis Niederlage oder Sieg unser sind. Den Namen Ras ruft an, euch Stärke zu verleihen. Bittet Horus, eure Waffen zu segnen, auf daß sie nach Men-hets und seiner Gefolgsleute Blut dürsten. Der Neue Tag ist angebrochen! Friede sei mit euch, und durch euch für die Zwei Länder!«

Lange Schatten fielen noch über das Feld, als ich meinen Platz zwei Schritte vor der ersten Reihe einnahm. Zu meiner Rechten, an der Spitze der Männer des Schakals, stand Hanuk, zu meiner Linken der Hase. Auf der anderen Seite des Feldes hatte sich der Feind versammelt, ihre Lendenschurze in Zinnoberrot, der Königlichen Farbe, leuchtend; ihre Führer ohne Rangabzeichen, von den Männern nicht zu unterscheiden. Hanuk hatte recht gehabt: Men-het war ein zu kluger Soldat, um den Kopfschmuck eines Krieger-Pharao zu tragen, wie er es getan hätte, wäre dies eine gewöhnliche Schlacht.

Die Herolde erhoben ihre Trompeten, beide Reihen machten sich geduckt zum Vorpreschen bereit. Alles war sehr still. Dann zerrissen Trompetenstöße das feine Gewebe des Morgens. Wie Hunde von der Leine gelassen, sprangen wir vor — schnell, doch nicht zu schnell, denn wir durften bei dem ersten Aufeinandertreffen nicht schon außer Atem sein.

Mein Kommandoruf hallte gleich einem Echo in den Reihen wider; die Männer, die mit mir eine Reihe gehalten hatten, warfen sich nieder, um die Wurfspeere über unsere Köpfe sausen zu lassen wie ein Flug von Wildenten.

Auf und vorwärts! Der Schild war bereit an meinem linken Arm, der Dolch nackt in meiner Hand — ein weiterer sicher in seiner Scheide an meinem Gürtel. Mit lautem Getöse brandeten die Wellen der Männer aneinander. Es flogen keine Pfeile mehr. Der Mann mir gegenüber warf seinen Streitkolben zur Seite und zog seinen Dolch. Noch bevor ich es recht bemerkte, hatte meine Hand ihn schon getroffen; seine Augen weiteten sich in sprachloser Überraschung. Ich zog den Dolch, der bis zur Hälfte der Klinge in seinem Halse stak, mit einem Ruck heraus. Er war tot, noch bevor er zu Boden fiel. Ich war froh, daß er keinen Schmerz mehr verspürte, denn ich hörte seine Rippen krachen, als Männer über ihn hinweg vorwärts drängten ...

Der Mann, mit welchem ich danach kämpfte, war das einzige, was ich mit meinen Sinnen wahrnahm. Ich hätte mit ihm allein auf einsamer Flur sein können, statt inmitten von Männern und Kampfesgetümmel. Ich lag am Boden, und er versuchte, mich zu erwürgen. Er hatte mir den Dolch aus der Hand geschlagen, und irgendwie mußte ich ihn dazu gebracht haben, seinen eigenen fallenzulassen. Ich klammerte meine Beine um seine Schenkel und versuchte, ihn zu Boden zu ziehen. Ein Teil meines Wahrnehmens war seltsam unbeteiligt. Ich bemerkte, daß der Mann, der mich töten wollte, nur wenig älter war als ich selbst. Ihm fehlte das linke Ohrläppchen, und seine Augen waren von hellem, klaren Grau. In meinen Ohren war ein Brüllen, lauter als das tosende Wasser einer Flut. Ich versuchte zu schreien, doch meine Zunge war zu dick geschwollen, sie zu bewegen. Ich zerrte an seinen Händen. Nichts, nichts konnte jemals stark genug sein, sie von meiner Kehle wegzureißen ... Plötzlich war da eine seltsame, rote Blüte auf seiner Stirn. Ich konnte atmen; wenngleich auch jeder Atemzug eine Qual war. Er fuhr mit der Hand an seinen Kopf ... Die rote Blüte hat weiße Staubgefäße. Nein, jetzt kann ich besser sehen: Es sind Knochensplitter in offenem Fleisch. Noch immer umklammerte ich seinen Leib mit den Beinen; ich rollte mich zur Seite, und er fiel nach hinten. Der Streitkolbenträger, der ihn für mich getötet hatte, grinste und sah sich nach einem anderen um, seine Fertigkeit zu erproben.

Die größte Hitze des Kampfes war über mich hinweggeflutet, und ich konnte wieder Atem holen und mich umsehen. Ich sah Ptah-aru und die anderen Heiler-Priester ruhig über das Feld gehen, sich neben am Boden liegende Männer knieen, zu schauen, ob sie tot oder nur verwundet waren. Ich erinnere mich, dabei den Gedanken gehabt zu haben, daß unsere Priester nicht so viel zu tun hätten, wenn auch Men-het Priester in den Kampf mitgenommen hätte. Ich rief einen von ihnen zu dem Mann zu meinen Füßen. Er war tot, die grauen Augen verloren bereits ihren Glanz, wie die Schuppen eines toten Fisches.

Ich sah, daß meine Kampfeslist, einige meiner Bogenschützen zurückzuhalten, richtig gewesen war. Ein Feind, der unsere Reihen durchbrach, konnte ungehindert weiterlaufen, bis er ein leichtes Ziel abgab. Einer von ihnen lief noch immer, während er einen Pfeil aus der Seite zu ziehen versuchte. Ein Priester rannte zu ihm hinüber und führte ihn davon.

Der Kampf war noch nicht lange im Gange, doch schon mußte es wohl an die zweihundert Tote geben. Ich dachte: »Ich muß Men-het finden! Er ist es, nicht seine Männer, den ich zu vernichten suchen muß.« Obwohl ich ihn nur zweimal gesehen hatte, während ich in der Königlichen Stadt weilte, war sein Gesicht meinem Gedächtnis scharf

eingeprägt. Wenn ich ihn nur erst zu packen bekommen könnte, würde mir Horus die Stärke verleihen, diesen Tyrannen zu töten, der mein Volk zu versklaven versuchte ...
Mein Herz hatte wieder die Ruhe eines gleichmäßigen Schlages gefunden, und das Atmen schmerzte nicht mehr. Es beeindruckte mich zu sehen, wie tief sich der Ehrenkodex der Krieger in die Natur der Soldaten eingegraben hatte: Zwei Männer, in einen verzweifelten Kampf verwickelt, gefährdeten einen Verwundeten, den sie nicht bemerkt hatten. Ich wußte, sie waren gegenüber allem blind, außer ihrem unmittelbaren Feind. Doch als Ptah-aru ihnen Einhalt gebot, während der verwundete Mann in Sicherheit gebracht wurde, ließen sie voneinander ab, plötzlich verwandelt in Statuen des Zorns. Sie standen bewegungslos da, während Ptah-aru und ein anderer Priester den Mann forttrugen. Erst als sie den Priester sagen hörten, sie könnten nun weiterkämpfen, fielen sie wieder übereinander her.
Es gab ein kurzes Nachlassen des Kampfes. Beide Seiten zogen sich wie in gegenseitigem Einvernehmen ein paar Schritte zurück und begannen, ihre Toten zu ihrer eigenen Linie zurückzutragen. Nachdem sie die Leichen niedergelegt hatten, gossen sie Wasser über sich, manche rieben sich die Handflächen mit zu Pulver zerstoßenem Harz ein, um den Griff ihres Dolches besser halten zu können. Nichts unterschied die Männer von ihren Führern, es sei denn, man erkannte einander. Alle waren mit Schweiß und Staub bedeckt, und die meisten waren blutverschmiert, mit ihrem eigenen Blut oder mit dem ihrer Feinde.
Erneut entflammte der Kampf auf der ganzen Linie. Am Eingang zur Einfriedung der Verwundeten sah ich die Gestalt einer Frau stehen und wußte, daß es Kiyas war. Sie würde Hanuk sogar am anderen Ende des Feldes erkennen, denn keiner war hochgewachsen wie er. Er kämpfte zu meiner Rechten, mit einem Lächeln auf dem Gesicht, und ihm zu Füßen zwei Männer, die er soeben getötet. Ich sah einen feindlichen Bogenschützen auf ihn zielen und schrie ihm zu, sich zu ducken. Er hörte micht nicht. Der Pfeil traf seine rechte Schulter, und während er versuchte, ihn herauszuziehen, griffen ihn zwei Männer an. Sie müssen ihn als Führer erkannt haben, denn fünf weitere von Men-hets Leuten stürzten auf ihn los.
»Ich kann weiterkämpfen«, rief er mir zu, als ich ihm zu Hilfe eilte. »Bleibe mit dem Rücken zu mir und beobachte ihre Augen.« Der erste Mann, der auf mich zueilte, rutschte in einer Blutlache aus, als er dies tat, stieß ich ihm meinen Dolch in den Bauch. Er kroch davon.

Hanuk stieß einen erstickten Schrei aus: »Sie haben mich erwischt, Ra-ab!«
Einen Moment lang wurde sein Gewicht von meinen Schultern gestützt, dann glitt er mir zu Füßen. »Die Oryx! Auf die Oryx!« rief ich und sah zwei Bogenschützen in meine Richtung gelaufen kommen. Ich stellte mich breitbeinig über Hanuks Körper, ihn zu schützen. Ich erkannte, daß sie mich gefangennehmen wollten — warum sonst umklammerten sie mich, statt Streitkolben und Wurfspeer zu benutzen? Ein Mann sprang auf meinen Rücken. Ich hatte Glück und bekam seinen Arm zu packen, so daß ich ihn über meinen Kopf werfen konnte mit dem Ringergriff, den Sebek mir beigebracht. Drei der fünf übriggebliebenen Männer wandten sich um, sich den Bogenschützen zu stellen, die ihre Bogen fallen ließen und die Dolche zogen. Ich fühlte Hanuk sich bewegen. Er war nicht tot. »Wenn ich die beiden nur ein wenig länger von ihm fernhalten kann, wird er für Kiyas gerettet sein.« Einer von ihnen zog sich zurück, und ich sah, wie er einen Streitkolben aufhob. Ich machte einen Satz nach vorn, um den anderen Mann um den Leib fassen zu können. »Wenn ich ihn zu heben vermag, kann ich ihn wie einen Schild benutzen.« Der Streitkolben sauste herab ...

Ich fiel einen schwarzen Brunnenschacht hinunter und konnte das Wasser weit unten am Grunde sehen. Was hatte Hanuk noch gesagt: »Unter dem Wasser gibt es Spitzen, damit der Tod ungemütlich wird.« ... Schließlich haben mich die Sekmetpriester doch erwischt. Ich dachte, ich sei zu schlau für sie. Hanuk hatte mich doch fortgezogen, als der Stein sich drehte? Warum falle ich dann? Ich muß mir den Kopf aufgeschlagen haben.

Sie hätten Kiyas nicht auf das Feld kommen lassen dürfen. Ich kann ihre Stimme hören. Meine Augenlider sind so schwer, ich kann sie noch nicht öffnen. Kiyas sollte besser nicht hier sein. Ihre Stimme ist gleichmäßig, sie kann noch nichts von Hanuk wissen — ich werde es ihr sagen müssen. Sie spricht mit Hanuk — begreift sie nicht, daß er tot ist?

»Lieg ganz still, mein Liebster. Der Pfeil ist abgebrochen, und sie müssen dir die Pfeilspitze aus der Schulter schneiden. Dein linker Arm ist am Ellenbogen gebrochen, Ptah-aru hat ihn gerichtet, bevor du das Bewußtsein wiedererlangt hast. Oh mein Lieber, es tut dir gewiß so furchtbar weh.«

»Nein, es ist überhaupt nicht schlimm.«

Hanuks Stimme! Mit größter Anstrengung öffnete ich meine

Augen. Ich lag auf dem Boden in einem unserer Zelte. Kiyas kniete zwischen Hanuk und mir. Sein linker Arm war in einer Schiene, und Ptah-aru schnitt eine Pfeilspitze aus seiner Schulter. Ich sah Hanuks Lippen sich zusammenpressen, als er versuchte, einen Schmerzensschrei zurückzuhalten. Blut troff in langsamen, schweren Tropfen herab. Auf Kiyas' Stirn standen Schweißperlen, doch ihre Hände waren ruhig, während sie auf einen weichen Leinenlappen Zuckerrohrschnaps goß und Ptah-aru half, ihn über die Wunde zu binden.

»Wie geht der Kampf voran?« preßte er zwischen den Zähnen hervor.

»Ich weiß nicht, doch wir werden sicher gewinnen«, sagte Kiyas. »Über hundert ihrer Verwundeten wurden hereingebracht, bevor du verletzt wurdest, und sie haben doppelt so viele Tote.«

»Bist du sicher, daß es Ra-ab gutgeht? Ich wäre tot, wenn er nicht gewesen wäre, Kiyas.«

»Er wird sich wieder erholen. Er ist nicht so schlimm verletzt wie du, wenn er auch immer noch bewußtlos ist.«

Ich stützte mich auf meinen Ellenbogen und sagte: »Nein, ich bin nicht mehr bewußtlos. Doch es gibt nicht genug Wein in ganz Ägypten, um mir noch einmal solche Kopfschmerzen zu bereiten wie diese! Obgleich wir morgen gewiß alle starkes Kopfweh haben werden — nachdem wir auf unseren Sieg getrunken haben! Ich werde jetzt schon mal den ersten Schluck darauf nehmen und dann in die Schlacht zurückkehren ...«.

»Leg dich hin, Ra-ab«, sagte Kiyas streng. »Ich bringe dir etwas Wein, obwohl du nicht zuviel trinken darfst, da du einen Schlag auf den Kopf bekommen hast. Du hast eine riesige Beule über deinem rechten Ohr. Ptah-aru sagte, es sei ein Wunder, daß dein Schädel nicht eingedrückt wurde ... wie auch immer, du kannst nicht weiterkämpfen, weil du eine schlimme Wunde am rechten Arm hast.«

Zum ersten Mal bemerkte ich den dicken, zusammengefalteten Leinenlappen, der meinen rechten Arm vom Ellenbogen bis zur Schulter bedeckte. Ich bewegte meine Finger und fand, daß diese mir gehorchten. »Es scheint nichts Besonderes zu sein mit meinem Arm«, sagte ich. »Was ist damit passiert?«

»Das wirst du noch früh genug erfahren, wenn Ptah-aru zurückkehrt, um deine Wunde mit ein paar Stichen zu nähen. Er sagte, er kommt, sobald er mit Hanuk fertig sei.«

Ptah-aru kam mit einem flachen Becken ins Zelt, in welchem mehrere Goldsilber-Nadeln lagen und gewachste Leinenfäden. Als der blutgetränkte Verband entfernt wurde, sah ich, daß ich eine Menge Blut verloren haben mußte — das Fleisch klaffte tief aufgeschlitzt vom Ellbogen bis zur Schulter.

»Es sieht aus, als hätte ich gegen Kannibalen gekämpft, die mir ein Stückchen Fleisch stehlen wollten«, sagte ich in dem Versuch, die Wunde als unbedeutend abzutun.

»Die Sehnen sind nicht durchtrennt worden«, sagte Ptah-aru. »Mit der Zeit wird nur eine Narbe zurückbleiben, dich an die Wunde zu erinnern.«

Er zog sanft das lose Fleisch an seinen Platz und begann die klaffenden Ränder zusammenzunähen, so ruhig wie ein Fischer, der sein Segel flickt. Einen schrecklichen Moment lang dachte ich, mich übergeben zu müssen, und versuchte verzweifelt, irgendeinen Witz zu ersinnen. »Ich bin überrascht, daß selbst Sekmet nach Menschenopfern giert. Ich hätte gedacht, einmal davon zu kosten reiche ihr, um Tempelstieren den Vorzug zu geben oder sogar verkohlten Ziegen!«

Er machte vierzehn Stiche in meinen Arm, und jeder schien schmerzhafter zu sein als der vorige. In die betäubte Schulter strömte das Empfinden zurück, und der Zuckerrohrschnaps, mit dem er die Verbände getränkt hatte, fraß sich wie Feuer in die Wunde.

»Liege nun still«, sagte Ptah-aru, »sonst reißt du meine sorgfältig gearbeitete Naht wieder auf — und dann schicken sie mich, Lendenschurze für Feldarbeiter zu nähen, statt mich Ptahs Gewänder flicken zu lassen!«

Kiyas ging immer wieder einmal hinaus, um Nachrichten von Sebek einzuholen. Eine Zeitlang schien sich der Kampf zu unseren Gunsten zu neigen, doch um die Mittagszeit erkannte ich, daß ihre Fröhlichkeit gezwungen war.

»Du mußt mir die Wahrheit sagen, Kiyas. Ist Sebek besorgt?«

»Er ist nicht eigentlich *besorgt*. Es steht nicht ganz so gut wie noch vor kurzem.«

»Frage ihn nach ihren und nach unseren Verlusten, so genau, wie er sie nur einzuschätzen vermag. Ich befehle dir, mir genau zu übermitteln, was er sagt.«

Nach einem Augenblick war sie zurück. »Er sagt, sie hätten ungefähr noch zweihundert im Kampf, und er ist beinahe sicher, daß Men-het nicht verwundet ist. Dies, mehr als alles andere, gibt ihnen

Vorteil ... obwohl sie mehr Männer verloren haben als wir. Der Hase ist getötet worden.«
»Ich muß zurück!«
»Nein, Ra-ab, das darfst du nicht, du *kannst* nicht!« Ich versuchte, auf die Beine zu kommen, dann spürte ich zu meiner Schande, wie mir die Sinne schwanden.
Aus einem dunklen Strudel kam Hanuks Stimme: »Wir müssen beide hier liegen und tun, was Kiyas sagt. Der beste Bogenschütze kann keinen Pfeil aussenden, wenn die Saite des Bogens gerissen ist.«
Ich lag still da und dachte elend bei mir: »Wenn ich meinen Arm nur eine Stunde lang voll gebrauchen könnte, ich gäbe ihn für den Rest meines Lebens her. Wenn sich mein Hirn nur nicht anfühlte, als säße es lose in meinem Schädel. Dies macht es so schwer, klar zu denken.«
Für eine Weile wendete sich das Glück zu unseren Gunsten. Unsere Männer kämpften noch grimmiger, nun da sie gehört hatten, daß Hanuk und ich noch am Leben waren, und die Männer des Hasen rächten ihren Nomarchen mit großer Wildheit.
Schließlich vermochte ich die Anspannung des Nichts-tun-Könnens nicht länger zu ertragen. Ich erhob mich langsam und bemerkte, daß nach ein, zwei Augenblicken der Boden nicht mehr zu wanken schien wie ein Boot in starkem Wind. Der Eingang zur Umfriedung lag nur ein paar Schritte von meinem Zelt entfernt. Dort stand Sebek, und ich sah an seinem Gesicht, daß die Lage sehr ernst war.
»Wir haben nur noch sechzig Mann«, sagte er, »und sie haben zumindest noch hundert. Unsere Männer kämpfen wie Götter, doch manche von ihnen sind bereits verwundet. Es ist so furchtbar, hier zu stehen und sie beobachten zu müssen und ihnen nicht Hilfe leisten zu können! Die Feinde haben immer noch Men-het, sie zu führen. Wenn Männer sehr ermüdet sind, fällt es ihnen schwer, selbst zu denken. Wir haben nicht einmal mehr einen Führer einer Hundertschaft auf dem Feld.«
»Ich werde zu ihnen hinausgehen.«
»Nein, tu das nicht, Ra-ab. Kiyas sagt, du hast zuviel Blut verloren, und vor kurzem schwanden dir noch einmal die Sinne. Wenn du hinausgehst und sie dich fallen sehen, wird sie der Mut verlassen.«
»Wie viele Verwundete haben wir?«
»Dreihundert. Und von ihnen sind hundert wahrscheinlich heute abend schon tot.«
»Gibt es welche mit nur leichten Wunden?«

Er zeigte zum Schlachtfeld. »Die leicht Verwundeten sind da draußen.«
»Es muß Männer geben, denen es auch nicht schlechter geht als mir. Ich will sie aufsuchen.«
»Die schwer Verwundeten liegen im ersten Zelt, und die Sterbenden im Zelt dahinter.«
Die Männer lagen so dicht gedrängt, daß es nur einen schmalen Weg in der Mitte des Zeltes gab. Sie versuchten, mich freudig zu grüßen, als sie mich sahen, und ich sprach zu ihnen:
»Männer des Südens, wie immer dieser Kampf auch ausgehen mag, man wird sich an euch als mächtige Krieger erinnern. Ihr alle hier seid schlimm verwundet, und die Priester sagen, euch sollte nicht erlaubt sein, in den Kampf zurückzukehren. Ihr habt euer Teil getan — ob wir gewinnen oder Men-het, euch wird sicheres Geleit nach Hause gegeben, und ihr werdet nicht gefangengesetzt werden. Ihr habt eure Wunden in Ehren erhalten, und ich habe kein Recht, mehr von euch zu verlangen. Dennoch bitte ich um mehr — daß all jene unter euch, die noch stark genug sind, mir zurück in das Kampfgetümmel folgen, selbst jene, die nur so tun können, als seien sie noch zu kämpfen imstande. Wir haben weniger als sechzig Mann auf dem Feld, und sie mehr als hundert. Wenn ihr mit mir kommt und wir zusammen laut den Schrei ausstoßen: »Für die Oryx und den Süden«, so könnte der Feind, der genauso müde sein muß wie wir, den Mut verlieren ... und meinen, ich habe eigens einige Kämpfer zurückgehalten, sie gegen sie in den Kampf zu schicken, wenn sie fast erschöpft sind.«
Der Mann neben mir zog sich an einer Zeltstange auf die Füße hoch. Sein linker Fuß war in schwere Verbände gewickelt. »Ich bin bei Euch, Befehlshaber, wenn es auch, müßte ich mich mit einer Schnecke messen, zweifelhaft wäre, auf *wen* man seine Wette setzten müßte. Ein Bogenschütze bin ich, und ich kann noch immer einen Pfeil aussenden, obwohl mir einer von Men-hets Barbaren drei Finger der rechten Hand gestohlen hat! Ich muß aber diesen Verband loskriegen, damit ich meinen Daumen und Zeigefinger freibekomme.«
Alle, die stehen konnten, gesellten sich zu mir — hundertdreißig Mann, Männer, die bereits soviel von ihrem Blut vergossen hatten und Kriegerehre verdienten und dennoch für die Möglichkeit eines Sieges zu sterben bereit waren.
»Wir werden langsam vorwärts gehen, in geschlossener Reihe. Jeder von euch nehme die Waffe, die er am besten benutzen kann.«

Hathors Feld

Ich nahm einen Dolch und war dankbar, daß mir Sebek vor langer Zeit beigebracht hatte, ihn mit der linken so gut wie mit meiner rechten Hand zu verwenden. Trotz ihrer Verbände gaben die Männer einen eindrucksvolles Bild ab: Schweiß und Blut hatte man ihnen abgewaschen, als ihre Wunden verbunden wurden — daher sahen sie nicht so schwer verwundet aus, wie sie es waren. Ich betete zu Ra, daß Men-het glauben würde, ich hätte diese Männer zum Ausruhen zurückgezogen, um sie zu einem günstigen Zeitpunkt gegen ihre Feinde zu schicken.

Wir riefen unseren Schlachtruf: »Für die Wächter und den Süden!« und der Ruf wurde von den Männern auf dem Feld, die bereits so verzweifelt kämpften, zurückgegeben.

Men-het war nun leicht zu erkennen, da er seine Männer um sich scharte. Der verwundete Bogenschütze, welcher immer noch an meiner Seite war, kniete nieder, um sein Ziel sorgfältig aufs Korn zu nehmen. Ich sah Blut aus seiner Hand strömen, doch er pfiff zwischen den Zähnen einen Marschgesang. Ich hörte das Spannen des Bogens, das Losschwirren des Pfeils ...

Men-het wirbelte herum, schwankte ... dann stürzte er zu Boden. Zwischen seinen Rippen stak ein Pfeil.

Mit ehrfurchtsvoller Stimme sagte der Bogenschütze: »Wer hätte das gedacht, *ich* bin es, der den Sohn des Pharao getötet hat ... und mein Vater war nicht einmal ein Soldat, er war ein Fischer!«

Aus den Reihen des Feindes erhob sich ein Schrei: »Der Pharao ist tot. Der Pharao ist tot!«

Unsere Männer stürmten erneut voran, und vor ihnen brach der Feind zusammen.

Wie aus weiter Ferne hörte ich ihre Trompeten zum Zeichen der Unterwerfung erschallen.

Ich sah vier Männer zu Men-het laufen und sich neben ihn niederknien. Sie hatten eine grobgebaute Sänfte mitgebracht. Zu meiner Überraschung trugen sie ihn dann langsam hinüber zu der Einfriedung der Verwundeten. Und ich begriff, daß er nicht tot war.

Es ertönte in Wellen über das ganze Feld: »Die Oryx und Sieg! Die Oryx! Die Oryx!«

Ich begriff, daß sie mir zujubelten und daß der Süden gesiegt hatte. Ich fragte mich, warum sie Men-het zur Einfriedung brachten, statt zurück in die Königliche Stadt. Dann dachte ich: »Dies wird sein, weil er dann Unverletzbarkeit beanspruchen und nicht gefangengenommen werden kann. Es ist an Amenemhet, nicht an mir, Urteil über ihn zu sprechen. Zwischen uns muß nicht länger Feindschaft herrschen, nun sind wir nur noch zwei Krieger, verwundet in der gleichen Schlacht.« Ich sah seine Männer ihn in das kleine Zelt bringen, das ich mit Hanuk geteilt hatte. Die Männer kamen heraus, und am Eingang der Einfriedung begegnete ich ihnen. Einem von ihnen, dessen Narben ihn als einen alten Kämpfer offenbarten, liefen langsam Tränen das Gesicht hinunter.

Ich fragte ihn: »Ist er schwer verletzt?«

»Er liegt im Sterben. Er hat uns schwören lassen, daß wir ihn niemals gefangennehmen lassen werden. Darum haben wir ihn hierher gebracht. Er wird frei sein, bis er stirbt.«

Men-het war ohne Bewußtsein. Ptah-aru, der gerade die Wunde untersucht hatte, sagte zu mir: »Der Pfeil ist durch die linke Lunge gegangen, und ich glaube, er hat eine der großen Schlagadern durchtrennt. Den Pfeil zu entfernen versuchen würde nur seinen Tod beschleunigen. Ich glaube nicht, daß er noch einmal zurückkehren wird und den Schmerz fühlt, den sein Leib erleidet.«

Die Lippen des Sterbenden bewegten sich: »Kiyas ... Kiyas ... Ich werde dich nur noch ein wenig warten lassen. Ich starb inmitten des Sieges ... die Geister der Toten können mich nicht mehr verspotten, nicht wahr, Kiyas?«

Sie kniete neben ihm und beugte sich vor, ihn auf die Stirn zu küssen. Er öffnete die Augen, und als er sie erkannte, schienen sich die Furchen von Schmerz und Bitterkeit zu glätten und aus seinem Gesicht zu schwinden. Nun war seine Stimme fester: »Du hast mir immer gesagt, der Tod sei eine Kleinigkeit, doch ich glaubte dir nie. Ich bin glücklich, tot zu sein ... ich habe dich wiedergefunden.«

Er wendete seinen Kopf, um ihre Hand zu küssen. Seine Augen schlossen sich langsam, als sei er zu schläfrig, sie länger offen zu halten. Auf seinem Mund lag ein Lächeln, selbst noch, als das Blut hervorquoll. Und er war tot.

Ich ging langsam aus dem Zelt. Ra hatte seine Tagesreise fast beendet, und der westliche Himmel war grün und scharlachrot durchflutet, als ob Banner flögen, um seine Krieger bei ihrer Heimkehr willkommen zu heißen.

Ich hörte jemanden herauskommen und neben mir stehenbleiben. Dann sagte Hanuk: »Ich habe Kiyas mit ihm allein gelassen. Sein Geist mag noch eine Zeit verweilen, und sie wird ihn trösten können.«

»Du sollst dich hinlegen.«

Er antwortete nicht darauf und fuhr fort, als spräche er zu sich selbst: »Ich war auf Men-het eifersüchtig, weil ich Kiyas liebe; und ich habe ihn gehaßt, weil ich Ägypten liebe. Doch nun empfinde ich fast, als sei mein Bruder getötet worden.«

»Ich bin froh, daß weder du noch ich den Pfeil abgeschossen haben. Er hatte ein mutiges Herz.«

»Heute morgen haßte ich ihn. Ich wollte ihn töten und seine falsche Göttlichkeit vernichten — wollte ihn mit meinen nackten Händen töten. Wie hatte ich dies einem mutigen Mann antun wollen, der Kiyas liebt ... und nur in Frieden starb, weil er dachte, er würde nun bei ihr sein?«

»Das ist die Bitterkeit des Krieges, Hanuk. Ein Feind ist nicht mehr ein Mann: Er ist zum Inbild einer Idee geworden, einer Idee, welche mit der, an die wir glauben, nicht in Frieden leben kann. Zwölfhundert Männer hatten heute nur einen einzigen Gedanken — sich gegenseitig zu töten. Sie alle dachten, sie stürben, um Ägypten zu retten. Wir wußten, warum wir kämpften, wußten sie es auch? Sie kämpften für den Pharao — und wenn sie morgen Amenemhet als Pharao anerkennen, werden sie immer noch willens sein, für etwas zu sterben, was sie nicht verstehen.«

»Wie können sie einander verstehen, wenn sie nicht einmal verstehen, warum sie bereit sind zu sterben?«

»Das ist es, was die AUGEN DES HORUS sie lehren müssen: sie lehren, sich selbst zu kennen, damit sie sehen, daß wir Brüder sind. Wenn Men-het sich selbst gekannt hätte, wenigstens so gut, wie Kiyas ihn gekannt, hätte er für Ägypten leben können, statt zu sterben, auf daß Ägypten leben möge. Siebenhundert Söhne der Zwei Länder wären nicht tot, noch fast dreihundert andere Krüppel. Die Frauen, die nun weinen, wären voll Freude und die Kinder nicht ohne Vater gewesen. Ein großer Preis, welchen Ägypten dafür gezahlt hat ... nur weil eines seiner Kinder den wahren Wert seiner Gaben nicht begriff.«

Ich sah Sebek eilig in der sinkenden Abenddämmerung auf mich zukommen. »Ich habe mit dem Hauptmann gesprochen, welchen Men-het zu seinem Nachfolger bestimmte. Er bittet darum, ihre Unterwerfung solange aufzuschieben, bis sie Men-het als freie Männer zu Grabe getragen haben. Men-het hatte angeordnet, daß keine Bestattungszeremonien abgehalten werden und sein Leib nicht einbalsamiert wird. Sein Sarkophag steht offen neben dem, in welchem er Kiyas begraben glaubt. Und er erließ, daß ihm keine Grabbeigaben mitgegeben werden außer den Geschenken, welche er ihr gegeben.«

»Sage dem Hauptmann der Königlichen Leibwache, daß sie sich nicht vor der Morgendämmerung des Tages, der auf den morgigen folgt, ergeben müssen. Dann sollen er und alle, die Men-hets Standarte gefolgt sind, sich auf dem Felde Hathors versammeln, um zu hören, was ich ihnen zu sagen habe.«

Als ich die Bahre sah, die für Men-het herbeigebracht worden war, fragte ich mich, ob er erwartet hatte, getötet zu werden. Denn ich zweifelte, daß Zeit gewesen war, sie aus der Königlichen Stadt zu holen. Sie war mit Blattgold überzogen, die Tragestangen waren mit Türkis und Goldsilber eingelegt, und an jedem der vier Tragestangen standen sieben Träger.

Ich ging ins Zelt. »Sie kommen, ihn fortzubringen, Kiyas.«

Sie faltete die Hände des toten Mannes auf seiner Brust, und ich sah, daß sie in eine von ihnen eine Locke ihres Haares gelegt hatte. Sie küßte ihn und erhob sich. Die Tränen, die ihr die Wangen hinabliefen, wegwischend, sagte sie: »Ich habe so fest darum gebetet, Ra möge ihn unter seinen Schutz nehmen ... auf daß er zu der einen gehe, welche er wirklich liebt — und an die ich ihn erinnert haben muß.«

»Du mußt ihn nun verlassen, seine Männer sind gekommen, ihn zu holen.«

Der Weg, der von Hathors Feld wegführte, war zu Ehren des Toten von unseren Kriegern gesäumt. Men-het sah heiter aus, wie er so auf der Bahre lag, das Lächeln noch immer um den stummen Mund.

Ihm voran gingen Fackelträger, und die Männer, die ihm folgten, Reihe um Reihe, trugen ebenfalls Fackeln.

Langsam wand sich das feurige Band durch die Ebene, vorbei an der Königlichen Stadt, in der er dreiundzwanzig Tage lang als Pharao geherrscht hatte. Dann folgte der Begräbniszug der Königlichen Straße, zum Grabmal des letzten einer dunklen Dynastie.

Anbruch des Neuen Morgens

ICH BEOBACHTETE NOCH immer die nun fernen Fackeln des Begräbniszuges, als Sebeks Stimme den stillen Fluß meiner Gedanken unterbrach: »Ich habe Hanuks Zelt neben dem deinen aufstellen lassen, gleich hinter der Einfriedung — ich dachte, ihr würdet beide für euch sein wollen und doch den Verwundeten nahe. Ptah-aru wartet, um deinen Arm neu zu verbinden.«

Ich griff mit meiner unverletzten Hand an den Arm und spürte, daß Blut die Verbände durchtränkt hatte. »Gibt es nichts, was ich noch tun muß? Sind Boten zu Amenemhet geschickt? Wird alles für die Männer getan?«

»Es gibt nichts, um das du dich zu kümmern brauchst, es wird für alles gesorgt.«

»Wie lange es wohl dauern wird, bis die Nachricht von unserem Sieg den Pharao erreicht?«

»Ein paar Stunden; denn kurz nachdem der Kampf begonnen hatte, war ein Bote von ihm mit der Nachricht angekommen, daß er den Sommerpalast verlassen hat und nun von Norden kommend im Hause eines der Nomarchen, unweit der Königlichen Stadt weilt. Staffelläufer bringen ihm unsere Botschaft. Bis zur Morgendämmerung wird er sie erhalten haben.«

»Frage Men-hets Hauptmann, ob er zustimmt, die Toten, sowohl die seinen als auch die unseren, hier auf diesem Feld zu bestatten. Sie alle sind Krieger Ägyptens, gestorben, um uns Frieden zu bringen.«

Ich schwankte, und Sebek streckte seine Hand aus, um mich zu stützen. »Ra-ab, all dies wird getan werden. Doch du *mußt* nun gehen und dich ausruhen.«

Es tat gut, mich niederlegen zu können und Kiyas und Ptah-aru meinen Arm neu verbinden zu lassen. Einige der Stiche waren aufgeplatzt, und die neuen schienen viel schmerzhafter zu sein als es die ersten gewesen. Ich war so müde, daß der Schmerz — obwohl ich mir ständig sagte, es sei nicht wirklich schlimm — beinahe unerträglich war.

Kiyas hielt meine Hand, und plötzlich schien es, daß wir beide wieder Kinder waren und ich sie zu trösten suchte, während Niyahm einen tiefen Schnitt an ihrem Knie auswusch.

Dann flößte mir jemand, ich glaube, es war Kiyas, löffelweise Brühe ein, die nach Mohn roch. Ich wollte abwehren: »Du darfst mir keinen Schlaftrunk geben. Es könnte etwas für mich zu tun geben, und ich kann nicht richtig denken, wenn ich benommen bin.«

»Er wird dich morgen um so klarer denken lassen«, sagte Ptah-aru.

»Nun gut ... du wirst es schon wissen.«

Aus weiter Ferne hörte ich Kiyas besorgte Stimme: »Er ist sehr kalt. Soll ich einen heißen Stein holen, um ihn an seine Füße zu legen?«

»Nein, zwei zusätzliche Wolldecken werden ausreichen.«

Ich fühlte, wie diese um mich gewickelt wurden. Doch ich war zu träge, meine Augen zu öffnen.

»Bist du sicher, daß er nicht sterben wird?«

»Ganz sicher. Er hat viel Blut verloren, aber er ist jung und wird bald wieder genesen.«

»Ich werde seinem Diener sagen, draußen vor dem Zelt zu bleiben, damit er hört, wenn Ra-ab sich bewegt. Ich selbst will bei Hanuk sein, doch ich werde hören, wenn man mich ruft. Du solltest ausruhen, Ptah-aru, du siehst sehr müde aus.«

»Mache dir um mich keine Sorgen. Ptah ist ein höchst umsichtiger Herr seiner Diener. Kümmere dich um deinen Gatten und deinen Bruder, und schicke sofort nach mir, wenn einer von beiden mich wieder braucht.«

Ich hörte sie beide aus dem Zelt gehen. Der Schmerz war ein kleines schwarzes Boot, weiter und weiter von mir wegtreibend auf der sanften Strömung des Schlaftrunks. Ich konnte es noch immer sehen, doch hatte es keine Bedeutung mehr ... Vielleicht hat Meri viel stärkere Schmerzen als ich? Die letzte Botschaft von ihr war, unser Kind würde noch nicht geboren werden, nicht bevor ich heimgekehrt sei. Seltsam, daß sie sich in der Zeit geirrt haben sollte — sie schien so sicher. Sehr bald werde ich bei ihr zu Hause sein ...

Ich streckte meinen linken Arm zur Seite und malte mir aus, sie läge neben mir, den Kopf an meiner Schulter ... Meri, mein Herz, meine Liebe.

Dann verlor ich mich in einen Alptraum: Ich versuchte, das Blut

Anbruch des Neuen Morgens 445

der Männer, die ich getötet, zu stillen, während die Frauen, die sie liebten, tränenüberströmt daneben standen. Mütter und Eheweiber, Schwestern und Kinder ... alle weinten, weil ich ihre Männer getötet hatte.

Ich versuchte, aufzuwachen, und plötzlich war ich in einen geborgenen, glücklichen Traum hinübergeglitten. Meri war zu mir gekommen. Sie lag mit ihrem Kopf an meiner Schulter, genau, wie ich es mir vorgestellt hatte. Ich sagte mir ganz fest: »Ich darf nicht aufwachen! Wenn ich es tue, werde ich voller Schmerzen allein in einem Zelt sein, statt glücklich mit Meri beisammen. Wach nicht auf, sonst wird Meri fort sein. Wach nicht auf!«

»Du *bist* wach, mein Liebster, und ich bin immer noch bei dir. Ich werde niemals wieder zulassen, daß wir getrennt voneinander sind.«

»Nein, Meri. Du darfst mich nicht aufwachen lassen. Du bist in der Oryx, und ich bin in einem Zelt draußen vor der Königlichen Stadt – doch ich werde sehr bald nach Hause kommen, denn Men-het ist tot.«

»Ich weiß, mein Geliebter. Doch ich bin nicht in der Oryx. Ich bin hier im Zelt, neben dir. Ich bin nicht nur eine Traum-Meri, ich bin auch mein Erden-Ich, greifbar hier neben dir! Fühlen sich Traumküsse so wirklich an wie diese?«

Plötzlich begriff ich, daß ich wach *war* und Meri an meiner Seite lag. Doch war ich noch immer vom Mohntrunk benommen und sagte: »Du hättest die Reise nicht unternehmen sollen. O mein Herz, ich bin so froh, dich zu sehen ... es war so einsam ohne dich. Aber was wäre dir geschehen, wenn das Kind auf der Reise geboren wäre?«

Sie nahm meine Hand und führte sie an ihrem Leib hinab. Ich war verwirrt. »Ich verstehe nicht! Die Botschaft, die mich vor zwei Tagen erreichte, besagte, unser Sohn sei noch nicht bereit, geboren zu werden.«

»Das war die einzige Lüge, die ich dir jemals erzählt habe! Und ich glaube, daß ich dir nie wieder eine werde erzählen müssen. Dein Sohn ist acht Tage alt. Ich fand, ich habe viel besser ein Kind zur Welt bringen können, als ich dachte – und nach vier Tagen fand ich es viel erfreulicher, in einer Sänfte zu reisen, als im Bett zu bleiben! Niyahm murrte eine ganze Weile, als ich sagte, ich würde ihn zu dir bringen ... sie scheint zu meinen, er gehöre ihr genauso wie mir!«

»Du hast ihn *hierher* gebracht?«

»Ja, er ist in Sebeks Zelt, mit Niyahm.«

»Noch nie hatte ein Mann solch ein schönes und verwirrendes

Weib! Du gebärst mir einen Sohn, und lange bevor eine andere Frau daran denken würde, ihr Bett zu verlassen, begibst *du* dich auf eine lange Reise, ohne dein Ziel genau zu kennen ... Geht es ihm gut, mag er seine Ammen?«

»Er hatte keine Gelegenheit, es herauszufinden. Ich glaube, dein Vater war ziemlich bestürzt; jedenfalls versuchte er mir zu erklären, die Gattinnen der Vornehmen und Reichen seien zu zart, um ihre Kinder selbst zu stillen. Ich entgegnete ihm, die Vorstellung, vornehme Frauen seien anders als andere Frauen, sei auch eine jener dummen Ideen, von denen die Wächter die Leute werden abbringen müssen. Er muß Gefallen an seinem Enkel gefunden haben, selbst wenn er auf mich ärgerlich war — denn als er erkannte, daß er mich nicht davon abbringen konnte, zu dir zu reisen, schickte er mir seine eigenen Sänftenträger und seine eigene Leibwache mit. Er hat mir eine wichtige Botschaft für dich mitgegeben: ›Sage Ra-ab, sein Sohn sei der junge Oryx; er wird verstehen, was ich meine.‹«

»Es bedeutet, daß *wir* die Nomarchen sind!«

»Ra-ab, ich liebe dich so sehr! Deine Schulter muß dich zu schlimm schmerzen, als daß du all das Wunderbare, das dir geschieht, genießen könntest: Wir sind beieinander — und das wird immer soviel mehr wiegen als alles andere; du hast einen Sohn; du bist Nomarch der Oryx; und um deines Sieges willen werden noch Tausende von Männern und Frauen außer uns miteinander glücklich sein können ... und besonders reizende, aus Liebe gezeugte Kinder bekommen! Würdest du deinen Sohn jetzt gerne sehen, oder möchtest du bis zum Morgen warten?«

Ich wußte, daß sie von mir hören wollte, daß ich es kaum erwarten konnte, den ersten Blick auf ihn zu werfen. So sagte ich: »Sieh, ob du ihn dir von Niyahm ausleihen kannst; ich würde es selbst nicht wagen — lieber würde ich einem Leoparden sein Junges wegnehmen!«

Meri erhob sich, nackt und wunderschön. »O Ra-ab! Es ist so herrlich, wieder eine ansehnliche Form zu haben! Aber ein Kind zu bekommen ist die ganze Mühe wert. Wir werden später noch mehr haben.«

Sie warf meinen Umhang über und verließ das Zelt. Ich hörte meinen Sohn, bevor ich ihn sah. Er erhob lautstarken Einspruch dagegen, mitten in der Nacht geweckt zu werden. Meri hielt ihn in der Beuge ihres linken Armes, während sie einen zweiten Docht in der Lampe anzündete.

Mein Sohn fuhrt fort, seinen Ärger zum Ausdruck zu bringen, obwohl seine Mutter versuchte, ihm vernünftig zuzureden: »Ich finde wirklich, daß du dich nun genug geärgert hast: Du siehst dadurch so verschrumpelt aus, und du bist wirklich sehr hübsch, wenn du lieb bist.« Allmählich verebbte das Schreien zu einem Gewimmer und hörte dann ganz auf. Meri legte ihn neben mich nieder. Er sah eigentlich wie jedes andere Neugeborene aus, und dennoch war ich lächerlich stolz auf ihn. »Niyahm sagt, er sähe *genau* wie du aus«, sagte Meri, als ob sie mir ein über alle Maßen großes Kompliment machte.

Der junge Oryx starrte mich an: Einen Augenblick lang sahen seine Augen sehr weise drein, als wolle er mir etwas sagen. »Ich glaube, er *weiß*, daß er seit langen Zeiten schon unser Freund ist«, sagte ich.

»*Natürlich* weiß er das, und wir werden ihm zeigen, daß es sehr schön sein kann, geboren zu werden, selbst wenn man noch ein Kind ist. Wir werden ihn sehr glücklich machen, auf daß er ein weiser Nomarch ist, wenn die Reihe an ihn kommt, die Oryx zu regieren.«

»Meri, wir haben so lange auf den Anbruch des Neuen Morgens hingearbeitet, und dennoch ist er erst der *Beginn* des Tages, an dem wir Wächter des Horizonts Frieden in Ägypten sehen werden.«

Dann legte sich Meri neben mich — um zwischen zwei Menschen zu schlafen, welche sie über Jahrhunderte hinweg schon liebten.

Am nächsten Morgen fand ich mich überaus bereitwillig, Meri und Ptah-aru gehorsam zu sein, zu dösen und beim Erwachen die Brühe zu mir zu nehmen, die rohen Eier oder den Wein. Als der Abend sich senkte, brachte mir Sebek die lang erwartete Botschaft vom Pharao:

»Der Norden hat Amenemhet zum einzigen rechtmäßigen Träger der Doppelkrone ausgerufen. Es wurden siebentägige Feiern verkündet, und in drei Tagen wird er festlichen Einzug in die Königliche Stadt halten. Er sendet dir Grüße und nennt dich seinen ›geliebtesten Diener und Bruder in Horus‹. Um die Oryx und Roidahn zu ehren, welchem er den Amtstitel ›Herr des Horizonts‹ verliehen hat, wird er unserer Provinz einen königlichen Besuch abstatten, um dort dich und jene mit Ehrungen auszuzeichnen, die Ägypten den aus ihrer Weisheit geborenen Frieden brachten. Der Pharao hat weiterhin verfügt, du allein mögest über die Männer, welche Men-het folgten, richten. Was immer du erläßt, soll sein, als habe er sein eigenes Siegel daruntergesetzt.«

In der Morgendämmerung des nächsten Tages standen fast dreitausend von Men-hets Männern auf Hathors Feld in Reih und Glied in vollem Staat: die Führer der Hundertschaften vor ihren Männern, und vor ihnen wiederum die Hauptleute, jeder mit einem Standartenträger neben sich. Wo Men-het gestanden hätte, stand der Hauptmann der Königlichen Leibwache.

Viele von ihnen müssen gedacht haben, dies sei das letzte Mal, daß sie ihre Rangabzeichen tragen durften. Der Mann, den sie Pharao genannt hatten, war tot, und er, gegen den sie aufbegehrt, in Amt und Würden. Sie mußten erwartet haben, in die Verbannung geschickt zu werden oder zum Arbeiten in die Steinbrüche ... selbst wenn sie nicht zum Tode verurteilt wurden. Würde man ihnen die Kriegerehre erweisen oder sie wie Aufständische behandeln? Sie alle mußten gewußt haben, daß Aufständische keines leichten Todes sterben, doch waren sie alle ruhig und stolz, denn sie waren wahre Ägypter.

Ich stand zwischen Meri und Hanuk, und neben diesem stand Kiyas. Hinter uns waren die Standartenträger der drei Provinzen, welche die Macht einer Dynastie besiegt hatten.

Dann sprach ich zu ihnen:

»Schaut zum Horizont, o Männer Ägyptens, und seht, der Neue Tag ist angebrochen! Die Schatten des Gestern sind vergessen, denn Ra ist wieder aufgegangen in all seiner Herrlichkeit, und es herrscht Frieden überall in den Zwei Ländern.

Wir sind nicht länger Feinde, denn gemeinsam haben wir Men-het, dem Krieger, die letzte Ehre erwiesen, und gemeinsam haben wir die Furcht, unser aller Feind, in die Verbannung geschickt. Lange sind Krummstab und Geißel ein Zeichen der Tyrannei gewesen. In den Händen Amenemhets sind sie nun zum Symbol der Verwandtschaft mit den Göttern geworden. Die Geißel ist nicht länger Zeichen der Unterdrückung, auch wird ihr gewaltsamer Ton in keiner unserer Provinzen mehr aus der Hand von Peitschenmännern widerhallen.

Heute wurde erlassen, daß es keine Sklaven in Ägypten mehr gibt. Die Macht ist den Unterdrückern aus den Händen genommen, und die ein Amt innehaben, sind zum weisen Berater geworden, Freundschaft suchend mit jenen, die ihrem Schutz unterstellt sind. Die Menschen in den Dörfern werden zu ihrem Oberhaupt wie zu einem Vater gehen, und das Wort ›Aufseher‹ soll der Titel eines Freundes werden. Ägypten wird den Göttern der Furcht nicht länger Tribut zollen, denn der Frieden Ras ist wiedergekehrt. Die Statuen von Seth und Sekmet wurden umgestoßen, und auf keinem Altar wird je wieder ein Blutopfer dargebracht werden, im Norden nicht und nicht im Süden. Keiner wird mehr als die gerechte Abgabe des Zehnten mehr abliefern müssen, von dem nicht eine Weizenähre, noch ein Körnchen Goldstaub einem Mann zu Unrecht zufließen soll. Alles, was die Menschen von Ägypten geben, soll unter ihnen zum Wohle aller geteilt werden. Und während der mageren Jahre wird keine Hungersnot herrschen. Keiner soll hungrig sein oder ohne Schutz bleiben; bei Krankheit wird er im Tempel gepflegt werden, und keiner soll in seinem Leben ohne Freund sein.

Ich rufe euch auf, die ihr Ägypten liebt, euch in Freiheit zu uns zu gesellen, um die Zwei Länder für immer frei von Furcht zu halten. Ihr habt euch als mächtige Krieger erwiesen. Die Fremden sollen von euch zu hören bekommen, und auch die Grausamen, die Gierigen und die neidischen Sinnes. Sie sind eure Feinde, und es ist eure Stärke, die euer Volk vor ihnen schützen wird.

Ich fordere nicht Ergebenheit von euch. Ich entlasse euch aus allen Treueeiden, die euer Mund gesprochen und deren euer Herz nun unsicher ist. Wenn ihr nicht bei uns bleiben wollt, um für Ägypten zu leben, kehrt zurück nach Hause, als freie Männer, um Wohnstatt zu haben in einem Ägypten, das andere Männer schützen.

Jene, die bleiben möchten, bleibt in euren Reihen. Jene, die zu gehen wünschen, geht, um zu leben in dem Frieden, den wir geschaffen.«

Nicht ein Mann bewegte sich. Dann hallte ein lauter Ruf die Reihen entlang, brandete auf wie eine Welle, um das Land von Furcht zu reinigen: »Amenemhet! Der Pharao ist wiedergeboren! Der Pharao ist geboren, und wir sind seine Leibwache!«

Einer nach dem anderem traten die Hauptleute und die Führer der Hundertschaften vor und leisteten mir den Treueeid im Namen des Pharao.

Dann wandten sie, welche unsere Feinde gewesen, sich um und schlugen den Weg zur Königlichen Stadt ein, um dort die Rückkehr ihres Pharao zu erwarten.

Anhang

Glossar
der im Buch vorkommenden ägyptischen Gottheiten

ANUBIS
Hunde- oder schakalköpfiger Gott des Todes, Sohn des Osiris und der Nephthys, doch von Isis aufgezogen. Er geleitet die Toten in die Unterwelt und achtet als »Herzenszähler« darauf, daß die Herzen der Verstorbenen richtig und gerecht gewogen werden. Als »Wächter des Ortes der Reinigung« beschützt er die Körper der Toten.

APOPHIS
Schlangendämon, der als Riesenschlange in der Finsternis haust. Verkörpert die Ra entgegengesetzten dunklen Mächte.

HATHOR
Muttergöttin, auch Herrin des Nachthimmels, dargestellt mit Kuhhörnern oder in der Gestalt einer heiligen Kuh. Auch Baumgöttin und Schutzgottheit der Totenwelt.

HORUS
Als Falke oder mit Falkenkopf dargestellter Himmelsgott, Herr des Horizonts, eine Gottheit, die viele Namen und Formen hat und doch »der Eine« ist. Auch Lichtgott, dessen (Horus-)Augen von Sonne und Mond gebildet werden. Sohn von Isis und Osiris. Ursprünglich vor allem in Unterägypten als Schutzgott des Königs verehrt. Im Mythos von den »feindlichen Brüdern«, Sinnbild der ständigen Auseinandersetzung zwischen Menschen, heißt es, sein Bruder Seth hätte ihm das Sonnenauge ausgerissen und so das Dunkel gebracht; Horus jedoch wurde von Toth geheilt.

KA
Keine Gottheit, sondern die göttliche Lebenskraft selbst, die den Menschen als eine Art Doppelgänger begleitet und nach dem Tode

und dem Zerfall des physischen Körpers weiterexistiert. Auch Lichtkörper.

KHNUM
Widderköpfiger Schöpfer- und Fruchtbarkeitsgott, der den Menschen ihre physische Gestalt verleiht, indem er diese auf seiner Töpferscheibe formt.

MA'AT
Tochter des Sonnengottes Ra, dargestellt mit einer Straußenfeder — dem Symbol der Wahrheit — auf ihrem Haupt. Personifiziert das Gerichtswesen, die Wahrheit und Weltordnung. Beim Totengericht wird das Herz des Toten auf der Waage der Gerechtigkeit gegen die Feder der Ma'at gewogen.

MIN
Gott der Fruchtbarkeit, dessen Werk Begattung und Zeugung ist. Auch Schutzgott des Getreides und Regenbringer.

NUT
Himmelsgöttin und Muttergöttin, »welche die Götter gebar«. Der Sonnengott Ra und auch die Gestirne sind ihre Kinder. Sie wird oft mit sternenbedecktem Leib in der Körperstellung der *Brücke* dargestellt, die das Himmelsgewölbe symbolisiert.

PTAH
Gott des Schöpferischen und Bildnerischen, Beschützer der Handwerker und Künstler. Im Neuen Reich wird er zum universalen Schöpfergott. Er erschafft durch sein gebietendes Wort, wobei seine Werkzeuge »Herz und Zunge« sind. Ptah selbst ist das Herz im Leib und die Zunge im Mund eines jeden, sei er Gott oder Mensch.

RA
Die höchste aller ägyptischen Gottheiten, auch Re genannt. Vater aller Götter, Sonnengott des Hohen Mittags und Schöpfer aller Dinge. Sein Symbol ist die allen Lebewesen Licht und Wärme spendende Sonnenscheibe.

Glossar 453

SEKMET
Katzen- oder löwenköpfige Göttin der Zerstörungsmacht. Wechselnde Zuordnung, hier Gefährtin des dunklen Seth.

SETH
Kraft- und Kampfgott. Er wurde mit der Wüste und den Stürmen assoziiert. Auch Gott der bösen Mächte und der Dunkelheit. Ursprünglich der am meisten verehrte Gott Oberägyptens, der später zum Widersacher des Sonnengottes Ra und somit des Horus wurde.

Anmerkung: Diese Angaben beruhen zum Teil auf *Knaurs Lexikon der Mythologie* von Gerhard J. Bellinger, Droemer Knaur 1989.

0
Christi Geburt

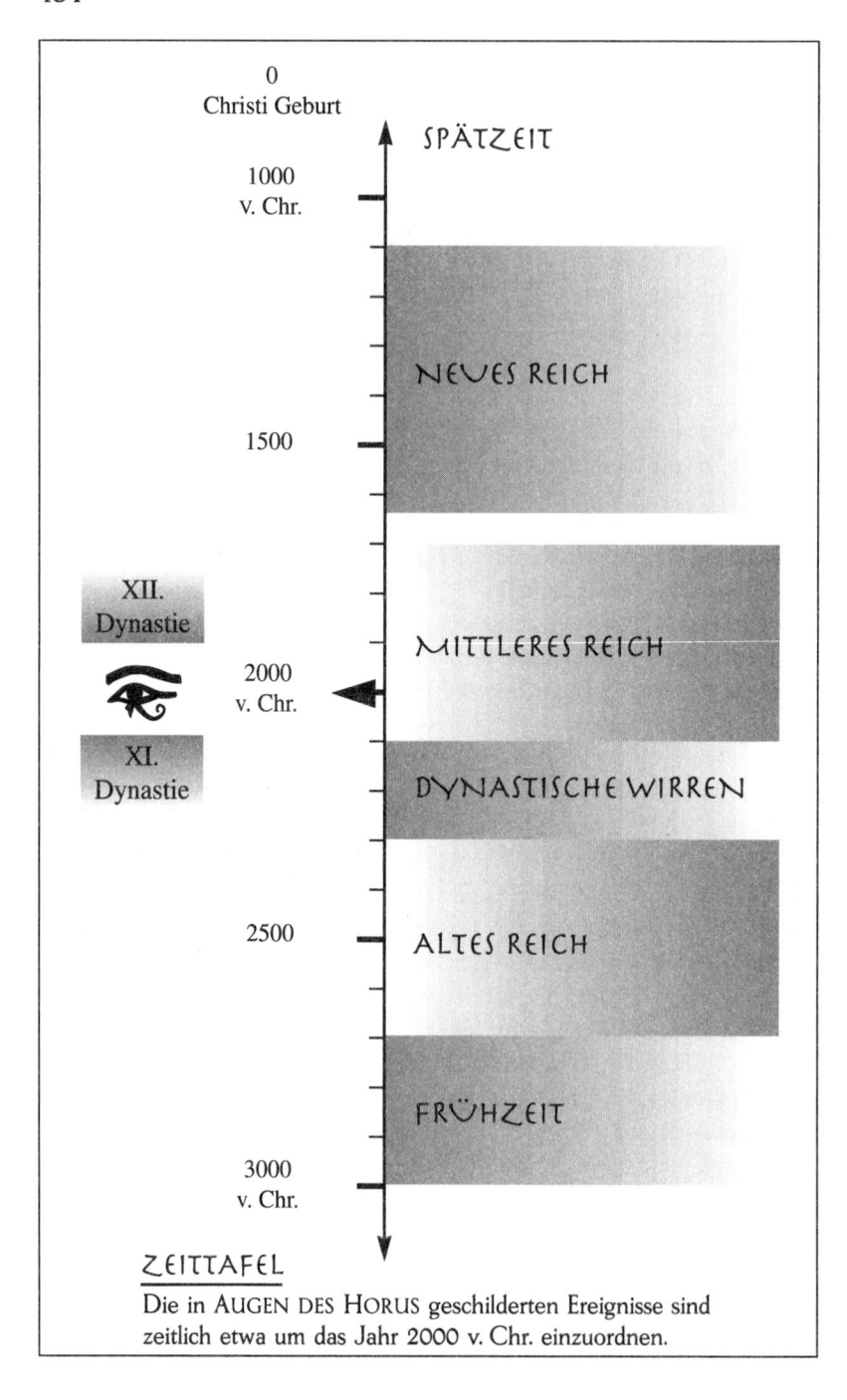

1000 v. Chr.

SPÄTZEIT

NEUES REICH

1500

XII. Dynastie

2000 v. Chr.

MITTLERES REICH

XI. Dynastie

DYNASTISCHE WIRREN

2500

ALTES REICH

FRÜHZEIT

3000 v. Chr.

ZEITTAFEL

Die in AUGEN DES HORUS geschilderten Ereignisse sind zeitlich etwa um das Jahr 2000 v. Chr. einzuordnen.

Joan Grant wurde 1907 in England geboren. Ihr Vater war ein angesehener Wissenschaftler am *Kings College* in London. Schon früh wurde sie sich der Gabe bewußt, ihre früheren Leben — als Mann oder Frau, in den verschiedensten Ländern und Kulturen — in den anschaulichsten Einzelheiten zu erinnern. Mit 20 heiratete sie Leslie Grant. Die Ehe, aus der eine Tochter hervorging, endete 1937, bald nach der Veröffentlichung ihres ersten Buches *(Winged Pharaoh)*, das sofort zu einem vielgerühmten Bestseller wurde.

Hinter dem spannenden Geschehen in Joan Grants Werken steht zeitlos der »Code« des menschlichen Miteinanders, der zu allen Zeiten das Wohl des einzelnen und der Gesellschaft bestimmt hat. Jedes ihrer Bücher erforscht eine Facette dieses Codes. »Ägyptens Erste Dynastie kannte diesen Code einst sehr wohl«, schreibt ihr Ehemann Denys Kelsey, »verlor ihn aber und ging in die Irre. Es mußten elf Dynastien vergehen, bevor man sich wieder auf diesen Code besonnen hatte. Zu jenen Zeiten allerdings war die tödlichste Waffe nur ein Pfeil, ein Speer ... Und heute? Wir meinen, daß Joan Grants Bücher gerade in den gegenwärtigen unruhigen Zeiten unseres Planeten wieder von besonderer Bedeutung sind.«

Joan Grant starb im Alter von 82 Jahren in London.

Verlag Hermann Bauer · Freiburg im Breisgau

Maya Heath
Das Ägyptische Orakel

ca. 160 Seiten, mit 65 Abbildungen und Spielset, kartoniert,
ISBN 3-7626-0521-1

Der Wunsch, in die Zukunft zu sehen und das in ihr Verborgene zu enthüllen, ist so alt wie die Menschheit. Seit Urzeiten versuchen Menschen durch Kartenlegen, Kristallschau oder Befragen eines Orakels den Schleier zu lüften, der die sichtbare von der unsichtbaren Welt trennt.
Maya Heath hat diese Sehnsucht aufgegriffen und zu einem Weissagungssystem ausgearbeitet, das aus der Tiefe der altägyptischen Götterwelt schöpft. Die Weisheit des 3000 Jahre alten Osiris-Zyklus wird im *Ägyptischen Orakel* zur unerschöpflichen und unschätzbaren Quelle der Erkenntnis für die Bedürfnisse der heutigen Zeit.
Das *Ägyptische Orakel* besteht aus einem beidseitig bedruckten Auslegebrett, 28 Hieroglyphensteinen und einem Handbuch mit einer ausführlichen Einführung in die Mythologie der altägyptischen Götter sowie ausgewählten und einfach nachvollziehbaren Legungen und Beispiel-Interpretationen.
Der Entschluß, mit dem *Ägyptischen Orakel* zu arbeiten, ist bereits ein erster Schritt, um die Verbindung mit dem uralten Wissen der Menschheit herzustellen. Dieses überzeugend gestaltete Weissagungssystem gewinnt mit jeder Legung an Tiefe und Bedeutung, so daß bereits Anfänger nach kurzer Zeit einen Zugang zu der Vielschichtigkeit und Weisheit der ägyptischen Götterwelt und Symbolik finden.
Das *Ägyptische Orakel* bietet einen Einblick in das Reich der Möglichkeiten unserer Zukunft. Es hilft uns, einen Überblick zu gewinnen über die unterschiedlichen Elemente und Energien einer beliebigen Situation, es stärkt unsere Intuition und innere Aufmerksamkeit.
Für alle, die bei Lebensfragen eine höhere Quelle der Weisheit zu Rate ziehen wollen, um kluge Entscheidungen treffen und anderen ein weiser Ratgeber sein zu können.

Verlag Hermann Bauer · Freiburg im Breisgau